Das Reichsgesetz

betreffend die

Gesellschaften mit beschränkter Haftung.

Vom 20. April 1892.

Systematische Darstellung und Kommentar

nebst

Entwürfen von Gesellschaftsverträgen und praktischer Anleitung
für die Registerführung.

Von

Ludolf Parisius und Dr. jur. **Hans Crüger.**

Zweite vermehrte Auflage.

Berlin SW48.
Wilhelmstraße 119/120.
J. Guttentag, Verlagsbuchhandlung,
G. m. b. H.
1898.

Vorwort zur ersten Auflage.

Zu dem Reichsgesetz betreffend die Gesellschaften mit beschränkter Haftung vom 20. April 1892 sind innerhalb des ersten Jahres seit Erlaß mehr Kommentare erschienen als vielleicht jemals zuvor in gleicher Frist zu einem andern Gesetz. Es scheint danach das Bedürfniß des Gesetzes in weiten Kreisen anerkannt zu werden.

Die schnelle Einbürgerung des Gesetzes in unser Verkehrsleben zu fördern und dessen praktische Anwendung zu erleichtern ist auch dieses Buch bestimmt. Es zerfällt in vier Theile.

Der erste Theil giebt einen **Ueberblick** über die Reformbestrebungen auf Einführung neuer Gesellschaftsformen und eine **systematische Darstellung** des Gesetzes.

Der zweite Theil enthält den **Kommentar** zum Gesetz. In gedrängter Fassung sind die einzelnen Bestimmungen erläutert unter Heranziehung der zu entsprechenden Vorschriften des Aktiengesetzes vom 18. Juli 1884 und des Genossenschaftsgesetzes vom 1. Mai 1889 ergangenen Rechtsprechung. In Anmerkungen ist die bisherige praktische Handhabung des Gesetzes, soweit sie durch die Bekanntmachungen der Gerichte im Reichsanzeiger zur öffentlichen Kenntniß gekommen ist, einer Prüfung unterzogen und auf vorgekommene Unregelmäßigkeiten hingewiesen.

Der dritte Theil bringt fünf **Entwürfe von Gesellschaftsverträgen** (Statuten) mit Erläuterungen und damit eine Anleitung zur Gründung von Gesellschaften mit beschränkter Haftung für ganz verschiedenartige Gesellschaftszwecke. Der erste Gesellschaftsvertrag über eine zu gründende Fabrik enthält nur die unbedingt nothwendigen Bestimmungen; in den Erläuterungen sind die hieraus sich ergebenden Konsequenzen dargestellt. Der zweite Gesellschaftsvertrag betrifft Fortsetzung eines größeren Fabrikunternehmens innerhalb einer Familie (sog. Familienfabrik); in demselben ist dem eigenartigen Charakter des Unternehmens dadurch Rechnung getragen, daß an Stelle eines Aufsichtsraths die Bestellung eines Familienraths angenommen ist; Bestimmungen über eine Art Betheiligung der Arbeiter am Gewinne geben dem Vertrag ein gewisses sozialpolitisches Gepräge. Der dritte Gesellschaftsvertrag betrifft eine Gesellschaft zur Ausnutzung von Erfindungen; die Einziehung von Nachschüssen, die Bestellung eines Aufsichtsraths haben hier Berücksichtigung gefunden. Der vierte Gesellschaftsvertrag bezieht sich auf ein Wohlthätigkeitsunternehmen, auf eine Kinderheilanstalt, in der gleichzeitig weltliche Krankenpflegerinnen ausgebildet werden; der Vertrag soll Privatpersonen, Vereinen, Gemeinden und Behörden zur Anleitung dienen für Errichtung von selbstständigen Unternehmungen, welche keinen eigentlichen Reingewinn erzielen, vielmehr zur Erfüllung ihrer gemeinnützigen Zwecke fortdauernd der Unterstützung von Wohlthätern bedürfen. Der fünfte Gesellschaftsvertrag enthält die Umwandlung einer Aktiengesellschaft (Zuckerfabrik mit Rübenbaupflicht) in eine Gesellschaft mit beschränkter Haftung.

Der vierte Theil bringt eine praktische Anleitung zur Führung des Handelsregisters in Betreff der Gesellschaften mit beschränkter Haftung. Es ist hierbei derselbe Weg eingeschlagen wie in unserem von der Praxis günstig aufgenommenen Formularbuch zum Genossenschaftsgesetz vom 1. Mai 1889. Unter kurzen Erläuterungen folgen **Formulare** für die bei den verschiedenen Vorkommnissen, welche die Thätigkeit des Registergerichts in Anspruch nehmen, erforderlichen **Verfügungen** und **Bekanntmachungen**.

Hiernach wird sich diese Bearbeitung des Gesetzes vom 20. April 1892 dem Richter und Rechtsanwalt, dem Notar und dem Laien nützlich erweisen können.

Berlin, 1. August 1893.

Ludolf Parisius. Hans Crüger.

Vorwort zur zweiten Auflage.

In dieser bedeutend vermehrten zweiten Auflage sind die mit dem Gesetze gemachten praktischen Erfahrungen berücksichtigt und die abweichenden Meinungen anderer Kommentare und die sonst in der Litteratur und in Entscheidungen der Gerichte behandelten Fragen erörtert worden. Alle vom 1. Januar 1900 ab geltenden Aenderungen des Gesetzes sind abgedruckt und erläutert. Text und Erläuterung derselben sind in eckige Klammern eingeschlossen und in den ersten drei Theilen des Buches mit lateinischen Lettern gesetzt. Auch die übrigen, die Bestimmungen des Gesetzes vom 20. April 1892 berührenden Vorschriften der neuen mit dem 1. Januar 1900 in Kraft tretenden Gesetzgebung, wie des Bürgerlichen Gesetzbuchs, des Gesetzes betreffend die Angelegenheiten der freiwilligen Gerichtsbarkeit u. s. w. sind bei der Auslegung des Gesetzes herangezogen. Das Buch wird danach in gleicher Weise vor und nach dem 1. Januar 1900 benutzt werden können.

Charlottenburg, 1. Oktober 1898.

Ludolf Parisius. Dr. Hans Crüger.

Inhaltsverzeichniß.

Erster Theil.

Entstehung und systematische Darstellung des Gesetzes, betreffend die Gesellschaften mit beschränkter Haftung vom 20. April 1892.

Zweiter Theil.

Gesetz, betreffend die Gesellschaften mit beschränkter Haftung vom 20. April 1892.

Dritter Theil.

Entwürfe von Gesellschaftsverträgen (Statuten).

Vierter Theil.

Praktische Anleitung für die Registerführung.

Abkürzungen.

Zahlen ohne weiteren Zusatz bezeichnen §§ dieses Gesetzes.

A.G. = Gesetz, betreffend die Kommanditgesellschaften auf Aktien und die Aktiengesellschaften. Vom 18. Juli 1884. (Reichs-Gesetzblatt 1884 Nr. 22.) — oder = Aktiengesellschaften.
Birkenbihl = Das Reichsgesetz, betreffend die Gesellschaften mit beschränkter Haftung. 1893.
Bl.f.G. = Blätter für Genossenschaftswesen.
B.G.B. = Entwurf eines bürgerlichen Gesetzbuchs für das Deutsche Reich.
B.G.B. = Bürgerliches Gesetzbuch (1. Januar 1900)
C.P.O. = Civilprozeßordnung.
C.O. = Neuer Text Civilprozeßordnung (1. Januar 1900).
Entw. I[1] = Entwurf eines Gesetzes, betreffend die Gesellschaften mit beschränkter Haftung nebst Begründung und Anlage. Amtliche Ausgabe. Berlin 1891. (Verlag von Franz Vahlen.)
Entw. II[1] = Entwurf eines Gesetzes, betreffend die Gesellschaften mit beschränkter Haftung, vorgelegt dem Reichstag am 11. Februar 1892 (Drucksache des Reichstags, 8. Legislaturperiode, I. Session 1890/92 Nr. 660).
Esser = Das Reichsgesetz, betr. die Gesellschaften mit beschränkter Haftung.
Förtsch = Gesetz, betr. die Gesellschaften mit beschränkter Haftung.
G. = Eingetragene Genossenschaft.
G.m.b.H. = Gesellschaft mit beschränkter Haftung.
G.G. = Gesetz, betr. die Erwerbs- und Wirthschaftsgenossenschaften vom 1. Mai 1889. (Reichs-Gesetzblatt S. 55.)
G.G. = Genossenschaftsgesetz im neuen Text (1. Januar 1900).
von Hahn = Kommentar zum Allgemeinen Deutschen Handelsgesetzbuch.
H.B. = Handelsgesetzbuch (1. Januar 1900).
H.G.B. = Allgemeines Deutsches Handelsgesetzbuch.
Johow und Küntzel = Entscheidungen des Kammergerichts.
Komm.[1] = Fassung des Gesetzes nach den Beschlüssen der XXV. Kommission des Reichstages (Drucksachen des Reichstags, 8. Legislaturperiode, I. Session 1890/92 Nr. 744).
Komm.Ber. = Bericht derselben Kommission (dieselbe Drucksache).
K.O. = neuer Text Konkursordnung (1. Januar 1900).
Makower = Das allgemeine Deutsche Handelsgesetzbuch (Elfte Auflage) S. 288 ff.
Neukamp = Das Reichsgesetz, betreffend die Gesellschaften mit beschränkter Haftung. 1893.
O.H. = Offene Handelsgesellschaft.
Parisius und Crüger = Das Reichsgesetz, betr. die Erwerbs- und Wirthschaftsgenossenschaften vom 1. Mai 1889. II. Auflage 1895.
Parisius und Crüger, Formularbuch = Formularbuch zu demselben Gesetz. II. Auflage 1897.
R.G. = Entscheidungen des Reichsgerichts in Civilsachen.
Ring = Das Reichsgesetz, betr. die Kommanditgesellschaften auf Aktien und die Aktiengesellschaften vom 18. Juli 1884 II. Auflage.
R.G.B. = Reichsgesetzblatt.
R.O.H.G. = Entscheidungen des Reichsoberhandelsgerichts.
R.K.O. = Konkursordnung für das Deutsche Reich.
Rtg.[1] = Fassung des Gesetzes nach den Beschlüssen des Reichstages (Drucksachen des Reichstags, 8. Legislaturperiode, I. Session 1890/92 Nr. 783).
Staub = Kommentar zum Allgemeinen Deutschen Handelsgesetzbuch.
St.G.B. = Strafgesetzbuch für das Deutsche Reich.

[1] Ist im Kommentar das unter den einzelnen Paragraphen stehende abgekürzte Citat in lateinischen Lettern gedruckt, so bedeutet dies, daß die Fassung des Gesetzes sich hier zuerst findet.

Erster Theil.

Entstehung und systematische Darstellung des Gesetzes, betreffend die Gesellschaften mit beschränkter Haftung.

Vom 20. April 1892.

Erster Abschnitt.

Reformbestrebungen auf Einführung neuer Gesellschaftsformen.

Mit steigender wirthschaftlicher Entwickelung vergrößern sich die Ansprüche an die Rechtsformen für das wirthschaftliche Leben, und insbesondere an die Mannigfaltigkeit der Formen handelsrechtlicher Unternehmungen. Je ausgebildeter das Handelsrecht ist, je freier sich das wirthschaftliche Leben entwickeln kann, zu desto größerer Blüthe wird dieses gelangen.

„Das Land, welches die sichersten, einfachsten und mannigfaltigsten Rechtsformen für die Vereinigung von Kapital und Personen bietet, muß wirthschaftlichen Vorsprung gewinnen" (Oechelhäuser). Während einerseits die moderne wirthschaftliche Entwickelung das Hervortreten der Individualität begünstigt hat, hat sie andererseits auch wieder zu neuen Gesellschaftsbildungen geführt. Die wirthschaftlichen Aufgaben haben zum Theil eine Ausdehnung angenommen, daß der Einzelne allein sie weder mit seinen geistigen Kräften noch mit seinen Mitteln an Kapital zu erfüllen vermag.

Die beiden Extreme in der Gesellschaftsbildung — wenn man so sagen darf — bilden die Aktiengesellschaft und die offene Handelsgesellschaft. Bei jener setzen die Mitglieder ausschließlich ihr Vermögen, und auch dies nur bis zu einer bestimmten Grenze, für das Unternehmen ein, das losgelöst von den Personen rechtliche Selbstständigkeit besitzt; bei dieser bringen die Mitglieder — wenigstens der Regel nach — ihre volle persönliche Thätigkeit ein und übernehmen daneben noch die unbeschränkte Haftpflicht, sie bleiben dauernd die Träger der Gesellschaft. Weniger in ähnlichem Gegensatz als in Ergänzung zur Aktiengesellschaft befindet sich die unter dem Gesetz vom 1. Mai 1889 stehende „Genossenschaft", wenn sie auch zum Theil individualistisch angelegt ist; ist auch die Mitgliederzahl eine nicht geschlossene und besitzt die Genossenschaft rechtliche, von den Mitgliedern unabhängige, Selbstständigkeit, so ist doch der Wechsel in den Personen nicht die

Regel und bis zu einem gewissen Grade sind die physischen Personen die Träger der Verbindlichkeiten, bei den Genossenschaften mit „unbeschränkter Haftpflicht“ und „unbeschränkter Nachschußpflicht“ sogar mit unbeschränkter (freilich bürgschaftsartiger) Haftung, trotzdem wird man die Genossenschaft ihrer rechtlichen Verfassung wegen zu den kollektivistischen Gesellschaften zählen müssen, auch selbst die Produktivgenossenschaften, welche wirthschaftlich der offenen Handelsgesellschaft fast gleichkommen. Doch die Aktiengesellschaft ist eine Kapitalgesellschaft, das Kapital hat die entscheidende Stimme, — die Genossenschaft ist eine Personalgemeinschaft, die Person giebt den Ausschlag. Zwischen diesen Gesellschaftsformen befinden sich eine Reihe Formen, die sich mehr nach dieser oder jener Richtung hinneigen. Bis zu dem hier vorliegenden Gesetze vom 20. April 1892 gab es folgende Gesellschaftsformen:

1. die Aktiengesellschaft,
2. die Kommanditgesellschaft auf Aktien,
3. die Kommanditgesellschaft,
4. die offene Handelsgesellschaft,
5. die eingetragene Genossenschaft,
6. die stille Gesellschaft,
7. die Kolonialgesellschaft,
8. die preußische Bergwerksgesellschaft,
9. die mit juristischer Persönlichkeit von der Behörde beliehene Gesellschaft,
10. die den landesgesetzlichen Bestimmungen unterstehende freie Genossenschaft ohne Rechtspersönlichkeit.

Alle diese Gesellschaftsformen sind entweder durch ausdrückliche Bestimmung oder durch ihre Organisation für mehr oder weniger bestimmte Zwecke gegeben. Daher konnte es nicht ausbleiben, daß gesetzliche Schwierigkeiten entstanden, wenn Gesellschaften zu Zwecken gegründet werden sollten, auf welche keine jener Gesellschaftsformen paßte, und diese Fälle wurden um so häufiger, je mehr sich das wirthschaftliche und soziale Leben entwickelte. Den Gesetzen mußte oft förmlich Gewalt angethan werden, um die Statuten einer Gesellschaft den gesetzlichen Vorschriften anzupassen, und das Gesetz mußte die Form hergeben für einen ihm ganz fremdartigen Zweck.

Fast allgemein brach sich daher die Ansicht Bahn, daß eine neue Gesellschaftsform geschaffen werden müßte, auseinandergingen die Meinungen nur über den Weg dahin.

Die Einen wollten eine Anlehnung an die offene Handelsgesellschaft mit Beschränkung der Haftpflicht, Andere forderten eine Entwickelung der Gewerkschaft, noch Andere endlich strebten dem Aktiengesetz mehr Elastizität beizulegen. Alle aber waren darin einig, daß die neue Gesellschaft die beschränkte Haftung der Mitglieder als Grundlagen haben müßte.

Sowohl im Handels- und Gewerbestande wie unter den Juristen machte sich seit längerer Zeit eine lebhafte Strömung für die weitere

Einführung der beschränkten Haftung in das wirthschaftliche Leben bemerkbar. „Vom rein juristischen Standpunkt aus betrachtet" — bemerkt zutreffend Ring*) — „kann der so geschaffene Zustand (unter dem Prinzip der beschränkten Haftung) nicht einmal als eine ungerechtfertigte Anomalie bezeichnet werden. Nichts hindert den Einzelnen, mit dem Gegenkontrahenten zu vereinbaren, daß er für die Rechtsfolgen eines Geschäfts nur mit bestimmten Vermögensstücken einstehen wolle; die Vereinigung Mehrerer kann die Zulässigkeit solcher Abmachungen nicht beeinflussen." Und wirthschaftlich steht es wohl außer Zweifel, daß es eine ganze Reihe wirthschaftlicher und sozialer Zwecke giebt, zu deren Verfolgung die beschränkte Haftung für die entstehenden Verbindlichkeiten vollkommen ausreichend ist, wo die unbeschränkte Haftung der Mitglieder von Gesellschaftsbildungen sogar abhält und daher ein Hinderniß für wirthschaftliche und soziale Thätigkeit wird. Man braucht deswegen noch durchaus nicht soweit zu gehen wie Esser,**) der behauptet, „die Erfahrung lehrt, daß bei der Frage der Kreditfähigkeit einer Gesellschaft die unbeschränkte Solidarhaft ihrer Theilnehmer nur eine untergeordnete und nebensächliche Rolle spielt". Die Erfahrung lehrt eher das Gegentheil, wie sich bei der Zulassung der beschränkten Haftpflicht durch das Genossenschaftsgesetz vom 1. Mai 1889 gezeigt hat.***)

Es ist aber richtig, daß die vorhandenen reichsrechtlichen Formen von Handelsgesellschaften mit beschränkter Haftung nicht dem wirthschaftlichen Bedürfnisse genügten.

Die Genossenschaften mit beschränkter Haftpflicht kommen sowohl wegen des im Gesetze bestimmt umschriebenen Zweckes, als auch wegen ihrer eigenthümlichen Kapitalbildung und des durch das freie Austrittsrecht der Mitglieder beeinflußten Kapitalbestandes für viele Unternehmungen gar nicht in Betracht.

Das Gesetz vom 15. März 1888 betrifft nur die Kolonialgesellschaften. Bei der Kommanditgesellschaft gilt die beschränkte Haftpflicht nicht für alle Mitglieder, diese Form ist überdies nur für wenige Theilnehmer bestimmt, und die unbeschränkte Haftpflicht des Kommanditärs giebt diesem eine herrschende Stellung, die Kommanditisten sind wesentlich nur die Geldgeber.

Für die Kommanditgesellschaft auf Aktien kommt noch dazu, daß für die persönlich haftenden Gesellschafter eine Mindesteinlage vorgeschrieben ist.

Bei der Aktiengesellschaft haben zwar alle nur mit ihren Kapitaleinlagen betheiligten Gesellschafter eine gleichberechtigte Stellung, Vorstand und Aufsichtsrath leiten ihre Befugnisse aus der Wahl her, es ist auch nicht ausgeschlossen, daß die „Aktiengesellschaft sich thatsächlich

*) Ring, Deutsche Kolonialgesellschaften S. 41.

**) Esser, Die Gesellschaft mit beschränkter Haftbarkeit S. 10.

***) Blätter für Genossenschaftswesen Nr. 41 und 42 von 1892. Jahresberichte des Allgemeinen Verbandes der deutschen Erwerbs- und Wirthschaftsgenossenschaften. Crüger, „Die Zulassung der Genossenschaften mit beschränkter Haftpflicht" im Archiv für öffentliches Recht 1894 S. 389 ff.

auf individualistischer Grundlage aufbaut",*) auch liegt keine gesetzliche Beschränkung des Zwecks vor, dennoch ist sie ihrer Organisation und verschiedener zwingender gesetzlicher Vorschriften wegen nur für bestimmte wirthschaftliche Gebiete geeignet, nämlich wo es gilt, große Unternehmungen zu betreiben, die bedeutende Kapitalien erfordern. Die Verbindungen der Gesellschafter mit der Gesellschaft sind lose, hinsichtlich der Uebertragung der Aktien gilt die weitgehendste Freiheit; andererseits haben die sich hieraus für das große Publikum ergebenden Gefahren in der Aktiengesetznovelle vom 18. Juli 1884 (und künftig auch in dem Handelsgesetzbuch vom 10. Mai 1897) zu einer Reihe Schutzvorrichtungen geführt, die die Anwendung der Form auf vielen Gebieten wesentlich erschweren. Dazu kommt die durch das feste Grundkapital gegebene „Starre ihres Organismus";**) eine Verpflichtung der Gesellschafter zu anderen als Kapitaleinlagen läßt das Gesetz nicht zu; ausgeschlossen ist auch, die Aktionäre bei erhöhtem Kapitalbedürfniß zu weiteren Einzahlungen heranzuziehen. —

Zuerst war es wohl Parisius, der in seinem Buche „Die Genossenschaftsgesetze im Deutschen Reich" (1876) die weitere Entwickelung des Gesellschaftsrechts forderte, und zwar in der Ausbildung der preußischen Berggewerkschaft zur „industriellen" Gewerkschaft; er gab auch die Grundzüge für dieselbe an.

Um die gleiche Zeit beschäftigte anscheinend der Gedanke einer Ergänzung des Gesellschaftsrechts auch bereits die Regierungen; in Folge der von dem preußischen Abgeordnetenhause mit Bezug auf das Eisenbahnkonzessionswesen gefaßten Beschlüsse***) stellte die preußische Regierung am 17. November 1876 bei dem Bundesrath den Antrag auf Erlaß eines Gesetzes gegen die Ausschreitungen auf dem Gebiete des Aktienwesens, und am 13. März 1877 schloß sich der Bundesrath dem an mit einem Ersuchen an den Reichskanzler, den Entwurf eines Gesetzes vorlegen zu lassen, „unabhängig von der Revision des Handelsgesetzbuchs und unbeschadet der mit dieser demnächst zu verbindenden generellen Revision des gesammten Handelsgesellschaftsrechts".

Deutlicher sprechen sich bereits die Motive zu dem „Entwurf eines Gesetzes betreffend die Kommanditgesellschaften auf Aktien und die Aktiengesellschaften" †) aus. Es heißt daselbst ††):

„Das jetzt zu erlassende Gesetz kann weder ein selbstständiges, noch ein abgeschlossenes Ganzes bilden; es soll unbeschadet und angesichts der nicht in ferner Aussicht stehenden allgemeinen Revision des Handelsgesetzbuchs ergehen. Dieser letzteren wird daher insbesondere die Prüfung der weittragenden Frage zu überlassen sein, ob die jetzigen Rechtsformen für alle Arten von Unternehmungen, welche eine Kapitals-

---

*) Ring a. a. O. S. 51.

**) Ring a. a. O. S. 52, 53. Entwurf I S. 29, II S. 24.

***) Drucksachen des Reichstages, I. Legislaturperiode, IV. Session 1873 Nr. 30.

†) Drucksachen des Reichstages, V. Legislaturperiode, IV. Session 1884 Nr. 21.

††) S. 23.

vereinigung erfordern, ausreichen, oder ob ihnen nicht vielmehr nach dem Vorbilde der bergrechtlichen Gewerkschaft eine neue Form hinzuzufügen sein möchte."

Bei der Berathung des Gesetzentwurfs wurde auch über diese Frage verhandelt;*) der Abgeordnete Oechelhäuser ließ sich über dieselbe aus, indem er die Frage von dem weiteren Ausbau der Formen des Handelsrechts nicht blos unbedingt bejahte, sondern glaubte, daß ein Fortschreiten auf diesem Wege unbedingt notwendig, ja vielleicht ebenso dringlich wie die Reform des Aktienwesens sei, er erkannte auch die Erweiterung der Form der Gewerkschaft als „eine der zweckmäßigsten Formen behufs Bildung von Unternehmungen, deren Kapitalbedarf sich im Voraus nicht übersehen läßt," betonte jedoch den gefährlichen Charakter dieser Form, welche die „Unterdrückung und Uebervortheilung der Minoritäten durch potente Majoritäten" ermögliche. Oechelhäuser meinte,

> „daß der Zug, der unser ganzes Erwerbsleben beherrscht — der Zug nämlich, der von der solidarischen Haftbarkeit der offenen Handelsgesellschaft zur beschränkten Haftbarkeit hinführt — uns noch einen bedeutenden Schritt weiterführen muß . . . Nehmen Sie einmal eine Gesellschaftsform an, die auf der Basis unserer jetzigen offenen Handelsgesellschaft steht, bei der aber die solidarische Haftbarkeit auf bestimmte Kapitaleinlagen beschränkt ist, dann haben Sie in dieser Gesellschaftsform alle Vorzüge der individualistischen offenen Handelsgesellschaft mit den Vorzügen von einer Aktiengesellschaft vereinigt, ohne die Nachtheile und Gefahren der offenen Handelsgesellschaft und die Komplikation des Aktienwesens in den Kauf nehmen zu müssen."

In dritter Lesung**) hob Oechelhäuser nochmals hervor:

> „endlich aber scheint mir vor Allem nothwendig, daß wir den Grundsatz der beschränkten Haftpflicht . . . auch hinübertragen in die Gesellschaft auf individualistischer Grundlage, wobei, analog der offenen Handelsgesellschaft, die Betheiligten nur in geringer Zahl zusammentreten, um nicht durch Bevollmächtigte, sondern persönlich ihr Kapital fruchtbar zu machen."

So standen sich gegenüber die Ansicht für Weiterentwickelung der individualistischen Gesellschaftsform auf der Grundlage der beschränkten Haftpflicht und die Ansicht für eine Reform der kollektivistischen Gesellschaftsform. Die letztere Ansicht fand mehr Freunde. Sie wurde insbesondere vertreten bei den Berathungen***) des Reichstags über den Entwurf eines Gesetzes wegen Abänderung des Gesetzes betr. die Rechtsverhältnisse der deutschen Schutzgebiete vom 17. April 1886

---

*) Stenographischer Bericht des Reichstages, V. Legislaturperiode, IV. Session Bd. I S. 220 f.

**) ebenda Bd. II S. 1149.

***) Stenographischer Bericht des Reichstages, VII. Legislaturperiode, II. Session, Bd. II S. 203, 710 f. und S. 1156.

in den Sitzungen vom 4. und 28. Februar 1888 durch die Abg. Dr. Meyer (Jena) und Dr. Hammacher, allerdings wesentlich zu dem Zweck, der Kolonialgesellschaft eine angemessene Rechtsform zu schaffen. Dr. Hammacher ließ sich dahin aus:

„Wir haben in unserem Lande, speziell in Preußer, auf die mannigfaltigsten Zwecke gerichtete Unternehmungen, die in Form von Berggewerkschaften konstituirt wurden. . . . Der Grund, weshalb die Aktiengesellschaftsgesetzgebung nicht anwendbar ist auf eine Menge von Associationen zum Zweck der Erreichung wirthschaftlicher Ziele, liegt häufig in der Natur der Aktiengesellschaft. In erster Linie paßt häufig die Beschränkung des Kapitals nicht . . . . Bedenken Sie weiter die Vorschriften der Aktiengesellschaftsgesetzgebung über die Begründung von Gesellschaften, über die Bilanz und den Zeitpunkt der Aufstellung der letzteren. . . . . Ich persönlich stehe auf dem Standpunkt, daß es für koloniale wie für eine ganze Menge von anderen Privatwirthschaftsaufgaben, für welche die Gesellschaftsform Bedürfniß ist, im Prinzip keine glücklichere Einrichtung geben kann, als die Form der Berggewerkschaft."

Hierauf erwiderte Staatssekretär Dr. v. Schelling:

„Die Reichsverwaltung hat sich schon seit längerer Zeit der Erwägung nicht ganz verschlossen, ob nicht unser Gesellschaftsrecht durch Hinzufügung einer neuen Associationsform zu erweitern sei, und ich glaube, daß die Motive zum Aktiengesetz bereits einen Fingerzeig nach dieser Richtung enthalten. Ich halte namentlich das Vorbild der bergrechtlichen Gewerkschaft als sehr empfehlenswerth."

In der zweiten Berathung (am 28. Febr. 1888)*) kam der Abg. Oechelhäuser auf die von ihm im Jahre 1884 empfohlene Gesellschaft mit beschränkter Haftpflicht auf der Grundlage der offenen Handelsgesellschaft zu sprechen, wobei er die Ansicht vertrat, daß mit der Anwendung der bergrechtlichen Gewerkschaft auf andern Gebieten des wirthschaftlichen Lebens „bei Weitem noch nicht die Nothwendigkeit der Ausdehnung unsers Gesellschaftsrechts erschöpft ist."

„. . . es kann Niemand in Abrede stellen, wer das wirthschaftliche Leben kennt und verfolgt, wie seit den sechziger Jahren . . . unaufhaltsam in das wirthschaftliche Leben hineinbricht die Gesellschaftsform mit beschränkter Haftpflicht . . . Dann fehlt uns immer noch eine Ausdehnung des Prinzips der beschränkten Haftbarkeit auf die Gesellschaftsformen mit individualistischer Basis . . . Alle die vorher genannten Gesellschaften (Aktiengesellschaft, Kommanditgesellschaft a. A., Genossenschaft, Gewerkschaft) sind nur auf große Verhältnisse berechnet (? die Genossenschaft wohl nicht) . . . Es fehlt . . . unbedingt eine Gesellschaftsform, worin die Persönlichkeiten, welche das Kapital hergeben, auch mit dem

*) a. a. O. S. 1155.

Kapital unmittelbar in Verbindung treten und es persönlich fruchtbar machen können, dabei aber doch die Wohlthat der beschränkten Haftung genießen. . . . Ich bin der Ansicht, daß es sich außerordentlich leicht auf dem Boden und mit der freien Beweglichkeit der offenen Handelsgesellschaft verbinden läßt, die Solidarhaft auf einen bestimmten Betrag einzuschränken . . ."

Hierauf antwortete Staatssekretär Dr. v. Schelling:*)

„. . .ob ein solches Bedürfniß vorliegt, darüber hat die Reichsverwaltung sich noch nicht schlüssig gemacht . . . es ist mir nur sehr angenehm . . . mitzutheilen, daß die gegebene Anregung sich nicht blos darauf erstreckt, ob eine der Gewerkschaftsform nachgebildete Gesellschaftsform für andere als bergrechtliche Unternehmungen einzuführen sei, sondern daß in der gegebenen Anregung auch der von dem Herrn Vorredner ins Auge gefaßte Gedanke Berücksichtigung gefunden hat . . . die offene Handelsgesellshaft in der Weise auszubilden, daß eine beschränkte Haftbarkei eintritt, jedoch unter Beibehalt des wesentlich individualistischen Charakters der offenen Handelsgesellschaft . . ."

Inzwischen war die Frage der Reformbedürftigkeit des Gesellschaftsrechts auch in der Literatur Gegenstand lebhafter Erörterungen gewesen, freilich immer nur wesentlich von dem Gesichtspunkte der Gründung von Kolonialgesellschaften aus.**) Eine Uebersicht aller auf diese Reform gerichteten Bestrebungen und den Entwurf eines Gesetzes betrefend die Gesellschaft mit beschränkter Haftbarkeit (Antheil-Gesellschaft giebt Riesser.***)

Esser stellte für die neue Gesellschaftsform, welche auch anderen als kolonialen Zwecken dienen soll, folgende Grundsätze auf:

Es wird sich eine Verschmelzung der für die Gewerkschaft und die Aktiengesellschaft geltenden Grundsätze mit den für die offene Handelsgesellschaft bestehenden gesetzlichen Vorschriften empfehlen und dabei der Grundsatz der beschränkten Haftbarkeit aller Gesellschafter festgehalten werden müssen. Die einzelne Vermögenseinlage soll mindestens 5000 M., die Gesammthöhe aller Antheile mindestens 25 000 M. betragen; die Betheiligung des kleinen Kapitals soll ausgeschlossen sein

---

*) a. a. O. S. 1156 f.

**) 1. Die Gesellschaft mit beschränkter Haftbarkeit. Eine gesetzgeberische Studie von Robert Esser II. (Berlin 1886.)

2. Deutsche Kolonial-Aktiengesellschaften. Rechtliche Erörterungen und Vorschläge von Dr. Veit Simon (in Goldschmidts Zeitschrift für das gesammte Handelsrecht, 34. Band, S. 85 bis 161, 1888).

3. Deutsche Kolonialgesellschaften. Betrachtungen und Vorschläge von Victor Ring (zunächst in Busch Archiv für Handels- und Wechselrecht, Band 48, als besondere Schrift Berlin 1887).

***) „Zur Revision des Handelsgesetzbuchs" (Stuttgart 1887) S. 290 ff. Eine erschöpfende und übersichtliche Darstellung der auf Einführung einer neuen Gesellschaftsform gerichteten Bewegung enthält das Heft Nr. 25 des Vereins zur Wahrung der wirthschaftlichen Interessen von Handel und Gewerbe — bearbeitet von dem Generalsekretären Annecke und Bueck.

und kein zum Börsenhandel geeignetes Papier geschaffen werden; die Uebertragung der Antheile kann ohne Einwilligung der übrigen Gesellschafter erfolgen; ähnlich wie bei der Gewerkschaft ist ein Verfahren für die Einforderung und Einziehung von Zubußen vorzusehen; als Normativbestimmungen sind nur diejenigen aufzustellen, die im öffentlichen Interesse für alle Gesellschafter maßgebend sein sollen; zur Errichtung der Gesellschaft sind mindestens fünf Personen erforderlich; für den Gesellschaftsvertrag ist gerichtliche und notarielle Form erforderlich, im Falle der Einbringung von Vermögensstücken durch die Gesellschafter findet eine Prüfung durch vom Gericht ernannte Revisoren statt; die Vertretung erfolgt unmittelbar durch die Gesellschafter selbst (nicht Vorstand); da das individuelle Element bei der Gesellschaft mit beschränkter Haftbarkeit mehr in den Hintergrund tritt, so soll sich im Allgemeinen die Minorität der Gesellschafter der Majorität unterordnen; die Benutzung von öffentlichen Blättern für Bekanntmachungen u. s. w. ist dem Gesellschaftsvertrage zu überlassen, da sich das Bedürfniß zu ähnlichen weitgehenden Veröffentlichungen, wie sie bei den Aktiengesellschaften üblich sind, nicht fühlbar macht; eine „Gesellschaft mit beschränkter Haftbarkeit" soll ohne Rücksicht auf den Gegenstand des Unternehmens als Handelsgesellschaft gelten. Ein Aufsichtsrath ist nicht zu bilden; die Bilanz wird auf Grundlage des Art. 31 H.G.B. aufgestellt.

Simon erklärt den Esserschen Ausgangspunkt, die Grundsätze der offenen Handelsgesellschaft zu modifiziren, für unhaltbar, er geht allerdings auch ausschließlich darauf aus, eine für Kolonialgesellschaften geeignete Form zu finden. Simon bestreitet das Bedürfniß nach der von Esser vorgeschlagenen Gesellschaftsform, „da die wesentlichen Abweichungen von dem Aktiengesetz direkt oder indirekt auch bei Aktiengesellschaften erreicht werden können" und dieselbe für koloniale Unternehmungen nicht passe. Simon fordert „Fallenlassen der strengen und kasuistischen Vorschriften über Gründung und Verwaltung der Aktiengesellschaften" und „als Korrektiv staatliche Genehmigung und Aufsicht". Die von ihm für das „Statut" aufgestellten Grundsätze sind ausschließlich auf koloniale Unternehmungen angepaßt und sind auf Erleichterung von Gründung, Verwaltung und Aufstellung der Bilanz gerichtet.

Ring, dessen Ausführungen auch wesentlich von dem Bedürfniß der kolonialen Unternehmungen ausgehen, fordert die Zulassung von Gesellschaften mit beschränkter Haftung als juristische Personen (S. 48) mit „gekorenen" Vertretern (im Gegensatz zu Esser); die Sach-Firma soll durch einen entsprechenden Zusatz dieselbe scharf von anderen Vermögensvereinigungen unterscheiden; für alle Gesellschafter muß der Grundsatz unbeschränkter Beitragsverpflichtung behufs Erfüllung der Gesellschaftszwecke und -Verbindlichkeiten aufgestellt, indessen jedem Betheiligten nachgelassen werden, sich schlimmsten Falls mit Aufopferung des auf den Erwerb und die Bewahrung der Theilhaberschaft Verwendeten, aber auch dieses Betrages voll und ganz, von derselben schließlich loszusagen (S. 61, 62, 96). „Jede Gesellschaft mit beschränkter Haftung soll für eine Handelsgesellschaft erklärt werden müssen, auch wenn der Gegenstand des Unternehmens nicht in Handelsgeschäften besteht" (S. 62). In Folge der Zuschußpflicht darf der Antheil nicht auf eine bestimmte Summe beziffert sein. „Der Schein muß auf den ihn repräsentirenden verhältnißmäßigen Antheil an dem Unternehmen lauten" (S. 64) und auf den Namen ausgestellt sein; im Interesse „geringerer Umlaufsfähigkeit des Papiers" sind Blankozession und Blankoindossament auszuschließen (S. 65). Um dem Gläubiger ein gewisses Haftobjekt zu schaffen, soll die Mindesteinlage jedes Gesellschafters (5000 M.) vorgeschrieben werden. Die Sicherheit des Vorhandenseins des ersten Vermögens soll an die Personen von Gründern in ähnlicher Weise wie bei den Aktiengesellschaften angeknüpft werden (S. 71, 73). Die Erlangung der von jedem Gesellschafter über die Quote des festen Einlagekapitals hinaus zu leistenden Baareinlage ist durch Vorschrift, wie sie das Berggesetz trifft, zu sichern (S. 81). Eine Vermögensbilanz, wie dieselbe sonst für Handelsgesellschaften erforderlich ist, wird für diese Gesellschaft nur mit erheblichen Modifikationen Geltung finden (S. 83 — immer mit Bezug auf koloniale Unternehmungen). Hinsichtlich der Verfassung sollen die Bestimmungen des Aktiengesetzes im Wesentlichen übernommen werden*) (S. 99); doch soll an Stelle des Aufsichtsraths ein Verwaltungsrath gesetzlich gefordert werden, der bei wichtigen Angelegenheiten mit Wirkung nach innen zu bestimmen, gleichzeitig aber auch den Vorstand zu überwachen hat. Die Grundsätze über die Individualrechte der Mitglieder sollen dem Aktiengesetz entnommen werden.

Am 3. April 1888 erging Seitens des preußischen Ministeriums für Handel und Gewerbe an alle Handelskammern und kaufmännischen Korporationen unter Hinweis auf die bei verschiedenen Anlässen stattgehabten Erörterungen, ob die gesetzlich bestehenden Gesellschaftsformen den Anforderungen des Verkehrs genügen, eine Verfügung um Aeußerung hierüber, „ob und in welchem Umfange in den Kreisen des Handels und der Industrie selbst eine Ergänzung des bestehenden Rechts durch Einführung neuer Rechtsformen für gesellschaftliche Unternehmungen als ein Bedürfnis empfunden wird und, bejahenden Falls, in welcher Weise nach Ansicht der Betheiligten diesem Bedürfniß zu entsprechen ist."

Am 20. April 1888 hatte der preußische Minister für Handel und Gewerbe an den deutschen Handelstag die Frage gerichtet:

„ob die reichsgesetzlich bestehenden Gesellschaftsformen, welche auf dem Gebiete des Handels und der Industrie zum Betriebe gemeinschaftlicher Unternehmungen dienen, den Anforderungen des Verkehrs genügen,

oder ob behufs Erweiterung jener Gesellschaftsformen auf Verall-

*) Simon und Riesser bemängeln mit Recht die Uebernahme der Bestimmungen über Gründung und Verwaltung aus dem Aktiengesetz für koloniale Unternehmungen.

gemeinerung der für die bergrechtliche Gewerkschaft nach dem Berggesetze vom 24. Juni 1865 geltenden Bestimmungen bezw. auf Einführung und Regelung einer neuen individualistisch gestalteten Gesellschaftsform, bei welcher die Haftung sämmtlicher Gesellschafter auf eine bestimmte Summe beschränkt wäre, gesetzgeberisch vorzugehen sein möchte."

In Folge dieser ministeriellen Verfügungen richtete auch der Abg. Oechelhäuser eine Denkschrift an die preußischen Handelskammern und Korporationen, in der er mit Bezug auf seine früheren Auslassungen näher seine Ansicht darüber darlegte, „daß die im deutschen Recht begründeten Gesellschaftsformen den wirthschaftlichen Nothwendigkeiten zur Zeit nicht mehr genügten" und daß es „darauf ankomme, dem unaufhaltsam in die wirthschaftliche Welt eindringenden Prinzip der beschränkten Haftbarkeit auch den Weg in die Gesellschaften auf individualistischer Grundlage zu bahnen", wo „Kapital und Intelligenz in unmittelbare Verbindung treten"; denn „mit gleichem Kapital und gleicher Menschenkraft erzeugen die individualistischen Gesellschaften unbedingt höhere Werthe als die kapitalistischen". Oechelhäuser setzt dabei voraus, daß auch die bergrechtliche Gewerkschaft reformirt und auf das ganze wirthschaftliche Gebiet ausgedehnt werden würde; die von ihm in Vorschlag gebrachte Gesellschaftsform soll mittleren und kleinen Unternehmungen dienen; die neue Gesellschaftsform soll auf der individualistischen Grundlage der offenen Handelsgesellschaft aufgebaut werden.

Am 7. Mai 1888 hielt der Ausschuß des deutschen Handelstages eine Sitzung ab zur Beantwortung der vom Minister gestellten Fragen.*) Referent war Dr. Hammacher. Er konstatirte, daß ein Bedürfniß für die Erweiterung des Gesellschaftsrechts durch Schaffung neuer Formen allgemein anerkannt sei, und belegte dies Bedürfniß noch mit verschiedenen Beispielen aus der Praxis; der Schwerpunkt liege darin, daß es ermöglicht werden müsse, die Einschränkung der Haftbarkeit der Mitglieder in einfacherer Form anzuwenden. Referent will der bergrechtlichen Gewerkschaft bei der Reform eine bevorzugte Stellung gesichert wissen, da der gewerkschaftliche Grundsatz über die Aufbringung der Geldmittel eine innere wirthschaftliche Berechtigung hat und auch für andere als bergbauliche Unternehmungen Berücksichtigung verdient. Referent behauptete, „daß der Aufbau von Erwerbsgesellschaften mit beschränkter Haftbarkeit für viele Verhältnisse passend erfolgen könne, wenn man davon absähe, daß eine solche Gesellschaft als solche ein von Haus aus bestimmtes Kapital haben müsse, und daß dasselbe in Einzelantheile mit bestimmten Nennwerthen zerlegt würde, mit andern Worten, wenn man an die Stelle des Begriffs der Aktie den des Antheils stelle". Da jede Gesellschaft ein bestimmtes Vermögensobjekt haben müsse, solle ein gewisses Kapital oder Werthobjekt gesetzlich zu Grunde gelegt werden. In der weiteren

*) Deutscher Handelstag. Mittheilungen an die Mitglieder. Jahrgang XXVIII Nr. 6.

Folge würden sich die Verbindlichkeiten der Mitglieder berggesetzlich konstruiren. Doch ging Referent nicht so weit zu sagen, eine derartige Bestimmung, wie sie der Berggewerkschaft eigenthümlich ist, muß in jedem Statut der Antheilsgesellschaft mit beschränkter Haftbarkeit Aufnahme finden; aber dies müsse zulässig sein, man müsse es freilassen, wie die größte Freiheit der Bewegung auf diesem Gebiete überhaupt das Beste sei. Referent verneinte unbedingt, daß „das vorhandene Bedürfniß durch eine Revision unserer Aktiengesellschaftsgesetzgebung" zu erreichen sei, bejahte dagegen, daß man die beschränkte Haftbarkeit auch bei den Individualgesellschaften als nöthig erachte. Er glaube sogar, daß Beides, der Aufbau der Individualgesellschaft wie der der Kollektivgesellschaft, auf einem Fundament erfolgen könne, wenn auch mit verschiedenen Ausläufern. Für die Individualgesellschaft könne man ein Maximum der Antheilsmitglieder in dem Gesetze aufstellen (etwa 5).

Referent schlug folgende Resolution vor:

Der Ausschuß des deutschen Handelstages beschließt, mit Bezug auf die Anfrage des Herrn Ministers für Handel und Gewerbe vom 20. April d. J. sich dahin auszusprechen:

1. In den Kreisen des Handels und der Industrie wird eine Ergänzung des bestehenden Rechts durch Einfügung neuer Rechtsformen für gesellschaftliche Privatunternehmungen als ein dringendes Bedürfniß anerkannt.
2. Diesem Bedürfnisse ist eine Gesetzgebung abzuhelfen geeignet, welche die Errichtung von individualistischen und kollektivistischen Erwerbsgesellschaften auf der Grundlage der in Antheile zerlegten Mitgliedschaft und der beschränkten Haftbarkeit der Mitglieder zuläßt.
3. Insbesondere empfiehlt es sich, für solche Gesellschaften rücksichtlich der Verpflichtungen der Mitglieder die sinngemäße Anwendung der Bestimmungen des preußischen Berggesetzes vom 24. Mai 1865 zu ermöglichen.

In den Verhandlungen wurde das Bedürfniß, für die Association von Personen und Kapitalien im gewerblichen Verkehr neue Rechtsformen zu finden, von keiner Seite bestritten. „Die Frage . . . ob die Einführung der beschränkten Haftbarkeit in die Individualgesellschaft auf der Basis der offenen Handelsgesellschaft oder durch eine Vereinfachung des Aktiengesetzes oder, wie der Herr Referent wollte, in organischer Verbindung mit einer Verallgemeinerung der bergrechtlichen Gewerkschaft am besten zu erreichen sei, solle . . . zunächst außer Betracht bleiben. Nur dürfe in einer solchen etwa hervortretenden Meinungsverschiedenheit kein Grund gefunden werden, daß das Privileg der beschränkten Haftbarkeit, welches seit 20 Jahren die ganze wirthschaftliche Welt bewege, an der Grenze der Individualgesellschaft Halt machen müßte." Von anderer Seite wurde betreffs der Form die Ansicht vertreten, daß nur insoweit gewisse Erfordernisse zu stellen seien, als das Interesse des Staates dies erfordere, im Uebrigen „müßten die Gesellschaften so frei wirthschaften und arbeiten können, wie nur immer möglich, weil es sehr schwer sein werde, die unendliche Varietät des fluthenden Lebens in bestimmte Formen zu gießen"; der Besitz dieser Gesellschaften müsse als ein schwer übertragbarer charakterisirt werden, der nicht gerade geeignet sei, „ein Handelswerth zu sein, welcher von Hand zu Hand geht". Dagegen wurde wieder entgegengehalten, „daß die Vielgestaltigkeit unserer Verkehrsbedürfnisse eine ganze Reihe von Formen gebe, welche jene Annahme zu nichte machen", und daß es sehr „unangenehm empfunden werden würde, wenn man an diese Antheilsform Bedingungen knüpfen wollte, welche die Veräußerlichkeit derselben einigermaßen erschweren". In Betreff des Kredits solcher Gesellschaften wurde von einer Seite die Ansicht vertreten: „selbstverständlich würden diese Gesellschaften einen erheblichen Kredit nicht besitzen"; von anderer Seite wurde auf den dem Bundesrath vorliegenden Gesetzentwurf über die Genossenschaften hingewiesen und behauptet, daß die Kreditfähigkeit derartiger Vereinigungen mit beschränkter Haftbarkeit nicht zum Geringsten davon abhängen werde, ob dieser Entwurf Gesetz*) werde.

Ausgesprochen wurde: „möglichst große Oeffentlichkeit sei für alle Gesellschaften mit beschränkter Haftbarkeit vorzuschreiben". Die Antheile dürften nur auf Namen lauten. In der Resolution sei dies Wort gewählt, „weil es Alles umfasse: den Baar-Einschluß sowohl wie den Prozentsatz der Schiffsparten, die Kuxe, die Aktien und Aehnliches".

Hierauf wurden Nr. 1 und 2 der Resolution einstimmig angenommen; Nr. 3 wurde zurückgezogen, nachdem der Wunsch ausgesprochen war, zu Einzelfragen keinen Beschluß zu fassen.

Ferner wurde beschlossen, die Mitglieder des Handelstages 2c. um eine gutachtliche Aeußerung über die vorliegende Materie zu ersuchen, und es wurde eine Kommission eingesetzt zu deren Sichtung und zur demnächstigen Unterbreitung von Vorschlägen.

Die Handelsvorstände**) sprachen sich in der Mehrzahl für die Einführung einer neuen Gesellschaftsform mit beschränkter Haftung aus, und von ihnen die meisten für die individualistische Gesellschaftsform. Dahin gehört insbesondere das Gutachten der Aeltesten der Kaufmannschaft von Berlin***); der Unterschied zwischen der individualistischen und kollektivistischen Gesellschaftsform wird in demselben darin gefunden, daß die erstere den Wechsel in den Personen der Gesellschafter als den Ausnahmefall behandelt, während für die letztere ein solcher Wechsel die Regel bildet, daß also die Antheilsrechte bei

---

*) Es ist das Reichsgesetz betr. die Erwerbs- und Wirthschaftsgenossenschaften vom 1. Mai 1889, welches auch Genossenschaften mit beschränkter Haftpflicht zugelassen hat.

**) Mittheilungen an die Mitglieder Jahrgang XXVIII Nr. 18, und ferner Anlage B zum I. Entwurf S. 137 ff.

***) Korrespondenz der Aeltesten der Kaufmannschaft von Berlin Jahrg. XI Nr. 6, Berlin 25. Sept. 1888 S. 66 ff.

der ersteren Form nicht wie bei der letzteren an den offenen Markt gebracht werden und somit der erleichterten Uebertragbarkeit, welche den Antheilen an einer kollektivistischen Gesellschaft beiwohnt, nicht bedürfen; und daß deshalb für die Geschäftsgebahrung der individualistischen Gesellschaftsform das Bedürfniß nach umfassender Oeffentlichkeit, welche zum Schutze der Antheilsinhaber kollektivistischer Gesellschaften unentbehrlich ist, in Wegfall kommt, demgemäß auch für individualistische Gesellschaften die gesetzliche Feststellung von Bilanzirungsgrundsätzen überflüssig ist.

Das Aeltestenkollegium bejaht dann die Frage, ob „es ermöglicht werden soll, bei individualistischen Gesellschaften die Betheiligung und die Haftung sämmtlicher Gesellschafter auf deren Einlage zu beschränken?“ (Vorschlag von Oechelhäuser), und verneint die Frage: „Soll für kollektivistische Gesellschaften ein Weg eröffnet werden, sich außerhalb des Rahmens der Aktiengesetznovelle zu organisiren?“ (Vorschlag von Dr. Hammacher). Als Grundsätze werden aufgestellt: „Die neue Gesellschaftsform sei allen Vorschriften der offenen Handelsgesellschaft zu unterwerfen mit den durch den Umstand bedingten Modifikationen, daß die Gläubiger der neu einzuführenden Gesellschaft (welche letztere auch auf nicht handelsrechtliche Erwerbsgesellschaften auszudehnen sei), das Privatvermögen der Gesellschafter nicht angreifen könnten. Letzterer Umstand müsse in der Firma in geeigneter Weise kundbar gemacht werden. Da die neue Gesellschaftsform trotz ihres individualistischen Charakters doch der Kapitalgesellschaft näher stehe als der offenen Handelsgesellschaft, so sollte man Tod, Konkurs und Entmündigung eines Gesellschafters nur dann als Grund zur Auflösung der Gesellschaft gelten lassen, wenn dieses besonders vereinbart sei. Zur Wahrung des individualistischen Charakters sei andererseits erforderlich, daß die Uebertragung der Gesellschaftsrechte nur durch Zession, nicht durch Indossament erfolgen dürfe,“ nicht angängig erscheine es, dieselbe von der Zustimmung der andern Gesellschafter abhängig zu machen.

Die Uebertragung der Grundsätze der Gesellschaftsform der Gewerkschaft wird abgelehnt, weil die Cautelen gegen Vergewaltigung der Minderheit „bei Ausdehnung des Zubußesystems auf industrielle Unternehmungen entschieden nicht ausreichen, um dem Mißbrauche jenes Rechtes seitens der Majorität vorzubeugen“. Das Gutachten spricht sich auch gegen eine Theilung der Haftbarkeit nach Geschäftsantheilen und Haftsummen wie bei der Genossenschaft mit beschränkter Haftpflicht aus, da die Forderung einer Haftsumme „bei der hier ins Auge gefaßten Gesellschaftsform, welche durch die Höhe der Antheile zu erkennen gebe, daß sie nur einem relativen Großbetriebe dienen soll“, sich einestheils als Hemmniß bei der Begründung ergebe, andererseits zur Täuschung der Gläubiger führen könne. Jede Erhöhung des Grundkapitals müsse von der Einstimmigkeit der Gesellschafter abhängig gemacht werden, desgleichen die Herabsetzung.

Nach diesen Grundsätzen hat das Aeltestenkollegium „Grundzüge für die Form einer Gesellschaft mit beschränkter Haftbarkeit“ aufgestellt.

Die Kommission des Ausschusses des Handelstages einigte sich auf Grund der bei ihm eingegangenen Gutachten auf folgenden Vorschlag:*)

daß die Gesellschaft mit beschränkter Haftbarkeit aufzubauen sei auf den in Buch II Titel 1 des Handelsgesetzbuches enthaltenen Bestimmungen über die „offenen Handelsgesellschaften";

daß es gesetzlich für zulässig erklärt werden müsse, durch den Gesellschaftsvertrag zu bestimmen, daß durch Mehrheitsbeschluß die Einlagen (Antheile) der Gesellschafter — ohne Begrenzung des Betrages — erhöht werden können, und daß einem solchen Beschlusse gegenüber die widersprechenden Gesellschafter nur das Recht haben, unter Verlust ihrer Antheile aus der Gesellschaft auszuscheiden;

daß überhaupt die Vertragsfreiheit möglichst gewahrt werden und es deshalb auch gestattet sein müsse, in dem Gesellschaftsvertrage die Erhöhung der Antheile zu begrenzen;

daß eine Begrenzung der Zahl der Theilnehmer nicht zu befürworten sei, daß aber die sämmtlichen Gesellschafter in entsprechender Anwendung der Bestimmungen des Handelsgesetzbuchs Art. 86 namentlich in das Handelsregister einzutragen seien;

daß eine Begrenzung des Minimums der Einlagen zulässig erscheine, um eine übermäßige Ausbreitung dieser Gesellschaftsform in wenig bemittelten Kreisen zu verhindern, und daß die Uebertragbarkeit der Antheile zu erschweren sei, um die Gesellschaft gegen das Eindringen ungeeigneter Theilnehmer zu schützen.

Die Kommission genehmigte dann auch mit einigen Aenderungen die von dem Aeltestenkollegium der Berliner Kaufmannschaft aufgestellten Grundzüge in folgender Fassung:

1. eine Handelsgesellschaft mit beschränkter Haftbarkeit ist vorhanden, wenn mehrere Personen ein Handelsgewerbe oder ein sonstiges Unternehmen unter gemeinschaftlicher Firma betreiben und bei sämmtlichen Gesellschaftern die Betheiligung auf einen bestimmten Betrag begrenzt ist.

Der Geschäfstantheil jedes Gesellschafters bei Begründung der Gesellschaft darf nicht weniger als 5000 Mark betragen. Die Firma muß den Zusatz „mit beschränkter Haftbarkeit" enthalten.

2. Auf die Gesellschaft mit beschränkter Haftbarkeit finden die Bestimmungen Buch II Titel 1 des Handelsgesetzbuches über die offenen Handelsgesellschaften entsprechende Anwendung insofern sie nicht durch nachstehende Bestimmungen abgeändert oder ergänzt werden.

3. In der Anmeldung bei dem Handelsgericht sind außer den im Art. 86 des H.G.B. bezeichneten Erfordernissen auch die Antheile der Gesellschafter anzugeben.

Der Anmeldung ist eine Abschrift des Gesellschaftsvertrages in beglaubigter Form beizufügen. Die Anmeldung hat die schriftliche Erklärung zu enthalten, daß mindestens die Hälfte der Einlagen eingezahlt ist.

*) Mittheilungen an den Ausschuß Jahrg. XXVIII Nr. 19.

Wird nach dem Gesellschaftsvertrage von einem Gesellschafter eine Einlage gemacht, welche nicht in Geld besteht, so ist die Einlage und der Geldwerth, zu welchem sie angenommen ist, in der Anmeldung anzugeben.

War im Gesellchaftsvertrage die Einlage als Geldeinlage festgesetzt, so ist jede Erfüllung der Einlageverpflichtung, welche anders als durch Baarzahlung geschieht, der Gesellschaft und deren Gläubigern gegenüber unwirksam.

4. In der Veröffentlichung des Handelsgerichts (Art. 88 des H.G.B.) ist außer dem durch Art. 86 H.G.B. begrenzten Inhalte der Anmeldung auch die Gesammthöhe der Einlagen (Grundkapital) sowie die vertragliche Bewerthung der nicht in baarem Geld bestehenden Einlagen anzugeben.

5. Im Verhältnisse zu dritten Personen tritt die rechtliche Wirksamkeit der Handelsgesellschaft erst mit dem Zeitpunkte ein, in welchem die Errichtung der Gesellschaft in das Handelsregister eingetragen ist. Hat die Gesellschaft vor dieser Eintragung ihre Geschäfte begonnen, so haftet jeder Gesellschafter dritten Personen für die bis zur Eintragung entstandenen Verbindlichkeiten der Gesellschaft gleich einem persönlich haftenden Gesellschafter.

6. Beschränkungen in der Verpflichtung der Gesellschafter zur Leistung der eingetragenen Einlagen sind auch der Gesellschaft gegenüber unwirksam, sofern dieselbe der Leistung der Einlagen zur Zahlung von Gesellschaftsschulden bedarf.

7. Es ist gestattet, mit rechtsverbindlicher Kraft für alle Gesellschafter, durch den Gesellschaftsvertrag zu bestimmen, daß und mit welcher Mehrheit eine Erhöhung des Grundkapitals über die eingetragenen Gesammtbeträge der Einlagen hinaus beschlossen werden kann und daß diejenigen Gesellschafter, welche die Erhöhung ihrer Einlage in Gemäßheit eines solchen Beschlusses verweigern, das Recht haben, unter Verzichtleistung auf die bereits gemachten Einlagen, aus der Gesellschaft auszuscheiden.

Enthält der Gesellschaftsvertrag keine entgegenstehende Bestimmung, so ist die Erhöhung des Grundkapitals von dem einstimmigen Beschlusse sämmtlicher Gesellschafter abhängig.

Der Beschluß über Erhöhung ist zur Eintragung in das Handelsregister anzumelden und in dieses einzutragen.

8. Beschlüsse auf theilweise oder gänzliche Rückzahlung der Einlagen an einen oder mehrere Gesellschafter sind nur insoweit zulässig, als dadurch der Mindestbetrag der Betheiligung von 5000 Mark nicht beeinträchtigt wird. Sie bedürfen der Einstimmigkeit sämmtlicher Gesellschafter. Das Gleiche gilt von Beschlüssen, durch welche ein noch nicht gezahlter Theil der Einlage erlassen werden soll.

Ein solcher Beschluß muß zur Eintragung in das Handelsregister angemeldet und eingetragen werden. Er darf durch Rückzahlung oder Erlaß erst dann zur Ausführung gebracht werden, wenn seit seiner Eintragung in das Handelsregister ein Jahr verflossen ist.

Bei früherer Zurückzahlung an einen Gesellschafter haften alle

Gesellschafter in Höhe des zurückgezahlten Betrages der Gesellschaft sowie den Gesellschaftsgläubigern solidarisch.

Die zurückzuzahlenden Einlagen können für Privatgläubiger des Gesellschafters nur insoweit gepfändet werden, als sie nicht bis zur erfolgten Zurückzahlung wegen Forderungen der Gesellschaftsgläubiger verwendet oder gepfändet sind.

9. Die sämmtlichen Gesellschafter haften solidarisch und ohne Beschränkung auf die Einlagen den Gesellschaftsgläubigern:

a) wenn eine Einlage nicht vollständig geleistet ist, in Höhe des Ausfalls,

b) wenn trotz einer durch Verluste eingetretenen Verminderung des Grundkapitals an einen Gesellschafter Gewinnantheile gezahlt worden sind, in Höhe der gezahlten Gewinnantheile.

10. Die Gesellschaft wird aus den im Art. 123 Nr. 2 und 3 bezeichneten Gründen (Tod, Konkurs, Interdiktion eines Gesellschafters) nur dann aufgelöst, wenn dies im Gesellschaftsvertrage bedungen ist.

Geht der Antheil eines Gesellschafters auf mehrere Erben über, so dürfen dieselben die Gesellschafterrechte nur durch einen gemeinsamen Vertreter ausüben.

11. Ueber die Betheiligung der Gesellschafter am Gesellschaftsvermögen und am Gewinne dürfen indossirbare oder auf Inhaber lautende Urkunden nicht ausgefertigt werden, doch ist jedem Gesellschafter erlaubt, seine Gesellschaftsrechte unter den im Gesellschaftsvertrage vorgesehenen Bedingungen an Dritte abzutreten.

Die übrigen Gesellschafter haben das Recht, binnen 14 Tagen nach erlangter Kenntniß von der Abtretung die Eintragung des neuen Gesellschafters in das Handelsregister so lange durch ihren Widerspruch zu hindern, bis hinreichende Sicherheit für den etwa noch rückständigen Theil der Einlage des Zedenten, für welchen der Zedent gemäß Nr. 9 verhaftet bleibt, geleistet ist.

Der Erwerber des Geschäftsantheils ist zur Ausübung der Gesellschafterrechte erst dann berechtigt, wenn er als Gesellschafter in das Handelsregister eingetragen ist. So lange der Gesellschaft die geschehene Abtretung noch nicht gehörig bekannt gemacht worden, sind alle zwischen ihr und dem Zedenten vorgefallenen Verhandlungen zu Gunsten der Gesellschaft gültig.

Ist die Abtretung an mehrere Personen erfolgt, so dürfen dieselben die Gesellschafterrechte nur durch einen gemeinsamen, aus ihrer Mitte genommenen Vertreter ausüben.

12. Sobald Zahlungsunfähigkeit der Gesellschaft eintritt, muß die Eröffnung des Konkurses beantragt werden; dasselbe gilt, wenn aus der Jahresbilanz oder einer im Laufe des Geschäftsjahres aufgenommenen Bilanz sich ergiebt, daß das Vermögen nicht mehr die Schulden deckt.

Wer dieser Vorschrift schuldbar zuwiderhandelt, haftet den Gesellschaftsgläubigern persönlich für jeden einzelnen Ausfall an ihren Forderungen.

In der Sitzung des Ausschusses des Handelstages am 23. November 1888 referirte Dr. Hammacher Namens der Kommission. Der Ausschuß trat nach längerer Debatte sowohl den prinzipiellen Gesichtspunkten wie auch mit einer geringen Aenderung, welche die Minimalhöhe der Einzahlungen betraf, den Grundzügen bei.

Unterm 7. Dezember 1888 wurde nunmehr Seitens des Präsidiums des deutschen Handelstages in diesem Sinne und mit diesen Vorschlägen der Bericht erstattet.*)

Im Dezember 1891 wurde Seitens des Reichsjustizamtes der „Entwurf eines Gesetzes betreffend die Gesellschaften mit beschränkter Haftung nebst Begründung und Anlage" (Franz Vahlen—Berlin) veröffentlicht. Unter Vornahme weniger Aenderungen ertheilte der Bundesrath dem Entwurfe seine Zustimmung, der am 11. Februar 1892 dem Reichstage**) zur Beschlußfassung vorgelegt wurde.

Die Generalversammlung des deutschen Handelstages, die zur Beurtheilung des Gesetzentwurfs auf den 15. und 16. Januar 1892 einberufen worden war, hatte nach einem Referat von Oechelhäuser einstimmig beschlossen:***)

„Der deutsche Handelstag drückt seine freudige Genugthuung darüber aus, daß er in dem „Gesetzentwurf betreffend die Gesellschaften mit beschränkter Haftung" im Wesentlichen die Erfüllung der unterm 7. Dezember 1888 an das Königlich Preußische Handelsministerium gerichteten Vorschläge wiederfindet, und spricht seine Zustimmung zu dem in der Gesetzesvorlage enthaltenen Prinzipien aus."

Der Reichstag beschloß nach der ersten Berathung in der 177. Sitzung vom 19. Februar, den Entwurf einer Kommission von 14. Mitgliedern zur Vorberathung zu überweisen.†)

---

*) Mittheilungen an die Mitglieder Jahrg. XXVIII Nr. 19, Heft 25 der Mittheilungen des Vereins zur Wahrung der wirthschaftlichen Interessen von Handel und Gewerbe S. 98 ff. Anlage A zum I. Entwurf S. 121 ff.

**) Drucksachen des Reichstages, 8. Legislaturperiode I. Session 1890/92 Nr. 660.

***) Heft 27 der Mittheilungen des Vereins zur Wahrung der wirthschaftlichen Interessen von Handel und Gewerbe.

†) Die 14 Mitglieder waren: 1) Oechelhäuser, Preußischer Geheimer Kommerzienrath in Dessau (für Anhalt 2), Vorsitzender, 2) Hultzsch, Kommerzienrath und Handelskammerpräsident in Dresden (für Sachsen 5), Stellvertreter, 3) Gröber, Landrichter in Heilbronn (für Württemberg 5), Schriftführer, 4) v. Dziembowski-Pomian, Rechtsanwalt in Posen (für Posen 8), Stellvertreter des Schriftführers, 5) Büsing, Rechtsanwalt und Bankdirektor in Schwerin (für Mecklenburg-Schwerin 2), 6) Dietz, Buchdruckereibesitzer in Stuttgart (für Hamburg 2), 7) Friedländer Stadtrichter a. D. und Bankdirektor in Breslau (für Liegnitz 5), 8) Gamp, Geheimer Oberregierungsrath und vortragender Rath im Preuß. Handelsministerium in Berlin (für Marienwerder 8), 9) v. Gerlach, Landrath und Rittergutsbesitzer in Cöslin (für Cöslin 3), 10) Hitze, Generalsekretär des Arbeiterwohls, des Verbandes katholischer Industrieller in M.-Gladbach (für Aachen 5), 11) Schenck, Anwalt des allgemeinen Verbandes der deutschen Erwerbs- und Wirthschaftsgenossenschaften in Berlin (für Wiesbaden 2), 12) Spahn, Landgerichtsrath in Bonn (für Köln 4), 13) Speiser, Fabrikant in Göppingen (für Württemberg 10), 14) Wattendorf, Kaufmann in Ibbenbühren (für Münster 4). Gamp schied nach

Die Kommission hat die Vorberathung in zwei Lesungen und 6 Sitzungen vollendet. An derselben betheiligten sich als Mitglied des Bundesraths der Staatssekretär des Reichsjustizamts, Kaiserl. wirklicher Geheimer Rath Dr. Bosse und als Kommissare des Bundesraths der Kaiserliche Geheime Ober=Regierungsrath Dr. Hoffmann, der Verfasser des Entwurfs, und der Geheime Ober=Regierungsrath Gamp. Im Auftrage der Kommission erstattete der Abgeordnete Schenck am 15. März schriftlichen Bericht (Drucksachen Nr. 744). Auf Grund desselben hat der Reichstag in zweiter Berathung in der 198. Sitzung vom 19. März den Entwurf nach den Beschlüssen der Kommission en bloc angenommen. Ebenso in der dritten Berathung in der 199. Sitzung vom 21. März.

Der Bundesrath hat den Beschlüssen des Reichstages zugestimmt und der Kaiser das Gesetz am 20. April vollzogen (Reichs=Gesetzblatt Nr. 24, ausgegeben am 26. April 1892 S. 477 bis 499).*)

---

der ersten Kommissionssitzung aus, um den späteren Sitzungen als Kommissar des Bundesrathes beizuwohnen. An seine Stelle trat in die Kommission Freiherr von Stumm=Halberg, Geheimer Kommerzienrath in Neuenkirchen (für Trier 6).

*) Inzwischen hatten sich gegen den Gesetzentwurf ausgesprochen gehabt: Bähr, „Gesellschaften mit beschränkter Haftung" (Sonderabdruck aus den Grenzboten), Leipzig 1892; Goldschmidt, Alte und neue Formen der Handelsgesellschaften, Vortrag in der juristischen Gesellschaft zu Berlin, gehalten am 19. März 1892. — Berlin 1892. Auf die von Bähr und Goldschmidt erhobenen Einwendungen kommen wir in den folgenden §§ zu sprechen.

Bähr machte gegen den Entwurf geltend:

daß derselbe die ganze Lehre, daß die Rechte einer juristischen Person nur durch Verleihung der Staatsgewalt erworben werden können, über Bord werfe;

daß kein Bedürfniß nach dieser Gesellschaftsform vorliege, es würde genügen, wenn allen Gesellschaften und Vereinen (vielleicht nur mit Vorbehalt einer Ausnahme für politische und religiöse Vereine) die Befugniß eingeräumt werde, auf ihren Namen Rechte zu erwerben, sowie auch Schulden zu machen, für die zunächst nur das Gesellschaftsvermögen hafte; wenn ferner das Aktienrecht nach dem Vorbilde der Berggewerkschaften dahin ergänzt würde, daß die Mitglieder unter Umständen Nachschüsse zu leisten verpflichtet werden;

daß eine weitere Zulassung der beschränkten Haftpflicht zu mißbräuchlicher Anwendung führen würde;

daß die Garantien für die Sicherung des Gesellschaftskapitals nicht ausreichend seien.

Goldschmidt forderte:

1. Der Entwurf hat sich auf Gesellschaften zu Handelszwecken, worin ja auch die meisten sogenannten Industriezwecke einbegriffen sind, zu beschränken; sollte es aber unumgänglich erscheinen, auch das dem Handel nicht angehörige Handwerk, die Urproduktion (Landwirthschaft, Fischerei), endlich gar das Immobiliarbaugewerbe) zu umfassen, so dürfte er doch nur das Gewerbe, d. h. das dem Gewinnzweck bestimmte Unternehmen, treffen.

2. Gesellschaften mit beschränkter Haftung sind nur als Zubußegesellschaften zuzulassen; ist die Zubuße im Statut auf einen bestimmten Maximalbetrag festgesetzt, so darf dieser nicht unter der Hälfte des Geschäftsantheils betragen.

3. Die konstruktive Frage, ob die so geregelten Gesellschaften als juristische Personen zu gelten haben, ist vom Gesetz lediglich der Wissenschaft und Praxis zu überlassen. Es muß daher der Satz des § 13 „als solche hat selbstständig ihre Rechte und Pflichten" wegfallen. Es ist denkbar, daß je nach der Sachlage die juristische Persönlichkeit anzuerkennen oder zu verneinen sein wird.

Das Einführungsgesetz zum Handelsgesetzbuch vom 10. Mai 1897 enthält in Artikel 11 I bis XXIII Aenderungen des Gesetzes betreffend die Gesellschaften mit beschränkter Haftung. Sie stehen zum Theil im Zusammenhang mit den allgemeinen Vorschriften, welche die §§ 12—15 des Handelsgesetzbuchs bezüglich der Anmeldungen zum Handelsregister, sowie bezüglich der Eintragungen in dasselbe enthalten, zum Theil mit dem Bürgerlichen Gesetzbuch, zum Theil enthalten sie eine Neuregelung, wie z. B. die Bestimmungen über Nichtigkeitserklärung. Diese Aenderungen treten sämmtlich erst gleichzeitig mit dem Handelsgesetzbuch und dem Bürgerlichen Gesetzbuch am 1. Januar 1900 in Kraft.

Nun bestimmt Artikel 13 dieses Einführungsgesetzes:

„Der Reichskanzler wird ermächtigt, die Texte des Gesetzes, betreffend die Erwerbs- und Wirthschaftsgenossenschaften, des Gesetzes, betreffend die Gesellschaften mit beschränkter Haftung, und des Gesetzes, betreffend die privatrechtlichen Verhältnisse der Binnenschiffahrt, wie sie sich aus den in den Artikeln 10 bis 12 vorgesehenen Aenderungen ergeben, unter fortlaufender Nummernfolge der Paragraphen und Abschnitte durch das Reichs-Gesetzblatt bekannt zu machen.

Hierbei sind die in den bezeichneten Gesetzen enthaltenen Verweisungen auf Vorschriften des Allgemeinen Deutschen Handelsgesetzbuchs durch Verweisungen auf die nach Artikel 3 des gegenwärtigen Gesetzes an die Stelle jener Vorschriften tretenden Vorschriften zu ersetzen. Den Verweisungen auf Vorschriften der Civilprozeßordnung und der Konkursordnung sind diese Gesetze in der Fassung zu Grunde zu legen, welche sie durch das im Artikel 1 des Einführungsgesetzes zum Bürgerlichen Gesetzbuche vorgesehene Gesetz erhalten.

Soweit in Reichsgesetzen oder in Landesgesetzen auf Vorschriften der im Abs. 1 bezeichneten Gesetze verwiesen ist, treten die entsprechenden Vorschriften der durch den Reichskanzler bekannt gemachten Texte an ihre Stelle."

Der Reichskanzler hat von der Ermächtigung Gebrauch gemacht, er hat im Reichs-Gesetzblatt Nr. 25 (ausgegeben am 14. Juni 1898) den Text auch des Gesetzes betreffend die Gesellschaften mit beschränkter Haftung in der vom 1. Januar 1900 an geltenden Fassung bekannt gemacht. Die neue Fassung befindet sich S. 849 bis 867 des Reichs-Gesetzblattes.

In diesem Buche (Auflage 2) sind überall die ursprünglichen Texte des Gesetzes und mit der alten Nummerfolge der Paragraphen aufgenommen. Sodann folgen im Kommentar vor den Anmerkungen wörtlich die vom 1. Januar 1900 gültigen Texte soweit Aenderungen eingetreten sind. Auch sind die neuen Nummern der Paragraphen sowohl dieses Gesetzes als bei Verweisungen auch des Handelsgesetzbuches und der anderen zur selben Zeit in Kraft tretenden Gesetze in eckigen Klammern beigefügt.

Die Aenderungen des Einführungsgesetzes betreffen folgende Paragraphen:

§ 7 Abs. 1, § 8 Abs. 3, § 9 Abs. 3, § 10, § 11 Abs. 1, § 12,

§ 15 Abs. 3, § 20 Abs. 2, § 23, § 27 Abs. 2, § 39, § 40 [fortgefallen], § 53 [§ 52], § 55 [§ 54] § 60 [§ 59 neu hinzugefügt], § 64 Abs. 3, § 65, § 67, § 69 [fortgefallen], § 74 Abs. 2 [§ 73], § 76 [§ 78], § 77 [§ 79], § 80 Abs. 1 Nr. 1 [§ 82]. Eingefügt sind § 75a [§ 75], § 75b [§ 76] und § 75c [§ 77]. Geändert ist die Ueberschrift des fünften Abschnitts.*)

Zweiter Abschnitt.

Systematische Darstellung des Gesetzes.

§ 1. Rechtlicher Charakter der Gesellschaft.

Ueber den rechtlichen Charakter der Gesellschaft mit beschränkter Haftung heißt es in der Begründung (Entw. I S. 35, Entw. II S. 29): „es steht nichts im Wege, der neuen Gesellschaft im Einklang mit dem Umfange ihres Anwendungsgebietes auch rechtlich eine Mittelstellung zwischen den streng individualistischen Gesellschaftsformen des geltenden Rechts und der als äußerste Konsequenz des kapitalistischen Prinzips sich darstellenden Aktiengesellschaft anzuweisen. Die Aufgabe des Gesetzes ist es, die Grenzen nach beiden Seiten durch bindende Vorschriften sicherzustellen." Die neue Gesellschaft soll also hiernach weder individualistisch noch kollektivistisch sein, nach beiden Richtungen hin soll das Prinzip im Gesetze selbst durchbrochen werden. Wie wir sehen werden, ist gleichwohl das kollektivistische Element entschieden vorherrschend und verleiht der Gesellschaft den Charakter.

Es ist folglich nur recht bedingt zutreffend, wenn der deutsche Handelstag am 16. Januar seine freudige Genugthuung aussprach,**) „daß er in dem Gesetzentwurf betreffend die Gesellschaften mit beschränkter Haftung im Wesentlichen die Erfüllung der unterm 7. Dezember an das Königlich Preußische Handelsministerium gerichteten Vorschläge wiederfindet". Denn der erste Vorschlag lautete:

„daß die Gesellschaft mit beschränkter Haftbarkeit aufzubauen sei auf den Buch II Titel 1 des Handelsgesetzbuchs enthaltenen Bestimmungen über die „offenen Handelsgesellschaften"."

welchem Vorschlage auch die „Grundzüge" entsprechen. Das Gesetz hat dieselben nicht aufgenommen.

Unter einer Gesellschaft auf rechtlich individueller Grundlage ist

---

*) Von den ursprünglichen §§ des Gesetzes bekommen neue §§-Nummern § 42 [§ 41], § 43 [§ 42], § 44 [§ 43], § 45 [§ 44], § 46 [§ 45], § 47 [§ 46], § 48 [§ 47], § 49 [§ 48], § 50 [§ 49], § 51 [§ 50], § 52 [§ 51], § 53 [§ 52], § 54 [§ 53], § 55 [§ 54], § 56 [§ 55], § 57 [§ 56], § 58 [§ 57], § 59 [§ 58], § 70 [§ 69], § 71 [§ 70], § 72 [§ 71], § 73 [§ 72], § 74 [§ 73], § 75 [§ 74], § 76 [§ 78], § 77 [§ 79], § 78 [§ 80], § 79 [§ 81], § 80 [§ 82], § 81 [§ 83], § 82 [§ 84]. Fortfallen werden von den ursprünglichen §§ künftig §§ 40 und 69.

**) Heft 27 S. 23 des Vereins zur Wahrung 2c.

eine solche Rechtsgestaltung zu verstehen „derzufolge physische leibhafte Personen innerhalb der Gesellschaft als die Subjekte des Gesellschaftsvermögens, als die Träger der Gesellschaftsrechte und -Verbindlichkeiten in Betracht kommen".*) Die Gesellschaft mit beschränkter Haftung ist aber von den physischen Personen, die ihre Mitglieder bilden, losgelöst, es steht sogar nichts im Wege, daß sie ihrerseits wieder nur juristische Personen zu Mitgliedern zählt (§§ 11, 13, 15, 35, 48 u. s. w.). Die allgemeine Grundlage der Gesellschaft ist vielmehr kollektivistisch: die Gesellschaft besitzt rechtliche Selbstständigkeit, den Gläubigern haftet ausschließlich das Gesellschaftsvermögen, die Leitung liegt in den Händen gewählter Geschäftsführer, die Gesellschafter können ihre Rechte nur durch Mehrheitsbeschlüsse geltend machen — die Organisation ist korporativ, wenn auch insbesondere in Folge statutarischer Bestimmungen die Person des Gesellschafters derart in den Vordergrund treten kann, wie es fast nur der offenen Handelsgesellschaft eigenthümlich ist. So steht z. B. nichts im Wege, daß zwei Personen eine Gesellschaft mit beschränkter Haftung bilden, die sie selbst als Geschäftsführer leiten. Doch dies Alles kann nicht die rechtliche Natur der Gesellschaft beeinflussen

Der Gesetzgeber hat sich aus folgenden Gründen (in der amtlichen Begründung (Entw. I S. 32 ff., Entw. II S. 27) gegen den Aufbau der Gesellschaft mit beschränkter Haftung auf der Grundlage der offenen Handelsgesellschaft ausgesprochen:

1. Eine solche Gesellschaft würde dem vorhandenen Bedürfnisse nur in beschränktem Maße entsprechen, „denn sie wäre nur für die Betheiligung einer ganz geringen Zahl von Teilnehmern, welche die Geschäfte selbstthätig betreiben, berechnet und praktisch verwendbar". Würde man aber durch Modifikation der für die offene Handelsgesellschaft geltenden Bestimmungen die Gesellschaft auch zur Aufnahme einer größeren Anzahl Mitglieder geeignet machen, so würde „hierdurch, in Verbindung mit der Beseitigung der unbeschränkten Haftpflicht, die Gesellschaft eines bestimmten Rechtscharakters ganz entkleidet und einer so verschiedenartigen Gestaltung zugänglich gemacht" werden, „daß sie ihren individualistischen Charakter auch gänzlich abstreifen und in allen wesentlichen Beziehungen die Natur der Aktiengesellschaft annehmen könnte, ohne dabei an eine der Schranken gebunden zu sein, welche bei dieser zum Schutze der betheiligten Interessen aufgerichtet sind".

2. „Die einzelnen Merkmale, welche man als den praktischen Ausdruck des individualistischen Charakters der offenen Handelsgesellschaft bezeichnen kann," haben „in Wahrheit nur die Bedeutung rechtlicher und wirthschaftlicher Konsequenzen des zu Grunde liegenden Haftungprinzipes, welche mit der Beseitigung des letzteren ihre grundsätzliche Berechtigung verlieren". In den meisten Fällen werde die beschränkte Haftung gewählt werden, wo sich die Gesellschafter auf „eine mehr oder weniger nachdrückliche Mitwirkung bei der Ober-

*) Ring, Deutsche Kolonialgesellschaften S. 47.

leitung und Beaufsichtigung der Geschäfte" beschränken wollen, und „dann kann es auch nicht als gerechtfertigt angesehen werden, der neuen Gesellschaft eine Konstruktion zu geben, welche die Personen der Theilnehmer in dem Maße wie bei der offenen Handelsgesellschaft als die individuellen Träger des Unternehmens in den Vordergrund treten läßt". Ein Widerspruch sei es, wenn „die freie Veräußerlichkeit der Mitgliederantheile anerkannt und andererseits doch jedem Gesellschafter als solchem das Recht der Geschäftsführung und Vertretung nach den Grundsätzen der offenen Handelsgesellschaft zugestanden" würde.

In den „Grundzügen" des Handelstages war u. A. vorgeschlagen, daß die Erhöhung des Grundkapitals mangels entgegengesetzter Bestimmung des Gesellschaftsvertrages „von dem einstimmigen Beschluß sämmtlicher Gesellschafter abhängig" sein soll, ein entscheidendes Merkmal der individualistischen Gesellschaft, dies hat im Gesetze nicht Aufnahme gefunden. Das Gesetz hat den „Grundzügen" schließlich nur die beschränkte Haftung der Gesellschafter als Grundlage entnommen. Ebenso wie die eingetragene Genossenschaft und die Aktiengesellschaft ist die Gesellschaft mit beschränkter Haftung eine kollektivistische Gesellschaftsform, und sie nimmt nicht blos eine Mittelstellung zwischen dieser und der individualistischen ein. Ob die Gesellschaft vom wirthschaftlichen Standpunkt individualistisch wird, ist eine reine Thatfrage, die bei jeder Gesellschaft nach den konkreten Verhältnissen zu beurtheilen ist — auch die Aktiengesellschaft kann eine derartige Grundlage statutarisch erhalten, ohne daß in ihr die rechtlichen Merkmale der individualistischen Gesellschaftsform gefunden werden.

Das Gutachten des Aeltestenkollegium der Kaufmannschaft von Berlin sieht das charakteristische Merkmal der individualistischen Gesellschaft darin, daß der Wechsel in den Personen der Gesellschafter als der Ausnahmefall behandelt wird. Dies ist vom wirthschaftlichen Standpunkt zutreffend. Bei der Gesellschaft mit beschränkter Haftung wird es wesentlich von den Bestimmungen des Statuts und dem Gesellschaftszweck abhängen, ob der Wechsel in den Personen der Gesellschafter die Ausnahme bleibt oder nicht. Daher kann für diese Gesellschaft derselbe kein entscheidendes Kriterium sein.

Die Konstruktion, welche die Gesellschaft mit beschränkter Haftung in den oben erwähnten organisatorischen Bestimmungen durch das Gesetz erfahren hat, verleiht ihr einen korporativen Charakter.*) Nach § 13 des Gesetzes hat die Gesellschaft „selbstständig" ihre Rechte und Pflichten. „Die Frage — heißt es hierzu in der Begründung Entw. I S. 58, II 46 — ob die Gesellschaft mit beschränkter Haftung als juristische Person zu betrachten ist, soll damit nicht entschieden werden; sie ist im Wesentlichen theoretischer Natur und muß deshalb der Wissenschaft überlassen bleiben." Für die Praxis ist diese Frage

*) Zutreffend wird in der Begründung zum Gesetz (Entw. I S. 32 Entw. II S. 27) bemerkt, daß auch bei den Vorschlägen von Esser und Riesser, welche angeblich auf individualistischer Grundlage beruhen, der korporative Charakter entschieden in den Vordergrund tritt. Ohne den letzteren ist dem wirthschaftlichen Bedürfniß nicht zu genügen.

deswegen bedeutungslos, weil das Gesetz der Gesellschaft alle Rechte einer juristischen Person beigelegt hat. Wer in der Aktiengesellschaft eine juristische Person sieht, muß auch die Gesellschaft mit beschränkter Haftung für eine solche erachten. Daß die Firma in Folge einer vom Reichstage getroffenen Aenderung der ursprünglichen Fassung des § 4 auch eine Namensfirma sein kann, ändert hieran nichts, denn der selbstständige Organismus der Gesellschaft bleibt hiervon unberührt; auch das ist nicht von entscheidender Bedeutung, daß der Gesellschaftsvertrag im weitesten Umfange die Rechte der Gesellschafter mit Bezug auf die Geschäftsführung u. s. w. regeln kann, denn es ist damit nur der Autonomie der Gesellschaft ein weiter, dem Zweck des Gesetzes entsprechender, Spielraum eingeräumt; die Gesellschaft bleibt immer losgelöst von den Gesellschaftern. Auch das System der Zubußen ist ohne Einfluß auf die Rechtsnatur der Gesellschaft schon um deswillen, weil die Gesellschafter nur der Gesellschaft und nicht den Gläubigern verpflichtet werden, und dann bildet auch bei den Gesellschaften mit Nachschußpflicht das Stammkapital die Grundlage.

Goldschmidt*) bemängelt es, daß es im § 13 heißt: „Die Gesellschaft mit beschränkter Haftung als solche hat selbstständig ihre Rechte und Pflichten", weil die Theorie hierunter eine juristische Person verstehen muß und „die Formel der juristischen Person zwar paßt für die aktienartigen, auf einen umfassenden und normalerweise wechselnden Personenbestand berechneten Kapitalgesellschaften, nicht aber für ganz individualistische Personenverbindungen". Goldschmidt führt als Beispiel einen Fall an, in dem ein Fabrikant sein Unternehmen in eine Gesellschaft mit beschränkter Haftung umwandelt und zu diesem Zweck sich mit noch einer Person verbindet und den Gesellschaftsvertrag auf ein Jahr abschließt. Goldschmidt hält es nicht für glaublich, daß eine solche Gesellschaft eine juristische Person sein soll. Dagegen ist zunächst einzuwenden, daß die Gesellschaft mit beschränkter Haftung gar keine „individualistische Personenverbindung" ist, und dann, daß auch unter dem Aktiengesetz sich eine aus wenigen Personen mit geringem Kapital bestehende Gesellschaft auf ein Jahr als „juristische Person" bilden kann; ob die Gesellschaft aus zwei, drei oder fünf Personen besteht, kann kaum entscheidend sein. Goldschmidt ist der Ansicht, daß man sich damit hätte begnügen sollen, „der neuen Gesellschaft dasjenige Maß von selbstständiger Geschäftsfähigkeit und Parteifähigkeit zu sichern, welches allen Gewerbs-(Handels-)gesellschaften, insbesondere auch der offenen und Kommanditgesellschaft (H.G.B. Art. 111, 164) zukommt". Das wäre ausreichend gewesen, wenn man eine individualistische Gesellschaftsform schaffen wollte, nach der amtlichen Begründung ist der Gesetzgeber aber „von derselben allgemeinen Grundlage" ausgegangen „wie bei der Aktiengesellschaft".

Bähr, der sich in scharfer Weise gegen den Gesetzentwurf ausgesprochen hat, führt aus: „Fragen wir nun, wie in dieses bestehende

---

*) Goldschmidt, Alte und neue Formen der Handelsgesellschaft (Berlin 1892) S. 33 ff.

Recht (ausdrückliche Verleihung der juristischen Person juristische Person der Aktiengesellschaft, Kolonialgesellschaft und eingetragenen Genossenschaft) das Recht des neuen Entwurfs . . . eingreifen würde. Man würde unbedenklich aussprechen können, daß er dem bestehenden Recht den Boden ausschlüge. Eine Gesellschaft mit der Befugniß selbstständigen Vermögenserwerbes und beschränkter Haftung soll sich für jeden gesetzlichen Zweck frei bilden können! Damit ist die ganze Lehre, daß die Rechte einer juristischen Person nur durch Verleihung der Staatsgewalt erworben werden können, über Bord geworfen." Wenn das Gesetz thatsächlich dies zur Folge hat, so könnten wir diesen Umstand nur als einen Vorzug des Gesetzes betrachten. Vgl. ferner über die Rechtsnatur der Gesellschaft Anm. 1 zu § 13.

Eine Gegenüberstellung der Gesellschaften mit beschränkter Haftung mit der Aktiengesellschaft, der eingetragenen Genossenschaft mit beschränkter Haftpflicht und der offenen Handelsgesellschaft nach ihren wesentlichen Unterscheidungsmerkmalen läßt am besten die Besonderheiten der Gesellschaft mit beschränkter Haftung im Gesellschaftssystem erkennen:

I. Die wesentlichen Unterschiede zwischen der Gesellschaft mit beschränkter Haftung und der offenen Handelsgesellschaft sind folgende:

1. Bei der O.H. haften die Mitglieder unbeschränkt und direkt — H.G.B. Art. 85, 112, 122, — [H.B. § 105, 128] — bei der G.m.b.H. haftet nur das Gesellschaftsvermögen (§ 13 Abs. 2). Das in §§ 26 ff. vorgesehene Nachschußverfahren ist der O.H. fremd.

2. Bei der O.H. muß der Gesellschaftszweck der Betrieb eines Handelsgewerbes sein — H.G.B. Art. 85 [H.B. § 105] — bei der G.m.b.H. ist er unbeschränkt (§ 1).

3. Die O.H. tritt mit ihrer Errichtung in Wirksamkeit — H.G.B. Art. 85, 110 — [H.B. § 105, 123] — die G.m.b.H. mit ihrer Eintragung in das Handelsregister (§ 11).

4. Die O.H. hat nicht die Rechte einer juristischen Person — H.G.B. Art. 111 — [H.B. § 124] — die G.m.b.H. hat diese Rechte (§ 13).

5. Bei der O.H. ist die Aufnahme neuer Mitglieder von der Zustimmung aller Gesellschafter abhängig — H.G.B. Art. 87, 88 — [H.B. §§ 107, 125 Abs. 4, 15, 108, 12 Abs. 1] — bei der G.m.b.H. sind die Geschäftsantheile veräußerlich und vererblich (§ 15 vgl. §§ 17, 56 [55]).

6. Bei der O.H. beendigen Tod, Konkurs, rechtliche Unfähigkeit eines Gesellschafters die Gesellschaft — H.G.B. Art. 123, 127 — [H.B. § 131, 138] — bei der G.m.b.H. ist dies nicht der Fall (§ 60), falls nicht der Gesellschaftsvertrag etwas anderes bestimmt.

7. Die O.H. kann von einem Gesellschafter aufgekündigt werden — H.G.B. Art. 123, 125, 128 — [H.B. § 131, 140 Abs. 1] — die G.m.b.H. kann nicht aufgekündigt werden, falls nicht der Gesellschaftsvertrag dies ausdrücklich bestimmt, nur Klage auf Auflösung ist zulässig (§ 61, vgl. H.G.B. Art. 125 — [H.B. § 133, Abs. 1, 2, 134].

8. Bei der O.H. wirken die Gesellschafter persönlich an der Ge-

schäftsführung mit — H.G.B. Art. 102 ff., 105 [H.B. § 114 ff.] — die G.m.b.H. wird durch Geschäftsführer vertreten, die nicht Gesellschafter zu sein brauchen (§§ 6, 35); die von den Gesellschaftern in Angelegenheiten der Gesellschaft zu treffenden Bestimmungen erfolgen durch Beschlußfassung (§ 48 [47]); die einzelnen Gesellschafter üben ihre Rechte in der Versammlung der Gesellschafter aus.

9. Bei der O.H. erfolgt die Anmeldung neuer Gesellschafter durch sämmtliche Mitglieder — H.G.B. Art. 88 — [H.B. § 108, 12 Abs. 1] — bei der G.m.b.H. durch die Geschäftsführer (§§ 58, 76 [57, 78]).

10. Die O.H. kann nicht aus öffentlich-rechtlichen Gründen aufgelöst werden — wohl aber die G.m.b.H. (§ 62).

II. Es ergeben sich folgende wesentliche*) Unterschiede zwischen der Gesellschaft mit beschränkter Haftung und der Aktiengesellschaft:

1. Die Haftung der Mitglieder ist bei der A.G. auf die übernommenen Aktien beschränkt — A.G. Art. 207; [H.B. § 178], bei der G.m.b.H. kann statutarisch die Einziehung von Nachschüssen vorgesehen werden (§ 26).

2. Das Gesellschaftskapital wird bei der A.G. in eine statutarisch bestimmte Zahl von Antheilen mit bestimmtem Nennwerthe, von welchen der einzelne Gesellschafter gleich Anfangs eine Mehrheit übernehmen kann, zerlegt — bei der G.m.b.H. fällt der Geschäftsantheil eines Mitgliedes begrifflich mit der der Gesammtbetheiligung desselben zusammen (§ 14, Ausnahmen §§ 17, 56 [55]).

3. Die Erschwerung der Uebertragung von Aktien bildet die Ausnahme — A.G. Art. 207, 215 — [H.B. § 179, 180] — die Erschwerung der Uebertragung des Geschäftsantheils bei G.m.b.H. ist eine grundsätzliche (§ 15).

4. Die Aktie ist untheilbar — A.G. Art. 207 — [H.B. § 179] — der Geschäftsantheil ist unter der Voraussetzung des § 17 theilbar. Die A.G. soll Aktien nur „im geschäftlichen Betriebe" nicht erwerben — A.G. Art. 215d — [H.B. § 226] — die G.m.b.H. nur unter der Voraussetzung von § 33 Abs. 2.

5. Bei der A.G. sind alle von den Gesellschaftern für die Zwecke der Gesellschaft geleisteten Beiträge auch zur Bildung des Kapitals zu verwenden — eingezahlte Nachschüsse können bei der G.m.b.H. unter der Voraussetzung des § 30 zurückerstattet werden.

6. Bei der A.G. wird die Sicherung des Grundkapitals durch die Vorschriften über den Gründungshergang, über Nachgründung, durch die Verantwortlichkeit einer Reihe von Organen und durch eine umfassende Oeffentlichkeit unterstützt — A.G. Art. 209e ff. — H.B.

*) Andere Unterschiede finden sich u. A. in § 31 u. A.G. Art. 218 — [H.B. § 217] (bei Zinsen und Dividenden), in § 51 u. A.G. Art. 237 [H.B. § 254] (Berufung von Versammlungen durch Mitglieder), § 52 [51] Abs. 3 u. A.G. Art. 238 — [H.B. § 255] (Beschlußfassung in nicht ordnungsmäßig berufenen Versammlungen), A.G. Art. 244a Abs. 4 H.B. gestrichen (Verkauf von Immobilien bei Liquidation), §§ 80 ff. [82 ff.] und A.G. Art. 249 ff. [H.B. §§ 312 ff.] (Strafbestimmungen).

§ 190, 203] — bei der G.m.b.H. ist den Gesellschaftern eine Gesammthaftung dafür auferlegt, daß das im Gesellschaftsvertrag bestimmte Stammkapital vollständig zur Einzahlung gelangt und daß auch nicht später eine Verminderung desselben durch unberechtigte Auszahlungen an die Gesellschafter stattfindet (§§ 24, 31).

7. Bei der A.G. können andere Leistungen, als Kapitalanlagen, überhaupt nicht zum Gegenstande der Mitgliederpflichten gemacht werden (R.G. 17 S. 5, 21 S. 148, 26 S. 86, was freilich durch § 212 H.B. geändert ist — wohl aber bei der G.m.b.H. (§ 3).

8. Die inneren Verhältnisse der A.G. bestimmen sich wesentlich nach dem Gesetz — für die der G.m.b.H. ist der Festsetzung im Gesellschaftsvertrag der weiteste Spielraum gewährt (§ 46 [45]).

9. Das A.G. stellt in den Art. 222 a, 223, 237, 239 a, 244 [H.B. § 266, 267 Abs. 1, 2, 3, 268, 254, 264, 295] eine größere Reihe Minderheitsrechte auf — dieselben beschränken sich bei G.m.b.H. auf die in §§ 51 [50], 61, 66 Abs. 2.

10. Der Aufsichtsrath ist bei A.G. obligatorisch — A.G. Art. 209 f. [H.B. § 190] — bei G. m. b. H. fakultativ (§ 53 [52]).

11. Der Vorstand bei A.G. ist jederzeit absetzbar — A.G. Art. 227, [H.B. § 231] — bei G.m.b.H. kann die Widerruflichkeit der Bestellung auf den Fall beschränkt werden, „daß wichtige Gründe" vorliegen (§ 38).

12. Bei den A.G. direkte Haftpflicht der Mitglieder des Vorstandes den Gesellschaftsgläubigern in den Fällen des Art. 241 Abs. 4 [H.B. § 241] — bei den G.m.b.H. auch in diesen Fällen keine direkte Haftpflicht (§ 44 [43]).

13. Für die Feststellung der Bilanz bestehen für die A.G. zwingende Bestimmungen — A.G. Art. 239 ff. [H.B. § 239, 260, 263] für die G.m.b.H. nur dispositive Vorschriften (§§ 47, 46 Abs. 2 [46, 45]).

14. Die Bilanzen der A.G. sind zu veröffentlichen — A.G. Art. 239b, 185 c., — [H.B. § 265] — für G.m.b.H. ist die Veröffentlichung nur bei Bankgeschäften vorgeschrieben (§ 42 [41]).

15. Für die Aufstellung der Bilanz sind für die G.m.b.H. (§ 43 [42]) nicht derart singuläre Bestimmungen getroffen wie für A.G. Art. 239 b, 185 — [H.B. § 261].

16. Aktionäre können nur in einer Versammlung Beschlüsse fassen — A.G. Art. 221 [H.B. § 250] — bei G.m.b.H. kann auch schriftliche Abstimmung ausreichen (§ 49 [48] Abs. 2).

17. Bei A.G. kann das Statut für die Beschlußfassung über Statutenänderungen auch eine geringere Mehrheit als Drei Viertheile vorschreiben, redaktionelle Aenderungen können dem Aufsichtsrath übertragen werden — A.G. Art. 215 — [H.B. §§ 274, 276], bei G.m.b.H. ist die Dreiviertel-Mehrheit das geringste Erforderniß — § 54 [53].

18. Bei A.G. besteht die Möglichkeit, das Rechtsverhältniß zwischen mehreren Gattungen von Aktien durch Mehrheitsbeschluß zum Nachtheil einer derselben zu ändern — A.G. Art. 215 Abs. 6 [H.B. § 275 Abs. 3], bei G.m.b.H. kann das Rechtsverhältniß der Gesellschafter nicht

ausschließlich zum Nachtheile eines Theils derselben geändert werden — § 54 Abs. 3 [53].

19. Erhöhung des Aktienkapitals nach Maßgabe von A.G. Art. 215a, 215b [H.B. §§ 278 ff.] — Erhöhung des Gesellschaftskapitals bei G.m.b.H. nach Maßgabe von §§ 56 bis 58 [55 bis 57]: bei Erhöhung in A.G. muß das Grundkapital voll eingezahlt sein, für G.m.b.H. ist dies nicht Voraussetzung; bei A.G. sind keine besonderen Kautelen für die Leistung von Sacheinlagen getroffen, bei G.m.b.H. ist besondere Festsetzung derselben — § 57 [56] — erforderlich; bei der A.G. findet zunächst Eintragung des Erhöhungsbeschlusses, dann Eintragung der vollzogenen Erhöhung nach Zeichnung der Aktien statt — A.G. Art 215a, 215b [H.B. §§ 280, 284], bei G.m.b.H. Eintragung erst nach Deckung der Erhöhung § 58 [57].

III. Es ergeben sich folgende wesentliche Unterschiede*) zwischen der Gesellschaft mit beschränkter Haftung und der eingetragenen Genossenschaft mit beschränkter Haftpflicht.

1. Bei der G. ist die Mitgliedschaft an die Person gebunden, eine Uebertragung des Geschäftsguthabens mit den Rechten und Pflichten der Mitgliedschaft ist nur im Wege des Ausscheidens möglich — G.G. § 74 [76] — bei der G.m.b.H. ist der Geschäftsantheil veräußerlich vererblich, theilbar (§§ 15, 17). Die G. ist eine Personalgesellschaft die G.m.b.H eine Kapitalgesellschaft. Dem entsprechen auch die bei beiden Gesellschaftsformen verschiedenen Bedingungen der Gründung und Anmeldung zur Eintragung (G.G. §§ 5 und 11 — §§ 2, 5, 7 Abs. 2, 8). Bei der G. ist der Erwerb von Geschäftsguthaben durch sie, sowie die Amortisation nicht angängig — bei der G.m.b.H. ist beides unter Beachtung der §§ 33 und 34 zulässig. Bei der G. besteht weder für das Stammkapital noch für den Geschäftsantheil ein Mindestbetrag — für G.m.b.H. ist der Mindestbetrag vorgeschrieben — §§ 5, 7 Abs. 2 —.

2. Bei der G. erstreckt sich die persönliche Haftpflicht über den Geschäftsantheil hinaus, bis zu dem Betrage der Haftsumme — G.G. §§ 2 Z. 3, 125 [131], die persönliche Haftpflicht besteht der Genossenschaft — G.G. §§ 98 ff. [105] und den Gläubigern — G.G. §§ 135 [141], 116 [127] gegenüber; bei bestehender Genossenschaft sind dagegen die Genossen außer im Falle des Ausscheidens bei vorhandener Unterbilanz G.G. 71 [75] über den Geschäftsantheil hinaus zu Nachschüssen nicht verpflichtet — bei G.m.b.H. beschränkt sich die Haftung auf die Stammeinlage, den Gläubigern sind die Gesellschafter nicht unmittelbar verpflichtet, eine Verpflichtung zur Zahlung von Nachschlüssen besteht unter der Voraussetzung §§ 26 ff. gegen die Gesellschaft.

*) Andere Unterschiede finden sich § 31 (Zinsen und Dividende), § 51 [50] und G.G. § 43 [45] (Berufung von Versammlungen durch Mitglieder), § 52 [51] und G.G. § 44 [46] (Beschlüsse nicht ordnungsmäßig berufener Versammlungen), G.G. § 40 [42] Verbot von Bestellung von Prokuristen), G.G. § 87 Abs. 2 [89] (Veräußerung von Immobilien in Liquidation), §§ 80 ff. [82] und G.G. §§ 141 ff. [147] (Strafbarkeit).

3. Der Zweck der G. ist durch G.G. § 1 beschränkt. Der Zweck der G.m.b.H. ist unbeschränkt (§§ 1, 61, 62).

4. Bei der G. dürfen die von den Mitgliedern gebildeten Geschäftsguthaben an die Genossen, so lange sie Mitglieder sind nicht zurückgezahlt werden (G.G. § 22) — bei der G.m.b.H. ist Rückzahlung der Einlagen nach Maßgabe der §§ 33 und 34 zulässig und eine Zurückzahlung der Nachschüsse unter der Voraussetzung § 30 statthaft.

5. Bei der G. findet keine solidarische Haftung der Mitglieder für die Einzahlungen auf Geschäftsantheil statt, sondern nur die persönliche Haftpflicht ist eine solidarische — bei der G.m.b.H. besteht dieselbe unter der Voraussetzung §§ 24 u. 31.

6. Die inneren Verhältnisse der G. bestimmen sich wesentlich nach dem Gesetz — für die G.m.b.H. ist der Festsetzung im Gesellschaftsvertrage weiter Spielraum gewährt (§ 46 [45]).

7. Der Aufsichtsrath ist bei G. obligatorisch (G.G. 9 Abs. 1) bei G.m.b.H. fakultativ § 53 [52].

8. Der Vorstand bei G. ist jederzeit absetzbar (G.G. § 24 Abs. 3) — bei G.m.b.H. kann die Widerruflichkeit der Bestellung auf den Fall beschränkt werden, daß „wichtige Gründe" vorliegen (§ 38). Bei G. besteht unter der Voraussetzung des G.G. § 136 [142] eine direkte Haftpflicht der Vorstandsmitglieder den Gläubigern gegenüber — bei G.m.b.H. fehlt dieselbe § 44 [43], ausgenommen § 79 [81].

9. Für die Feststellung der Bilanz bestehen für die G. zwingende G.G. § 46 [48] — für G.m.b.H. nur dispositive Bestimmungen (§§ 47 Z. 1 46 Abs. 2 [46, 45]). Für die Aufstellung der Bilanz einer G. enthält das Gesetz keine singularen Bestimmungen — solche bestehen für G.m.b.H. in § 43 [42].

10. Die Bilanzen der G. sind zu veröffentlichen und die Bekanntmachungen sind dem Gericht einzureichen — G.G. § 31 [33] — für G.m.b.H. ist dies nur für Bankgeschäfte vorgeschrieben (§ 42 [41]).

11. Die Mitglieder der G. können nur in der Generalversammlung ihr Stimmrecht ausüben — G.G. § 41 [43] — bei G.m.b.H. ist schriftliche Abstimmung zulässig (§ 49 [48]). Bei G. hat jedes Mitglied nur *eine* Stimme — § 41 Abs. 2 [43] — bei G.m.b.H. wird das Stimmrecht nach dem Verhältniß der Geschäftsantheile ausgeübt (§ 48 [47] Abs. 2).

12. Die G. muß eine Sachfirma haben — für G.m.b.H. sind Ausnahmen zulässig (§ 4).

13. Die Mitglieder des Vorstandes der G. müssen Genossen sein (GG. § 9 Abs. 2) — die Geschäftsführer der G.m.b.H. brauchen nicht Gesellschafter zu sein (§ 6).

14. Der Vorstand der G. muß aus mindestens zwei Mitgliedern bestehen, die Vertretung muß durch mindestens zwei Vorstandsmitglieder erfolgen (GG. §§ 24 und 25) — für die G.m.b.H. genügt *ein* Geschäftsführer (§ 6).

15. Bei G. erfolgt der Erwerb der Mitgliedschaft durch Eintragung in die Liste der Genossen in Gemäßheit GG. § 15 — bei

G.m.b.H. durch Uebernahme einer Stammeinlage — §§ 15 und 56 [55] —. Bei G. endigt die Mitgliedschaft in Folge von Tod, Kündigung, Ausschließung, Uebertragung des Geschäftsguthabens, Verlegung des Wohnsitzes nach Maßgabe des § 65 [67] G.G. und sich daran anschließende Eintragung in die Liste der Genossen — GG. §§ 15, 63 [65] ff. — bei G.m.b.H. durch Uebertragung des Geschäftsantheils (§ 15) oder durch Amortisation desselben (§ 34). — Dem Ausschluß bei G. entspricht die Verwirkung der Geschäftsantheile der G.m.b.H. (§§ 21, 27, 28).

16. Bei G. steht der Generalversammlung die Verfügung über den Reingewinn zu — G.G. § 46 [48] — bei G.m.b.H. haben die Gesellschafter einen Anspruch auf den nach dem Gesellschaftsvertrage zur Vertheilung kommenden Reingewinn (§ 29).

17. Bei G. kann das Statut für die Beschlußfassung über Statutenveränderungen auch eine geringere als Dreiviertel-Mehrheit vorschreiben (GG. § 16) — bei G.m.b.H. ist diese Mehrheit das geringste Erforderniß (§ 54 [53]).

18. Bei G. führt Ueberschuldung nur dann zur Konkurseröffnung, wenn sie ein Viertel des Betrages der Haftsummen übersteigt (GG. § 134 [140]), bei G.m.b.H. führt jede Ueberschuldung zur Konkurseröffnung (§ 63).

Die Vorzüge der Gesellschaft mit beschränkter Haftung vor der Aktiengesellschaft bestehen insbesondere in Folgendem:

Bei der Gestaltung der ersteren kann dem Bedürfniß des Unternehmens in weitestem Maße Rechnung getragen werden, „die Aufgabe des Gesetzes ist es, die Grenzen nach beiden Seiten (der individualistischen und kapitalistischen) durch bindende Vorschriften sicher zu stellen; innerhalb des hieraus sich ergebenden Rahmens kann dagegen der freien Selbstbestimmung der Gesellschaften ein weitgehender Spielraum verbleiben".*)

Gesellschaften mit beschränkter Haftung können „zu jedem gesetzlich zulässigen Zweck errichtet werden" (§ 1).

Für den Gesellschaftsvertrag sind nur wenige Essentialien vorgeschrieben (§ 3).

In Bezug auf die Bestimmung der Rechte, welche den Gesellschaften bei der Führung der Geschäfte und der Ausübung derselben zustehen, ist dem Statut fast freies Bestimmungsrecht gelassen (§ 46 [45]).

„Im Gesellschaftsvertrage kann bestimmt werden, daß die Gesellschafter über den Betrag der Stammeinlagen hinaus die Einforderung von weiteren Einzahlungen (Nachschüssen) beschließen können" (§ 26); ähnlich wie bei der Gewerkschaft. Es ist dies hauptsächlich für alle solche Unternehmungen von Bedeutung, bei denen sich das Kapitalbedürfniß nicht im Voraus übersehen läßt.

Den Gesellschaftern können im Statut „außer der Leistung von Kapitaleinlagen noch andere Verpflichtungen gegenüber der Gesellschaft

*) Entwurf I S. 35, II S. 29.

auferlegt werden" (§ 3). Durch H.B. § 212 ist vom 1. Jan. 1900 an dies auch den Aktiengesellschaften gestattet.

Die Geschäftsantheile sind durch die Erschwerung der Uebertragung (§ 15) dem Börsenverkehr entzogen.

Die Gründung ist wesentlich einfacher als die der Aktiengesellschaft — den Ersatz für die den Gläubigern hierbei und bei der geringen Publizität entgehende Sicherheit bietet die Gesammthaftung der Gesellschafter (§§ 24, 31).

In Folge der Theilbarkeit der Geschäftsantheile (§ 17) ist der Zutritt neuer Gesellschafter erleichtert, auch die an keine außergewöhnlichen Erschwernisse gebundene Erhöhung des Gesellschaftskapitals ermöglicht den Zutritt neuer Gesellschafter.

Die Gegner der neuen Gesellschaftsform mögen in allen diesen „Vorzügen" vor der Aktiengesellschaft Nachtheile erblicken, jedenfalls liegt in ihnen die außerordentliche Anpassungsfähigkeit der Gesellschaft mit beschränkter Haftung an die Bedürfnisse des modernen wirthschaftlichen Lebens.

Wie die Aktiengesellschaft — A.G. Art. 178 und 211 — [H.B. §§ 200 Abs. 1, 320 Abs. 3] und die Genossenschaft (§ 13) erlangt auch die Gesellschaft m. b. H. rechtliche Selbstständigkeit erst durch die Eintragung in das Handelsregister (§ 11), doch gelangt sie durch die Eintragung nicht unbedingt zur Existenz; bei der Errichtung der Gesellschaft und bei der Eintragung können derartige gesetzliche Verstöße begangen sein, daß trotz der Eintragung eine Gesellschaft m. b. H. nicht „besteht". Es kommen dann vom 1. Jan. 1900 an die Bestimmungen der §§ 75a ff. [75, 76, 77] über das Nichtigkeitsverfahren zur Anwendung.

Für das Zustandekommen der Gesellschaft sind zwei Abschnitte zu unterscheiden, der der „Errichtung" (§ 1, § 5 Abs. 2) und der der „Entstehung" (§ 11 Abs. 1). Das gleiche Verhältniß finden wir bei der Aktiengesellschaft und bei der Genossenschaft, bei letzterer auch noch außerdem mit Bezug auf den Erwerb der Mitgliedschaft. In dem ersten Stadium, dem der „Errichtung", giebt es noch keine Gesellschaft nach Außen (§ 11 Abs. 2), sondern nur eine solche „im Innern", wie ausdrücklich für die Aktiengesellschaft in der Begründung zum Aktiengesetz anerkannt wird, welches nach der Begründung zu § 11 des Gesetzes diesem als Vorbild gedient hat. Ist die Begründung der Gesellschaft m.b.H. auch nicht Selbstzweck bei der Errichtung, so erscheint doch die Form, in der das Geschäft betrieben werden soll, von so entscheidender Bedeutung, daß, wenn dieselbe nicht gewonnen werden kann, die „Errichtung" hinfällig wird.

Ist die Gesellschaft „entstanden", so kann sie nur durch Auflösung ihr Ende erreichen. § 60 zählt die Ursachen auf, die nach dem Gesetz zur Auflösung führen. Weder das einzelne Mitglied noch ein Gläubiger derselben hat, wie es bei der individualistischen Gesellschaft, der offenen Handelsgesellschaft der Fall ist, das Recht, die Gesellschaft aufzukündigen; doch der § 61 des Gesetzes enthält eine dem Art. 125 H.G.B. (§§ 133 Abs. 1 und 2, 134 H.B.) ähnliche Bestimmung. Das in § 61 den einzelnen Gesellschaftern eingeräumte Recht, auf Auflösung der Gesellschaft zu klagen, wenn „wichtige Gründe" dafür vorliegen, bringt jedoch die kapitalistische und korporative Grundlage der Gesellschaft zum Ausdruck, denn die Ausübung des Rechtes ist davon abhängig, daß es sich auf „mindestens den zehnten Theil des Stammkapitals" stützt. Veränderungen in den Personen der Gesellschafter, wie sie zur Auflösung der offenen Handelsgesellschaft führen, sind auf den Bestand der Gesellschaft m.b.H. ohne Einfluß; jedoch kann der Gesellschaftsvertrag weitere Auflösungsgründe festsetzen (§ 60 Abs. 2).

Wenn die Gesellschaft trotz Eintragung nicht entstanden ist, weil die Gesellschaftsordnung nicht die nach § 3 Abs. 1 wesentlichen Bestimmungen enthält oder eine dieser Bestimmungen nichtig ist, so wird nach den vom 1. Jan. 1900 gültigen Bestimmungen des Einführungsgesetzes in gewissen Fällen eine Heilung zugelassen, andernfalls tritt nach durchgeführtem Nichtigkeitsverfahren [§ 76] die Auflösung ein.

„Die Gesellschaft gilt als Handelsgesellschaft im Sinne des Handelsgesetzbuchs" (§ 13 Abs. 3), obgleich sie „zu jedem gesetzlich zulässigen Zweck errichtet werden" kann (§ 1). „Die Bestimmung beruht auf denselben Gründen, welche dahin geführt haben, den Aktiengesellschaften, Aktienkommanditgesellschaften und eingetragenen Genossenschaften die Kaufmannseigenschaft zu verleihen" (Entw. I S. 59, II S. 47). Die Gleichstellung ist also im Interesse der Rechtssicherheit erfolgt, um im einzelnen Fall keinen Zweifel aufkommen zu lassen. Goldschmidt hat sich gegen eine solche „schrankenlose, völlig unübersehbare Kommerzialisirung"*) ausgesprochen. Berücksichtigt man aber, daß diese Gellschaftsform doch immer nur dort gewählt werden wird, wo es sich um die Verwaltung von Einnahmen u. s. w. handelt, wo auch eine geschäftliche Thätigkeit entfaltet wird, so kann in dieser „Kommerzialisirung" wohl kein Nachtheil gefunden werden. Goldschmidt wollte überhaupt, daß sich das Gesetz nur auf Handelszwecke beschränke und höchstens noch sonstige „dem Gewinnzweck bestimmte Unternehmen" treffe. Uns scheint aber durch die Begründung des Gesetzes genügend nachgewiesen zu sein, daß eine neue Gesellschaftsform zur Erreichung jedes beliebigen Zwecks nothwendig geworden war.

Nicht der rechtlichen Natur der Gesellschaft vollständig entsprechend ist die Bestimmung in § 4 über die Firma. Die Firma soll nämlich **entweder** eine **Sachfirma oder** eine **Namensfirma** sein, in beiden Fällen mit einem das Vorhandensein eines Gesellschaftsverhältnisses andeutenden Zusatz und der ferneren zusätzlichen Bezeichnung „mit beschränkter Haftung". Der Gesetzentwurf hatte konsequenterweise die Führung einer Sachfirma vorgeschrieben, da davon auszugehen sei, „daß die Gesellschaft ohne Rücksicht auf die Zahl ihrer Mitglieder stets einen rechtlich selbstständigen Organismus bilden muß, und dieser Charakter ... schon in der Gesellschaftsfirma, welche keine andere als eine Sachfirma sein darf, auch nach Außen deutlich hervor-

*) Alte und neue Formen der Handelsgesellschaft S. 38.

treten" muß.*) Die Kommission des Reichstages hat die Zulassung der Namensfirma aufgenommen, und zwar unter Hinweis auf die Erfahrungen in England, wo die Namensfirma mit dem entsprechenden Zusatz sich bewährt habe. Diese nach rein praktischen Gründen getroffene Aenderung kann die Beurtheilung der rechtlichen Natur der Gesellschaft nicht beeinflussen, wie wir bereits hervorgehoben haben, zumal ja auch jetzt noch in der Firma das Gesellschaftsverhältniß zum Ausdruck kommen muß. —

Verlassen hat das Gesetz das bei Aktiengesellschaften und Genossenschaften übliche Prinzip der Publizität. Die Begründung läßt sich hierüber folgendermaßen aus:**) „Der Veröffentlichungszwang, welcher bei den Aktien- und Aktienkommanditgesellschaften besteht, ist in erster Linie zum Schutz desjenigen Theils des Publikums bestimmt, welcher sich durch Erwerb von Aktien bei den Gesellschaften betheiligen will. Auch für einen großen Theil der Aktionäre selbst bietet erfahrungsgemäß die Veröffentlichung der Jahresbilanz die hauptsächlichste Gelegenheit zur Information über die Lage des Unternehmens. Aehnliche Verhältnisse haben die entsprechende Bestimmung des Genossenschaftsgesetzes nöthig gemacht. Dagegen kommen bei der Gesellschaft mit beschränkter Haftung mit ihrem begrenzteren Mitgliederkreise Rücksichten dieser Art nicht wesentlich in Betracht. Hier kann es sich vielmehr in der Hauptsache nur um das Interesse derjenigen handeln, welche in Geschäfts- und Kreditverkehr mit der Gesellschaft treten; dieses Interesse allein vermag aber einen Zwang zur Bilanzveröffentlichung nicht zu rechtfertigen. Die Gläubiger einer Gesellschaft mit beschränkter Haftung stehen, was die Anhaltspunkte für die Würdigung der Vermögenslage ihrer Schuldnerin betrifft, keineswegs ungünstiger, als die Gläubiger jedes Einzelunternehmens und jeder offenen Handelsgesellschaft oder einfachen Kommanditgesellschaft; denn die persönliche Haftung, welche in diesen Fällen stattfindet, hat ihr Maß und ihren Werth schließlich doch auch nur in der Höhe des Vermögens, welches die Verpflichteten besitzen." Der Gesetzgeber kam hiermit einem wiederholt ausgesprochenen Wunsche der Industriellen entgegen, die es insbesondere für nachtheilig hielten, durch die Veröffentlichung der Bilanzen Unberufenen einen Einblick in die Entwickelung des Unternehmens zu gewähren.

In der Kommission des Reichstages wurde darauf hingewiesen, daß die Errichtung von Bankgeschäften als Gesellschaften mit beschränkter Haftung bedenklich und mit Gefahren verbunden sei, da der kleine Mann die Vermögenslage dieser Gesellschaften nicht beurtheilen könne. Demgegenüber wurde zwar eingewandt, „daß eine kasuistische Bestimmung, welche einzelne Arten von Unternehmungen von der Anwendung der neuen Gesellschaftsform ausschließt, mit dem Prinzip, auf welchem der Entwurf beruht, nicht im Einklang stehen würde", und daß „für eine gänzliche Ausschließung der Bankunternehmungen

*) Entw. I S. 35, II S. 29.
**) Entw. I S. 91, II S. 70.

auch ein praktisches Bedürfniß nicht anzuerkennen" sei, es wurde aber zugegeben, „daß mit Rücksicht auf die Natur dieser Unternehmungen und den vielseitigen Kredit, welchen sie auch bei nicht kaufmännischen Kunden in Anspruch nehmen, gewisse besondere Garantien als angezeigt betrachtet werden könnten. Insbesondere werde in dieser Beziehung ein Zwang zur Veröffentlichung der Jahresbilanzen ins Auge gefaßt werden dürfen".*) In § 42 [41] fand dementsprechend die Bestimmung Aufnahme, daß Bankunternehmungen ihre Bilanzen veröffentlichen müssen.

Sonst sind Veröffentlichungen der Gesellschaft nur in folgenden Fällen vorgeschrieben:

1. bei Rückzahlung von Nachschüssen (§ 30);
2. bei Herabsetzung des Stammkapitals (§ 59 [58]);
3. bei der Auflösung (§ 65 Abs. 2, § 74 [73] Abs. 1);
4. bei der Umwandlung einer Aktiengesellschaft in eine Gesellschaft m.b.H. — § 79 [81] —.

Bestimmt der Gesellschaftsvertrag nicht die öffentlichen Blätter, durch welche die Bekanntmachungen der Gesellschaft zu veröffentlichen sind, so erfolgen die Veröffentlichungen in den Fällen 1 bis 3 durch die für die Bekanntmachungen aus dem Handelsregister bestimmten öffentlichen Blätter.

Die die Gesellschaften betreffenden Eintragungen in das Handelsregister sind stets zu veröffentlichen (§§ 10 Abs. 1, 39, 55 [54], 58 [57], 59 [58], 65). H.G.B. Art. 13 (H.B. § 10), der ganz allgemein die Veröffentlichungen der Eintragungen in das Handelsregister vorschreibt, muß auch für die Gesellschaften mit beschränkter Haftung Anwendung finden, deswegen auch die Veröffentlichung der Eintragung einer Zweigniederlassung zu erfolgen hat (§ 12), obgleich dieselbe nicht ausdrücklich vorgeschrieben ist.

§ 2. Haftpflicht, Gesellschaftsvermögen und Nachschußpflicht.

„Für die Verbindlichkeiten der Gesellschaft haftet den Gläubigern derselben nur das Gesellschaftsvermögen" (§ 13 Abs. 2). Die Gesellschafter haften also den Gläubigern nicht direkt. In der Begründung**) wird dies folgendermaßen gerechtfertigt: „Einerseits steht es mit dem Charakter einer Kapitalgesellschaft nicht im Einklang, den einzelnen Mitgliedern die Austragung von Streitigkeiten über Ansprüche gegen die Gesellschaft zuzuweisen, und andererseits muß die Geltendmachung des Rechts auf die Einzahlung der Einlagen nach Zeit und Umfang dem Ermessen der Gesellschaft überlassen bleiben, kann also nicht zum Gegenstand eines gleichberechtigten Anspruchs jedes Gesellschaftsgläubigers gemacht werden." Die Haftung ist also in der gleichen Weise geregelt wie bei der Aktiengesellschaft; bei den Genossenschaften mit unbe-

*) Bericht der Kommission S. 2.
**) Entw. I S. 58, II S. 46.

schränkter Haftpflicht und mit beschränkter Haftpflicht haben die Gläubiger zwar gleichfalls gegen die Genossen keinen Anspruch auf Einzahlung, doch besteht hier aus der persönlichen Haftpflicht ein wenn auch nur beschränktes Recht der direkten Inanspruchnahme — §§ 116, 119, § 135 des Gesetzes vom 1. Mai 1889 [122, 125, 141]. Während jedoch bei der Aktiengesellschaft jedes Mitglied nur für seine Aktie haftet, besteht bei der Gesellschaft m.b.H. eine Gesammthaftung „dafür, daß das im Gesellschaftsvertrage bestimmte Stammkapital vollständig zur Einzahlung gelangt, und daß auch nicht später eine Verminderung desselben durch unberechtigte Auszahlungen an die Gesellschafter stattfindet."*) Diese Gesammthaftung dient als Ersatz für die Vorschriften, die bei der Aktiengesellschaft für „die Sicherung des Grundkapitals" bestimmt sind, die Sicherung wird dort, „sehr wesentlich durch die Vorschriften über den Gründungshergang, sowie durch die konkurrirende Verantwortlichkeit einer Reihe verschiedener Gesellschaftsorgane und durch die umfassende Oeffentlichkeit sowohl der Einzelheiten der Gründung als der späteren Ergebnisse des Geschäftsbetriebes unterstützt".**) Die Gesammthaftung ist eine subsidiäre, der Gesellschaft gegenüber bestehende Deckungspflicht.

Aber nur auf die Einzahlungen auf Geschäftsantheil erstreckt sich diese Deckungspflicht, nicht auch auf die eingeforderten Nachschüsse (§ 28 Abs. 1). Die Gesellschaftsgläubiger können diese Deckungspflicht nur mittelbar in Anspruch nehmen durch Ableitung aus dem Rechte der Gesellschaft, eventuell durch Zwangsvollstreckung. Im Falle des Konkurses hat der Konkursverwalter die Rückstände auf die Geschäftsantheile einzuziehen,***) — wobei er jedoch an die Bestimmungen des Gesellschaftsvertrages gebunden ist, — bezw. die Gesammthaftung geltend zu machen.

In § 24 und § 31 sind die Voraussetzungen der Deckungspflicht bestimmt.

Bähr,†) der gegen die erweiterte Zulassung der beschränkten Haftung überhaupt eintritt, findet auch die hier gebotenen Garantien nicht ausreichend. Er geht zunächst davon aus, daß es nur eine künstliche Abstraktion sei, wenn man behauptet, daß die Schulden der juristischen Person deren Mitglieder nichts angingen, denn „die juristische Person ist nichts Anderes als eine Rechtsform, in der die in ihr begriffenen physischen Personen ihre geeinigten Interessen verfolgen." Mit Recht hebt Goldschmidt††) dem gegenüber hervor, daß diese Auffassung, Subjekte des Korporationsvermögens seien die jeweiligen Mitglieder durch die vorbildliche korrekte Formel in Art. 213 H.G.B. „die Aktiengesellschaft als solche hat selbstständig ihre Rechte und Pflichten" zurückgewiesen sei. Und wenn dann Bähr mit

*) §§ 24, 31 Entw. I S. 40, II S. 33.
**) Entw. I S. 39, II S. 32.
***) Entw. I S. 59, II S. 47.
†) a. a. O. S. 12 ff.
††) a. a. O. S. 33.

Bezug auf die Gesammthaftung sagt: „und welche Garantie ist gegeben, daß wenn die 20000 Mark (das Gesellschaftskapital) heute baar in dem Kasten liegen, sie über acht Tage noch darin sind?“ ... „wohin das Gesellschaftsvermögen kommt, darüber ist weder der Geschäftsführer noch die Gesellschaft den Gläubigern irgend welche Rechenschaft schuldig“, so ist dem wohl einfach entgegenzuhalten, daß die Gläubiger bei jeder Gesellschaft wie bei jeder physischen Person geschädigt werden können, und daß zur Genüge erwiesen ist, daß selbst die strengsten gesetzlichen Bestimmungen dies nicht verhindern können.

Das Gesellschaftsvermögen wird gebildet durch das Stammkapital und den aus dem Gewinn beschafften Anlagen. Da der Gesellschaftsvertrag „außer der Leistung von Kapitaleinlagen noch andere Verpflichtungen gegenüber der Gesellschaft“ den Mitgliedern auferlegen kann (§ 3 Abs. 2), so werden, wo hiervon Gebrauch gemacht ist, auch die hieraus entstehenden Rechte einen Theil des Gesellschaftsvermögens bilden. Von der Art derselben wird es abhängen, ob dieser Theil auch in der Bilanz zum Ausdruck kommt. Die Nachschüsse gehören nicht zu dem Gesellschaftsvermögen, insoweit sie nicht eingezahlt sind oder eingezahlt „zur Deckung eines Verlustes am Stammkapital“, nicht erforderlich sind (§ 30 Abs. 2).*) „Das zur Erhaltung des Stammkapitals erforderliche Vermögen der Gesellschaft darf an die Gesellschafter nicht ausgezahlt werden“ (§ 30 Abs. 1).

Das „Stammkapital“ bedeutet „das im Gesellschaftsvertrage festgesetzte Sollvermögen, welchem das Aktivvermögen der Gesellschaft als Deckung gegenübersteht“.**) In die Bilanz ist das ganze Stammkapital einzusetzen (§ 43_4 [42]); insoweit noch Einzahlungen ausstehen, bilden dieselben Aktivposten. „Nachschüsse“ sind (§ 43_3 [42]) nur insoweit einzustellen, als die Einziehung bereits beschlossen ist, denn vorher besteht nur eine *Möglichkeit* der Einziehung, „und den Gesellschaftern ein Recht, durch Verweisung auf den Geschäftsantheil sich von der Zahlung der Nachschüsse zu befreien, nicht zusteht.“ „Die Aufnahme derselben in die Bilanz würde unter Umständen nur dazu führen, eine thatsächliche Ueberschuldung zu verschleiern.“***)

Die Einstellung *beschlossener* Nachschüsse hat also zu erfolgen, wenn

a) die Nachschußpflicht eine beschränkte ist und im Gesellschaftsvertrage den Gesellschaftern nicht das Recht gegeben ist, sich durch Verweisung auf den Geschäftsantheil von der Nachschußpflicht zu befreien (§ 28);

b) im Falle des § 27 Abs. 4 bei unbeschränkter Nachschußpflicht die Nachschüsse den im Gesellschaftsvertrage festgesetzten Betrag nicht überschreiten und das Recht der Verweisung auf den Geschäftsantheil nicht besteht;

---

*) Entw. I S. 80, II S. 63.
**) Entw. I S. 80, II S. 62.
***) Entw. I S. 93, II S. 72.

c) die Gesellschafter die gesetzliche Frist für die Geltendmachung des Befreiungsrechts haben verstreichen lassen (§ 27 Abs. 1).

Da die Nachschüsse aber „keine gewöhnlichen Ausstände sind, sondern einen noch nicht eingezahlten Theil des Gesellschaftskapitals bilden", schreibt § 43 Z. 4 [42] vor, daß ihnen ein gleicher Kapitalbetrag in den Passiven gegenüberzustellen ist. —

Ergiebt sich aus einer Bilanz, daß die Hälfte des Stammkapitals verloren ist, so ist eine Versammlung der Gesellschafter zu berufen (§ 50 [49] Abs. 3). Für die Erhöhung des Stammkapitals sind in § 56 [55], für die Herabsetzung in § 59 [58] besondere Vorschriften gegeben. Die Herabsetzung geht zum Schutze der Gläubiger unter den äußeren Formalitäten der Liquidation vor sich. Eine Erhöhung der Stammeinlagen als solcher kann nicht beschlossen werden; die Erhöhung des Stammkapitals setzt die Bildung neuer Stammeinlagen voraus.

Das Stammkapital zerfällt in die „Stammeinlagen", das sind die von den Gesellschaftern auf das Stammkapital zu leistenden Einlagen, ihre Summe giebt den Betrag des Stammkapitals.

Die sich aus der Uebernahme der Stammeinlage als Mitgliedschaftsrechte und -Pflichten ergebenden Rechtsverhältnisse bezeichnet das Gesetz mit dem Ausdrucke „Geschäftsantheil". Als „die Betheiligung an dem Gesammtvermögen der Gesellschaft" *) stellt sich der Geschäftsantheil jedoch nur dann dar, wenn in Gemäßheit des § 73 [72] im Falle der Auflösung die Vertheilung des Vermögens nach dem Verhältniß der Geschäftsantheile erfolgt und im Gesellschaftsvertrag für dieselbe nicht ein anderer Maßstab vorgesehen ist (vgl. hierüber die Anm. zu § 14).

Der Geschäftsantheil, d. h. die sich aus der Uebernahme der Stammeinlagen ergebenden Rechte und Pflichten („Mitgliederbetheiligung")**) sind veräußerlich, vererblich und theilbar (§§ 15, 17).

Die Veräußerlichkeit ist zugelassen, da den Gesellschaftern und deren Gläubigern wegen des bestimmten Stammkapitals ein Kündigungsrecht nicht eingeräumt werden könnte. Die Veräußerung ist jedoch so geregelt, „daß es sich dabei um ein Hülfsmittel handelt, welches zwar für den Bedürfnißfall den Gesellschaftern die Realisirung ihrer Antheilsrechte ermöglichen, den Charakter der Mitgliedschaft als eines der Regel nach dauernden Verhältnisses aber nicht beseitigen soll";***) zu diesem Zweck, und um die Antheilsrechte nicht zum Gegenstande des Handelsverkehrs zu machen, ist verordnet, daß die Veräußerung nur durch notariellen oder gerichtlichen Vertrag erfolgen darf. (Das Weitere über diese Form und ihre Anwendung vgl. bei § 15.) Die von der Gesellschaft ausgestellten Bescheinigungen haben somit keine besondere rechtliche Bedeutung, sie dienen nur als Beweisurkunden. Das Formerschwerniß ist obligatorisch und gilt auch für Vereinbarungen, durch welche die Verpflichtung eines Ge-

*) Entw. I S. 59, II S. 47.
**) Entw. I S. 36, II S. 30.
***) Entw. I S. 37, II S. 30.

sellschafters zur Abtretung eines Geschäftsantheils begründet wird (§ 15 Abs. 3). Dasselbe hat ferner zur Folge, daß privatschriftliche Erklärungen auf Uebernahme von Stammeinlagen zur Gründung einer Gesellschaft nicht rechtsverbindlich sind. Die besondere Form ist auch bei der Abtretung von Theilen (§ 17) anzuwenden.

Da der Geschäftsantheil eines Gesellschafters die Gesammtbetheiligung desselben darstellt, so kann sich grundsätzlich jeder Gesellschafter auch nur mit einem Geschäftsantheil betheiligen, und es ist ausgeschlossen, daß wie bei der Aktiengesellschaft das Kapital in eine statutarisch bestimmte Anzahl von Antheilen mit bestimmtem Nennwerth zerlegt wird, von denen der Einzelne gleich Anfangs eine Mehrheit übernehmen kann. Dies Prinzip wird aber durch die Veräußerlichkeit und Theilbarkeit der Geschäftsantheile wesentlich durchbrochen, da hierdurch ein Gesellschafter in den Besitz mehrerer, sogar aller Geschäftsantheile kommen kann.

Es bestehen also grundsätzliche Unterschiede zwischen dem Geschäftsantheil der Gesellschaft m.b.H. und der untheilbaren, aber ohne Schwierigkeiten — falls nicht das Statut solche vorschreibt — übertragbaren Aktie, die in den meisten Fällen ein Handelspapier geworden ist.

Noch schärfer aber ist die Verschiedenheit zwischen dem Geschäftsantheil der Gesellschaft m.b.H. und dem der eingetragenen Genossenschaft. Der Geschäftsantheil bei der Genossenschaft bedeutet nur den Betrag, bis zu dem sich ein Mitglied mit Einlagen betheiligen kann; durch diese Einlagen bildet sich dann das Geschäftsguthaben, als welches sich der jeweilige Betrag des Geschäftsantheilskonto des Mitgliedes und nicht der Betrag seiner Betheiligung an dem Gesellschaftsvermögen darstellt; die Vertheilung des nach Deckung der Schulden und der Geschäftsguthaben verbleibenden Ueberschusses erfolgt vielmehr bei der Genossenschaft im Falle der Auflösung mangels statutarischer Bestimmung nach Köpfen (§ 89 [91] des G.G.), das Gesetz geht hierbei von der Person und nicht von der Kapitalbetheiligung der Mitglieder aus; letztere ist nur eine nothwendige Folge der Mitgliedschaft, sie ist nicht Selbstzweck.

Mit dem Verbot der Auszahlung des zur Erhaltung des Stammkapitals erforderlichen Vermögens (§ 30) ist auch das Versprechen fester Verzinsung der Geschäftsantheile untersagt.

Verzögert der Gesellschafter die auf den Geschäftsantheil zu leistenden Einzahlungen, so kann er nach Maßgabe der Bestimmungen in § 21 des Geschäftsantheils und der geleisteten Theilzahlungen für verlustig erklärt werden, bleibt aber der Gesellschaft wegen des derselben entstehenden Ausfalls verhaftet; die etwaigen Rechtsvorgänger des Gesellschafters haften der Gesellschaft für die innerhalb der Frist von 5 Jahren auf die Stammeinlage eingeforderten Einzahlungen und erwerben gegen Zahlung des rückständigen Betrages den Geschäftsantheil des ausgeschlossenen Gesellschafters (§ 22), ihre Haftung ist eine subsidiäre und ev. successive. Der Erwerb vollzieht sich dann ohne Weiteres durch die Zahlung, ohne daß eine besondere Uebertragung erforderlich wäre. Ist die Zahlung rückständiger Beiträge auch nicht von den Rechtsvorgängern zu erlangen, so kann die Gesellschaft den Geschäftsantheil öffentlich verkaufen — in anderer Art nur mit Zustimmung des Ausgeschlossenen — (§ 23), und insoweit auch hierbei Deckung nicht zu finden ist, tritt die Gesammthaftung der Gesellschafter ein (§ 24), ohne daß jedoch der kaduzirte Geschäftsantheil auf sie übergeht, derselbe bleibt zur Verfügung der Gesellschaft. Die aus der Gesammthaftung entstehenden Verbindlichkeiten können nicht zur Kaduzirung der Geschäftsantheile der betreffenden Gesellschafter führen. Eine Verpflichtung der Gesellschaft zur Einleitung des Kaduzirungsverfahrens besteht nicht (§ 21 Abs. 1), doch die Gläubiger können sich im Wege der Zwangsvollstreckung an die rückständigen Zahlungen halten.*) Die Kaduzirung ist dem Aktienrecht — Art. 184 a, 184 b, 219; H.B. §§ 218 ff. — entnommen, bei den Aktiengesellschaften jedoch muß das Verfahren, wenn die Gesellschaft es überhaupt einleitet, gegen alle Säumigen gehen, während dies bei der Gesellschaft m.b.H. nicht nothwendig ist; „der individuellen Verschiedenheit der Mitglieder ist bei der Gesellschaft m.b.H. größere Bedeutung beizulegen.“ **)

Die Gründe für die Einführung der Kaduzirung des Geschäftsantheils sind: „säumige Gesellschafter zur Einzahlung ihrer Leistungen zu veranlassen“, und im Falle der Veräußerung des Geschäftsantheils den Rückgriff auf den Veräußerer zu erhalten, der nicht durchführbar wäre, wenn der Gesellschafter im Besitze des Geschäftsantheils bliebe.

Der Geschäftsantheil steht im freien Verfügungsrecht des Gesellschafters und kann daher auch verpfändet werden, [B.G.B. §§ 1273 ff.] § 15 Anm. 10 des Gesetzes. Im Gesetze ist die Verpfändung nicht geregelt, einmal der verschiedenen bestehenden Pfandrechtssysteme wegen [Zustand vor dem B.G.B.] — und ferner wegen des mangelnden Bedürfnisses, da „die Sicherheit, welche dem Pfandnehmer geboten wird, bei der Möglichkeit einer Kaduzirung oder Zurverfügungstellung des verpfändeten Antheils (§§ 21, 27, 28) nur einen zweifelhaften Werth besitzt“.***)

Die Gesellschaft darf eigene Geschäftsantheile, auf welche die Stammeinlage noch nicht voll einbezahlt ist, nicht erwerben (§ 33), derartige Geschäfte sind ungültig, — nicht berührt wird hiervon der Heimfall in den Fällen §§ 21, 27, 28 — weil der Anspruch auf den rückständigen Theil der Stammeinlage hinfällig werden und auch selbst im Falle der Weiterveräußerung der Rückgriff gegen den Rechtsvorgänger — der stets successiv ist — ausgeschlossen sein würde. Eine ähnliche Bestimmung enthält A.G. Art. 215 d [H.B. § 226]. Das Verbot der Auszahlung der Geschäftsguthaben bei der Genossenschaft (§ 22 Abs. 2 G.G.) während der Mitgliedschaft, auf welche die Begründung des § 33 verweist, hat einen andern Grund: das Ge-

*) Entw. I S. 59, II S. 47.
**) Entw. I S. 70, II S. 55.
***) Entw. I S. 62, 63, 77, II S. 49, 50, 60; vgl. Ring a. a. O. S. 87.

schäftsguthaben ist eine durch das Ausscheiden bedingte und in der Höhe von der Auseinandersetzung abhängige Forderung; wenn daselbst auch verboten ist, daß die Genossenschaft das Geschäftsguthaben im geschäftlichen Betriebe zu Pfande nimmt, so kommt dies daher, daß diese Pfandnahme der Auszahlung gleichstehen würde und das Geschäftsguthaben nach seiner Natur eine völlig ungeeignete Sicherheit ist.

Der Erwerb darf nicht im eigenen Namen erfolgen, unerheblich ist dabei, auf wessen Rechnung und aus welchem Rechtsgrunde derselbe vor sich geht. Für Aktiengesellschaften ist nur der Erwerb eigener Aktien im geschäftlichen Betriebe untersagt. Nicht verboten ist die Annahme des Geschäftsantheils zum Pfande, doch ist derselbe wie das Geschäftsguthaben der Genossenschaft ein ungeeignetes vertragsmäßiges Pfandobjekt, da das Gesellschaftskapital für Forderungen der Gesellschaft keine Sicherheit bieten kann.

Geschäftsantheile, auf welche die Stammeinlage voll eingezahlt ist, sollen nicht aus den Mitteln des Stammkapitals erworben werden (§ 33 Abs. 2), um die verdeckte Rückzahlung des Stammkapitals zu verhindern; im Falle der Zuwiderhandlung machen sich die Geschäftsführer regreßpflichtig (§ 44 [43] Abs. 3).

Die Einziehung (Amortisation) von Geschäftsantheilen ist überhaupt nur statthaft, soweit das Gesellschaftsvermögen den zur Deckung des Stammkapitals erforderlichen Betrag übersteigt (§ 34 Abs. 3). Bei Aktiengesellschaften darf nur der Jahresgewinn hierzu Verwendung finden. Aus § 19 Abs. 2 folgt, daß nur solche Geschäftsantheile, auf welche die Stammeinlage voll eingezahlt ist ohne gleichzeitige Beobachtung der Vorschriften über Herabsetzung des Stammkapitals amortisirt werden dürfen. Weitere Voraussetzungen für die Amortisation sind:

daß sie im Gesellschaftsvertrage zugelassen ist;

daß der Antheilsberechtigte zustimmt, falls nicht die Voraussetzungen der Amortisation vor dem Zeitpunkt, in welchem er den Geschäftsantheil erworben hat, im Gesellschaftsvertrage festgesetzt waren;

daß ein Beschluß der Gesellschafter vorliegt, wenn die Amortisation aus den Nachschüssen erfolgt (§ 47 [46] Z. 3).

Die Amortisation ist ein geeignetes Mittel, „um eine beschlossene Reduktion des Stammkapitals zur Ausführung zu bringen, oder auch ohne eine solche durch Verminderung der Zahl der Betheiligten die Rentabilität des Unternehmens für die Verbleibenden zu erhöhen. Zugleich eröffnet sie einen Weg, um einzelnen Gesellschaftern ein Ausscheiden aus der Gesellschaft auch ohne Uebertragung des Antheils an Dritte zu ermöglichen".*) Die Amortisation aller Geschäftsantheile hat den Untergang der Gesellschaft zur Folge.

Während das Stammkapital die bestimmt erkennbare finanzielle Unterlage der Gesellschaft bildet, dessen Sicherung, wie wir gesehen haben, eine Reihe zwingender Vorschriften des Gesetzes dienen, hat

*) Entw. I S. 85, 86, II S. 67.

dieses durch die Zulassung der Einforderung von „Nachschüssen" den Gesellschaften m.b.H. die Möglichkeit geboten, dem Gesellschaftsvermögen eine freiere Beweglichkeit zu geben, dasselbe den zeitweiligen Bedürfnissen anzupassen.

Bereits in der Begründung zu dem „Entwurf eines Gesetzes betreffend die Kommanditgesellschaften auf Aktien und die Aktiengesellschaften" wurde erwogen, ob nicht nach dem Vorbilde der bergrechtlichen Gewerkschaft eine neue Form dem Gesellschaftsrecht hinzuzufügen sei. Dann war es besonders der Abg. Dr. Hammacher, der in den Verhandlungen über dieses Gesetz erklärte, daß es „für koloniale wie für eine ganze Menge von anderen Privatwirthschaftsaufgaben im Prinzip keine glücklichere (Gesellschaftsform) giebt, als gerade die Form der Berggewerkschaft".

Für die Uebernahme des gewerkschaftlichen Zubußesystems durch die neue Gesellschaftsform sprachen sich auch Esser*) und Ring**) aus.

In dem von dem Präsidium des deutschen Handelstages dem Preußischen Handelsminister erstatteten Bericht und in den vorgelegten Grundzügen war das gewerkschaftliche Zubußesystem nur von dem Gesichtspunkt der Erhöhung des Grundkapitals aus betrachtet,***) das Gleiche war in dem Riesserschen Entwurf†) der Fall.

Das Gesetz nun schreibt in § 26 vor: „im Gesellschaftsvertrage kann bestimmt werden, daß die Gesellschafter über den Betrag der Stammeinlage hinaus die Einforderung von weiteren Einzahlungen (Nachschüssen) beschließen können". Es ist den Nachschüssen ein anderer Charakter beigelegt als den Stammeinlagen, die Gläubiger haben keinen Anspruch auf die Zahlung von Nachschüssen, „denn diesen ist nur das im Gesellschaftsvertrage bestimmte Stammkapital als dauerndes Vermögen der Gesellschaft in Aussicht gestellt, und als Grundlage des Kredits derselben öffentlich bekannt gemacht". ††) Die Gesellschaft m.b.H. hat daher einen von der Berggesellschaft völlig verschiedenen Charakter, auch wenn die Nachschußpflicht vorgesehen ist.

Die Nachschußpflicht enthält also keine Erweiterung der Haftbarkeit für die Gesellschaftsschulden, und die Gesellschaft hat hinsichtlich der Behandlung der Nachschüsse freie Hand (Ausnahmen im Interesse der Sicherung des Stammkapitals § 30 Abs. 2, § 44 [43] Z. 3), zur Einforderung ist stets ein Beschluß der Gesellschafter erforderlich (§ 26). Die Nachschußpflicht ist keine wesentliche Einrichtung der neuen Gesellschaft. Hiergegen hat sich mit aller Entschiedenheit Goldschmidt†††) ausgesprochen. Er sagt: „Die neue Gesellschaft m.b.H. ist nur dann Zubußegesellschaft, wenn sie es sein will, und wenn sie es will, so kann die Zubußepflicht eine illusorische sein, z. B. gültig auf $^1/_{10}$ des

---

*) Esser, Die Gesellschaft mit beschränkter Haftbarkeit S. 13 ff.

**) Ring, Deutsche Kolonialgesellschaft S. 57 ff.

***) Schriften des Vereins zur Wahrung 2c. Nr. 25 S. 108 u. 111.

†) Riesser, Zur Revision des Handelsgesetzbuchs S. 338.

††) Entw. I S. 40, II S. 33.

†††) Alte und neue Formen der Handelsgesellschaft S. 30.

Geschäftsantheils, also etwa auf 50 M. festgesetzt werden", und er findet nicht, daß ein praktisches Bedürfniß für Gesellschaften dieser Art erkennbar ist. Das Erstere ist zutreffend, die Bedürfnißfrage aber ist verschieden zu beantworten, je nachdem man sich auf den Standpunkt Goldschmidts stellt, der das Gesetz nur auf bestimmte Handelszwecke angewendet sehen will, oder auf den Standpunkt des Gesetzgebers, der ein Gesetz schaffen wollte, das zur Verfolgung jedes gesetzlich erlaubten Zwecks dienen sollte. Wir stehen, wie bereits bemerkt, in dieser Beziehung auf dem Standpunkte des Gesetzgebers und können daher nur der Begründung zustimmen, daß es zu weit gegangen sein würde, wenn das Gesetz die Nachschußpflicht als eine wesentliche Einrichtung „für alle Fälle" vorgeschrieben hätte. Damit wird dann auch der Einwand hinfällig, daß eine Gesellschaft die Zuschußpflicht illusorisch machen möchte; es ist übrigens kaum einzusehen, was sie hierzu bestimmen könnte.

Die Nachschußpflicht kann eine unbeschränkte oder eine im Gesellschaftsvertrag auf einen bestimmten Betrag beschränkte sein. Im ersteren Falle aber tritt gleichwohl dadurch eine Begrenzung ein, daß der Gesellschafter berechtigt ist, sich von der Leistung der Nachschüsse dadurch zu befreien, daß er der Gesellschaft seinen Geschäftsantheil behufs Befriedigung durch Veräußerung zur Verfügung stellt (§ 27). Es ist dies eine den für die Gewerkschaft und die Rhederei geltenden Bestimmungen nachgebildete Vorschrift. Im Gesellschaftsvertrag kann dies Recht auf den Fall beschränkt werden, daß die Nachschüsse einen bestimmten Betrag überschreiten.

Die Einforderung der Nachschüsse kann bei unbeschränkter Nachschußpflicht erst nach vollständiger Einzahlung der Stammeinlagen erfolgen, da die Gesellschafter das Recht haben, sich durch Aufopferung des Geschäftsantheils ihren weiteren Verpflichtungen zu entziehen. Bei beschränkter Nachschußpflicht (§ 28) besteht ein solches Recht nicht, falls es nicht durch den Gesellschaftsvertrag eingeführt ist, es kann daher, wenn nicht von letzterer Befugniß Gebrauch gemacht ist, auch im Gesellschaftsvertrage bestimmt werden, daß die Einforderung von Nachschüssen schon vor vollständiger Einforderung der Stammeinlage geschieht (§ 28 Abs. 2).

Die Rechtsvorgänger des Gesellschafters haben für die eingeforderten Nachschüsse nach Maßgabe des § 22 bei statutarisch beschränkter Nachschußpflicht, und im Falle der unbeschränkten Nachschußpflicht, wenn im Gesellschaftsvertrage ein Betrag festgesetzt ist, innerhalb dessen der Gesellschafter nicht das Recht der Abandons hat, und die eingeforderten Nachschüsse diesen Betrag nicht überschreiten (§ 28 Abs. 1).

Daraus, daß die Nachschüsse an und für sich keine Erweiterung der Haftbarkeit der Gesellschafter und keine Vergrößerung des Stammkapitals sind, folgt, daß sie ebenso wie andere Theile des Gesellschaftsvermögens, z. B. Reserven, zurückgezahlt werden können. Es ist dies auch eine nothwendige Folge der rechtlichen und wirthschaftlichen Natur der Nachschüsse, welche das Vereinsvermögen entsprechend den Ansprüchen an dasselbe beweglich machen sollen.

Zwei Ausnahmen enthält das Gesetz: Eine Zurückzahlung darf nicht erfolgen, insoweit die Nachschüsse zur Deckung von Verlusten am Stammkapital erforderlich sind, und ferner, falls die Nachschüsse vor Volleinzahlung des Stammkapitals eingefordert sind (§ 30 Abs. 2).

Jede Rückzahlung aber setzt einen Beschluß der Gesellschafter voraus, § 47 [46] Z. 3, falls nicht der Gesellschaftsvertrag etwas Anderes festsetzt (§ 46 [45] Abs. 2). Ueber die Einsetzung der Nachschüsse in die Bilanz bestimmt § 42 [41] Z. 3.

Eine Erhöhung des Stammkapitals geht unabhängig von der Einforderung der Nachschüsse vor sich; wird dieselbe beschlossen, nachdem die Einforderung von Nachschüssen erfolgt ist, so dürfte auch vor Volleinzahlung des erhöhten Stammkapitals eine Rückzahlung der Nachschüsse weder bei unbeschränkter noch bei beschränkter Nachschußpflicht beschlossen werden, insoweit die Nachschüsse zur Ergänzung des erhöhten und noch nicht volleingezahlten Stammkapitals erforderlich sind.

Die Nachschüsse sind bedingte aus dem Mitgliedschaftsvertrage sich ergebende Forderungen der Gesellschaft an die Gesellschafter, die Bedingung liegt in dem Beschluß der Gesellschaft auf Einforderung, die Gesellschafter werden, insoweit die Nachschüsse eingefordert sind, Gläubiger der Gesellschaft; die Einbehaltung zur Deckung des Stammkapitals ist nichts Anderes als ein Kompensations- und Retentionsrecht der Gesellschaft wegen ihrer Forderung auf Einzahlungen auf Stammeinlagen.

In Folge der Zulassung der Nachschußpflicht sind folgende Arten von Gesellschaften m.b.H. möglich:

1. Gesellschaften mit festem Stammkapital ohne Nachschußpflicht.
2. Gesellschaften mit festem Stammkapital und Nachschußpflicht, deren Höhe im Gesellschaftsvertrag bestimmt ist.
3. Gesellschaften mit festem Stammkapital und unbeschränkter Nachschußpflicht und dem Abandonrecht der Gesellschafter.
4. Gesellschaften mit festem Stammkapital und unbeschränkter Nachschußpflicht und gleichzeitiger statutarischer Festsetzung eines Betrages, bis zu dem unbedingt Einzahlungspflicht der Gesellschafter besteht.

§ 3. Erwerb und Verlust der Mitgliedschaft.

Die Mitgliedschaft ist eine *Folge* der unter bestimmten Formen erfolgenden Kapitalbetheiligung.

Für den Erwerb der Mitgliedschaft ist zu unterscheiden die Zeit vor bezw. bei und nach der Errichtung der Gesellschaft. Nach § 2 ist der Gesellschaftsvertrag von sämmtlichen Gesellschaftern (bezw. deren Bevollmächtigten) zu unterschreiben; die Mitgliedschaft wird erworben durch Unterschrift des Gesellschaftsvertrages und Uebernahme einer Stammeinlage (§ 3 Z. 4). Freilich ist hiermit erst der Wille bekundet auf Grund des Gesellschaftsvertrages eine Gesellschaft m.b.H. zu gründen, und kommt diese wegen Versagung der Genehmigung bei koncessionspflichtigem Geschäftsbetrieb oder aus anderen Gründen nicht zur Eintragung in das Handelsregister, so wird der abgeschlossene Gesellschaftsvertrag wegen der Unmöglichkeit, den gesetzten Zweck zu erreichen hinfällig. Erst mit der Eintragung in das Handelsregister besteht die Gesellschaft m.b.H. und werden die Unterzeichner des Gesellschaftsvertrags Mitglieder der Gesellschaft. Bis zur Entscheidung über die Eintragung bleiben die Unterzeichner an den Vertrag gebunden, der die sich aus ihm ergebenden Rechtswirkungen hat.

Die Gesellschaft m.b.H. ist eine Kapitalgesellschaft mit — abgesehen von den Nachschüssen, welche für den Erwerb der Mitgliedschaft nicht in Frage kommen — fest umgrenztem Kapital, und da der Gesellschaftsvertrag den Betrag der von jedem Gesellschafter auf das Stammkapital zu leistenden Einlage enthalten muß, ergiebt sich, daß auch die Mitgliederzahl zunächst eine geschlossene ist — im Gegensatz zu der eingetragenen Genossenschaft, zu deren Merkmalen die nicht geschlossene Mitgliederzahl gehört.

Wie bei jeder anderen Kapitalgesellschaft würde daher eine Erweiterung des Mitgliederkreises nur durch Erhöhung des Stammkapitals zu ermöglichen sein, in welchem Falle der Uebernehmer einer Stammeinlage eine gerichtlich oder notariell aufgenommene oder beglaubigte Erklärung abzugeben hat (§ 56 [55] Abs. 1). Nothwendig verbunden ist die Erhöhung des Stammkapitals jedoch nicht mit der Vergrößerung der Mitgliederanzahl, da auch die bisherigen Gesellschafter eine neue Stammeinlage erwerben können (§ 56 [55] Abs. 2).

Außer durch Erhöhung des Stammkapitals bietet das Gesetz zur Vergrößerung der Mitgliederanzahl ferner noch dadurch die Möglichkeit, daß auch Theile des Geschäftsantheils veräußert werden können (§ 17), falls die Theilung im Gesellschaftsvertrage nicht ausgeschlossen ist. Die Abtretung von Theilen des Geschäftsantheils hat in Form eines gerichtlich oder notariell geschlossenen Vertrages zu erfolgen (§ 15).

Eine Veränderung unter den Personen der Gesellschafter — ohne Vermehrung der Anzahl — kann durch die Veräußerung des Geschäftsantheils geschehen, welche in § 15 zugelassen ist, und die in Form eines gerichtlich oder notariell geschlossenen Vertrags geschieht, ferner in den Fällen des Ausschlusses (§§ 21, 27, 28). Durch die Zulassung der Theilung des Geschäftsantheils unter Einhaltung der für die Stammeinlage gezogenen Minimalgrenze und durch die in Form einer einfachen Statutenänderung erfolgende Erhöhung des Stammkapitals ist — vielleicht nicht ganz in Uebereinstimmung mit der ursprünglichen Tendenz des Gesetzes — eine solche Gestaltung der Gesellschaft möglich, daß die Mitgliederanzahl ohne besondere Schwierigkeiten vergrößert werden kann; ein Nachtheil kann hierin jedenfalls nicht gefunden werden.

Anders liegt es bei der Verminderung der Mitgliederanzahl. Zunächst kann dieselbe nicht eine Verminderung des Stammkapitals zur Folge haben, wenn nicht dessen Herabsetzung beschlossen und in Gemäßheit des § 55 [54] durchgeführt wird (§ 30 Abs. 1).

Eine Verminderung der Mitgliederanzahl ist in folgenden Fällen möglich:

1. Die Gesellschaft erwirbt den Geschäftsantheil eines Gesellschafters (§ 33).

2. Es erfolgt die Einziehung von Gesellschaftsantheilen (§ 34), dieselbe wird insbesondere da durchgeführt werden, wo die Rentabilität für die Verbleibenden erhöht werden soll.

3. Der Gesellschafter wird in den Fällen §§ 21, 27 und 28 des Geschäftsantheils verlustig und dieser fällt der Gesellschaft zu.

Der Verlust der Mitgliedschaft kann also nur in den Fällen zu 2 und 3 und bei freiwilliger Veräußerung eintreten.

Stirbt ein Gesellschafter, so geht der Geschäftsantheil auf seine Erben über (§ 15 Abs. 1).

Im Erwerb der Mitgliedschaft äußert sich ein wesentlicher Unterschied zwischen der Gesellschaft m.b.H. und der Aktiengesellschaft: einmal ist die Aktie nicht theilbar, und dann ist grundsätzlich deren leichte Uebertragbarkeit vorausgesetzt: wir haben es hier also zunächst mit einem Erschwerniß der Vergrößerung der Mitgliederzahl zu thun, da die Aktie nicht theilbar ist und folglich nur der Weg der Erhöhung des Aktienkapitals bleibt, wenn man von der Annahme ausgeht, daß jede Aktie in einer Hand ist; andererseits freilich ist auch von vornherein der Besitz mehrerer Aktien gestattet, während bei der Gesellschaft m.b.H. kein Gesellschafter bei der Errichtung im Besitze mehrerer Stammeinlagen sein darf (§ 5 Abs. 2), so daß also der theilweise Verkauf von Aktien wiederum eine Möglichkeit zur Vergrößerung der Anzahl der Mitglieder giebt, die wir bei der Gesellschaft m.b.H. nur in Folge der Zulassung der Theilbarkeit der Geschäftsantheile finden. Vor Allem aber ist kennzeichnend, daß die Aktie wegen der leichten Uebertragbarkeit ein Handelspapier werden kann und bei dem Geschäftsantheil dies ausgeschlossen ist; bei der Aktiengesellschaft stehen sich in Folge dessen die Mitglieder fremd gegenüber, nur unter gewissen Voraussetzungen sind sie überhaupt bekannt, die Gesellschaft m.b.H. beruht dagegen auf einem festen Mitgliederstamm, weswegen auch dem Handelsgericht die Liste der Gesellschafter einzureichen ist (§§ 8, 41 [40]). Dieses Band der Zusammengehörigkeit kommt am schärfsten in der Gesammthaftung für die Einzahlungen auf die Stammeinlagen und die Erstattung von Auszahlungen zum Ausdruck (§ 24, § 31).

Der Verlust der Mitgliedschaft — außer den Fällen freiwilliger Aufgabe durch Veräußerung — ist bei der Gesellschaft m.b.H. wesentlich den Aktiengesellschaften nachgebildet, wenigstens insoweit die Verhältnisse gleich liegen. Das trifft zu für die Verwirkung der Geschäftsantheile und Aktien im Falle der unterlassenen Leistung der Einzahlungen und für die Amortisation.

Erwerb und Verlust der Mitgliedschaft durch die einzelnen Gesellschafter ist auf den Bestand der Gesellschaft ohne Einfluß. Es ist sogar der Fall nicht ausgeschlossen, daß die Gesellschaft mit beschränkter Haftung in die Hände eines Gesellschafters übergeht, wenigstens hindert das Gesetz dies nicht und bietet keine Möglichkeit, den Gesellschafter zu zwingen, die Gesellschaft aufzulösen; er hätte es auch durch

Uebertragung von Geschäftsantheilen jederzeit in der Hand, die Mitgliederanzahl zu vergrößern. Nur zur Begründung der Gesellschaft gehören mindestens zwei Personen, da dieselbe einen Gesellschaftsvertrag voraussetzt. An die Personen der Gesellschafter stellt das Gesetz keine besonderen Erfordernisse, so daß sowohl physische wie juristische Personen Gesellschafter werden können; es könnte sogar eine Gesellschaft ausschließlich aus juristischen Personen bestehen.

Die Auflösung einer juristischen Person würde dem Tod der physischen Person gleichstehen.

Auch minderjährige und sonstige handlungsunfähige Personen können durch ihre gesetzlichen Vertreter Gesellschafter werden.

§ 4. Rechte und Pflichten der Gesellschafter.

Die Rechte der Mitglieder sind zu trennen in Sonder- und Individualrechte. Sonderrechte sind vermögensrechtlichen Inhalts; bei ihnen steht die Gesellschaft dem berechtigten Gesellschafter als Verpflichtete gegenüber, sie beruhen entweder auf Vertrag oder sind aus der Mitgliedschaft herzuleiten. Im Gegensatze hierzu stehen die Individualrechte, bei denen der Gesellschaftter als Träger und Vertreter des Gesammtwillens der Mitglieder auftritt und die Interessen der Gesellschaft verfolgt. Während unter normalen Verhältnissen deren Wahrung den Organen der Gesellschaft obliegt und die Rechte des Gesellschafters sich auf eine antheilige Mitwirkung beschränken, soll der Gesellschafter durch die Individualrechte Willen und Recht der Gesellschaft selbstständig und unabhängig von der Versammlung der Gesellschafter geltend machen.

Ueber die Rechte der Gesellschafter bestimmt § 46 [45]: „Die Rechte welche den Gesellschaftern in den Angelegenheiten der Gesellschaft, insbesondere in Bezug auf die Führung der Geschäfte zustehen, sowie die Ausübung derselben bestimmen sich, soweit nicht gesetzliche Vorschriften entgegen stehen, nach dem Gesellschaftsvertrage." Und dieser kann „namentlich die Rechte der einzelnen Gesellschafter in der Richtung erweitern, daß das Prinzip der Mehrheitsbeschlüsse beseitigt und entweder die Einwilligung sämmtlicher Gesellschafter für die zu beschließenden Maßnahmen gefordert oder an Stelle gemeinsamer Entschließung in den geeigneten Fällen ein Individualrecht der einzelnen Gesellschafter anerkannt wird".*)

Das Gesetz verleiht nun den Gesellschaftern folgende Sonderrechte:

1. Einer Vermehrung der den Gesellschaftern nach dem Gesellschaftsvertrage obliegenden Leistungen zu widersprechen, dieselbe kann nur mit Zustimmung aller betheiligten Gesellschafter beschlossen werden (§ 54 [53] Abs. 3); eine ähnliche Bestimmung enthält A.G. Art. 215

---

*) Entw. I S. 96, II S. 74.

Abs. 6 [HB. § 275 Abs. 3, 276], dagegen erfolgt eine Erhöhung des Geschäftsantheils bei der Genossenschaft durch Statutenänderung.

2. Den Geschäftsantheil zu veräußern (§ 15 Abs. 1) unter Wahrung der statutarischen Bestimmungen (§ 15 Abs. 5).

3. Theile des Geschäftsantheils nach Maßgabe des § 17 zu veräußern, wenn die Theilung nicht im Statut ausgeschlossen ist (§ 17 Abs. 6).

4. Im Falle der Einforderung von Nachschüssen bei unbeschränkter Nachschußpflicht nach Maßgabe der Bestimmungen in § 27 den Geschäftsantheil der Gesellschaft zur Befriedigung zur Verfügung zu stellen.

5. Anspruch auf den nach der jährlichen Bilanz sich ergebenden Reingewinn, falls nicht im Gesellschaftsvertrage ein Anderes bestimmt ist (§ 29).

6. In gutem Glauben von der Gesellschaft empfangene, der Vorschrift des § 30 zuwider geleistete Zahlungen insoweit zu behalten, als sie nicht zur Befriedigung der Gesellschaftsgläubiger erforderlich sind (§ 31 Abs. 2).

7. In gutem Glauben empfangene, zu Unrecht ausgezahlte Gewinnantheile zu behalten, falls eine Schmälerung des Stammkapitals nicht vorliegt (§ 32).

8. Der Einziehung des Geschäftsantheils durch die Gesellschaft zu widersprechen, falls die Voraussetzungen derselben im Gesellschaftsvertrage bestimmt sind, nachdem er den Geschäftsantheil erworben hat (§ 34).

9. Mitzuwirken bei der Beschlußfassung über Einforderung von Nachschüssen (§ 26), Abänderung des Gesellschaftsvertrags (§ 54 [53]), Erhöhung bezw. Herabsetzung des Stammkapitals (§ 56 [55] und § 59 [58]), Auflösung (§ 60 Z. 1).

10. Im Zweifel im Wege der Beschlußfassung über die in § 47 bezeichneten Angelegenheiten zu entscheiden (§ 46 [45] Abs. 2).

11. Im Falle der Auflösung den entsprechenden Antheil am Gesellschaftsvermögen zu erhalten (§ 73 [72]).

12. Die Nichtigkeitsklage anzustrengen (§ 75a [74]).

Die durch das Gesetz verliehenen Individualrechte sind wenig zahlreich, da die Verhältnisse hier einfacher als bei den Aktiengesellschaften liegen. Auch sind die formalen Beschränkungen des Anfechtungsrechts von Gesellschaftsbeschlüssen — vgl. 49 G.G., Art. 190a und 222 A.G. — [H.B. § 271] im Wege der Klage nicht herübergenommen, so daß also die Geltendmachung weder davon abhängig ist, daß sie zunächst in bestimmter Form zum Ausdruck gebracht ist (etwa durch Erklärung zu Protokoll), noch daß das Recht innerhalb einer bestimmten Frist nach dem fraglichen Ereigniß ausgeübt zu werden braucht. Die Zulässigkeit einer solchen Klage ergiebt sich aus allgemeinen Rechtsgrundsätzen; auch einredeweise kann eine Anfechtung erfolgen.

Das Gesetz giebt den Gesellschaftern folgende Individualrechte:

1. Gesellschafter, deren Geschäftsantheile zusammen mindestens dem zehnten Theile des Stammkapitals entsprechen, sind berechtigt, unter Angabe des Zwecks und der Gründe die Berufung der Versammlung oder die Ankündigung von Gegenständen zur Beschlußfassung zu verlangen bezw. dieselben selbst zu bewirken (§ 51 [50]). Doch ist dies nur dispositives Recht. Der Gesellschaftsvertrag kann dies Individualrecht einschränken, aufheben oder auch erweitern (§ 46 [45] Abs. 2).

2. Gesellschafter, deren Geschäftsantheile zusammen mindestens dem zehnten Theile des Stammkapitals entsprechen, können gegen die Gesellschaft die Auflösungsklage erheben, wenn die Erreichung des Gesellschaftszweckes unmöglich wird, oder wenn andere in den Verhältnissen der Gesellschaft liegende wichtige Gründe für die Auflösung vorhanden sind (§ 61). Dies ist zwingendes Recht, das der Autonomie der Gesellschaft entzogen ist.

Dasselbe gilt

3. von dem Rechte der Gesellschafter, deren Geschäftsantheile zusammen mindestens dem zehnten Theile des Stammkapitals entsprechen, den Antrag bei dem Gericht auf Bestellung oder Abberufung von Liquidatoren zu stellen.

Das Recht zu 1 findet sich auch im A.G. 237 [H.B. § 254] und im G.G. § 43 [45]. Das Recht zu 2 ist weder im A.G. noch im G.G. enthalten, es fand sich aber im ersten Entwurf des A.G. vom 18. Juli 1884, dagegen nicht in dem ersten Entwurf des vorliegenden Gesetzes, sondern ist erst in den zweiten dem Reichstage vorgelegten Entwurf aufgenommen. Die Klage der Gesellschafter auf Auflösung ist nachgebildet der diesbezüglichen Bestimmung in Art. 125 H.G.B. [H.B. § 133] dieselbe ist zugelassen, da einerseits die Einräumung des Kündigungsrechts an die einzelnen Gesellschafter der Natur der Gesellschaft widersprechen, andererseits die Gestattung der Uebertragung des Geschäftsantheils nicht überall den Austritt ermöglichen würde, besonders dort, wo sie an die Genehmigung der Gesellschaft gebunden sei. Das Recht zu 3 haben auch die Aktionäre einer A.G. Art. 244 [H.B. § 295] und die Mitglieder einer Genossenschaft G.G. § 81 [83].

Besondere Pflichten der Gesellschafter:

1. Die im Gesellschaftsvertrage außer der Leistung von Kapitaleinlagen auferlegten „anderen Verpflichtungen" zu erfüllen, z. B. bei Zuckerfabriken Rübenbau- und Rübenlieferungspflicht, Fuhrenleistung u. s. w. Für Aktiengesellschaften hatte das Reichsgericht (Bd. 17 S. 5, 21 S. 148, 26 S. 86) die Zulässigkeit statutarischer Regelung solcher Pflichten verneint, es bedürfte besonderer Abkommen für jeden Aktionär. Durch H.B. § 212 ist vom 1. Jan. 1900 eine solche Auflage auch für Aktiengesellschaften zugelassen.

2. Einzahlungen auf die Stammeinlagen nach Verhältniß derselben zu leisten (§ 19 Abs. 1, § 47 [46] Z. 2) und im Falle verzögerter Einzahlung Verzugszinsen zu entrichten (§ 20).

3. Soweit eine Stammeinlage weder von den Zahlungspflichtigen eingezogen noch durch Verkauf des Geschäftsantheils gedeckt werden kann, den Fehlbetrag nach Verhältniß ihrer Geschäftsantheile aufzubringen (§ 24).

4. Bei Erwerb eines Geschäftsantheils für die zur Zeit der Anmeldung des Erwerbs bei der Gesellschaft auf den Geschäftsantheil rückständigen Leistungen neben dem Veräußerer zu haften (§ 16 Abs. 3).

5. Als Rechtsvorgänger subsidiär und eventuell successive wegen des von einem ausgeschlossenen Gesellschafter auf die Stammeinlage nicht gezahlten Betrages zu haften (§ 22).

6. Unter den Voraussetzungen der §§ 26—28 Nachschüsse zu zahlen und als Rechtsvorgänger für dieselben zu haften.

7. Den Bestimmungen im § 30 zuwider von der Gesellschaft geleistete und von ihnen empfangene Zahlungen zu erstatten und zwar, wenn der Empfänger in gutem Glauben war, insoweit, als die Erstattung zur Befriedigung der Gesellschaftsgläubiger erforderlich ist; in diesem Umfange auch gemeinschaftlich für die von dem Empfänger nicht zu erlangende Erstattung einzustehen (§ 31).

§ 5. Organisation.

Die Organisation der Gesellschaft entspricht deren korporativem Charakter, wenn auch der statutarischen Regelung der weiteste Spielraum gelassen ist, um die Form auf die verschiedensten Gesellschaftszwecke anwenden zu können. Die Begründung*) läßt sich hierüber wie folgt aus: Für die Organisation der Gesellschaft sei zwischen den äußeren und inneren Verhältnissen derselben zu unterscheiden. In ersterer Beziehung komme vornehmlich die Vertretung gegenüber dritten Personen in Betracht, diese Seite könne mit Rücksicht auf das allgemeine Verkehrsinteresse nicht lediglich der autonomen Festsetzung durch den Gesellschaftsvertrag überlassen bleiben, das Gesetz habe die Existenz eines Vertretungsorgans und dessen Vollmacht zu regeln, „den Gesellschaftern als solchen kann die Vertretung im Gesetz nicht übertragen werden; denn ein Recht jedes einzelnen Gesellschafters zur Geschäftsführung und Vertretung ist nur bei streng individualistischen Gesellschaftsformen möglich, wie es denn selbst ein wesentliches Merkmal derselben bildet. Bei einer Vereinigungsform, welche auch für eine größere Zahl von Theilnehmern geeignet sein soll . . . müssen die Personen, welchen die Vertretung und Geschäftsführung obliegen soll, nothwendig als Organ der Gesellschaft von dieser selbst bestellt werden . . . Im Uebrigen wird hinsichtlich der inneren Verhältnisse der Gesellschaft die Freiheit autonomer Regelung im weitesten Umfange anzuerkennen sein. Im Gegensatz zur Aktiengesellschaft kann es hier als Grundsatz gelten, daß die bezeichneten Verhältnisse in erster Linie sich nicht durch das Gesetz, sondern durch den Gesellschaftsvertrag bestimmen (§ 46 [45]).

*) Entw. I S. 44 ff., II S. 36.

Insbesondere gilt dies in Betreff des Umfangs der Rechte, welche den Gesellschaftern als solchen zustehen, und von der Art und Weise, wie diese Rechte ausgeübt werden.“ Das Gesetz beschränkt sich darauf, in den §§ 47 bis 52 [46 bis 51] subsidiäre Bestimmungen für den Fall fehlender Vorschriften im Gesellschaftsvertrage zu geben. Die Mitglieder bilden hiernach die oberste Instanz in den Gesellschaftsangelegenheiten, wie es der Stellung der Geschäftsführer als Organ der Gesellschaft entspricht. Eine Einschränkung ihrer Rechte, wie sie der Stellung der Kommanditisten bei der Kommanditgesellschaft den persönlich haftenden Gesellschaftern gegenüber zukommt, war daher nicht angebracht. Nach dem Gesetze aber steht nichts im Wege, die Rechte der Gesellschafter weiter zu beschränken oder ihre Befugnisse „auf einer mehr individualistischen Grundlage zu regeln“.

Von der obligatorischen Vorschrift, einen Aufsichtsrath zu bestellen, ist abgesehen, da für denselben „nur dann ein Bedürfniß sein wird, wenn die Zahl der Gesellschafter eine Höhe erreicht, bei welcher eine andere Art der Kontrolle nicht mehr ausreichend erscheint. Dieser Fall kann aber nicht als der regelmäßige zu Grunde gelegt werden“.

Im Einzelnen ist hierzu noch Folgendes zu bemerken:

Die Gesellschaft muß einen oder mehrere Geschäftsführer haben, zu denen Gesellschafter oder auch andere Personen bestellt werden können. Die Bestellung erfolgt entweder im Gesellschaftsvertrage oder durch Beschlußfassung der Gesellschafter, wenn nicht der Gesellschaftsvertrag eine andere Art der Bestellung vorsieht (§ 6, § 47 [46] Z. 5, § 46 [45] Abs. 2 — A.G. Art. 209 Z. 5 [H.B. § 182 Abs. 2 Z. 4], G.G. §§ 9, 24). Die Vertretungsbefugniß der Geschäftsführer ist Dritten gegenüber unbeschränkt und unbeschränkbar (§ 35 Abs. 1, § 37 Abs. 2 — A.G. Art. 227, 231 Abs. 2 [H.B. §§ 231, 235 Abs. 2] G.G. §§ 24, 27 Abs. 2), es entspricht dies dem allgemein für Handelsgesellschaften geltenden Grundsatz. Sind mehrere Geschäftsführer bestellt, so geht das Gesetz von der Kollektivvertretung als Regel aus (§ 35 Abs. 2 — A.G. Art. 229 [H.B. § 232] G.G. § 25); für den Fall, daß sämmtliche Gesellschafter durch den Gesellschaftsvertrag zur Geschäftsführung berufen sind, gelten nur die bei Festsetzung dieser Bestimmung der Gesellschaft angehörenden Personen als die bestellten Geschäftsführer (§ 6 Abs. 3). In der gleichen Weise wie bei den übrigen Handelsgesellschaften ist die Eintragung der Geschäftsführer in das Handelsregister (§§ 7, 39) geregelt — A.G. 228, 233 [H.B. §§ 234, 13, 15] G.G. §§ 10, 28, 29.

Der Gesellschaft gegenüber sind die Geschäftsführer an den ihnen durch den Gesellschaftsvertrag oder, insoweit der Gesellschaftsvertrag nicht ein Anderes bestimmt, durch Beschlüsse der Gesellschafter auferlegten Beschränkungen gebunden (§ 37 Abs. 1), die Gesellschaft ist jederzeit befugt die Bestellung zu widerrufen, wenn dies Recht nicht im Gesellschaftsvertrag auf das Vorliegen „wichtiger Gründe“ beschränkt ist (§ 38); der Widerruf erfolgt, falls der Gesellschaftsvertrag darüber nicht etwas Anderes bestimmt, durch Beschluß der Gesellschafter (§ 47 [46] Z. 5, § 46 [45] Abs. 2). Durch den Gesellschaftsvertrag kann somit den

Geschäftsführern eine größere Selbstständigkeit und Unabhängigkeit eingeräumt werden, als der Vorstand einer Aktiengesellschaft und Genossenschaft dieselbe besitzen, vgl. A.G. Art. 227 [H.B. § 231 Abs. 3], G.G. § 24 Abs. 3. Das Gesetz hat damit die Fälle berücksichtigen wollen, „in welchen bei einer kleinen Zahl von Mitgliedern diesen sämmtlich oder einzelnen von ihnen ein dauerndes Recht auf die Geschäftsführung zugestanden werden soll".*)

Der Widerruf bezieht sich wie bei der A.G. und der G. auf die Vertretungsbefugniß, und nicht blos wie bei der offenen Handelsgesellschaft auf die eigentliche Geschäftsführung, ist aber in Beziehung auf die Einschränkung den für die offene Handelsgesellschaft geltenden Bestimmungen nachgebildet — Art. 101 H.G.B. [H.B. § 117].

Der leitende Grundsatz für die Betheiligung der Gesellschafter, die nicht gleichzeitig Geschäftsführer sind, an der Leitung des Unternehmens ist in § 46 [45] Abs. 2 enthalten, wonach die Verhältnisse in erster Linie nicht durch das Gesetz, sondern durch den Gesellschaftsvertrag zu regeln sind. In § 47 [46] stellt dann das Gesetz eine Reihe Angelegenheiten zusammen, die mangels einer entgegengesetzten Vorschrift des Gesellschaftsvertrages der Bestimmung der Gesellschafter unterliegen. Die von den Gesellschaftern zu treffenden Bestimmungen erfolgen durch Beschlußfassung nach der Mehrheit der abgegebenen Stimmen, wobei jedes Hundert Mark eines Geschäftsantheils eine Stimme gewährt (§ 48 [47]). Die Beschlüsse werden in Versammlungen gefaßt (§ 49 [48] Abs. 1), die von den Geschäftsführern zu berufen sind (§ 50 [49]) und zu deren Berufung unter den Voraussetzungen des § 51 [50] auch die Gesellschafter schreiten können. Die Berufung erfolgt mittelst eingeschriebenen Briefes unter Wahrung von einer mindestens einwöchigen Frist. Ist die Versammlung nicht ordnungsmäßig berufen oder die Tagesordnung nicht rechtzeitig bekannt gegeben, so können Beschlüsse nur gefaßt werden, wenn alle Mitglieder anwesend sind (§ 52 [51]). Wenn sämmtliche Gesellschafter schriftlich mit der zu treffenden Bestimmung oder mit der schriftlichen Abgabe der Stimmen sich einverstanden erklärt, so bedarf es nicht der Abhaltung einer Versammlung (§ 49 [48] Abs. 2).

Das Gesetz spricht nirgends von „Generalversammlungen", sondern immer nur von „Versammlungen" der Gesellschafter, ohne daß diese nicht gebräuchliche Bezeichnung in der amtlichen Begründung gerechtfertigt ist; eine rechtliche Bedeutung ist dieser Ausdrucksweise wohl nicht beizulegen, wenn sie auch gewählt sein sollte, um das Hervortreten der einzelnen Gesellschafter zu kennzeichnen (§ 49 [48] Anm. 1).

Alle diese Vorschriften gelten nur in Ermangelung besonderer Bestimmungen des Gesellschaftsvertrages (§ 46 [45] Abs. 2).

Eines Beschlusses der Gesellschafter bedarf es nach dem Gesetz stets in folgenden Fällen:

1. bei Abänderung des Gesellschaftsvertrages (§ 54 [53]);
2. bei Einforderung von Nachschüssen (§ 26);

---

*) Entw. I S. 88, II S. 69.

3. bei Erhöhung und Herabsetzung des Stammkapitals (§ 56 [55], § 59 [58]);
4. bei Auflösung (§ 60);
5. bei Vermehrung der den Gesellschaftern nach dem Gesellschaftsvertrage obliegenden Leistungen, wobei Zustimmung sämmtlicher betheiligter Gesellschafter erforderlich ist (§ 54 [53] Abs. 3).

Völlig frei ist der Gesellschaft gegeben, die Kontrolle der Geschäftsführung zu regeln (§ 53 [52]). Aus den oben angeführten Gründen ist davon abgesehen, die Einsetzung eines Kontrollorgans für obligatorisch zu erklären — dagegen A.G. Art. 209 f. [H.B. § 180]; G.G. § 9 Abs. 1. Der Gesellschaftsvertrag braucht überhaupt keine Bestimmung über die Kontrolle zu enthalten, oder er kann dieselbe nach dem Willen der Gesellschafter ordnen; ist ein Aufsichtsrath bestellt, so finden auf denselben, soweit nicht im Gesellschaftsvertrage etwas Anderes bestimmt ist, die für den Aufsichtsrath einer Aktiengesellschaft nach den Art. 224—226 Abs. 1 H.G.B. [H.B. § 243 Abs. 1, 2, 4, §§ 244—248, § 249 Abs. 1, 2] geltenden Vorschriften entsprechende Anwendung.

§ 6. Anwendbarkeit der Gesellschaft mit beschränkter Haftung.

In der Darstellung der Geschichte des Gesetzes haben wir die Bewegung verfolgt, die im Handelsstande auf die Zulassung einer neuen Gesellschaftsform auf der Grundlage der beschränkten Haftung der Mitglieder und mit möglichst weitgehender Autonomie zur Verfolgung kolonialer und industrieller Zwecke gerichtet war. Eine Reihe Beispiele wurden dafür angeführt, daß die vorhandenen Gesellschaftsformen im wirthschaftlichen und sozialen Leben nicht ausreichten. Die Regierungen pflichteten der Ansicht bei, daß ein Bedürfniß nach einer Ergänzung des bestehenden Gesellschaftsrechts vorhanden war. Nach der amtlichen Begründung sollte das Gesetz anwendbar sein:*) für die große Zahl von Erwerbsgesellschaften, wo die Gesellschafter nicht in der Lage sind, die Führung der Geschäfte selbst in die Hand zu nehmen, oder wo doch dem Einzelnen der Einfluß auf die Handlungen der Mitgesellschafter und die Kontrolle über deren Thätigkeit nicht im vollen Umfange möglich ist. Die im heutigen Wirthschaftsleben unentbehrliche Theilung der Vermögenskräfte des Einzelnen zur Mitwirkung an einer Mehrheit von Unternehmungen setze der Regel nach auch eine Theilung und damit eine Beschränkung der aus den einzelnen Unternehmen entstehenden Risiken voraus.

„Zu den Unternehmungen der bezeichneten Art gehören nun aber keineswegs blos solche, für welche es, wie bei der Aktiengesellschaft, einer Heranziehung weiter und wechselnder Kreise von Betheiligten bedarf. Auch wo eine begrenztere Zahl von Theilnehmern mit der Absicht dauernder Betheiligung ein Unternehmen ins Leben ruft, kann

*) Entw. I S. 27 ff., II S. 24.

eine Beschränkung der Haftpflicht in zahlreichen Fällen angezeigt sein; sei es, daß die zur Aufbringung der nöthigen Mittel erforderliche Zahl der Gesellschafter doch zu erheblich ist, um denselben die unmittelbare Leitung des Betriebes zu gestatten, sei es, daß aus anderen Gründen die Gesellschafter außer Stande sind, persönlich dem Unternehmen ihre ganze Thätigkeit zu widmen. Das Bedürfniß zur Eingehung solcher Associationen entsteht auch nicht selten unabhängig von dem Willen der Betheiligten. Der Uebergang gewerblicher Unternehmungen auf mehrere Erben des Besitzers, welche, ohne selbst die Geschäfte führen zu können, doch auf die Erhaltung des Unternehmens und die Fortführung desselben für die Familie Werth legen, bietet ein Beispiel dieser Art; und ebenso die nothgedrungene Uebernahme eines überschuldeten Etablissements durch die Gläubiger zum Zweck der Erhaltung und Fortführung desselben für eigene Rechnung. Und selbst da, wo bei geringer Zahl der Gesellschafter diese sämmtlich oder einzelne von ihnen unmittelbar die Geschäfte führen, können doch die besonderen Verhältnisse des Unternehmens, wie die Verschiedenartigkeit oder räumliche Entfernung der einzelnen Theile des Betriebes oder die besonderen Wechselfälle, welchen derselbe nach der Natur seines Gegenstandes ausgesetzt ist, eine Beschränkung der Haftung nöthig machen." Für solche Fälle passe nicht die Form der Aktiengesellschaft wegen deren Einrichtungen, welche „die thunlichste Ausdehnung und Veränderlichkeit des Mitgliederkreises ermöglichen" und gleichzeitig die damit verbundenen Kautelen enthalten. Es müsse „eine übermäßige Vermehrung der Aktiengesellschaften auf Gebieten, für welche sie wirthschaftlich nicht am Platze sind", verhütet werden. Auch passe nicht für solche Fälle die bei den Aktiengesellschaften beobachtete strengste Durchführung der auf Kapitaleinlagen beschränkten Haftung, welche die von den Aktionären zu leistenden Einzahlungen durch den Gesellschaftsvertrag von vornherein unabänderlich feststellen und in dem Stammwerth der Aktien kenntlich machen.

Die Erfahrung zeigt, daß eine solche Unbeweglichkeit des Gesellschaftskapitals für Unternehmungen, welche ohne erhebliche Inanspruchnahme des Kredits ein wechselndes Bedürfniß nach Betriebsmitteln zu befriedigen haben, eine Quelle von großen Verlegenheiten sein kann, und das Gleiche gilt von Unternehmungen, welche, wie z. B. Gesellschaften zur Ausnutzung oder Vervollkommnung von Erfindungen oder zur Erschließung von Kolonialgebieten u. a. m., genöthigt sind, einen erheblichen Theil ihrer Mittel für Ausgaben zu verwenden, die nur die Möglichkeit eines künftigen Ertrages gewähren, vorerst aber noch keine nach den Grundsätzen solider Geschäftsführung als Gegenwerth zu betrachtende Objekte dem Vermögen der Gesellschaft zuführen.

Endlich ist in der Begründung noch darauf hingewiesen, daß die Gesellschaft dadurch, daß das Gesetz zuläßt, daß der Gesellschaftsvertrag auch andere Leistungen als Kapitaleinlagen zum Gegenstande der Mitgliederpflichten macht, für gewisse Industrien verwerthbar wird, z. B. für Zuckerfabriken mit Rübenbaupflicht der Mitglieder, die als Aktiengesellschaft die Rübenbaupflicht der Mitglieder als Mitgliederpflicht im Gesellschaftsvertrage nicht vorsehen können [vgl. aber vom 1. Jan. 1900 § 212 H.B.].

Ganz allgemein bestimmt § 1 des Gesetzes, daß Gesellschaften mit beschränkter Haftung nach Maßgabe der Bestimmungen dieses Gesetzes zu jedem gesetzlich zulässigen Zweck errichtet werden können.

In der Kommission des Reichstages wurde geltend gemacht, daß die Errichtung von Bankgeschäften und Versicherungsgesellschaften als Gesellschaften mit beschränkter Haftung bedenklich und mit Gefahren verbunden sei, da der kleine Mann die Leistungsfähigkeit dieser Gesellschaften nicht zu beurtheilen vermöge und dieselbe als Versicherungsgesellschaft den Gläubigern nicht diejenige Sicherheit gewähren könne, „welche nach der Natur und dem Zwecke der Versicherungsgesellschaft erfordert werde".*) In Betreff der Bankgeschäfte wurde dem Bedenken insoweit Rechnung getragen, als in § 42 [41] die Veröffentlichung der Bilanz für dieselben vorgeschrieben ist, wenn sie in der Form der Gesellschaft mit beschränkter Haftung betrieben werden. Für die Versicherungsgesellschaft wurde darauf hingewiesen, daß die in den meisten deutschen Staaten zum Betriebe erforderliche staatliche Genehmigung die genügende Sicherheit biete.

Das Gesetz ist somit noch über die von dem deutschen Handelstage aufgestellten „Grundzüge" hinausgegangen.

„Die Zulässigkeit der Verwendung findet ihre Grenze nur in den allgemeinen Normen des öffentlichen und Privatrechts, welche die Verfolgung gewisser Zwecke allgemein untersagen. Auch versteht es sich, daß die öffentlich-rechtlichen Bestimmungen der Gesetze über das Vereins- und Versammlungsrecht ... durch den Entwurf in keiner Hinsicht berührt werden." **)

Der Abg. Oechelhäuser als Referent***) über den Gesetzentwurf vor dem deutschen Handelstage (15/16. Januar 1892) sprach sich über die Anwendung des Gesetzes folgendermaßen aus: „Die Gesellschaft m.b.H. wird sich überall da einbürgern, wo die Solidarhaft auf gerechte Bedenken stößt, wo es sich um das Zusammentreten einer beschränkteren Zahl von Personen handelt, die dem Zweck der Gesellschaft persönlich näher stehen, wo die Höhe der Einlagen sich nicht im Voraus übersehen läßt, und wo überhaupt die Kapitalhöhe und die Anzahl der Gesellschafter unter dem Niveau bleiben, welches die Anwendung des jetzigen Aktiengesetzes mit seiner kostspieligen und komplizirten Organisation vortheilhafter erscheinen läßt. Es ist kaum ein Gesellschaftszweck denkbar, sei es auf kaufmännischem, gewerblichem und sozialem, insbesondere auch kolonialem Gebiete, welcher sich nicht der neuen Gesellschaftsform einfügen ließe", und ferner†) „die neue Gesellschaft ... füllt jede Lücke in den Beziehungen des Kapitals zum Menschen aus, welche innerhalb oder zwischen den verschiedenen

---

*) Bericht der Kommission S. 2.
**) Entw. I S. 47, II S. 38.
***) Schriften des Vereins zur Wahrung rc. Nr. 27 S. 22.
†) a. a. O. S. 11.

individualistischen wie kollektivistischen Gesellschaftsformen besteht. Die neue Gesellschaft ist somit auch als eine weittragende Ergänzung des nur für bestimmte soziale Zwecke erlassenen Genossenschaftsgesetzes vom 1. Mai 1889 zu betrachten"; endlich*): „die neue Gesellschaft wird sich vorzugsweise auch für kleine Gewerbetreibende, namentlich auch für das Kleingewerbe, für Vereinigungen von Handwerkern und für soziale Zwecke eignen . . ., wo das Genossenschaftsgesetz einen Boden hat, wird ihn auch die neue Gesellschaft finden".

Den letzten beiden Ausführungen können wir nicht beitreten und die Erfahrung hat diese bereits in der ersten Auflage gemachte Einschränkung bestätigt. Die Gesellschaft mit beschränkter Haftung kann in sozialer Beziehung und in wirthschaftlicher Hinsicht nur sehr selten die Genossenschaft ersetzen. Die Gesellschaft m.b.H. ist eine Kapitalgesellschaft, die Genossenschaft eine Personalgesellschaft, bei der die Personen der Mitglieder entscheidend sind, was bei der Gesellschaft m.b.H. nur unter ganz bestimmten Voraussetzungen der Fall sein wird, und auch selbst dann kann es nicht ausbleiben, daß der kapitalistische Charakter zum Ausdruck kommt, Träger der Gesellschaft bleibt das Kapital. Eine Kreditgenossenschaft z. B., die mittelst gemeinschaftlichen Geschäftsbetriebes den Mitgliedern die für deren Betriebe nothwendigen Mittel beschaffen will, kann nur als solche, als Genossenschaft voll und ganz dieser Aufgabe gerecht werden, in jeder andern Gesellschaftsform, deren Grundlage das Gesellschaftskapital ist, würde die Kreditgesellschaft ihre Natur verändern. — Im Jahre 1892 ist nach dem Reichsanzeiger eine Kreditgesellschaft entstanden „Spar- und Darlehenskasse zu Abbensen Gesellschaft m.b.H. „Sitz Abbensen, Amtsgericht Meinersen (Provinz Hannover), Stammkapital 20000 M. Beim Gegenstand des Unternehmens ist ausdrücklich hervorgehoben Gewährung von Darlehen an Mitglieder und Nichtmitglieder. Es läßt sich annehmen, daß die Bestimmung in § 8 des Genossenschaftsgesetzes vom 1. Mai 1889, wonach Darlehensgenossenschaften den Geschäftsbetrieb der Darlehensgewährung nicht auf Nichtmitglieder ausdehnen sollen, hier Anlaß für die Wahl der Gesellschaftsform gewesen ist. Wegen jener Bestimmung haben sich manche als Genossenschaften eingetragene Kreditvereine in Aktiengesellschaften umgewandelt. — Dazu kommt das für die Genossenschaft und die Verfolgung ihrer Ziele wesentliche Moment der nicht geschlossenen Mitgliederzahl, welches jeder Kapitalgesellschaft nothwendig fehlt. Damit soll nun freilich nicht gesagt werden, daß es keine Genossenschafts*art* giebt, für welche die Gesellschaft m.b.H. nicht auch verwerthbar ist. Wo es sich in erster Reihe darum handelt, aus einem Kapital oder einem sonstigen Vermögensobjekt Nutzen zu ziehen, wie es z. B. bei der Molkereigenossenschaft der Fall ist, da kann unter Umständen auch die Gesellschaft m.b.H. mit Erfolg Anwendung finden, obgleich grundsätzlich wegen ihrer sozialen Vorzüge auch hier die Genossenschaft stets die bessere Gesellschaftsform sein wird. Auch selbst für die Centralgenossenschaften, welche als geschäftlicher Mittelpunkt

---

*) a. a. O. S. 13.

für gleichartige Einzelgenossenschaften dienen, wird es von den im einzelnen Falle zu prüfenden Voraussetzungen abhängen, welche der beiden Gesellschaftsformen die angemessenere ist.

Im Uebrigen aber ist es vollkommen zutreffend, daß die Gesellschaft m.b.H. für fast jeden Gesellschaftszweck verwerthbar ist. Welche Ausbreitung die Gesellschaftsform in wenigen Jahren erlangt hat, zeigt folgende dem Deutschen Oekonomisten entnommene Tabelle: Es wurden gegründet

1892	63 Ges. mit M.	28 864 700	Kapital
1893	162 " " "	68 667 404	"
1894	254 " " "	112 456 000	"
1895	297 " " "	149 711 100	"
1896	376 " " "	128 483 700	"
1897	640 " " "	136 491 300	"
zusammen	1792 Ges. mit M.	624 674 204	Kapital.

Eine genauere bis gegen Ende Februar 1898 reichende Statistik über die Gesellschaften m.b.H. im Deutschen Reiche vertheilt „auf die Berufszweige in möglichst genauer Anlehnung an die Berufs-Statistik des Kaiserl. statistischen Amts geordnet", veröffentlichte Anfang Juni 1898 der am 4. Mai in Berlin gegründete Centralverein der deutschen Gesellschaften m.b.H. (Vorsitzender Dr. T. Fabri, Berlin, Linkstr. 11).*)

Nach dieser Statistik, in der die zahlreichen bereits wieder aufgelösten G.m.b.H. nicht berücksichtigt sind, vertheilen sich **1839** G. mit einem Gesammtkapital von 692 546 300 M. auf folgende Berufe:

A. Land- und Forstwirthschaft, Gärtnerei und Fischerei.

54 Landwirthschaft, Viehzucht, Milchwirthschaft, Wein-, Obst-, Gemüsebau,
9 Forstwirthschaft, Fischerei u. s. w.
zus. 63 mit Kapital 6 148 900 M.

B. Bergbau und Hüttenwesen, Industrie und Bauwesen.

I. Bergbau und Hüttenwesen.

28 Erzgewinnung und Aufbereitung, Hüttenbetrieb,
45 Gewinnung von Stein- und Braunkohlen, Koaks, Graphit, Asphalt, Torfwerke,
3 Gewinnung und Vertrieb von Petroleum,
zus. 76 mit Kapital 42 797 800 M.

*) Der Verein bezweckt die Vertretung und Wahrung der den G.m.b.H. gemeinsamen Interessen und will diesen Zweck insbesondere erreichen durch Ertheilung von Auskunft und Rath, durch Schaffung einer Centralstelle für die Vermittlung des An- und Verkaufs von Antheilen, für die Mitwirkung bei Gründung neuer oder Vergrößerung bestehender G.m.b.H., für die Prüfung und Begutachtung bestehender und in Gründung begriffener G.m.b.H., für gegenseitigen Austausch von Erfahrungen in den Vereins-Versammlungen.

II. Industrie der Steine und Erden.

28 Marmor-, Stein- und Schieferbrüche,
41 Gewinnung von Kies und Sand, Herstellung von Kalk, Cement, Gips, Mörtel u. s. w.
151 Ziegeleien, Thonröhren- und Chamottefabriken,
9 Töpfereien, Steingut- und Ofenfabriken,
7 Fayence- und Porzellanfabriken,
16 Glashütten und Spiegelfabriken,
zus. 252 mit Kapital 49 734 700 M.

III. Metallverarbeitung.

67 Erzgießereien, Blechwaaren-, Emaille-, Messer-, Nagel- und Draht- und Feilenfabriken,
zus. 67 mit Kapitel 20 604 300 M.

IV. Maschinen-, Werkzeuge-, Armaturen- u. s. w. Fabriken.

139 Maschinen-, Werkzeug- u. Armaturenfabriken,
1 Schiffsbauanstalt,
19 Verfertigung von Instrumenten u. s. w. Optik, Uhren,
3 Verfertigung von Musikinstrumenten,
47 Elektrotechnische Fabriken, Elektrizitätswerke,
zus. 209 mit Kapital 74 862 800 M.

V. Chemische Industrie.

52 Chemische, pharmazeutische u. photographische Präparatefabriken,
9 Farbenfabriken,
11 Explosivstoffe- und Zündwaarenfabriken,
19 Düngerfabriken,
2 Leim- und Gelatinefabriken,
zus. 93 mit Kapital 44 184 700 M.

VI. Beleuchtungs-Industrie, Licht u. Seifen.

32 Gasanstalt, Glühlicht u. s. w. -Ges.,
20 Gaszünder-Ges.,
7 Oel- u. Seifenfabriken,
zus. 59 mit Kapital 12 043 000 M.

VII. Textilindustrie.

32 Spinnereien u. Webereien in Wolle u. Baumwolle,
5 Webereien u. s. w. für Leinenwaaren,
13 Sammet-, Seide-, Spitzen- u. Teppichfabriken,
6 Tuch- u. Filzfabriken,
13 Färbereien, Bleichereien, Appreturanstalten,
3 Seilenwaarenfabriken,
zus. 72 mit Kapital 50 589 000 M.

VIII. Holz- und Schnitzstoffe.

30 Holzwaarenfabriken,

4 Möbelfabriken,
3 Bürstenfabriken,
zus. 37 mit Kapital 8 719 700 M.

IX. Papier-Industrie.

38 Verfertigung von Papier u. Pappe, Spielwaaren aus Papiermaché, Buchbindereien, Kartonnagefabriken,
zus. 38 mit Kapital 15 572 900 M.

X. Leder-Industrie.

14 Lohmühlen, Gerbereien, Lederfabriken,
13 Gummi-, Guttapercha-, Kautschukwaaren-, Wachstuch- u. Linoleumfabriken,
zus. 27 mit Kapital 14 759 409 M.

XI. Nahrungs- u. Genußmittel.

16 Getreide-, Mahl- u. Schälmühlen,
4 Brotfabriken, Bäckereien,
45 Konditorwaaren-, Zucker-, Teigwaarenfabriken, Kaffeesurrogat-, Konservenfabriken u. s. w.,
19 Fleischereien, Schmalz-, Fett-, Margarinefabriken,
18 Wasserwerke, Eiswerke, Mineralwasserfabriken, Kohlensäure-Industrie,
5 Mälzereien,
41 Brauereien,
50 Branntweinbrennereien, Spiritusfabrikation,
82 Rübenzuckerfabriken u. Raffinerien,
5 Cigarren- u. Tabakfabriken,
7 Futtermittelfabriken,
zus. 292 mit Kapital 141 169 300 M.

XII. Bekleidung.

8 Hut- u. Schuhwaarenfabriken,
zus. 8 mit Kapital 1 441 100 M.

XIII. Baugewerbe.

139 Bau-, Terrain- u. Immobiliengesellschaften, Bauvereine u. s. w.,
zus. 139 mit Kapital 112 344 800 M.

XIV. Polygraphisches Gewerbe.

21 Druckereien, Kunstanstalten, Plakatinstitute, Photographien.
zus. 21 mit Kapital 7 121 000 M.

C. Handel und Verkehr.

I. Handelsgewerbe.

16 Banken und andere Kreditinstitute,
75 Buch-, Kunst-, Musikalienhandlungen, Zeitungs-Verlag und Spedition,

15 Plantagen- u. Kolonisationsgesellsch.
38 Handels-, Industrie- u. Patentverwerthungs-Ges., Agenturen u. s. w.,
5 Konsumvereine, Markthallen, Ausstellungen,
19 Bierversandt-Gesellschaften,
zus. 168 mit Kapital 37 840 800 M.

II. Versicherungsgewerbe.

2 Versicherungsgesellschaften,
zus. 2 mit Kapital 70 000.

III. Verkehrsgewerbe.

20 Straßen-, Klein- u. Bergbahnen,
27 Dampfschifffahrts-Gesellsch., Rhedereien,
3 Straßen- u. Brückenbau-Gesellsch.,
26 Speditions- u. Lagerhaus-Gesellsch., Transportunternehmungen, Fuhrhaltereien,
zus. 76 mit Kapital 31 013 400 M.

IV. Beherbergung, Erquickung u. Erziehung.

9 Restaurants,
18 Hotels u. Gasthäuser,
41 Private u. öffentliche Gesellschaftshäuser,
29 Bäder u. Heilanstalten,
28 Gemeinnützige u. Wohlthätigkeits-Anstalten,
6 Erziehungs- u. Unterrichtsanstalten,
zus. 131 mit Kapital 17 669 400 M.

V. Vereinswesen.

9 Gesellige Unternehmungen, Sportvereine u. s. w.,
zus. 9 mit Kapital 1 859 500 M.

Von den 1839 Gesellschaften haben 182 ein Kapital von 20 000 M., 342 von 20 001 bis 50 000, 350 von 50 001 bis 100 000, 295 von 100 001 bis 200 000, 364 von 200 001 bis 500 000, 186 von 500 001 bis 1 000 000, 71 von 1 000 001 bis 3 000 000, 17 von 3 000 001 bis 5 000 000, 7 von 5 000 001 bis 10 000 000, eine über 10 000 000 Mark.

Von den 1839 Ges. m.b.H. domiziliren 295 in Berlin, 66 in Hamburg, 62 in Köln, 46 in Frankfurt a. M., 30 in München, 28 in Düsseldorf, 20 in Charlottenburg, 19 in Leipzig, 18 in Bremen, 17 in Dortmund, 16 in Dresden, je 15 in Elberfeld, Hannover und Mannheim, je 14 in Breslau und Magdeburg, 13 in Krefeld, je 10 in Bochum, Düren, Halle a. S. und Königsberg i. Pr., je 9 in Barmen, Freiburg i. Br. und Wiesbaden, je 8 in 2, je 7 in 5, je 6 in 5, je 5 in 11, je 4 in 16, je 3 in 37, je 2 in 90 Orten, 578 Orte haben nur eine G.m.b.H. Die 1839 Gesellschaften vertheilen sich also auf 769 Orte.

Wie diese statistischen Zusammenstellungen beweisen, überflügelt schon jetzt diese Gesellschaftsform alle anderen. Ein glänzender Erfolg der Reichsgesetzgebung!

Zweiter Theil.

Gesetz, betreffend die Gesellschaften mit beschränkter Haftung.

Vom 20. April 1892

(unter Beifügung der vom 1. Januar 1900 ab geltenden Abänderungen durch Artikel 11 des Einführungsgesetzes zum Handelsgesetzbuche vom 10. Mai 1897. In der auf Grund der Ermächtigung durch Artikel 13 desselben Gesetzes vom Reichskanzler bekannt gemachten Fassung. R.G.Bl. 846 bis 867).

(No. 2018.)

Gesetz, betreffend die Gesellschaften mit beschränkter Haftung.

Vom 20. April 1892

(unter Beifügung der vom 1. Januar 1900 ab geltenden Abänderungen durch Artikel 11 des Einführungsgesetzes zum Handelsgesetzbuche vom 10. Mai 1897. In der auf Grund der Ermächtigung durch Artikel 13 desselben Gesetzes vom Reichskanzler bekannt gemachten Fassung. R.G.Bl. Nr. 24 S. 477 bis 499).

Wir **Wilhelm**, von Gottes Gnaden Deutscher Kaiser, König von Preußen ꝛc.
verordnen im Namen des Reichs, nach erfolgter Zustimmung des Bundesraths und des Reichstags, was folgt:

Gesetz, betreffend die Gesellschaften mit beschränkter Haftung.*)

Erster Abschnitt.

Errichtung der Gesellschaft.

§. 1.

Gesellschaften mit beschränkter Haftung können nach Maßgabe der Bestimmungen dieses Gesetzes zu jedem gesetzlich zulässigen Zweck errichtet werden.

Entw. I u. II, Komm., Rtg. § 1, Entw. I S. 46, II S. 38. A.G. Art. 207. [H.B. § 178]. G.G. § 1.

1. Errichtung.

Die Errichtung setzt sich aus zwei Rechtsakten zusammen: aus der Konstituirung der Gesellschaft und deren Eintragung in das Handelsregister. „Vor erfolgter Eintragung in das Handelsregister besteht die Gesellschaft mit beschränkter Haftung als solche nicht" (§ 11, Anm. 1). Eine Gesellschaft aber ist bereits vor der Eintragung vorhanden, die jedoch nur nach innen hin Rechtswirkungen zur Folge hat und nach außen in keine rechtlichen Beziehungen treten kann (a. A. Birkenbihl S. 84, der auch das Wesen einer Gesellschaft nach innen bestreitet, vgl. die Ausführungen von Neukamp S. 183 ff.). Dem Schutze Dritter gilt die Bestimmung in § 11 Abs. 2. Da die Gesellschafter in der Erwartung zusammentreten, daß der beschlossene Gesellschaftsvertrag in das Handelsregister eingetragen wird, so müssen bei beanstandeter Eintragung entweder die bezeichneten Anstände abgeändert

*) In der vom 1. Januar 1900 geltenden Fassung (R.G.Bl. 1898 S. 846) ist zum Eingang nur diese Ueberschrift enthalten. Die Einführungssätze fehlen.

werden, oder der Gesellschaftsvertrag wird hinfällig. Der Vertrag ist unter der Resolutivbedingung der Eintragung geschlossen. In wie weit die Gesellschafter gehalten sind, sich in die geforderte Aenderung zu fügen, hängt davon ab, ob anzunehmen ist, daß der Beitritt auch erfolgt wäre, wenn der Vertrag ursprünglich die Aenderung enthalten hätte. Die Gesellschaft kann nur auf der Grundlage zu Stande kommen, die sie bei der Errichtung gehabt (R.G. Bd. 21 S. 250). Aus dem internen Bestehen der Gesellschaft folgt die Zulässigkeit der Beschlußfassungen wie die Auflösung nach Maßgabe des ihre Rechtsverhältnisse bestimmenden Vertrages vor der Eintragung in das Handelsregister.

2. Merkmale der Gesellschaft.

Die Firma muß dem § 4 entsprechen. Das Gesetz giebt keine gesetzliche Definition in dem Sinne, daß beim Zusammentreffen gewisser allgemeiner Merkmale ohne Weiteres eine Gesellschaft mit beschränkter Haftung als vorhanden anzunehmen wäre . . . Solche Definition stellt allerdings das H.G.B. auf; eine entsprechende Bestimmung ist, wie es in der Begründung (Entw. I S. 47) heißt, „hier schon mit Rücksicht auf die Berührungspunkte der neuen Gesellschaft mit den Merkmalen anderer Gesellschaftsformen nicht angängig“. [Das neue H.B. (§ 178) hat es auch unterlassen, eine Definition für die Aktiengesellschaft zu geben.] Als Voraussetzung für die Anwendbarkeit des Gesetzes genügt „der unzweideutig bekundete Wille der Betheiligten . . . sich der speziellen Rechtsform der Gesellschaft mit beschränkter Haftung zu bedienen, und der nothwendige Ausdruck dieses Willens liegt in der Annahme der in § 4 vorgesehenen besonderen Firmenbezeichnung“ Vgl. die Unterschiede zwischen der Gesellschaft mit beschränkter Haftung einerseits und der offenen Handelsgesellschaft, Aktiengesellschaft und Genossenschaft andererseits oben S. 24. Zu den weiteren Merkmalen gehören: korporativ organisirte Vereinigung, Vermögensbildung nach Maßgabe des Gesetzes. Die Verwendung der Gesellschaftsform ist rein fakultativ, es ist auch nicht die Anmeldung einer solchen Gesellschaft zur Eintragung in das Handelsregister unter Ordnungsstrafe gestellt § 77 [79]. Würde sich eine Gesellschaft als Gesellschaft mit beschränkter Haftung bezeichnen, ohne eingetragen zu sein, so würde sie nicht die nach dem Gesetz dieser beigelegten Rechte genießen. Es verhält sich in dieser Beziehung mit der Gesellschaft m.b.H. ebenso wie mit der Genossenschaft und Aktiengesellschaft; anzunehmen ist, daß das Handelsgericht gegen die zu Unrecht firmirenden Gesellschafter auf Grund des Art. 26 Abs. 2 H.G.B. [§ 37 H.B.] Ordnungsstrafen verhängen kann. Außerdem kommt § 11 Abs. 2 des Gesetzes zur Anwendung, trotz des Firmenzusatzes mit beschränkter Haftung.

3. Zweck.

Zu „jedem gesetzlich zulässigen Zweck“ kann die Gesellschaft errichtet werden (vgl. oben S. 55—58). In der Reichstags-Kommission war der Antrag gestellt, hinter den Worten „zulässigen Zweck“ einzuschalten: „mit Ausnahme des Betriebes von Bank-

und Versicherungsgeschäften". Der Antrag war damit begründet, „daß die Errichtung von Bankgeschäften und von Versicherungsgesellschaften als Gesellschaften m.b.H. nach dem Gesetzentwurf bedenklich und mit Gefahren verbunden sei, da die große Masse des Publikums und namentlich der kleine Mann die Vermögenslage und die durch die beschränkte Haftung bedingte Leistungsfähigkeit dieser Gesellschaften nicht zu beurtheilen vermöge und deshalb durch schwindelhafte Manipulationen zu bedenklichen Geschäften verleitet werden und in schweren Schaden kommen könne". Der Antrag wurde abgelehnt, da für diese Ausschließung „genügende Veranlassung nicht vorliege . . ." Die Mehrheit der Kommission war der Ansicht, „daß die durch die Gesetzesvorlage gebotene Vertragsfreiheit zu vermehrter Sorgfalt und Aufmerksamkeit auffordere, daß die Gesetzesvorlage aber genügende Sicherung vor Gefahren gewähre, und daß derjenige, welcher die ihm obliegende Sorgfalt in seinen eigenen Angelegenheiten nicht beobachte, auch durch die vorgeschlagenen weitergehenden Sicherungsmaßregeln vor Schaden nicht bewahrt bleiben werde". Seitens der Regierungsvertreter wurde noch besonders hervorgehoben, „daß eine kasuistische Bestimmung, welche einzelne Arten von Unternehmungen von der Anwendung der neuen Gesellschaftsform ausschließt, mit dem Prinzip, auf welchem der Entwurf beruhe, nicht im Einklang stehen würde; denn der letztere verfolge den Zweck, durch die in der Konstruktion der Gesellschaft selbst liegenden Garantien der Nothwendigkeit besonderer Präventivkautelen in der Hauptsache entbehrlich zu machen und den Betheiligten möglichste Freiheit der Bewegung zu gestatten". (Komm. Bericht S. 2, 3.) Ausdrücklich wird in der Begründung (Entw. I S. 47, II S. 38) hervorgehoben, „daß die öffentlich rechtlichen Bestimmungen der Gesetze über das Vereins- und Versammlungsrecht . . . in keiner Hinsicht berührt werden, und dasselbe gilt natürlich von den gesetzlichen Bestimmungen über geistliche Genossenschaften oder sonstige religiöse Vereine". Bedarf der Gegenstand des Unternehmens der staatlichen Genehmigung, so muß diese **vor** der Anmeldung der Gesellschaft zur Eintragung in das Handelsregister eingeholt werden (§ 8 Z. 4 vgl. über die Fälle staatlicher Genehmigung Birkenbiehl S. 23, 24 Hergenhahn im „Handelsgesellschafter" 1894 S. 87; sofern Versicherung betrieben wird ohne staatliche Genehmigung erfolgt Bestrafung nach 369 Z. 9 Strafgesetzbuch). Wird die Erreichung des Gesellschaftszweckes unmöglich, so kann Auflösung durch gerichtliches Urtheil nach Maßgabe des § 61 erfolgen. Im Falle der Gefährdung des Gemeinwohls greift § 62 Platz. Eine Sonderbestimmung enthält das Gesetz nur für Bankunternehmungen in § 42 [41] Abs. 4.

§ 2.

Der Gesellschaftsvertrag bedarf des Abschlusses in gerichtlicher oder notarieller Form. Er ist von sämmtlichen Gesellschaftern zu unterzeichnen.

Die Unterzeichnung durch Bevollmächtigte ist nur auf Grund einer gerichtlich oder notariell errichteten oder beglaubigten Vollmacht zulässig.

Entw. I u. II, Komm., Rtg. § 2, Entw. I S. 47, II S. 38. A.G. Art. 209. [H.B. § 182] G.G. § 5.

1. Form des Gesellschaftsvertrages.

Für den Gesellschaftsvertrag „als der dauernden auch Dritten erkennbar zu machenden Grundlage der Gesellschaftsverhältnisse" war im Regierungsentwurf die schriftliche Form für nothwendig, aber „mit Rücksicht auf die einfache Struktur des Gründungshergangs die Form einer Privaturkunde als genügend erachtet" (Entw. I S. 47, II S. 38). In der Reichstags-Kommission (Komm.Ber. S. 4) ist die Form verschärft; da durch den Gesellschaftsvertrag der Betrag der Stammeinlage und damit die Haftung jedes Gesellschafters festgestellt wird, ist die gerichtliche oder notarielle Errichtung für nöthig erachtet. Es genügt nicht die gerichtliche oder notarielle Beglaubigung der Unterschriften, sondern der Gesellschaftsvertrag bedarf der gerichtlichen oder notariellen Beurkundung (vgl. §§ 167 ff. Gesetz über die freiwillige Gerichtsbarkeit vom 17. Mai 1898). Aenderung des Vertrages § 54 [53].

2. Unterzeichnung durch die Gesellschafter.

Das Gesetz schreibt keine Mindestzahl für die Unterzeichner vor, doch müssen es mindestens zwei sein, da es sich um den Abschluß eines Gesellschaftsvertrages handelt. Bei der eingetragenen Gesellschaft kann die Mitgliederzahl bis auf eine Person herabsinken, indem die Andern durch Veräußerung ihrer Geschäftsantheile an diese, durch Amortisation oder Erwerb ihrer Geschäftsantheile Seitens der Gesellschaft ausscheiden. Auf diese Weise ist es möglich, daß sich ein Industrieller für sein Unternehmen von der persönlichen Haft befreit. Er verwandelt sein Unternehmen in eine Gesellschaft mit beschränkter Haftung und läßt sich von dem einzigen Gesellschafter, der außer ihm betheiligt ist, dessen Geschäftsantheil abtreten. Eine Gesellschaft mit beschränkter Haftung kann auch von einem nicht in Gütergemeinschaft lebenden Ehepaar gebildet werden, ebenso von einem Vater mit minderjährigen, in seiner Gewalt befindlichen Kindern, denen freilich zum Abschluß des Gesellschaftsvertrages, wenigstens in Preußen, ein besonderer Pfleger ernannt werden müßte (§ 15 Anm. 1). A. A. Neukamp S. 222, der die Vereinigung aller Geschäftsantheile in einer Hand für eine Auflösungsthatsache erachtet, da die Personenvereinigung und damit die Existenzfähigkeit fortgefallen sei. Daß dies nicht zutreffend ist, ergiebt sich schon daraus, daß der eine Gesellschafter jederzeit in der Lage ist, durch Veräußerung der Gesellschaftsantheile die Existenzfähigkeit wieder zu schaffen, wenn man sie für verloren gegangen ansehen wollte. Vgl. einen Fall der Vereinigung aller Gesellschaftsantheile in der Monatsschrift für Aktienrecht 1895 S. 100. Der Vertrag ist von sämmtlichen Gesellschaftern zu unterschreiben. In der Begründung (Entw. I. S. 47, II S. 38) heißt es: „Die Gesellschaft m.b.H. kann daher nicht wie die Aktiengesellschaft in der Weise errichtet werden, daß der Inhalt des Gesellschaftsvertrages zunächst nur von einem Theil der Gesellschafter festgesetzt wird, die übrigen aber mittelst gesonderter Zeichnung von Einlagen später beitreten." Es kann zweifelhaft sein, inwieweit dieser Zweck erreicht wird. So bietet jedenfalls die Theilbarkeit der Geschäftsantheile (§ 17) einen verhältnißmäßig bequemen Ersatz der Successivgründung, indem die Gesellschafter, welche den Gesellschaftsvertrag abgeschlossen haben, sogleich nach der Eintragung der Gesellschaft Theile ihres Geschäftsantheils an Dritte abtreten, sie haben möglicherweise durch diese Abtretung sich bereits bei der Uebernahme der Stammeinlage leiten lassen. Dieses Verfahren wird sogar überall zweckmäßig sein, wo Personen, welche der Gesellschaft beitreten wollen, weit entfernt wohnen und die Beibringung einer Vollmacht erspart werden soll. Es scheint aber nach dem Wortlaut des Gesetzes auch nicht ausgeschlossen, daß zunächst der Gesellschaftsvertrag zwischen einigen Gesellschaftern vollständig abgeschlossen wird, und demselben dann die Andern gesondert, natürlich unter Beobachtung der gerichtlichen oder notariellen Form beitreten (ebenso Holdheim in der Wochenschrift für Aktienrecht 1892 S. 303, a. A. Förtsch S. 13). Der Abschluß des Vertrags wird dann aber erst mit dem Beitritt endgültig. Mit der Unterzeichnung des Vertrags ist der Eintritt in die Gesellschaft erfolgt, über den Eintritt nach Eintragung der Gesellschaft vgl. §§ 16, 18, 56 [55]. Vorbehalte und Einschränkungen die der Beitrittserklärung beigefügt werden, entkräften dieselbe, ein in der Betheiligungserklärung nicht zum Ausdruck gebrachter Vorbehalt ist der Gesellschaft gegenüber unwirksam (R.G. Bd. 33 S. 93). Stimmt der Betreffende bei der Gründung mit, oder übt er sein Recht als Gesellschafter aus, so ist darin ein Verzicht auf den Vorbehalt zu sehen Begr. I S. 68, II S. 54, § 5 Anm. 8, § 19 Anm. 1. Dem Vorbehalt in der Betheiligungserklärung steht die bedingte Uebernahme der Stammeinlage gleich. Eine Erweiterung des Mitgliederkreises der eingetragenen Gesellschaft kann nur stattfinden durch Erhöhung des Stammkapitals (§ 56 [55]) oder durch Theilung des Geschäftsantheils (§ 17), es muß folglich das ganze Stammkapital durch die Unterzeichner übernommen sein, und kein Gesellschafter darf dabei mehr als eine Stammeinlage haben (§ 5). Die Mitgliederzahl ist hiernach eine geschlossene (anders G.G. § 1). Ein einmal beigetretener Gesellschafter kann nicht ausgeschlossen werden abgesehen von dem Fall des § 21. — Das Gesetz besagt nichts darüber, ob die Unterzeichner physische Personen sein müssen. Es ist das nicht anzunehmen (vgl. G.G. § 9). Andere als physische Personen zeichnen durch ihre Vertreter, auf welche die erschwerende Form in Abs. 2 jedoch nicht Anwendung findet, die Vollmacht dieser Unterzeichner liegt in ihrer Vertretungsbefugniß für die betreffende Gesellschaft. Es können sämmtliche Gesellschafter juristische Personen oder sonstige handlungsfähige Vereinigungen sein. Zulässig ist, daß zwei oder mehrere, eine offene Handelsgesellschaft bildende Personen aus ihrem Handelsgeschäft einen bestimmten Theil ihres Betriebs mit bestimmten Vermögensstücken ausscheiden und einer von ihnen allein gebildeten G.m.b.H. zur Fortführung übergeben, — also für diesen Theil des Betriebs ihrer Handelsgesellschaft auf diesem Wege die unbeschränkte Haftung ausschließen. In der Unterzeichnung des Gesellschaftsvertrages liegt auch die Uebernahme der Stammeinlage wegen hierbei erklärten Vorbehalts vgl. § 5 Anm. 8.

3. Bevollmächtigte.

Ein Bevollmächtigter kann mehrere Gesellschafter vertreten, er kann Gesellschafter wie Nichtgesellschafter sein. Für die Vollmacht genügt gerichtliche oder notarielle Beglaubigung. Die Vollmacht muß sich auf die Unterzeichnung des Gesellschaftsvertrages beziehen.

§ 3.

Der Gesellschaftsvertrag muß enthalten:

1. die Firma und den Sitz der Gesellschaft,
2. den Gegenstand des Unternehmens,
3. den Betrag des Stammkapitals,
4. den Betrag der von jedem Gesellschafter auf das Stammkapital zu leistenden Einlage (Stammeinlage).

Soll das Unternehmen auf eine gewisse Zeit beschränkt sein oder sollen den Gesellschaftern außer der Leistung von Kapitaleinlagen noch andere Verpflichtungen gegenüber der Gesellschaft auferlegt werden, so bedürfen auch diese Bestimmungen der Aufnahme in den Gesellschaftsvertrag.

Entw. I u. II, Komm., Rtg. § 3 Entw. I S. 48, II S. 39. A.G. Art. 209. [H.B. §§ 182, 183]. G.G. §§ 6, 7, 8.

1. Der Gesellschaftsvertrag.

In Abs. 1 sind die Essentialien benannt, über welche der Gesellschaftsvertrag Bestimmung treffen muß. Abs. 2 bezeichnet die Gegenstände, welche im Gesellschaftsvertrage geregelt werden müssen, wenn überhaupt eine bezügliche Bestimmung getroffen werden soll. „Abweichungen von dispositiven Normen des Gesetzes können nur durch den Gesellschaftsvertrag festgesetzt werden, und auch im Uebrigen ist davon auszugehen, daß die Rechte und Pflichten der Gesellschafter als solche, soweit sie nicht im Gesetz geregelt sind, ausschließlich nach dem Gesellschaftsvertrage sich bestimmen. . . . Vorrechte, welche einzelnen Gesellschaftern oder gewissen Gattungen von Geschäftsantheilen eingeräumt werden sollen, insbesondere prioritätische Ansprüche hinsichtlich des Geschäftsgewinnes oder der Vertheilung des Gesellschaftsvermögens können nur durch eine entsprechende Festsetzung des Gesellschaftsvertrages begründet werden" (Entw. I S. 49). Das Gesetz enthält zwingende Bestimmungen in §§ 2, 3 Abs. 1, §§ 4, 5 Abs. 1, 2 u. 4, § 6 Abs. 1, § 15 Abs. 1—3, §§ 19, 25, 26 Abs. 2, 30; dispositives Recht in §§ 3 Abs. 2, 5 Abs. 4, 15 Abs. 5, 17

Abs. 3 u. 6, 20 Abs. 2, 26 Abs. 1 u. 3, 27 Abs. 4, 28, 29, 34 Abs. 1, 35 Abs. 2, 37 Abs. 1, 38 Abs. 2, 42 [41] Abs. 3, 46 [45] Abs. 2, 53 [52] Abs. 1, 54 [53] Abs. 2, 60 Z. 2 Abs. 2, 66 Abs. 1, 73 [72]. Der Gesellschaftsvertrag wird zweckmäßigerweise Bestimmungen über Wahl der Geschäftsführer, Inventur, Aufstellung der Bilanz, Bekanntgabe derselben, Geschäftsjahr, Vertheilung des Reingewinns, Bildung von Reserven enthalten. [Ueber Nichtigkeit des Gesellschaftsvertrages gelten vom 1. Januar 1900 die Bestimmungen 75, 76, 77].

2. Firma vgl. § 4.

3. Sitz.

Der Sitz der Gesellschaft ist deren Niederlassung, wenn nur eine vorhanden ist, sonst deren Hauptniederlassung im Gegensatz zu den Zweigniederlassungen (§ 12). Der Gesellschaftsvertrag hat nöthigenfalls darüber zu entscheiden, an welchem Ort der Sitz sein soll, denn derselbe kann sich nicht an verschiedenen Orten befinden. Der Ort muß in Deutschland liegen, im Uebrigen ist der Gesellschaftsvertrag in der Bestimmung des Sitzes unbeschränkt. A. A. Struckmann und Koch zu C.P.O. § 19 [17]. Dem Inlande steht gleich das Ausland, insoweit in demselben die Konsulargerichtsbarkeit durch Herkommen oder Vertrag gestattet ist (Gesetz über die Konsulargerichtsbarkeit vom 10. Juli 1879). Wird der Sitz ins Ausland verlegt, so hat dies Aufgabe der Rechtspersönlichkeit zur Folge, der Beschluß hat die gleiche Folge wie der auf Auflösung (vgl. R.G. Bd. 7 S. 70). Die Verlegung des Sitzes an einen andern zu einem anderen Gerichte gehörigen Ort hat zur Folge, daß die Gesellschaft in dem bisherigen Register gelöscht und bei dem anderen Gericht eingetragen wird. Aenderung des Sitzes ist Statutenänderung [H.B. § 31]. Zulässig ist im Gesellschaftsvertrage eine Verlegung des Sitzes von einem bestimmten Zeitpunkte ab vorzusehen. Die Festsetzung des Sitzes bleibt so lange bestehen, bis im Wege der Statutenänderung eine andere Bestimmung getroffen ist, durch die Verlegung des Geschäftsbetriebes allein erfolgt keine Aenderung des Sitzes, da derselbe im Gesellschaftsvertrage bestimmt sein muß. Sitz und Geschäftsbetrieb brauchen nicht zusammenzufallen (vgl. R.O.H.G. Bd. 21 S. 37 Urtheil des hanseat. O.L.G. vom 12. Juli 97 abgedruckt im Handelsgesellschafter 1897 S. 7). Dernburg II § 217 nimmt für Handelsgesellschaften an, daß die Gesellschaft einen doppelten Sitz hat, wenn der Ort, an dem die Verwaltung geführt wird, von dem registrirten Orte verschieden ist. Das ist nicht zutreffend, da das Statut nicht stillschweigend abgeändert werden kann. Aus dem Sitze der Gesellschaft ergiebt sich deren Gerichtsstand (C.P.O. § 19 [17]), falls nicht das Statut einen besonderen Gerichtsstand festgesetzt hat (C.P.O. § 19 [17] Abs. 3, doch ist dies Streitfrage, vgl. Struckmann und Koch zu § 19 [17] C.P.O.).

4. Gegenstand des Unternehmens vgl. § 1.

Die Bestimmung des Gesellschaftsvertrags muß derart getroffen sein, daß sie unzweifelhaft den Gegenstand des Unternehmens erkennen läßt, insbesondere darf dieselbe sich nicht in allgemeinen unbestimmten Ausdrücken bewegen. Specialisirt braucht der Gegenstand des Unternehmens nicht zu sein. Die Abänderung, Erweiterung oder Einschränkung des Gegenstandes des Unternehmens erfolgt im Wege der Aenderung des Gesellschaftsvertrages (§ 54 [53]), jedoch wird anzunehmen sein, daß die Minderheit nicht durch die Mehrheit gezwungen werden kann der Gesellschaft einen ganz anderen Charakter zu geben. (R.G. Bd. 3 S. 132). Wichtig ist die sorgfältige Bestimmung des Gegenstandes des Unternehmens auch für den Umfang der Vertretung durch den Geschäftsführer, wobei freilich Dritten gegenüber keine Beschränkung gilt (§ 37), vgl. Holdheim in seiner Monatsschrift 1893 S. 295 ff. a. A. anscheinend Birkenbihl S. 199).

5. **Stammkapital** vgl. § 5.

Das Stammkapital ist das bestimmte, Jedermann kenntliche Gesellschaftskapital, „welches den dauernden Grundstock des Unternehmens und zugleich ein bestimmtes Befriedigungsobjekt für die Gesellschaftsgläubiger bildet“ (Entw. I S. 39 II S. 32). Das Stammkapital muß durch die von den Gesellschaftern übernommenen Stammeinlagen gedeckt sein und mindestens 20 000 Mark betragen (§ 5). Da die Summen der Stammeinlagen das Stammkapital bilden müssen, ist ausgeschlossen, daß ein Theil des Stammkapitals durch ein Geschenk, eine Stiftung gebildet wird (Förtsch S. 22) Erhöhung des Stammkapitals nach Maßgabe des § 56 [55], Herabsetzung nach § 59 [58]. Für das Stammkapital besteht solidarische Haftung der Gesellschafter (§ 24). Die Nachschüsse gehören nicht zu dem Stammkapital (vgl. oben S. 35 ff.), doch dürfen sie nicht zurückgezahlt werden, insoweit sie zur Deckung desselben nothwendig sind (§ 30 Abs. 2). Eine Auszahlung des Stammkapitals (§ 30 Abs. 1) ist nur zulässig bei Herabsetzung oder Amortisation der Geschäftsantheile (§ 34), in letzterem Falle bleibt das Stammkapital in seiner Höhe unverändert, da die Amortisation nur mit den Ueberschüssen erfolgen kann (§ 34 Abs. 3).

6. **Stammeinlage** vgl. § 5.

Die Stammeinlage ist die von dem Gesellschafter übernommene, also zu bewirkende oder bewirkte Leistung. In dem Gesellschaftsvertrag ist der Betrag der von jedem Gesellschafter zu leistenden Einlage anzugeben. Aus der Uebernahme entsteht aber kein einseitiges Schuldverhältniß, sondern ein zweiseitiger Vertrag, bei dem der Leistungspflicht auf der andern Seite die Gewährung von Gesellschaftsrechten gegenübersteht — wie bei dem Aktienzeichnungsvertrag. Ueber die Leistung vgl. § 5. Ueber das Verhältniß von Stammeinlage und Geschäftsantheil zu einander vgl. zu § 14. Die Summe der in Zahlen bestimmten Stammeinlagen muß das Stammkapital ergeben. Eine Erhöhung der Stammeinlage ist unzulässig (§ 15 Abs. 2, a. A. Birkenbihl S. 49.) Vorbehalte irgend welcher Art machen die Betheiligungserklärung ungiltig (§ 5 Anm. 8).

7. Zeitbeschränkung.

Ablauf der im Gesellschaftsvertrage bestimmten Zeit hat die Auflösung der Gesellschaft zur Folge ohne besonderen Beschluß (§ 60 Z. 1).*) Es muß aber die Zeit genau angegeben sein und es genügt nicht Angabe der Erreichung des Zwecks durch Aenderung des Gesellschaftsvertrages, der aber vor dem Zeitablauf eingetragen sein muß, kann die Zeitbeschränkung verlängert oder auch aufgehoben werden (§ 54 [53]). Auflösung der Gesellschaft vor dem Zeitablauf würde eine Aenderung des Gesellschaftsvertrages nach § 54 [53] erfordern. Hergenhahn S. 111, Neukamp S. 216 sehen in der Aenderung, Verletzung von Sonderrechten der Gesellschafter und fordern Einstimmigkeit. Birkenbihl (S. 38) hebt hervor, daß verschieden von der Zeitbeschränkung das Unternehmen eine zeitliche Beschränkung des Gegenstands des Unternehmens ist, es wird Thatfrage sein, ob dies der Fall ist.

8. „Andere Verpflichtungen."

Dahin gehören z. B. bei Zuckerfabriken Rübenbau- und Rübenlieferungspflicht, Fuhrenleistungen. Nach der Rechtsprechung des Reichsgerichts, betreffend die vielfach als Aktiengesellschaften errichteten Zuckerfabriken, war bei A.G. eine Verbindung „anderer Verpflichtungen" mit der Mitgliedschaft als solcher rechtlich unmöglich und entbehren statutarische Bestimmungen, welche in diesem Sinne getroffen sind, der Gültigkeit. (Entsch. R.G. Bd. 7 S. 5, Bd. 21 S. 148, Bd. 26 S. 86 Entw. I S. 26.) [Vom 1. Jan. 1900 ist nach H.B. § 212 dies auch bei A.G. gestattet]. In der G.m.b.H. bedürfen derartige Verpflichtungen ihrer Regelung im Gesellschaftsvertrage. In der Bilanz kommen dieselben nur insofern zum Ausdruck, als sie einen bestimmten realisirbaren Vermögenswerth darstellen. Die Verpflichtungen stellen sich als Forderungsrechte der Gesellschaft dar, deren Rechtsgrund der Beitritt zum Gesellschafts-

---

*) Zulässig sind Bestimmungen wie 1) „Der Vertrag ist zunächst bis zum 31. Juli 1897 abgeschlossen, er gilt als jedesmal um drei Jahre verlängert, wenn er nicht spätestens sechs Monate vor Ablauf der Vertragsfrist gekündigt ist" (Vereinigte Rheinische und Westfälische Tafelglashütten, Bonn — Reichsanz. 11. Juni). 2) „Der Vertrag ist für die Zeit bis 30. April 1894 fest abgeschlossen; derselbe läuft jedesmal auf ein Jahr stillschweigend weiter, sofern nicht von der einen oder andern Seite drei Monate vor Ablauf des Geschäftsjahrs, zuerst spätestens am 1. Juli 1894 Aufkündigung erfolgt (Mc. Fadden, Zerega et Cp., G.m.b.H. Bremen, Reichsanz. 14. Okt.). 3) „Die Dauer der G. wird auf 30 Jahr festgesetzt, ... durch Beschluß der G. mit 3/4 Mehrheit kann die Dauer der G. verlängert werden, doch muß dieser Beschluß mindestens ein Jahr vor Ablauf der 30 Jahre gefaßt werden" (Judener Gerberei, G.m.b.H. — Reichsanz. 9. Aug.). In den ersten beiden Fällen ist nach Ablauf der Kündigungsfrist ein Beschluß über Auflösung ausgeschlossen; im dritten Fall kann ein Beschluß über Fortführung im letzten Jahre nicht mehr erfolgen. In allen drei Fällen liegen in Betreff gewisser Aenderungen des Gesellschaftsvertrages Erschwernisse vor, die nach dem letzten Satze des § 54 [53] Abs. 2 der Gesellschaftsvertrag aufstellen darf. Die „Karlsgesellschaft in Aachen zur Unterhaltung des Vereinshauses Karlshaus G.m.b.H." bestimmt: „Die Dauer der Gesellschaft ist von der Fortdauer der Möglichkeit ihrer Zweckbestimmung abhängig gemacht." Dies kann nur bedeuten, daß die Zeitdauer unbeschränkt ist. (Reichsanz. vom 6. Januar 1893).

vertrage bildet entweder durch Unterzeichnung desselben (§ 1) oder durch Erwerb eines Geschäftsantheils bezw. des Theils eines solchen. Doch kann die besondere „Verpflichtung" auch bestimmten Gesellschaftern auferlegt sein. Die Verpflichtungen müssen im Gesellschaftsvertrage so genau festgestellt sein, daß sie auf Grund desselben von der Gesellschaft eingeklagt werden können, damit ist aber nicht ausgeschlossen, daß einzelne Gesellschafter durch besonderen mit der Gesellschaft abzuschließenden Vertrag zu Leistungen besonderer Art verpflichtet werden.

Die „Verpflichtung" braucht nicht alle Gesellschafter zu treffen und auch nicht für die Gesellschafter gleich zu sein. Die Veröffentlichung des Gesellschaftvertrages erstreckt sich nicht auf diese „anderen Verpflichtungen" (§ 10).*) Eine bestehende Gesellschaft kann eine Vermehrung der den Gesellschaftern nach dem Gesellschaftsvertrage obliegenden Leistungen nur mit Zustimmung sämmtlicher betheiligten Gesellschafter beschließen (§ 54 [53] Abs. 3). Im Falle der Auflösung der Gesellschaft (durch Beschluß, Konkurs, Urtheil, Zeitablauf) sind die „anderen Verpflichtungen" von den Gesellschaftern insoweit zu erfüllen, als es zur Abwickelung der Geschäfte und Durchführung der Liquidation (bezw. des Konkurses) nothwendig ist.

§. 4.

Die Firma der Gesellschaft muß entweder von dem Gegenstande des Unternehmens entlehnt sein, oder die Namen der Gesellschafter oder den Namen wenigstens eines derselben mit einem das Vorhandensein eines Gesellschaftsverhältnisses andeutenden Zusatze enthalten. Die

---

*) In der Bekanntmachung des Amtsgerichts Seehausen bei Magdeb. im Reichsanz. vom 30. Sept. 1892 betreffend die durch Umwandlung einer Aktiengesellschaft entstandene „Zuckerfabrik Eilsleben, G.m.b.H." heißt es: „Außer der Leistung ihrer Stammantheile (soll heißen „Stammeinlagen") übernehmen die Gesellschafter die Verpflichtung zum Anbau und zur Lieferung von Rüben." Man könnte annehmen, daß die Bestimmung, die nicht zu veröffentlichen war, wörtlich dem Gesellschaftsvertrage entnommen sei. Dann wäre sie zu unbestimmt. Im Gesellschaftsvertrage aber steht ausdrücklich Folgendes: „Auf jede 1500 Mark Stammeinlage muß der Gesellschafter 5 Magdeburger Morgen Rüben bauen und davon 600 Zentner Rüben auf den Fabrikhof abliefern. . . . Von den gelieferten Rüben . . . geht lediglich nur der ausgezogene Zucker in das Eigenthumsrecht der Gesellschaft über, nicht aber die nach der Entzuckerung zurückbleibenden Schnitzel; ebenso ist es mit der von den Rüben abgewaschenen Rübenerde. Schnitzel und Rübenerde werden den Gesellschaftern im Verhältniß der von ihnen gelieferten Rüben zurückerstattet."

Die Zuckerfabrik Waren, G.m.b.H. (Reichsanz. vom 9. Aug. 1892) Stammkapital 420000 M., hat in ihrem Gesellschaftsvertrag die Bestimmung, daß jeder Gesellschafter (83) verpflichtet ist, alljährlich ein Areal von mindestens 1 Morgen für je 100 M. Stammeinlage mit Zuckerrüben zu bebauen und das darauf geerntete Quantum unverkürzt an die Fabrik abzuliefern, und ferner, daß die Gesellschafter sich allen Bestimmungen zu unterwerfen haben, die bezüglich des Anbaus und der Lieferung der Rüben getroffen werden u. s. w. Diese Bestimmungen schreiben u. a. genau vor, wie und wann zu pflügen, zu düngen, die Rüben zu pflanzen, zu verziehen, zu hacken und abzuliefern sind. Die Gesellschafter müssen auf die Rübenlieferung 50% Schnitzel gratis pro rata des Rübenquantums zurücknehmen u. s. w.

Namen anderer Personen als der Gesellschafter dürfen in die Firma nicht aufgenommen werden. Die Beibehaltung der Firma eines auf die Gesellschaft übergegangenen Geschäfts (Handelsgesetzbuch § 22) wird hierdurch nicht ausgeschlossen.

Die Firma der Gesellschaft muß in allen Fällen die zusätzliche Bezeichnung „mit beschränkter Haftung" enthalten.

Entw. I u. II, Komm., Rtg. § 4. Entw. I S. 35 u. 49, II S. 29 u. 40. Komm.Ber. S. 4. H.G.B. Art. 18. [H.B. § 20], G.G. § 3.

1. Firma.

Der Entwurf wollte nur eine Sachfirma zulassen, da „die Gesellschaft ohne Rücksicht auf die Zahl ihrer Mitglieder stets einen rechtlich selbstständigen Organismus bilden muß", dieses war auch sicher der konsequente Standpunkt (vgl. Ring, „Deutsche Kolonialgesellschaften" S. 61). In der R.K. wurde unter Bezugnahme auf die Erfahrungen in England, wo die Namensfirma mit dem entsprechenden Zusatze sich bewährt hat, der § 4 in der jetzigen Fassung beschlossen (Bericht S. 4). Die Firma ist der Name, „unter dem ein Kaufmann im Handel seine Geschäfte betreibt und die Unterschrift abgiebt" (H.G.B. Art. 15, [H.B. § 17]. Diese Begriffsbestimmung gilt auch für die Gesellschaft mit beschränkter Haftung, welche nach § 13 Abs. 3 als Handelsgesellschaft im Sinne des Handelsgesetzbuchs gilt. Auch ohne daß dies im Gesetze ausdrücklich hervorgehoben ist, muß daher die Firma sich von allen an demselben Orte oder in derselben Gemeinde bestehenden Firmen von Gesellschaften m.b.H. deutlich unterscheiden (H.G.B. Art. 20, [H.B. § 30], und es finden die Vorschriften über Firmenführung u. s. w. entsprechende Anwendung. Ueber die Firma der Zweigniederlassung vgl. § 12 Anm. 3.

Die Firma kann sein

a. Sachfirma, vom Gegenstande des Unternehmens entlehnt. Aufgabe des Registerrichters wird es sein, darauf zu achten, daß in dieser Beziehung nicht wie bei den Genossenschaften und Aktiengesellschaften verstoßen wird. Eine große Anzahl der genannten Gesellschaften haben Firmen, aus denen auch nicht entfernt der Gegenstand des Unternehmens zu ersehen ist, obgleich wenigstens für die Genossenschaft eine gleiche zwingende Vorschrift besteht.

b. Namensfirma mit einem das Vorhandensein eines Gesellschaftsverhältnisses andeutenden Zusatz. Die Firma muß alsdann die Namen der Gesellschafter oder eines derselben (oder auch mehrerer) enthalten.

Eine Verbindung von Sach- und Namensfirma ist strenggenommen nach dem Wortlaut des Gesetzes ausgeschlossen. In der Absicht der Reichstags-Kommission kann dies nicht gelegen haben, da ein Grund hierfür nicht ersichtlich ist (vgl. auch H.B. § 20).

Es kann, wenn die Gesellschaft ein bereits bestehendes Geschäft übernimmt, auch

c. die Firma des auf die Gesellschaft übergegangenen Geschäfts beibehalten werden. Ein das Nachfolgeverhältniß andeutender Zusatz ist nicht nothwendig. Nothwendig aber ist ein das Vorhandensein eines Gesellschaftsverhältnisses andeutender Zusatz sowie die zusätzliche Bezeichnung aus Absatz 2 (Art. 22 H.G.B. [§ 22 H.B.]).

Die Gesellschaft kann nur eine Firma haben, auch bei Uebernahme mehrerer Geschäfte (Johow Bd. 14 S. 33), der Gesellschaftsvertrag kann daran nichts ändern, dagegen steht nichts im Wege, daß dieselben Personen mehrere Gesellschaften mit verschiedenen Firmen errichten. Der Grund für jene Beschränkung liegt in der Erhaltung der Fürsorge, daß den gesetzlichen Sicherungsvorschriften genügt wird. Jede Abkürzung der Firma ist daher auch unzulässig, a. A. die Gerichtspraxis in Sachsen und Hamburg (Zeitschr. f. d. ges. Aktienwesen 1896 S. 116).

Gegen die Geschäftsführer ist wegen Führung einer ihnen nicht zustehenden Firma mit Ordnungsstrafen vorzugehen Art. 26 H.G.B. [§ 37 H.B.].

Abgesehen von der zusätzlichen Bezeichnung „mit beschränkter Haftung" braucht die Firma nicht deutsch zu sein (Johow Bd. 8 S. 23).

Eine liquidirende Firma muß den Zusatz „In Liquidation" annehmen.

2. Namen anderer Personen.

Die Firma darf nur Namen von Gesellschaftern enthalten, wenn es sich nicht um Uebernahme einer bestehenden Firma handelt. Werden nur einige der Gesellschafter in die Firma aufgenommen, so bedarf es eines das Gesellschaftsverhältniß andeutenden Zusatzes. Der Zweck der Bestimmung ist, irrige Auffassungen über die Mitgliedschaft „anderer Personen" zu verhindern. Es kann sich also nur um solche Personen handeln, deren Mitgliedschaft möglich ist, andernfalls hat ein Wort, welches an sich ein Personenname ist, in Bezug auf die Firma diese Bedeutung verloren (von Hahn zu Art. 18 H.G.Bs.). Danach sind zulässig die Firmen: „Brikett- und Braunkohlen-Gesellschaft Marie m.b.H." in Dresden, „Bau-Verein Kaiser Wilhelm-Straße, G.m.b.H." in Berlin, „Arbeiterheim Sankt Josephs-Haus, G.m.b.H." in Essen. Im Falle der Zuwiderhandlung entsteht keine Haftung der Träger der Namen, es sei denn, daß ein außerkontraktlicher Schadensersatzanspruch begründet werden könnte. Es würde aber Art. 26 H.G.B. [§ 37 H.B.] § 140 des Gesetzes über die Angelegenheit der freiwilligen Gerichtsbarkeit vom 17. Mai 1898 gegen diejenigen Anwendung finden können, welche die gesetzwidrige Firma gebrauchen. Die in das Register erfolgte Eintragung kann keinen Schutz gewähren. Sind in der Firma Namen von Gesellschaftern enthalten und einer derselben scheidet aus der Gesellschaft aus, so bedarf es seiner Zustimmung, soll der Name weitergeführt werden (Art. 24 H.G.B., [§ 24 H.B.]), es wird im Falle der Weigerung Aenderung der Firma (Statutenänderung) nothwendig.

3. Zusätzliche Bezeichnung.

Der Zusatz „mit beschränkter Haftung" muß sich am Schluß der

Firma befinden. In der Kommission des Reichstags wurde auf Antrag eines Kommissionsmitgliedes ausdrücklich ausgesprochen, daß die zusätzliche Bezeichnung „mit beschränkter Haftung" in unverkürzter Form zum Ausdruck kommen müsse (Bericht S. 4). Es ist dies schon um deswillen nothwendig, daß keine Verwechselung mit der eingetragenen Genossenschaft mit beschränkter Haftpflicht entsteht. Ist die Eintragung ohne den Zusatz erfolgt, so nimmt Hergenhahn „Handelsgesellschafter" 1894 S. 79 unbeschränkte Haftung der Gesellschafter an.

§. 5.

Das Stammkapital der Gesellschaft muß mindestens zwanzigtausend Mark, die Stammeinlage jedes Gesellschafters muß mindestens fünfhundert Mark betragen.

Kein Gesellschafter kann bei Errichtung der Gesellschaft mehrere Stammeinlagen übernehmen.

Der Betrag der Stammeinlage kann für die einzelnen Gesellschafter verschieden bestimmt werden. Derselbe muß in Mark durch hundert theilbar sein. Der Gesammtbetrag der Stammeinlagen muß mit dem Stammkapital übereinstimmen.

Sollen von Gesellschaftern Einlagen, welche nicht in Geld zu leisten sind, auf das Stammkapital gemacht oder soll die Vergütung für Vermögensgegenstände, welche die Gesellschaft übernimmt, auf Stammeinlagen angerechnet werden, so muß die Person des Gesellschafters, der Gegenstand der Einlage oder Uebernahme sowie der Geldwerth, für welchen die Einlage angenommen wird, oder die für die übernommenen Gegenstände zu gewährende Vergütung im Gesellschaftsvertrage festgesetzt werden.

Entw. I u. II, Komm. Rtg. § 5. Entw. I S. 50, II S. 41. Komm.Ber. S. 4. A.G. Art. 207 Abs. 2 u. 3, 207a, 209b, 209e, 209g, G.G. §§ 1, 71, H.B. §§ 178, 179, 180, 186, 189, 191.

1. Stammkapital.

In der Reichstags-Kommission wurde von einer Seite beantragt, das Stammkapital auf mindestens 10000 Mark, von anderer Seite auf mindestens 50000 Mark festzusetzen. Der erste Antrag wurde zurückgezogen, der zweite abgelehnt, unter Berufung darauf, „daß diese Gesellschaftsform . . . auch den Unternehmungen von beschränkterem Umfange zugänglich gemacht werden müsse" (Bericht S. 4). Bedeutung des Stammkapitals vgl. § 3 Anm. 5.

2. Stammeinlage vgl. § 3 Anm. 6.

Für die Einzahlungen auf die Stammeinlage haften die Gesellschafter solidarisch (§ 24). Diese Vorschrift wird wohl noch mehr als die Bestimmung in § 7, wie der Vertreter der Regierung in der

Kommission behauptete (Bericht S. 5), dafür sorgen, „daß nicht genügend leistungsfähige Personen von der Betheiligung an diesen Gesellschaften abgehalten werden".

3. Uebernahme mehrerer Stammeinlagen.

Abs. 2 ist von der Kommission eingefügt, nachdem auch bereits in der Begründung des Gesetzes (Entw. I S. 51) dieser Grundsatz ausgesprochen war. Die gleiche Bestimmung gilt bei der Erhöhung des Stammkapitals für neu hinzutretende Gesellschafter (§ 56 [55] Abs. 3 und 4). Der Grund hierfür ist nach der Begründung (Entw. I S. 37), daß die Gesellschaft keine Antheile mit bestimmtem Nennwerthe ausgiebt; vielmehr der sich nach dem Betrage der übernommenen Stammeinlage bestimmende Geschäftsantheil „begrifflich mit der Gesammtbetheiligung des Gesellschafters" zusammenfällt. Dieser Grund kann als stichhaltig nicht angesehen werden, denn auch die auf einen bestimmten Betrag ausgegebenen Aktien einer Aktiengesellschaft repräsentiren der Gesellschaft gegenüber nur Quoten, zu welchen der Inhaber an dem Gesellschaftsvermögen betheiligt ist und nicht Forderungstitel für bestimmte Geldsummen. In der Kommission (Bericht S. 3) wurde die Frage angeregt, „ob das Stammkapital nicht in gleiche untheilbare Geschäftsantheile — müßte wohl heißen Stammeinlagen — zu zerlegen sei". Von dem Regierungsvertreter wurde dazu bemerkt, daß durch eine Zerlegung des Stammkapitals in gleichwerthige Geschäftsantheile die Gesellschaft mit beschränkter Haftung der Aktiengesellschaft näher gebracht werden würde, als zweckmäßig und wünschenswerth erscheint, daß ferner eine solche Zerlegung in gleichwerthige Geschäftsantheile nach dem Grundgedanken und dem Zwecke der Gesellschaft mit beschränkter Haftung weder nothwendig noch gerechtfertigt erscheine, daß endlich durch den Gesellschaftsvertrag für die Veräußerung und Verwerthung von Geschäftsantheilen ein bestimmter Theilungsbetrag festgesetzt werden könne". Die Bestimmung in Abs. 2 ist also wesentlich darauf zurückzuführen, einen äußerlichen Unterschied zwischen der Gesellschaft m.b.H. und der Aktiengesellschaft zu schaffen, sie gilt auch nur für die Errichtung. Im Falle der Erhöhung des Stammkapitals, des Erwerbes von ganzen Geschäftsantheilen oder Theilen solcher gelangt der Gesellschafter zu weiteren Stammeinlagen. Die Festsetzung der Stammeinlagen kann sogar von vornherein derart erfolgen, daß eine Abtretung von Theilen des Geschäftsantheils ins Auge gefaßt wird. Und ebenso ist es zulässig, das Stammkapital in „gleichwerthige Geschäftsantheile" — wir behalten hier die Bezeichnung der Kommission bei —, die „untheilbar" sind, zu zerlegen. In der Erschwerung der Uebertragung des Geschäftsantheils und der sich hieraus ergebenden Ungeeignetheit derselben für den Handelsverkehr liegt die wirthschaftliche Verschiedenheit zwischen Geschäftsantheil und der grundsätzlich leicht übertragbaren Aktie.

4. Verschiedene Bestimmung des Betrages der Stammeinlage.

Diese Zulassung ist eine Folge des Verbots der Uebernahme mehrerer Stammeinlagen bei der Errichtung der Gesellschaft.

5. Theilbarkeit des Betrages der Stammeinlage.

§ 17 läßt die Theilbarkeit des Geschäftsantheils zu. Daß die Stammeinlage in Mark durch hundert theilbar sein muß, ist von der Kommission eingefügt (Bericht S. 5). In Betreff des Stimmrechts vgl. § 48 [47]. Auch bei gleichen Stammeinlagen müssen dieselben in dieser Weise theilbar sein.

6. Stammeinlage. — Ueberlassung von Vermögensgegenständen.

In Betreff der Aufbringung des Stammkapitals heißt es in der Begründung (Entw. I 51): „Die Wahrung des Interesses der Gesellschaft als solcher und ihrer Mitglieder kann . . . in der Hauptsache den Betheiligten selbst überlassen bleiben, und der Schutz, welchen das Gesetz zu gewähren hat, bezieht sich deshalb im Wesentlichen nur auf diejenigen, welche der Gesellschaft Kredit gewähren.“ Diesen Gläubigern dienen die Bestimmungen in § 5 Abs. 3, § 9, § 10 Abs. 2, § 19 Abs. 3. Die Gründungskautelen des Aktiengesetzes haben keine Aufnahme gefunden. Der Einlagevertrag ist integrirender Bestandtheil des nach dem Gesetze einheitlich zu schließenden Gesellschaftsvertrags. Die Abrede, an Stelle der Baarzahlung eine Sache einzulegen, ist Theil des Gesellschaftsvertrags. Es heißt im Gesetze, „die Gesellschaft übernimmt“ die Einlage, eine „Gesellschaft“, die Dritten gegenüber nach Maßgabe des Gesetzes durch die Geschäftsführer rechtsverbindlich auftritt, — und die Gesellschaft ist in diesem Falle Dritter — besteht bei der Festsetzung der Sacheinlage aber noch nicht, es ist daher ein Abkommen der Gesellschafter unter einander anzunehmen, von denen ein jeder Vertreter der Gesellschaft ist (vgl. § 11 Anm. 2). „In der Illation von Sachen Seitens eines Gesellschafters in die Gesellschaft vollzieht sich der Uebergang des Eigenthums von einem Rechtssubjekte auf ein anderes Rechtssubjekt, ein Erwerb des Eigenthums durch die Gesellschaft bei gleichzeitigem Untergang des Eigenthums des Gesellschafters, mithin eine Veräußerung“ (Entscheidung des O.V.G. vom 10. November 1897, Preuß. Verwaltungsblatt 1898 S. 167 ff.). Besteht die Sacheinlage in Immobilien, so kann die Auflassung im Grundbuch erst nach der Eintragung der Gesellschaft ins Handelsregister erfolgen. Unter Einlage ist jeder Werthgegenstand zu verstehen, welcher als Aktivum in die Bilanz aufgenommen werden kann. Vgl. A.G. Art. 175b, 209b. Allgem. Begründung zum Aktiengesetz § 7 B c, [H.B. §§ 186, 322 Abs. 3]. Es gehören Patente u. s. w. — Gesellschaften zur Ausnützung von Patenten und Erfindung sind besonders zahlreich begründet, in sie bringt der Erfinder seine Erfindungen in Geld geschätzt als Sacheinlage ein — zu solchen Vermögensgegenständen, dann auch Gebrauchsüberlassungen, nicht aber zu leistende Dienste, denn es läuft einmal dem Sprachgebrauch zuwider, bei der „Einlage“ von Diensten zu sprechen, wenn dieselben auch ganz gewiß einen sehr großen Vermögenswerth darstellen und vielleicht sogar für die Gesellschaft das Wichtigste sein können, dann aber heißt es auch in der Begründung (Entw. I S. 52) von Abs. 4: „Er bestimmt in Anlehnung an Art. 209 b des Aktiengesetzes, daß sowohl im Falle einer eigentlichen Sacheinlage, als in dem gleichzustellenden Falle eines selbstständigen Vertrages wegen Ueberlassung von Vermögensgegenständen ..." Wortlaut des Gesetzes und Absicht des Gesetzgebers lassen also persönliche Dienste als Einlage nicht zu, a. A. Birkenbihl S. 52. Nicht zulässig ist die Einbringung künftiger Erfindungen, denn sie stellen zur Zeit noch gar keinen Werth dar, vgl. hierüber die Kritik einer Eintragung in der Wochenschrift für Aktienrecht 1893 S. 263, in der Paxis der Gerichte scheint der Begriff „Sacheinlage" eine sehr weitgehende Auslegung gefunden zu haben (vgl. Handelsgesellschafter 1894 S. 160 ff.). Eingelegt werden können Aktivforderungen; „es ist gestattet, daß die Gesellschaft als Einzahlung dasjenige annehmen darf, was sie dem Einzahlenden bereits schuldet" (Völderndorf zu Art. 184 c, A.G.), ein Kaufmann kann sein gesammtes Handlungsvermögen zu dessen reinem Werthe als Einlage machen und dafür die entsprechende Stammeinlage übernehmen (vgl. den Beschluß des Landgerichts, Frankfurt vom 20. Dezbr. 92 in der Wochenschrift für Aktienrecht 1893 S. 100 ff.). — Trotz des Fehlens einer Bestimmung, wie sie in Art. 175 b, 209 b A.G. vorgesehen ist, steht nichts im Wege, einzelnen Gesellschaftern bestimmte Vermögensvortheile im Gesellschaftsvertrage einzuräumen, es können Vorzugs-Stammeinlagen (Prioritäten) gebildet werden (vgl. Entw. I S. 49). — Der Sacheinlage gleichgestellt ist der Vertrag wegen Ueberlassung von Vermögensgegenständen, für welche die Vergütung auf die Einlage angerechnet werden kann. Erfüllung hat dann nach diesem Vertrage zu erfolgen.

Die gleichen Bestimmungen finden im Falle der Erhöhung des Stammkapitals Anwendung (§ 57 [56]). Wer von einem Gesellschafter einen Geschäftsantheil ganz oder zum Theil erwirbt, tritt entsprechend in diese Festsetzungen ein. „Der § 5 Abs. 4 in Verbindung mit § 11 Abs. 2 ergiebt ganz unzweideutig, daß die Gesellschaft vor ihrer Begründung und Eintragung mit einem Dritten überhaupt nicht so kontrahiren kann, daß das Erworbene oder die Vergütung dafür auf das Stammkapital übernommen und verrechnet wird. Denn nach § 5 Abs. 4 kann die Gesellschaft nur im Gesellschaftsvertrag darüber paktiren, daß eine nicht baare Einlage auf das Stammkapital gemacht und auf die Stammeinlage angerechnet und zu welchem Geldwerthe sie angerechnet werden soll. Dadurch werden Abmachungen, wie sie vor der Begründung der Gesellschaft zwischen den Gesellschaftern getroffen sind, nicht ausgeschlossen. Aber sie haben rechtliche Bedeutung nur zwischen den Gesellschaftern, nicht für die noch nicht existirende Gesellschaft und für Dritte. Für diese erhalten sie rechtliche Bedeutung erst durch die Aufnahme in den Gesellschaftsvertrag" (R.G.Bd. 36 S. 112).

Nach § 10 sind die Festsetzungen zu veröffentlichen, sie sind im Interesse von Kredit gebenden Gläubigern vorgesehen.

Ist die Festsetzung nicht im Gesellschaftsvertrage oder gemäß § 57 [56] getroffen, so befreit den Gesellschafter die Leistung von Sacheinlagen nicht von seiner Verpflichtung zur Leistung von Einzahlungen (§ 19 Abs. 3).

Die Uebernahme von Vermögensgegenständen, „welche weder als Einlage von einem Gesellschafter eingebracht, noch auf eine solche verrechnet, sondern aus dem eingegangenen Stammkapital effektiv bezahlt werden, fällt nicht unter diese Vorschrift, sie bildet einen Akt der Geschäftsführung, für welchen die Geschäftsführer die gewöhnliche Verantwortlichkeit trifft“ (vgl. Entw. I S. 52, II S. 42).

Die Bestimmungen des Gesetzes im vierten Absatz des § 5 geben einen weiten Spielraum zur Entstehung von Gesellschaften m.b.H. Von der Umwandlung von Aktiengesellschaften in G.m.b.H. handeln die §§ 78 [80] und 79 [81].*) Unter Anwendung des Abs. 4 läßt sich die offene Handelsgesellschaft in eine G.m.b.H. umwandeln. Die sämmtlichen bisherigen Theilhaber bringen ihre Antheile an derselben in die neue Gesellschaft als Stammeinlage ein, so daß keine Einlagen baar eingezahlt werden. Alle Aktiva und Passiva der offenen Handelsgesellschaft gehen auf diese Weise an die neue Gesellschaft über. Der Geschäftsbetrieb derselben kann, abgesehen von Umbuchungen in den Handelsbüchern, genau in gleicher Weise wie bisher fortgeführt werden. Die Theilhaber der offenen Handelsgesellschaft begrenzen so ihre Haftpflicht. Ganz ebenso kann es bei der Kommanditgesellschaft geschehen.**) Jedoch findet in diesen Fällen nicht wie bei der Um-

---

*) Der Vorgang der Umwandlung einer Aktiengesellschaft in eine G.m.b.H. vollzog sich in einfacher Weise z. B. bei der Aktien-Zuckerfabrik Eilsleben, jetzt Zuckerfabrik Eilsleben, G.m.b.H. (Reichsanz. vom 30. Sept. 1892.) Im Gesellschaftsvertrage ist § 5 festgestellt, daß das Stammkapital 810 000 M. beträgt und in 100 Stammeinlagen zerfällt, deren geringster Betrag 1500 M. ist und deren höhere Beträge durch 1500 ohne Rest theilbar sind. Dann heißt es in § 6: „Das Stammkapital wird auf die Weise gebildet, daß die Gesellschafter, welche sämmtlich Aktionäre der aufgelösten „Aktien-Zuckerfabrik Eilsleben“ waren, den auf ihre Aktien entfallenden Antheil an dem Vermögen dieser aufgelösten Aktiengesellschaft als Stammeinlagen in die neue Gesellschaft einbringen. Danach bringen die verschiedenen Gesellschafter folgende Stammeinlagen ein: 1. der Amtsrath Franz O. zu S. 120 000 M. . . . [folgen 99 andere Gesellschafter] . . . Der Geschäftsantheil jedes Gesellschafters bestimmt sich nach dem Betrage der von ihm übernommenen Stammeinlage.

**) Als Beispiele dienen 2 Berliner Zeitschriften: a) Deutsche Bauzeitung G.m.b.H. — G. d. U. Erwerb und Fortführung des bisher von der offenen Handelsgesellschaft betriebenen Verlagsgeschäfts der Deutschen Bauzeitung und deren Neben-Unternehmungen u. s. w. Stammkapital 700 000 M. Sämmtliche (4) Gesellschafter leisten die von ihnen übernommenen Stammeinlagen dadurch, daß sie das gesammte Vermögen der offenen Handelsgesellschaft, deren alleinige Theilhaber sie sind, zu dem auf 700 000 M. festgestellten Werthe in die neugebildete Gesellschaft einbringen. (Reichsanz. 15. Nov. 1892.)

b) Die Post, G.m.b.H., Sitz Berlin, Zweck d. G. „Fortbetrieb des Zeitungsunternehmens „die Post“ sowie überhaupt der Erwerb, der Druck und Verlag, die Herausgabe und der Vertrieb von Zeitschriften und sonstigen Druckwerken.“ Stammkapital beträgt 240 000 M. Stammeinlagen haben 14 Personen übernommen (verschieden bemessen, zwischen 50 000 u. 4000). „Die G. erwirbt das bisher von der Handelsgesellschaft „die Post, Kayßler u. Co.“ betriebene Zeitungs-Verlags- und Druckerei-Geschäft zum vereinbarten Werthe von 240 000 M.; die neuen Gesellschafter, deren Ansprüche an das Vermögen der vorgedachten Handelsgesellschaft im Einzelnen so viel betragen, als oben angegeben, zusammen also 240 000 M., wandlung der Aktiengesellschaft in eine Gesellschaft m.b.H. eine Universalsuccession des Vermögens statt, es bedarf vielmehr der Uebertragung; und ferner ist die Umwandlung nur eine besondere Art der Liquidation; durchaus unzulässig ist es daher, wenn das Amtsgericht die offene Handelsgesellschaft einfach im Handelsregister umwandelt, es muß die Auflösung der offenen Handelsgesellschaft und die Gründung der Gesellschaft m.b.H. eingetragen werden, die Art der Liquidation berührt die Eintragungen nicht (vgl. § 10 Anm. 1).

Indessen wird der Vorgang selten so einfach verlaufen. In der Regel wird, wenn es sich um Fortsetzung eines bereits bestehenden Geschäfts handelt, eine Ausdehnung oder eine bessere Fundirung desselben mit Kapital beabsichtigt sein. Man kann unter Verwandlung in eine G.m.b.H. ein industrielles Etablissement, das schlecht fundirt oder in Verfall gerathen ist, dadurch in die Höhe bringen, daß man Theilhaber gewinnt, die Geld für den Betrieb hineinstecken. Gläubiger, deren Befriedigung ohne Gefahr der Beschädigung des Unternehmens nicht sofort gut bewirkt werden könnte, werden, um sich ihre Forderung zu sichern und zugleich den guten Kunden zu erhalten, Gesellschafter der neu zu begründenden Gesellschaft, deren Stammkapital sich zusammensetzt aus der Stammeinlage des bisherigen Geschäftsinhabers, bestehend aus dem Bilanzwerth des Etablissements mit allen Aktiven und Passiven, vielleicht auch unter Zurückbehaltung gewisser Vermögensstücke (z. B. Geld und Wechsel), aus den Forderungen der Gläubiger und stillen Theilhaber, sowie aus neuen Kapitaleinlagen. Der ursprüngliche Unternehmer kann sich aus dem Geschäftsbetrieb zurückziehen, indem er sein Unternehmen einer neu gebildeten kapitalkräftigen Gesellschaft m.b.H. zu einem bestimmten Preise abtritt und nach Empfang eines Theiles des Uebernahmepreises den Rest als Stammeinlage im Geschäft stehen läßt. — Auf gleiche Weise können auch zwei oder mehrere Geschäfte derselben Branche zu einer Gesellschaft m.b.H. vereinigt und einheitlich, nach Verstärkung des Betriebskapitals durch Stammeinlagen, betrieben werden. Wird ein Fabriketablissement oder ein Antheil an demselben in Folge eines Todesfalls an mehrere Familienmitglieder vererbt, so ist die Verwandlung in eine G.m.b.H. unter Einwerfung der Antheile ein geeignetes Mittel, denjenigen Erben, die sich selbst an der Leitung des Etablissements nicht betheiligen können, die allmähliche Zurückziehung ihres darin steckenden, in Stammeinlagen verwandelten Kapitals mittelst Abtretung von Theilen an andere Gesellschafter oder mit deren Genehmigung an Fremde zu erleichtern. Schon bei Lebzeiten kann der bejahrte Besitzer eines großen Industrieunternehmens die künftige Erbtheilung dadurch vorbereiten, daß er einen Verwandten mit einer geringen

---

bringen hierbei diese ihre Geschäftsantheile zur Anrechnung auf die Stammeinlagen zu dem gleich hohen Nominalbetrage in die neue G. ein." Die Firma war eine Kommanditgesellschaft. Der nominelle Inhaber derselben, der Chefredakteur war und bleibt, hat gar keinen Antheil. Er ist jetzt Geschäftsführer der G.m.b.H. (Reichsanz. v. 7. Dezember 1892.)

Einlage als Gesellschafter annimmt und sein Unternehmen in eine G.m.b.H. umwandelt.

Auch bei Gesellschaften, die nicht zur Fortführung eines alten Etablissements bestimmt sind, sondern ein neues Unternehmen beginnen, kommen nach den Bekanntmachungen im Reichsanzeiger Sacheinlagen und vertragsmäßige Ueberlassungen von Vermögensgegenständen in verschiedener Gestalt vor. So werden z. B. Grundstücke überlassen, zur Hälfte baar bezahlt, zur Hälfte wird der Preis auf Stammeinlagen angerechnet,*) Rechte aus einem Vertrage mit dem Weltausstellungskomitee zu Chicago, Patente und Erfinderrechte, Abtretung der Rechte auf Ausführung eines Theils des Nord-Ostsee-Kanals**) kommen auf Stammeinlagen in Anrechnung.

7. Gründerprovision.

Die Bewilligung von Gründerprovision und die Deckung baarer Auslagen ist nicht zulässig, da hierin ein Verstoß gegen § 30 Abs. 1 liegen würde. Zulässig ist auch nicht eine Festsetzung im Gesellschaftsvertrage, nach der die Gründerentschädigung als Einzahlung auf die Stammeinlage angerechnet werden soll. Eine Entschädigung würde nur dadurch zu erreichen sein, daß den Gründern aus dem Reingewinn eine besondere Vergütung zugebilligt wird (Entw. I S. 52, II S. 42). Die Uebernahme der Gründungsunkosten auf die Gesellschaftsmittel könnte durch Einstellung derselben in die Passiven erfolgen (vgl. § 43 Z. 2).

8. Vorbehalte und Einschränkungen bei der Uebernahme von Stammeinlagen.

Das Gesetz bestimmt hierüber nichts (anders Art. 175e Abs. 3

*) Clarenthaler Dampfziegelei, 4 Gesellschafter, Stammkapital 60000 M. Ein Gesellschafter bringt Grundstücke zu 30000 M. ein, und zwar 15000 M. baar, 15000 M. werden als Stammeinlage berechnet. (Reichsanz. 20. Sept. 1892).

**) a) Deutsche Ethnographische Ausstellung, G.m.b.H. zu Berlin. Zweck: Errichtung eines Museums und kulturhistorischer Bauten auf der Weltausstellung zu Chicago u. s. w. 1200000 M. Stammkapital. Ein Gesellschafter bringt seine Rechte aus einem Vertrage mit der Ausstellungskommission mit 90000 M. als Stammeinlage ein. (Reichsanz. 4. Juni 1892).

b) Möhle's Bau-Patente, G.m.b.H. Frankfurt a. M. G. d. U. Verwerthung von gewissen Patenten und Erfinderrechten. Stammkapital 500000 M. Davon 450000 M. Stammeinlagen durch Vergütung für die abgetretenen Patente und Erfinderrechte. (Reichsanz. 7. Sept. 1892).

c) Hafen-, Kanal- und Bahnbau-Gesellschaft m.b.H. Berlin. Stammkapital 1250000 M. Der Gesellschaft werden von 4 Gesellschaftern ihre Rechte auf Ausführung des Looses VIII des Nord-Ostsee-Kanals, sowie Utensilien, Maschinen und Geräthschaften eingelegt zum Geldwerth von 1200000 M. Davon werden 600000 baar bezahlt und 600000 M. auf die Stammeinlagen angerechnet. (Reichsanz. 2. Dezember 1892).

d) Deutsche Glühstoff-Gesellschaft m.b.H. (Reichsanz. 12. Januar 1893, Dresden.) G. d. U. ist Verwerthung von nach einem Reichspatente hergestellten Briquets, dazu gehörigen Apparaten und ähnlichen Artikeln, Stammkapital 50000 M. Auf Stammeinlage des Fabrikanten E. ist in Höhe von 30000 M. die Vergütung dafür gerechnet, daß er alle Rechte aus dem Vertrage mit einer Gewerkschaft, besonders sein ausschließliches Kaufsrecht bezüglich der Briquets sowie alle Rechte aus zwei anderen Patenten für Kocher und Brater an die Gesellschaft überträgt u. s. w.

und 4, Art. 209e Abs. 3 und 4, A.G. [H.B. §§ 189 Abs. 4. u. 5, 320 Abs. 3]). Vorbehalte und Einschränkungen, z. B. Bedingungen, bei der Uebernahme einer Stammeinlage haben zur Folge, daß das Stammkapital nicht voll gedeckt ist und muß daher die Eintragung des Gesellschaftsvertrages in das Handelsregister versagt werden (Entw. I S. 68, II S. 54, R.G. Bd. 23 S. 93). Nur der Vorbehalt, daß die Uebernahme unverbindlich wird, falls nicht bis zu einem bestimmten Zeitpunkt die Eintragung erfolgt ist, hindert nicht die Eintragung, falls dieselbe vor dem Zeitpunkt verfügt wird. Erfolgt die Eintragung, obgleich ein Vorbehalt ausgesprochen ist, so hängt es von der thatsächlichen Beurtheilung des einzelnen Falles ab, welche Wirkung der Vorbehalt hat. Ist aus dem Verhalten des Gesellschafters nicht ein Verzicht auf den Vorbehalt zu entnehmen, so kann sich der Gesellschafter der Gesellschaft gegenüber auf den Vorbehalt berufen, da die Eintragung kein neues Recht schafft, sondern nur eine Erklärung beurkundet; die Gesellschafter hätten nach § 24 für Deckung zu sorgen (vgl. Entw. I S. 68, II S. 54, § 2 Anm. 2 § 19 Anm. 1).

§ 6.

Die Gesellschaft muß einen oder mehrere Geschäftsführer haben.

Zu Geschäftsführern können Gesellschafter oder andere Personen bestellt werden. Die Bestellung erfolgt entweder im Gesellschaftsvertrage oder nach Maßgabe der Bestimmungen des dritten Abschnitts.

Ist im Gesellschaftsvertrage bestimmt, daß sämmtliche Gesellschafter zur Geschäftsführung berechtigt sein sollen, so gelten nur die der Gesellschaft bei Festsetzung dieser Bestimmung angehörenden Personen als die bestellten Geschäftsführer.

Entw. I u. II, Komm. Rtg. § 6. Entw. I S. 53, II S. 43. Komm.Ber. S. 5 A.G. Art. 227. [H.B. § 231.] G.G. §§ 9, 25.

1. Stellung der Geschäftsführer.

Der bezw. die Geschäftsführer bilden das gesetzliche Vertretungsorgan der Gesellschaft. Der Geschäftsführer ist nicht Bevollmächtigter der einzelnen Gesellschafter, sondern ist Vertreter der Gesellschaft als solcher, er verpflichtet daher auch nur diese. Die Geschäftsführer stellen den Principal dar, wie es das Vertretungsorgan einer juristischen Person ist (Förtsch S. 24). In der Stellung des Geschäftsführers kommt der korporative Charakter der Gesellschaft zum Ausdruck (vgl. die Anm. zu § 35). Der Ausdruck „Geschäftsführer" ist nicht als obligatorisch zu betrachten (Beschluß des Bayrischen Obersten Landesgerichts vom 18. Juni 95, Monatsschrift für Aktienrecht 1895 S. 356). Ueber Stellvertreter § 45 [44].

2. Zusammensetzung. Bestellung (vgl. § 35 Anm. 2).

Die Bestimmung über die Anzahl der Geschäftsführer ist dem

Ermessen der Gesellschafter überlassen, sie kann im Gesellschaftsvertrage festgesetzt sein, braucht es aber nicht. (Entw. I S. 53, II S. 43 vgl. Johow Bd. 10 S. 35.) Da die Gesellschaft bereits vor ihrer Eintragung Geschäftsführer haben muß, sind in Abs. 2 die Bestimmungen des dritten Abschnitts ausdrücklich auf die Bestellung für anwendbar erklärt,*) falls nicht der Gesellschaftsvertrag hierüber Vorschriften enthält. Die Worte „entweder im Gesellschaftsvertrage oder" sind, um Zweifel hierüber auszuschließen, von der Reichstags-Kommission eingeschaltet. Es kommt also im Zweifel der dritte Abschnitt (§§ 46 [45], 47 [46] Z. 4, 48 [47], 49 [48], 50 [49]) auch bereits auf die in der Gründung begriffene Gesellschaft zur Anwendung. Die Wahl erfolgt dann durch Beschlußfassung der Gesellschafter, deren Berufung — falls das Organ hierzu noch fehlt (§ 50 [49] Abs. 1, § 53 [52]) — nach Maßgabe des § 51 [50] Abs. 3 zu erfolgen hätte. Zu Geschäftsführern können sowohl Gesellschafter wie Nicht-Gesellschafter bestellt werden. Die Bestellung geschieht durch die Gesellschafter (§ 47 [46] Z. 5), falls nicht der Gesellschaftsvertrag eine andere Art der Bestellung vorsieht (§ 46 [45] Abs. 2), oder sogar die Geschäftsführer benennt, in welchem Falle eine Aenderung der Geschäftsführer wie eine Aenderung des Gesellschaftsvertrages zu behandeln sein würde. Doch wird es auch in diesem Fall bei der Widerruflichkeit aus § 38 nur, mit der Einschränkung des Abs. 2 daselbst sein Bewenden haben. Hergenhahn S. 110 nimmt an, daß, wenn die Geschäftsführung Gesellschaftern im Gesellschaftsvertrage übertragen und der Widerruf beschränkt ist, eine Abänderung unter § 54 [53] Abs. 3 fällt. Die Gesellschaft ist in der Festsetzung der Art der Bestellung völlig frei und wegen der vielseitigen Anpassungsfähigkeit dieser Gesellschaftsform wird die Art der Bestellung eine verschiedene sein, je nach den Zwecken, welche die Gesellschaft verfolgt. Bei kleinen, aus wenigen Personen bestehenden Gesellschaften, bei denen die Form hauptsächlich gewählt ist, um die Haftung der Mitglieder zu beschränken, wird oft die Geschäftsführung allen Gesellschaftern zukommen. Bei größeren Gesellschaften wird es angemessen sein, die Geschäftsführer entweder durch die Gesellschafter unmittelbar oder durch die Gesellschaft auf Vorschlag eines anderen Organs, z. B. des Aufsichtsraths, wenn ein solcher bestellt ist, wählen zu lassen. Zulässig ist auch, die Bestellung einem öffentlichen Organ z. B. einer Staats- oder Gemeindebehörde auch einer Person zu übertragen; so würde es bei religiösen Gesellschaften m.b.H., Heimathsherbergen in dieser Form u. dgl. m. recht wohl möglich sein, daß der Bischof oder der Pfarrer, bei gemeinnützigen Gesellschaften m.b.H. daß der Magistrat den Geschäftsführer ernennt. — Aus dem Gesellschaftsvertrage kann auch die Pflicht zur Uebernahme des Amtes als Geschäftsführer hervorgehen, es würde dann nach § 3 Abs. 1 zu verfahren sein. — Es kann die Befähigung zum Geschäftsführer auch von

*) Das Genossenschaftsgesetz enthält in dieser Beziehung eine Lücke; Parisius u. Crüger, das Reichsgesetz, betr. die Erwerbs- und Wirthschaftsgenossenschaften v. 1. Mai 1889, II. Aufl. S. 84), das Aktiengesetz enthielt die gleiche Lücke [für die Zeit vom 1. Jan. 1900 § 190 Abs. 3 H.B.].

einer bestimmten Qualifikation abhängig gemacht werden. Das Gesetz schreibt keine Qualifikation vor, der Geschäftsführer muß daher nur eine physische Person und handlungsfähig sein. Er kann auch Ausländer sein und im Ausland seinen Wohnsitz haben. Ueber die Stellung des Rechtsanwalts als Geschäftsführer vgl. Monatsschrift für Aktienrecht 1895 S. 7 ff. Ueber die Berechtigung mittelbarer oder unmittelbarer Staatsbeamten, das Amt des Geschäftsführers anzunehmen, entscheiden die Landesgesetze (vgl. hierüber Handelsgesellschafter 1894 S. 84, wo die Anwendung der Landesgesetze in Zweifel gezogen ist, Birkenbihl S. 56). Wird die Bestellung unterlassen, so kann die Anmeldung nicht erfolgen, jeder Gesellschafter hat gegen die Anderen ein Klagerecht auf Vornahme der Bestellung. Gegenüber eingetragenen Gesellschaften haben die Gläubiger das Recht des § 55 [57] C.P.O.

3. Bestimmung sämmtlicher Gesellschafter zu Geschäftsführern im Gesellschaftsvertrage.

Der Absatz 3 wird nur bei Gesellschaften mit geringer Mitgliederanzahl Anwendung finden. In diesem Falle hat die Geschäftsführung große Aehnlichkeit mit der der offenen Handelsgesellschaft. Das Recht der Geschäftsführung kann diesen Gesellschaftern nur im Wege der Statutenänderung genommen werden. In der Reichstags-Kommission war ein Antrag auf Streichung des dritten Absatzes gestellt, aber zurückgezogen, nachdem von Seiten eines Regierungsvertreters erklärt worden war:

„daß nach seiner Meinung davon auszugehen sei, daß in dem Falle, welchen der Absatz 3 des § 6 voraussetze, ein Gesellschafter, welcher aus der Gesellschaft ausscheidet, damit auch aufhöre, Geschäftsführer zu sein,

daß davon verschieden aber der Fall liege, in welchem ein Gesellschafter persönlich und besonders zum Geschäftsführer bestellt worden sei, und daß in diesem Falle nicht ohne Weiteres angenommen werden könne, daß der Betreffende lediglich in seiner Eigenschaft als Gesellschafter zu der Stellung als Geschäftsführer berufen sei, und daß es daher in solchem Falle der Gesellschaft überlassen bleiben muß, bei einem Ausscheiden dieses Gesellschafters die Abberufung desselben aus der Stellung des Geschäftsführers zu bewirken, wenn dieses für zweckmäßig erachtet würde" (Bericht S. 5). Dieser Auslegung ist wohl unbedenklich zuzustimmen.

4. Widerruf der Bestellung und Rücktritt.

Nach § 38 ist die Bestellung unbeschadet der Entschädigungsansprüche aus bestehenden Verträgen jederzeit widerruflich, falls nicht im Gesellschaftsvertrage von der Einschränkung in § 38 Abs. 2 Gebrauch gemacht ist. — Die Geschäftsführer haben dagegen nicht das Recht, beliebig zurückzutreten (vgl. § 38 Anm. 4). Auch nach Ablauf der Bestellung ist der Geschäftsführer verpflichtet, für die Zeit der Geschäftsführung Rechnung zu legen, und die Gesellschaft braucht die etwa hinterlegte Kaution nicht früher herauszugeben, als bis dies geschehen ist (vgl. R.O.H.G. Bd. 24 S. 365). — Das Gehalt ist nicht ein Aequivalent für die in einer bestimmten Zeit geleisteten Dienste; als Leistung und Gegenleistung stehen sich vielmehr gegenüber: die Uebernahme des die Thätigkeit des Geschäftsführers beanspruchenden Dienstberufs und der Genuß des auf die vertragsmäßige Dienstzeit zugesicherten Einkommens (vgl. R.O.H.G. Bd. 19 S. 61). Der Geschäftsführer hat also so lange Anspruch auf den Gehalt, bis er seiner Stellung enthoben ist.

§ 7.

Der Gesellschaftsvertrag, sowie die Personen der Geschäftsführer sind zur Eintragung in das Handelsregister bei dem Gericht, in dessen Bezirk die Gesellschaft ihren Sitz hat, anzumelden.

Die Anmeldung darf nur erfolgen, nachdem von jeder Stammeinlage, soweit nicht andere als in Geld zu leistende Einlagen auf das Stammkapital gemacht sind, ein Viertheil, mindestens aber der Betrag von zweihundertundfünfzig Mark eingezahlt ist.

Entw. I, II, Komm. Rtg. § 7. Entw. I S. 54, II S. 43. Komm.Ber. S. 5. A.G. Art. 210. [H.B. §§ 195, 198.] G.G. § 10. [Art. 11 I des Einführungsgesetzes zum H.B. vom 10. Mai 1897.]

Vom 1. Januar 1900 lautet nach Artikel 11 des Einführungsgesetzes zum H.B. § 7 Abs. 1 wie folgt:

„Die Gesellschaft ist bei dem Gerichte, in dessen Bezirke sie ihren Sitz hat, zur Eintragung anzumelden.“

In der Denkschrift zu dem Entwurf des H.B. heißt es hierzu S. 316: „in der Fassung, welche der auf die erste Eintragung der Gesellschaft in das Handelsregister bezügliche § 7 erhalten soll, wird als Gegenstand der Anmeldung und Eintragung nicht mehr, wie bisher, der Gesellschaftsvertrag, sondern die Gesellschaft bezeichnet; der Gesellschaftsvertrag wird nur im Auszuge eingetragen, (§§ 10, 12).“

1. Handelsregister.

Die Eintragung erfolgt in das Handelsregister, da die Gesellschaft nach § 13 Abs. 3 als Handelsgesellschaft im Sinne des Handelsgesetzbuchs gilt. Die auf die Eintragungen in das Handelsregister bezüglichen allgemeinen Vorschriften des Handelsgesetzbuchs und der zur Ausführung desselben ergangenen Gesetze und Verordnungen finden demnach auch auf die nach dem gegenwärtigen Gesetz zu bewirkenden Eintragungen ohne Weiteres Anwendung (Entw. I S. 54, II S. 43). Insbesondere finden die Vorschriften in Art. 12—14 H.G.B., [§§ 8 ff. H.B.] (Oeffentlichkeit des Handelsregisters, sowohl das Register wie die Anlagen sind öffentlich, Ertheilung von Abschriften, Bekanntmachung, Bestimmung der öffentlichen Blätter) Anwendung. Die Führung der Handelsregister liegt in den meisten Bundesstaaten den

Amtsgerichten ob, in einzelnen den Landgerichten (entweder den Civil- oder Handelskammern). Nach § 125 des Gesetzes über die Angelegenheiten der freiwilligen Gerichtsbarkeit vom 17. Mai 1898 werden vom 1. Januar 1900 ab überall die Amtsgerichte zuständig sein. In Betreff der Eintragung vgl. Theil IV dieses Buchs. Ueber die Prüfung der Gerichts vgl. zu § 8 Anm. 1.

2. Anmeldung.

Die Anmeldung kann nicht im Wege der Ordnungsstrafe erzwungen werden (vgl. § 1 Anm. 2, § 77 [79]), es haben aber die Gesellschafter unter einander und gegen die bestellten Geschäftsführer ein Klagerecht auf Anmeldung. In wie weit die einzelnen Gesellschafter vor der Eintragung ein Rücktrittsrecht haben und Aufhebung des Vertrages zu fordern befugt sind, bestimmt sich nach dem Gesellschaftsvertrag im konkreten Fall, besonders entscheidend würde dabei die Zahlungsunfähigkeit eines Gesellschafters wegen der Gesammthaftung aus § 24 sein. Haftung der Anmeldenden: § 9 Abs. 1. Die Anmeldung hat durch sämmtliche Geschäftsführer zu erfolgen (§ 76 [78]), sind neben den Geschäftsführern auch Stellvertreter bestellt, so müssen diese mitwirken. Birkenbihl läßt Anmeldung durch Vertreter zu, die durch gerichtliche oder notarielle Vollmacht legitimirt sind, damit steht im Widerspruch der Wortlaut des § 76 [78] Abs. 1 bezw. § 12 H.B. Auch nachdem in § 12 Abs. 2 H.B. die Vollmacht bei Anmeldungen ausdrücklich vorgesehen und geordnet ist, bleibt die analoge Anwendung dieser Vorschrift doch zweifelhaft. In der Denkschrift S. 27 scheint die Vertretung allerdings als selbstverständlich vorausgesetzt zu werden. — Nach dem Regierungs-Entwurf enthielt § 7 noch einen dritten Absatz, der bestimmte, daß die Anmeldung durch sämmtliche Gesellschafter und Geschäftsführer zu erfolgen habe, und daß, wenn mehr als drei zu Geschäftsführern nicht bestellte Gesellschafter vorhanden seien, es genüge, wenn die Anmeldung außer durch die Geschäftsführer durch mindestens drei im Gesellschaftsvertrag hierzu bestimmte Gesellschafter bewirkt werde. Die Reichstags-Kommission strich diese Vorschrift als nicht erforderlich (Bericht S. 6). Die civil- und strafrechtliche Verantwortung der Anmeldenden ist in § 9 und § 80 [82] Z. 1 geregelt.

3. Einlage auf das Stammkapital.

Die in Geld zu leistenden Einlagen auf Stammeinlagen müssen zu einem Viertheil, mindestens aber zum Betrage von 250 Mark eingezahlt sein. In der Begründung (Entw. I S. 55, II S. 44) heißt es hierzu: „Vorschriften, wie sie im Art. 210 Abs. 2 des Aktiengesetzes [§ 195 Abs. 3 H.B.] über das Erforderniß der Baarzahlung und den Begriff derselben gegeben sind, können hier entbehrt werden ... Es ist daher nach den Umständen des einzelnen Falles unter Berücksichtigung allgemeiner Verkehrsgewohnheit zu entscheiden, was als Einzahlung zu betrachten ist. Jedenfalls muß dieselbe eine derartige sein, daß der eingezahlte Betrag zur freien Verfügung der Geschäftsführer steht. Nach § 8 Abs. 2 soll dies in der

Versicherung, welche in Betreff der geleisteten Einzahlung bei der Anmeldung der Gesellschaft zum Handelsregister abzugeben ist, ausdrücklich bestätigt werden." Wir halten diese Auslegung des Wortes im Allgemeinen für völlig [vgl. § 195 H.B.] zutreffend. Zahlung ist zwar „Uebereignen einer Geldsumme" (Dernburg, Preußisches Privatrecht II § 92), die Einzahlung in geldgleichen Papieren, Checks u. s. w. steht aber der Zahlung gleich. Mit den Motiven Esser S. 28, anscheinend Hergenhahn S. 16, Birkenbihl S. 65, Makower S. 294, vgl. Neukamp S. 13, unten bei § 8 Anm. und R.G. Bd. 36 S. 112 „Der § 5 Abs. 4 in Verbindung mit § 3 Nr. 3, 4, § 7 Abs. 2, § 8 Abs. 2 § 10 Abs. 2 läßt es außer allem Zweifel, daß die stets in Geld auszudrückende Einlage des Gesellschafters als Baareinlage nur gilt, wenn sie baar in der Gesellschaftskasse zur Zeit der Errichtung, Anmeldung und Eintragung vorhanden ist", vgl. ferner Juristische Wochenschrift 1898 S. 440, wo die zweifellose Sicherheit der Umsetzung in baares Geld als Erforderniß aufgestellt ist (Check). Nach dem Wortlaut des § 8 Abs. 2 „und daß der Gegenstand der Leistungen sich in der freien Verfügung der Geschäftsführer befindet" und der Bezugnahme daselbst auf „die in § 7 Abs. 2 bezeichneten Leistungen" könnte diese Auslegung des Wortes „einzahlen" zweifelhaft erscheinen, falls nämlich § 7 Abs. 2 nur von den Geldeinlagen handeln würde. Der in § 7 Abs. 2 eingeschaltete Satz „soweit nicht andere als in Geld zu leistende Einlagen auf das Stammkapital gemacht sind" bezieht sich jedoch auf die Sacheinlage; dies ist mit dem Wortlaut des Gesetzes sehr wohl vereinbar und entspricht auch der Absicht des Gesetzgebers, denn in der Begründung (Entw. I S. 54, II S. 44) heißt es: „Bei Sacheinlagen kann eine nur theilweise Leistung natürlich nicht in Frage kommen. Der Gegenstand einer solchen Einlage muß vielmehr unter allen Umständen der Gesellschaft schon vor der Eintragung unverkürzt zur Verfügung gestellt werden, wenn auch unter Umständen die weiter zur Erfüllung der Einlageverpflichtung noch erforderlichen Rechtsakte, wie namentlich die grundbuchmäßige Uebertragung des Eigenthums an Immobilien, zunächst noch vorbehalten bleiben muß. Die Bestimmung in § 7 Abs. 2 ist dementsprechend gefaßt." So ergiebt sich denn aus der allerdings nicht deutlichen Fassung des § 7 Abs. 2 und § 8 Abs. 2, daß die nothwendigen Geldeinlagen in baar oder baarem Gelde gleichen Werthen erfolgt sein müssen, und daß Sacheinlagen „sich in der freien Verfügung der Geschäftsführer befinden müssen". Setzt sich die Stammeinlage zum Theil aus Geldeinlagen, zum Theil aus Sacheinlagen zusammen, so ist der für die Sacheinlage nach § 5 Abs. 4 festgesetzte Betrag für die Berechnung des nach § 7 Abs. 2 vor der Eintragung der Gesellschaft einzuzahlenden Betrages in Anrechnung zu bringen, wird z. B. auf eine Stammeinlage von 10000 Mark ein Grundstück im festgesetzten Werthe von 2000 Mark eingelegt, hat so der Gesellschafter nur noch 500 Mark einzuzahlen (2500 Mark = 25 % von 10000 Mark), ebenso Esser S. 28, Neukamp S. 13, Hergenhahn S. 15, Birkenbihl S. 65.

§ 8.

Der Anmeldung müssen beigefügt sein:

1. Der Gesellschaftsvertrag und im Falle des § 2 Abs. 2 die Vollmachten der Vertreter, welche den Gesellschaftsvertrag unterzeichnet haben, oder eine beglaubigte Abschrift dieser Urkunden,
2. die Legitimation der Geschäftsführer, sofern dieselben nicht im Gesellschaftsvertrage bestellt sind,
3. eine von den Anmeldenden unterschriebene Liste der Gesellschafter, aus welcher Name, Vorname, Stand und Wohnort der letzteren, sowie der Betrag der von einem jeden derselben übernommenen Stammeinlage ersichtlich ist,
4. in dem Falle, daß der Gegenstand des Unternehmens der staatlichen Genehmigung bedarf, die Genehmigungsurkunde.

In der Anmeldung ist die Versicherung abzugeben, daß die im § 7 Abs. 2 bezeichneten Leistungen auf die Stammeinlagen bewirkt sind, und daß der Gegenstand der Leistungen sich in der freien Verfügung der Geschäftsführer befindet.

Die Geschäftsführer haben ihre Unterschrift vor dem Gericht zu zeichnen oder die Zeichnung in beglaubigter Form einzureichen.

Entw. I, II, Komm. Rtg. Entw. I S. 55, II S. 45. A.G. Art. 210, H.B. § 195 Abs. 2. G.G. § 11. [Art. 11 II des Einführungsgesetzes zum H.B. vom 10. Mai 1897.]

Vom 1. Jan. 1900 lautet nach Art. 11 II des Einführungsgesetzes der Absatz 3:

„Die Geschäftsführer haben ihre Unterschrift zur Aufbewahrung bei dem Gericht zu zeichnen.“

Nach der Denkschrift S. 315 ist die Aenderung durch § 12 H.B. erforderlich geworden, materiell ist nichts geändert.

1. Anmeldung und Prüfung des Gerichts.

Die bezeichneten Schriftstücke müssen dem Gericht vorgelegt werden, wenn die Eintragung soll erfolgen können. Das Gericht hat zunächst die Verfügungsfähigkeit der Anmeldenden und ihre Identität zu prüfen, ferner eine formale Prüfung der Urkunden vorzunehmen, die Formalitäten zu prüfen, ob die Anmeldung ordnungsmäßig erfolgt, ob die nothwendigen Urkunden in gesetzmäßiger Form vorliegen, sodann ob es für die Eintragung zuständig ist, wofür in erster Reihe der Sitz der Genossenschaft entscheidend ist (vgl. § 3 Anm. 3, § 7 Abs. 1). Weiter ist die Prüfung dann nur eine rechtliche.*) Das Gesetz giebt ebensowenig

*) Vgl. für Aktiengesellschaften Ring S. 248, für Genossenschaften Parisius u. Crüger S. 77.

wie die Gesetze für Aktiengesellschaften und Genossenschaften dem Gericht weitergehende Prüfungsrechte. Die Gesellschaft ist einzutragen, wenn der Gesellschaftsvertrag den Vorschriften dieses Gesetzes gemäß abgefaßt ist und die Anmeldung dem Gesetze entspricht. Das Gericht hat zu prüfen, ob das Statut den gesetzlichen Vorschriften entspricht, und zwar den Bestimmungen des vorliegenden Gesetzes. Das Statut braucht nicht geschrieben zu sein es muß in irgend einer Form hergestellt und Gegenstand der gerichtlichen oder notariellen Aufnahme (§ 2) sein. Das Gericht hat aber nicht zu prüfen, ob andere Reichs- oder Landesgesetze beobachtet sind, ob die Bestimmungen des Statuts zweckmäßig sind, ob deren Fassung korrekt ist, ob die angemeldeten Thatsachen der Wirklichkeit entsprechen. Das Gericht beurkundet nur ihm gemeldete Thatsachen, deswegen auch die eingetragenen Thatsachen durch die Eintragung allein nicht bewiesen werden (R.G. Bd. 1 S. 242), a. A. Birkenbihl S. 62. Die Prüfung erstreckt sich insbesondere auf die Form des Gesellschaftsvertrages (§ 2 Abs. 1), der Vertrag ist in Ausfertigung oder beglaubigter Abschrift vorzulegen, die Urschrift wird in der Regel bei den gerichtlichen oder notariellen Akten verblieben sein, Entw. I 55, II 47, sind daher nicht genau, wenn sie von Einreichung des Originals sprechen (Makower S. 295); die Prüfung erstreckt sich ferner auf die etwaigen Vollmachten von Gesellschaftern (§ 2 Abs. 2) — eine Prüfung der Unterschriften des Gesellschaftsvertrages liegt dem Gerichte sonst nicht ob —, auf das Vorhandensein der Essentialien (§ 3 Abs. 1) und deren Gesetzmäßigkeit, falls über die in § 3 Abs. 2 benannten Angelegenheiten Bestimmung getroffen ist, auf deren Gesetzmäßigkeit, auf die Festsetzung der Höhe von Stammkapital und Stammeinlage (§ 5) und auf die Ordnungsmäßigkeit der außer dem Gesellschaftsvertrage nach § 8 vorzulegenden Urkunden. Die Prüfung des Gesellschaftsvertrages bezieht sich weiter nicht blos auf die Essentialien, sondern auch auf den übrigen Inhalt, ob dieser mit den Vorschriften des Gesetzes im Einklang steht. Die nach Abs. 2 von den Geschäftsführern abzugebende Versicherung ist nur nach ihrer Form zu prüfen. In der Denkschrift zum H.B. (S. 27, 28) heißt es: „Denn wenn sich nicht besondere Zweifel und Ausstände ergeben, wird sich der Registerrichter im Allgemeinen mit den Erklärungen der gehörig legitimirten Betheiligten begnügen müssen; er hat beispielsweise, wenn die Eintragung einer neuen Firma oder der Verlegung des Sitzes des Geschäfts nachgesucht wird, in Ermangelung besonderer Umstände erst nachzuforschen, ob der Anmeldende in der That das Geschäft eröffnet oder verlegt hat."

2. Legitimation der Geschäftsführer.

Diese Position ist von der Reichstags-Kommission eingeschoben, nachdem die Anmeldung des Gesellschaftsvertrags (§ 7) anders geregelt war (Anmeldung durch sämmtliche bezw. einen Theil der Gesellschafter), als es der Regierungs-Entwurf vorgeschlagen hatte. Es müssen die betreffenden Urkunden (Bestellung) im Original oder in beglaubigter Abschrift vorgelegt werden (s. IV. Theil § 2).

3. Liste der Gesellschafter.

Die Liste der Gesellschafter braucht nicht alphabetisch angelegt zu sein, doch wird dies zweckmäßig sein im Interesse der Uebersichtlichkeit und der leichteren Auffindbarkeit der einzelnen Gesellschafter, besonders bei Gesellschaften mit größerer Mitgliederanzahl, wobei allerdings zu beachten ist, daß das Handelsregister nicht jederzeit eine erschöpfende Auskunft über die Gesellschafter giebt, denn es ist nur bei der Eintragung eine Liste einzureichen und sodann alljährlich im Monat Januar (§ 41 [40]). „Name, Vorname, Stand und Wohnort" sollen aufgeführt sein, für juristische Personen und Gesellschaften tritt an Stelle dieser Angaben natürlich die Firma. Danach genügt es nicht, die Anfangsbuchstaben der Vornamen anzuführen. Nur der Rufname, nicht sämmtliche Vornamen werden nöthig sein. In dieser Vorschrift ist auf andere Gesellschafter als Einzelpersonen nicht Rücksicht genommen. Bei offenen Handelsgesellschaften werden außer der Firma auch Name, Vorname, Stand und Wohnort aller Theilhaber aufzuführen sein, es ist dies auch von Registerrichtern bereits angenommen worden.

4. Konzessionsurkunde.

Die Bestimmung ist nachgebildet dem Art. 210 Z. 4 des Aktiengesetzes [§ 195 Abs. 2 Z. 6 H.B.], mit Bezug auf die Genossenschaften fehlt die entsprechende Vorschrift (vgl. Parisius und Crüger S. 12). Nach dem Wortlaut der Bestimmung in Z. 4 ist die Genehmigungsurkunde vorzulegen, wenn der Gegenstand des Unternehmens konzessionspflichtig ist. Die Bestimmung bezieht sich sowohl auf landesgesetzliche (z. B. bei Versicherung) wie reichsgesetzliche (z. B. nach der Gewerbeordnung nothwendige) Genehmigung. Es ist aber keine Bestimmung darüber getroffen, wer die Konzessionspflichtigkeit zu prüfen hat. In der Begründung der gleichlautenden Vorschrift des Aktiengesetzes heißt es: „Die Bestimmung, daß der Registerrichter vor der Genehmigung durch die Verwaltungsbehörde die Eintragung nicht vornehmen darf, schließt von selbst die Vorschrift in sich, daß der Richter in Bezug auf die Frage, ob das Unternehmen überhaupt konzessionspflichtig sei, an die Entscheidung der Verwaltungsbehörde gebunden ist. Er darf also, sofern nur die sonstigen Voraussetzungen vorliegen, auch dann die Eintragung nicht verweigern, wenn er zwar selbst die Genehmigung der Verwaltungsbehörde für erforderlich hält, diese aber innerhalb der Grenzen ihrer Zuständigkeit das Unternehmen für nicht konzessionspflichtig erachtet hat." Gegen diese Annahme wenden sich Ring S. 252 f., Makower S. 218 und fordern für das Gericht das selbstständige Recht, die Konzessionspflichtigkeit zu prüfen, da es nach dem Gesetz hierzu gehalten sei. Das Gesetz verlangt aber nur, daß, wenn der Gegenstand des Unternehmens der staatlichen Genehmigung bedarf, die Genehmigungsurkunde beizubringen ist. Für die Ertheilung der Genehmigungsurkunde verbleibt es daher bei den bisherigen gesetzlichen Vorschriften. Findet die Verwaltungsbehörde, daß eine Genehmigung nicht nothwendig ist, so kann das Gericht die Eintragung nicht unter der Behauptung versagen, daß nach seinem Ermessen der Betrieb konzessionspflichtig ist. Selbstverständlich würde im Zweifelsfalle dem Gericht eine Bescheinigung der zuständigen Behörde beizubringen sein, daß die Genehmigung nicht erforderlich ist (ebenso Gareis-Fuchsberger S. 422, Neukamp S. 15, Förtsch S. 29, Staub S. 361, Hergenhahn S. 15). Birkenbihl S. 70 vertritt die Ansicht, daß in solchem Falle ein Kompetenzkonflikt zwischen Gericht und Behörde vorliege. Mit Ring (S. 254) ist anzunehmen, daß unter Z. 4 auch die in der Gewerbeordnung für gewisse Anlagen und Gewerbebetriebe erforderte Genehmigung fällt, wenigstens insofern dieselben für den Gegenstand des Unternehmens entscheidend sind.

5. **Versicherung über die auf Stammeinlagen erfolgte Leistung.**

Wie bei § 7 Anm. 3 dargelegt ist, ergiebt sich aus der Zusammenstellung der § 7 Abs. 2 und § 8 Abs. 2, daß die Leistungen auf Geldeinlagen in baar oder baarem Gelde gleichen Werthen zu gewähren sind und daß Sacheinlagen bei der Anmeldung in der freien Verfügung der Gesellschafter stehen müssen. Hierauf, daß beide Bedingungen erfüllt sind, erstreckt sich daher auch die Versicherung, die ein Theil der Anmeldung ist, daher auch von sämmtlichen Geschäftsführern persönlich bei dem Gericht abzugeben ist, oder von sämmtlichen Geschäftsführern schriftlich mit beglaubigter Unterschrift einzureichen ist (ebenso Förtsch S. 29, Birkenbihl S. 70, Hergenhahn S. 16, Neukamp S. 16 a. A. Esser S. 30, Simon in der Wochenschrift für Aktienrecht 1892 S. 225). Ist die Versicherung in die Anmeldung aufgenommen, so braucht sie nicht besonders unterschrieben zu sein.

6. **Zeichnung.**

Es genügt Einreichung in gerichtlich oder notariell beglaubigter Form [H.B. § 12]. Unterschrift ist die Zeichnung des Namens, die Firma braucht nicht gezeichnet zu werden.

7. **Veröffentlichung** vgl. § 10.

8. **Civilrechtliche und strafrechtliche Verantwortung** §§ 9, 80 Z. 1.

§ 9.

Die Anmeldenden haften der Gesellschaft solidarisch für die Richtigkeit ihrer Angaben hinsichtlich der auf die Stammeinlagen gemachten Leistungen. (§ 7 Absatz 2).

Verzichtleistungen oder Vergleiche der Gesellschaft in Betreff der ihr nach Absatz 1 zustehenden Ersatzansprüche sind unwirksam, soweit der Ersatz zur Befriedigung der Gläubiger der Gesellschaft erforderlich ist. Auf einen Vergleich, welchen der Ersatzpflichtige im Falle der Zahlungsunfähigkeit zur Anwendung oder Beseitigung des Konkursverfahrens mit seinen Gläubigern abschließt, findet diese Bestimmung keine Anwendung.

Die Ansprüche auf Grund der vorstehenden Bestimmungen verjähren in fünf Jahren seit der Eintragung des Gesellschaftsvertrages in das Handelsregister.

Entw. I, II, Komm. Rtg. § 9. Entw. I S. 56, II S. 45. Komm.Ber. S. 6 A.G. Art. 213a, 213e. Art. 11 III des Einführungsgesetzes zum H.B. vom 10. Mai 1897. H.B. §§ 202, 206.

Vom 1. Jan. 1900 erhält nach Art. 11 III des Einführungsgesetzes zum H.B. der Abs. 3 folgende Fassung:

„Die Ansprüche auf Grund der vorstehenden Bestimmungen verjähren in fünf Jahren seit der Eintragung der Gesellschaft in das Handelsregister."

[Dies ergiebt sich aus der Aenderung in § 7 Abs. 1.]

1. Civilrechtliche Haftbarkeit der Anmeldenden.

Nur der Gesellschaft haften die Anmeldenden, das sind die Geschäftsführer (§ 76 [78] Abs. 1, vgl. § 7 Anm. 2), weder den einzelnen Gesellschaftern noch den Gläubigern. Den Interessen der Letzteren ist dadurch genügt, daß Verzichtleistungen und Vergleiche für unwirksam erklärt und, soweit der Ersatz zu ihrer Befriedigung erforderlich ist (Abs. 2). Eventuell würden die Gläubiger sich auch im Wege der Zwangsvollstreckung aus den Ansprüchen der Gesellschaft befriedigen können. Die Beschlußfassung über die Geltendmachung des Ersatzanspruchs und über die Vertretung (da die Geschäftsführer nicht gegen sich selbst klagen können) unterliegt der Bestimmung der Gesellschafter, falls der Gesellschaftsvertrag keine andere Vorschrift enthält (§ 47 [46] Z. 8, § 46 [45] Abs. 2). Der Ersatzanspruch besteht in der Deckung des Ausfalls am Stammkapital, weiter geht derselbe nicht. In dem Regierungsentwurf lautete Abs. 1: „Die Anmeldenden haften der Gesellschaft solidarisch für die Richtigkeit ihrer Angaben hinsichtlich der Uebernahme der Stammeinlagen und der Leistungen auf dieselben." Die Haftung für die „Uebernahme der Stammeinlagen" ist von der Reichstagskommission mit Rücksicht auf die Veränderung des § 2 gestrichen, der nach ihrem Beschluß für den Gesellschaftsvertrag gerichtliche oder notarielle Form vorschreibt. Der Regierungsentwurf ließ in Abs. 2 in Anlehnung an Art. 213a A.G. den Anmeldenden den Beweis offen, daß sie „die Unrichtigkeit der Angaben weder gekannt haben, noch bei Anwendung der Sorgfalt eines ordentlichen Geschäftsmannes kennen mußten", die Reichstagskommission hat diese Bestimmung gestrichen, „da bei Anwendung der nöthigen Sorgfalt unrichtige Angaben der Geschäftsführer über die Leistungen auf die Stammeinlage nicht vorkommen können". [In § 202 H.B. ist die Bestimmung des A.G. aufrecht erhalten.] Die Anmeldenden haften jetzt also für jede objektive Unrichtigkeit in der nach § 8 Abs. 2 zu ertheilenden Versicherung. Die Verantwortung der anmeldenden Geschäftsführer ist in dieser Beziehung nach der jetzigen Fassung des Gesetzes also eine weitergehende als die der Gründer der Aktiengesellschaft. Die Geschäftsführer werden sich ihrer Haftung ganz besonders bei Abgabe der Versicherung: „daß der Gegenstand der Leistung sich in der freien Verfügung der Geschäftsführer befindet“ erinnern müssen.

Es steht im Belieben der Gesellschaft, ob sie sich an alle Geschäftsführer oder welche derselben sie sich halten will.

2. Solidarische Haftung.

Alle Geschäftsführer, welche die Gesellschaft bei der Gründung hatte, haften solidarisch, da sie alle bei der Anmeldung mitzuwirken hatten. Dabei kann es kommen, daß sämmtliche Gesellschafter die Verantwortung trifft, falls sie alle Geschäftsführer waren. Von einem Prozeß kann in solchem Falle selbstverständlich nicht die Rede sein. Würde die Gesellschaft innerhalb der Verjährungsfrist (Abs. 3) in Konkurs gerathen, so hätte der Konkursverwalter die Ersatzansprüche geltend zu machen, im Uebrigen bietet § 80 [82] Schutz, auch könnten die Gläubiger die Ersatzansprüche der Gesellschaft im Wege der Zwangsvollstreckung geltend machen.

3. Richtigkeit der Angaben.

Die Angabe bezieht sich darauf, daß ein Viertheil, mindestens aber der Betrag von 250 M. eingezahlt ist, und ferner darauf, daß der Gegenstand der Leistung sich in der freien Verfügung der Geschäftsführer befindet. Denn die Zur-Verfügung-Stellung der Sacheinlage ist die Leistung auf die Stammeinlage. Es wäre wohl überhaupt korrekter gewesen, in Abs. 1 auf § 8 Abs. 1 anstatt auf § 7 Abs. 2 Bezug zu nehmen. Auf die Richtigkeit dieser Angaben erstreckt sich die Haftung aus Abs. 1. Für die nach § 5 Abs. 4 erfolgten Festsetzungen haben die Geschäftsführer keine besondere Verantwortlichkeit zu tragen (vgl. Art. 213a A.G. [§ 202 H.B.].

4. Verzichtleistungen oder Vergleiche.

Da nach § 47 [46] Z. 8 im Zweifel die Gesellschafter über die Geltendmachung der Ersatzansprüche gegen die Geschäftsführer zu beschließen haben, erfordert auch die Verzichtleistung oder der Vergleich einen Beschluß der Gesellschafter. Die Geschäftsführer, um deren Anmeldung es sich handelt, haben, wenn sie Gesellschafter sind, bei dieser Beschlußfassung kein Stimmrecht (§ 48 [47] Abs. 4). Den Gläubigern gegenüber können sich die Geschäftsführer auf keinen Vergleich oder Verzicht berufen, insoweit der Ersatz zu ihrer Befriedigung nothwendig ist. Zahlungsunfähigkeit (R.K.O. § 94 [R.K.O. § 102]) der Geschäftsführer ist für die Gültigkeit des Vergleichs stets die Voraussetzung. Ueberschuldung ist derselben nicht gleichzustellen. Ein besonderes Vergleichsverfahren zur Abwendung des Konkurses ist der Konkursordnung fremd. Ein Vergleich des zahlungsunfähigen Schuldners mit seinen sämmtlichen Gläubigern vor einer Konkurseröffnung läßt aber zu dieser letzteren nicht kommen; ein solcher im Laufe des Verfahrens führt nicht zur Abwendung, sondern Aufhebung desselben nach

§ 188 R.K.O. [R.K.O. § 202]. Hiernach ist unklar, was das Gesetz unter dem Vergleiche „zur Abwendung des Konkursverfahrens“ begreift. Ob ein solches stattfinden würde, wenn der Vergleich scheitert, ist niemals sicher zu bestimmen. Die Zahlungsunfähigkeit allein erweist in der Regel ein drohendes Konkursverfahren nicht. Es bleibt trotzdem nur übrig, auf sie Gewicht zu legen, da sie Voraussetzung des Verfahrens ist und dasselbe zumeist nach sich zieht.“ Das Gleiche gilt auch für das vorliegende Gesetz. „Mit seinen Gläubigern“ muß der Zahlungspflichtige den Vergleich geschlossen haben, also nicht allein mit der Gesellschaft. Birkenbihl S. 77 faßt die Bestimmung wörtlich auf.

5. **Verjährung.**

Für die Grundsätze über Unterbrechung und Ruhen der Verjährung ist das bürgerliche Recht maßgebend. Nicht blos die Ansprüche der Gesellschaft, sondern auch die Rechte der Gläubiger verjähren in fünf Jahren. Die Verjährung führt zum Untergang des Rechts und tritt ein, ohne Rücksicht auf den Grund der Schädigung.

6. **Strafrechtliche Haftbarkeit** vgl. § 80 [82] Abs. 1 Z. 1.

§ 10.

Der eingetragene Gesellschaftsvertrag ist von dem Gericht im Auszuge zu veröffentlichen.

Die Veröffentlichung muß das Datum des Gesellschaftsvertrages, sowie die im § 3 Nr. 1 bis 3 und gegebenenfalls die im § 5 Absatz 4 bezeichneten Festsetzungen nebst dem Namen und Wohnorte der Geschäftsführer enthalten.

Ist das Unternehmen auf eine gewisse Zeit beschränkt (§ 3 Absatz 2), so ist auch diese Bestimmung zu veröffentlichen. Das Gleiche gilt von Bestimmungen des Gesellschaftsvertrages über die Form, in welcher die Geschäftsführer ihre Willenserklärungen kundgeben und für die Gesellschaft zeichnen, sowie über die Art und Weise, in welcher öffentliche Bekanntmachungen der Gesellschaft zu erlassen sind.

Entw. I u. II, Komm., Rtg. § 10. [Art. 11 IV des Einführungsgesetzes zum H.B. vom 10. Mai 1897]. Entw. I S. 57, II S. 46. A.G. Art. 210c. H.B. §§ 198, 199] G.G. § 12.

Vom 1. Januar 1900 lautet nach Art. 11 IV. des Einführungsgesetzes zum H.B. der § 10 wie folgt:

Bei der Eintragung in das Handelsregister sind die Firma und der Sitz der Gesellschaft, der Gegenstand des Unternehmens, die Höhe des Stammkapitals, der Tag des Abschlusses des Gesellschaftsvertrages und die Personen der Geschäftsführer anzugeben.

Enthält der Gesellschaftsvertrag besondere Bestimmungen über die Zeitdauer der Gesellschaft oder über die Befugniss der Geschäftsführer oder der Liquidatoren zur Vertretung der Gesellschaft, so sind auch diese Bestimmungen einzutragen.

In die Veröffentlichung, durch welche die Eintragung bekannt gemacht wird, sind ausser dem Inhalte der Eintragung die nach § 5 Absatz 4 getroffenen Festsetzungen und, sofern der Gesellschaftsvertrag besondere Bestimmungen über die Form enthält, in welcher öffentliche Bekanntmachungen der Gesellschaft erlassen werden, auch diese Bestimmungen aufzunehmen.

1. Eintragung.

Mit der Aenderung, daß der Gesellschaftsvertrag nur im Auszuge einzutragen ist (Denkschrift S. 316) hängen die Aenderungen in § 9 Abs. 3, 55 [54], 80 [82] zusammen. In Bezug auf die Genossenschaft galt schon die Vorschrift, daß nur der Auszug einzutragen ist (§ 15 und § 16 der Bekanntmachung zum Genossenschaftsgesetz vom 11. Juli 1889). [Das H.B. hat den gleichen Grundsatz für die Aktiengesellschaften und entsprechend im Einführungsgesetz für Gesellschaften mit beschränkter Haftung eingeführt.]

2. Veröffentlichung.

Nach Art. 13 H.G.B. sollen die Eintragungen in das Handelsregister „nach ihrem ganzen Inhalt" veröffentlicht werden. Wie für die Kommanditaktiengesellschaften, die Aktiengesellschaften und die Genossenschaften ist auch für die Genossenschaften m.b.H. bestimmt, daß der Gesellschaftsvertrag nur „im Auszuge" zu veröffentlichen ist, und sind die Bestimmungen des Gesellschaftsvertrages benannt, welche zu veröffentlichen sind. Im Interesse der Ersparniß von Insertionskosten sollte § 10 von den Registergerichten sorgfältig beobachtet werden. Für die Rechtsbeständigkeit der Gesellschaft ist nicht die Veröffentlichung, sondern die Eintragung maßgebend, und diese wieder ist nur eine Beurkundung einer Erklärung (vgl. § 8 Anm. 1). Wo der Veröffentlichung eine absolute Wirkung Dritten gegenüber innewohnt, ist dies ausdrücklich ausgesprochen (§ vgl. 40 [vgl. 39]), für die Entstehung der Gesellschaft hat sie dieselbe nicht [§ 15 H.B. betrifft die Fälle, in denen Befreiung von einer Haftung oder Verantwortlichkeit desjenigen in Frage kommt, in dessen Angelegenheiten die Eintragung zu erfolgen hat]. Diese Bedeutung der Veröffentlichung und Eintragung ist besonders wichtig für die Frage, ob eine auf irrthümlichen thatsächlichen Voraussetzungen beruhende veröffentlichte Eintragung positives Recht schafft. Dies ist zu verneinen (vgl. Hahn I S. 70, Ring S. 276). Die Veröffentlichung hat nur die Bedeutung einer Ordnungsvorschrift. Ueber die für die Veröffentlichung bestimmten Blätter s. Art. 14 H.G.B. [§ 10 H.B.] Zu veröffentlichen sind: Datum des Gesellschaftsvertrags: Firma und Sitz der Gesellschaft; Gegenstand des Unternehmens; Betrag des Stammkapitals; gegebenenfalls die nach § 5 Abs. 4 getroffenen Festsetzungen, Stammeinlagen und Geldeinlagen sind nicht zu veröffentlichen. Die Veröffentlichung hat den Betrag der Stammeinlagen (§ 3 Abs. 1 zu 4) nur zu enthalten, soweit die Stammeinlagen nicht in Geld geleistet werden (§ 5 Abs. 4). Stammeinlage ist die Leistung des einzelnen, nicht die Gesammtheit der Leistungen der Gesellschafter. Die in § 5 Abs. 4 bezeichneten Festsetzungen sind „die Person des Gesellschafters, der Gegenstand der Einlage oder Uebernahme, sowie der Geldwerth, für welchen die Einlage angenommen wird, oder die für die übernommenen Gegenstände zu gewährende Vergütung." Daraus folgt, daß, wenn eine G.m.b.H. gegründet wird, die von einer offenen Handelsgesellschaft betriebene Fabrik fortzubetreiben und nur die bisherigen Theilhaber Gesellschafter werden und nur Antheil an der Fabrik einbringen, jeder Gesellschafter namhaft gemacht und der festgestellte Geldwerth oder die Vergütung der Einlage jedes einzelnen bekannt gemacht werden muß. Es sind ferner zu veröffentlichen: Name und Wohnort der Gesellschafter — nicht auch Stand —; die Zeitbestimmung, falls dieselbe beschränkt ist — unbestimmte Zeitdauer ist nicht zu veröffentlichen —; gegebenenfalls die Bestimmungen des Gesellschaftsvertrags über die Form der Zeichnung und die Art und Weise der öffentlichen Bekanntmachung. Letzteres ist für Bankunternehmungen obligatorisch (§ 42 [41] Abs. 4). In dem Beschluß vom 9. Mai 1892 hat das Kammergericht (mitgetheilt in Blättern für Genossenschaftswesen Nr. 43 von 1892) für Genossenschaften entschieden, daß für die von einem Gericht zu Unrecht bewirkten Insertionen keine Zahlungspflicht besteht. Das ist eigentlich selbstverständlich und für Gesellschaften mit beschränkter Haftung muß der gleiche Grundsatz gelten.

§ 11.

Vor erfolgter Eintragung in das Handelsregister besteht die Gesellschaft mit beschränkter Haftung als solche nicht.

Ist vor der Eintragung im Namen der Gesellschaft gehandelt worden, so haften die Handelnden persönlich und solidarisch.

Entw. I u. II, Komm., Rtg. § 11. Entw. I S. 57, II S. 46. A.G. Art. 211 [H.B. § 200 Abs. 1]. G.G. § 13 [Art. 11 V des Einführungsgesetzes zum H.B. vom 10. Mai 1897].

Vom 1. Januar 1900 ab tritt laut § 11 V des Einführungsgesetzes an Stelle des Abs. 1 folgende Vorschrift:

„Vor der Eintragung in das Handelsregister des Sitzes der Gesellschaft besteht die Gesellschaft mit beschränkter Haftung als solche nicht."

Die Aenderung ist mit Rücksicht auf die Aenderungen getroffen, die im § 15 H.B. über die Wirkung einer Eintragung in das Register der Zweigniederlassung enthalten sind (Denkschrift S. 315).

1. Eintragung.

Ueber die Rechtsverhältnisse vor der Eintragung vgl. § 1 Anm 1. Mit der Eintragung wird in Gemäßheit der Absicht der Vertragschließenden ihr bis dahin bestehendes Vertragsverhältniß gelöst, sie werden Gesellschafter der durch diesen Akt mit rechtlicher Selbständigkeit versehenen Gesellschaft. Daraus, daß „vor der Eintragung in das Handelsregister des Sitzes der Gesellschaft die Gesellschaft mit beschränkter Haftung als solche nicht" besteht, folgt noch nicht ohne Weiteres, daß die Eintragung die Entstehung zur Folge hat, denn der Richter schafft kein Recht, er beurkundet nur Erklärungen. Eine Gesellschaft, welche an wesentlichen materiellen Mängeln leidet, wird trotz der Eintragung keine Gesellschaft mit beschränkter Haftung Zu diesen Mängeln sind jedenfalls zu zählen das Fehlen einer dem § 4 entsprechenden Firma, das Fehlen der Festsetzung des Stammkapitals. Ist eine solche Gesellschaft eingetragen und tritt dieselbe im Verkehrsleben auf, dann haften die Handelnden persönlich und solidarisch, da die Verhältnisse dann ebenso liegen, als wenn „vor der Eintragung im Namen der Gesellschaft gehandelt worden" (11 Abs. 2 vgl. Ring S. 280). Verletzung von Ordnungsvorschriften und Nichtbeobachtung der vorgeschriebenen Formen sind als geheilt zu betrachten, wenn der Wille der Gesellschafter zweifellos ist, eine Gesellschaft mit beschränkter Haftung zu bilden (vgl. Staub S. 364). Das Gesetz enthält nichts darüber, wie eine nichtige Eintragung zu beseitigen ist. Jedenfalls kann nicht Liquidation nach den Bestimmungen des Gesetzes erfolgen, da eine Gesellschaft m.b.H. nicht entstanden ist. Ebensowenig wird das Gericht weiteren Anmeldungen der Geschäftsführer stattzugeben haben. Andererseits aber hat das Gericht auch keine Zwangsmaßregeln, die Gesellschafter zu zwingen, einen gesetzmäßigen Zustand herbeizuführen. Anwendbar würde vielleicht der § 61 sein, da mit dieser nichtigen Gesellschaft die Erreichung des Gesellschaftszweckes nicht möglich ist. Für die Behandlung von Fällen nichtiger Eintragungen ist das Gesetz ebenso lückenhaft wie das Aktiengesetz und das Genossenschaftsgesetz, vgl. die Vorschläge von Parisius in den Blättern für Genossenschaftswesen Nr. 41 Jahrg. 1892.

[Diese Erörterungen in der ersten Auflage erledigen sich in Zukunft durch die vom 1. Jan. 1900 geltenden Bestimmungen über das Nichtigkeitsverfahren — Einführungsgesetz Art. 11 XXI §§ 75a 75b 75c [75, 76, 77].

2. Handeln vor der Eintragung.

Da eine Gesellschaft nach außen nicht besteht, haften die Handelnden persönlich. Inwieweit dieselben Regreß nehmen können, ist nach dem konkreten Fall zu beurtheilen. Die „Handelnden" sind diejenigen, welche das Rechtsverhältniß mit dem Dritten eingehen, nicht auch die übrigen Gesellschafter, da „die Handelnden" nicht als ihre, sondern der Gesellschaft Bevollmächtigte auftreten, (ebenso Birkenbihl S. 85), Makower S. 296, 222 versteht darunter die Gründer. In der Begründung ist es ausdrücklich abgelehnt, das Präjudiz der

Kommanditgesellschaft zu übernehmen, daß die sämmtlichen Gesellschafter persönlich und unbeschränkt für die entstehenden Verbindlichkeiten haften. Aehnlich Hergenhahn S. 20. Förtsch S. 34. Ring S. 281 will für den gleichlautenden Art. 211 A.G. [H.B. § 200 Abs. 1] die entsprechende Anwendung des Art. 55 Abs. 2 H.G.B.: „diese Haftungspflicht tritt nicht ein, wenn der Dritte, ungeachtet er den Mangel der Prokura oder der Vollmacht... kennt, sich mit ihm eingelassen hat," nicht gelten lassen, da das H.G.B. es ausdrücklich ausspreche, wo es nur den gutgläubigen Dritten schützen will. Für die Anwendung spricht sich Staub S. 394 aus, vgl. auch von Hahn I S. 682. Nach der absoluten Fassung des § 11 Abs. 2 scheint die Annahme der unbedingten persönlichen und solidarischen Haftung ohne Rücksicht auf die Kenntniß des Dritten geboten. Für die künftige Gesellschaft können gültige Verträge abgeschlossen werden, § 5 Abs. 4 setzt die Zulässigkeit voraus. Für Aktiengesellschaften hat das R.G. (Bd. 5 S. 19) angenommen, daß die Gesellschaft mit ihrer Entstehung in die ihr von den Gründern ausgemachten Rechte eintritt, daß der Gesellschaftsvertrag die Grundlage für den Rechtserwerb bildet, daß die Vermögensstücke in Folge dessen aber auch mit denjenigen Verpflichtungen belastet übergehen, welche darauf beim Abschluß des Vertrages entstanden (vgl. § 5 Anm. 6). Dagegen hat das R.G. (Bd. 32 S. 78) für A.G. den Grundsatz aus Art. 211 H.G.B. abgeleitet, daß vor der Eintragung im Namen der Gesellschaft nicht gehandelt werden und sie nicht verpflichtet werden kann; eine Ausnahme bilde nur der Entstehungshergang.

§ 12.

Jede Zweigniederlassung muß bei dem Gericht, in dessen Bezirk sie sich befindet, zur Eintragung in das Handelsregister angemeldet werden.

Die Anmeldung hat die im § 10 Absatz 2 und 3 bezeichneten Angaben zu enthalten. Derselben ist eine beglaubigte Abschrift des Gesellschaftsvertrages und eine von dem Gericht der Hauptniederlassung beglaubigte Abschrift der Liste der Gesellschafter beizufügen.

Die Bestimmung im § 8 Absatz 3 findet Anwendung.

Entw. I u. II, Komm., Rtg. § 12 [Art. 11 VI des Einführungsgesetzes zum H.B. vom 10. Mai 1897]. Entw. I S. 57, II S. 46. A.G. Art. 212 [H.B. § 201]. G.G. § 14.

Vom 1. Januar 1900 wird nach Art. 11 VI des Einführungsgesetzes der § 12 durch folgende Vorschriften ersetzt:

Auf die Anmeldung der Gesellschaft zur Eintragung in das Handelsregister eines Gerichts, in dessen Bezirke sie eine Zweigniederlassung besitzt, finden die Bestimmungen im § 8 Absatz 1 und 2 keine Anwendung. Der Anmeldung ist eine von dem Gerichte der Hauptniederlassung beglaubigte Abschrift des Gesellschaftsvertrages und der Liste der Gesellschafter beizufügen.

Die Eintragung hat die im § 10 Absatz 1 und 2 bezeichneten Angaben zu enthalten. In die Veröffentlichung, durch welche die Eintragung bekannt gemacht wird, sind auch die im § 10 Absatz 3 bezeichneten Bestimmungen aufzunehmen, die nach § 5 Absatz 4 getroffenen Festsetzungen jedoch nur dann wenn die Eintragung innerhalb der ersten zwei Jahre nach der Eintragung in das Handelsregister des Sitzes der Gesellschaft erfolgt.*)

1. Begriff der Zweigniederlassung.

Das Hauptkriterium für eine Niederlassung ist, daß in ihr Geschäfte abgeschlossen werden, und zwar nicht nur nebensächliche, den Abschluß oder die Ausführung der wesentlichen Geschäfte unterstützende und erleichternde, sondern wesentliche, zum eigentlichen Geschäftsgang der Hauptniederlassung gehörende, und zwar nicht lediglich nach den von der Hauptniederlassung gegebenen Anweisungen oder nach bestimmten Schemas abzuschließende Verträge, sondern mit einer gewissen Freiheit und Selbstständigkeit der Entschließung R.O.H.G. Bd. 14 S. 402, Bd. 21 S. 63 und Bd. 27 S. 315 R.G. Bd. 21 S. 4, Entsch. des Kammergerichts Bd. 5 S. 22, von Hahn Art. 21 § 2, Parisius u. Crüger S. 91 ff.). „Das Kammergericht (a. a. O.) fordert, daß an einem, vom Sitz des Hauptgeschäfts verschiedenen Orte gleichartige Handelsgeschäfte des Principals abgeschlossen werden, dieser abgezweigte Betrieb nach seiner Organisation auf die Dauer berechnet ist und der damit Beauftragte eine selbstständige Thätigkeit entwickelt". — Die von der Zweigniederlassung betriebenen Geschäfte können anderer Art sein als die der Hauptniederlassung, so hat das Kammergericht (Beschluß vom 24. Mai 1897 mitgetheilt im Handelsgesellschafter 1897 S. 28) eine Zweigniederlassung auch in dem Falle angenommen, daß eine Bank eine Zuckerfabrik erstand und weiter betrieb, freilich ging der Zweck der Bank nach dem Statut auch auf den Betrieb von Industriegeschäften. Das Vermögen der Gesellschaft ist ein einheitliches, die Zweigniederlassung hat in dieser Beziehung keine Vollständigkeit; die Geschäftsführer vertreten die Gesellschaft, eine Beschränkung derselben auf die Haupt- oder Zweigniederlassung ist daher unzulässig (Förtsch S. 88, Parisius u. Crüger S. 92, R.G. Bd. 22 S. 70 ff.). Ist auch die Buchführung eine getrennte, und werden die Abschlüsse gesondert aufgestellt, so ist doch die Bilanz der Gesellschaft schließlich eine einheitliche. Ueber den

*) Durch die Aenderung des Gesetzes sind für die erste Anmeldung zum Gericht der Zweigniederlassung erleichternde Vorschriften gegeben (§ 11 Abs. 1 und § 19a Denkschrift S. 315). Der künftige Abs. 2 des § 12 entspricht der Bestimmung, daß der Gesellschaftsvertrag nur im Auszuge einzutragen ist.

Gerichtsstand §§ 22, 29 C.P.O. [§§ 21, 29 C.P.O.], im Uebrigen gilt der Gerichtsstand der Hauptniederlassung. „Das Verhältniß von Haupt- und Zweigniederlassung wird überhaupt nur im Falle einer Ortsverschiedenheit ... gesetzlich berücksichtigt" (Gierke, die Genossenschaftstheorie S. 459); vergl. § 13 H.B. [Das H.B. enthält keine besondere Vorschrift darüber, daß auch die Errichtung einer Zweigniederlassung, die sich in dem Bezirke des Registergerichts der Hauptniederlassung befindet, bei diesem Gerichte zur Eintragung anzumelden ist. „Die Verpflichtung ergiebt sich aus § 13 Abs. 1 in Verbindung mit § 28, wonach auch der Ort der Niederlassung angemeldet und eingetragen werden soll. Das Nähere über die Art einer solchen Eintragung kann den Ausführungsvorschriften überlassen bleiben" (Denkschrift S. 28)]. § 20 der Bekanntmachung zum Genossenschaftsgesetz vom 11. Juli 1889 bestimmt: „Wird eine Zweigniederlassung in demselben Gerichtsbezirk errichtet, welchem die Hauptniederlassung angehört, so ist nur die Errichtung und der Ort der Zweigniederlassung, sowie gegebenenfalls die Aufhebung durch den Vorstand anzumelden und in dem Register bei der Hauptniederlassung einzutragen."

2. Errichtung.

Die Errichtung der Zweigniederlassung ist eine Verwaltungsangelegenheit und kann daher ohne Statutenänderung von den Geschäftsführern beschlossen werden, falls nicht im Gesellschaftsvertrage Anderes bestimmt ist (Esser S. 34 Förtsch S. 35 Birkenbihl S. 89, Ring S. 286; a. A. Hergenhahn S. 23, der über die Errichtung die Gesellschafter bestimmen läßt); das Kammergericht (vgl. Handelsgesellschafter 1897 S. 67) erkennt die Zuständigkeit des Vertretungs-Organs für den Fall an, daß der Gesellschaftsvertrag die Errichtung von Zweigniederlassungen vorsieht.

3. Firma.

Nach Art. 21 Abs. 2 H.G.B. [§ 30 H.B.] muß, wenn an dem Orte oder in der Gemeinde, wo die Zweigniederlassung errichtet wird, bereits eine gleiche Firma besteht, der Firma ein Zusatz beigefügt werden, durch welchen sie sich von jener bereits vorhandenen Firma deutlich unterscheidet. Da die Gesellschaft m.b.H. nur eine Firma haben kann, müßte, wenn der Fall des Art. 21 Abs. 2 H.G.B. [§ 30 H.B.] vorliegt, zunächst im Wege der Statutenänderung eine Aenderung der Firma der Gesellschaft vorgenommen werden (vgl. Ring S. 288, Staub S. 372, doch hat das Kammergericht (Johow Bd. 12 S. 35) erkannt, daß die Firma der Zweigniederlassung nur dann von der Firma der Hauptniederlassung rechtlich verschieden ist, wenn nach zweifelfreiem und gesetzmäßigen Willensakte die Wahl oder Erhaltung einer anderen sebstständigen Firma für die Zweigniederlassung und nicht allein die Kennzeichnung der letzteren als solcher bei Aufrechterhaltung der Firma der Hauptniederlassung auch für die Zweigniederlassung bebeabsichtigt ist. Aus Art. 21 Abs. 2 folgt das jedenfalls absolute Identität der Firma der Haupt- und der Zweigniederlassung nicht geboten ist.

4. **Eintragung.**

Von der Eintragung ist der Bestand der Zweigniederlassung nicht abhängig. Die Eintragung ist eine Ordnungsvorschrift, welche durch Ordnungsstrafen durch das für die Zweigniederlassung zuständige Gericht erzwungen werden kann (§ 77 [79] Abs. 1), jedoch erst wenn die Gesellschaft am Gericht der Hauptniederlassung eingetragen ist. Die Anmeldung hat durch sämmtliche Geschäftsführer zu erfolgen (§ 76 [78] Abs. 1). Für den Fall, daß die Zweigniederlassung in einem Orte errichtet wird der zu dem Bezirk des Gerichts der Hauptniederlassung gehört, vgl. oben Anm. 1. Durch die vom 1. Januar 1900 geltende neue Fassung ist der Umfang der Eintragung der Veröffentlichung zweifellos gestellt. Ist die Firma an dem Orte bereits vertreten, so muß aus diesem Grunde die Eintragung abgelehnt werden.

5. **Spätere Anmeldungen zu dem Gericht der Zweigniederlassung** vgl. § 76 [78] Abs. 2 und 3.

6. **Veröffentlichung.**

Das Gesetz enthält hierüber keine besondere Bestimmung. Die Veröffentlichung der Eintragung aber muß gleichwohl nach Art. 13 H.G.B. erfolgen, sodann muß aber in Betreff des Umfangs § 10 entsprechende Anwendung finden. Die Zweifel sind in der von 1. Januar 1900 geltenden neuen Fassung beseitigt.

Zweiter Abschnitt.

Rechtsverhältnisse der Gesellschaft und der Gesellschafter.

§ 13.

Die Gesellschaft mit beschränkter Haftung als solche hat selbstständig ihre Rechte und Pflichten; sie kann Eigenthum und andere dingliche Rechte an Grundstücken erwerben, vor Gericht klagen und verklagt werden.

Für die Verbindlichkeiten der Gesellschaft haftet den Gläubigern derselben nur das Gesellschaftsvermögen.

Die Gesellschaft gilt als Handelsgesellschaft im Sinne des Handelsgesetzbuchs.

Entw. I, II, Komm., Rtg. § 13. Entw. I S. 58, II S. 46, A.G. Art. 213, 208 [H.B. § 210]. G.G. § 17.

1. **Rechtliche Natur der Gesellschaft — juristische Person** vgl. oben S. 20 ff. § 36 Anm. 2 betr. Verantwortung für Verschulden der Geschäftsführer.

Die rechtliche Natur der Gesellschaft ist Seite 20 ff. untersucht und ihr korporativer Charakter nachgewiesen, der sie als juristische Person erscheinen läßt; damit ist nicht gesagt, daß die Gesellschaft mit beschränkter Haftung stets als juristische Person im Sinne irgend eines Gesetzes zu betrachten ist, in dem juristische Personen betreffende Bestimmungen enthalten sind. So hat das O.V.G. (Urtheil vom 27. Juni 1896, Entscheidungen Bd. 30 S. 1 ff.) ausgesprochen, daß die Gesellschaften mit beschränkter Haftung außerhalb desjenigen Kreises der „juristischen Personen“ stehen, der allein als durch die (preußische) Städteordnung getroffen angesehen werden kann „von der Erwägung aus, daß die Frage ob eine Gesellschaft, als juristische Person steuerpflichtig sei keineswegs nach der allgemeinen Auffassung über das Wesen der juristischen Personen, sondern nach der Rechtssprache des besonderen, die Quelle des streitigen Rechtes bildenden Gesetzes zu beantworten sei (zu vergl. Entscheidungen des O.V.G. Bd. 7 S. 27), das OV.G. erklärt dabei, daß die Gesellschaft mit beschränkter Haftung „einen minder ausgeprägten kapitalistischen Charakter habe als die Aktiengesellschaft, vielmehr eine Mittelstellung einnehme zwischen den streng individualistischen und den kollektivistischen Gesellschaften“. In der Entscheidung des O.V.G. vom 10. November 1897 (Preuß. Verwaltungsblatt S. 167 ff. von 1898) wird die Gesellschaft mit beschränkter Haftung der Aktiengesellschaft gleich gestellt und ausgesprochen, daß die Gesellschaft „ein von den physischen Personen ihrer Mitglieder losgelöstes selbstständiges Rechtssubjekt“ bildet, den Rechten der Gesellschafter auf die zum Gesellschaftsvermögen gehörigen Sachen ist nur ein obligatorischer Charakter beigelegt. Entsprechend hat das O.V.G. in dem Urtheil vom 12. März 1895 (Monatsschrift für Aktienrecht 1895 S. 183 ff.) den Antheil der Gesellschafter am Reingewinn als Einkommen oder Kapitalvermögen aufgefaßt. Anscheinend der Auffassung der Gesellschaft als juristischer Person beitretend das bayrische oberste Landesgericht in dem Beschluß vom 17. Juni 1896 (Handelsgesellschafter 1896 S. 103) Vgl. für den Charakter der juristischen Person Esser, S. 36, Hergenhahn, im Handelsgesellschafter 1893 S. 28, im Kommentar S. 24. Birkenbihl, S. 91, Goldschmidt, S. 34, Förtsch, S. 37, Neukamp, S. 22; Kahn in der Wochenschrift für Aktienrecht 1892 S. 358). Für die öffentlichrechtlichen Verhältnisse der Gesellschaft entscheidet das betreffende öffentliche Recht, da das Gesetz hierüber nichts besagt, (Entscheidung des O.V.G. vom 10. November 1897 Preußisches Verwaltungsblatt 1898 S. 167 ff.). Aus der rechtlichen Selbständigkeit der Gesellschaft ergiebt sich, daß die Gesellschafter in Rechtsstreitigkeiten der Gesellschaft derselben als Dritte gegenüberstehen, also auch z. B. Zeugniß ablegen, als Richter fungiren können (Förtsch S. 37, Birkenbihl S. 95, vgl. Hergenhahn S. 25).

Das Gesetz erkennt die Rechtsfähigkeit der Gesellschaft in allen privatrechtlichen Beziehungen an, dieselbe kann als Erbin eingesetzt werden (vgl. für Aktiengesellschaften Ring S. 296, dag. Dernburg III § 100), sie kann Vollmachtträgerin sein (vgl. Staub S. 373). Strafthaten kann die Gesellschaft als solche nicht begehen (vgl. R.G. Strafsachen Bd. 16 S. 123), § 62 enthält eine Sonderbestimmung, gegen die Gesellschaft können daher auch keine Strafen verhängt werden, selbst die Ordnungsstrafen (§ 77 [79]) ergehen gegen die Geschäftsführer (Liquidatoren) als solche — und nur gegen diese, nicht z. B. gegen Mitglieder anderer Organe — die Gesellschaft ist aber civilrechtlich für die Handlungen ihrer Geschäftsführer — nicht die der Gesellschafter — verantwortlich, vgl. Anm. 2 zu § 36. Die Strafbarkeit der Vertreter setzt voraus, daß in ihrer Person und in demjenigen, was sie thun, der gesammte Thatbestand der vom Gesetze mit Strafe bedrohten Handlung sich erfülle (R.G. a. a. O.). Da die Gesellschaft strafrechtlich für die Handlungen ihrer Geschäftsführer nicht verantwortlich ist, haftet sie auch nicht für Stempelkontraventionsstrafen (vgl. Urtheil des R.G. vom 12. Januar 1886; Juristische Wochenschrift 1886 S. 108) und ebensowenig für Gewerbekontraventionen. Nur die Geschäftsführer sind für die Wechselstempelsteuerkontravention verantwortlich und zwar auch nur die, von denen festgestellt ist, daß sie den Wechsel unterschrieben haben (R.G. Strafsachen Bd. 24 S. 226). Anders liegt es bei Rechtsgeschäften, die ein Delikt gegen Dritte involviren z. B. unbefugter Gebrauch von Marken (R.G. Bd. 10 S. 302), in diesem Falle haftet die Gesellschaft für den Schaden; das Gleiche gilt für Patentverletzungen (R.G. Bd. 15 S. 126 ff.): „Dem Rechte der Bethätigung entspricht die Pflicht, sich der Verletzung zu enthalten." In diesen Fällen handelt es sich um Verpflichtungen aus den von dem Willensorgan vorgenommenen Rechtsgeschäften. Es besteht die Haftung für rechtswidrige Akte, die unter der Firma der Gesellschaft vorgenommen sind: R.G. Bd. 20 S. 195 (falsche Auskunft), Bd. 32 S. 35 (Haftung für Delikte, die im inneren Zusammenhang mit dem Geschäftsbetriebe stehen), Bd. 17 S. 95 (unwahre Angaben) — vgl. § 36. Gegen die Gesellschaft können Delikte begangen werden, insofern dieselben nicht als Angriffsobjekt eine physische Person voraussetzen; so kann eine Gesellschaft zwar nicht beleidigt werden (§ 186 St.G.B.), wohl aber kann sie nach § 187 St.G.B. verletzt werden. Rechte, welche bei dem Träger physische Persönlichkeit voraussetzen, kann die Gesellschaft nicht ausüben, so kann sie z. B. nicht Vormund sein. Die Gerichte haben auch erkannt, daß die Konzession eines Gewerbebetriebes, welche von bestimmten Voraussetzungen abhängt, die in der Person des Gewerbetreibenden liegen, nicht an Gesellschaften gewährt werden kann (Entsch. des O.V.G. Bd. 9 S. 286 ff., R.G. in Civilsachen Bd. 13 S. 147). Mit Recht a. A. Ring S. 255. Denn es ist nicht einzusehen, daß eine Gesellschaft geringere Garantie für die Beobachtung gewisser Sicherheits-Vorschriften bieten sollte wie eine physische Person. In der Praxis ist auch z. B. die Konzession zum Kleinhandel mit Spirituosen mehrfach an Gesellschaften ertheilt, besonders mit Rücksicht auf die durch die Novelle zur Gewerbeordnung vom 6. August 1896 abgeänderten Fassung des § 33 Gewerbeordnung; das preußische Ministerium des Innern hält freilich an der früheren Auffassung des O.V.G. fest. Ueber die sich im Falle von Zuwiderhandlungen ergebenden Folgen vgl. Nr. 1 Blätter für Genossenschaftswesen von 1892, § 62 des Gesetzes käme nicht zur Anwendung, Verstöße würden vielmehr nach den für den betreffenden Gewerbebetrieb geltenden Vorschriften zu ahnden sein. Zweifelhaft ist, ob die Gesellschaft auf ihren Kauffahrteischiffen die Bundesflagge führen kann, wenn nicht allen Gesellschaftern das Bundesindigenat zusteht (§ 2 des Gesetzes betr. die Nationalität der Kauffahrteischiffe vom 25. Oktober 1887, Birkenbihl S. 99).

Die Gesellschaft ist ein willenloses Wesen; sie bedarf daher der Vertretung, und diese liegt bei den Geschäftsführern (§ 35).

Prozeßfähigkeit besitzt die Gesellschaft als juristische Person nach der bisherigen Rechtsprechung nicht (vgl. R.G. Bd. 12 S. 399, dag. Ring S. 297), sie ist nach § 19 C.P.O. aber parteifähig; über den Gerichtsstand vgl. § 3 Anm. 3.

Gesellschaften mit beschränkter Haftung, die ihren Sitz außerhalb Preußens haben, bedürfen zum Erwerb von Grundeigenthum der staatlichen Genehmigung vgl. § 37 Anm. 2 (Johow Bd. 16 S. 72) a. A. Ring S. 296. Nichts steht im Wege, daß die Gesellschaft mit beschränkter Haftung einer Kommanditgesellschaft als Kommanditist beitritt, dagegen kann den Gesellschaftern nicht die Stellung von Kommanditisten gegeben werden, wodurch der Charakter der Gesellschaft verändert würde. Zulässig ist andererseits natürlich die Aufnahme stiller Gesellschafter. Was die Frage anlangt, ob die Gesellschaft mit beschränkter Haftung als Gesellschafter einer offenen Handelsgesellschaft beitreten kann — das umgekehrte Verhältniß ist jedenfalls zulässig —, so wird dieselbe zu bejahen sein wegen der juristischen Persönlichkeit der offenen Handelsgesellschaft (vgl. Urtheil des R.G. vom 11. Februar 1896, mitgetheilt im Handelsgesellschafter 1896 S. 154 a. A. anscheinend das Kammergericht in einem Urtheil vom 9. Januar 1894 a. a. O. 1894 S. 39 für den Beitritt einer Genossenschaft zu einer offenen Handelsgesellschaft, da letzterer nur physische Personen angehören könnten).

2. **Haftung der Gesellschafter** vgl. S. 33 ff.

Nur bis zum Betrage der Stammeinlage haften die Gesellschafter und auch allein der Gesellschaft und nicht direkt deren Gläubigern. Bis zu dem Betrage des Stammkapitals aber besteht Gesammthaftung (§ 24), die Nachschüsse gehören nicht zu dem Gesellschaftsvermögen, dies ist auch noch in der Kommission des Reichstages ausdrücklich ausgesprochen (Bericht S. 6). Das Gesellschaftsvermögen ergiebt sich im Uebrigen aus der Bilanz. Eine Haftung den Gläubigern gegenüber ist als nicht mit dem Charakter der Gesellschaft im Einklang stehend abgelehnt (Entw. I S. 58, II S. 47). Im Konkurse der Gesellschaft hat der Konkursverwalter die auf die Stammeinlagen noch rückständigen Einzahlungen zur Konkursmasse einzuziehen, ohne an den Beschluß der Gesellschafter (§ 47 Z. 2) gebunden zu sein, doch muß er die im Gesellschaftsvertrage hinsichtlich Zeit und Art der Einziehung getroffenen Bestimmungen beobachten, da er die Ansprüche der Gesellschaft geltend macht (für A.G. Streitfrage, vgl. Ring S. 643). Außerhalb des Konkurses können die Gläubiger im Wege der Zwangsvollstreckung sich aus den Ansprüchen der Gesellschaft befriedigen (Entw. I S. 59, II S. 47), der Anspruch mußte dann aber durch Beschlußfassung der Gesellschafter (§ 47 Z. 2) bereits entstanden sein, oder seine Fälligkeit mußte aus dem Gesellschaftsvertrage (§ 46 Abs. 2) folgen.

3. Handelsgesellschaft.

Die Gesellschaft gilt als Handelsgesellschaft ohne Rücksicht auf den Gegenstand des Unternehmens, jedoch nur im Sinne des Handelsgesetzbuchs, also nicht auch anderer Gesetze, z. B. des Steuergesetzes, der Gewerbeordnung, und auf die Steuerpflicht der Gesellschaft (vgl. die Aufsätze in der Wochenschrift für Aktienrecht 1892 S. 242 ff., 480 ff., 1893 S. 259 ff., 1895 S. 74 ff., Hergenhahn S. 25, Neukamp S. 23). Es ist dies besonders von Goldschmidt beanstandet (a. a. O. S. 37). Der Betrieb wird damit als Handelsgewerbe fingirt und alle ihre Geschäfte gelten als Handelsgeschäfte (Art. 273 H.G.B., [§ 343 H.B.]. Nach Art. 275 H.G.B. sind Verträge über unbewegliche Sachen keine Handelsgeschäfte, so kann es geschehen, daß die Grundgeschäfte einer Gesellschaft m.b.H. keine Handelsgeschäfte sind, diese aber als Handelsgesellschaft gilt. [In das H.B. ist die Bestimmung nicht herübergenommen, nach demselben ist gleichgiltig, was den Gegenstand des Geschäfts bildet.] Daß die Gesellschaft m.b.H. nicht Minderkaufmann sein kann, ergiebt sich einmal aus der Mindestgrenze für das Stammkapital, dann aber auch daraus, daß das Gesetz sie ausdrücklich zur Handelsgesellschaft erhebt (vgl. H.G.B. Art. 10 Abs. 2, [H.B. §§ 4, 6 Abs. 2], R.O.H.G. Bd. 22 S. 321). Die Gesellschaft ist den im zweiten Buche des H.G.B. behandelten Handelsgesellschaften angereiht. Ihre Rechtsstreitigkeiten haben den Charakter von Handelssachen, und es findet § 101 Nr. 3a Ger.-Verfassungs-Gesetz, sowie § 8 des Einführungsgesetzes zu demselben in Betreff der Zuständigkeit der Kammern für Handelssachen bezw. des Reichsgerichts Anwendung (vgl. dagegen § 17 G.G., Parisius u. Crüger S. 123). Nach Art. 5 H.G.B. [§ 6 H.B.] gelten die in Betreff der Kaufleute gegebenen Bestimmungen in gleicher Weise in Betreff der Handelsgesellschaften. Von den Bestimmungen des H.G.B. finden hiernach insbesondere Anwendung: die über die Firma (Art. 26, 27), [H.B. §§ 17 ff.], die Führung von Handelsbüchern (Art. 28), [§§ 38 ff.], die Pflicht Aufträgen zu antworten (Art. 318 ff.),*) die Zinsenberechnung (Art. 289 bis 292), [H.B. §§ 353 ff.], das kaufmännische Pfandrecht (Art. 309 bis 311) [H.B. § 368],**) das kaufmännische Retentionsrecht (Art. 313 bis 316), [H.B. §§ 369 ff.], den Erwerb von Waaren u. s. w. (Art. 306, 307), [H.B. §§ 366, 367], die Auslegungsregeln (Art. 273 bis 281), [H.B. §§ 344 ff.]***), die mündliche Form der Verträge (Art. 317).†)

---

*) Ersetzt (vom 1. Jan. 1900) durch §§ 130 ff., 145 ff. B.G.B.

**) Vgl. § 1205 B.G.B., der Art. 308 H.G.B. erübrigt hat.

***) Vgl. § 133 B.G.B.

†) Nach dem B.G.B. gilt für alle Rechtsgeschäfte, abgesehen von bestimmten Ausnahmen, Formlosigkeit (vgl. Littauer Handelsgesetzgebung vom 10. Mai 1897 S. 365 ff.).

§ 14.

Der Geschäftsantheil jedes Gesellschafters bestimmt sich nach dem Betrage der von ihm übernommenen Stammeinlage.

Entw. I, II, Komm., Rtg. § 14. Entw. I S. 59, II S. 47.

1. **Begriff des Geschäfsantheils** vgl. S. 34 ff.

Ueber den Unterschied der Stammeinlage von dem Geschäftsantheil heißt es in der Begründung (Entw. I S. 59, II S. 47): „Die Geschäftsantheile der Gesellschafter gewähren keine Rechte an den einzelnen dem Gesellschaftszwecke gewidmeten Vermögensgegenständen; sie bezeichnen vielmehr die durch Uebernahme der Stammeinlage begründete Betheiligung an dem Gesammtvermögen der Gesellschaft. Der Geschäftsantheil wird demnach durch die Stammeinlage begründet und bemißt sich nach derselben. Trotzdem ist er nicht derart mit der Einlage identisch, daß der Begriff desselben für die Zwecke des Gesetzes entbehrlich wäre und durch denjenigen der Einlage selbst ersetzt werden könnte. Denn die Stammeinlage als eine von dem Gesellschafter zu bewirkende oder bewirkte Leistung kann nicht wohl der Gegenstand von rechtsgeschäftlichen Akten sein, wie sie der Entwurf in den Fällen der Veräußerung, der Kaduzirung u. s. w. vorsieht. Es bedarf vielmehr einer besonderen Bezeichnung für das den Gegenstand dieser Rechtsakte bildende Verhältniß, und dieses ist nicht sowohl die Einlage selbst, als die durch die Uebernahme derselben für den Gesellschafter begründete Rechtsposition." Aus der Uebernahme der Stammeinlage ergeben sich die Rechte und Pflichten der Mitgliedschaft; der Geschäftsantheil stellt folglich die Mitgliedschaftsbetheiligung der Gesellschafter vor (§§ 19, 26, 29, 48 [47] ff., 73 [72]). Aus der Uebernahme der Stammeinlage ergiebt sich ein zweiseitiger Vertrag (vgl. R.G. Bd. 2 S. 261). Nach der übernommenen Stammeinlage bestimmt sich der Geschäftsantheil jedes Gesellschafters, „die thatsächlich geleistete Einzahlung ist nicht maßgebend", es „bedarf eines festen von Anfang an bestimmten Betheiligungsverhältnisses". „Wenn beispielsweise nach erfolgter Kaduzirung der Verkauf eines Geschäftsantheils (§ 23) zu einem Preis erfolgt, welcher den Einlagerückstand nicht erreicht, so muß darum nicht weniger der Käufer die Betheiligung nach dem vollen aus der übernommenen Einlage sich ergebenden Verhältniß und nicht etwa bloß nach dem von ihm selbst als Kaufpreis eingezahlten Betrag erwerben."

Bei Errichtung der Gesellschaft umfaßt der Geschäftsantheil die gesammte Mitgliedschaftsbetheiligung des Gesellschafters, „da kein Gesellschafter bei Errichtung der Gesellschaft mehrere Stammeinlagen übernehmen kann" (§ 5 Abs. 2), durch Veräußerung von Theilen seines Geschäftsantheils (§ 17) kann der Gesellschafter seine Betheiligung verringern, durch Erwerb weiterer Geschäftsantheile oder von Geschäftsantheilstheilen sie vergrößern (§ 15), aber jeder neu erworbene Geschäftsantheil behält seine Selbstständigkeit und jeder erworbene Theil eines Geschäftsantheils wird ein selbstständiger Geschäftsantheil. Eine andere Bestimmung des Geschäftsantheils eines Gesellschafters als nach dem Betrage der von ihm übernommenen Stammeinlage kann auch nicht durch Vertrag erfolgen, ebenso Hergenhahn S. 28, Förtsch S. 39. Wohl aber kann für Vertheilung des jährlichen Reingewinns (§ 29 Abs. 2) und für Vertheilung des Gesellschaftsvermögens nach der Auflösung (§ 73 [72]) ein anderer Maßstab als nach Verhältniß der Geschäftsantheile durch den Gesellschaftsvertrag bestimmt werden, und zwar für beides derselbe oder ein verschiedener Maßstab (vgl. die nicht unberechtigte Kritik der Fassung des Gesetzes bei Neukamp S. 27 ff.).

2. **Veräußerung und Vererbung** vgl. § 15, § 16; **Theilbarkeit** vgl. § 17; **Mitberechtigung** vgl. § 18; **Einzahlungen** vgl. § 19; **Kaduzirung** vgl. § 21; **Haftung des Rechtsvorgängers** vgl. § 22; **Verkäufers** vgl. § 23; **Gesammthaftung** vgl. § 24. **Die Verpfändung** richtet sich nach den Landesgesetzen; **Zwangsvollstreckung** vgl. § 15 Anm. 8; **bei Konkurs der Gesellschafter** fällt der Geschäftsantheil in die Konkursmasse.

§ 15.

Die Geschäftsantheile sind veräußerlich und vererblich.

Erwirbt ein Gesellschafter zu seinem ursprünglichen Geschäftsantheil weitere Geschäftsantheile, so behalten dieselben ihre Selbstständigkeit.

Zur Abtretung von Geschäftsantheilen durch Gesellschafter bedarf es eines in gerichtlicher oder notarieller Form geschlossenen Vertrages. Die Angabe des Rechtsgrundes der Abtretung ist nicht erforderlich.

Der gerichtlichen oder notariellen Form bedarf auch eine Vereinbarung, durch welche die Verpflichtung eines Gesellschafters zur Abtretung eines Geschäftsantheils begründet wird. Eine ohne diese Form getroffene Vereinbarung wird jedoch durch den nach Maßgabe des vorigen Absatzes geschlossenen Abtretungsvertrag gültig.

Durch den Gesellschaftsvertrag kann die Abtretung der Geschäftsantheile an weitere Voraussetzungen geknüpft, insbesondere von der Genehmigung der Gesellschaft abhängig gemacht werden.

Entw. I, II, Komm., Rtg. § 15. [Art. 11 Nr. VII des Einführungsgesetzes zum H.B. vom 10. Mai 1897]. Entw. I S. 36 u. 60, II S. 30 u. 48. Komm. Ber. S. 6. A.G. Art. 220. [H.B. §§ 222 ff.]. G.G. § 74 [76].

Durch das Einführungsgesetz zum H.B. Art. 11 VII ist für die vom 1. Januar 1900 gültige Fassung bestimmt: Der „§ 15 Abs. 3 Satz 2 fällt weg."

[In der Kommission des Reichstages ist dieser Satz als „dem B.G.B. gegenüber unverständlich und gegenstandslos" gestrichen Komm.Ber. Nr. 735 der Drucksachen des Reichtags 9. Leg.-Per. IV. Session S. 141].

1. Veräußerung des Geschäftsantheils.

Veräußerlich sind die aus der Uebernahme der Stammeinlage sich ergebenden Rechte und Pflichten, die „Mitgliederbetheiligung“ ist veräußerlich. Die Zulassung der Veräußerung wird in der Begründung folgendermaßen gerechtfertigt (Entw. I S. 36, II S. 30): „Die Veräußerung der Mitgliederbetheiligungen kann im Gesetze weder ganz ausgeschlossen noch schlechthin an die Zustimmung der Gesellschaft oder der übrigen Gesellschafter gebunden werden; denn sie bildet das einzige Mittel, durch welches den Gesellschaftern eine Verfügung über ihr in dem Unternehmen angelegtes Kapital, sowie ihren Gläubigern der Zugriff auf diesen Vermögensgegenstand ermöglicht werden kann.“ Es wird sodann hervorgehoben, daß ein Kündigungsrecht nach der Natur der Gesellschaft als Kapitalgesellschaft nicht in Frage kommen kann. „Entscheidendes Gewicht ist auf die Form zu legen, welche für die Uebertragung der Geschäftsantheile vorgeschrieben wird; denn die formalen Voraussetzungen der Uebertragung müssen in erster Linie Gewähr dafür bieten, daß die Antheilsrechte . . . nicht zu einem Gegenstande des Handelsverkehrs werden.“

In Folge der Veräußerung der Geschäftsantheile kann die Mitgliederzahl bis auf einen Gesellschafter herabsinken und es kann schließlich auch dieser seinen letzten Geschäftsantheil an die Gesellschaft abtreten (§ 33 Abs. 2); den Untergang der Gesellschaft hat dies nicht zur Folge, da deren Vertretung durch Veräußerung der Geschäftsantheile neue Gesellschafter schaffen kann.

Ueber Zwangsvollstreckung in den Geschäftsantheil vgl. Anm. 8, § 16 Anm. 1.

Zweifelhaft ist, ob der Gesellschaftsvertrag dem Gesellschafter beim Eintritt gewisser Ereignisse die Veräußerung des Geschäftsantheils zur Pflicht machen kann unter eventueller Androhung des Einzugs durch die Gesellschaft. Man wird dies als eine Art Amortisation betrachten können und sich für die Zulässigkeit erklären unter der Voraussetzung, daß § 33 beobachtet wird.

2. Umfang und Folgen der Veräußerung.

Veräußert also wird nicht blos die Vermögensbetheiligung, nicht der auf die Stammeinlage bereits geleistete Betrag, sondern veräußert wird die „Mitgliederbetheiligung“, d. h. die sich aus der übernommenen Stammeinlage ergebenden Rechte und Pflichten. Der Veräußerer scheidet als Gesellschafter aus und an seine Stelle tritt der Erwerber, wobei aber selbstverständlich der aus der übernommenen Stammeinlage eigentlich Berechtigte — die Gesellschaft — nicht in Schaden gerathen kann, weswegen es auch nur konsequent ist, wenn in § 22 die subsidiäre Haftung der Veräußerer der Gesellschaft gegenüber ausgesprochen wird. Wir können daher hierin nicht wie Neukamp S. 33 eine Ausnahme sehen. Eine Ausnahme liegt nur insofern vor, als die Haftung in dem Falle des § 16 keine subsidiäre ist.

Uebrigens ist die Gesellschaft aus dem Geschäftsantheil nicht blos berechtigt, sondern auch verpflichtet wegen der im Falle der Auflösung zu gewährenden Leistung; es ist dies besonders von Wichtigkeit bei der Verpfändung (vgl. Anm. 8 zu diesem §).

Der Erwerber tritt in die Mitgliedbetheiligung des Veräußerers in dem Umfang ein, wie sich dieselbe zur Zeit der Veräußerung befindet, ist also der Veräußerer noch mit Leistungen rückständig, so haftet der Gesellschaft neben ihm der Erwerber (§ 16 Abs. 3).

Zweifelhaft erscheint es, ob auch die im Gesellschaftsvertrage den Gesellschaftern außer der Leistung von Kapitaleinlagen auferlegten „anderen Verpflichtungen" (§ 3 Abs. 2 z. B. Rübenbaupflicht) auf den Erwerber des Geschäftsantheils übergehen. Es wird dies jedoch wenigstens nicht grundsätzlich zu bejahen sein, da nur die aus der übernommenen Stammeinlage sich ergebenden Rechte und Pflichten veräußert werden und zu diesen die „anderen Leistungen" nicht ohne Weiteres gehören, vielmehr eine selbstständige Verpflichtung bilden. Die Entscheidung wird wesentlich von der Fassung des Gesellschaftsvertrages abhängen, und es wird dessen Aufgabe sein, für den Fall der Veräußerung des Geschäftsantheils in dieser Beziehung Vorkehrung zu treffen, im Zweifel wird bei Leistungen, die nicht von einer besonderen Qualifikation der Gesellschafter abhängen, wohl Uebergang anzunehmen sein (vgl. Birkenbihl S. 112, Neukamp S. 33, Hergenhahn S. 33). Der ausscheidende Gesellschafter wird selbstverständlich von den statutarischen „anderen Verpflichtungen" frei, er kann auch im Gesellschaftsvertrage nicht weiter gebunden werden, er bleibt aber nach allgemeinen Rechtsgrundsätzen für etwaige Rückstände aus seiner Zeit verhaftet.

Der Gesellschaft gegenüber gilt die Veräußerung erst mit der Anmeldung (§ 16).

3. Preis des Geschäftsantheils.

Die Festsetzung des Preises, welchen der Erwerber zu zahlen hat, unterliegt der freien Vereinbarung von Veräußerer und Erwerber. Die Gesellschaft wird davon nicht berührt. Neukamp S. 33 nimmt an, daß wenn der Geschäftsantheil abweichend von der Vorschrift des § 14 mit Rücksicht darauf besonders hoch bemessen ist, daß der Gesellschafter unentgeltlich als Geschäftsführer fungirt, im Gesellschaftsvertrage besondere Festsetzungen zu treffen sind, wie hoch sich der Geschäftsantheil im Falle der Veräußerung bemessen soll, falls durch diese die persönlichen Dienstleistungen des Veräußerers in Wegfall kommen. Dieser Ansicht ist entgegenzuhalten, daß dieselbe Stammeinlage im Gesellschaftsvertrage nicht nach der Person des Uebernehmers verschieden festgesetzt sein kann, sondern nach § 5 bestimmt sein muß, ferner daß persönliche Dienstleistungen auf die Stammeinlage überhaupt nicht angerechnet werden können.

4. Vererbung.

Die Erben können die Gesellschaftsrechte nur gemeinschaftlich ausüben (§ 18 Abs. 1), für die auf den Geschäftsantheil zu leistenden Einzahlungen haften sie solidarisch (§ 18 Abs. 2). Ueber Theilung vgl. § 17. Uebernimmt bei der Erbauseinandersetzung ein Erbe den

Geschäftsantheil, so gilt dieser als Gesellschafter, § 16 wird analog Anwendung finden (a. A. Neukamp S. 37, Hergenhahn S. 32). Die Vererblichkeit des Geschäftsantheils kann im Gesellschaftsvertrage nicht ausgeschlossen, auch nicht beschränkt werden, es kann daher auch nicht für den Erben eine bestimmte Qualifikation vorgeschrieben werden, wohl aber könnte die Ausübung der Gesellschafterrechte durch den Erben davon abhängig gemacht werden, daß er gewissen Erfordernissen genügt. Auch können die Gesellschafter testamentarisch über den Geschäftsantheil derart verfügen, daß der Erbe ihn nur erwirbt, wenn er gewissen Anforderungen genügt, doch kann der Gesellschafter zu derartigen testamentarischen Verfügungen nicht gezwungen werden. Anfall des Geschäftsantheils an die Gesellschaft kann im Gesellschaftsvertrag für den Fall des Todes eines Gesellschafters nicht vorgesehen werden. Für die Veräußerung des Geschäftsantheils durch die Erben greifen die für die Veräußerer geltenden Bestimmungen Platz.

5. Besitz von mehreren Geschäftsantheilen.

Der Geschäftsantheil soll die Gesammtbetheiligung des Gesellschafters darstellen (§ 14, § 5 Abs. 2). Hiervon enthält der Abs. 2 eine Ausnahme (eine fernere Ausnahme in § 56 [55] Abs. 3). „Die Geschäftsantheile als selbstständige Gegenstände des Rechtsverkehrs bewahren ihre Sonderexistenz auch dann, wenn im Wege der Veräußerung oder Vererbung mehrere Antheile in der Hand eines Gesellschafters zusammenkommen. Eine Verschmelzung verbietet sich schon aus dem Grunde, weil bei noch nicht vollbezahlter Stammeinlage der Rückgriff an die etwaigen Vormänner möglich bleiben muß; dieser setzt aber die Fortexistenz der alten Geschäftsantheile voraus, da die letzteren eventuell den Vormännern zurückzugewähren sind (§ 22 Abs. 4)" (Entw. I S. 60, II S. 48). Die Reichstagskommission hat diesen Grundsatz noch ausdrücklich durch Einfügung des Abs. 2 zum Ausdruck gebracht.

6. Form der Veräußerung.

Für die Veräußerung bedarf es eines gerichtlich oder notariell geschlossenen Abtretungsvertrags, und das Gleiche gilt für das pactum de cedendo, den Vertrag, durch welchen sich der Gesellschafter zur Veräußerung verpflichtet. Im letzteren Fall wird jedoch der Mangel der Form geheilt, wenn die Veräußerung selbst in der vorgeschriebenen Form erfolgt. Simon in der Wochenschrift für Aktienrecht 1892 S. 345 nimmt an, daß die Form-Vorschrift des Abs. 4 gegenüber Art. 317 H.G.B. in den Fällen hinfällig wird, die sich als Handelsgeschäfte charakterisiren. Der Begründung dieser Annahme kann nicht beigetreten werden, denn Abs. 4 enthält gegenüber Art. 317 H.G.B. eine spezielle reichsgesetzliche Vorschrift (vgl. auch gegen Simon Neukamp a. a. O. S. 376 ff., Birkenbihl S. 108). [Das B.G.B. geht allgemein von dem Grundsatz der Formlosigkeit aus, bestimmt wird in § 128: „Ist durch Gesetz — wie z. B. im Falle des Abs. 4 — gerichtliche oder notarielle Beurkundung eines Vertrages vorgeschrieben, so genügt es, wenn zunächst der Antrag und sodann die Annahme des Antrages von einem Gericht oder einem Notar beurkundet wird."] In dem Abtretungsvertrag braucht der Rechtsgrund der Abtretung nicht angegeben zu sein, es ist ein abstrakter Vertrag, es genügt, wenn die Abtretung und die Annahme Seitens der Kontrahenten erklärt wird. Der Vertrag ist also, wo Verträge überhaupt stempelpflichtig sind, Mangels der Angabe eines Rechtsgrundes nur mit dem allgemeinen Vertrags- bezw. einem Abtretungsstempel, wenn ein solcher besteht, zu versehen (vgl. Entw. I S. 61, II S. 49). [Der künftige Fortfall der Bestimmung, daß der Rechtsgrund nicht anzugeben ist, besagt nicht, daß er nun bezeichnet werden muß, die Abtretung des Geschäftsantheils stellt sich als Abtretung einer Forderung dar, die sich durch abstrakten Vertrag vollzieht (B.G.B. S. 398)]. Die erschwerende Form ist gewählt, um die Geschäftsantheile vom Handelsverkehr auszuschließen. Niemals aber enthält die Veräußerung eine Aenderung des Gesellschaftsvertrages, wenn auch die Gesellschafter im ersten Vertrage benannt sind.

Wenn über den Geschäftsantheil eine Urkunde ausgestellt ist, so hat dieselbe nur den Charakter einer Beweisurkunde, einer Quittung über geleistete Einzahlung. Die Ausstellung ist im Gesetze nicht verboten, daher zulässig. Der Antheilsschein ist nicht nach dem Reichsstempelsteuergesetz von 1894 stempelpflichtig (vgl. Handelsgesellschafter 1894 S.194). Für die Veräußerung ist die Urkunde unerheblich, es kommen daher auch etwaige landesgesetzliche Vorschriften über die Veräußerung beurkundeter Forderungen hier nicht zur Anwendung. Ebenso entbehrt die Urkunde der Bedeutung für den Fall der Auszahlung des Geschäftsantheils (§§ 33, 34, 59). Die erschwerende Form der Veräußerung bezieht sich nur auf Abtretungen der Gesellschafter und findet nicht Anwendung, wenn die Gesellschaft einen Geschäftsantheil freihändig verkauft (§§ 21, 23, 27, 28), dann greift Formfreiheit nach Art. 317 H.G.B. (entsprechend nach B.G.B.) Platz. Die erschwerende Form trifft auch nicht „die Abtretung einzelner durch den Geschäftsantheil begründeter Forderungen, insbesondere des Anspruchs auf den Geschäftsgewinn . . . Selbst die Ausstellung von Dividendenscheinen auf den Inhaber braucht nicht ausgeschlossen zu werden, . . . und die Landesgesetze werden in der Regel nicht entgegenstehen, weil es sich dabei nicht um Inhaberpapiere über eine bestimmte Geldsumme handelt" (Entw. I S. 62, II S. 49).

Für den Uebergang des Geschäftsantheils gegenüber der Gesellschaft § 16.

7. Konkurs der Gesellschafter.

Der Geschäftsantheil fällt als ein Vermögensrecht in die Konkursmasse. Das Recht der Veräußerung hat daher in einem solchen Falle der Konkursverwalter und nicht der Gesellschafter; der Konkursverwalter übt die vermögensrechtlichen Rechte des Gesellschafters der Gesellschaft gegenüber aus, wie er dessen vermögensrechtliche Pflichten hat.

8. **Einführung weiterer Erschwernisse für die Veräußerung durch den Gesellschaftsvertrag.**

Der Gesellschaftsvertrag kann z. B. die Veräußerung an die Zustimmung sämmtlicher Gesellschafter knüpfen, es kann von dem Erwerber eine gewisse Qualifikation gefordert werden, die Mitgliedschaftsrechte können unter gewissen Umständen oder allgemein im Falle der Veräußerung beschränkt werden u. s. w., auch kann sich die Gesellschaft das Vorkaufsrecht vorbehalten, allerdings müßte sie dann die Bedingungen des § 33 erfüllen können, desgleichen für die Gesellschafter oder Einzelne derselben. Dagegen ist nicht mit Neukamp S. 35 anzunehmen, daß im Gesellschaftsvertrag die Abtretung verboten werden kann, denn dem widerspricht der Wortlaut von Abs. 1 und 4. Ebensowenig kann eine Verpflichtung zur Veräußerung im Gesellschaftsvertrag ausgesprochen werden. Das Veräußerungsrecht ist ein Sonderrecht der Gesellschafter und kann nicht durch Mehrheitsbeschluß durch Statutenänderung erschwert werden. Erleichtern darf der Gesellschaftsvertrag die Abtretung nicht.

Nach der Begründung (Entw. I S. 60) darf die Veräußerung im Wege der Zwangsvollstreckung nicht durch den Gesellschaftsvertrag beschränkt werden, sie soll hiernach insbesondere nicht von der Genehmigung der Gesellschaft abhängig gemacht werden dürfen. Mit Recht beanstandet dies Neukamp S. 34, da dann der Gesellschafter in der Lage ist, auf einem Umwege die Einholung der Genehmigung der Gesellschaft zu vermeiden, ebenso Makower S. 299 $_{30}$ (vgl. auch § 17 Anm. 3), a. A. Petersen in Wochenschrift für Aktienrecht 1893 S. 231, Birkenbihl S. 110. Der Wortlaut des Gesetzes steht der Annahme nicht entgegen, die Erschwernisse des Abs. 4 auch auf die zwangsweise Abtretung anzuwenden (a. A. Hergenhahn S. 30). Für diese Auslegung spricht auch ferner der Umstand, daß die im Wege der Zwangsvollstreckung erfolgende Veräußerung von Theilen des Geschäftsantheils von der Genehmigung der Gesellschaft abhängig ist (§ 17).

9. **Verpfändung des Geschäftsantheils und Pfandrecht an demselben.**

Ueber die Zulassung der Verpfändung des Geschäftsantheils und den Erwerb eines Pfandrechts an demselben entscheiden die Landesgesetze (vgl. Entw. I S. 62, II S. 49, [B.G.B. § 1279]). Im Falle des Konkurses würde für das Pfandrecht Einführungsgesetz zur R.K.O. § 15 Nr. 1 entscheidend sein, a. A. Neukamp S. 35, der auf die Urkunde Gewicht legt, falls eine solche ausgestellt ist, ebenso Förtsch S. 42, diese Urkunde aber ist weder über die Forderung noch über das Vermögensrecht ausgestellt. Mit Recht weist die Begründung darauf hin, daß die Sicherheit, welche dem Pfandnehmer geboten wird, sehr gering ist wegen der Möglichkeit der Kaduzirung oder Zurverfügungstellung des Antheils (§§ 21, 27 Anm. 6, 28). „Der Pfandgläubiger kann weder die Mitgliedschaftsrechte beanspruchen noch aus den Mitgliedschaftspflichten in Anspruch genommen werden"

(Entw. I S. 63, II S. 50). Für die Verwerthung des Pfandobjekts wird sich regelmäßig die Versteigerung empfehlen (§ 743 [844] C.P.O., § 23 des Ges.), da eine Ueberweisung zur „Einziehung“ nicht statthaft ist und auch eine Ueberweisung „an Zahlungsstatt“ wegen des mangelnden Nennwerths nicht angebracht erscheint (vgl. Neukamp S. 40). — Ueber Verpfändung des Geschäftsantheils an die Gesellschaft § 33 Anm. 1.

§ 16.

Der Gesellschaft gegenüber gilt im Falle der Veräußerung des Geschäftsantheils nur derjenige als Erwerber, dessen Erwerb unter Nachweis des Uebergangs bei der Gesellschaft angemeldet ist.

Die vor der Anmeldung von der Gesellschaft gegenüber dem Veräußerer oder von dem letzteren gegenüber der Gesellschaft in Bezug auf das Gesellschaftsverhältniß vorgenommenen Rechtshandlungen muß der Erwerber gegen sich gelten lassen.

Für die zur Zeit der Anmeldung auf den Geschäftsantheil rückständigen Leistungen ist der Erwerber neben dem Veräußerer verhaftet.

Entw. I u. II, Komm. Rtg. § 16. Entw. I S. 63, II S. 50. A.G. Art. 220. [H.B. §§ 222—224.]

1. Anmeldung des Erwerbs.

Für den Erwerb des Geschäftsantheils ist die Anmeldung nicht erheblich, dieselbe erfolgt mit der Vollziehung des Vertrages bezw. der durchgeführten Zwangsvollstreckung (vgl. § 15 Anm. 6 u. 9), die Anmeldung hat die Wirkung des Erwerbs der Gesellschaft gegenüber zur Folge, sie ist an keine Form gebunden, doch muß dabei der Nachweis der Erwerb des Geschäftsantheils erbracht werden. Die Bestimmung bezieht sich auf alle Fälle des Erwerbs, sowohl des freiwilligen wie des im Wege der Zwangsvollstreckung. Nicht als „Erwerb“ soll nach der Begründung die Verpfändung betrachtet werden, da jedoch die Gesellschaft in gewissem Sinne als Drittschuldner zu betrachten ist (vgl. § 15 Anm. 2). wird eine Anzeige am Platze sein, (a. A. Hergenhahn S. 32, vgl. Neukamp S. 37). Ueber den Fall der Vererbung vgl. § 15 Anm. 4. Zur Anmeldung ist sowohl der Veräußerer wie der Erwerber befugt, vgl. auch § 723 [844] C.P.O. Die Gesellschaft hat den Uebergang des Geschäftsantheils (nach der Form) sowie die Legitimation des Erwerbers, wenn die Anmeldung von diesem ausgeht, zu prüfen. Keine Anmeldung hat zu erfolgen, wenn die Gesellschaft die Veräußerin ist (§§ 22, 27, 28) und wenn ein Rechtsvorgänger durch Zahlung des rückständigen Betrages den Geschäftsantheil erwirbt (§ 22 Abs. 4). — **Vor** der Anmeldung ist die Gesellschaft auch nicht **berechtigt**, den Erwerber als Gesellschafter zu betrachten (§ 16

Abs. 1, § 22 Abs. 1, Entw. I S. 63, 70, II S. 51, Neukamp S. 38, Förtsch S. 44), der Veräußerer übt also sämmtliche Mitgliedschaftsrechte aus, er ist zur Abhebung der Dividende u.s.w. berechtigt, die Gesellschaft hat sich um die Veräußerung nicht zu kümmern.

2. **Haftpflicht des Erwerbers.**

Mit der Anmeldung der Veräußerung tritt der Erwerber nicht blos in alle Rechte, sondern auch in alle Pflichten des Veräußerers ein (Entw. I S. 64, II S. 51) insoweit die Verpflichtungen auf dem Geschäftsantheil haften (vgl. § 15 Anm. 2), er haftet also auch für die bis zur Anmeldung eingeforderten und noch nicht berichtigten Leistungen auf den Geschäftsantheil. Zu den „Leistungen" gehören alle sich aus der Mitgliederbetheiligung mit der Stammeinlage ergebenden Verpflichtungen, z. B. Nachschüsse (§§ 26 ff.), Verzugszinsen (§ 20).

3. **Haftpflicht des Veräußerers.**

Die Haftung des Veräußerers ist in diesem Falle eine prinzipale (vgl. § 22). Zweckmäßigkeitsrücksichten sind hierfür entscheidend (Entw. I S. 64, II S. 51), wegen der Haftpflicht für nach der Anmeldung eingeforderte Einzahlungen § 22 Abs. 3 (vgl. über Einreden § 19 Anm. 1).

§ 17.

Die Veräußerung von Theilen eines Geschäftsantheils kann nur mit Genehmigung der Gesellschaft stattfinden.

Die Genehmigung bedarf der schriftlichen Form; sie muß die Person des Erwerbers und den Betrag bezeichnen, welcher von der Stammeinlage des ungetheilten Geschäftsantheils auf jeden der durch die Theilung entstehenden Geschäftsantheile entfällt.

Im Gesellschaftsvertrage kann bestimmt werden, daß für die Veräußerung von Theilen eines Geschäftsantheils an andere Gesellschafter, sowie für die Theilung von Geschäftsantheilen verstorbener Gesellschafter unter deren Erben eine Genehmigung der Gesellschaft nicht erforderlich ist.

Die Bestimmungen in § 5 Absatz 1 und 3 über den Betrag der Stammeinlagen finden bei der Theilung von Geschäftsantheilen entsprechende Anwendung.

Eine gleichzeitige Uebertragung mehrerer Theile von Geschäftsantheilen eines Gesellschafters an denselben Erwerber ist unzulässig.

Außer dem Falle der Veräußerung und Vererbung findet eine Theilung von Geschäftsantheilen nicht statt. Sie kann im Gesellschaftsvertrage auch für diese Fälle ausgeschlossen werden.

Entw. I u. II, Komm., Rtg. § 17. Entw. I S. 64, II S. 51. Komm.Ber. S. 6. A.G. Art. 207 Abs. 3. [H.B. § 179 Abs. 3].

1. Theilbarkeit des Geschäftsantheils.

Die Zulassung der Theilbarkeit des Geschäftsantheils wird wie folgt begründet (Entw. I S. 64, II S. 51): „Der Grundsatz der Untheilbarkeit der Antheilsrechte, welcher für die Aktiengesellschaften und die Kommanditgesellschaften auf Aktien anerkannt ist, läßt sich bei der Gesellschaft mit beschränkter Haftung nicht durchführen, denn bei der prinzipiellen Beschränkung der Betheiligung auf einen Geschäftsantheil und der hierdurch bedingten Höhe und Verschiedenheit der einzelnen Antheile wird eine Veräußerung derselben unter Umständen nur bei einer Theilung ausführbar sein. Wo solche Rücksichten nicht bestehen, mag die Theilung durch den Gesellschaftsvertrag ausgeschlossen werden (Abs. 6); das Gesetz selbst kann nicht von der Untheilbarkeit ausgehen." Durch die Zulassung der Theilbarkeit der Geschäftsantheile kann ein der Aktiengesellschaft ähnliches Verhältniß geschaffen werden (vgl. § 5 Anm. 3). Für die Veräußerung von Theilen eines Geschäftsantheils sind folgende Fälle zu unterscheiden:

a) Für die Veräußerung an Nichtgesellschafter ist stets die Genehmigung der Gesellschaft erforderlich; ein Verbot dieser Veräußerung im Gesellschaftsvertrage ist zulässig, auch kann sich die Gesellschaft das Vorkaufsrecht vorbehalten. Eine vertragsmäßig übernommene Verpflichtung des Gesellschafters zur Abtretung eines Theils des Geschäftsantheils ist ungiltig, wenn die Gesellschaft die Genehmigung nicht ertheilt (R.G.Urtheil vom 18. April 1896, mitgetheilt im Handelsgesellschafter 1896 S. 13).

b) Für die Veräußerung von Theilen an Gesellschafter oder die Theilung von Geschäftsantheilen verstorbener Gesellschafter unter die Erben kann der Gesellschaftsvertrag die Genehmigung der Gesellschaft beseitigen; fehlt eine solche Bestimmung, so ist auch in diesen Fällen die Genehmigung der Gesellschaft erforderlich. Hergenhahn S. 32 scheint dies nicht auf die Theilung unter den Erben zu beziehen, dem steht aber der Wortlaut des Abs. 3 entgegen: „im Gesellschaftsvertrage kann bestimmt werden, daß . . . für die Theilung von Geschäftsantheilen verstorbener Gesellschafter unter deren Erben eine Genehmigung der Gesellschaft nicht erforderlich ist". Es ist freilich nicht zu verkennen, daß dies bei der Nachlaßregulirung zu Schwierigkeiten führen kann. Der Gesetzgeber hat aber absichtlich gehandelt, er wollte der Gesellschaft die Möglichkeit bieten, eine Vermehrung der Gesellschafter zu verhindern (Entw. I S. 65). Der Gesellschaftsvertrag kann auch für die Fälle zu b die Veräußerung ausschließen.

Für den Fall der Nicht-Theilbarkeit vgl. § 18.

2. Gegenstand der Veräußerung.

Der Gegenstand ist genau zu bestimmen, er besteht in einem Theile der übernommenen Stammeinlage (Abs. 2). Der übernommene Theil bildet eine neue selbstständige Stammeinlage mit besonderen Rechten und Pflichten, der Erwerber des Theils übernimmt den entsprechenden Theil der mit der ganzen Stammeinlage verbundenen Rechte und Pflichten (die entsprechende Mitgliederbetheiligung). Für den Betrag des Theils gelten danach auch die Bestimmungen in § 5 Abs. 1 und 3; es darf also der Theil nicht weniger als 500 M. betragen und er muß in Mark durch hundert theilbar sein. Die Frage: inwieweit „noch andere Verpflichtungen" (§ 3 Abs. 2) übergehen, ist ebenso wie bei der Veräußerung des ganzen Geschäftsantheils zu beantworten (§ 15 Anm. 2).

3. Veräußerung.

Es ist in § 17 sowohl an die freiwillige wie an die im Wege der Zwangsvollstreckung erfolgende Veräußerung gedacht (Entw. I S. 65, § 15 Anm. 1 u. 8). Auch für die Theilung des Geschäftsantheils unter Mitberechtigten zum Zweck der Auseinandersetzung kommen die §§ 15 bis 17 zur Anwendung (vgl. Entw. I S. 66, II S. 53). Die Theilung darf nur zu dem Zweck der Veräußerung wie im Falle der Vererbung unter den Erben erfolgen. „Eine Theilung, die ein Gesellschafter nur für sich selbst, also gewissermaßen zur Herstellung von Geschäftsantheilen auf Vorrath vornimmt, ist nicht gestattet" (Entw. I S. 65, II S. 52). Deswegen muß in der Genehmigung der Gesellschaft die Person des Erwerbers benannt werden. Verboten ist auch die gleichzeitige Veräußerung mehrerer Theile an denselben Erwerber (Abs. 5). Zulässig ist dagegen „die successive Uebertragung mehrerer Theile, wie auch die gleichzeitige Uebertragung eines ganzen Geschäftsantheils in Verbindung mit dem Theile eines andern an denselben Erwerber" (Entw. I S. 65, II S. 52). Mit der Veräußerung des Theils eines Geschäftsantheils endigt entsprechend die Mitgliederbetheiligung des Veräußerers, und es tritt an seine Stelle der Erwerber (§ 15 Anm. 2), der Gesellschaft gegenüber gilt der Erwerb jedoch erst mit der Anmeldung (§ 16).

4. Ueber die Form der Veräußerung

ist hier keine Bestimmung getroffen. Der Kommissionsbericht sagt mit Recht: „Zur Abtretung von Theilen eines Geschäftsantheils ist ein in gerichtlicher oder notarieller Form abgeschlossener Vertrag nach der auch in diesem Falle maßgebenden Bestimmung des § 15 Abs. 3 erforderlich (Komm.Ber. S. 7). Die Angabe des Rechtsgrundes ist nicht erforderlich.

5. Genehmigung der Gesellschaft.

Die Gesellschaft wird durch die Geschäftsführer vertreten, und da es sich hier um eine nach außen hin — die einzelnen Gesellschafter gelten der Gesellschaft gegenüber als Dritte — vorzunehmende Aeußerung handelt, haben die Geschäftsführer in ordnungsmäßiger Zeichnung die Genehmigung zu ertheilen. Der Gesellschaft gegenüber gelten § 47 [46] Z. 4, § 46 [45] Abs. 2, so daß die Theilung der Bestimmung der Gesellschafter unterliegt, falls nicht der Gesellschaftsvertrag etwas Anderes bestimmt (vgl. die Anm. 1 angezogene Entscheidung des Reichsgerichts); so könnten z. B., wo ein Aufsichtsrath besteht, die Geschäftsführer an dessen Genehmigung gebunden werden;

nach außen hat aber eine solche Einschränkung keine Rechtswirkung (§ 37). Eine Veräußerung an eine andere als die in der Genehmigung genannte Person ist ungültig. Der Abs. 3 ist erst durch die Reichstagskommission eingeschoben, Theilung unter die Erben gilt als Veräußerung (vgl. oben Anm. 3), als Erben gelten auch im Sinne des § 17 Legatare.

§ 18.

Steht ein Geschäftsantheil mehreren Mitberechtigten ungetheilt zu, so können sie die Rechte aus demselben nur gemeinschaftlich ausüben.

Für die auf den Geschäftsantheil zu bewirkenden Leistungen haften sie der Gesellschaft solidarisch.

Rechtshandlungen, welche die Gesellschaft gegenüber dem Inhaber des Antheils vorzunehmen hat, sind, sofern nicht ein gemeinsamer Vertreter der Mitberechtigten vorhanden ist, wirksam, wenn sie auch nur gegenüber einem Mitberechtigten vorgenommen werden. Gegenüber mehreren Erben eines Gesellschafters findet diese Bestimmung nur in Bezug auf Rechtshandlungen Anwendung, welche nach Ablauf eines Monats seit dem Anfalle der Erbschaft vorgenommen werden.

Entw. I u. II. Komm., Rtg. § 18. Entw. I S. 66, II S. 52. G.G. § 75 [77].

1. Mitberechtigte.

Der regelmäßige Fall wird der sein, daß der Geschäftsantheil auf mehrere Erben übergegangen ist, doch ist es auch nicht ausgeschlossen, daß die Stammeinlage von mehreren Personen übernommen ist. Für den Vertreter genügt schriftliche Vollmacht.

2. Solidarische Haftung.

Die Gesellschaft hat ihre Rechte gegen die Mitberechtigten nicht antheilsweise geltend zu machen, sondern kann einen jeden in solidum in Anspruch nehmen. Bei Erben gilt dies aber nur bis zur Höhe des auf sie gekommenen Nachlasses, solange nicht eine persönliche Haftung des Erben für die Verbindlichkeiten des Erblassers vorhanden ist (vgl. Neukamp S. 46). Die Theilung des Geschäftsantheils unter die Erben gilt als Veräußerung und erfolgt nach Maßgabe der §§ 15—17, insbesondere also gilt dieselbe der Gesellschaft gegenüber erst mit der Anmeldung (§ 16, vgl. § 17 Anm. 2 und 5).

3. Leistungen.

Das Gesetz schreibt die solidarische Haft für die *auf den Geschäftsantheil* zu bewirkenden Leistungen vor, das sind die aus der Uebernahme der Stammeinlage sich ergebenden Verpflichtungen.

Ob hierzu auch die neben den Einzahlungen nach dem Gesellschaftsvertrage zu leistenden besonderen Verpflichtungen (§ 3 Abs. 2) gehören, hängt von dem Gesellschaftsvertrage ab (§ 15 Anm. 2). Zu der „Leistung" gehört auch die „Sacheinlage" und die vertragsmäßig übernommene Ueberlassung eines Vermögensgegenstandes (§ 5 Abs. 4).

4. Antheil.

Der Ausdruck „Antheil" im 3. Absatz müßte gleichlautend mit Abs. 1 und 2 durch „Geschäftsantheil" ersetzt werden. Im Regierungs-Entwurf fand sich auch im Absatz 2 das Wort „Antheil", daselbst hat es die Reichstagskommission in „Geschäftsantheil" umgeändert.

5. Geltendmachung von Rechtshandlungen.

Zu den Rechtshandlungen gehört insbesondere die Zustellung der Klage. Für die Erben ist eine Frist gesetzt, um denselben die Bestellung eines Stellvertreters zu ermöglichen (vgl. Förtsch S. 49) — [B.G.B. § 1942], der Anfall tritt kraft Gesetzes ein.

§ 19.

Die Einzahlungen auf die Stammeinlagen sind nach Verhältniß der letzteren zu leisten.

Die Stammeinlagen können den Gesellschaftern außer dem Falle einer Herabsetzung des Stammkapitals weder erlassen noch gestundet werden. Eine Aufrechnung können die Gesellschafter nicht geltend machen; ebensowenig findet an dem Gegenstande einer nicht in Geld zu leistenden Einlage wegen Forderungen, welche sich nicht auf den Gegenstand beziehen, ein Zurückbehaltungsrecht statt.

Eine Leistung auf die Stammeinlage, welche nicht in Geld besteht oder welche durch Aufrechnung einer für die Ueberlassung von Vermögensgegenständen zu gewährenden Vergütung bewirkt wird, befreit den Gesellschafter von seiner Verpflichtung nur, soweit sie in Ausführung einer nach § 5 Absatz 4 getroffenen Bestimmung erfolgt.

Entw. I u. II, Komm., Rtg. § 19. Entw. I S. 66, II S. 53. A.G. Art. 219. [H.B. § 221]. G.G. § 22.

1. Einzahlungen nach Verhältniß der Stammeinlage.

„Daß die Gesellschafter nur nach Verhältniß der übernommenen Stammeinlagen zu Einzahlungen auf dieselbe herangezogen werden dürfen, entspricht dem Gemeinschaftsverhältniß, in welchem die Gesellschafter stehen. Einzelne von ihnen allein herauszugreifen und andere zunächst von Einzahlungen frei zu lassen, kann nicht gestattet sein" (Entw. I S. 66, II S. 53). Gesellschafter, die bereits die Stammeinlage freiwillig voll eingezahlt haben, können zu weiteren Einzahlungen selbstverständlich nicht angehalten werden, dadurch kann in der Praxis der Fall eintreten, daß der Beschluß auf Leistung der Einzahlungen nur einzelne Gesellschafter trifft, andere nicht; im Uebrigen aber muß die Einzahlung alle Gesellschafter gleichmäßig treffen, (Hergenhahn läßt S. 36 andere Disponirung durch den Gesellschaftsvertrag zu und läßt S. 109 spätere Abänderung unter § 54 [53] Abs. 3 fallen), wenn z. B. a) 10 Gesellschafter die Stammeinlage voll, b) 5 Gesellschafter mit 50 %, c) 4 Gesellschafter mit 25 % eingezahlt haben und es werden 10 % eingefordert, so haben die Gesellschafter zu b und c 10 % einzuzahlen, für die Einforderung können nur die aus den Stammeinlagen sich ergebenden Verhältniß-Ziffern zu Grunde gelegt werden. Die Einforderung von Einzahlungen auf die Geschäftsantheile erfordert im Zweifel eines Beschlusses der Gesellschafter (§ 47 [46] Z. 2, § 46 [45] Abs. 2). Dieselbe kann in das Ermessen der Geschäftsführer gestellt werden, es kann auch im Gesellschaftsvertrage der Zeitpunkt bestimmt werden, zu welchem weitere Einzahlungen zu erfolgen haben vgl. Birkenbihl S. 126. Vorbehalte bei der Uebernahme der Stammeinlagen sind wirkungslos (vgl. § 2 Anm. 2, § 5 Anm. 8); in der Begründung I S. 68, II S. 54 heißt es, daß wenn aus dem Verhalten kein Verzicht zu entnehmen ist, die Gesellschafter nach § 24 für Deckung zu sorgen hätten, da die Eintragung kein neues Recht schafft. Voraussetzung ist natürlich, daß die Eintragung entgegen dem Gesetze erfolgt ist. Ebenso Hergenhahn S. 37, Birkenbihl S. 124, dagegen macht Förtsch S. 52 darauf aufmerksam, daß § 24 die Bedeutung verlieren würde, wenn derselbe Vorbehalt allen Gesellschaftern gewährt ist, solche Abmachungen müßten vielmehr der Gesellschaft gegenüber als nicht geschrieben gelten. Dieser Auffassung wird zuzustimmen sein und es wird der Grundsatz anzunehmen sein, den das R.G. für die Einwendung des Irrthums bei der Zeichnung von Aktien aufgestellt hat. Es heißt in dem Urtheil vom 3. Januar 1883 (R.G. Bd. 9 S. 38): „Es kann dahin gestellt bleiben, welche Wirkung im Rechtsverkehr im Allgemeinen die Differenz zwischen Willen und Erklärung dem ersteren gegenüber der letzteren beizumessen ist, der Satz von der Geltung des wahren Willens entgegen der Erklärung erscheint jedenfalls auf dem Gebiete solcher Erklärungen, welche dazu bestimmt sind, über den Kreis derjenigen, welchen zunächst erklärt wird, hinaus Dritten das Vorhandensein des erklärten Verhältnisses kundzugeben und mit dieser Kundgebung auf ihre Entschließung zu wirken, wie Ermächtigungs- und zur öffentlichen Kenntniß bestimmte Betheiligungserklärungen, in Beziehung auf die Dritten nur in äußerst beschränkten Grenzen anwendbar." Ebenso auch R.G. Bd. 28 S. 77. Für die Uebernahme von Stammeinlagen wird man den gleichen Grundsatz ganz gewiß anwenden können und er ist dann zu verallgemeinern auf jeden Vorbehalt, selbst auf den Fall, daß der Gesellschafter durch betrügerische Vorspiegelungen zum Beitritt verlockt ist. Auf Kosten Dritter kann er sich den übernommenen Verpflichtungen nicht entziehen. Wollte man dem Vorbehalt u. s. w. bei Uebernahme der Stammeinlagen nach erfolgter Eintragung in das Register die Wirkung beilegen, daß der Gesellschafter frei wird, so käme man dahin, daß die Gesellschaftsordnung eine wesentlich richtige Bestimmung enthält (§ 3 Z. 4) und dann würden §§ 75a ff. [75] anzuwenden sein (d. h. nach deren Inkrafttreten), die Aushilfe mit der Anwendung des § 24 würde nach diesem Zeitpunkt versagen.

Dem Erwerber eines Geschäftsantheils sind, „gegenüber der Einzahlungsklage Einreden, die aus dem dem Erwerbe zu Grunde liegenden Rechtsgeschäft hergeleitet und durch § 19 des Gesetzes nicht ausgeschlossen sind", nicht zu versagen, Urtheil des R.G. vom 7. Juli 1897 mitgetheilt in Handelsgesellschafter 1897 S. 40.

2. Verbot der Stundung.

Das Verbot der Stundung ist von der Reichstagskommission eingefügt, mit demselben ist einer Umgehung des Verbots des Erlasses vorgebeugt.

3. Erlaß.

Der Erlaß setzt eine ausdrückliche Willenserklärung der Geschäftsführer voraus, doch brauchte derselbe unter Anwendung des Art. 317 H.G.B. [nach dem B.G.B. gilt für alle Rechtsgeschäfte, abgesehen von bestimmten Ausnahmen der Grundsatz der Formfreiheit, vgl. auch §§ 350, 351 H.B.] nicht schriftlich zu erfolgen. Die Ungiltigkeit hätte für die Gläubiger die Folge, daß sie trotz Erlasses sich im Wege der Zwangsvollstreckung an die Rückstände halten können (§ 13 Anm. 2). Solange die Stammeinlage nicht voll eingezahlt ist, können freiwillig geleistete Einzahlungen bei der Einforderung von Einzahlungen nicht in Anrechnung gebracht werden, es sei denn, bei der Leistung sei ein besonderes Abkommen in dieser Beziehung getroffen. Bei „Herabsetzung" des Stammkapitals (§ 59 [58]), die eine entsprechende Verminderung der Stammeinlage zur Folge hat, kann eigentlich von „Erlaß" und „Stundung" der Einzahlungen überhaupt nicht gesprochen werden, da über die Stammeinlage hinaus auf dieselbe keine Einzahlung geleistet werden kann. Ueber Zurückzahlungen — im Gegensatz zu Erlaß — vgl. § 30.

4. Aufrechnung, Retention.

Während jeder Erlaß- und Stundungs-Vertrag für ungültig erklärt wird, wird in Betreff der Aufrechnung und Retention nur den Gesellschaftern das Recht abgesprochen, ein solches Recht geltend zu machen; es kann hiernach fraglich erscheinen, ob die vertragsmäßige Einräumung der Aufrechnung durch die Geschäftsführer, als Vertreter der Gesellschaft, zulässig ist. Staub S. 429 (ähnlich Ring S. 431) für die analoge Vorschrift in Art. 184c A.G. hält solche Kompensationsvereinbarungen für unzulässig, die im letzten Ende darauf hinauslaufen, den Gesellschafter von den Folgen eines Zahlungsverzugs im Voraus zu befreien; es wird die Zulässigkeit Thatfrage sein, sie erfolgt dann auf die Verantwortung der Geschäftsführer hin (Gareis-Fuchsberger S. 499, Birkenbihl S. 123 vgl. R.G. Bd. 6 S. 69 ff., Bd. 18 S. 1 ff.). Eine Kompensationsvereinbarung ist allein mit fälligen Forderungen statthaft, die nur das Hin- und Herzahlen vermeidet.

5. Leistungen auf die Stammeinlage, die nicht in Geld bestehen — Hingabe an Zahlungsstatt.

Die Bestimmung des Abs. 3 sichert die Beobachtung des § 5 Abs. 4, nach dem etwaige Abreden der bezeichneten Art im Gesellschaftsvertrage festgesetzt sein müssen. Es ist die Leistung und Annahme von Erfüllungssurrogaten auf die Stammeinlage in weiterem Umfange verboten als bei der Aktiengesellschaft Art. 175 b, 209 b [H.B. § 186], bei welcher nicht ausgeschlossen ist, „daß bei späterer Einziehung von Aktienbeträgen die verantwortlichen Organe der Gesellschaft sich zu einer Annahme an Zahlungsstatt oder zu einer Aufrechnung mit Gegenforderungen eines Gesellschafters bestimmen lassen; bei der Aktiengesellschaft kommen aber die ergänzenden Bestimmungen über die sogenannte Nachgründung in Betracht . . . (Art. 175 e, 209 h) [H.B. §§ 192, 193]. Bestimmungen dieses Inhalts sind für die Gesellschaft mit beschränkter Haftung nicht angängig. . . . Es läßt sich zwar nicht verkennen, daß hierdurch in einzelnen Fällen auch Transaktionen verhindert oder erschwert werden können, welche eine Schädigung der Gesellschaft und ihrer Gläubiger nicht enthalten . . . Gegenüber der Nothwendigkeit, die ungeschmälerte Aufbringung des Stammkapitals zu sichern, ist jedoch hierauf kein entscheidendes Gewicht zu legen (Entw. I S. 67, II S. 53). Um eine Hingabe an Zahlungsstatt rechtsgültig vorzunehmen, würde eine nachträgliche Festsetzung in Gemäßheit des § 5 Abs. 4 nothwendig sein, dieselbe könnte nur im Wege der Aenderung des Gesellschaftsvertrages erfolgen, insbesondere wäre Eintragung in das Handelsregister und Veröffentlichung erforderlich.

§ 20.

Ein Gesellschafter, welcher den auf die Stammeinlage eingeforderten Betrag nicht zur rechten Zeit einzahlt, ist zur Entrichtung von Verzugszinsen von Rechtswegen verpflichtet.

Im Gesellschaftsvertrage können für den Fall der verzögerten Einzahlung Konventionalstrafen ohne Rücksicht auf die sonst stattfindenden gesetzlichen Einschränkungen festgesetzt werden.

Entw. I u. II, Komm., Rtg. § 20. [Art. 11 Nr. VIII des Einführungsgesetzes zum H.B. vom 10. Mai 1897.] Entw. I S. 68, II S. 54. A.G. Art. 219, 184 Abs. 1 u. 2 [H.B. § 218].

Durch das Einführungsgesetz zum H.B. Art. 11 VIII ist für die vom 1. Januar 1900 gültige Fassung bestimmt:

„Der § 20 Abs. 2 fällt weg."

[Die Vorschrift dieses Abs. 2 wird durch §§ 339 ff. B.G.B. entbehrlich.]

1. Eingeforderter Betrag.

Die Bestimmungen in §§ 20 ff. beziehen sich nur auf zu leistende Baarzahlung und ihr gleichstehende Leistung, da durchweg nur von „Zahlung" die Rede ist. Sacheinlagen müssen bereits im Besitze der Gesellschaft sich befinden. Ueber die Form der Einforderung bestimmt das Gesetz nichts. Enthält der Gesellschaftsvertrag eine Vorschrift über die Form der Bekanntmachungen der Gesellschaft, so gilt diese auch für die Einforderung der Einzahlungen, andernfalls ist eine Form zu wählen, „welche nach allgemeinen Grundsätzen geeignet, die Zahlungspflichtigen in Verzug zu setzen" (Entw. I S. 69, II S. 54). Die Einforderung selbst ergeht durch die Geschäftsführer und ist auch dann erforderlich, wenn im Gesellschaftsvertrage bestimmte Zahlungstermine vorgeschrieben sind (a. A. Neukamp S. 50).

2. Verzugszinsen von Rechtswegen.

Für die Höhe von Verzugszinsen ist Art. 287 H.G.B. [§ 352 H.B.] nicht maßgebend, da die Uebernahme der Stammeinlage kein Handelsgeschäft und das Gesetz nicht ein Theil des Handelsgesetzbuchs ist (Simon in Wochenschrift für Aktienrecht 1892 S. 225, a. A. Hergenhahn S. 28, Birkenbihl S. 127, Neukamp S. 48). Von Rechtswegen, d. h. ohne besondere Mahnung. Für den Zeitpunkt der Einforderung ist entweder der Gesellschaftsvertrag entscheidend, oder der Beschluß der Gesellschafter (§ 47 [46] Z. 2), falls nicht im Gesellschaftsvertrag einem Organ der Gesellschaft die Einforderung überlassen ist. Voraussetzung des Laufs der Verzugszinsen ist rechtmäßige Einforderung der Einlagen. Im Falle der Geschäftsantheil veräußert ist, haftet für die rückständigen Verzugszinsen (und Konventionalstrafen) nur der zeitige Gesellschafter (vgl. § 22 Abs. 1).

3. Konventionalstrafen (Art. 284 H.G.B. [§§ 339 ff. B.G.B.]).

Die Konventionalstrafe muß im Gesellschaftsvertrage festgesetzt sein. Eine spätere Aufnahme erfordert die Zustimmung sämmtlicher Gesellschafter (§ 54 [53] Abs. 3). Der Gesellschaftsvertrag kann auch Konventionalstrafen neben Verzugszinsen vorsehen, ist dies nicht der Fall, so absorbirt die Konventionalstrafe die Verzugszinsen (a. A. Ring S. 418, Birkenbihl S. 129, Gareis-Fuchsberger S. 495), nicht aber Prozeßzinsen, R.G. Bd. 9 S. 44, ebenso Hergenhahn S. 38, Neukamp S. 49, Makower S. 241, Staub S. 424. Ein besonderer Schadensersatzanspruch über die Konventionalstrafe hinaus kann mangels einer diesbezüglichen Bestimmung des Gesellschaftsvertrags nicht geltend gemacht werden, da die Konventionalstrafe den aus der Nichterfüllung entstehenden Schaden im Voraus fixirt.

4. Behandlung der geleisteten Verzugszinsen und Konventionalstrafen.

Dieselben gelten für die Bilanz als Reingewinn, werden jedoch zweckmäßigerweise, da sie keine aus dem Geschäftsbetrieb herrührenden Einnahmen bilden, dem Reservefonds überwiesen und nicht als Dividende vertheilt werden.

§ 21.

Im Falle verzögerter Einzahlung kann an den säumigen Gesellschafter eine erneute Aufforderung zur Zahlung binnen einer zu bestimmenden Nachfrist unter Androhung seines Ausschlusses mit dem Geschäftsantheil, auf welchen die Zahlung zu erfolgen hat, erlassen werden. Die Aufforderung erfolgt mittelst eingeschriebenen Briefes. Die Nachfrist muß mindestens einen Monat betragen.

Nach fruchtlosem Ablauf der Frist ist der säumige Gesellschafter seines Geschäftsantheils und der geleisteten Theilzahlungen zu Gunsten der Gesellschaft verlustig zu erklären. Die Erklärung erfolgt mittelst eingeschriebenen Briefes.

Wegen des Ausfalls, welchen die Gesellschaft an dem rückständigen Betrage oder den später auf den Geschäftsantheil eingeforderten Beträgen der Stammeinlage erleidet, bleibt ihr der ausgeschlossene Gesellschafter verhaftet.

Entw. I u. II, Komm., Rtg. § 21. Entw. I S. 69, II S. 55. A.G. Art. 219, 184 a. [H.B. § 219.]

1. **Kaduzirung.**

Die Kaduzirung richtet sich gegen den Geschäftsantheil, auf den die Zahlung rückständig ist. Besitzt der Gesellschafter neben einem vollgezahlten Geschäftsantheil einen anderen, auf den die Zahlung gefordert wird, die er nicht leisten kann, so wird auch nur dieser Geschäftsantheil verwirkt, allerdings wird in solchem Falle die Gesellschaft zunächst den Versuch machen, durch Zwangsvollstreckung in den vollen Geschäftsantheil den rückständigen Beitrag zu erhalten.

Die Verwirkung des Geschäftsantheils (§§ 21—23) als eventuelle Folge der Nichtzahlung der Stammeinlage ist aus dem Aktienrecht entnommen. Die Zulassung der Kaduzirung ist nothwendig, um Ausfälle am Stammkapital zu verhüten und um bei Veräußerung des Geschäftsantheils vor vollständiger Einzahlung der Stammeinlage die Haftung des Veräußerers für den Rest der Stammeinlage zu ermöglichen, was „nur in der Weise angängig ist, daß die Haftung des Veräußerers zwar fortbesteht, aber nur mit der Maßgabe geltend gemacht werden kann, daß zugleich der Geschäftsantheil, auf welchen die Stammeinlage zu leisten ist, dem in Anspruch genommenen früheren Gesellschafter wieder zur Verfügung gestellt wird; dies setzt aber die vorgängige Ausschließung des säumigen Rechtsnachfolgers voraus" (Entw. I S. 69, II S. 58). Das Verfahren ist dem Aktiengesetz (Art. 184 a, 184 b, [H.B. § 219]), entnommen mit der Abweichung, daß nicht wie bei der Aktiengesellschaft die Kaduzirung stets gegenüber sämmtlichen Gesellschaftern erfolgen muß, welche mit den Einzahlungen rückständig sind, sondern daß die Gesellschaft befugt ist, von dem

Mittel der Kaduzirung gegenüber dem einen oder anderen Gesellschafter Gebrauch zu machen (vgl. Entw. I S. 69, II S. 55). Ueber die Kaduzirung haben die Geschäftsführer zu entscheiden. Das Verfahren kann eingeleitet werden, es ist nicht obligatorisch. Birkenbihl S. 130 nimmt an, daß die Geschäftsführer an einen Beschluß der Gesellschafter gebunden sind, dem steht § 37 des Gesetzes entgegen, wenn nicht der Gesellschaftsvertrag diese Bindung vorsieht.

2. **Nachfrist.**

Die Frist berechnet sich nach dem Kalendermonat, der Gesellschaftsvertrag kann die Frist verlängern.

3. **Aufforderung** vgl. § 20 Anm. 1.

Ob der eingeschriebene Brief an die Adresse gekommen ist, ist nicht von Bedeutung, ist der zeitige Aufenthalt unbekannt, so ist der Brief an die letzte bekannte Adresse zu richten. Sache des Gesellschafters ist es dafür zu sorgen, daß die Gesellschaft seine Wohnung kennt.

4. **Verlustigerklärung.**

Nach eingeleitetem Verfahren muß („ist") der Gesellschafter des Geschäftsantheils für verlustig erklärt werden. Die Erklärung wie das Verfahren geht gegen den angemeldeten Gesellschafter (§ 16 Abs. 1) und erstreckt sich dann auch ohne Weiteres auf den Erwerber (§ 16 Abs. 3, Entw. I S. 70, II S. 55). Der Verlust tritt ein mit der Aufgabe des eingeschriebenen Briefes, denn der Brief ist die Verfallserklärung, welche den Verlust zur Folge hat (wie bei Aktiengesellschaften die Bekanntmachung). Daß der Brief „eingeschrieben" zu senden ist, ist eine Ordnungsvorschrift, welche beobachtet werden muß, mit der Absendung des „eingeschriebenen" Briefes ist aber die Form erfüllt; es kommt daher für die Folgen des Kaduzirungsverfahrens auch nicht darauf an, daß der Brief an seine Adresse gekommen ist, auch die Gefahr der Sendung des Briefes trägt der Gesellschafter. Ebenso Neukamp S. 51, Birkenbihl S. 133 entscheidet sich für die Empfangnahme des Briefes als Zeitpunkt des Ausschlusses, dem ist entgegenzuhalten, daß dann der Ausschluß von Gesellschaftern mit unbekanntem Wohnsitz nicht erfolgen könnte. Der Geschäftsantheil fällt ohne Weiteres der Gesellschaft an (Ausnahme von § 33) und es muß die Gesellschaft nach Maßgabe des § 22 verfahren (vgl. auch § 22 Anm. 6). Der Ausgeschlossene hat kein Recht gegen Zahlung Uebertragung des Geschäftsantheils zu fordern, auch die Gesellschaft ist erst nach Maßgabe des § 23 berechtigt, den Geschäftsantheil an den Ausgeschlossenen zu verkaufen; der Gesellschaft steht jedoch auch noch in diesem Zeitpunkte das Recht zur Versteigerung zu, wenn auch der Ausgeschlossene sich zur Befriedigung erbietet (vgl. Ring S. 427).

5. **Ungültiger Ausschluß.**

Die Nichtbeobachtung der Formen, die Nichteinhaltung der Frist,

Mangel der materiellen Voraussetzungen haben die Ungültigkeit des Kaduzirungsverfahrens zur Folge; wird trotzdem die Kaduzirung erklärt, so hat dieselbe keine rechtliche Wirkung und kann sowohl von der Gesellschaft wie dem Gesellschafter angefochten werden (vgl. R.G. Bd. 9 S. 41 ff.), sind die Folgen der §§ 22, 23 eingetreten, so bleibt dem Ausgeschlossenen die Schadensersatzklage. Der Gesellschafter hat während des Verfahrens den Schutz durch Klage und einstweilige Verfügung (vgl. R.G. Bd. 27 S. 54). Der gutgläubige Erwerber des Geschäftsantheils aber bleibt nach allgemeinen Rechtsgrundsätzen im Besitze geschützt. Der ausgeschlossene Gesellschafter hat nur Anspruch auf Schadensersatz (vgl. R.G. a. a. O. S. 54, was für A.G. von dem Interimsschein gilt, trifft hier für den Geschäftsantheil zu).

6. Folgen des Ausschlusses.

Der Gesellschafter geht aller seiner Rechte verlustig, bleibt dagegen nach Maßgabe des Abs. 3 verhaftet. Ueber die Haftung für Nachschüsse vgl. § 28 Anm. 1.

7. Konkurs der Gesellschafter.

Das Verhältniß ist auch hier das gleiche wie bei der Aktiengesellschaft im Falle der Einforderung von Einzahlungen auf die Aktie. Es handelt sich um einen zweiseitigen Vertrag (vgl. § 3 Anm. 6, § 14 Anm. 1), dessen Erfüllung bei dem Konkursverwalter steht (R.K.O. § 15) [R.K.O. § 17]. Die Gesellschaft kann daher nicht tributarische Befriedigung wegen ihres Anspruchs auf Einzahlung der ausgeschriebenen Beträge fordern, sondern hat nur einen Anspruch auf Entschädigung wegen Nichterfüllung des Vertrags, d. h. auf den Ausfall nach Ausübung des Verkaufs- und Regreßrechts, wenn der Konkursverwalter nicht seinerseits den Vertrag erfüllt (vgl. R.G. Bd. 2 S. 264). Wird der Konkurs durch Zwangsvergleich beendet, so kann, wenn der Konkursverwalter den Mitgliedschaftsvertrag nicht erfüllt, auch nur nach Beendigung des Konkurses lediglich die Akkorddividende des Ausfalls gefordert werden (vgl. Ring S. 425).

§ 22.

Wegen des von dem ausgeschlossenen Gesellschafter nicht bezahlten Betrages der Stammeinlage ist der Gesellschaft der letzte und jeder frühere, bei der Gesellschaft angemeldete Rechtsvorgänger des Ausgeschlossenen verhaftet.

Ein früherer Rechtsvorgänger haftet nur, soweit die Zahlung von dessen Rechtsnachfolger nicht zu erlangen ist; dies ist bis zum Beweise des Gegentheils anzunehmen, wenn der letztere die Zahlung nicht bis zum Ablauf eines Monats geleistet hat, nachdem an ihn die Zahlungsaufforderung und an den Rechtsvorgänger die Benachrichtigung von derselben erfolgt ist.

Die Haftpflicht des Rechtsvorgängers ist auf die innerhalb der Frist von fünf Jahren auf die Stammeinlage eingeforderten Einzahlungen beschränkt. Die Frist beginnt mit dem Tage, an welchem der Uebergang des Geschäftsantheils auf den Rechtsnachfolger ordnungsmäßig angemeldet ist.

Der Rechtsvorgänger erwirbt gegen Zahlung des rückständigen Betrages den Geschäftsantheil des ausgeschlossenen Gesellschafters.

Entw. I u. II, Komm., Rtg. § 22. Entw. I S. 70, II S. 55. A.G. Art. 219, 184 b. [H.B. §§ 220, 221.]

1. Haftung des Rechtsvorgängers.

Die Haftung des Rechtsvorgängers ist wie bei der Aktiengesellschaft „eine subsidiäre und im Falle einer Mehrheit von Vorgängern zugleich eine successive" (Entw. I S. 70, II S. 55), dagegen im Falle des § 16 Abs. 3 eine prinzipale. Der Sprungregreß ist ausgeschlossen. Die Begründung der gleichlautenden Bestimmungen des Aktiengesetzes (Art. 184 b, [H.B. § 220]) trifft auch für § 22 zu: „Die prinzipale Haftung des zeitigen Aktionärs (Gesellschafters) . . . ist in sich begründet . . . Mit Recht wird angenommen, daß durch den Antrag auf Eintragung (Anmeldung) . . . sich zwischen dem Erwerber der Aktie (des Geschäftsantheils) und der Gesellschaft ein von dem ursprünglichen Zeichnungsvertrag (Uebernahmevertrag) unabhängiger Vertrag auf Grund des Statuts vollziehe. . . . Daß aber der Zeichner (Uebernehmer der Stammeinlage) und die Zwischenerwerber in Folge der Veräußerung nur noch subsidiarisch der Gesellschaft haftbar bleiben, rechtfertigt sich sowohl aus juristischen wie aus legislativen Gründen. Juristisch ist die Haftung . . . nicht als eine Verpflichtung aufzufassen, welche einem einseitigen Zahlungsversprechen entspringt, sie beruht vielmehr in der Voraussetzung, daß die Leistung der Berechtigung als Aktionär (Gesellschafter) entspricht . . . Willigt die Gesellschaft in die Uebertragung ein, oder muß die Einwilligung . . . vorausgesetzt werden, so entläßt die Gesellschaft . . . den bisherigen (Gesellschafter) aus dem Aktionärverbande (Gesellschafterverbande) und damit aus der prinzipalen Vollzahlungspflicht. . . . Einen Sprungregreß . . . zu gestatten . . . würde mit der entwickelten Auffassung der Subsidiarhaft nicht im Einklang stehen." Ein früherer Rechtsvorgänger kann also nur in Anspruch genommen werden, wenn die Zahlung von seinem Nachmanne nicht zu erlangen ist (Abs. 2). Die Beziehungen zwischen dem Ausgeschlossenen und dem Rechtsvorgänger werden durch das Verfahren nicht berührt.

2. Zahlung nicht zu erlangen.

Die Inanspruchnahme des Rechtsvorgängers setzt nicht voraus, daß gegen den Rechtsnachfolger die Klage durchgeführt ist, sondern es besteht die unwiderlegliche Vermuthung, daß der Ausgeschlossene zahlungsunfähig ist, und die widerlegliche, daß der Rechtsnachfolger zahlungsunfähig ist, wenn er nicht binnen eines Monats, nachdem an ihn die Zahlungsaufforderung ergangen ist, gezahlt hat. Erfolgt die Benachrichtigung von der Zahlungsaufforderung später als diese, so beginnt die Frist mit der Benachrichtigung, denn diese bezweckt, dem Vorgänger Zeit zu geben, seinen Nachfolger zur Zahlung anzuhalten. Aufforderung und Benachrichtigung sind an keine bestimmte Form gebunden, es genügt daher auch, wenn sie mündlich erfolgen. Will die Gesellschaft den Nachweis, daß Zahlung von dem späteren Gesellschafter nicht zu erhalten ist, selbst führen, so braucht sie weder denselben zuvor zur Zahlung aufzufordern, noch die Frist abzuwarten, kann vielmehr sofort sich an den Vormann halten (Begr. zum A.G. § 5 Bb). Theilzahlungen muß die Gesellschaft annehmen (vgl. A.G. Art. 184 b) [H.B. § 220].

3. Frist.

Für die Aktiengesellschaft besteht eine zweijährige Frist, dieselbe ist verlängert, um nicht die Veräußerung der Geschäftsantheile und Vollzahlung zu erleichtern (Entw. I S. 71, II S. 56). Sie beginnt mit der Anmeldung (§ 16). Nur angemeldete Zwischenbesitzer haften, vorausgesetzt, daß die Anmeldung zum Erwerb gegenüber der Gesellschaft nothwendig war (Neukamp S. 54).

Die Wirkung der Frist ist, daß der betreffende Rechtsvorgänger nur für die innerhalb der Frist eingeforderten Beträge haftet (Birkenbihl S. 138, Förtsch S. 58).

4. Umfang der Haftung.

Die Haftung erstreckt sich ausschließlich auf die auf die Stammeinlage eingeforderten Einzahlungen, nicht auf Verzugszinsen u. s. w. (§ 20), die Leistungen des § 3 Abs. 2. Erwirbt der Vorgänger den Geschäftsantheil, so übernimmt er die Verpflichtung zu späteren Einzahlungen als Gesellschafter (Birkenbihl S. 135).

5. Erwerb des Geschäftsantheils durch den Rechtsvorgänger.

Der Erwerb vollzieht sich durch die Zahlung, es bedarf weder besonderer Uebertragung noch einer Anmeldung. Auf den Willen des Zahlers kommt es nicht an, möglicherweise ist ihm der Erwerb gar nicht gelegen, wenn z. B. noch weitere Einforderungen in Aussicht stehen und er sich kurz vor Ablauf der Frist befindet. Erworben wird der Geschäftsantheil durch den Rechtsvorgänger von der Gesellschaft, da durch das Kaduzirungsverfahren der Geschäftsantheil an die Gesellschaft gefallen ist (§ 21 Anm. 4), a. A. Hergenhahn S. 41.

6. Rechte der Vormänner auf den Geschäftsantheil.

Wenn der Vormann die Kaduzirung und die erfolglose Aufforderung nachweist, so erlangt er einen Anspruch auf den Geschäftsantheil gegen Zahlung. Es muß ihm das Recht zustehen, sich seiner Verpflichtung gegenüber der Gesellschaft zu entledigen, da er sehr berechtigte Interessen daran haben kann.

7. Erschwernisse und Erleichterungen der Haftpflicht.

Die Bestimmungen sind zwingender Natur — für Aktiengesellschaften ist dies ausdrücklich ausgesprochen (A.G. Art. 184b Abs. 3) [H.B. § 221] — und dürfen daher durch den Gesellschaftsvertrag keine Abänderung erfahren.

§ 23.

Ist die Zahlung des rückständigen Betrages von Rechtsvorgängern nicht zu erlangen, so kann die Gesellschaft den Geschäftsantheil durch einen Makler oder zur Vornahme von Versteigerungen befugten Beamten öffentlich verkaufen lassen. Eine andere Art des Verkaufs ist nur mit Zustimmung des ausgeschlossenen Gesellschafters zulässig.

Entw. I u. II, Komm., Rtg. § 23. Art. 11 IX des Einführungsgesetzes zum H.B. vom 10. Mai 1897. Entw. I S. 71, II S. 56. A.G. Art. 184b Abs. 4. [H.B. § 220 Abs. 3.]

Vom 1. Januar 1900 an wird laut Einführungsgesetz zum H.B. Art. 11 IX der erste Satz des § 23 lauten:

„Ist die Zahlung des rückständigen Betrages vom Rechtsvorgänger nicht zu erlangen, so kann die Gesellschaft den Geschäftsantheil im Wege öffentlicher Versteigerung verkaufen lassen."

[In der Denkschrift S. 316 heißt es: „Da es amtliche Handelsmakler in dem bisherigen Sinne nicht mehr geben wird, der Verkauf durch einen beliebigen Privatmakler aber nicht die erforderliche Gewähr bietet, so beschränken sich die neuen §§ 23 und 27 auf die Bestimmung, daß der Verkauf im Wege öffentlicher Versteigerung zu erfolgen hat. Das Weitere ergiebt sich dann aus dem § 383 B.G.B."]

Verkauf.

Der Verkauf ist „eine nothwendige Ergänzung des Ausschließungsrechts. . . . Der Verkauf ist nur gestattet, wenn Rechtsvorgänger des Ausgeschlossenen entweder nicht vorhanden sind oder die Einlösung des Antheils durch dieselben nicht zu erreichen ist" (Entw. I S. 71, II S. 56); „öffentlicher Verkauf" ist vorgeschrieben, da die Geschäftsantheile keinen Börsenpreis haben. Der Verkauf ist nicht obligatorisch. Die Geschäftsführer haben darüber zu entscheiden, ob er zweckmäßig ist oder die Gesellschaft den Geschäftsantheil behalten soll, § 33 findet keine Anwendung. Der Käufer übernimmt sämmtliche Verpflichtungen, welche aus der Uebernahme der Stammeinlage folgen und die sonst nach dem Gesellschaftsvertrage mit dem Geschäftsantheil verbunden sind. Insoweit durch den Verkauf Deckung nicht zu erreichen ist, tritt die Gesammthaftung nach § 24 ein. Außerdem bleibt der Ausgeschlossene verhaftet (§ 21 Abs. 3). D e r K ä u f e r w i r d R e c h t s n a c h f o l g e r d e s G e s e l l s c h a f t e r s (§ 21 Abs. 2), dieser wird sein Vormann, und die Nachmänner sind damit freigeworden, was besonders für spätere Einforderungen wichtig ist.

Mit Hergenhahn S. 40, Förtsch S. 59, Birkenbihl S. 141 ist

anzunehmen, daß die Haftung des Ausgeschlossenen nach § 21 Abs. 3 und der übrigen Gesellschafter nach § 24 bestehen bleibt, auch wenn die Gesellschaft von dem Verkaufsrecht keinen Gebrauch macht, da andernfalls die Gesellschafter es in der Hand hätten, die Kreditbasis zu schmälern; damit stimmt Entw. I S. 72, II S. 56 überein: „Die Deckungspflicht tritt ein, wenn . . . der Verkauf des Geschäftsantheils und die Inanspruchnahme des Ausgeschlossenen selbst ohne Erfolg versucht sind, oder von Anfang an als aussichtslos betrachtet werden müssen." Allerdings würde diese Aussichtslosigkeit des Verkaufs die Bedingung der Deckungspflicht sein (vgl. § 24 Anm. 1).

§ 24.

Soweit eine Stammeinlage weder von den Zahlungspflichtigen eingezogen, noch durch Verkauf des Geschäftsantheils gedeckt werden kann, haben die übrigen Gesellschafter den Fehlbetrag nach Verhältniß ihrer Geschäftsantheile aufzubringen. Beiträge, welche von einzelnen Gesellschaftern nicht zu erlangen sind, werden nach dem bezeichneten Verhältniß auf die übrigen vertheilt.

Entw. I u. II, Komm., Rtg. § 24. Entw. I S. 40 u. 71, II S. 32 u. 56.

1. Gesammthaftung der Gesellschafter.

Es fehlen die für die Aktiengesellschaften zur Sicherung des Grundkapitals gegebenen Vorschriften über den Gründungshergang, die Verantwortlichkeit verschiedener Organe, die Publizität der Einzelheiten der Gründung und der späteren Ergebnisse des Geschäftsbetriebes. „Dafür bedarf es im Interesse der Gläubiger eines Ersatzes. Er ist . . . dadurch geschaffen, daß den Gesellschaftern eine Gesammthaftung dahin auferlegt ist, daß das im Gesellschaftsvertrage bestimmte Stammkapital vollständig zur Einzahlung gelangt und daß auch nicht später eine Verminderung desselben durch unberechtigte Auszahlungen an die Gesellschafter stattfindet (§§ 24, 31)." (Entw. I S. 40, II S. 32.) Die Haftung ist eine subsidiäre, sie tritt ein, insoweit die Beträge in anderer Weise (§§ 22, 23) nicht zu erlangen sind oder diese Mittel „als aussichtslos betrachtet werden müssen", heißt es in der Begründung (Entw. I S. 72, II S. 56, vgl. § 23 Anm.). Die Voraussetzung der Haftung kann eintreten, auch ohne daß das Verfahren nach §§ 21—23 vorausgegangen, der Verkauf des Geschäftsantheils kann z. B. durch Zwangsvollstreckung erfolgt oder versucht sein (Förtsch S. 60, Birkenbihl S. 141, a. A. Hergenhahn S. 141, Neukamp S. 59), es muß der Weg der §§ 21 ff. aber als aussichtslos erschienen sein. Da hierüber stets Streit entstehen kann, wird sich die Befolgung des im Gesetze vorgeschriebenen Weges durchaus empfehlen. Die Haftung ist insoweit eine solidare, als die Beiträge, welche von einzelnen Gesellschaftern nicht zu erlangen sind, auf die übrigen vertheilt werden. Insoweit die Heranziehung Einzelner von vornherein aussichtslos erscheint, kommen sie bei der Vertheilung gar nicht in Betracht. Die unterlassene Zahlung hat nicht die Kaduzirung des Geschäftsantheils des beitragspflichtigen Gesellschafters zur Folge, da „die Nichtleistung eines Beitrages, welcher zur Deckung des Ausfalls an der Stammeinlage eines andern Gesellschafters nothwendig wird, nicht ohne Weiteres der Nichtzahlung der eigenen Stammeinlage gleichgestellt werden kann" (Entw. I S. 73, II S. 57); der Geschäftsantheil des beitragspflichtigen Gesellschafters dient aber der Gesellschaft als Befriedigungsobjekt wegen des von ihm zu leistenden Beitrages. Der Beitrag gilt daher nur als „nicht zu erlangen" und ist von den übrigen Gesellschaftern aufzubringen, wenn die Zwangsvollstreckung in den Geschäftsantheil (vgl. § 15 Anm. 9) fruchtlos ausgefallen ist, oder sie von vornherein als aussichtslos angesehen werden mußte (Entw. I S. 73, II S. 57, Makower S. 304, Birkenbihl S. 142 u. A.), der Beweis hierfür liegt der Gesellschaft ob.

2. Verhältniß der Geschäftsantheile.

Ein anderes Vertheilungsverhältniß darf auch im Gesellschaftsvertrage nicht eingeführt werden, maßgebend sind daher die Beträge der übernommenen Stammeinlagen (§ 14).

3. Umfang der Haftung.

Die Haftung bezieht sich nur auf die Baarzahlungen, nicht auch auf die Leistung von Sacheinlagen (§ 20 Anm. 1); sie erstreckt sich auch z. B. nicht auf die Zinsenkosten, da nur das Stammkapital gesichert sein soll. Für die Haftung gilt nicht die Beschränkung des § 31 Abs. 3. Ist der Geschäftsantheil im Besitze der Gesellschaft geblieben, und es werden neue Einforderungen beschlossen, so tritt für dieselbe die Deckungspflicht aus § 24 ein. Durch diese Deckung erlöschen die Ansprüche der Gesellschaft gegen den Ausgeschlossenen und dessen Rechtsvorgänger (§ 21 Abs. 3, § 22), sie bleiben dagegen den Gesellschaftern entsprechend verhaftet [B.G.B. § 426]. Der Geschäftsantheil bleibt im Eigenthum der Gesellschaft auch nach Deckung aus § 24, die Gesellschafter erwerben durch die Zahlung keinen Anspruch auf denselben, „denn," heißt es in der Begründung Entw. I S. 72, II S. 57, „die Mitgesellschafter haben schon in dem Wegfall des Ausgeschlossenen, welcher nun nicht mehr am Gewinn und Vermögen der Gesellschaft betheiligt ist, ein Aequivalent für ihre Mehraufwendung". Dies trifft aber nur unter gewissem Voraussetzen zu, da nach dem Gesetze nur im Zweifel die Vertheilung des Gewinnes und des Vermögens nach Verhältniß der Geschäftsantheile erfolgt, und der Geschäftsantheil des Ausgeschlossenen jedenfalls für die Gewinnvertheilung noch vorhanden ist. Entscheidend ist dagegen (Entw. ebenda), daß „die Mitgesellschafter des Ausgeschlossenen, wenn sie mit der Leistung der Einzahlung den Geschäftsantheil selbst zu übernehmen hätten, auch für die Zukunft nicht blos eine subsidiäre, sondern eine prinzipale Verpflichtung zur Leistung der weiteren Einzahlungen" hätten. Für später eingeforderte Einzahlungen haften die Mitgesellschafter immer nur subsidiär, d. h. insoweit, als diese von dem ausgeschlossenen Gesellschafter (§ 21 Abs. 3) und eventuell dem Rechtsvorgänger (§ 22) nicht zu erlangen sind. Nur eine Minderung der Rechtsfolgen ist ausgeschlossen, eine Verschärfung der Haftung ist zulässig. Das Verhältniß ist hier also ein anderes, wie bei dem Eintreten des Rechtsvorgängers, es bleibt selbstverständlich jedem Gesellschafter überlassen, den betreffenden Geschäftsantheil durch Zahlung des Rückstandes zu erwerben und damit das Umlageverfahren zu erübrigen.

§ 25.

Von den in den §§ 21 bis 24 bezeichneten Rechtsfolgen können die Gesellschafter nicht befreit werden.

Entw. I, II, Komm., Rtg. § 25. Entw. I S. 73, II S. 57. A.G. Art. 184a Abs. 3. [H.B. §§ 320 Abs. 3, 321].

Vorbemerkung zu §§ 26—28.

Ueber die Beschaffung der Betriebsmittel durch Nachschüsse vgl. S. 35 ff. Simon in Wochenschrift für Aktienrecht 1892 S. 224 ff., Hergenhahn ebenda S. 324 ff. Nur wenn im Gesellschaftsvertrage die Einforderung von Einzahlungen außer den auf die Stammeinlage zu leistenden Einzahlungen vorgesehen ist, können die Gesellschafter die Einforderung beschließen. Diese Einzahlungen heißen Nachschüsse, obgleich sie auch vor Vollzahlung der Stammeinlage eingezogen werden können.

Die Einforderung setzt in jedem Falle einen Beschluß der Gesellschafter voraus.

Die Nachschußpflicht kann unbeschränkt sein (§ 27), oder beschränkt auf einen „nach Verhältniß der Geschäftsantheile bestimmten Betrag" (§ 26 Abs. 3, § 28). Auch eine Verbindung der unbeschränkten und beschränkten Nachschußpflicht ist zulässig (§ 27 Abs. 4).

Bei unbeschränkter Nachschußpflicht hat der Gesellschafter, der seine Stammeinlage voll eingezahlt hat, das Recht, sich von der Zahlung der geforderten Nachschüsse dadurch zu befreien, daß er seinen Geschäftsantheil der Gesellschaft zur Verfügung stellt (§ 27 Abs. 1); doch kann der Gesellschaftsvertrag dies Recht auf den Fall beschränken, daß die eingeforderten Nachschüsse einen bestimmten Betrag überschreiten (§ 27 Abs. 4), alsdann finden die Vorschriften für verzögerte Einzahlungen auf die Stammeinlage (§§ 21 bis 23) auch für die verzögerten Einzahlungen auf die eingeforderten Nachschüsse statt, wenn der Gesellschaftsvertrag nicht ein Anderes bestimmt (§ 28 Abs. 1).

Bei beschränkter Nachschußpflicht kommen bei verzögerter Einzahlung von Nachschüssen die auf die Einzahlung von Stammeinlagen bezüglichen Vorschriften (§§ 21 bis 23) zu entsprechender Anwendung, falls nicht im Gesellschaftsvertrage etwas Anderes vorgesehen ist (§ 28

Abs. 1), z. B. kann den Gesellschaftern das Recht eingeräumt werden, den Geschäftsantheil zur Verfügung zu stellen, dann dürfen aber die Nachschüsse nicht zur Vollzahlung der Geschäftsantheile eingefordert werden, während bei Anwendung der §§ 21 bis 23 auf die eingeforderten und nicht gezahlten Nachschüsse im Gesellschaftsvertrage die Einforderung von Nachschüssen vor Vollzahlung des Geschäftsantheils zugelassen werden kann.

Die Zurückzahlung von Nachschüssen ist unzulässig, insoweit sie zur Deckung eines Verlustes am Stammkapital erforderlich sind, oder wenn die Stammeinlagen nicht voll eingezahlt sind (§ 30 Abs. 2). Wenn die Gesellschaftsgläubiger auch nicht fordern können, daß die Einziehung von Nachschüssen beschlossen wird, und in den Nachschüssen keine unmittelbare Erweiterung der Haftpflicht liegt, so doch immerhin eine mittelbare, da die Nachschüsse bei Verlusten am Stammkapital zu dessen Ergänzung dienen (§ 30 Abs. 2) und die beschlossenen — aber noch nicht eingezogenen Nachschüsse gleichfalls ein Befriedigungsobjekt der Gesellschaftsgläubiger bilden (§ 26 Anm. 2, § 30 Anm. 2).

§ 26.

Im Gesellschaftsvertrage kann bestimmt werden, daß die Gesellschafter über den Betrag der Stammeinlagen hinaus die Einforderung von weiteren Einzahlungen (Nachschüssen) beschließen können.

Die Einzahlung der Nachschüsse hat nach Verhältniß der Geschäftsantheile zu erfolgen.

Die Nachschußpflicht kann im Gesellschaftsvertrage auf einen bestimmten, nach Verhältniß der Geschäftsantheile festzusetzenden Betrag beschränkt werden.

Entw. I, II, Komm., Rtg. § 26. Entw. I S. 40, 73, II S. 33, 58.

1. Nachschußpflicht.

Die Nachschußpflicht ist eine fakultative Einrichtung, die im Gesellschaftsvertrage vorgesehen sein muß, nach Eintragung der Gesellschaft kann dieselbe nur mit Zustimmung sämmtlicher Gesellschafter eingeführt werden (§ 54 [53] Abs. 3). Birkenbihl S. 148 erörtert die Fälle, daß der Gesellschaftsvertrag eine Art der Nachschußpflicht enthält und eine andere eingeführt werden soll unter dem Gesichtspunkte, ob eine Vermehrung der Leistungen der Gesellschafter stattfindet oder nicht und kommt zu dem Schluß, daß dann einstimmiger Beschluß erforderlich ist aber Statutenänderung genügt. Wir glauben, daß die Frage sich nicht allgemein beantworten läßt, sondern in jedem Falle die besonderen Verhältnisse zu berücksichtigen sind. Hergenhahn bemängelt das Gesetz (Wochenschrift für Aktienrecht 1892 S. 324), da sich die Einführung auch bei bestehender Gesellschaft als erforderlich herausstellen kann, dann aber an dem Widerspruch eines Gesellschafters scheitert; nach seiner Ansicht wäre Aenderung des Gesellschaftsvertrages genügend gewesen. Wir können dem nicht zustimmen, da darin eine große Härte für den einzelnen Gesellschafter zu erblicken sein würde, indem die Mehrheit es in der Hand hätte, die Minderheit zum Verlust der Geschäftsantheile zu treiben.

Die Nachschußpflicht beruht auf dem Mitgliedschaftsvertrage und geht auf den Erwerber des Geschäftsantheils oder eines Theils desselben — in letzterem Falle in entsprechender Höhe — über. Nach der Begründung (Entw. I S. 73, II S. 58) handelt es sich bei dem Beschluß auf Einforderung der Nachschüsse „nicht wie bei der Stammeinlage um die Geltendmachung einer bereits begründeten Forderung, sondern um die Bedingung, von welcher die Entstehung der Forderung selbst abhängig ist". Diese Auslegung kann nicht als zutreffend angesehen werden, der Beschluß ist allerdings die Bedingung, von der die Geltendmachung der Nachschußforderung abhängt, diese selbst aber beruht auf dem Gesellschaftsvertrage und entsteht daher mit der Uebernahme der Stammeinlage; so haften z. B. im Zweifel bei beschränkter Nachschußpflicht bei Veräußerung des Geschäftsantheils auch die Rechtsvorgänger nach Maßgabe der §§ 21 bis 23 (§ 28 Abs. 1). Diese Verschiedenheit der Auffassung des Rechtsverhältnisses hat besonders Bedeutung für den Umfang der Rechte der Pfandgläubiger der Gesellschafter auf die Nachschüsse gegenüber der Gesellschaft (vgl. § 27 Anm. 6 und unten Anm. 2). Die Nachschüsse gehören aber nicht zu den Stammeinlagen, wenn sie auch ein Theil der Gesammteinlage sind, vgl. Anm. 3, und daher auch nicht zu dem Stammkapital, es sind dem entsprechend auch nicht die gleichen Vorschriften zur Sicherung der Gläubiger getroffen, wie sie für das Stammkapital bestehen. Nur bei der Rückzahlung der Nachschüsse werden die Interessen der Gläubiger durch die Bestimmung in § 30 Abs. 2 gewahrt, und zwar in einer Art, daß die Nachschüsse unmittelbar eine weitere Sicherheit für die Gesellschaftsgläubiger sind (vgl. § 30 Anm. 2). In die Bilanz sind die Nachschüsse nach Maßgabe der Vorschrift in § 43 [42] Z. 3 einzustellen. Die Bestimmungen in § 19 Abs. 2 und 3 (Stundung, Erlaß von Einzahlungen) „finden auf die Einziehung von Nachschüssen keine Anwendung, denn der Gesichtspunkt einer Sicherung der Gesellschaftsgläubiger, welcher jenen Vorschriften zu Grunde liegt, ist für die Einziehung der Nachschüsse wie bemerkt nicht maßgebend, und es fehlt deshalb an einem genügenden Grunde, der Verfügungsfreiheit der Betheiligten in Bezug auf die Art und Weise, wie die Nachschußpflicht zu erfüllen ist, gesetzliche Schranken zu ziehen" (Entw. a. a. O.).

2. Die Einforderung der Nachschüsse.

Die Einforderung setzt stets einen Beschluß der Gesellschafter voraus, dies kann auch durch den Gesellschaftsvertrag nicht geändert werden, insbesondere kann das Recht der Einforderung nicht den Geschäftsführern übertragen werden. Die Ausführung des Beschlusses kommt den Geschäftsführern zu. Die Beschlußfassung der Gesellschafter richtet sich nach den Bestimmungen in §§ 48 [47] ff., falls nicht der Gesellschaftsvertrag etwas Anderes hierüber bestimmt. Daraus, daß die Geltendmachung der Forderung auf Zahlung der Nachschüsse von dem Beschluß der Gesellschafter abhängt, ergiebt sich, daß den Gesellschaftsgläubigern, falls nicht die Einziehung von Nachschüssen bereits beschlossen ist, unter keinen Umständen, insbesondere auch nicht im Konkurse der Gesellschaft, das Recht zusteht, die Nachschußpflicht der Gesellschafter selbstständig geltend zu machen oder die Geltendmachung durch die Gesellschaft zu verlangen (§ 26 Abs. 1). Die Begründung kommt (Entw. I S. 41, II S. 33) zu dem gleichen Resultat aus der Erwägung, daß die Forderung erst mit Eintritt der Bedingung entsteht (vgl. Anm. 1). Beschlossene Nachschüsse dagegen sind Forderungen der Gesellschaft und als solche Befriedigungsobjekt der Gesellschaftsgläubiger. Die Nachschüsse (bezw. die Nachschußforderungen) fallen in die Konkursmasse und treten in die Stelle des verlorenen Stammkapitals (vgl. § 30 Anm. 2).

3. Einzahlung nach Verhältniß der Geschäftsantheile.

Da sich der Geschäftsantheil jedes Gesellschafters nach dem Betrage der von ihm übernommenen Stammeinlage bestimmt, ist die Höhe der Stammeinlage maßgebend. „Ein anderer Maßstab kann auch im Gesellschaftsvertrag nicht festgesetzt werden; denn die Nachschüsse bilden einen Theil der Gesammteinlage des Gesellschafters, und das Verhältniß für diese kann nur ein einheitliches sein" (Entw. I S. 74, II S. 58). Damit in Uebereinstimmung stehen auch die Vorschriften über die Befreiung (§ 27).

4. Beschränkte Nachschußpflicht.

Ist die Nachschußpflicht beschränkt, so muß der Betrag im Verhältniß zu den Geschäftsantheilen (§ 14) festgesetzt sein; „bei verschiedener Höhe der Stammeinlage kann daher die betragsmäßige Beschränkung nur in einer Quote oder einem Mehrfachen der Stammeinlage oder in einem Betrage, welcher dieser selbst gleichkommt, bestehen" (Entw. I S. 74, II S. 58).

5. Verwendung der Nachschüsse.

Der für die Erhaltung des Stammkapitals maßgebende Gesichtspunkt einer Sicherung der Gesellschaftsgläubiger fällt für die Nachschüsse fort, die nicht zum Stammkapital, sondern zu dem beweglichen veränderlichen Vermögen der Gesellschaft gehören. Das Gesetz läßt daher der Gesellschaft in der Verwendung freie Hand „solange das Stammkapital unversehrt ist" (§ 30 Abs. 2, § 43 [42] Z. 4), sie können daher sowohl zur Deckung von Ausgaben wie von Verlusten gebraucht werden, in letzterer Beziehung bedarf es eines Beschlusses der Gesellschafter bei Festsetzung der Bilanz. Auch zum Erwerb eigener Geschäftsantheile durch die Gesellschaft können die Nachschüsse dienen (§ 33 Abs. 2). Rückzahlung § 30 Abs. 2.

§ 27.

Ist die Nachschußpflicht nicht auf einen bestimmten Betrag beschränkt, so hat jeder Gesellschafter, falls er die Stammeinlage vollständig eingezahlt hat, das Recht, sich von der Zahlung des auf den Geschäftsantheil eingeforderten Nachschusses dadurch zu befreien, daß er innerhalb eines Monats nach der Aufforderung zur Einzahlung den Geschäftsantheil der Gesellschaft zur Befriedigung aus demselben zur Verfügung stellt. Ebenso kann die Gesellschaft, wenn der Gesellschafter binnen der angegebenen Frist weder von der bezeichneten Befugniß Gebrauch macht, noch die Einzahlung leistet, demselben mittelst eingeschriebenen Briefes erklären, daß sie den Geschäftsantheil als zur Verfügung gestellt betrachte.

Die Gesellschaft hat den Geschäftsantheil innerhalb eines Monats nach der Erklärung des Gesellschafters oder der Gesellschaft durch einen Makler oder einen zur Vornahme von Versteigerungen befugten Beamten öffentlich verkaufen zu lassen. Eine andere Art des Verkaufs ist nur mit Zustimmung des Gesellschafters zulässig. Ein nach Deckung der Verkaufskosten und des rückständigen Nachschusses verbleibender Ueberschuß gebührt dem Gesellschafter.

Ist die Befriedigung der Gesellschaft durch den Verkauf nicht zu erlangen, so fällt der Geschäftsantheil der Gesellschaft zu. Dieselbe ist befugt, den Antheil für eigene Rechnung zu veräußern.

Im Gesellschaftsvertrage kann die Anwendung der vorstehenden Bestimmungen auf den Fall beschränkt werden, daß die auf den Geschäftsantheil eingeforderten Nachschüsse einen bestimmten Betrag überschreiten.

Entw. I, II, Komm., Rtg. § 27. [Art. 11 Nr. IX des Einführungsgesetzes zum H.B. vom 10. Mai 1897.] Entw. I S. 41, 74, II S. 34, 58. H.G.B. Art. 468. [H.B. § 473.] Allgemeines Berggesetz für den Preußischen Staat vom 24. Juni 1865 §§ 130 ff.

Vom 1. Jan. 1900 wird laut Einführungsgesetz zum H.B. Art. 11 IX der erste Satz des zweiten Absatzes des § 27 lauten:

„Die Gesellschaft hat den Geschäftsantheil innerhalb eines Monats nach der Erklärung des Gesellschafters oder der Gesellschaft im Wege öffentlicher Versteigerung verkaufen zu lassen."

[Die gleiche Aenderung aus denselben Gründen tritt im § 23 ein. Siehe oben § 23.]

1. Abandonrecht des Gesellschafters.

Das Abandonrecht ist nachgebildet den Bestimmungen des Berggesetzes über die Befreiung von der Leistung von Zubußen und der

Vorschrift des H.G.B. über die Befreiung von gewissen, den Mitrhedern obliegenden Verpflichtungen. Bei der betragsmäßig unbeschränkten Nachschußpflicht kann der Gesellschafter sich der Leistung von Nachschüssen dadurch entziehen, daß er seinen Geschäftsantheil der Gesellschaft zur Verfügung stellt, dieses Recht kann ihm nur insoweit geschmälert werden, daß der Gesellschaftsvertrag dasselbe auf den Fall beschränkt, daß die eingeforderten Nachschüsse einen bestimmten Betrag überschreiten (Abs. 4). Das Abandonrecht ist an zwei Bedingungen geknüpft:

1. daß der Gesellschafter den Geschäftsantheil voll eingezahlt hat, „denn andernfalls würde durch die Aufgabe des Geschäftsantheils auch die Haftung hinsichtlich des Restes der Stammeinlage beeinträchtigt werden. Solange der Gesellschafter auch nur mit einem Theile der letzteren im Rückstand ist, hat demnach seine Erklärung, daß er den Geschäftsantheil zur Verfügung stelle, keine Wirkung" (Entw. I S. 75, II S. 59). Besitzt ein Gesellschafter mehrere Geschäftsantheile § 15, § 17, § 56 [55] Abs. 3), so kann er für den einen Geschäftsantheil von dem Abandonrecht Gebrauch machen und auf die anderen Geschäftsantheile die Nachschüsse bezahlen;

2. daß das Recht innerhalb eines Monats nach der Aufforderung zur Einzahlung ausgeübt wird. Die Zeitgrenze ist gesetzt, um die Gesellschaft in die Lage zu setzen, „mit Sicherheit zur Beitreibung der Nachschüsse zu schreiten" (Entw. a. a. O.).

Widerruf des Gesellschafters erscheint zulässig (Birkenbihl S. 151, Hergenhahn S. 46, Förtsch S. 66, Neukamp S. 64), wenn Zahlung der Nachschüsse und Ersatz von Kosten Zug um Zug erfolgt.

Die Ausübung des Abandonrechts ist an keine Form gebunden und genügt daher jede einem Vertreter der Gesellschaft abgegebene Erklärung.

2. Folgen der Ausübung des Abandonrechts.

„Die bezügliche Erklärung des Gesellschafters hat nicht die Bedeutung eines einfachen Verzichts auf den Geschäftsantheil, sie bewirkt vielmehr zunächst nur, daß der Geschäftsantheil weiterhin das alleinige Haftungsobjekt für den Nachschußanspruch der Gesellschaft bildet (— anders im Falle der Unterlassung von Einzahlungen auf die Stammeinlage (§ 21 Abs. 3), auch die Rechtsvorgänger haften nicht für eingeforderte, aber nicht einziehbare Nachschüsse —) und daß die letztere zugleich die Befugniß erhält, sich durch außergerichtlichen Verkauf des Antheils zu befriedigen. Bis zur Vollziehung des Verkaufs ist der Gesellschafter rechtlich immer noch als Inhaber des Geschäftsantheils zu betrachten, und ihm gebührt deshalb auch ein Ueberschuß, der bei der Veräußerung erzielt wird" (Entw. I S. 74, II S. 58). Der Gesellschafter ist daher auch der Verkäufer, die Gesellschaft handelt kraft gesetzlichen Auftrags. Nach Ablauf der Erklärungsfrist bezw. der vom Gesellschafter abgegebenen Erklärung über die Zur-Verfügung-Stellung muß die Gesellschaft den Geschäftsantheil öffentlich verkaufen (Abs. 2) und mit dem

Verkauf geht der Geschäftsantheil für den Gesellschafter endgültig verloren; entweder er wird verkauft oder er fällt an die Gesellschaft (Abs. 3). Ueber die Frist vgl. § 28.

3. Aufforderung zur Einzahlung der Nachschüsse.

Wie bei den Einforderungen von Einzahlungen auf die Stammeinlage (§ 20) keine Form für die Aufforderung vorgeschrieben ist, so fehlt es auch an einer solchen bei der Einforderung von Nachschüssen. Es genügt also eine Form für die Aufforderung, die nach allgemeinen Rechtsgrundsätzen geeignet ist, den Zahlungspflichtigen in Verzug zu setzen.

4. Erklärung der Gesellschaft, daß sie den Geschäftsantheil als zur Verfügung gestellt betrachte.

Der Gesellschaft ist die Möglichkeit gegeben, „auch ohne Zustimmung des säumigen Gesellschafters sich auf dem kürzesten Wege aus dem Geschäftsantheil desselben zu befriedigen (Entw. I S. 75, II S. 59). Für die Erklärung ist die gleiche Form wie im Falle der Kaduzirung (§ 21) vorgeschrieben. Die Wirkung der Erklärung ist die gleiche wie bei der Zur-Verfügung-Stellung des Gesellschafters (Anm. 2), leistet aber der Gesellschafter (vor der Ausbietung zum Verkauf) noch die Nachschüsse, so ist die Gesellschaft zur Annahme verpflichtet (Neukamp S. 64).

5. Der Verkauf des Geschäftsantheils.

Das Gesetz schreibt eine Frist vor, innerhalb deren der Verkauf erfolgt sein muß, „denn der Gesellschafter, welcher vorher nicht als ausgeschieden zu betrachten ist, hat ein berechtigtes Interesse, daß die Erledigung der Angelegenheit nicht zu lange hinausgeschoben wird" (Entw. I S. 76, II S. 60). Mit Zustimmung des Gesellschafters kann ebenso eine Verlängerung der Frist erfolgen wie der Verkauf in anderer als der vorgeschriebenen Form geschehen, jedoch bedarf dies einer besonderen Abrede, der Gesellschaftsvertrag ist an die Form des Gesetzes gebunden (a. A. Birkenbihl S. 154). Eine Verletzung der Einhaltung der Frist hätte nur einen Schadensersatzanspruch für den Gesellschafter zur Folge; über den eventuellen Schaden vgl. Anm. 2. Eine Verletzung der Form aber würde Ungültigkeit des Verkaufs nach sich ziehen, doch würde der gutgläubige Erwerber des Geschäftsantheils in dessen Besitz geschützt sein (vgl. § 21 Anm. 5).

6. Verkaufserlös.

Der Erlös dient zur Befriedigung der Gesellschaft für die eingeforderten Nachschüsse, der Ueberschuß fällt an den Gesellschafter zurück. Ueber die Rechte des Pfandgläubigers auf den Erlös und sein Verhältniß zu der Gesellschaft enthält das Gesetz keinerlei Bestimmung, „da aus dem Zusammenhang der Bestimmungen des Entwurfs sich von selbst ergiebt", daß „ein Pfandgläubiger, welchem der Geschäftsantheil von dem Gesellschafter verpfändet ist, gegenüber zurückstehen und nur den etwaigen Ueberschuß des Verkaufserlöses beanspruchen" kann. „Die abweichende Auffassung, welche für die Gewerkschaft des Preußischen Rechts in der Rechtsprechung zur Anerkennung gelangt ist (R.G. Bd. 3 S. 274), beruht auf der besonderen Vorschrift des preußischen Berggesetzes." „Die Befugniß der Gesellschaft, sich aus dem Geschäftsantheil zu befriedigen, beruht auf einem selbstständigen Recht derselben, durch welches der Antheil als solcher und demzufolge auch die Rechte Dritter an demselben beschränkt werden" (Entw. a. a. O.). Dieser Motivirung ist zuzustimmen, ebenso Hergenhahn S. 47, Birkenbihl S. 155, a. A. Neukamp S. 65; wie bei § 26 Anm. 1 ausgeführt ist, setzt diese Lage des Pfandgläubigers aber die Annahme voraus, daß der Anspruch der Gesellschaft auf die Nachschüsse ein bedingtes Forderungsrecht ist, welches sich aus dem Gesellschaftsvertrage herleitet, und daß der Beschluß der Gesellschafter nur den Eintritt der Bedingung herbeiführt.

7. Anfall des Geschäftsantheils an die Gesellschaft.

Nach dem fruchtlos versuchten Verkauf (öffentlich oder in anderer Art mit Zustimmung des Gesellschafters) geht der Geschäftsantheil ohne Weiteres auf die Gesellschaft über. Anders als im Falle des § 21 geht hier stets ein voll eingezahlter Geschäftsantheil auf die Gesellschaft über. Der Zuschlag bei dem Verkauf kann nur ertheilt werden, wenn der Preis Kosten und eingeforderte Nachschüsse deckt. Fällt der Geschäftsantheil an die Gesellschaft, so können die Geschäftsführer später denselben beliebig veräußern.

8. Beschränkung des Abandonrechts — Abs. 4.

Die Beschränkung gilt sowohl für den Gesellschafter wie für die Gesellschaft. Es liegt hier eine Kombination der Vortheile vor, welche die unbeschränkte und die beschränkte Nachschußpflicht bieten (vgl. Anm. 1). Für die Berechnung des „Betrages" sind „alle bis zu dem betreffenden Zeitpunkt (der Einforderung) auf den Geschäftsantheil eingezogenen Nachschüsse in Betracht zu ziehen, soweit nicht eine Rückzahlung stattgefunden hat" (§ 30 Abs. 2), Entw. I S. 77, II S. 61. Insoweit das Abandonrecht nicht zugelassen ist, kommt § 28 zur Anwendung.

§ 28.

Ist die Nachschußpflicht auf einen bestimmten Betrag beschränkt, so finden, wenn im Gesellschaftsvertrage nicht ein Anderes festgesetzt ist, im Falle verzögerter Einzahlung von Nachschüssen die auf die Einzahlung der Stammeinlagen bezüglichen Vorschriften der §§ 21 bis 23 entsprechende Anwendung. Das Gleiche gilt im Falle des § 27 Absatz 4 auch bei unbeschränkter Nachschußpflicht, soweit die Nachschüsse den im Gesellschaftsvertrage festgesetzten Betrag nicht überschreiten.

Im Gesellschaftsvertrage kann bestimmt werden, daß die Einforderung von Nachschüssen, auf deren Zahlung die Vorschriften der §§ 21 bis 23 Anwendung finden, schon vor vollständiger Einforderung der Stammeinlagen zulässig ist.

Entw. I, Entw. II, Komm., Rtg. § 28. Entw. I S. 41, 77, II S. 34, 61.

1. Beschränkte Nachschußpflicht.

Die Nachschußpflicht ist beschränkt, wenn im Gesellschaftsvertrage der Betrag festgesetzt ist, über den hinaus Nachschüsse nicht eingefordet werden können (§ 26 Abs. 3). In diesem Fall „ist im Zweifel — d. h. mangels anderweiter Festsetzung im Gesellschaftsvertrage — davon auszugehen, daß die beschlossenen Nachschüsse, ebenso wie die Stammeinlagen, einen unbedingt erzwingbaren Anspruch der Gesellschaft bilden. Mit dem Stammkapital zusammen stellen alsdann die im Gesellschaftsvertrage in Aussicht genommenen Nachschüsse ein von Anfang an für die Gesellschaft gesichertes Vermögen dar, von dessen beiden Bestandtheilen der eine im Interesse der Gesellschaftsgläubiger gebunden ist, während der andere hinsichtlich der Aufbringung und Verwendung der freien Verfügung der Gesellschaft unterliegt" (Entw. I S. 77, II S. 61). Die Einforderung der Nachschüsse setzt auch hier einen Beschluß der Gesellschafter voraus (§ 26 Abs. 1). Für die Einziehung der beschlossenen Nachschüsse kommen „im Zweifel" die Bestimmungen der §§ 21—23 zur Anwendung, also auch die Haftung der Rechtsvorgänger, sowie die Haftung des Ausgeschlossenen nach Maßgabe des § 21 Abs. 3. Der Gesellschaftsvertrag kann auch ein Anderes festsetzen, es kann den Gesellschaftern auch bei beschränkter Nachschußpflicht das Abandonrecht eingeräumt werden, wodurch die Nachschüsse den Charakter eines „unbedingt erzwingbaren Anspruchs der Gesellschaft" verlieren, und es kann auch hierfür wieder wie bei der unbeschränkten Nachschußpflicht eine Grenze gezogen werden. Der Gesellschaftsvertrag kann für den Fall der Veräußerung des Geschäftsantheils die Haftung der Rechtsvorgänger ausschließen. Zweifelhaft erscheint es, ob der Gesellschaftsvertrag die Gesammthaftung der Gesellschafter (§ 24) auch für die Nachschüsse einführen kann; bei der der Gesellschaft eingeräumten Autonomie wird dies als zulässig angenommen werden müssen (spätere Einführung nur nach Maßgabe des § 54 [53] Abs. 3) a. A. Hergenhahn S. 48.

2. Unbeschränkte Nachschußpflicht mit beschränktem Abandonrecht.

Insoweit bei der unbeschränkten Nachschußpflicht das Abandonrecht beschränkt ist, gelten für die Einziehung die gleichen Grundsätze wie bei der beschränkten Nachschußpflicht.

3. Einforderung von Nachschüssen.

In Entw. I S. 78, II S. 61 heißt es: „Der Absatz 2 behandelt die Frage, inwiefern eine Einziehung von Nachschüssen vor der Einforderung des ganzen Stammkapitals zulässig ist . . . Die Möglichkeit ist somit nur in den beiden Fällen des Absatzes 1 der gegenwärtigen Paragraphen gegeben"; hieraus schließen Esser S. 57, Birkenbihl S. 158, Hergenhahn S. 48, daß bei der unbeschränkten Nachschußpflicht die Einziehung von Nachschüssen vor Vollzahlung des Stammkapitals nicht zulässig ist. Fest steht nur, daß das Gesetz hierüber schweigt und es kann daher wohl auch bei der unbeschränkten Nachschußpflicht die Einforderung von Nachschüssen stets für zulässig erachtet werden, nur ist das Abandonrecht davon abhängig, daß die Stammeinlage voll eingezahlt ist. Es dürfte de lege ferenda dies überhaupt für alle Fälle der Nachschußpflicht genügen.

In den Fällen des Abs. 2 ist die Einziehung von Nachschüssen vor vollständiger Einforderung der Stammeinlagen davon abhängig, daß

1. dies im Gesellschaftsvertrage als zulässig festgesetzt ist;
2. auf die Zahlung der Nachschüsse die Vorschriften der §§ 21—23 Anwendung finden. „Sonst würde bei einer Einziehung der Nachschüsse vor Einforderung des ganzen Stammkapitals auch die Realisirung des letzteren selbst nicht hinreichend gesichert sein. Eine solche Gefahr wäre nicht blos vorhanden, wenn . . . den Gesellschaftern ein Recht der Befreiung nach dem Muster des § 27 zustehen soll, sondern auch wenn andere Abweichungen von den Vorschriften der §§ 21—23 vorgesehen sind. Wollte man z. B. die Vorwegeinziehung von Nachschüssen gestatten, wo der Gesellschaftsvertrag die Bestimmung enthält, daß eine Haftung der Rechtsvorgänger für die Nachschüsse nicht stattfindet, sondern bei Zahlungssäumniß eines Nachschußpflichtigen der Geschäftsantheil desselben alsbald durch die Gesellschaft zu verkaufen ist, so würde hierdurch die Haftung der Vormänner auch für den später einzuziehenden Rest der Stammeinlage hinfällig werden" (Entw. a. a. O.). Die Einforderung der Nachschüsse ist nicht davon abhängig, daß die Stammeinlagen voll eingezahlt sind, es genügt, daß die Beträge „eingefordert" sind, denn aus der Einforderung ergeben sich bereits die weiteren Konsequenzen für die Zahlung, insbesondere die Haftung der Vormänner.

§ 29.

Die Gesellschafter haben Anspruch auf den nach der jährlichen Bilanz sich ergebenden Reingewinn, soweit nicht im Gesellschaftsvertrage ein Anderes bestimmt ist.

Die Vertheilung erfolgt nach Verhältniß der Geschäftsantheile. Im Gesellschaftsvertrage kann ein anderer Maßstab der Vertheilung festgesetzt werden.

Entw. I, II, Komm., Rtg. § 29. Entw. I S. 79, II S. 62. Komm.Ber. S. 7, A.G. Art. 216 [H.B. §§ 213, 214] G.G. § 19.

1. Reingewinn.

Der Reingewinn ergiebt sich aus der Jahresbilanz, die Vertheilung desselben unterliegt der Bestimmung der Gesellschafter, wenn der Gesellschaftsvertrag nicht etwas Anderes vorschreibt (§ 47 [46] Z. 1, § 46 [45] Abs. 2). Voraussetzung der Vertheilung ist aber Aufstellung einer Bilanz und Behandlung derselben nach Maßgabe des Gesetzes und des Gesellschaftsvertrages. Häufigere als jährliche Vertheilung des Reingewinns setzt daher kürzere Geschäftsperioden voraus.

Vor Deckung aller Verwaltungskosten und der nothwendigen Abschreibungen ist kein Reingewinn vorhanden. Haben die Geschäftsführer Antheil am Reingewinn, so kann dieser nur nach dem thatsächlichen Reingewinn berechnet werden (vgl. H.B. § 237, Simon S. 147). Die Bildung von Specialreserven und Gewinnreserven zur Erhöhung der Dividende in schlechten Jahren könnte nach der Fassung des Gesetzes, wenn nicht sämmtliche Gesellschafter einverstanden sind, nur erfolgen, wenn dieselbe im Gesellschaftsvertrage angeordnet ist. Die Bildung von Specialreserven für bestimmte zweifelhafte Werthe ist jedoch auch dann zulässig, wenn dieselbe im Gesellschaftsvertrage nicht vorgesehen ist (vgl. R.G. Bd. 4 S. 102). Das Kammergericht hat in einem Urtheil vom 2. Februar 1897, entgegen einem Urtheil des R.G. vom 6. Juli 1895 (Bolze Bd. 21 S. 561) die Zurücklegung eines Theils des Reingewinns zu einem „Beamten-Unterstützungskonto" auch dann für zulässig erachtet, wenn das Urtheil (es handelte sich um eine A.G.) eine derartige Verwendung nicht vorsieht und rechtfertigt dies damit, daß eine solche Verwendung im wirthschaftlichen Interesse der Gesellschaft liegt (Zeitschrift für das ges. Aktienwesen 1897 S. 151). Dem ist zuzustimmen. Liberalitäten können beschlossen werden, wenn der Gesellschaftsvertrag nicht beliebige Verwendung des Reingewinns ausschließt und soweit sie mit Zweck und Ziel der Gesellschaft im Zusammenhang stehen, remuneratorische und sonst im Geschäft übliche Schenkungen sind stets zulässig (vgl. R.G. Bd. 3 S. 134, R.O.H.G. Bd. 22 S. 281, Staub S. 567, der dahin freiwillige Gaben für gemeinnützige, patriotische und ähnliche Zwecke zählt). Die Beschlußfassung über die Vertheilung des aus der Jahresbilanz sich ergebenden Reingewinns ist nur eine Form, wenn für die Vertheilung mangels einer entgegenstehenden Bestimmung des Gesellschaftsvertrages das Gesetz maßgebend ist, oder der Gesellschaftsvertrag doch jede freie Entschließung bei der Vertheilung ausschließt, für dieselbe vielmehr zwingende Bestimmungen aufstellt. Mit Feststellung und Genehmigung der Bilanz (insoweit Genehmigung erforderlich ist) ist dann der Anspruch auf die Dividende entstanden, eines besonderen Vertheilungsbeschlusses bedarf es nicht (vgl. R.O.H.G. Bd. 19 S. 143, R.G. Bd. 15 S. 100). Ist die Vertheilung den Gesellschaftern oder einem Organ der Gesellschaft überlassen, so ist für die Vertheilung jedenfalls das Gesetz und der Gesellschaftsvertrag entscheidend; nur insoweit hiernach keine zwingenden Vorschriften bestehen, ist das betreffende Organ in der Vertheilung völlig unbeschränkt und es kann dann z. B. keine Vertheilung eintreten lassen, sondern den ganzen Reingewinn einem bestimmten Zwecke zuwenden. Für den Umfang der Rechte der Gesellschafter, oder des Organs, welchem die Vertheilung zufällt, über den Reingewinn zu verfügen, ist der Gesellschaftsvertrag maßgebend.

2. Anspruch auf den Reingewinn vgl. § 31, § 32.

Den Gesellschaftern ist der Anspruch auf den vollen Reingewinn gegeben, falls nicht im Gesellschaftsvertrage eine theilweise oder auch gänzliche Zuweisung zu anderen Zwecken, z. B. zur Anlegung eines Reservefonds vorgesehen ist (vgl. oben Anm. 1). Es kann auch durch das Statut jede Vertheilung des Reingewinns für immer oder für bestimmte Zeit ausgeschlossen werden, vgl. Neukamp S. 75; das Wort „soweit" besagt nicht, daß ein Gewinn zur Vertheilung kommen muß, sondern daß der Gesellschaftsvertrag auch ein Anderes über die Vertheilung festsetzen kann und die spätere Aufnahme diesbezüglicher Bestimmungen in das Statut kann nicht im Wege der Statutenänderung erfolgen, denn der Anspruch auf Reingewinn ist ein Sonderrecht, das durch Mehrheitsbeschluß nicht geschmälert werden kann (anders in erster Auflage, vgl. S. 40, Neukamp S. 75, Förtsch S. 117, Hergenhahn S. 110, a. A. Birkenbihl S. 161). „Die Gesellschafter" haben Anspruch auf den Reingewinn, also nicht jeder Gesellschafter hat ein klagbares Sonderrecht auf Feststellung des Reingewinns (vgl. R.O.H.G. Bd. 11, S. 120), „was als Anspruch auf den Reingewinn in abstracto bezeichnet wird, ist nichts Anderes als das gesellschaftliche Minderheitsrecht, daß der Gesellschaftswille sich nur nach Gesetz und Statut bethätige", dieser von Ring S. 392 für die Aktiengesellschaft aufgestellte Grundsatz gilt auch hier. „Der Anspruch auf einen verhältnißmäßigen Antheil am Reingewinn, auf die Dividende, entsteht als solcher, wenn die Dividende nach Maßgabe des Statuts festgestellt ist. Bis zur Feststellung der Dividende hat ein Sonderrecht nicht bestanden" (R.G. Bd. 22 S. 114, vgl. R.G. Bd. 4 S. 103, Bd. 15, S. 99), ist der Anspruch auf Reingewinn entstanden, so wird daraus ein Gläubigerrecht, das selbst im Konkurse der Gesellschaft geltend gemacht werden könnte (vgl. R.O.H.G. Bd. 18 S. 154, Hergenhahn S. 41, Birkenbihl S. 160, Förtsch S. 70 — dagegen Neukamp S. 77 nach seiner Auffassung, daß der Anspruch auf Dividende ein auf der Mitgliedschaft beruhender und kein Gläubigerrecht ist, vergl. auch § 59 [58] Anm. 2). Bedarf es zur Feststellung der Dividende nicht eines hierauf gerichteten Gesellschaftsbeschlusses, sondern nur eines gehörigen Abschlusses der Bilanz, so ist ein unbedingtes Gläubigerrecht des Dividendenberechtigten entstanden, „sobald nur die abgeschlossene und genehmigte Bilanz einen Nettogewinn konstatirt hat" (R.O.H.G. Bd. 9 S. 275, R.G. Bd. 15 S. 100). Die Entstehung des Anspruchs auf Auszahlung des Reingewinns setzt aber eine richtige Bilanz voraus, so daß der Klage des Gesellschafters auf Zahlung Seitens der Gesellschaft der Einwand entgegengesetzt werden kann, daß die Bilanz, auf Grund deren die Zahlung gefordert wird, unrichtig sei, der Gesellschaft liegt dann hierfür der Beweis ob, und es bedarf der Aufhebung der ersten Feststellung und einer neuen Feststellung nach § 47 [46] Z. 1

(vgl. R.G. Bd. 32 S. 52 ff., 92 ff.). Das Gleiche gilt, wenn bei dem Beschluß über Vertheilung des Reingewinns das Gesetz oder der Gesellschaftsvertrag verletzt ist. Nur aus diesen Gründen aber kann die einmal getroffene Feststellung geändert werden, dieselbe ist im Uebrigen unabänderlich. Der Umstand, daß bereits ein Theil der Dividende gezahlt ist, entscheidet nicht gegen die Gesellschaft. Erst die erhaltene Dividende gewährt unter bestimmten Voraussetzungen einen Schutz gegen Rückerstattung (§ 32). Auch jedem Gesellschafter steht das Recht zu, die Feststellung der Bilanz und des Reingewinns im Wege der Klage anzufechten, den weiteren Zahlungen kann durch einstweilige Verfügung vorgebeugt werden. Ist der zur Vertheilung kommende Reingewinn oder die Dividende festgestellt, so wird der Anspruch des Gesellschafters von später eintretenden Verlusten nicht beeinflußt (§ 43 [42] Anm. 1). Ueber Zurückbehaltung des Reingewinns zur Deckung von Verlusten § 30 Anm. 1, die Auszahlung aber kann vor der Bildung des Nominalbetrages des Stammkapitals erfolgen, braucht nicht zu dessen Bildung einbehalten werden, abgesehen von dem Fall, daß das Stammkapital durch Verlust vermindert ist (vgl. § 19 G.G.). Ueber Verzinsung der Geschäftsantheile § 30 Anm. 1.

3. Maßstab der Vertheilung.

Falls nicht im Gesellschaftsvertrage etwas Anderes bestimmt ist, wird der Reingewinn nach Verhältniß der Geschäftsantheile vertheilt, d. h. da für den Betrag des Geschäftsantheils die Stammeinlage maßgebend ist, nach Verhältniß der Stammeinlagen. Es kann auch den Gesellschaftern ein Anspruch in verschiedener Höhe eingeräumt werden, selbst die Ausschließung eines Gesellschafters vom Reingewinn erscheint durchaus zulässig.

4. Verjährung des Anspruchs auf den Reingewinn.

Das Recht auf Erhebung des Reingewinns unterliegt der ordentlichen Verjährung, es ist aber zulässig, im Gesellschaftsvertrag eine Frist zu setzen, innerhalb deren der Reingewinn abgehoben sein muß (Präklusivfrist — vgl. R.G. Bd. 9 S. 31), der Beginn des Laufs der Frist setzt eine Zahlung bereite Gesellschaftskasse voraus (R.G. a. a. O. S. 34); eine spätere Aufnahme einer solchen Frist in den Gesellschaftsvertrag erfolgt durch Statutenänderung und bedarf nicht der Zustimmung sämmtlicher Gesellschafter (§ 54 [53] Abs. 3), da das Sonderrecht auf Zahlung der Dividende erst mit der Feststellung entsteht.

5. Dividendenscheine.

Die Ausstellung von Dividendenscheinen ist im Gesetz nicht verboten, sie kann auch auf den Inhaber erfolgen. Derartige Urkunden sind keine Inhaberpapiere, da sie nicht auf eine bestimmte Geldsumme lauten (vgl. Entw. I S. 62, II S. 49, Birkenbihl S. 162, R.G. Bd. 5 S. 254 ff., a. A. für A.G. Ring S. 401, Staub S. 414), sie sind Legitimationspapiere. Auch die Ausstellung von Talons muß als zulässig betrachtet werden, wenn der Talon hier auch, da die Urkunde über den Geschäftsantheil kein besonderes Werthobjekt ist, der praktischen Bedeutung entbehrt. Der Besitz von Dividendenscheinen allein berechtigt nicht die Feststellung der Dividende zu fordern. Aus der Natur des Dividendenrechts (vgl. Anm. 1) folgt, „daß Aenderungen am Inhalte des Dividendenscheins dann nicht mehr zulässig sind, wenn durch Festsetzung der Dividende das Gläubigerrecht nach Maßgabe der im Schein enthaltenen Bestimmungen perfekt geworden ist" (R.G. Bd. 22 S. 114). Andererseits ist „in Doktrin und Praxis ... darüber kein Zweifel, daß dem bloßen Besitzer des Dividendenscheines, auch wenn mit der Feststellung der Bilanz nach dem Statut ohne Weiteres die Höhe des auszuzahlenden Gewinnes gegeben wäre, weder das Recht zusteht, solange eine statutengemäß festgestellte Bilanz noch nicht vorliegt, selbst wenn deren Feststellung zu Unrecht verschoben wäre, die Zahlung des Gewinnes entsprechend einer Bilanz, wie sie gemäß den Geschäftsergebnissen festzustellen wäre, zu verlangen, noch das Recht, in Anfechtung der Bilanzfeststellung, weil sie nicht nach den gesetzlichen oder statutenmäßigen Grundsätzen erfolgt sei, einen höheren Gewinnantheil zu fordern" (R.G. Bd. 15 S. 99). Dies gilt Alles um so mehr für Gesellschaften mit beschränkter Haftung, wo der berechtigte Dividenden-Empfänger der bei der Gesellschaft angemeldete Gesellschafter ist oder der, dem von diesem das Recht übertragen ist.

§ 30.

Das zur Erhaltung des Stammkapitals erforderliche Vermögen der Gesellschaft darf an die Gesellschafter nicht ausgezahlt werden.

Eingezahlte Nachschüsse können, soweit sie nicht zur Deckung eines Verlustes am Stammkapital erforderlich sind, an die Gesellschafter zurückgezahlt werden. Die Zurückzahlung darf nicht vor Ablauf von drei Monaten erfolgen, nachdem der Rückzahlungsbeschluß durch die im Gesellschaftsvertrage für die Bekanntmachungen der Gesellschaft bestimmten öffentlichen Blätter und in Ermangelung solcher durch die für die Bekanntmachungen aus dem Handelsregister bestimmten öffentlichen Blätter bekannt gemacht ist. Im Falle des § 28 Absatz 2 ist die Zurückzahlung von Nachschüssen vor der Volleinzahlung des Stammkapitals unzulässig. Zurückgezahlte Nachschüsse gelten als nicht eingezogen.

Entw. I, Entw. II, Komm., Rtg. § 30. Entw. I S. 79, II S. 62. Komm. Ber. S. 7. A.G. Art. 216 Abs. 2, 217 Abs. 1. [H.B. §§ 213, 215.] G.G. § 22 Abs. 2.

1. Stammkapital.

Das Stammkapital bedeutet „das im Gesellschaftsvertrage festgesetzte Sollvermögen, welchem das Aktivvermögen der Gesellschaft als Deckung gegenübersteht. Eine besondere Bestimmung, daß die Stammeinlage als solche nicht zurückgezahlt werden dürfe, ist . . . nicht erforderlich, und ebensowenig bedarf es noch einer speziellen Bestimmung, welche die Auszahlung fester Zinsen an die Gesellschafter untersagt" (Entw. I S. 80, II S. 62); beide Fälle könnten eine Verminderung des Stammkapitals zur Folge haben. Wenn Neukamp S. 72 die Verabfolgung fester Zinsen für zulässig erachtet mit dem Zusatz, daß als Zinsen nur wirkliche Gewinnüberschüsse vertheilt werden dürfen, so hebt er mit dem Nachsatz den Vordersatz auf. Dagegen weist Neukamp S. 81 mit Recht darauf hin, daß, wenn in früheren Jahren Verluste eingetreten sind, die zu Unterbilanzen führten, der Geschäftsgewinn späterer Jahre aufgespeichert werden muß zur Ergänzung des Stammkapitals (a. A. Förtsch S. 73). Eine Auszahlung der auf Stammeinlage geleisteten Einzahlungen ist nur nach Maßnahme der Bestimmungen in §§ 33, 34, 59 [58] zulässig. Auch die Gewährung sogenannter Bauzinsen (A.G. Art. 217 Abs. 2 [H.G. § 215 Abs. 2]), ist nicht zulässig, da sie gegen den Grundsatz des Abs. 1 verstoßen würde. Selbstverständlich ist aber das Verbot des Abs. 1 nur auf solche Zahlungen zu beziehen, welche sich rechtlich als eine Minderung des Gesellschaftsvermögens darstellen; die Tilgung einer rechtsgültig begründeten Verbindlichkeit fällt daher niemals unter die Bestimmung (Entw. I S. 80, II S. 62). Birkenbihl S. 164 bezieht das Verbot des Abs. 1 auch auf den Reservefonds, falls dessen Bildung durch den Gesellschaftsvertrag vorgeschrieben ist. Dem kann nicht beigetreten werden, da einmal Abs. 1 nur vom Stammkapital handelt und dann ja auch die Reserve gerade zum Zweck hat die Deckung von Verlusten. Ist die Reserve durch Verluste gemindert, so wird sie nach Maßgabe des Gesellschaftsvertrages ergänzt bezw. von Neuem gebildet. Hat die Reserve die durch den Gesellschaftsvertrag festgesetzte Höhe überstiegen, so kann das Mehr durch Beschluß der Gesellschafter zur Vertheilung gebracht werden. Zu dem Stammkapital gehören auch die auf die Stammeinlage geleisteten Sacheinlagen; auf das Wort „ausgezahlt" ist kein entscheidendes Gewicht zu legen. Der Rückzahlung gleich steht ein Erlaß geschuldeter Einzahlungen (§ 19 Abs. 2). Der Rückzahlung steht der Fall gleich, daß die Rückgabe mit der Modifikation geschieht, daß die Forderung wieder aufleben und einer späteren Einforderung vorbehalten bleiben soll; sind Beträge als Einlagen eingezahlt, „so stellt sich die nachträgliche Ueberlassung als Schenkung . . . als eine nachträgliche Verfügung über die Einlage dar, und die Zulassung einer solchen Verfügung . . . muß rechtlich der Rückzahlung gleichgestellt werden" (R.G. Bd. 27 S. 12). Die Gesellschaft darf daher auch nicht die Rechtsnatur der Einlagen verändern, da dieselbe eine Verschiebung der Bilanzposten zur Folge haben würde. Wird eine Erhöhung des Stammkapitals beschlossen, so können die Nachschüsse auf die Stammeinlage verrechnet werden, damit lebt die Nachschußpflicht wieder auf (vgl. den Fall im Handelsgesellschafter 1896 S. 54).

2. Zurückzahlung der Nachschüsse.

„Den berechtigten Interessen der Gesellschaftsgläubiger wird durch die Zulassung der Rückzahlung der Nachschüsse nicht zu nahe getreten, denn diesen ist nur das im Gesellschaftsvertrage bestimmte Stammkapital als dauerndes Vermögen der Gesellschaft in Aussicht gestellt und als Grundlage des Kredits derselben öffentlich bekannt gemacht" (Entw. I S. 40, II S. 33). Die Nachschüsse bilden den beweglichen Theil des Gesellschaftsvermögens und können daher zurückgezahlt werden unter folgenden Bedingungen:

1. Es bedarf mangels anderer Regelung im Gesellschaftsvertrage eines Beschlusses der Gesellschafter (§ 47 [46] Z. 3).

2. Das Stammkapital muß voll eingezahlt sein. § 28 Abs. 2 bezieht sich auf die Fälle der beschränkten und kombinirten unbeschränkten-beschränkten Nachschußpflicht, läßt man bei der unbeschränkten Nachschußpflicht die Einforderung von Nachschüssen ohne Rücksicht auf die Vollzahlung der Stammeinlage zu (§ 28 Anm. 3) so wird man doch gleichwohl die Bestimmungen analog anwenden müssen, denn die Gründe, die die Rückzahlung im Falle des § 28 Abs. 2 ausschließen, treffen auch dort zu.

3. Die Nachschüsse dürfen nicht zur Deckung eines Verlustes am Stammkapital erforderlich sein, „denn wenn das Stammkapital bei richtiger Bilanzirung nicht mehr durch die Aktiva gedeckt wird, so könnte eine Rückzahlung von Nachschüssen immer nur aus dem zur Deckung des Stammkapitals nothwendigen Vermögen stattfinden" (Entw. I S. 80, II S. 63).

Die erforderlich werdende Aufopferung der Nachschüsse ist nicht durch die Höhe des Stammkapitals beschränkt; „die verfügbaren Mittel der Gesellschaft dienen unter allen Umständen zunächst zur Erhaltung des Stammkapitals" (Entw. I S. 80, II S. 63). Eine Rückzahlung der Nachschüsse kann daher nur insoweit erfolgen, als die durch die Nachschüsse aufgebrachten Mittel oder das das Stammkapital überschreitende Gesellschaftsvermögen dies zuläßt. Hieraus ergiebt sich, daß die Gesellschafter im Konkurse der Gesellschaft die eingezahlten Nachschüsse nicht als Konkursforderung geltend machen können. Der Zurückzahlung gleich zu achten ist der Erlaß beschlossener, aber noch nicht gezahlter Nachschüsse, und ist der Erlaß daher in der gleichen Weise zu behandeln. Das Gesetz schreibt dies freilich nicht ausdrücklich vor, doch ergiebt es sich daraus, daß durch den Beschluß auf Einziehung der Nachschüsse das Recht der Gesellschaftsgläubiger entstanden ist, die Nachschüsse als Befriedigungsobjekt in Anspruch zu nehmen (vgl. Vorbemerkung zu §§ 26—28, § 26 Anm. 2, u. A. Förtsch S. 74). Nur um „wirkliche Rückzahlungen von Nachschüssen" — und denselben gleichwerthigen Rechtshandlungen — handelt es sich, „nicht um andere Verwendungen von Nachschüssen, wie etwa zu Abschreibungen" (Komm.-Ber. S. 7, 8).

3. Das für die Zurückzahlung zu beobachtende Verfahren.

Die dreimonatliche Frist ist in der Reichstagskommission eingefügt und es ist dabei hervorgehoben, daß dieselbe vom Tage der ersten Bekanntmachung abzurechnen ist, vorausgesetzt, daß die Bekanntmachung wiederholt erfolgt (vgl. Johow Bd. 2 S. 23 ff.). In Betreff der Frist heißt es in dem Komm.-Ber. S. 8, daß dieselbe „nicht die Bedeutung der Frist wegen der Herabsetzung oder Rückzahlung des Stammkapitals haben soll, wie denn namentlich ein Aufgebot der Gesellschaftsgläubiger nicht stattfindet, es diesen vielmehr überlassen bleibt, gegebenen Falls die ihnen geeignet erscheinenden Maßregeln zu ihrer Sicherung zu ergreifen". Dahin wird z. B. Pfändung gehören. Oeffentliche Blätter H.G.B. Art. 14, [H.B. § 11.]

4. Volleinzahlung des Stammkapitals.

Nur in dem Falle des § 28 Abs. 2 ist nach dem Wortlant des Gesetzes die Einforderung von Nachschüssen vor vollständiger Einforderung der Stammeinlage zulässig, vgl. § 28 Anm. 3. Der Satz, daß die Zurückzahlung von Nachschüssen vor der Volleinzahlung des Stammkapitals (§ 28 Abs. 2) unzulässig ist, ist von der Reichstagskommission eingefügt. Aus der besonderen Hervorhebung dieses Falles muß geschlossen werden, daß die Rückzahlung der Nachschüsse ohne Rücksicht auf die Volleinzahlung des Stammkapitals dann zulässig ist, wenn nach dem Beschluß auf Einziehung der Nachschüsse eine Erhöhung des Stammkapitals stattgefunden hat, der erhöhte Betrag aber noch nicht eingezahlt ist. Das Stammkapital muß nicht blos vollständig „eingefordert" sein (§ 28 Abs. 2), sondern es muß vollständig „eingezahlt" sein. Trotz der allgemeinen Fassung des Verbots wird angenommen werden müssen, daß die Zurückzahlung nur insoweit unzulässig ist, als das Stammkapital nicht vollständig eingezahlt ist, dies allein entspricht dem Zweck der Vorschriften.

5. Zuwiderhandlungen gegen § 30.

Auf Zahlungen, die entgegen den Bestimmungen des § 30 geleistet sind, findet § 31 Anwendung.

6. Zurückgezahlte Nachschüsse.

Die Bestimmung trifft den Fall der beschränkten Nachschußpflicht (§ 28) und den Fall der Kumulirung von beschränkter und unbeschränkter Nachschußpflicht (§ 27 Abs. 4), vgl. oben Anm. 2.

§ 31.

Zahlungen, welche den Vorschriften des § 30 zuwider geleistet sind, müssen der Gesellschaft erstattet werden.

War der Empfänger in gutem Glauben, so kann die Erstattung nur insoweit verlangt werden, als sie zur Befriedigung der Gesellschaftsgläubiger erforderlich ist.

Ist die Erstattung von dem Empfänger nicht zu erlangen, so

haften für den zu erstattenden Betrag, soweit er zur Befriedigung der Gesellschaftsgläubiger erforderlich ist, die übrigen Gesellschafter nach Verhältniß ihrer Geschäftsantheile. Beiträge, welche von einzelnen Gesellschaftern nicht zu erlangen sind, werden nach dem bezeichneten Verhältniß auf die übrigen vertheilt.

Zahlungen, welche auf Grund der vorstehenden Bestimmungen zu leisten sind, können den Verpflichteten nicht erlassen werden.

Die Ansprüche der Gesellschaft verjähren in fünf Jahren; die Verjährung beginnt mit dem Ablauf dem Tages, an welchem die Zahlung, deren Erstattung beansprucht wird, geleistet ist. Fällt dem Verpflichteten eine bösliche Handlungsweise zur Last, so findet die Bestimmung keine Anwendung.

Für die in den Fällen des Absatz 3 geleistete Erstattung einer Zahlung sind den Gesellschaftern die Geschäftsführer, welchen in Betreff der geleisteten Zahlung ein Verschulden zur Last fällt, solidarisch zum Ersatze verpflichtet.

Entw. I, Entw. II, Komm., Rtg. § 31. Entw. I S. 81, II S. 63 Komm. Ber. S. 8. A.G. Art. 218 [H.B. § 217].

1. Rückerstattung von Zahlungen.

Die Vorschrift geht über die Bestimmung des Aktiengesetzes hinaus, nach der ein Aktionär in keinem Falle verpflichtet ist, in gutem Glauben empfangene Zinsen und Dividenden zurückzugewähren. In der Begründung (Entw. I S. 81, II S. 64) wird die weitgehende Erstattungspflicht folgendermaßen gerechtfertigt: „Die Bestimmung enthält in Verbindung mit der nach Abs. 3 eventuell eintretenden Kollektivhaftung der übrigen Gesellschafter eine der hauptsächlichsten Garantien, welche der Entwurf zum Schutze der Gesellschaftsgläubiger vorsieht. Die Vorschrift muß trotz ihrer Strenge als gerechtfertigt angesehen werden, da sie eine nothwendige Ergänzung der im Uebrigen den Gesellschaftern gewährten Freiheit von beschränkenden Kautelen bildet. Sie steht auch mit der allgemeinen Tendenz . . . im Einklang, insofern sie dazu beitragen muß, die Verbindung der Gesellschafter mit der Gesellschaft fester zu gestalten, denn jeder einzelne Theilnehmer erhält dadurch ein besonderes Interesse, persönlich auf solide Geschäftsführung und vorsichtige Aufstellung der Bilanzen hinzuwirken" (ebenso die Reichstagskommission, Bericht S. 8). Das Wort „Zahlungen" ist nicht zutreffend, denn die Erstattungspflicht bezieht sich zweifellos auch auf Sacheinlagen, bei denen sie die Gestalt des festgesetzten Werthes (§ 5 Abs. 4) annehmen wird. Im Uebrigen ist es gleichgültig, „unter welchem Titel die Auszahlung an die Gesellschafter erfolgt war, ob als Gewinnvertheilung, als Rückgewähr von Nachschüssen oder Stammeinlagen oder unter welcher anderen Bezeichnung" (Entw. a. a. O.). Die Gewinnvertheilung fällt unter § 30, insoweit dieselbe eine Minderung des Stammkapitals enthält, andernfalls findet § 32 Anwendung, vgl. auch § 29 Anm. 2.

2. Die Person des erstattungspflichtigen Empfängers.

„Was die Person des erstattungspflichtigen Empfängers betrifft, so kann als solcher nur in Betracht kommen, wer der Gesellschaft noch angehört, oder ihr zur Zeit der Zahlung angehört hat, denn das Verbot des § 30 richtet sich nur gegen Zahlungen an die Gesellschafter" (Entw. I S. 82, II S. 64). Dies ist auch nach dem Wortlaut des Abs. 3, insbesondere den Worten „so haften ... die übrigen Gesellschafter" wohl zweifellos (vgl. Esser S. 85). Korrekt ist die Fassung freilich nicht, da der Empfänger nicht mehr Gesellschafter zu sein braucht, überhaupt die Personen der Gesellschafter andere geworden sein können. Hat ein Dritter die Zahlung empfangen, als Besitzer eines Dividendenscheins oder als Cessionar, so kann die Gesellschaft denselben in Anspruch nehmen, jedenfalls aber haftet ihr derjenige, der zur Zeit der Zahlung ihr als Gesellschafter galt (§ 16), und sie kann es ihm überlassen Regreß zu nehmen, auch ist die Kollektivhaftung der übrigen Gesellschafter von der Inanspruchnahme jenes Gesellschafters abhängig. Ist der Empfänger nicht mehr Gesellschafter, so ist seine Ersatzpflicht gleichwohl bestehen geblieben, sein Rechtsnachfolger haftet nur aus Abs. 3, etwaige Zwischenpersonen sind nicht haftbar.

3. Der gutgläubige Empfänger.

Die allgemeine Erstattungspflicht erleidet eine Modifikation im Interesse des gutgläubigen Empfängers, der nur insoweit Ersatz zu leisten hat, als zur Befriedigung der Gläubiger erforderlich ist. Es kommt nach dem Vorstehenden hier allein auf den guten Glauben des Gesellschafters an, an den oder in dessen Auftrag die Zahlung erfolgt ist, er muß gutgläubig im Augenblick der Zahlungsempfangnahme gewesen sein. Was als solche im einzelnen Falle anzusehen ist, kann zweifelhaft sein. Als Bezug der Dividende wird auch das absichtliche Stehenlassen derselben zu einem bestimmten Zweck zu betrachten sein. Der Einfluß einer bereits formell falschen Bilanz auf den guten Glauben ist Thatfrage (vgl. Ring S. 408). Daß der Empfänger seinen „guten Glauben" nachzuweisen hat, wird anzunehmen sein, da er nur unter dieser Voraussetzung sich auf die geringere Ersatzpflicht des Abs. 2 berufen kann (a. A. Esser S. 86). Der Betrag, der zur Befriedigung der Gesellschaftsgläubiger erforderlich ist, ist nach der Bilanz festzustellen und hierbei ist davon auszugehen, daß für die Bilanz allein der Zeitpunkt maßgebend ist, in dem dieselbe aufgestellt ist, spätere Verluste also nicht in Betracht kommen (vgl. § 29 Anm. 2, § 43 [42]). Die Haftung wird durch die Einschränkung eine subsidiäre, denn erst nach geltend gemachter Kollektivhaftung — wobei auch der bona fide-Empfänger für den mala fide-Empfänger haftet — ist festzustellen, welcher Betrag noch zur Befriedigung der Gesellschaftsgläubiger erforderlich ist.

4. Der zur Rückforderung Berechtigte.

Aus Abs. 5 ergiebt sich, daß klageberechtigt die Gesellschaft ist (vgl. Anm. 1). Zu den Gesellschaftsgläubigern stehen die Gesellschafter in keiner rechtlichen Beziehung; ebensowenig wie die Gläubiger auf die Einzahlung auf Stammeinlage Klage erheben können, steht ihnen das Recht zu, den Ersatzanspruch aus § 31 geltend zu machen. Gegen ein direktes Klagerecht der Gesellschaftsgläubiger spricht auch der Umstand, daß in Abs. 5 für die Ansprüche der Gesellschaft gegen gutgläubige Empfänger eine kurze Verjährungsfrist vorgeschrieben ist, es kann aber nicht zweierlei Recht für die Gesellschaft und deren Gläubiger geben. Die Verpflichtung der Gesellschafter besteht nur der Gesellschaft gegenüber mit Bezug auf die Ergänzung des Stammkapitals, die Gläubiger können die Erstattungspflicht pfänden. (Für Aktiengesellschaften wird direktes Klagerecht der Gläubiger z. B. von Ring S. 406 vertreten.)

5. Kollektivhaftung.

Die Bestimmung in Abs. 3 entspricht der Haftung aus § 24 mit dem Unterschiede, daß die Gesammthaftung — auch mit Bezug auf die mala fide-Empfänger und Seitens derselben — nur in soweit besteht, als sie zur Befriedigung der Gläubiger erforderlich ist, im Uebrigen gelten die gleichen Grundsätze wie bei § 24. Es haften nur die „Gesellschafter", d. h. also die Personen, welche zur Zeit der Geltendmachung des Anspruchs als Gesellschafter gelten (§ 16). Auf die ungenaue Ausdrucksweise die „übrigen Gesellschafter" haben wir in Anm. 2 hingewiesen. Ist der böswillige Empfänger nicht mehr Gesellschafter, so haftet er nur für den empfangenen Betrag, der Kollektivhaft für die Bezüge anderer Personen ist er entzogen. Die vom Gesetz gewählte Art der Regelung der Kollektivhaft kann zu großer Härte führen, z. B. wenn in Folge Erwerbs von Geschäftsantheilen (Veräußerung, Theilung oder Erhöhung des Stammkapitals) neue Gesellschafter hinzugetreten sind. Für die Feststellung des Betrages, der „zur Befriedigung der Gesellschaftsgläubiger" erforderlich ist, ist der Zeitpunkt der zu Unrecht erfolgten Zahlungen maßgebend. Da nach § 44 [43] Abs. 3 auch die Geschäftsführer ersatzpflichtig sind, tritt unter Umständen eine solidarische Verbindlichkeit der Geschäftsführer und der nach Abs. 3 erstattungspflichtigen Personen ein. Ausschluß des nicht ersatzpflichtigen Empfängers findet nicht statt, auch besteht keine Haftung der Rechtsvorgänger der Gesellschafter.

6. Erlaß der Zahlungen.

Der Erlaß setzt eine rechtsgültige Erklärung der Geschäftsführer voraus. Zulässig ist Kompensation (anders im Falle des § 19).

7. Verjährung der Erstattungspflicht.

Die „Ansprüche" verjähren, sie können also auch nicht einredeweise geltend gemacht werden. Für den böswilligen Empfänger läuft die kurze Verjährungsfrist nicht. In der Begründung (Entw. I S. 83,

II S. 65) heißt es hierzu: „Nur soweit einem Verpflichteten ein bösliches Verhalten zur Last fällt, soll ihm die kurze Verjährung nicht zu Gute kommen.“ Es fragt sich hiernach, ob auch die Kollektivhaft der Gesellschafter aus Abs. 3 nun für den böswilligen Empfänger über fünf Jahre hinaus dauert. Das Gesetz spricht allgemein aus, daß „die Ansprüche der Gesellschaft“ in fünf Jahren verjähren, zu diesen Ansprüchen gehören auch die aus der Kollektivhaft der Gesellschafter; andererseits schließt das Gesetz die kurze Verjährungsfrist nicht blos für den mala fide-Empfänger aus, sondern für den „Verpflichteten,“ dem „eine bösliche Handlungsweise zur Last“ fällt — neben dem Dolus derjenige Frevelmuth, welcher sich der rechtswidrigen Folgen seines Verhaltens bewußt ist (R.G. Bd. 1 S. 22) —, daraus ergiebt sich denn, daß keiner der zum Ersatz Verpflichteten — weder als Empfänger noch aus der Kollektivhaft — sich auf die kurze Verjährungsfrist berufen kann, wenn ihm bei dem Bezug eine „bösliche Handlungsweise zur Last“ gefallen ist. Derartig Verpflichtete haften also auch für einander, wobei allerdings wieder die Einschränkung gilt, insoweit sie zur Zeit der Geltendmachung des Anspruchs noch Gesellschafter sind.

8. **Haftung der Geschäftsführer** vgl. § 44 Abs. 3.

In Frage kommt, welchen Einfluß es auf die Erstattungspflicht der Geschäftsführer hat, wenn die fragliche Handlung auf Grund eines Beschlusses der Gesellschafter vorgenommen ist. Nach § 44 [43] Abs. 3 wird die Erstattungspflicht der Geschäftsführer der Gesellschaft gegenüber, soweit der Ersatz zur Befriedigung der Gläubiger der Gesellschaft erforderlich ist, dadurch nicht aufgehoben, daß dieselben in Befolgung eines Beschlusses der Gesellschafter gehandelt haben — andernfalls finden die Geschäftsführer folglich grundsätzlich Deckung in der Einwendung, daß sie in Folge eines Beschlusses der Gesellschafter gehandelt haben. Soll nicht diese Vorschrift illusorisch gemacht werden, so müssen die Geschäftsführer sich den einzelnen Gesellschaftern bei der Inanspruchnahme aus Abs. 6 darauf mit Erfolg berufen können, daß sie in Ausführung eines Beschlusses der Gesellschafter gehandelt haben. Sind freilich die Unterlagen des betreffenden Beschlusses von den Geschäftsführern unrichtig dargestellt, haben sie den gesetzwidrigen Beschluß verschuldet, ohne daß die Gesellschafter den wahren Sachverhalt erkennen konnten, so können sie ihre Ersatzpflicht nicht unter Berufung auf den Beschluß ablehnen. Die Haftpflicht besteht nur den Gesellschaftern gegenüber, welche aus der Kollektivhaft in Anspruch genommen sind. „Soweit es sich um den Empfänger selbst handelt, erscheint eine solche Bestimmung auch nicht am Platze, da dieser gegebenenfalls nur herausgiebt, was er zu Unrecht empfangen hat“ (Entw. I S. 83, II S. 65). Wird der Empfänger außerdem noch (für andere Empfänger) im Wege der Kollektivhaft herangezogen, so besteht insoweit auch für ihn ein Regreßanspruch; nach der allgemeinen Fassung des Abs. 6 muß dies auch für den Verpflichteten gelten, dem bei dem in Rede stehenden Bezug eine bösliche Handlungsweise zur Last fiel.

§ 32.

Liegt die im § 31 Absatz 1 bezeichnete Voraussetzung nicht vor, so sind die Gesellschafter in keinem Falle verpflichtet, Beträge, welche sie in gutem Glauben als Gewinnantheile bezogen haben, zurückzuzahlen.

Entw. I, Entw. II, Komm., Rtg. § 32. Entw. I S. 83, II S. 65, A.G. Art. 218. [H.B. § 217.]

1. Ungerechtfertigte Auszahlung von Gewinn ohne Schmälerung des Stammkapitals.

Es ist hierbei z. B. an den Fall gedacht, „daß die im Gesellschaftsvertrage vorgesehene Dotirung eines Reservefonds unterblieben ist, oder daß die Auszahlung des angeblichen Gewinnes bei richtiger Bilanzaufstellung zwar eine Unterbilanz, aber mit Rücksicht auf das Vorhandensein eines Reservefonds keinen Verlust am Stammkapital ergiebt" (Entw. I S. 83, II S. 65).

2. Vorhandensein des guten Glaubens vgl. § 31 Anm. 3.

Auf den guten Glauben des Gesellschafters kommt es allein an, auch wenn die Dividende durch einen Dritten, den Dividendenscheininhaber aufgehoben ist, denn der gute Glaube der Gesellschafter soll unbedingt geschützt werden, dies muß daher auch gelten, wenn er den Dividendenanspruch abgetreten hat. Würde man den Dividendenscheininhaber als Dritten für ersatzpflichtig erachten, ohne Rücksicht auf guten oder bösen Glauben nach allgemeinen Grundsätzen, so würde dadurch mittelbar der Gesellschafter getroffen werden. § 32 ist überdies eine Ergänzung zu § 31, der nach Begründung und Wortlaut nur das Verhältniß zwischen Gesellschaft und Gesellschafter regelt (§ 31 Anm. 2).

3. Mala fide-Empfänger.

Das Gesetz bestimmt nichts für den Fall, daß der Empfänger bösgläubig war, eine Minderung des Stammkapitals durch die ungerechtfertigte Auszahlung aber nicht stattgefunden hat. Es kann zweifelhaft erscheinen, ob in diesem Falle die bezogene Dividende zurückgefordert werden kann, da die Gesellschaft die Dividende festgesetzt hat und es Sache jedes Gesellschafters gewesen wäre, für die Prüfung der Bilanz zu sorgen. Da aber jedem Gesellschafter allgemein das Recht zusteht, Beschlüsse der Gesellschafter anzufechten, so muß dies auch in diesem Falle gelten und ist es dann zulässig, daß die Gesellschaft auf Rückzahlung der zu Unrecht empfangenen Dividende klagt — nur der gutgläubige Empfänger ist ausdrücklich geschützt. Die Klage auf Rückzahlung setzt aber jedenfalls voraus, daß die Bilanz mit Erfolg angefochten und durch eine andere ersetzt ist. Jene Bestimmung würde bedeutungslos sein, wenn nicht der bösgläubige zur

Rückzahlung angehalten werden könnte, ebenso Neukamp S. 89, Förtsch S. 79 läßt die Verpflichtung davon abhängen, ob die Zahlung in Folge eines Irrthums erfolgt ist und diese die Anfechtung begründet, Hergenhahn S. 54 läßt ohne Weiteres den Anspruch auf Rückzahlung zu.

§ 33.

Die Gesellschaft darf eigene Geschäftsantheile, auf welche die Stammeinlage noch nicht vollständig eingezahlt ist, nicht erwerben.

Sie soll auch eigene Geschäftsantheile, auf welche die Stammeinlage vollständig eingezahlt ist, nicht erwerben, sofern nicht der Erwerb aus dem über den Betrag des Stammkapitals hinaus vorhandenen Vermögen geschehen kann.

Entw. I u. II, Komm., Rtg. § 33. Entw. I S. 84, II S. 65, A.G. Art. 215d Abs. 1. [H.B. § 226.] G.G. § 22 Abs. 2.

1. Erwerb eigener Geschäftsantheile.

Das Gesetz unterscheidet zwei Fälle, je nachdem die Stammeinlage voll eingezahlt ist (Abs. 2) oder nicht (Abs. 1). Soweit der „Erwerb" verboten ist, „macht es keinen Unterschied, ob die Gesellschaft den Erwerb für eigene oder für fremde Rechnung vornimmt, wenn sie nur überhaupt im eigenen Namen handelt" (Entw. I S. 85, II S. 66). Mit „Erwerb" ist Erstehen zu Eigenthum gemeint. Unerheblich ist, ob der Erwerb im geschäftlichen Betriebe erfolgt ist oder durch andere Umstände veranlaßt (vgl. dagegen A.G. § 215d Abs. 1, [H.B. § 226] G.G. § 22 Abs. 2). Unter Erwerb fällt auch Schenkung, Erbfolge. Die Einschränkung des Verbots auf den Erwerb im geschäftlichen Betriebe ist nicht getroffen, „da bei der Gesellschaft mit beschränkter Haftung der regelmäßige Geschäftsbetrieb überhaupt nicht leicht zu Geschäften der fraglichen Art führen kann" (Entw. a. a. O.) § 33 bezieht sich n i c h t auf den Fall, daß die Gesellschaft den Geschäftsantheil zum Pfande annimmt oder die Zwangsvollstreckung in denselben betreibt (vgl. § 15 Anm. 9, anders bei A.G. und zum Theil bei G.). Beides ist also zulässig, sowohl bei nicht vollgezahlter wie bei vollgezahlter Stammeinlage. § 33 betrifft natürlich nicht die Fälle, in denen ein Geschäftsantheil in Folge der Bestimmungen in §§ 21, 27 Abs. 3 und 28 der Gesellschaft zufällt.

Zum Zweck der Weiterveräußerung kann die Gesellschaft nur nach § 33 nicht nach § 34 Geschäftsantheile erwerben. Eine Ausnahme von § 33 bildet der Ankauf von Geschäftsantheilen nach § 34 zur Herabsetzung des Stammkapitals (§ 54 [53]). Erwirbt die Gesellschaft Geschäftsantheile, so tritt ein Ruhen der mit ihnen verbundenen Rechte ein, Förtsch S. 80, Neukamp S. 92 lassen dies Ruhen wegen der Selbstständigkeit des Geschäftsantheils für den Gewinnbezug nicht zu, der auf den Geschäftsantheil entfallende Gewinn soll dem Geschäftsantheil zuwachsen. Dies scheint aber mit dem Ruhen der Rechte nicht vereinbar, alle Rechte und Pflichten (Nachschüsse, Haftung) ruhen. Es gilt der gleiche Grundsatz, den das O.V.G. in dem Urtheil vom 25. November 1895 (Preuß. Verwaltungsblatt Nr. 27 von 1896) für die preußische Gewerkschaft aufgestellt hat:

„Die Gewerkschaft kann in Folge ihrer allgemeinen Fähigkeit zum Erwerbe und Besitze von Sachen wie Rechten auch Kuxe des eigenen Bergwerkseigenthums erwerben und besitzen; aber sie kann nicht ihr eigener Gewerke sein. Es ist rechtlich undenkbar, daß sich ein und dasselbe Rechtssubjekt bezüglich desselben Rechtsverhältnisses zugleich als der Berechtigte und der Verpflichtete gegenüberstehen und insbesondere sich Verpflichtungen zu seinen eigenen Gunsten auferlegen kann. Es herrscht in Folge dessen auch kein Streit darüber, daß, wenn bei der Konstituirung der Gewerkschaft einzelne Kuxe einstweilen nicht begeben oder ihr im Falle des § 131 Abs. 3, des § 132 Abs. 3 oder des § 234 des Allgemeinen Berggesetzes unverkäufliche Kuxe eines Gewerken oder Antheile solcher zugeschrieben werden, die mit deren Besitze an sich verbundenen gesellschaftlichen Rechte von der Gewerkschaft als solcher ebensowenig ausgeübt werden können, wie sie in diesem Falle zur Erfüllung der den Gewerken als solchen obliegenden Verpflichtungen herangezogen werden kann. Es muß daher insbesondere bei Abstimmungen, Vertheilungen und bei der Ausschreibung von Zubußen die Anzahl der noch unbegebenen oder von der Gewerkschaft erworbenen Kuxe völlig außer Betracht bleiben."

2. Nicht vollständig eingezahlte Stammeinlagen vgl. Abs. 1.

Wenn die Stammeinlage nicht vollständig eingezahlt — nicht blos eingefordert ist — darf die Gesellschaft den Geschäftsantheil nicht erwerben, es ist dies ein ausdrückliches Verbot; ein demselben zuwider abgeschlossenes Geschäft ist ungültig, denn im Falle der Zulassung eines solchen Erwerbs durch die Gesellschaft würde der rückständige Betrag hinfällig werden, „falls die Gesellschaft die rechtzeitige Wiederveräußerung des Antheils nicht gelingt, und auch in diesem Falle bliebe immerhin der Rückgriff gegen die Vorbesitzer ausgeschlossen" (Entw. I S. 84, II S. 85).

3. Vollständig eingezahlte Stammeinlagen vgl. Abs. 2.

Der Einzahlung steht gleich die Leistung der Sacheinlage (§ 5 Abs. 4). Bei vollständig eingezahlter Stammeinlage ist der Erwerb eigener Geschäftsantheile der Gesellschaft nur insoweit untersagt, als die Mittel zum Erwerb aus dem Stammkapital entnommen werden müßten, da in diesem Fall „bei der ungewissen Aussicht auf eine angemessene Wiederveräußerung des Antheils der Erwerb desselben hier häufig nichts Anderes als eine theilweise Zurückzahlung des Stammkapitals darstellen würde" (Entw. I S. 84, II S. 66). Erwirbt die Gesellschaft gleichwohl aus dem Stammkapital eigene Geschäftsantheile, so ist der Erwerb gültig, dies ergiebt sich aus dem Wort „soll" im Abs. 2 im Gegensatz zu dem „darf" im Abs. 1. Es liegt aber Pflichtverletzung der Geschäftsführer vor, welche sich für den aus der Veräußerung entstehenden Schaden regreßpflichtig machen. Der Veräußerer ist nicht schadensersatzpflichtig, da ein Verschulden der Gesellschaft konkurrirt aber ersatzpflichtig nach § 31. Der Erwerb eigener Geschäftsantheile kann hiernach nur aus den Erträgnissen des Unternehmens, aus den Reserven — eine Anlage des Reservefonds in eigenen Geschäftsantheilen ist nach dem Gesetze hiernach zulässig (a. A. Hergenhahn, erste Auflage, S. 74 anscheinend aufgegeben in der Ausgabe von Liebmann) — und den Nachschüssen erfolgen. In letzterem Falle bedarf es im Zweifel eines Beschlusses der Gesellschafter dazu (§ 47 [46] Z. 3).

§ 34.

Die Einziehung (Amortisation) von Geschäftsantheilen darf nur erfolgen, soweit sie im Gesellschaftsvertrage zugelassen ist.

Ohne die Zustimmung des Antheilsberechtigten findet die Einziehung nur statt, wenn die Voraussetzungen derselben vor dem Zeitpunkt, in welchem der Berechtigte den Geschäftsantheil erworben hat, im Gesellschaftsvertrage festgesetzt waren.

Die Bestimmung im § 30 Absatz 1 bleibt unberührt.

Entw. I u. II, Komm., Rtg. § 34. Entw. I S. 85, II S. 66. Komm. Ber. S. 8. A.G. Art. 215d Abs. 2. [H.B. § 227.]

1. Amortisation.

Unter „Einziehung (Amortisation) von Geschäftsantheilen" ist nicht die Kraftloserklärung von Urkunden zu verstehen, sondern die Ausscheidung von Mitgliedschaftsrechten, die „hier ebenso wie bei der Aktiengesellschaft unter Umständen ein geeignetes Mittel sein wird, um eine beschlossene Reduktion des Stammkapitals zur Ausführung zu bringen, oder auch ohne eine solche durch Verminderung der Zahl der Betheiligten die Rentabilität des Unternehmens für die Verbleibenden zu erhöhen. Zugleich eröffnet sie einen Weg, um einzelnen Gesellschaftern ein Ausscheiden aus der Gesellschaft auch ohne Uebertragung des Antheils an Dritte zu ermöglichen" (Entw. I S. 85, II S. 67). Ueber den Untergang der Gesellschaft bei Amortisation sämmtlicher Geschäftsantheile § 60.

2. Voraussetzungen der Amortisation.

a) Die Amortisation muß im Gesellschaftsvertrage zugelassen sein. Es genügt, wenn dies ganz allgemein geschehen ist, es braucht nicht die Art der Amortisation näher bestimmt zu sein. Eine spätere Aufnahme der Zulassung der Amortisation ist eine Aenderung des Gesellschaftsvertrags, die jedoch jedenfalls nur unter der Einschränkung des Abs. 2 allgemeine Rechtswirkung hat, d. h. der Besitzer des Geschäftsantheils, der amortisirt werden soll, müßte zustimmen und wenn der zu amortisirende Geschäftsantheil nicht feststeht, würde Einstimmigkeit erforderlich sein. S. auch Hergenhahn S. 56, Birkenbihl S. 181. Neukamp S. 96 fordert stets Einstimmigkeit, da durch die Amortisation die Mitgliedschaftsrechte aller Gesellschafter berührt werden.

b) Der Antheilsberechtigte, dessen Geschäftsantheil amortisirt werden soll, muß seine Zustimmung zur Einziehung erklären, falls nicht „die Voraussetzungen" derselben vor dem Zeitpunkt, in welchem er den Geschäftsantheil erworben hat, „im Gesellschaftsvertrage festgesetzt waren". Unter den „Voraussetzungen" ist hier die Art der Amortisation zu verstehen, insbesondere der Tilgungsplan, ob die Amortisation durch Auslosung, durch Aufkauf, in welcher Reihenfolge u. s. w. zu geschehen hat, welche Abfindung zu gewähren ist, oder in welcher Art dieselbe bestimmt werden soll. Enthält hierüber der Gesellschaftsvertrag nichts, oder sind die betreffenden Vorschriften nach Eintritt des Gesellschafters getroffen, so bedarf es seiner ausdrücklichen Zustimmung. „Ebensowenig wie dem Gesellschafter soll der Gesellschaft ein Recht zustehen, Antheile zum Zwecke der Rückzahlung einseitig zu kündigen. Ein derartiges Recht, wie es bei der Aktiengesellschaft unter Umständen zulässig ist, würde dem Wesen der Gesellschaft mit beschränkter Haftung und dem Charakter der Mitgliedschaft bei derselben nicht entsprechen" (Entw. I S. 86, II S. 67).

c) Das Stammkapital darf nicht geschmälert werden vgl. Abs. 3. Eine Einziehung ist daher nur zulässig, wenn die Aufwendungen aus dem Reingewinn oder sonst verfügbaren Fonds bestritten werden.

d) Die Stammeinlage des Gesellschafters, die amortisirt werden soll, muß voll eingezahlt sein, da bei Uebergang eines Geschäftsantheils mit nicht voll eingezahlter Stammeinlage auf die Gesellschaft der rückständige Theil der Stammeinlage hinfällig werden würde.

Unter diesen Voraussetzungen enthält die Amortisation keine Verminderung des Stammkapitals, dasselbe ist in den Passiven in der alten Höhe fortzuführen. Es tritt dann also der Fall ein, daß das Stammkapital sich mit den übernommenen Einlagen nicht deckt.

Sollen Geschäftsantheile aus den Mitteln des Stammkapitals amortisirt werden, oder sollen Geschäftsantheile amortisirt werden, auf welche die Stammeinlage noch nicht vollständig eingezahlt ist — so müssen die für die Herabsetzung des Stammkapitals gegebenen Vorschriften (§ 59 [58]) beobachtet werden. Zu dem Zweck der Amortisation kann ein Amortisationsfonds gebildet werden.

3. Beschlußfassung über die Amortisation.

Die Ausführung der Amortisation ist Sache der Geschäftsführer, dieselbe setzt aber einen Beschluß der Gesellschafter (§ 47 [46] Z. 4) voraus, falls nicht der Gesellschaftsvertrag etwas Anderes bestimmt (§ 46 [45] Abs. 2).

Dritter Abschnitt.

Vertretung und Geschäftsführung.

§ 35.

Die Gesellschaft wird durch die Geschäftsführer gerichtlich und außergerichtlich vertreten.

Dieselben haben in der durch den Gesellschaftsvertrag bestimmten Form ihre Willenserklärungen kund zu geben und für die Gesellschaft zu zeichnen. Ist nichts darüber bestimmt, so muß die Erklärung und Zeichnung durch sämmtliche Geschäftsführer erfolgen. Ist der Gesellschaft gegenüber eine Willenserklärung abzugeben, so genügt es, wenn dieselbe an einen der Geschäftsführer erfolgt.

Die Zeichnung geschieht in der Weise, daß die Zeichnenden zu der Firma der Gesellschaft ihre Namensunterschrift beifügen.

Entw. I u. II. Komm., Rtg. § 35. Entw. I S. 87, II S. 68. A.G. Art. 227 Abs. 1, 229. [H.B. §§ 231 Abs. 1, 232, 233.] G.G. §§ 24, Abs. 1, 25.

1. Stellung der Geschäftsführer als Organ.

„Die Stellung der Geschäftsführer ist für die Regelfälle in Uebereinstimmung mit den Grundsätzen geordnet, welche für den Vorstand der Aktiengesellschaft und der eingetragenen Genossenschaft gelten (vgl. A.G. Art. 227—230, 231 Abs. 2, 233; G.G. §§ 24—26, § 27 Abs. 2, §§ 28, 29). In Bezug auf das Verhältniß zu dritten Personen stimmen hiermit in der Hauptsache auch die Vorschriften überein, welche für die zur Vertretung befugten Mitglieder der offenen Handelsgesellschaft und der Kommanditgesellschaft maßgebend sind" (Entw. I S. 87, II S. 68).

[Das H.B. §§ 231 Abs. 2, 232, 233 enthält einige Abweichungen von dem bisher geltenden Recht: Der Vorstand kann einzelne seiner Mitglieder zur Vornahme bestimmter Geschäfte oder bestimmter Arten von Geschäften ermächtigen, zulässig ist die statutarische Aenderung, daß einzelne Vorstandsmitglieder mit einem Prokuristen zusammen zur Vertretung der Gesellschaft befugt sein sollen, auch ist gestattet, daß statutarisch dem Aufsichtsrath das Recht eingeräumt wird, einzelnen Mitgliedern des Vorstandes die Befugniß zu ertheilen, allein oder in Gemeinschaft mit einem Prokuristen die Gesellschaft zu vertreten.]

Der Regelung der Stellung durch den Gesellschaftsvertrag ist der weiteste Raum gelassen, um „eine gewisse Annäherung an die Verhältnisse der zuletzt bezeichneten Gesellschaftsarten zu ermöglichen" (a. a. O.). Es ist keineswegs die Bildung einer Gesellschaft ausgeschlossen, in der die sämmtlichen Gesellschafter auch Geschäftsführer sind. Das Gesetz hat keine besondere Bezeichnung für die Geschäftsführer als Gesammtheit, als solche aber bilden die Geschäftsführer das Organ der Gesellschaft (Entw. I S. 44, II S. 36), sie sind nicht Bevollmächtigte der Gesellschafter oder der Gesellschaft, sondern gesetzliche Vertreter der Gesellschaft, des selbstständigen Rechtssubjekts. Dabei kommt es selbstverständlich nicht darauf an, daß der Gesellschaftsvertrag den Ausdruck „Geschäftsführer" für die Vertreter gebraucht. Dritten gegenüber sind die Geschäftsführer in der Vertretung der Gesellschaft unbeschränkt und unbeschränkbar, nur der Gesellschaft gegenüber sind sie verpflichtet, ordnungsmäßig getroffene Beschränkungen einzuhalten (§ 37). Die Souveränetät der Gesellschafterversammlung ist nicht im gleichen Umfange gegeben wie bei den A.G. und G., da der Gesellschaftsvertrag im weitesten Umfange das Prinzip der Mehrheitsbeschlüsse beseitigen kann (vgl. zu § 46 [45]). Als Korrelat der weitgehenden Vertretungsbefugniß dient das Recht des Widerrufs der Bestellung nach Maßgabe des § 38.

Die Bestellung der Geschäftsführer erfolgt in Gemäßheit der §§ 6 und 47 [46] Z. 4. Geschäftsführer der Filialen vgl. § 12 Anm. 1.

Die Geschäftsführer sind nicht blos nach außen gesetzliche Vertreter, sondern auch „geschäftsführende Behörde" (vgl. Ring S. 523), zu dieser Geschäftsführung gehört insbesondere die Aufstellung der Bilanz und die Buchführung (§ 42 [41]). Aus der Stellung der Geschäftsführer als gesetzliche Vertreter ergiebt sich, daß dieselben in Rechtsstreitigkeiten der Gesellschaft nicht Zeugniß ablegen können (a. A. Birkenbihl S. 189 wie hier Neukamp S. 107), denn Zeugniß ist die Aussage einer dritten, von den Parteien verschiedenen Person, welche über ihre Wahrnehmungen betreffs einer streitigen Thatsache Auskunft giebt; zum Theil abweichend Hergenhahn, der die Geschäftsführer als Zeugen zulassen will, wenn die Gesellschaft in Gemäßheit des § 47 [46] Z. 7 eine Vertretung durch andere Personen hat; dem kann nicht zugestimmt werden, weil die Geschäftsführer trotzdem die gesetzlichen Vertreter bleiben und es nicht vom Willen der Gesellschafter abhängen kann, ob die Geschäftsführer Zeugenqualität haben oder nicht. Die Personen, welche die Partei in ihrem rechtlichen Auftreten darstellen, können nicht zugleich als Zeugen in demselben dienen, vgl. R.G. Bd. 2 S. 400, Bd. 17 S. 367, Bd. 20 S. 392. Das O.L.G. Colmar hat in einem Beschluß vom 28. März 1896 (Handelsgesellschafter 1897 S. 26) erkannt, daß die Direktoren einer Bank berechtigt sind, ihr Zeugniß darüber zu verweigern, ob der einem Kunden gewährte Kredit ausgenutzt ist, da es sich dabei um eine den Direktoren der Bank anvertraute, die Vermögenslage ihres Kunden betreffende Thatsache handelt, deren Geheimhaltung im Interesse des Letzteren durch die Natur derselben zweifellos geboten ist (C.P.O. § 348 [C.P.O. 383] Z. 5). Für die Leistung des Parteieides § 435 C.P.O. [C.P.O. 473.]

Das Gesetz geht von der Kollektivvertretung aus. In der Anordnung einer kollektiven Zeichnung der Firma liegt auch die Anordnung der kollektiven Vertretung (R.G. Bd. 24 S. 27). Im

Uebrigen hängt es von dem Gesellschaftsvertrage ab, inwieweit der einzelne Geschäftsführer allein zur Vertretung befugt ist, oder ein Zusammenwirken mit anderen Geschäftsführern erforderlich ist. Nur durch den Gesellschaftsvertrag können solche Bestimmungen getroffen werden, es darf z. B. die Regelung einfacher Beschlußfassung oder der Entscheidung eines Aufsichtsraths nicht vorbehalten werden [anders für A.G., H.B. § 232 Abs. 2]. Es ist für A.G. für zulässig erachtet (bei gleichlautender Gesetzesvorschrift) im Gesellschaftsvertrage das Zusammenwirken eines Vorstandsmitgliedes mit einem Prokuristen vorzuschreiben, und dies nur dann ausgeschlossen, wenn blos ein Vorstandsmitglied vorhanden ist oder die Mitzeichnung des Prokuristen überhaupt stets (auch bei mehreren Vorstandsmitgliedern) erfordert ist, da dann die Vertretung bei einem aus Vorstand und Bevollmächtigten kombinirten Organ liegen würde, was gegen das Gesetz verstoßen würde, die gerichtliche Praxis hat sich für die Zulassung der Kombination ausgesprochen, R.O.H.G. Bd. 8 S. 340, Johow und Küntzel Bd. 2 S. 20, Bd. 10 S. 39; vgl. auch Neukamp S. 117, Birkenbihl S. 191, Esser S. 66, Hergenhahn S. 66, Beschluß des Bayerischen Obersten Landesgerichts vom 18. Juni 1895 (Monatsschrift für Aktienrecht 1895 S. 356), wo es heißt, § 35 „überläßt es, wenn er auch im Allgemeinen im Falle des Vorhandenseins mehrerer Geschäftsführer von der Kollektivvertretung ausgeht, doch dem Gesellschaftsvertrage, ob ein einzelner Geschäftsführer allein zur Vertretung befugt sein soll, oder ein Zusammenwirken mit anderen Geschäftsführern bezw. Prokuristen — welche Kombination auch Rechtswirkung äußert — erforderlich ist.“ [In das H.B. § 232 ist sie für den Fall aufgenommen, daß die Vorstandsmitglieder, wenn nicht mehrere zusammen handeln in Gemeinschaft mit einem Prokuristen, zur Vertretung der Gesellschaft befugt sein sollen. Es ist dies mit Rücksicht auf die vielfach übliche Praxis geschehen.] Mit Recht wird man aber die Kombination dann wohl verwerfen müssen, wenn durch dieselbe ein neues Organ zur Vertretung geschaffen wird, die Ordnung muß daher stets die sein, daß auch ohne Mitwirkung der Prokuristen eine Vertretung möglich ist. Statthaft ist neben der Kollektivvertretung für bestimmte Geschäfte Einzelvertretung vorzusehen (vgl. R.G. Bd. 24 S. 27).

Nach dem Gesetze liegt die Vertretung in den Händen der Geschäftsführer als Gesammtheit. Das ist für die Verantwortung entscheidend; wo das Gesetz von einer Verpflichtung der Geschäftsführer spricht, z. B. in § 42 [41], sind die sämmtlichen Geschäftsführer in gleicher Weise verantwortlich. Einzelne Geschäftsführer können weder von der Vertretung noch von der Geschäftsführung ausgeschlossen werden (a. A. Birkenbihl S. 191), denn wenn dies der Fall wäre, würden sie eben nicht mehr Geschäftsführer sein, nach außen gilt unbedingt die Vorschrift in § 37; dazu kommt, daß gewisse Rechtshandlungen, wie die Anmeldungen durch sämmtliche Geschäftsführer ausgeführt werden müssen (§ 76 [78]). Zulässig ist dagegen eine Theilung der Obliegenheiten auch jedoch wieder nur mit rechtlicher Bedeutung der Gesellschaft gegenüber (§ 37 Anm. 2). Unzulässig würde eine Bestimmung sein, daß die Geschäftsführer die Gesellschaft nur in schriftlicher Form vertreten dürfen (Art. 317 H.G.B., das B.G.B. geht von der Formfreiheit aus, vgl. Neukamp S. 109), desgleichen unzulässig eine Bestimmung, nach der ein bestimmter Geschäftsführer zur Vornahme gewisser Rechtshandlungen befugt sein soll (vgl. R.O.H.G. Bd. 18 S. 340). Im Einzelnen regelt sich das Verhältniß der einzelnen Vorstandsmitglieder nach dem Gesellschaftsvertrage und dem Anstellungsvertrage. Für eingetragene Genossenschaften bestimmt das G.G., daß der Aufsichtsrath die Gesellschaft bei diesen Verträgen vertritt. Nach dem Gesetz sind allein die Geschäftsführer die Vertreter der Gesellschaft, bei bestehender Gesellschaft wird es sich in der Regel so machen, daß die verbliebenen Geschäftsführer mit dem neu hinzutretenden für die Gesellschaft den Vertrag abschließen, für die ersten Geschäftsführer fehlt es an jedem Vertreter der Gesellschaft, es werden daher bei der Bestellung die Modalitäten der Uebernahme des Amtes festzusetzen sein. Der Geschäftsführer, der bei Kollektivvertretung allein handelt, verpflichtet vertragsmäßig weder die Gesellschaft noch sich selbst. Das R.G. hat in dem Urtheil vom 16. Januar 1894 (Monatsschrift für Aktienrecht 1894 S. 380) den Direktor einer Aktiengesellschaft aus einer unter Verschweigung des Bestehens einer Kollektivvertretung ertheilten Zusage den Kontrahenten für haftbar erklärt; angewandt für Art. 298 u. 55 H.G.B., dabei ist die Stellung der Vorstandsmitglieder auf Vollmacht zurückgeführt. Wer diese Voraussetzungen verwirft, kann auch der Schlußfolgerung nicht beistimmen, es bliebe nur außerkontraktlicher Schadensersatz. [Anders nach dem H.B., und B.G.B. Art. 298 u. 55 H.G.B. sind fortgefallen, die Grundsätze sind allgemein für Vertretung in das B.G.B. übernommen (§ 179 B.G.B.), die Bestimmungen gelten für alle Fälle der Vertretung (§ 164 B.G.B.), demnach hat der Kontrahent, wenn er den Mangel in der Vertretung nicht kannte, Wahl auf Erfüllung oder Schadensersatz, vgl. § 44 Abs. 1, Birkenbihl S. 196, die Art. 298, 55 H.G.B. analog anwendet.]

2. Stellung der einzelnen Geschäftsführer (§ 6 Anm. 2).

Das A.G. Art. 232 [H.B. § 236] verbietet den Mitgliedern des Vorstandes „den Betrieb von Geschäften in dem Handelszweige der Gesellschaft, sowie die Theilnahme an einer anderen gleichartigen Gesellschaft". Das Gesetz hat dies Verbot nicht übernommen, und erscheint es daher im Zweifel zulässig, daß die Geschäftsführer Geschäfte in dem Handelszweige der Gesellschaft für eigene Rechnung betreiben oder sich an einer gleichartigen Gesellschaft betheiligen; die Entscheidung wird davon abhängen, ob sich ein solches Zusammenwirken mit der Sorgfalt eines ordentlichen Geschäftsmannes verträgt. Mißbräuchliche Benutzung der Firma der Gesellschaft würde für die Geschäftsführer civilrechtliche Folgen gegenüber der Gesellschaft und strafrechtliche, wenn damit eine nach gemeinem Recht strafbare Handlung verbunden ist, haben.

Wie für die Vorstandsmitglieder von A.G. und G. ist es auch für die Geschäftsführer streitig, ob ihre Bestellung aus Auftrag oder als Dienstvertrag aufzufassen ist (vgl. hierüber Ring S. 525 für Auftrag, Maurer G.G. S. 147 ff. für Dienstvertrag). Unseres Erachtens muß Dienstvertrag angenommen werden, da die handlungsunfähige Gesellschaft nicht Auftraggeber sein kann, vielmehr ausschließlich durch die Geschäftsführer zu handeln vermag und für diesen Vertrag kommen die bezüglichen Grundsätze des allgemeinen bürgerlichen Rechts zur Anwendung, vgl. B.G.B. §§ 611 ff. Einf.Ges. zur B.G.B. Art. 171; a. A. Hergenhahn S. 61; vgl. R.G. Bd. 7 S. 77, insbesondere die zutreffenden Ausführungen bei Neukamp S. 102 ff., 122 ff. gegen Mandat, Birkenbihl S. 186 scheint den Umfang der Selbstständigkeit entscheiden zu lassen, der aber für die rechtliche Stellung bedeutungslos ist. In der Begründung (Entw. I S. 88, II S. 69) wird von den Geschäftsführern als dem „beauftragten Organ der Gesellschaft" gesprochen.

Die Geschäftsführer sind nach ihrer Stellung und ihren Befugnissen keine „Betriebsbeamte" im Sinne des Alters- und Invaliditätsgesetzes und unterliegen daher auch nicht der Versicherungspflicht, abgesehen davon, daß gegen sie kein Zwang auf Versicherung ausgeübt werden kann, da die Gesellschaft nicht der „Arbeitgeber" der Geschäftsführer ist. Die Geschäftsführer sind ebensowenig Handlungsbevollmächtigte (vgl. R.O.H.G. Bd. 13 S. 183, Bd. 19 S. 59, R.G. Bd. 7 S. 77) und werden es auch nicht dadurch, daß ihnen die Geschäfte solcher übertragen werden oder sie für den inneren Verkehr sich in einer gewissen Abhängigkeit befinden, z. B. bei Theilung in Direktoren und Geschäftsführer. Der Geschäftsführer ist aber auch nicht „Prinzipal" (vgl. § 6 Anm. 1, Neukamp S. 116 giebt den Geschäftsführern „die Rolle des Prinzipals". Vertheilung der Geschäfte unter die Geschäftsführer hat nur interne Bedeutung.

3. Besoldung der Geschäftsführer.

Für die rechtliche Stellung und die Verantwortlichkeit der Geschäftsführer ist es unerheblich, ob sie Besoldung erhalten oder nicht. Ist bei der Bestellung nicht verabredet, daß die Geschäftsführung unentgeltlich geschehen soll, so kann der Geschäftsführer Besoldung fordern in einer der Stellung angemessenen Höhe. Das Gehalt ist nicht ein Aequivalent für die in einer bestimmten Zeit geleisteten Dienste, als Leistung und Gegenleistung stehen sich vielmehr gegenüber: die Uebernahme des die Thätigkeit des Geschäftsführers beanspruchenden Dienstberufs und der Genuß des auf die vertragsmäßige Dienstzeit zugesicherten Einkommens; wird daher ein Geschäftsführer krank und vermag seine Obliegenheiten nicht weiter zu erfüllen, so behält er seinen Anspruch auf das Gehalt so lange, bis er seiner Stelle enthoben ist (vgl. R.O.H.G. Bd. 19 S. 61). Die Tantiemen gehören zu den Verwaltungsunkosten, deswegen ist, falls nicht das Statut etwas Anderes bestimmt, die zum Reservefonds fließende Quote erst nach Abzug der Tantieme festzustellen (Ring S. 529, a. A. Staub S. 464), und für die Berechnung der Tantieme vom Reingewinn ist der dem Reservefonds zu überweisende Betrag mit zum Reingewinn zu rechnen (Ring a. a. O.). Das R.G. (Bd. 11 S. 163) besagt: „Wenn im Anstellungsvertrage ein bestimmter Prozentsatz des Reingewinnes als Tantieme . . . versprochen ist, so ist darunter als gemeint zu erachten der Reingewinn, wie er sich nach den Bewerthungen der verfassungsmäßig festgestellten Jahresbilanz ergeben wird." Die bei Festsetzung der Bilanz über die Gewinnvertheilung getroffenen Bestimmungen berühren nicht die Auszahlung der Tantieme, „ist eine bestimmte Bilanz als die wirthschaftlichen Ergebnisse der Gesellschaft darstellend statutengemäß festgestellt, so kann die Gesellschaft den tantiemeberechtigten Angestellten die Berufung auf dieselbe nicht versagen. Erachtet sie diese Bilanz für falsch, so mag sie ihre Wiederbeseitigung oder Veränderung auf dem verfassungsmäßigen Wege herbeiführen" (R.G. a. a. O.). [Vgl. dagegen § 237 H.B.] Bei Rücktritt im Laufe des Jahres ist dies Jahr als Einheit zu nehmen und die Tantieme antheilig zu berechnen (§ 6 Anm. 4). Remunerationen können auch dann gewährt werden, wenn sie im Gesellschaftsvertrage nicht vorgesehen sind und das Geschäftsjahr keinen Gewinn ergeben hat (R.O.H.G. Bd. 22 S. 281).

4. Gerichtliche Vertretung (vgl. § 47 [46] Z. 8).

Die Geschäftsführer führen die Prozesse, wobei sie sich durch einen Geschäftsführer oder auch einen Dritten vertreten lassen können; auch der einzelne Geschäftsführer muß ordnungsmäßig bevollmächtigt sein, wenn er nicht für seine Person allein Vertretungsbefugniß hat. Die Legitimation ist von Amtswegen zu prüfen und wird durch einen Auszug aus dem Handelsregister geführt. Für die Eidesleistung sind §§ 435, 436 [437] C.P.O. maßgebend, wenn auch die einzelnen Geschäftsführer nicht „mehrere gesetzliche Vertreter" sind, sondern die Gesammtheit der Geschäftsführer als gesetzlicher Vertreter gilt. Auch in den nicht unter die C.P.O. fallenden Angelegenheiten erfolgt die Eidesleistung durch die Geschäftsführer (vgl. Ring S. 530). Die Zustellung, welche an die Gesellschafter als Partei zu erfolgen hat, braucht nur an einen Geschäftsführer zu geschehen (§ 157 [171] C.P.O.), durch den letzten Satz in Abs. 2 ist dies auf alle Willenserklärungen ausgedehnt. Bei Rechtsstreitigkeiten mit einem Geschäftsführer kann für die Gesellschaft nicht an diesen zugestellt werden (R.G. Bd. 7 S. 404), sondern ist nach § 169 [184] C.P.O. zu verfahren, wenn kein anderer Geschäftsführer vorhanden ist. Ring S. 532 und Staub S. 476 wollen nach § 55 [57] C.P.O. einen Prozeßpfleger bestellen lassen, es ist aber die Partei nicht ohne gesetzliche Vertreter.

5. Kontrahiren der Geschäftsführer als Vertreter der Gesellschaft mit sich selbst oder als Vertreter Dritter.

Nach allgemeinen Rechtsgrundsätzen ist es zulässig, daß ein Geschäftsführer für die Gesellschaft mit sich selbst kontrahirt (vgl. R.G. Bd. 6 S. 11 ff., Bd. 7 S. 404. Dagegen R.O.H.G. Bd. 3 S. 392 und mit dem R.O.H.G. Neukamp S. 113). Nur wenn der Geschäftsführer seine Stellung dazu benutzt, um den Vertrag unter Hintansetzung des Interesses der Gesellschaft zu seinem alleinigen Vortheil abzuschließen, ist die Gesellschaft berechtigt, den Vertrag wegen Arglist anzufechten (vgl. R.G. Bd. 6 S. 17, Strafsachen Bd. 26 S. 136). Für den Fall der Prozeßführung zwischen einem Geschäftsführer und der Gesellschaft vgl. die vorstehende Anm. Eine Selbstbevollmächtigung liegt nicht in dem Falle vor, daß unter den Mitgliedern des Vorstandes, welche die Vollmacht für ein Vorstandsmitglied ausstellen, sich dieses befindet, die Verfügung des Reichspostamts, nach der dann eine unzulässige Selbstbevollmächtigung vorliegt, ist nicht haltbar, da das Vorstandsmitglied sich gar nicht selbst bevollmächtigt (Blätter für Genossenschaftswesen 1893 Nr. 21, Monatsschrift für Aktienrecht 1895 S. 257).

6. Beschlußfassung der Geschäftsführer.

Das Gesetz geht von der Kollektivvertretung nach außen aus, daraus ergiebt sich, daß im Zweifel auch für die Geschäftsführung die Mitwirkung sämmtlicher Geschäftsführer erforderlich ist. Zweifel können entstehen über die Mitwirkung eines persönlich interessirten Geschäftsführers. Das Gesetz verbietet dieselbe nicht, und nach dem in Anm. 5 aufgestellten Grundsatze wird dieselbe zulässig sein. Bei Stimmengleichheit ist nach parlamentarischem Brauch der Antrag als abgelehnt zu betrachten, wie er auch thatsächlich nicht die Mehrheit der Stimmen erhalten hat. Beschlußfähig ist das Organ der Geschäftsführer, wenn so viele Geschäftsführer anwesend sind, als zur Vertretung erforderlich sind, mangels anderweiter Festsetzung im Gesellschaftsvertrage müssen daher alle Geschäftsführer anwesend sein. Bei gesetz- und statutenwidrigen Beschlüssen wird der überstimmte Geschäftsführer nicht ohne Weiteres durch den Beschluß der Mehrheit gedeckt, die ihm in Angelegenheiten der Gesellschaft obliegende Sorgfalt eines ordentlichen Geschäftsmannes kann von ihm erfordern, Schritte zur Inhibirung der beschlossenen Maßnahmen zu ergreifen.

7. Kundgebung von Willenserklärungen.

Durch die Fassung des Abs. 2 ist klargestellt, daß die Bestimmungen in Abs. 2 sich auch auf mündliche Willenserklärungen beziehen (vgl. R.O.H.G. Bd. 3 S. 183, Bd. 16 S. 34). Gilt in Folge der Vorschrift des Gesetzes die Kollektivvertretung bei der Gesellschaft oder fordert der Gesellschaftsvertrag für die Rechtshandlungen das Zusammenwirken einer bestimmten Anzahl Geschäftsführer, so ist eine Uebertragung der der Gesammtheit der Geschäftsführer obliegenden Vertretung auf einen Geschäftsführer nicht zulässig, es darf auf diese Weise aus der Kollektivvertretung nicht eine Einzelvertretung geschaffen werden. Der Schwerpunkt liegt in der kollektiven Ausübung der Vertretung, die Uebereinstimmung der betreffenden Geschäftsführer muß kundgegeben sein (R.O.H.G. Bd. 12 S. 34, R.G. Bd. 24 S. 27). Dagegen ist statthaft, daß das Organ der Geschäftsführer einem seiner Mitglieder Vollmacht ertheilt (R.G. a. a. O.). Diese Vollmacht kann auch mündlich ertheilt sein (R.O.H.G. Bd. 12 S. 35). Dieser bevollmächtigte Geschäftsführer tritt dann aber nicht als Organ der Gesellschaft hervor, sondern als Bevollmächtigter und seine Rechte und Pflichten bestimmen sich nach dem Umfang der ihm ertheilten Vollmacht. Darauf, ob die betreffenden Rechtshandlungen bereits in dem Organ beschlossen sind, kommt es dann nicht an, nur der Umfang der Vollmacht ist entscheidend. Hat die Gesellschaft mit der Post vereinbart, die Briefe abholen zu lassen, so trägt die Gesellschaft bei Veruntreuung den Schaden (vgl. R.G. Bd. 35 S. 320). Wenn es der Gesellschaft gestattet ist, Prokuristen zu bestellen (§ 47 [46] Z. 7), so muß auch bei Kollektivvertretung die Uebertragung von Geschäften an einen Geschäftsführer durch das Geschäftsführer-Organ zulässig sein. Durch nachträgliche Genehmigung der Geschäftsführer konvalescirt das von einem Geschäftsführer abgeschlossene Geschäft (R.O.H.G. Bd. 16 S. 35). Aus der Fassung des Gesellschaftsvertrags kann sich freilich aber auch der Ausschluß einer Vollmachtsertheilung ergeben, wenn z. B. die Kollektivvertretung sich als eine Kontrollmaßregel für den Kassierer ergiebt (vgl. R.O.H.G. Bd. 6 S. 394, Bd. 12 S. 34, Bd. 16 S. 34, R.G. Bd. 8 S. 89). In solchem Falle könnte die Gesellschaft in Folge der Handlungen eines Geschäftsführers aus dem Gesichtspunkte der Bereicherung in Anspruch genommen werden. Die Gesellschaft kann sich aber auf die Kollektivvertretung nicht berufen, wenn sie in Nichtachtung derselben den einzelnen Geschäftsführer mit alleinigem Handeln betraut hat. „Es liegt in der Natur der Verkehrsverhältnisse, daß das geschäftliche Verhalten des Gewerbetreibenden, namentlich in Bezug auf das Vertretungsverhältniß, über den Kreis der in den konkreten Fällen unmittelbar Betheiligten hinausdringt und Wirkungen erzeugt" (R.G. Bd. 5 S. 18); es greifen hier die Grundsätze Platz, die für die Vertretung ohne Vollmacht gelten. Das R.G. (vgl. Blätter für Genossenschaftswesen 1898 Nr. 8) hat für das Gebiet des C. c. den Grundsatz der civilrechtlichen Haftpflicht der Gesellschaft für Verschulden ihrer Vertreter auch für den Fall aufgestellt, daß der Vertreter die von ihm vereinnahmten Gelder quittirt; für die übrigen Rechtsgebiete würde dasselbe gelten müssen, so auch für das B.G.B. (vgl. § 36 Anm. 2).

Anders verhält es sich mit der Kenntniß einzelner Geschäftsführer von Thatumständen. Für das von dem Willen unabhängige Wissen kommt das Prinzip der Kollektivität nicht zur Anwendung (vgl. Riesenfeld „Der Kollektivvorstand" in der Monatsschrift für Aktienrecht 1895 S. 232 ff., ebenso 1893 S. 314), weil es keinen Maßstab giebt, ob das Wissen eines mithandelnden Vertreters das Nichtwissen des andern, der Dolus des einen den guten Willen des andern überwiegt, oder ob das Umgekehrte der Fall ist. Diese Auffassung entspricht den Bedürfnissen des Verkehrs wie den Anforderungen des Rechtsgefühls. Denn es ist zweifellose Pflicht jedes einzelnen Geschäftsführers und daher bei normalem Verhalten ohne Weiteres vorauszusetzen, daß derselbe seine, für die Wirkungen des beabsichtigten Geschäfts erhebliche Wissenschaft seinen Genossen mittheilt und das Unterbleiben dieser Mittheilung kann, abgesehen von ganz besonders gearteten Fällen, nur auf bewußter Pflichtverletzung oder unentschuldbarer Nachlässigkeit beruhen. So das Reichsgericht in dem Urtheil vom 2. Februar 1885 (Jur. Wochenschrift 1885 S. 127 f.), vom 7. März 1887 (ebenda 1887 S. 191), vom 28. Februar 1889 (ebenda 1889 S. 154) für Aktiengesellschaft; ebenso Hergenhahn S. 66, a. A. Ring S. 541. Für Gesellschaften mit beschränkter Haftung ist dies umsomehr anzunehmen, wegen der ausdrücklichen Vorschrift, daß für Willenserklärungen, die der Gesellschaft gegenüber abzugeben sind, es genügt, wenn die Erklärung an einen der Geschäftsführer erfolgt.

8. Willenserklärungen gegenüber der Gesellschaft.

Der Satz: „ist der Gesellschaft gegenüber eine Willenserklärung abzugeben, so genügt es, wenn dieselbe an den Geschäftsführer erfolgt" ist von der Reichstagskommission eingefügt. Eine Begründung enthält der Kommissionsbericht nicht, er beruht auf dem vom R.O.H.G. und R.G. wiederholt aufgestellten Grundsatz, daß die Kollektivität nur im Willen, nicht auch im Wissen erforderlich ist. Für gerichtliche Zustellungen genügt bereits nach § 157 [171] Abs. 3 C.P.O. zur Wirksamkeit derselben die Zustellung an einen Vertreter, wenn mehrere vorhanden sind. Die Vorschrift bezieht sich auf alle einseitigen Erklärungen, wie Protest, Kündigung, Mahnung. Zweifelhaft ist es, wie es sich mit Rechtsgeschäften verhält, durch welche die Gesellschaft nicht verpflichtet wird, sondern nur Rechte erwirbt. Bei Gelegenheit der Berathung des G.G. vom 1. Mai 1889 erklärten die Regierungsvertreter in der Reichstagskommission, daß die Vorschrift über die Doppelzeichnung nur Willenserklärungen im Auge habe, welche die Genossenschaften verpflichten. Da jedoch die Geschäftsführer das vertretende Organ für Pflichten und Rechte der Gesellschaften sind, muß auch für beides die Kollektivvertretung gelten (vgl. Parisius und Crüger S. 160). Die Kollektivvertretung gilt auch für die Annahme von Postsachen, über die eine Bescheinigung auszustellen ist; soll eine Unterschrift genügen, so bedarf es ordnungsmäßiger Vollmacht, wenn die Vertretung in den Händen mehrerer Geschäftsführer liegt.

9. Zeichnung.

„Namensunterschrift": „Darüber, in welcher Form die Unterschriften von Urkunden herzustellen sind, entscheidet die Rechtssitte" (R.G. Bd. 14 S. 97); zulässig soll demnach die Unterschrift „mit den auf lithographischem Wege hergestellten Nachbildungen" sein, „vorausgesetzt, daß diese Nachbildungen auf eine Verfügung des . . . Vorstandes zurückzuführen sind". Wir können diese Entscheidung nicht als richtig anerkennen. Die „Rechtssitte" kann das Gesetz nicht ändern. Dies verlangt „Namensunterschrift". Abdruck einer Namensunterschrift oder Abdruck der auf Stein oder Metall gefertigten Nachbildung einer Namensunterschrift ist nimmermehr identisch mit Namensunterschrift. Ebenso Esser S. 64, Birkenbihl S. 194, auch wohl Hergenhahn S. 66, obgleich anscheinend widersprechend.

Die Firma ist das feststehende Moment in der Zeichnung, nur

die Unterschriften wechseln mit den Personen der Geschäftsführer. Wird eine Bestimmung über die Form der Zeichnung getroffen, so muß dies im Gesellschaftsvertrage geschehen, der Gesellschaftsvertrag kann die Bestimmung der Form nicht einem Organ übertragen (vgl. Birkenbihl S. 190, Parisius und Crüger S. 158, a. A. Johow und Küntzel Bd. 10 S. 37 für Akt.-Ges.). Im Uebrigen aber ist die Bestimmung über die Form der Zeichnung nur eine Ordnungsvorschrift — wie bei A.G. und G. (Ring S. 543, Parisius und Crüger S. 161), deren Befolgung auf die Gültigkeit des Geschäfts keinen Einfluß hat (§ 36, vgl. R.O.H.G. Bd. 14 S. 174, Bd. 16 S. 209, Bd. 18 S. 340, anders Neukamp S. 111); es kommt daher auch z. B. nicht darauf an, ob die Firma überhaupt oder richtig gebraucht ist, es sei denn, daß es sich um einen Formalakt handelt, z. B. Zeichnung eines Wechsels. Jede dem entgegenstehende Vorschrift des Gesellschaftsvertrages ist als im Widerspruch mit § 36 stehend ungültig. Eine Ausnahme gilt nur für die Zeichnung auf Wechsel, die mit voller und richtiger Firma erfolgen muß.

§ 36.

Die Gesellschaft wird durch die in ihrem Namen von den Geschäftsführern vorgenommenen Rechtsgeschäfte berechtigt und verpflichtet; es ist gleichgültig, ob das Geschäft ausdrücklich im Namen der Gesellschaft vorgenommen worden ist, oder ob die Umstände ergeben, daß es nach dem Willen der Betheiligten für die Gesellschaft vorgenommen werden sollte.

Entw. I, II, Komm., Rtg. § 36. Entw. I S. 87, II S. 68. A.G. Art. 230, G.G. § 26 Abs. 1.

1. Von den Geschäftsführern vorgenommene Rechtshandlungen.

[Im H.B. ist die entsprechende Bestimmung des Art. 230 „als überflüssig weggelassen" (Denkschrift S. 149).]

Die Geschäfsführer bilden die gesetzliche Vertretung der Gesellschaft (§ 35). Erforderniß für die Entstehung der Rechte und Pflichten der Gesellschaft aus den Rechtshandlungen der Geschäftsführer ist in erster Reihe, daß so viel Geschäftsführer mitgewirkt haben, wie nach § 35 für die Vertretung erforderlich waren (vgl. § 35 Anm. 7). Die Rechtshandlung muß ferner entweder „ausdrücklich im Namen der Gesellschaft" vorgenommen sein, oder die Umstände müssen ergeben, daß sie „für die Gesellschaft", d. h. im Namen der Gesellschaft vorgenommen werden sollte (§ 35 Anm. 9). Die Rechtshandlungen berechtigen und verpflichten sodann die Gesellschaft als solche, nicht die Gesellschafter und auch nicht die Geschäftsführer, vgl. § 35 Anm. 1, § 44 [43] Anm. 1.

2. Verantwortung für Verschulden der Geschäftsführer (§ 13).

Strafrechtlich verantwortlich ist die Gesellschaft nach ihrem

Wesen für die Handlungen der Geschäftsführer nicht (vgl. § 13 Anm. 1), sie haftet daher auch nicht für Stempelkontraventionsstrafen (Urtheil des R.G. vom 12. Januar 1886 Jurist. Wochenschrift von 1886 S. 108 Entsch. in Strafsachen Bd. 24 S. 226) und ebensowenig für Gewerbekontraventionen; anders liegt es bei Rechtsgeschäften, die selbst ein Delikt gegen Dritte enthalten, z. B. unbefugter Gebrauch von Marken (R.G. Bd. 10 S. 302), in diesem Falle haftet die Gesellschaft für den Schaden, das Gleiche gilt für Patentverletzungen (R.G. Bd. 15 S. 126 ff.): „Dem Rechte der Bethätigung entspricht die Pflicht, sich der Verletzung zu enthalten. In diesen Fällen handelt es sich um Verpflichtungen aus den von dem Willensorgan vorgenommenen Rechtsgeschäften." Jedenfalls besteht auch Haftung für rechtswidrige Akte, die unter der Firma der Gesellschaft vorgenommen werden (unwahre Angaben), vgl. R.G. Bd. 17 S. 95. § 62 enthält eine Sonderbestimmung. Für die civilrechtliche Verantwortung der Gesellschaft aus den außerkontraktlichen schuldhaften Handlungen ihrer Vertretung kommen die für die juristischen Personen geltenden Grundsätze zur Anwendung.

a. Gemeines Recht: Durch Urtheil vom 6. April 1888 (Jurist. Wochenschrift 1888 S. 212) hat das Reichsgericht ausgesprochen, daß eine juristische Person nicht nur für die Erfüllung der aus Kontraktverhältnissen hervorgehenden oder durch spezielle Gesetze auferlegten Verpflichtungen gleich der Privatperson haftet, sondern auch für schuldhafte Handlungen und Unterlassungen der Vertreter innerhalb ihrer Zuständigkeit in demselben Maße verantwortlich ist, wie eine Privatperson für eigene Handlungen oder Unterlassungen (dagegen R.O.H.G. Bd. 19 S. 202, woselbst die Haftpflicht nur für den Fall der Bereicherung angenommen wird. Auf dem Standpunkt des Reichsgerichts, der der heutigen Rechtsentwicklung entspricht: Windscheid I § 59).

b. Preußisches Recht: Als unstreitig ist anzusehen, daß die Gesellschaft verantwortlich ist für Verschulden ihrer Vertreter, Beamten, Bevollmächtigten bei Eingehung oder Erfüllung von Kontraktverhältnissen und bei den durch spezielle Gesetze auferlegten Verpflichtungen (R.G. Bd. 8 S. 236). Auseinander gehen die Ansichten über die Haftpflicht für eine außerkontraktliche Verbindlichkeit. Nach § 82 I 6 A.L.R. werden Korporationen in Rücksicht auf ihre Rechte und Verbindlichkeiten gegen Andere außer ihnen wie physische Personen beurtheilt. Diese Bestimmung muß auch für Gesellschaften mit beschränkter Haftung gelten. Ein Versehen kann bei einer juristischen Person nur in dem fehlerhaften Verhalten ihrer Willensorgane bestehen; als solche aber sind ihre amtlichen Vertreter anzusehen und zwar insoweit, als sie vermöge des Amtes thätig sind. Diese Organe sind mit der juristischen Person rechtlich zu identifiziren, was sie als Vertreter derselben thun, gilt als von der juristischen Person vorgenommen. Als fremdes erscheint dagegen für diese jedes andere Versehen, mag es von dritten Personen oder von ihren Willensorganen außerhalb des Amtskreises begangen sein. Wegen des eigenen, d. h. der Willensorgane Versehens kann die juristische

Person ohne Weiteres in Anspruch genommen werden, wegen eines fremden nur, wenn ihr ein Versehen in der Auswahl zur Last fällt. Die in der Praxis übliche Unterscheidung, daß die gesetzliche (außerkontraktliche) Ersatzverbindlichkeit sich der Regel nach auf die Vernachlässigung gebietender Vorschriften beschränkt, während in Ansehung der Kontraktspflicht positive und negative Vertragsverletzungen gleichgestellt werden, erklärt sich daraus, daß positive Gesetzesverletzungen ihrer Beamten regelmäßig überhaupt nicht als Amtshandlungen angesehen werden können, so R.G. Bd. 19 S. 352, Bd. 22 S. 261 ff.: „Die Annahme eines eigenen Versehens der Korporation setzt einerseits voraus, daß diejenigen, welche als Vertreter der Korporation gehandelt haben, zu deren Vertretung in Bezug auf Willensakte gesetzlich befugt waren und im speziellen Falle auf Grund ihrer Vertretungsbefugniß und in den Grenzen derselben thätig geworden sind, andererseits, daß der Korporation als solcher die Verpflichtung oblag, Aufmerksamkeit anzuwenden, daß sie den Gesetzen gemäß handeln (§§ 16, 17 I 3). Eine solche Verpflichtung der Korporation ... tritt ... überall ein, wo die Korporation handelnd in den Rechtsverkehr eingreift und mit ihrem Eingreifen zu anderen Personen in rechtliche Beziehungen tritt, welche eine Beschädigung dieser Person zur Folge haben können". Unzweideutig ist dies in dem Urtheil des R.G. vom 5. Mai 1893 (Bd. 31 S. 249) ausgesprochen. Es ist die Annahme geboten, daß juristische Personen für schuldhafte Handlungen und Unterlassungen ihrer Vertreter auch außerkontraktlich in demselben Maße verantwortlich sind, wie natürliche Personen für eigenes Verschulden. „Die selbstverständliche Voraussetzung ist jedoch, daß der Vertreter, aus dessen Verschulden die juristische Person verantwortlich gemacht werden soll, ein die juristische Person repräsentirendes Willensorgan ist und daß die schuldhafte Handlung oder Unterlassung innerhalb des dem Vertreter zugewiesenen Geschäftskreises liegt, sich mithin nicht als ein bloß persönliches Verschulden darstellt, die juristische Person haftet daher nicht ohne Weiteres für Verschulden von Angestellten und Bediensteten", vgl. auch Urtheil des Obersten Landesgerichts für Bayern vom 15. März 1895, mitgetheilt in der Monatsschrift für Aktienrecht 1895 S. 185. Vgl. auch Gierke, Genossenschaftstheorie S. 758, Dernburg I § 52, Förster-Eccius IV S. 733, Koch, Kommentar zu § 81 II 6 A.L.R. Das Willensorgan der Gesellschaft mit beschränkter Haftung bilden allein die Geschäftsführer. Insoweit ist die Gesellschaft stets verhaftet, als durch das außerkontraktliche Delikt ihres Organs etwas in ihr Vermögen gekommen ist (R.G. Bd. 18 S. 120).

c. [Bürgerliches Gesetzbuch: § 31 B.G.B. bestimmt: „Der Verein ist für den Schaden verantwortlich, den der Vorstand, ein Mitglied des Vorstandes oder ein anderer verfassungsmäßig berufener Vertreter durch einen in Ausführung der ihm zustehenden Verrichtungen begangene, zum Schadensersatze verpflichtende Handlung einem Dritten zugefügt". Hierzu heißt es in dem Kommentar zum B.G.B. von Planck: „Es kommt also weder auf ein Verschulden des Vereins an noch darauf, ob dem Vorstand oder dem sonstigen verfassungsmäßig berufenen Vertreter ein Verschulden zur Last fällt, noch auch darauf, ob die Handlung, durch welche der Schaden zugefügt wird, eine widerrechtliche ist. Erforderlich ist nur, daß durch die Handlung eine Verpflichtung zum Schadensersatz begründet wird. . . . Maßgebend ist bei dieser Ausdehnung der Gedanke, daß die Handlungen des verfassungsmäßigen Vertreters einer juristischen Person, da diese nur durch ihn handeln und in den Geschäftsverkehr eintreten kann, im Interesse Dritter ganz so angesehen werden müssen, als seien es Handlungen der juristischen Person selbst", vgl. Weiteres a. a. O.]

§ 37.

Die Geschäftsführer sind der Gesellschaft gegenüber verpflichtet, die Beschränkungen einzuhalten, welche für den Umfang ihrer Befugniß, die Gesellschaft zu vertreten, durch den Gesellschaftsvertrag oder, soweit dieser nicht ein Anderes bestimmt, durch die Beschlüsse der Gesellschafter festgesetzt sind.

Gegen dritte Personen hat eine Beschränkung der Befugniß der Geschäftsführer, die Gesellschaft zu vertreten, keine rechtliche Wirkung. Dies gilt insbesondere für den Fall, daß die Vertretung sich nur auf gewisse Geschäfte oder Arten von Geschäften erstrecken oder nur unter gewissen Umständen oder für eine gewisse Zeit oder an einzelnen Orten stattfinden soll, oder daß die Zustimmung der Gesellschafter oder eines Organs der Gesellschaft für einzelne Geschäfte erfordert ist.

Entw. I u. II, Komm., Rtg. § 37. Entw. I S. 87, II S. 68. A.G. Art. 231. [H.B. § 235]. G.G. § 27.

1. Umfang der Vertretungsbefugniß der Geschäftsführer nach innen.

Der Gesellschaft gegenüber können den Geschäftsführern in der Vertretung Schranken gezogen werden, es kann eine weitgehende Abhängigkeit geschaffen werden. Es hat dies durch den Gesellschaftsvertrag zu geschehen oder durch Beschlußfassung (einfache, insoweit in der Beschränkung keine Aenderung des Gesellschaftsvertrages liegt) der Gesellschafter, falls nicht der Gesellschaftsvertrag den Gesellschaftern dies Recht nimmt. Der Gesellschaftsvertrag hätte die Beschränkungen im Einzelnen festzusetzen, dieselben können entweder der Art sein, daß die Vornahme gewisser Geschäfte überhaupt untersagt wird oder daß die Einholung der Genehmigung eines anderen Organs, z. B. der Versammlung der Gesellschafter oder des Aufsichtsraths gefordert wird. Die Beschränkung darf aber nicht so weit gehen, daß die Geschäftsführung den Geschäftsführern entzogen und in die Hände eines anderen Organs gelegt wird, darin würde ein Verstoß gegen § 35 Abs. 1

liegen (vgl. daselbst). Eine sich stets aus dem Gesellschaftsvertrage ergebende Beschränkung liegt in dem Gegenstande des Unternehmens (§ 3 Anm. 4), der z. B. für den Erwerb von Grundstücken, Umfang der Aufnahme von Anlehen entscheidend ist. Fassen die Gesellschafter Beschlüsse, die dem Gesetz und Gesellschaftsvertrage zuwiderlaufen, so ist nicht ohne Weiteres anzunehmen, daß die Geschäftsführer für deren Ausführung keine Verantwortung trifft (ebenso Birkenbihl S. 199, Hergenhahn S. 66; a. A. Förtsch S. 91), vielfach wird es die von ihnen anzuwendende Sorgfalt eines ordentlichen Geschäftsmannes (§ 44 [43]) fordern, daß sie die Ausführung inhibiren, für die Erhaltung des Stammkapitals ist dies ausdrücklich in § 44 [43] Abs. 3 ausgesprochen. Die Geschäftsführer haben das Recht, den Beschluß mit der Klage anzufechten. Lassen die Geschäftsführer die Beschränkungen unbeachtet, so werden sie der Gesellschaft verantwortlich, würden sie z. B. verpflichtet sein zu einem Rechtsgeschäft die Genehmigung der Gesellschafter einzuholen und sie unterlassen es, so machen sie sich schadensersatzpflichtig, es sei denn, sie führen den Nachweis, daß die Gesellschafter die Vornahme des Geschäfts beschlossen hätten (vgl. R.G. Bd. 35 S. 83 ff.). Schenkungen Seitens der Geschäftsführer erscheinen zulässig insoweit sie im Geschäftsbetriebe ähnlicher Gesellschaften üblich sind. Die Geschäftsführer können Vergleiche für die Gesellschaft eingehen, Verzichte erklären, ihnen liegt die Entscheidung über die Prozeßführung ob.

2. Beschränkungen gegenüber Dritten.

Dritten gegenüber sind die Geschäftsführer unbeschränkt und unbeschränkbar — das Korrelat liegt in der jederzeitigen Absetzbarkeit (§ 38). Es entspricht dies dem Handelsverkehr. Jede zugelassene Beschränkung würde nur zu Zweifeln und Unklarheiten die Veranlassung bieten. Die Geschäftsführer sind Dritten gegenüber zur Vornahme aller Rechtsgeschäfte ohne Rücksicht auf den Gegenstand des Unternehmens befugt. Die Beschränkungen sind ungültig, auch selbst wenn sie eingetragen wären, da die Eintragung keine Gesetzwidrigkeit heilt. Die in Abs. 2 aufgeführten Fälle sind nur Beispiele. Die Geschäftsführer gelten als solche für das ganze Unternehmen, es giebt z. B. nicht Geschäftsführer der Hauptniederlassung und von diesen getrennt solche der Zweigniederlassung (vgl. RG. Bd. 22 S. 70 ff. § 12 Anm 1). Aus der Bestimmung, daß auch eine Beschränkung nicht „für eine gewisse Zeit" statthaft ist, ergiebt sich, daß eine Zeitbeschränkung, die der Eintragung und Veröffentlichung der Geschäftsführer (§§ 39, 40) beigefügt ist, Dritten gegenüber der rechtlichen Bedeutung entbehrt (vgl. Holdheim in seiner Monatsschrift 1894 S. 201 ff.). Die Theilung der Geschäftsführung, welche die Geschäftsführer unter einander vornehmen, hat Dritten gegenüber keine Bedeutung, da die Beschränkung eines Geschäftsführers auf bestimmte Arten der Geschäfte Dritten gegenüber keine rechtliche Wirkung hat (§ 35 Anm. 1). Auch das Grundbuchgericht kann bei Auflassung von Grundstücken nicht die Beibringung der Genehmigung der Gesellschaft oder des Organs fordern, welchem nach dem Gesellschaftsvertrage die Genehmigung für den Erwerb vorbehalten ist, da die Geschäftsführer bei Erwerb und Veräußerung des Grundstücks unbeschränkt sind. Mit Recht weist Neukamp S. 119 darauf hin, daß landesgesetzliche Beschränkungen in der Vertretung nach § 27 bestehen geblieben sind (dagegen Birkenbihl S. 201), vgl. § 13 Anm. 1 ebenso Hergenhahn S. 70. Nicht zuzustimmen ist Förtsch S. 91, daß Beschränkungen des Gesetzes z. B. § 47 [46] Ziff. 7 auch Dritten gegenüber gelten, auch diese Beschränkungen haben nur interne Bedeutung.

3. **Kenntniß Dritter von der Beschränkung.**

Zur Anfechtung des Rechtsgeschäfts genügt es nicht, daß der Vertreter mit Kenntniß des Dritten die Beschränkung überschritten hat. Die Anfechtung ist begründet, „wenn von der . . . Vertretungsbefugniß Gebrauch gemacht ist in der Absicht, sich oder anderen zum Nachtheile der Gesellschaft . . . einen rechtswidrigen Vortheil zu verschaffen . . . und der Dritte an diesem Dolus des Vertreters theilgenommen, d. h. absichtlich zum Nachtheil der Gesellschaft . . . mit ihm kollidirt hat, so daß nach allgemeinen Rechtsgrundsätzen die exceptio doli gegen ihn begründet ist“ (R.G. Bd. 9 S. 149). Auch die Gesellschafter gelten als Dritte. Es gilt das Gleiche, was das Reichsgericht (Bd. 4 S. 73) für die Genossenschaften ausgeführt hat: „Die im Gewerbebetriebe . . . mit . . . Mitgliedern abgeschlossenen Verträge sind . . . zweifellos keine inneren Angelegenheiten des Vereins; vielmehr erscheinen die Genossenschafter insoweit als Dritte, und die Rechte und Verbindlichkeiten der Kontrahenten können rücksichtlich ihrer Entstehung, rechtlichen Wirksamkeit und Auslegung nach keinen anderen Grundsätzen beurtheilt werden, als wenn sie zwischen dem Vorstand und einer außerhalb der Genossenschaft stehenden Person zu Stande gekommen wären.“ Die Gesellschafter gelten aber nicht als „Dritte“, wo es sich um ihre Rechte und Pflichten als Gesellschafter handelt (vgl. R.G. Bd. 24 S. 59 ff.). Der Geschäftsführer kann sich nicht auf Abs. 2 berufen, wenn mit ihm unter Nichteinhaltung der Beschränkungen kontrahirt ist, denn er ist für die Beobachtung der Einschränkungen verantwortlich (Birkenbihl S. 200).

§ 38.

Die Bestellung der Geschäftsführer ist zu jeder Zeit widerruflich, unbeschadet der Entschädigungsansprüche aus bestehenden Verträgen.

Im Gesellschaftsvertrage kann die Zulässigkeit des Widerrufs auf den Fall beschränkt werden, daß wichtige Gründe denselben nothwendig machen. Als solche Gründe sind insbesondere grobe Pflichtverletzung oder Unfähigkeit zur ordnungsmäßigen Geschäftsführung anzusehen.

Entw. I u. II, Komm., Rtg. § 38. Entw. I S. 87, II S. 68. A.G. Art. 227 Abs. 3. [H.B. § 231 Abs. 3.] G.G. § 24 Abs. 3.

1. Widerruf der Bestellung.

Die Dauer der Anstellung, wie die Art, in der die Beendigung herbeizuführen ist, richtet sich nach dem Gesellschaftsvertrage bezw. dem besonderen Anstellungsvertrage. Zulässig würde auch Anstellung auf Lebenszeit sein. Stets aber ist die Bestellung zu jeder Zeit widerruflich (Abs. 1), und es darf nur im Gesellschaftsvertrage die Zulässigkeit des Widerrufs „auf den Fall beschränkt werden, daß wichtige Gründe denselben nothwendig machen" (Abs. 2). In dieser Einschränkung liegt eine Abweichung von den Grundsätzen des A.G. und des G.G., nach denen unbedingt die Bestellung der Vorstandsmitglieder stets widerruflich ist, „denn (Entw. I S. 88, II S. 69) wenn auch von dem Regelfall auszugehen ist, daß die Geschäftsführer thatsächlich nichts Anderes als das beauftragte Organ der Gesellschaft darstellen, so müssen doch zugleich diejenigen Fälle berücksichtigt werden, in welchen bei einer kleinen Zahl von Mitgliedern diesen sämmtlich oder einzelnen von ihnen ein dauerndes Recht auf die Geschäftsführung zugestanden werden soll". Das Gesetz läßt daher Abweichungen von der gesetzlichen Regel zu, wie sie in Art. 101 H.G.B. [§ 117 H.B.] für die offene Handelsgesellschaft enthalten sind, nur daß bei der Gesellschaft mit beschränkter Haftung sich der Widerruf auch auf die Vertretungsbefugniß erstreckt. Eine weitergehende Einschränkung des Widerrufs darf weder im Gesellschaftsvertrage festgesetzt noch im Anstellungsvertrage vereinbart werden, unzulässig ist, im Gesellschaftsvertrage bestimmte Entlassungsgründe zu bezeichnen (a. A. Förtsch, S. 94), der Wortlaut des Gesetzes steht dem entgegen, es bleibt, wenn die Bestimmung des Gesellschaftsvertrages eingetragen sein sollte, gleichwohl das Recht des Widerrufs bestehen. Nach § 47 [46] Z. 5 des Gesetzes haben die Gesellschafter über den Widerruf zu beschließen, wenn der Gesellschaftsvertrag hierüber nicht eine andere Bestimmung enthält (§ 46 [45] Abs. 2); besteht ein Aufsichtsrath, so kann diesem das Recht der vorläufigen Amtsenthebung übertragen werden. Hat der betreffende Geschäftsführer durch Besitz von Geschäftsantheilen die Macht in Händen, so bliebe den andern Gesellschaftern noch die Möglichkeit der Auflösungsklage. Nur § 61, vorausgesetzt natürlich, daß das Verhalten des Geschäftsführers zu dem Thatbestand des § 61 führt. Während nach dem A.G. und G.G. den Vorstandsmitgliedern nach erfolgtem Widerruf der Bestellung keine Klage auf Aufhebung desselben zusteht, gilt dies hier nur für den Fall, daß der Gesellschaftsvertrag nicht von dem Recht des Abs. 2 Gebrauch gemacht und den Widerruf auf das Vorhandensein wichtiger Gründe eingeschränkt hat. Wo eine solche Festsetzung getroffen ist und n u r da können die Geschäftsführer den Widerruf anfechten und Wiedereinsetzung in ihre Thätigkeit beantragen. Andernfalls bleibt ihnen nur der Entschädigungsanspruch (vgl. Anm. 2); in den Fällen, daß der Gesellschaftsvertrag den Widerruf nur bei dem Vorhandensein wichtiger Gründe zuläßt, wird es allerdings schwerlich zu einem Entschädigungsanspruch kommen. Die Frage, ob der Widerruf berechtigt ist, ist nach richterlichem Ermessen zu entscheiden, doch sind nicht die für Handlungsbevollmächtigte maßgebenden Art. 57 ff. H.G.B. [H.B. § 72] vorbildlich, da die Geschäftsführer nicht Handlungsbevollmächtigte sind (§ 35 Anm. 2, vgl. R.O.H.G. Bd. 13 S. 183, R.G. Bd. 7 S. 77). Ueber Gründe des Widerrufs vgl. R.O.H.G. Bd. 13 S. 183 ff., Bd. 19 S. 61 ff., Bd. 21 S. 376 ff., R.G. Bd. 7 S. 77 ff. Widerruf wegen Vertrauensmißbrauchs vgl. Urtheil des R.G. vom 10. April 1894 (Ztschr. für das ges. Aktienwesen 1895 S. 8).

2. Entschädigungsanspruch.

Der Anspruch aus dem Vertrage in Folge unbegründeten Widerrufs richtet sich nach dem Landesrecht, und der abgesetzte Geschäftsführer ist nicht blos auf Entschädigung angewiesen, sondern kann auch Erfüllung — abgesehen von der weiteren Zulassung zur Vertretung (vgl. jedoch Abs. 2) — fordern (R.O.H.G. Bd. 6 S. 181, Bd. 16 S. 171, R.G. Bd. 22 S. 35). [In Zukunft findet § 615 B.G.B. Anwendung. Danach hat der Dienstverpflichtete Anspruch auf die vereinbarte Vergütung, wenn der Dienstberechtigte mit der Annahme des Dienstes in Verzug geräth, muß sich jedoch den Werth desjenigen anrechnen lassen, was er in Folge des Unterbleibens der Dienstleistung erspart oder durch anderweitige Verwendung seiner Dienste erwirbt oder zu erwerben böswillig unterläßt.] Ueber Gehaltsansprüche vgl. § 35 Anm. 3.

3. Eintragung in das Handelsregister.

Der Widerruf der Bestellung hat die Beendigung der Vollmacht zur Folge und ist daher in das Handelsregister einzutragen, es ist dies mit Rücksicht auf Dritte nothwendig (§ 40). Zweifel können entstehen, wie es mit der Anmeldung und Eintragung in dem Falle zu halten ist, daß der Widerruf nur aus wichtigen Gründen erfolgen kann, eine Aufhebung desselben im Wege der Klage also nicht ausgeschlossen ist. Nach der Begründung (Entw. I S. 89, II S. 69) soll die Abberufung nicht ohne Weiteres zur Eintragung in das Handelsregister gebracht werden können, wenn über die Rechtmäßigkeit des Widerrufs Streit besteht, „indem das Registergericht es den Betheiligten überlassen wird, den Streit zunächst im Prozeßwege zum Austrag zu bringen. In der Zwischenzeit kann sich jedoch die Gesellschaft durch die Erwirkung einer einstweiligen Verfügung, welche dem betreffenden Geschäftsführer die weitere Vertretung interimistisch untersagt und demzufolge auch ins Handelsregister einzutragen ist, ausreichend sichern" (ebenso Birkenbihl S. 205, Hergenhahn S. 62, Esser S. 68, Förtsch S. 94). Dem ist entgegenzuhalten, daß der Registerrichter dem Prozeßrichter völlig unabhängig gegenübersteht, daß im Prozeßwege nur zwischen den Parteien festgestellt werden kann, daß gewisse Anmeldungen zu bewirken und daß sie im Falle der Unterlassung schadensersatzpflichtig sind (vgl. Johow und Künzel Bd. 4 S. 36 ff.; Parisius und Crüger, Formularbuch zum G.G. S. 6, 7). Ferner muß dem Widerruf, soll er die Gesellschaft vor Schaden schützen, die Wirkung beigelegt werden, daß mit demselben der Geschäftsführer seines Amtes enthoben wird, dieser ist genügend durch das Recht geschützt, denselben im Wege der Klage anzufechten, andernfalls würde der anfechtende Geschäftsführer reichlich Zeit haben, der Gesellschaft großen Schaden zuzufügen. Der Widerruf würde ohne diese sofortige Wirkung erheblich an Werth verlieren. Es greift daher in dem Falle, daß der Widerruf nur aus wichtigen Gründen erfolgen darf, § 39 Platz, daß derselbe ohne Verzug zur Eintragung in das Handelsregister anzumelden ist, und die Anfechtung hemmt die Eintragung nicht. [Das ist der Rechtszustand bis zum 1. Januar 1900, denn das dann in Kraft tretende Gesetz über die Angelegenheiten der freiwilligen Gerichtsbarkeit giebt in § 123 dem Registerrichter das Recht, wenn eine von ihm zu erlassende Verfügung von der Beurtheilung eines streitigen Rechtsverhältnisses abhängig ist, die Verfügung auszusetzen, bis über das Verhältniß im Wege des Rechtsstreits entschieden ist. Das Registergericht kann auch, wenn der Rechtsstreit nicht anhängig ist, einem der Betheiligten, eine Frist zur Erhebung der Klage bestimmen.]

4. Rücktritt des Geschäftsführers (§ 6 Anm. 4).

Die Geschäftsführer haben nicht das Recht beliebig zurückzutreten. In dem Urtheil vom 3. November 1890 (Jurist. Wochenschrift 1891 S. 14) hat das Reichsgericht das Rücktrittsrecht eines Aufsichtsrathsmitgliedes einer Aktiengesellschaft davon abhängig gemacht, daß die Gesellschaft in der Lage bleibt, eine Ersatzwahl vorzunehmen. Scheu vor der Verantwortung kann nicht ohne Weiteres als Grund zum Rücktritt angesehen werden, der betreffende Geschäftsführer würde zunächst Alles zu versuchen haben, was nöthig ist, um seine Ansicht zur Geltung zu bringen und den Gesellschaftern Klarheit zu verschaffen — dann erst kann er zurücktreten. [Das B.G.B. macht in § 626 die „sofortige Kündigung" von dem Vorbringen „wichtiger Gründe" abhängig und fordert, daß in der Regel dem Dienstberechtigten noch Gelegenheit gegeben werden muß, sich die Dienste anderweit zu beschaffen, „es sei denn, daß ein wichtiger Grund für die unzeitige Kündigung vorliegt"]. Schließlich hängt Alles von der Auffassung des Richters ab. Einen Zwang zur Fortführung der Geschäfte giebt es nicht, die Gesellschaft hätte nur Entschädigungsansprüche (Birkenbihl S. 203).

Wer in der Bestellung einen Auftrag sieht, muß auch für den Geschäftsführer den jederzeitigen Rücktritt anerkennen (vgl. Ring S. 535), aber auch die Vertreter dieser Ansicht wollen den Rücktritt nur zulassen, wenn die Gesellschaft dadurch nicht behindert wird weiter zu handeln. Die Nothlage der Gesellschaft soll das Rücktrittsrecht ausschließen (vgl. R.G. Bd. 13 S. 50 ff.).

§ 39.

Jede Aenderung in den Personen der Geschäftsführer, sowie die erneute Bestellung oder die Beendigung der Vollmacht eines Geschäftsführers muß ohne Verzug zur Eintragung in das Handelsregister angemeldet werden. Die Legitimation der angemeldeten Geschäftsführer ist beizufügen.

Zugleich haben neu bestellte Geschäftsführer ihre Unterschrift vor dem Gericht zu zeichnen oder die Zeichnung in beglaubigter Form einzureichen.

Entw. I u. II, Komm. Rtg. § 39. [Art. 11 X Einführungsgesetz zum H.B. vom 10. Mai 1897]. Entw. I S. 88, II S. 69. A.G. Art. 233 Abs. I. [H.B. § 234]. G.G. § 28.

Vom 1. Januar 1900 treten an Stelle des § 39 laut Einführungsgesetz Art. 11 X folgende Vorschriften:

Jede Aenderung in den Personen der Geschäftsführer, sowie die Beendigung der Vertretungsbefugniss eines Geschäftsführers ist zur Eintragung in das Handelsregister anzumelden.

Der Anmeldung ist eine Abschrift der Urkunden über die Bestellung der Geschäftsführer oder über die Beendigung der Vertretungsbefugniss beizufügen. Diese Bestimmung findet auf die Anmeldung zum Handelsregister einer Zweigniederlassung keine Anwendung.

Die Geschäftsführer haben ihre Unterschrift zur Aufbewahrung bei dem Gerichte zu zeichnen.

Vom 1. Jan. 1900 ab ist im Falle der erneuten Bestellung eines Geschäftsführers eine Anmeldung zum Handelsregister nicht mehr erforderlich, bei der Anmeldung einer Aenderung in der Vertretung der Gesellschaft ist dem Registergerichte der Zweigniederlassung eine Urkunde über die in der Vertretung eingetretene Aenderung nicht mehr einzureichen. Die Eintragung des Wiederwahl ist überflüssig, sie wäre nur von Bedeutung, wenn die zeitliche Begrenzung der Bestellung gleichfalls in das Register einzutragen wäre. Letzteres ist jedoch ausgeschlossen, da nach § 37 eine solche Beschränkung Dritten gegenüber keine rechtliche Bedeutung hat, vielmehr die Vertretungsbefugniß des betreffenden Geschäftsführers fortdauert, bis die Thatsache seines Ausscheidens eingetragen und bekannt gemacht worden ist (Denkschrift S. 317, 312).

1. Anmeldung.

Nach § 76 [78] Abs. 1 hat die Anmeldung durch sämmtliche Geschäftsführer zu erfolgen, und sind dieselben zu der Anmeldung durch Ordnungsstrafen anzuhalten, die Anmeldung hat auch zu dem Gericht der Zweigniederlassung zu geschehen (§ 76 [78] Abs. 2).

[Vom 1. Januar 1900 ab brauchen nicht mehr sämmtliche Geschäftsführer mitzuwirken, es folgt dies aus dem zweiten Satz des § 76 [78], es genügt die Mitwirkung der zur Abgabe von Erklärungen für die Gesellschaft erforderliche Zahl, die Anmeldung muß aber persönlich oder in öffentlich beglaubigter Form erfolgen (§ 12 H.B.), desgleichen zu dem Gericht der Zweigniederlassung (§ 13 H.B.), die Anmeldung ist durch Ordnungsstrafen zu erzwingen (§ 14 H.B.)].

Der ausscheidende Geschäftsführer hat bei der Anmeldung nicht mitzuwirken (vgl. Johow Bd. 16 S. 26). Unter Beendigung der Vollmacht fällt der Widerruf der Bestellung (§ 38 Anm. 3). Das Kammergericht hatte (Johow Bd. 16 S. 23) angenommen, daß bei Anmeldung der Beendigung der Vollmacht Urkunden nicht beizubringen sind. Durch die neue Fassung wird die Beibringung der Urkunden erfordert, in deren Prüfung aber das Gericht nicht einzutreten hat. — In einem Beschluß vom 8. Februar 1895 hat das Landgericht I Berlin (Zeitschrift für das ges. Aktienwesen 1896 S. 128) den aus einer einzigen Person bestehenden Vorstand einer Aktiengesellschaft für befugt erachtet, seine Löschung im Handelsregister zu fordern, ohne daß zuvor an seine Stelle ein anderer Vorstand gewählt war, weil das Vorstandsmitglied jederzeit zum Rücktritt berechtigt sei. Dem ist nicht beizustimmen (§ 38 Anm. 4).

2. Materielle Bedeutung der Eintragung.

Die Rechtswirksamkeit der Bestellung, des Widerrufs u. s. w. ist nicht von der Eintragung abhängig, nur die Veröffentlichung der Eintragung hat rechtliche Bedeutung für gutgläubige Dritte. Nach den Bestimmungen des Handelsgesetzbuchs, die hier als Vorbild gedient haben, sind die Einträge in das Handelsregister nicht bestimmt, den einzutragenden Vorgängen, abgesehen von ausdrücklicher Vorschrift (vgl. §§ 11 Abs. 1, 55 [54] Abs. 2), Rechtswirksamkeit zu verleihen, sondern nur ihnen die im Interesse des Verkehrs erforderliche Offenkundigkeit zu sichern und an den Mangel des Eintrags nur Rechtsfolgen zu Gunsten gutgläubiger Dritter zu knüpfen (Johow Bd. 16 S. 23). Hieraus ergiebt sich für die Rechtshandlungen der Geschäftsführer, daß die Gesellschaft solche neubestellter Geschäftsführer auch ohne deren Eintragung in das Handelsregister gegen sich gelten lassen muß und daß sie nicht berechtigt ist, dasjenige, was die ordnungsmäßig bestellten Geschäftsführer gethan haben, als sie nicht verpflichtend abzulehnen (vgl. R.G. Bd. 9 S. 90 ff.). Andererseits kann die Gesellschaft Rechtshandlungen der in das Handelsregister eingetragenen Geschäftsführer nicht aus dem Grunde anfechten, weil die Wahl ungültig war (vgl. R.O.H.G. Bd. 20 S. 210).

3. Legitimation § 49 [48] Anm. 1.

Auch die ersten Geschäftsführer haben die Legitimation beizufügen, sofern sie nicht im Gesellschaftsvertrage bestellt sind (§ 8 Z. 2). Legitimation ist der Nachweis der Bestellung. bezw. Abberufung (nach der neuen Fassung). Wie dieselbe zu führen ist besagt das Gesetz nicht. In § 28 G.G. heißt es: „eine Abschrift der Urkunden über ihre Bestellung oder über die Beendigung ihrer Vollmacht ist der Anmeldung beizufügen.“ Dem entspricht in Zukunft Abs. 2, vgl. oben Anm. 1.

4. Veröffentlichung.

Die erfolgte Eintragung ist zu veröffentlichen (§ 13 Abs. 2, H.G.B. Art. 13, [H.B. § 10]).

5. **Zeichnung.**

Die Aenderung vom 1. Januar 1900 ist durch § 12 H.B. veranlaßt, materiell ist nichs geändert worden, jedoch eine Erleichterung geschaffen; unter „beglaubigter Form" war gerichtliche oder notarielle Form zu verstehen. § 12 H.B. fordert Urkunden „in öffentlich beglaubigter Form"; über die Zuständigkeit zur Aufnahme öffentlicher Urkunden und zur Vornahme öffentlicher Beglaubigungen entscheiden zunächst die Landesgesetze, später (vom 1. Januar 1900 ab) das Gesetz über die freiwillige Gerichtsbarkeit vom 17. Mai 1898.

Nach § 127 B.G.B. genügt, wenn das Gesetz für eine Erklärung öffentliche Beglaubigung vorschreibt: schriftliche Abfassung der Erklärung und Beglaubigung der Unterschriften von der zuständigen Behörde oder einem zuständigen Beamten oder einem Notar. Gerichtliche oder notarielle Beurkundung ersetzt die öffentliche Beglaubigung (§ 129 Abs. 2).

Nur die Unterschrift ist zu zeichnen, nicht die Firma, da diese durch die Aenderung in den Personen der Geschäftsführer nicht beeinflußt wird.

§ 40.

Eine Aenderung in den Personen der Geschäftsführer, eine Beendigung der Vollmacht eines Geschäftsführers, sowie eine Aenderung des Gesellschaftsvertrages rücksichtlich der Form für Willenserklärungen der Geschäftsführer kann, so lange sie nicht in das Handelsregister eingetragen und öffentlich bekannt gemacht ist, einem Dritten von der Gesellschaft nur entgegengesetzt werden, wenn letztere beweist, daß der Dritte beim Abschlusse des Geschäfts von der Aenderung oder Beendigung Kenntniß hatte.

Nach geschehener Eintragung und Bekanntmachung muß der Dritte, sofern nicht durch die Umstände die Annahme begründet wird, daß er beim Abschlusse des Geschäfts die Aenderung oder Beendigung weder gekannt habe, noch habe kennen müssen, dieselbe gegen sich gelten lassen.

Entw. I u. II, Komm., Rtg. § 40. Entw. I S. 88, II S. 68. [Einführungsgesetz zum H.B. vom 10. Mai 1897 Art. 11 XI.] A.G. Art. 233 Abs. 2. H.G.B. Art. 46. G.G. § 29.

[Vom 1. Januar 1900 fällt nach Art. 11 XI des Einführungsgesetzes der § 40 fort].

Bedeutung der Veröffentlichung.

Es sind die verschiedenen Fälle zu unterscheiden, wie folgt: der Dritte, welcher mit Personen, die früher zur Vertretung der Gesellschaft berechtigte Geschäftsführer waren, in der bisher üblichen Form ein Geschäft abschließt,

I. weiß, daß jene Vertretungsbefugniß aufgehört hat oder daß nur eine größere Anzahl Geschäftsführer als bisher die Vertretung hat, dann bindet das Geschäft die Gesellschaft nicht, die Eintragung in das Handelsregister mag erfolgt sein oder nicht;

II. er weiß es nicht und

1. die Eintragung und Veröffentlichung ist nicht erfolgt, so ist die Gesellschaft verpflichtet,
2. die Eintragung und Veröffentlichung ist erfolgt, so ist die Gesellschaft
   a) verpflichtet, wenn durch die Umstände die Annahme begründet wird, daß jener die Aenderung in den Personen der Geschäftsführer u. s. w. „nicht gekannt habe", „nicht habe kennen müssen",
   b) nicht verpflichtet, wenn durch die Umstände diese Annahme nicht begründet wird.

Ueber die Beweislast ist für den Fall, daß die Eintragung und Veröffentlichung nicht erfolgt ist, im Gesetz bestimmt, daß die Gesellschaft dem Dritten seine Wissenschaft von der Aenderung der Geschäftsführer u. s. w. beweisen muß; für den umgekehrten Fall bestimmt das Gesetz nichts über die Beweislast, gleich wie in den Fällen der gleichlautenden Art. 25, 46 u. s. w. H.G.B. Die Beweislast ist absichtlich nicht geregelt (von Hahn S. 65 Anm. 8). Es kann wohl kaum zweifelhaft sein, daß, wenn in Folge besonderer Umstände die Annahme der Unkenntniß der Aenderung begründet werden soll, der Dritte diese Umstände behaupten und nachweisen muß; und ebenso wird, wenn allgemeine Umstände, z. B. Entfernung des Wohnorts, dafür zu sprechen scheinen, daß der Dritte von der Aenderung keine Kenntniß gehabt, die Gesellschaft ihrerseits diese Annahme durch besondere Umstände entkräften müssen (vgl. von Hahn S. 65 ff.).

[Den Fortfall des § 40 vom 1. Januar 1900 anlangend, so heißt es in der Denkschrift S. 315: „Es mußte mit Rücksicht auf die Bestimmungen, die im § 15 des Entwurfs zum H.G.B. über die Wirkung einer Eintragung in das Register der Zweigniederlassung getroffen sind, der § 11 und der letzte Absatz des § 55 [54] eine andere Fassung erhalten, auch die §§ 40, 69, 76 Abs. 3 gestrichen werden. Eine sachliche Abweichung von dem geltenden Recht tritt demnach insofern ein, als künftig hier die Frage, ob eine Aenderung in den Personen oder in der Vertretungsbefugniß der Geschäftsführer oder Liquidatoren Dritten gegenüber wirksam ist, im Geschäftsverkehr mit einer Zweigniederlassung nicht die Eintragung in das Register des Sitzes der Gesellschaft, sondern die Eintragung in das Register der Zweigniederlassung entscheidet."

§ 15 H.B. hat folgenden Wortlaut (vgl. B.G.B. § 68):

Solange eine in das Handelsregister einzutragende Thatsache nicht eingetragen und bekannt gemacht ist, kann sie von demjenigen, in dessen Angelegenheiten sie einzutragen war, einem Dritten nicht entgegengesetzt werden, es sei denn, dass sie diesem bekannt war.

Ist die Thatsache eingetragen und bekannt gemacht worden, so muss ein Dritter sie gegen sich gelten lassen, es sei denn, dass er sie weder kannte noch kennen musste.

Für den Geschäftsverkehr mit einer in das Handelsregister eingetragenen Zweigniederlassung ist im Sinne dieser Vorschriften die Eintragung und Bekanntmachung durch das Gericht der Zweigniederlassung entscheidend.

Die Zweifel, die früher über die Beweislast bestanden, werden in Zukunft durch die neue Fassung beseitigt. Nür in dem Fall des Abs. 2 ist das Kennenmüssen dem Kennen gleichgestellt, als auch in den Fällen des Abs. 1 können Umstände die gleichen Folgen haben wie das Kennen (vgl. Litthauer H.B. vom 10. Mai 1897 S. 23). Ueber das Verhältniß des § 55 vgl. daselbst Anm. 4.]

§ 41.

Alljährlich im Monat Januar haben die Geschäftsführer eine von ihnen unterschriebene Liste der Gesellschafter, aus welcher Name, Vorname, Stand und Wohnort der letzteren sowie ihre Stammeinlagen zu entnehmen sind, zum Handelsregister einzureichen. Sind seit Einreichung der letzten Liste Veränderungen hinsichtlich der Person der Gesellschafter und des Umfangs ihrer Betheiligung nicht eingetreten, so genügt die Einreichung einer entsprechenden Erklärung.

Entw. I, Entw. II, Komm., Rtg. § 41. Entw. I S. 89, II S. 69. G.G. § 15.

[Nach der vom 1. Januar 1900 geltenden neuen Fassung hat dieser § die Ordnungsnummer **40**.]

1. Liste der Gesellschafter.

Die Liste der Gesellschafter dient dazu, daß „die jeweiligen Mitglieder und das Verhältniß ihrer Betheiligung in gewissen Zwischenräumen periodisch bei dem Registergericht ersichtlich gemacht werden" (Entw. I S. 56, II S. 45). Die Liste der Gesellschafter giebt daher nur zu bestimmten Zeiten den thatsächlichen Mitgliederbestand wieder; unmittelbar nach der Einreichung können bereits wieder Veränderungen erfolgt sein. Die Liste ist daher nur von verhältnißmäßig geringer Bedeutung. Die erste Liste ist diejenige, welche bei der Anmeldung des Gesellschaftsvertrages einzureichen ist (§ 8 Z. 3); nicht vorgeschrieben ist, daß die Liste alphabetisch geordnet ist, doch wird dies im Interesse der Uebersichtlichkeit liegen. Es genügt nicht, daß die seit Einreichung der letzten Liste erfolgten Aenderungen im Mitgliederbestande angezeigt werden, eine vollständige, neue Liste muß eingereicht werden; nur wenn keine Aenderung hinsichtlich der Personen oder des Umfangs ihrer Betheiligung eingetreten ist, genügt eine diesbezügliche Erklärung. Birkenbihl S. 210 versteht unter Aenderung auch Aenderung in den persönlichen Verhältnissen, z. B. Aenderung des Namens bei Verheirathung. „Die Liste und die Erklärung müssen zwar von sämmtlichen Geschäftsführern unterzeichnet sein, sie brauchen aber weder beglaubigt, noch von sämmtlichen Geschäftsführern persönlich überreicht werden" (Entw. I S. 89, II S. 70 mit der Begründung Neukamp S. 136, Birkenbihl S. 211). Es können Zweifel entstehen, ob diese Absicht des Gesetzgebers insoweit im Gesetze zum Ausdruck gekommen ist, daß die Liste bezw. die Erklärung von sämmtlichen Geschäftsführern unterzeichnet sein muß. „Die Geschäftsführer" bedeutet sonst im Gesetz nur die Geschäftsführer als Organ der Gesellschaft, welche durch sämmtliche Geschäftsführer nur dann seine Erklärungen abgiebt, wenn im Gesellschaftsvertrage nichts Anderes bestimmt ist. Nur wo das Gesetz von „Anmeldungen" spricht, haben sämmtliche Geschäftsführer mitzuwirken (§ 76 [78] Abs. 1). Hiernach erscheint es genügend, wenn die Liste oder die Erklärung durch die Geschäftsführer in der sonst für ihre Willenserklärungen vorgeschriebenen Art unterschrieben wird, d. h. insbesondere unter Mitwirkung so vieler Geschäftsführer, wie nach der Vorschrift in § 35 Abs. 2 erforderlich sind. Das Gleiche gilt für die Einreichung der Liste oder der Erklärung (vgl. Denkschrift zum H.B. S. 28). Die Liste der Gesellschafter ist öffentlich (H.G.B. Art. 12).

[Die Frage, ob auch Abschriften von der Anlage zu ertheilen sind, ist durch H.B. § 9 in bejahendem Sinne entschieden, „sofern ein berechtigtes Interesse glaubhaft gemacht wird".]

Ordnungsstrafen § 76 [78], § 77 [79].

§ 42.

Die Geschäftsführer sind verpflichtet, für die ordnungsmäßige Buchführung der Gesellschaft zu sorgen.

Sie müssen in den ersten drei Monaten des Geschäftsjahres die Bilanz für das verflossene Geschäftsjahr nebst einer Gewinn- und Verlustrechnung aufstellen.

Durch den Gesellschaftsvertrag kann die bezeichnete Frist bis auf sechs Monate, bei Gesellschaften, deren Unternehmen den Betrieb von Geschäften in überseeischen Gebieten zum Gegenstande hat, bis auf neun Monate erstreckt werden.

Für Gesellschaften, bei welchen der Gegenstand des Unternehmens im Betriebe von Bankgeschäften besteht, ist die Bilanz innerhalb der vorbezeichneten Fristen in den im § 30 Absatz 2 bestimmten öffentlichen Blättern durch die Geschäftsführer bekannt zu machen. Die Bekanntmachung ist zum Handelsregister einzureichen.

Entw. I u. II, Komm., Rtg. § 42. Entw. I S. 90, II S. 70. Komm. Ber. S. 7. A.G. Art. 239. [H.B. §§ 239, 260 Abs. 2, 263 Abs. 1 u. 2.] G.G. § 31.

[Nach der vom 1. Januar 1900 geltenden neuen Fassung hat der § die Nummer **41.**]

1. Verpflichtung der Geschäftsführer.

Es handelt sich in den Vorschriften dieses Paragraphen um Verpflichtungen der Geschäftsführer als Organ der Gesellschaft, ein jeder Geschäftsführer ist daher für die Ausführung verantwortlich und hat darüber mit der Sorgfalt eines ordentlichen Geschäftsmannes zu wachen (§ 44 [43] Abs. 1). Die Pflicht zur Buchführung und Bilanzziehung (H.G.B. Art. 5, 28, 29, [H.B. §§ 38, 39]) gehört dem öffentlichen Recht an, diese objektive kaufmännische Gesellschaftspflicht wird durch § 42 [41] in ihrem vollen Umfange als eine persönliche Pflicht des Geschäftsführer-Organs individualisirt, das Gesetz hat nicht die Buchführung und die Aufstellung der Bilanz zu einer körperlich und persönlich von allen Geschäftsführern auszuübenden Funktion erhoben, sondern die volle persönliche Verantwortlichkeit der Geschäftsführer für Dasein und Aufrechterhaltung der gesetzlich vorgeschriebenen buchmäßigen Ordnung, sowie für ordnungsmäßige Erledigung der Pflicht der Bilanzziehung aussprechen wollen. Die Bilanz gehört zu der von den Geschäftsführern regelmäßig zu bewirkenden Rechnungslegung. Und was von der Bilanz überhaupt gilt, trifft auch für die Eröffnungsbilanz (H.G.B. Art. 29, [H.B. § 39]) zu, welche die Grundlage aller späteren Jahresbilanzen darstellt. Das Gesetz unterscheidet nicht, ob das Geschäftsführer-Organ sich aus einer Mehrheit von Personen zusammensetzt, oder nur durch eine Person gebildet wird. Daraus aber folgt mit Nothwendigkeit, daß die Geschäfts- oder Arbeitstheilung, welche bei einer Mehrheit von Geschäftsführern unter ihnen gewillkürt ist, gleichviel ob solche Arbeitstheilung schon durch den Gesellschaftsvertrag festgesetzt oder durch Beschlüsse der Gesellschafter eingeführt ist, keinen rechtlichen Einfluß auszuüben vermag auf Befreiung oder Abminderung der jedem Geschäftsführer als solchem vom Gesetze unbedingt auferlegten öffentlich-rechtlichen Pflichten. Noch weniger kann davon die Rede sein, daß die Anstellung von Beamten oder Bevollmächtigten die fragliche Verantwortlichkeit beeinflussen kann. Jeder der Geschäftsführer unterliegt daher der Strafbestimmung aus § 210 Nr. 2 u. 3 [240 Nr. 2—4] R.K.O. Diese von dem Reichsgericht (Strafsachen Bd. 13 S. 237 ff., Bd. 29 S. 224) für den Vorstand von Aktiengesellschaften aufgestellten Grundsätze gelten auch hier.

2. Buchführung.

Welche bestimmten Bücher der Kaufmann und also auch die Gesellschaft m.b.H. zu führen hat, darüber enthält das H.G.B., im Gegensatz zu anderen Gesetzgebungen, z. B. dem code de commerce, keine Vorschrift, es bestimmt nur in H.G.B. Art. 28, [H.B. § 38], daß jeder Kaufmann verpflichtet ist, Bücher zu führen, und in diesen seine

Handelsgeschäfte und die Lage seines Vermögens nach den Grundsätzen ordnungsmäßiger Buchführung ersichtlich zu machen. Die Strafbarkeit der Unterlassung der erforderlichen Buchführung ergiebt sich nur im Konkurse (§§ 209 ff. [239 ff.] R.K.O.). Nicht strafbar ist die Unterlassung der Führung eines Kopirbuchs, wenn die übrigen Bücher die Uebersicht der Vermögenslage zulassen (Jurist. Wochenschrift 1888 S. 454). Die Strafbestimmung der Nr. 2 des § 210 [Nr. 3 § 240] R.K.O. greift nur dann Platz, wenn durch die unordentliche Buchführung die Uebersicht des Vermögensstandes zur Zeit der Zahlungseinstellung der Konkurseröffnung ausgeschlossen ist: „damit ist nicht gesagt (R.G. Strafsachen Bd. 29 S. 225), daß in Fällen, in denen Mängel der Buchführung vor der Zahlungseinstellung beseitigt sind, lediglich die spätere richtige Buchführung entscheidend ist; es kann vielmehr unter Umständen ein Zusammenhang obwalten, welcher die Wirkung früherer Mängel als zur Zeit der Zahlungseinstellung noch fortdauernd erscheinen läßt. Ein solcher Zusammenhang kann indes nicht ohne Weiteres unterstellt werden." Die Inventare und Bilanzen bilden einen Theil der Buchführung, die Anfertigung derselben ist als eine zur Buchführung im weiteren Sinne gehörige Thätigkeit anzusehen. „Es kann . . . auch wenn die übrigen Bücher ordnungsmäßig geführt und in den Inventaren und Bilanzen die vorhandenen Vermögensstücke und Forderungen vollständig aufgezählt sind, lediglich in Folge von unrichtigen, unter Mißachtung des Art. 31 H.G.B.s [§ 40 H.B.] erfolgten Werthangaben die Buchführung als eine derart unordentliche erscheinen, daß die Handelsbücher als Ganzes keine Uebersicht des Vermögensstandes gewähren" (R.G. Strafsachen Bd. 13 S. 355 ff., Bd. 29 S. 223). Die Geschäftsführer haben demnach auch für die Aufstellung einer ordnungsmäßigen Eröffnungsbilanz zu sorgen (H.G.B. Art. 29, [H.B. § 39], R.G. Strafsachen Bd. 29 S. 223). Da die Gesellschaft erst mit der Eintragung Rechtswirksamkeit erlangt (§ 11), gilt als der Tag der Aufstellung der Eröffnungsbilanz der Tag der Eintragung der Gesellschaft in das Handelsregister, nach dem Zweck dieser Bilanz ist eine Genehmigung derselben durch die Gesellschafter nicht erforderlich (R.G. Strafsachen Bd. 24 S. 223).

3. Bilanz.

Wie oben ausgeführt ist, trifft für Aufstellung einer ordnungsmäßigen Bilanz sämmtliche Geschäftsführer die Verantwortung. Die Grundlage der Bilanz (sie ist in Reichswährung aufzustellen [H.B. § 40 Abs. 1] bildet das Inventar. Art. 29 H.G.B. bestimmt, die Handelsgesellschaft hat in Bezug auf das Gesellschaftsvermögen „bei dem Beginn (ihres) Gewerbes (ihre) Grundstücke, (ihre) Forderungen und Schulden, den Betrag (ihres) baaren Geldes und (ihre) andern Vermögensstücke genau zu verzeichnen, dabei den Werth der Vermögensstücke anzugeben und . . . demnächst in jedem Jahre ein solches Inventar und eine solche Bilanz (ihres) Vermögens anzufertigen". Und nach Art. 31 H.G.B. [§ 40 H.B.] sind „bei der Aufnahme des Inventars und der Bilanz . . . sämmtliche Vermögensstücke und Forderungen nach dem Werthe anzusetzen, welcher ihnen zur Zeit der Aufnahme beizulegen ist. Zweifelhafte Forderungen sind nach ihrem wahrscheinlichen Werthe anzusetzen, uneinbringliche Forderungen aber abzuschreiben". Das R.G. hat in dem Urtheil vom 2. Oktober 1893 (Jurist. Wochenschrift 1893 S. 532) Geschäftsübersichten in denen die Vermögensstücke nicht aufgeführt sind, die Eigenschaft einer Bilanz abgesprochen [§ 39 H.B.]. Für die Feststellung des Werthes der einzelnen Vermögensbestandtheile ist aber von der Annahme des Weiterbetriebs auszugehen, und es ist nicht der Werth anzusetzen, den dieselbe im Falle der Liquidation haben würde, es ist der „besondere Gebrauchs- und Verkaufswerth" (Simon S. 304). Das Inventar ist nach Art. 29 H.G.B. [H.B. § 39] nach den einzelnen Werthen zu spezialisiren. Von der Richtigkeit des Inventars hängt die Bilanz ab und damit der Umfang von Gewinn und Verlust. Verletzen daher die Geschäftsführer bei der Aufnahme des Inventars die Sorgfalt eines ordentlichen Geschäftsmannes und es kommt dadurch zu einer nicht begründeten Gewinnvertheilung, so ergiebt sich hieraus ihre Schadensersatzpflicht. Vgl. weiter § 43 [42] und die Anm. Die Voraussetzungen der civilrechtlichen Verantwortlichkeit und strafrechtlichen (§ 80 [82] Z. 3) decken sich nicht, jene geht auf das „Wissen sollen", diese auf das „Wissen" (vgl. R.G. Urtheil vom 23. November 1893 in der Jurist. Wochenschrift 1894 S. 52).

Von der jährlichen Aufnahme des Inventars läßt Art. 29 H.G.B. [§ 39 H.B.] nur für den Fall eine Ausnahme zu, daß ein Waarenlager vorhanden ist, „dessen Inventur nach der Beschaffenheit des Geschäfts nicht füglich in jedem Jahre geschehen kann", dann genügt Aufnahme in jedem zweiten Jahr. Die Bilanz muß aber auch in diesem Falle jährlich aufgestellt werden (R.G. Bd. 20 S. 345). Die Bilanz muß „für das verflossene Geschäftsjahr" aufgestellt werden; der Schluß des Geschäftsjahres bestimmt die Bilanz. Das Geschäftsjahr darf wohl kürzer aber nicht länger als das Kalenderjahr sein, dies ergiebt sich aus Art. 29 H.G.B. [§ 39 H.B.], und ist insbesondere bei Verlegung des Geschäftsjahrs zu beachten. Inventar und Bilanz sind in ein dazu bestimmtes Buch einzuschreiben oder, wenn sie besonders aufgestellt werden, zu sammeln und in zusammenhängender Reihenfolge aufzubewahren (Art. 30 Abs. 2 H.G.B. [§ 41 Abs. 2 H.B.]).

Außer Bilanz muß eine Gewinn- und Verlustrechnung aufgestellt werden; ist dazu auch die doppelte Buchführung nicht nothwendig (a. A. Simon S. 73), so kann Hergenhahn S. 74 darin nicht zugestimmt werden, daß die Differenz zwischen Aktiva und Passiva diese Berechnung ersetzt.

In Betreff der Unterzeichnung bestimmt Art. 30 Abs. 1 H.G.B. [§ 41 Abs. 1 H.B.], daß dieselbe durch den Kaufmann zu erfolgen hat, und wenn mehrere persönliche Gesellschafter vorhanden sind, durch alle diese. Für Handelsgesellschaften erscheint die Unterzeichnung durch alle Mitglieder des geschäftsführenden Organs erforderlich, es ergiebt sich dies schon aus der Verantwortung der sämmtlichen Mitglieder desselben (vgl. R.G. Strafsachen Bd. 13

S. 238). Die Unterzeichnung ist rechtlich nicht von Bedeutung, die Verantwortung der Geschäftsführer besteht auch ohne dieselbe. — Die für die Aufstellung der Bilanz gesetzten Fristen dürfen im Gesellschaftsvertrage nicht weiter ausgedehnt werden, als dies im Gesetze ausdrücklich zugelassen ist. „Die bezeichneten Fristen beziehen sich nur auf die Aufstellung der Bilanz durch die Geschäftsführer, nicht auf die Feststellung der Bilanz durch die Gesellschafter... zur bindenden Grundlage für die Rechnungsergebnisse des Geschäftsjahres wird den Gesellschaftern gegenüber die Bilanz erst dadurch, daß sie von ihnen anerkannt wird. Die Feststellung der Bilanz in diesem Sinne ist aber eine innere Angelegenheit, welche bei der Gesellschaft mit beschränkter Haftung sich zunächst nach dem Gesellschaftsvertrage zu regeln hat. Das Gesetz enthält in dieser Beziehung nur dispositive Bestimmungen (§ 47 [46] Abs. 1). Nach denselben erfolgt die Feststellung im Zweifel durch Mehrheitsbeschluß der Gesellschafter, der jedoch durch Unterzeichnung der Bilanz Seitens sämmtlicher Gesellschafter ersetzt wird (§ 49 [48] Abs. 2). Im Gesellschaftsvertrage kann aber auch eine andere Art des Verfahrens vorgesehen werden, z. B. in der Weise, daß die den einzelnen Gesellschaftern mitzutheilende Bilanz als genehmigt gilt, wenn nicht binnen bestimmter Frist ein Widerspruch erhoben wird (Entw. I S. 90 II S. 70). Die Gesellschafter haben kein Recht Abschrift der Bilanz oder Einsicht zu fordern. sofern der Gesellschaftsvertrag ihnen dies Recht nicht einräumt (Förtsch S. 99 R.G. Urtheil vom 27. October 1897 Jurist. Wochenschrift 1898 S. 15 § 46 [45] Anm 1). Hat die Gesellschaft einen Aufsichtsrath, so liegt diesem die Prüfung der Bilanz ob (A.G. Art. 225 [H.B. § 246]), doch kann auch dies im Gesellschaftsvertrag anders geregelt werden (§ 46 [45] Abs. 2). Förtsch S. 98 scheint anzunehmen, daß die Bilanz auf einen der Tage innerhalb der Frist aufzustellen ist im Gegensatz zu Art. 29 H.G.B., der Aufstellung „vor Ablauf des Geschäftsjahrs" erfordere. Beides ist unrichtig, die Bilanz ist auf den Schluß des Geschäftsjahres aufzustellen und innerhalb der Frist anzufertigen, „Augenblicksbild" (Simon S. 87).

4. Veröffentlichung der Bilanz.

In dem Regierungsentwurf war die Veröffentlichung der Bilanz in keinem Fall vorgeschrieben, mit Rücksicht darauf, daß dieselbe „jedem Unberufenen den Einblick in die Verhältnisse der Gesellschaft ermöglicht" und bei der Aktiengesellschaft der Veröffentlichungszwang hauptsächlich im Interesse des Theils des Publikums vorgesehen sei, welcher sich durch Erwerb von Aktien bei den Gesellschaften betheiligen wolle — und bei den Gesellschaften mit beschränkter Haftung „Rücksichten dieser Art nicht wesentlich in Betracht kommen" (Entw. I S. 91 II S. 71). Die Reichstagskommission hat den Veröffentlichungszwang für Unternehmungen eingeführt, „bei welchen der Gegenstand des Unternehmens im Betriebe von Bankgeschäften besteht", und zwar soll die Vorschrift dem Schutze des Publikums dienen (Komm.Ber. S. 2, 9); in der Kommission wurde dagegen geltend gemacht, daß die Grenze zwischen Bankgeschäft und anderen gewerblichen Geschäften oft schwer zu ziehen sei und die Veröffentlichung dem Publikum wenig nützen werde. Eine feste Begriffsbestimmung für „Bankgeschäfte" läßt sich nicht geben, der Gesellschaftsvertrag allein kann auch nicht entscheidend sein, so daß es in jedem Falle Thatfrage sein wird, ob Bankgeschäfte betrieben werden. Die Entscheidung hierüber liegt bei dem Registergericht, welches die Geschäftsführer durch Ordnungsstrafen zur Veröffentlichung der Bilanz anhalten kann, wenn es der Ansicht ist, daß Bankgeschäfte betrieben werden (§ 77 [79]), Voraussetzung ist aber stets eine aufgestellte und genehmigte Bilanz, (Beschluß des O.L.G. Dresden vom 19. März 1895 Zeitschrift für das ges. Aktienwesen 1896 S. 60), so lange es an der Voraussetzung fehlt kann das Gericht keine Ordnungsstrafe androhen und verhängen. Aus Abs. 4 ergiebt sich, daß die Bilanz innerhalb der Frist nicht bloß aufgestellt sondern auch genehmigt sein muß (Makower S. 313, Förtsch S. 98, Hergenhahn S. 76, a. A. Birkenbihl S. 219). Auch die Einreichung der Bilanz zum Handelsregister ist durch Ordnungsstrafen zu erzwingen. Die Bekanntmachung der Bilanz muß in deutscher Sprache geschehen (Johow Bd. 4 S. 42). Die Bilanz ist mit den Unterschriften der Geschäftsführer zu veröffentlichen und zwar der Geschäftsführer, die die Bilanz aufgestellt haben.

Im Gegensatz zum A.G. und G.G. enthält das Gesetz keine Vorschrift über die Auslegung der Bilanz und die Ertheilung von Abschriften von derselben. Dies ist auch konsequent, insoweit keine Veröffentlichung vorgeschrieben ist. Nachdem aber für Bankgeschäfte die Veröffentlichung der Bilanz eingeführt ist, hätten auch die Bestimmungen des A.G. über Auslegung der Bilanz und Ertheilung von Abschriften von derselben aufgenommen werden sollen. Da nun das Gesetz den Gesellschaftern keine diesbezüglichen Rechte einräumt, können sie auch weder die Auslegung der Bilanz noch die Ertheilung von Abschriften von derselben fordern, wenn nicht der Gesellschaftsvertrag das Gesetz in dieser Beziehung ergänzt. Nicht vorgeschrieben ist auch die Vorlage „eines den Vermögensstand und die Verhältnisse der Gesellschaft entwickelnden Berichts". Da das Gesetz über die Feststellung der Bilanz nur dispositive Bestimmungen enthält, konnte auch in dieser Beziehung keine zwingende Vorschrift getroffen werden.

Die Rechnungslegung ist eine Pflicht der Geschäftsführer, welche die Geschäfte geführt haben, sie sind also auch dann noch hierzu verpflichtet, wenn ihre Bestellung abgelaufen ist. Erst wenn der Geschäftsführer dieser Pflicht nachgekommen ist, braucht ihm daher die Gesellschaft eine hinterlegte Kaution herauszugeben (§ 6 Anm. 5, R.O.H.G. Bd. 24 S. 365).

5. Gewinn- und Verlustrechnung.

Im G.G. § 46 [48] lautet die Vorschrift genauer: „eine den Gewinn und Verlust des Jahres zusammenstellende Berechnung (Jahresrechnung)".

§ 43.

Für die Aufstellung der Bilanz kommen die Vorschriften des Artikels 31 des Handelsgesetzbuchs mit folgenden Maßgaben zur Anwendung:

1. Anlagen und sonstige Vermögensgegenstände, welche nicht zur Weiterveräußerung, sondern dauernd zum Betrieb des Unternehmens bestimmt sind, dürfen höchstens zu dem Anschaffungs- oder Herstellungspreise angesetzt werden; sie können ohne Rücksicht auf einen geringeren Werth zu diesem Preise angesetzt werden, sofern ein der Abnutzung gleichkommender Betrag in Abzug oder ein derselben entsprechender Erneuerungsfonds in Ansatz gebracht wird;
2. die Kosten der Organisation und Verwaltung dürfen nicht als Aktiva in die Bilanz eingesetzt werden;
3. das Recht der Gesellschaft zur Einziehung von Nachschüssen der Gesellschafter ist als Aktivum in die Bilanz nur insoweit einzustellen, als die Einziehung bereits beschlossen ist und den Gesellschaftern ein Recht, durch Verweisung auf den Geschäftsantheil sich von der Zahlung der Nachschüsse zu befreien, nicht zusteht; den in die Aktiva der Bilanz aufgenommenen Nachschußansprüchen muß ein gleicher Kapitalbetrag in den Passiven gegenübergestellt werden;
4. der Betrag des im Gesellschaftsvertrage bestimmten Stammkapitals ist unter die Passiva aufzunehmen. Das Gleiche gilt von dem Betrage eines jeden Reserve- und Erneuerungsfonds, sowie von dem Gesammtbetrage der eingezahlten Nachschüsse, soweit nicht die Verwendung eine Abschreibung der betreffenden Passivposten begründet;
5. der aus der Vergleichung sämmtlicher Aktiva und Passiva sich ergebende Gewinn oder Verlust muß am Schlusse der Bilanz besonders angegeben werden.

Entw. I u. II, Komm., Rtg. § 43. Entw. I S. 91, II S. 71. A.G. Art. 239b, 185a. [HB. § 261]. G.G. § 31 [33].

[In der vom 1. Januar 1900 geltenden Fassung hat dieser § die Ordnungsnummer **42**.]

1. Aufstellung der Bilanz.

Die Aufstellung der Bilanz ist ein Theil der Buchführung (vgl. § 42 [41] Anm. 2), sie gehört zu den Obliegenheiten der Geschäftsführer als Organs der Gesellschaft (§ 42 [41] Anm. 3) und hat den

Zweck einer Feststellung des Vermögensbestandes und Uebersicht über denselben für den Zeitpunkt der Anfertigung und damit zugleich mittelst Vergleichung der verschiedenen Bilanzen eine Uebersicht über die Ergebnisse der Geschäftsführung zu gewähren (Nr. 9 Strafsachen Bd. 13 S. 355). Das R.O.H.G. (Bd. 12 S. 17 ff.) geht von folgenden „Grundsätzen für die Aufstellung der Bilanz“ aus, die auch hier maßgebend sind:

„Die kaufmännische Bilanz hat den Zweck, die Uebersicht und Feststellung des Vermögensbestandes in einem bestimmten Zeitpunkte, und damit zugleich vermittelst der Vergleichung der für verschiedene Zeiten aufgenommenen Bilanzen auch das Resultat der Geschäftsführung während der dazwischen liegenden Periode zu bewirken.“ Das Geld ist der allgemeine Werthmesser, und zwar die Geld-Währung, in welcher der Kaufmann überhaupt seine Bücher führt. Auch Forderungen sind auf diese Währung zurückzuführen. Bei Forderungen, die nicht fällig sind, ist selbstverständlich auch dieser Umstand zu berücksichtigen. Passive Forderungen (Schulden) sind zu ihrem vollen Werthe in die Bilanz aufzunehmen. Unter Werth ist der allgemeine Verkehrswerth zu verstehen, da die Bilanz der objektiven Wahrheit der wirklichen Vermögenslage entsprechen soll. „Der Bilanz liegt . . . die Idee einer fingirten augenblicklichen allgemeinen Realisirung sämmtlicher Aktiva und Passiva zu Grunde, wobei jedoch davon ausgegangen werden muß, daß in Wirklichkeit nicht die Liquidation, sondern vielmehr der Fortbestand des Geschäfts beabsichtigt wird, und daß daher bei der Ermittelung und Feststellung der einzelnen Werthe derjenige Einfluß unberücksichtigt zu lassen ist, welchen eine Liquidation auf dieselben ausüben würde.“ —

Die Aufstellung der Bilanz erfolgt durch die Geschäftsführer, die Feststellung durch die Gesellschafter. Die grundlegenden Vorschriften für die Aufstellung der Bilanz sind in Art. 31 H.G.B. [§ 40 H.B.] enthalten (§ 42 [41] Anm. 3), das Gesetz geht gleichfalls von denselben aus und § 43 [42] enthält „theils nähere Ausführungen der allgemeinen Grundsätze . . . theils . . . Konsequenzen, die sich aus den besonderen Verhältnissen der Gesellschaft mit beschränkter Haftung für die Bilanzaufstellung ergeben“ (Entw. I S. 91, II S. 71). § 43 [42] enthält eine Nachbildung des Art. 185a A.G. [§ 261 H.B.], jedoch sind die singulären Bestimmungen Nr. 1 und 2 dieses Artikels, wonach Vermögensgegenstände jeder Art, auch wenn sie zur Weiterveräußerung bestimmt sind, höchstens mit dem Anschaffungs- oder Herstellungspreis angesetzt werden dürfen, nicht aufgenommen. „Die bezeichneten Vorschriften — heißt es in der Begründung (Entw. a. a. O.) — des Aktiengesetzes haben den Zweck, der Vertheilung noch nicht realisirter, blos möglicher Gewinne vorzubeugen, wozu bei der Aktiengesellschaft die Versuchung wegen des Einflusses der Dividende auf den Aktienkurs besonders nahe liegt. Bei der Gesellschaft mit beschränkter Haftung kommt ein derartiges Motiv nicht in Betracht und die weitgehende Erstattungspflicht, welche nach § 31 bei Beeinträchtigung des Stammkapitals durch Auszahlung fiktiver Gewinne eintritt, wird von selbst einen wirksamen Beweggrund zu vorsichtiger Bewerthung der Aktiven bilden. Es kann daher auch in dieser Beziehung bei dem allgemeinen Grundsatze des Art. 31 H.G.B. bewenden.“ Hiernach sind also z. B. Werthpapiere zu dem Kurs einzusetzen, den dieselben am Tage der Bilanzziehung haben. Es fragt sich, ob dieselben auch zu einem niedrigeren Kurs angesetzt werden können, es wird dies nach der zwingenden Vorschrift des Art. 31 H.G.B.s [§ 40 H.B.] zu verneinen sein, da die Gesellschafter ein Recht darauf haben, daß „sämmtliche Vermögensstücke" nach dem Werthe angesetzt werden, „welcher ihnen zur Zeit der Aufnahme beizulegen ist". Erfolgt trotzdem eine geringere Bewerthung und die Bilanz wird genehmigt, so hat es dabei sein Bewenden. Die Frage ist von großer praktischer Bedeutung. Läßt man es gelten, daß die Effekten auch zu geringerem Werthe angesetzt werden, als er ihnen am Tage der Aufnahme innewohnt, so würde, wenn im folgenden Jahre dieser Grundsatz nicht mehr befolgt wird, der sich gegen die vorjährige Bilanzirung ergebende Gewinn einem Jahre zu gute kommen, dem er nicht gebührt. Das Verfahren ist auch um deswegen bedenklich, weil dasselbe den Gesellschaftern kein klares Bild bietet. Es ist daher entschieden vorzuziehen, wenn aus dem Gewinn eine Spezialreserve für etwaige Kursverluste ausgeschieden wird. Geht der Kurs in der Folgezeit zwischen Aufstellung und Genehmigung der Bilanz zurück, so ist dies auf die Feststellung der betreffenden Werthe in der Bilanz ohne Einfluß, da nur der Zeitpunkt für dieselbe maßgebend ist, auf den die Bilanz gezogen wird; selbstverständlich wird aber in solchem Falle eine Ausscheidung aus dem Gewinn für etwaige Verluste nothwendig sein. Das Gleiche gilt für Forderungen, doch ist hierbei zu unterscheiden, ob der Verlust erst nachträglich in die Erscheinung getreten ist oder ob er erst später entstanden ist (vgl. Staub in der Monatsschrift für Aktienrecht 1892 S. 72, Simon S. 318), in ersterem Falle ist die Einsetzung in die Bilanz entsprechend abzuändern, da die objektive Richtigkeit entscheidend ist, in letzterem Falle trifft der Verlust das folgende Jahr (vgl. § 29 Anm. 2).

Zweifelhaft kann erscheinen, ob freiwillige Abschreibungen in einem späteren Jahre wieder rückgängig gemacht werden können, mit Recht bejaht dies Staub in Monatsschrift für Aktienrecht 1893 S. 365, die Gesellschafter haben ein Recht auf Einstellung zum zeitigen Werth und stille Reserven sind der Auftheilung nicht entzogen, jene Abschreibungen aber stellen stille Reserven dar, die vom R.G. Bd. 25 S. 55 betonte, Kontinuität zwischen den Bilanzen existiert nicht. Eine Ausnahme bildet nur Z. 1.

Bedingte und befristete Forderungen sind nicht nach ihrem vollen Nennwerthe in Ansatz zu bringen, sondern nach dem zeitigen Werth (vgl. R.G. Bd. 19 S. 118). Besondere Beachtung verdient die Zinsberechnung für die Bilanz, indem vorauserhobene Zinsen unter die Passiven und noch nicht erhobene, weil postnumerando zu zahlende, unter die Aktiven zu stellen sind.

Waarenvorräthe der Gesellschaft, die zum Zweck der Veräußerung oder Verarbeitung angeschafft sind, können höchstens nur zu dem Anschaffungs- oder Herstellungspreise aufgenommen werden, wenn es auch an einer ausdrücklichen Bestimmung wie für Aktiengesellschaften im Gesetze fehlt; denn wollte man den Veräußerungswerth zu Grunde legen, so würde ein Gewinn zur Vertheilung kommen, der noch gar nicht realisiert ist. Bei dem Herstellungspreise sind auch die Verwaltungsunkosten zu berücksichtigen (Staub S. 521; a. A. Ring S. 607, der dazu rechnet, nur was unmittelbar auf die betreffende Waare verwendet ist).

Sacheinlagen dürfen höchstens zum Anschaffungspreis eingestellt werden.

„Durch Vorlegung einer Bilanz mit unwahrem Inhalt wird objektiv eine unwahre Darstellung dieses Verhältnisses gegeben" (R.G. Strafsachen Bd. 13 S. 355 ff.), haben die Geschäftsführer wissentlich zweifelhafte Forderungen zu hoch eingestellt, so genügt dieses Wissen subjektiv zur Feststellung des Thatbestandes des § 80 [82] Z. 3.

Ueber die Aufnahme von Regreßansprüchen Parisius u. Crüger S. 177.

2. Anlagen und sonstige Vermögensgegenstände, welche dauernd zum Betriebe des Unternehmens bestimmt sind.

Der Anschaffungs- oder Herstellungspreis bildet die Maximalgrenze, „denn es darf jedenfalls nicht gestattet sein, daß die jeweils aufgenommene Taxe über Gegenstände dieser Art zur Grundlage der Vertheilung eines Geschäftsgewinnes gemacht wird, dessen Realisirung durch die Natur der Sache von vornherein ausgeschlossen ist" (Entw. I S. 92, II S. 71). Der von verschiedenen Seiten erhobenen Forderung, die sogenannten Betriebsgegenstände nebst den ihnen entsprechenden Anlagekapitalien von der Aufnahme in die Bilanz ganz auszuschließen (vgl. Ring „Deutsche Kolonialgesellschaften" S. 84), ist aus folgenden Gründen Seitens des Gesetzgebers nicht stattgegeben: (Entw. I S. 92, II S. 71) „Eine derartige Einrichtung würde . . . nur zweifelhaften Gewinn bringen und jedenfalls wäre sie mit dem System der Vermögensbilanzen nicht vereinbar. Dieses System kann aber für eine zu den verschiedenartigsten Zwecken bestimmte Gesellschaftsform, bei welcher das Gesellschaftsvermögen das einzige Befriedigungsobjekt der Gläubiger bildet und der Eintritt der Ueberschuldung die sofortige Eröffnung des Konkurses zur Folge haben muß, nicht wohl in Frage gestellt werden. Die Einwendungen, welche gegen die Anwendbarkeit des . . . befolgten Bilanzirungsprinzips für gewisse Arten von Unternehmungen, insbesondere für Kolonialgesellschaften erhoben zu werden pflegen, verlieren auch wesentlich an Bedeutung, wenn . . . die Möglichkeit geschaffen wird, außerordentliche Aufwendungen schon beim Beginn des Unternehmens durch Einziehung von Nachschüssen zu bestreiten und in der Bilanz abzuschreiben". Ueber die einzelnen für den Herstellungspreis in Betracht kommenden Posten vgl. Birkenbihl S. 224.

Zu den Anlagen gehören alle Vermögensgegenstände, die nach ihrer Bestimmung dauernd dem Geschäftsbetrieb gewidmet sind, also auch z. B. Maschinen; das Gesetz giebt keinen Anhalt dafür, daß die Anlagen mit dem Grund und Boden verbunden sein müssen, wie Förtsch S. 103 annimmt. Materialien und Vorräthe fallen unter diese Ziffer (Birkenbihl S. 233 u. die dort Citirten).

Eine Ausnahme von Art. 31 H.G.B. [§ 40 H.B.] ist in der Z. 1 nicht zu sehen, da, wenn die Gegenstände zu einem geringeren Werthe angesetzt werden, für die Differenz ein Erneuerungsfonds in Ansatz zu bringen ist. Ueber Erneuerungsfonds vgl. Simon S. 134: „Der Gewinnreservefonds stellt denjenigen aus Gewinnen zurückgelegten Theil des Kapitals dar, welcher über das Stammkapital hinaus bei der Gesellschaft erhalten bleiben soll. Der Erneuerungsfonds stellt den Minderwerth eines Vermögensstückes gegenüber dem Erwerbspreis dar; er ist kein Theil des Gewinnes, sondern verkürzt denselben. Mit dieser Begriffsbestimmung deckt sich die Erklärung des Delkredere-Conto in der Entscheidung des O.V.G. vom 21. Febr. 1896 (Preuß. Verw.Bl. Nr. 3 von 1896): „Nach Art. 31 Abs. 2 H.G.B. soll neben der selbstverständlichen Abschreibung der bereits entstandenen Verluste auch eine richtige Bewerthung der zweifelhaften Forderungen dahin erfolgen, daß diese nicht zum vollen Nennbetrage, sondern nur in Höhe des zu erwartenden Eingangs in die Bilanz eingestellt werden. Dies kann usancemäßig unter Belassung der Nennbeträge auf der Aktivseite durch Einstellung eines der augenblicklichen Werthverminderung dieser Forderung entsprechenden Bewerthungs-Contos geschehen. Diese durch das Delkredere-Conto in der Bilanz bewirkte kollektive Schätzung der Forderungen drückt sonach die zur Zeit der Bilanzaufstellung bereits bestehende nicht erst eine künftige Werthminderung aus, deren Vornahme gesetzlich gerechtfertigt ist, da der zeitige Minderwerth dieser Aktiva auch die Ueberschüsse schmälert."

3. Kosten der Organisation und Verwaltung.

Unter Organisationskosten sind die Aufwendungen zu verstehen, welche zur Errichtung der Gesellschaft verausgabt sind (R.O.H.G. Bd. 20 S. 216); dahin gehören insbesondere die Gründungskosten (Provision, Urkunde, Stempel u. s. w.). Insoweit durch dieselben Werthobjekte geschaffen sind, erscheinen sie als solche in der Bilanz. Hierher gehören auch die für Erweiterung des Unternehmens aufgewendeten Kosten. Diese Kosten kommen aber auch als solche nicht unter die Passiva, sondern finden sich in der Gewinn- und Verlustrechnung als Ausgaben. Auch aus den Nachschüssen können sie gedeckt werden, vorausgesetzt, daß ein Betriebsverlust vorliegt (vgl. Neukamp S. 147). In Betreff der Organisationskosten ist noch zu beachten, daß Zuwendungen aus dem Stammkapital für Dienste und Aufwendungen, die einzelne Gesellschafter bei der Begründung geleistet haben, durch §§ 30, 31 ausgeschlossen sind, insoweit können dieselben daher auch nicht in die Gewinn- und Verlustberechnung aufgenommen werden.

4. Einstellung der Nachschüsse in die Bilanz.

Eingezahlte Nachschüsse erscheinen als Passivposten, sie finden den Gegenwerth in ihrer Verwendung. Die Einstellung des Rechts der Gesellschaft auf Einziehung von Nachschüssen in die Bilanz ist davon abhängig, daß

1. die Einziehung beschlossen ist (§ 26 Abs. 1), da vorher nur

die Möglichkeit der Einziehung besteht, deren Eintritt von dem freien Willen der Gesellschaft abhängt;

und 2. den Gesellschaftern ein Recht, durch Verweisung auf den Geschäftsantheil sich von der Zahlung der Nachschüsse zu befreien, nicht zusteht. Unbedingt zur Einzahlung der Nachschüsse verpflichtet sind die Gesellschafter:

a) bei unbeschränkter Nachschußpflicht, wenn die Zur-Verfügung-Stellung des Geschäftsantheils auf den Fall beschränkt ist, daß die eingeforderten Nachschüsse einen bestimmten Betrag überschreiten (§ 27 Abs. 4), die eingeforderten Nachschüsse innerhalb dieses Betrages liegen und im Falle verzögerter Einzahlung der Nachschüsse die auf die Einzahlung der Stammeinlage bezüglichen Vorschriften der §§ 21—23 entsprechende Anwendung finden (§ 28);

b) bei beschränkter Nachschußpflicht, wenn im Falle verzögerter Einzahlung der Nachschüsse die auf die Einzahlung der Stammeinlage bezüglichen Vorschriften der §§ 21—23 entsprechende Anwendung finden (§ 28).

Haben die Gesellschafter das Recht, sich durch Verweisung auf den Geschäftsantheil der Nachschußpflicht zu entziehen, so dürfen die Nachschüsse nicht in die Bilanz aufgenommen werden, auch wenn ihre Einziehung beschlossen ist, da dies unter Umständen dazu führen könnte, eine thatsächlich vorhandene Ueberschuldung zu verschleiern (Entw. I S. 93, II S. 72).

Den Nachschußansprüchen, d. h. den beschlossenen aber noch nicht eingezahlten Nachschüssen, muß ein gleicher Kapitalbetrag in den Passiven gegenübergestellt werden, da sie „nur den eigentlichen Gesellschaftsschulden gegenüber als reines Aktivum in Betracht" kommen (Entw. a. a. O.), derartige Nachschußansprüche bringen daher auch niemals einen Gewinnüberschuß hervor, „während sie bei der Frage der Zulänglichkeit des Aktivvermögens zur Schuldendeckung natürlich mitzuzählen sind" (Entw. I S. 94, II S. 73). Wie aber steht es in dem Falle, daß die Einziehung der Nachschüsse zur Deckung eines Verlustes beschlossen ist? Wollte man dann auch den Gegenwerth einstellen, so würde man an der Bilanz nichts ändern, den Ersatz nicht erreichen, man wird daher in solchem Falle in dem Verlust-Posten den Gegenwerth zu suchen haben (vgl. Anm. 6).

Selbstverständlich ist, daß, wenn der Nachschußanspruch in die Bilanz aufgenommen ist, nicht die spätere Einzahlung (Z. 4) nochmals einzustellen ist, das will auch Z. 4 sicher nicht sagen. Die Einzahlung tritt an die Stelle des Anspruchs. Die von Birkenbihl S. 228, Esser S. 74 gemachten Ausstellungen an der Fassung können nicht getheilt werden.

5. **Stammkapital.**

Durch den Ansatz des Stammkapitals wird die Prüfung ermöglicht, ob das Stammkapital intakt ist. Nach dem Wortlaut des Gesetzes ist es zweifellos, daß der volle Betrag des Stammkapitals, wie er in dem ursprünglichen oder durch einen Erhöhungs- oder Herabsetzungsbeschluß nachträglich geänderten Gesellschaftsvertrag festgesetzt ist, aufzunehmen ist (so auch ausdrücklich Entw. I S. 94, II S. 74). Für Aktiengesellschaften ist dies bestritten. Die eingebrachten Sacheinlagen dürfen niemals zu höherem als dem verrechneten Werthe eingesetzt werden. Eine beschlossene Herabsetzung des Stammkapitals ist für die Aufnahme des Stammkapitals erst zu berücksichtigen, wenn das Verfahren nach Maßgabe des § 59 [58] durchgeführt ist. — Gleichgültig ist, ob die Gesellschaft Geschäftsantheile erworben hat, der Betrag des Stammkapitals wird hiervon nicht beeinflußt. — Ist eine Amortisation von Geschäftsantheilen erfolgt, so ist das Stammkapital bilanzmäßig unverändert fortzuführen, da die Amortisation nur unter Erhaltung des Stammkapitals erfolgen darf, oder es muß für den amortisirten Betrag ein entsprechender Passivposten eingesetzt werden als „Amortisationsfonds“ (vgl. Ring S. 386, 387), oder ein entsprechender Gegenwerth ist einzustellen.

6. **Verwendung der Passivposten.**

„Soweit nicht die Verwendung eine Abschreibung der betreffenden Passivposten begründet“, bedeutet, daß die Verwendung eine Verminderung eines Postens der Aktivseite zur Folge hat, z. B. die Tilgung von Verlusten (auch Betriebsverlusten); andernfalls wenn deren Verwendung eine Vermehrung der Aktivseite zur Folge hat, bildet diese den Gegenwerth für die Verwendung.

7. **Gewinn oder Verlust.**

Der sich ergebende Gewinn oder Verlust muß am Schluß der Bilanz in einem Posten angegeben sein, braucht aber nicht als solcher bezeichnet zu werden, da selbstverständlich Gewinn- und Verlust-Conto am Schlusse der Passiva Gewinn und am Schlusse der Aktiva Verlust bedeutet. Die Vertheilung des Gewinnes gehört nicht in die Bilanz, doch ist es zweckmäßig, dieselbe gesondert anzugeben. „Gewinn und Verlust“ ist das Endergebniß der „Gewinn- und Verlustrechnung“ (§ 42 [41]). Zur Vertheilung als Gewinn ergiebt sich der Ueberschuß der Aktiva über die Passiva, gleichgültig ob die Gesellschaft die bereiten Mittel zur Gewinnvertheilung hat, und ebenso sind ohne Einfluß Verluste, die nach dem Bilanztage eintreten (vgl. Anm. 1).

§ 44.

Die Geschäftsführer haben in den Angelegenheiten der Gesellschaft die Sorgfalt eines ordentlichen Geschäftsmannes anzuwenden.

Geschäftsführer, welche ihre Obliegenheiten verletzen, haften der Gesellschaft solidarisch für den entstandenen Schaden.

Insbesondere sind sie zum Ersatze verpflichtet, wenn den Bestimmungen des § 30 zuwider Zahlungen aus dem zur Erhaltung des Stammkapitals erforderlichen Vermögen der Gesellschaft gemacht oder den Bestimmungen des § 33 zuwider eigene Geschäftsantheile der Gesellschaft erworben worden sind. Auf den Ersatzanspruch finden die Bestimmungen im § 9 Absatz 2 entsprechende Anwendung. Soweit der Ersatz zur Befriedigung der Gläubiger der Gesellschaft erforderlich ist, wird die Verpflichtung der Geschäftsführer dadurch nicht aufgehoben, daß dieselben in Befolgung eines Beschlusses der Gesellschafter gehandelt haben.

Die Ansprüche auf Grund der vorstehenden Bestimmungen verjähren in fünf Jahren.

Entw. I u. II, Komm., Rtg. § 44. Entw. I S. 94, II S. 73. A.G. Art. 241. [H.B. § 241.] G.G. § 32 [34].

[In der vom 1. Januar 1900 geltenden neuen Fassung hat dieser § die Ordnungsnummer **43.**]

1. Haftung der Geschäftsführer.

Art. 241 Abs. 1 A.G. enthält noch die ausdrückliche Bestimmung: „Die Mitglieder des Vorstandes sind aus den von ihnen im Namen der Gesellschaft vorgenommenen Rechtshandlungen Dritten gegenüber für die Verbindlichkeiten der Gesellschaft nicht verpflichtet", [sie ist in § 241 H.B. fortgelassen.] Aus der Vorschrift in § 36 ergiebt sich, daß die gleiche Bestimmung auch für Gesellschaften m.b.H. gilt, wobei es gleichgültig ist, ob die Geschäftsführer die vorhandenen Beschränkungen eingehalten haben oder nicht (§ 35 Anm. 1 u. 7, § 36).

2. Sorgfalt eines ordentlichen Geschäftsmannes.

Die Größe der anzuwendenden Sorgfalt ist die gleiche wie bei der Aktiengesellschaft und Genossenschaft, „ein geringerer Maßstab darf an die Verantwortlichkeit (der Geschäftsführer) nicht gelegt werden, zumal es sich dabei nicht blos um die Interessen der Gesellschafter, sondern auch um diejenigen der Gesellschaftsgläubiger handelt" (Entw. I S. 94, II S. 73); es ist daher auch keine Abschwächung dieser Sorgfalt durch den Gesellschaftsvertrag gestattet, eine Verschärfung ist zulässig. Unter „Sorgfalt eines ordentlichen Geschäftsmannes" ist in der Regel die eines Hausvaters — nicht eines Kaufmanns — in geschäftlichen Dingen zu verstehen. Doch ist schließlich der Charakter des Unternehmens entscheidend, aus dem sich auch die an den Geschäftsführer zu stellenden Anforderungen ergeben. Ueber das Recht der Geschäftsführer im eigenen Namen Geschäfte zu betreiben § 35 Anm. 2. Ueber die B e w e i s l a s t besagt das Gesetz nichts. Die Geschäftsführer sind an die statutarisch vorgeschriebenen Beschränkungen gebunden (§ 37), und der Gesellschaft bei Nichtbeachtung derselben schadensersatzpflichtig (R.G. Bd. 35 S. 83). Nach allgemeinen Rechtsgrundsätzen ist anzunehmen, daß die Gesellschaft nachzuweisen hat, daß und welche Pflichten den Geschäftsführern obgelegen haben und daß zwischen diesen Pflichten und dem Schaden ein Kausalzusammenhang besteht; hierdurch wird der Schadensersatzanspruch begründet, und es ist dann

Sache der Geschäftsführers, die Erfüllung seiner Pflicht oder solche Umstände, welche ihm dieselbe unmöglich gemacht haben, nachzuweisen (vgl. R.G. Bd. 13 S. 46, § 12 Nr. 4 der allgemeinen Begründung zum A.G. vom 18. Juli 1884).

3. **Obliegenheiten.**

Unter „Obliegenheiten" sind alle Funktionen zu verstehen, die nach Gesetz, Gesellschaftsvertrag, Beschluß der Gesellschafter oder sonstiger Organe, deren Vorschriften bei der Geschäftsführung zu beobachten sind, von den Geschäftsführern zu befolgen sind. Die Haftung erstreckt sich auf Handlungen wie auf Unterlassungen. In Betreff der Buchführung vgl. § 42 [41] Anm. 2. Aus dem letzten Satz des Abs. 3 könnte geschlossen werden, daß die Haftung der Gesellschaft gegenüber, soweit nicht die Interessen der Gläubiger in Frage kommen, aufgehoben wird, wenn die Thätigkeit durch einen Beschluß der Gesellschafter hervorgerufen ist; für die Dechargirung hat das Reichsgericht (R.G. Bd. 12 S. 77, Bd. 13 S. 51, Bd. 18 S. 63) entschieden, daß die Versammlung der Gesellschafter sich durch dieselbe nur insoweit eines Schadensersatzanspruchs begiebt, als sie aus den ihr gemachten Vorlagen die Geschäftsführung zu übersehen im Stande ist. Die „Sorgfalt eines ordentlichen Geschäftsmannes" kann aber auch weiter sehr wohl fordern, daß die Geschäftsführer, wenn ihnen die Ausführung eines Beschlusses, der das Gesetz, den Gesellschaftsvertrag oder die Interessen der Gesellschaft verletzt, zugemuthet wird, die zur Aufhebung dieses Beschlusses geeignete Mittel, z. B. Anfechtung im Wege der Klage, anwenden. Es kann daher nicht allgemein gesagt werden, daß die Geschäftsführer durch einen Beschluß der Gesellschafter gedeckt werden (vgl. § 31 Anm. 8, § 37 Anm. 1). Die solidarische Haftpflicht bezieht sich zunächst auf die Verletzung der Obliegenheiten, welche den Geschäftsführern als Organ zukommen, sonst trifft sie die Geschäftsführer, in deren spezieller Thätigkeit die Vernachlässigung der Sorgfalt zu dem Schaden geführt hat; eine Vertheilung der Geschäftsführung unter die Geschäftsführer nach den einzelnen Zweigen ist durch den Gesellschaftsvertrag zulässig, sonst ist sie auf die Haftung ohne rechtliche Wirkung (vgl. R.G. Bd. 12 S. 76, Bd. 13 S. 51, Parisius u. Crüger S. 181).

4. **Besondere Ersatzpflicht.**

Der besonderen Ersatzpflicht in den Fällen der Zuwiderhandlung gegen §§ 30 und 33 liegt die Wahrung des Interesses der Gläubiger zu Grunde. Es handelt sich hier nicht um die Geltendmachung eines Schadensersatzanspruchs, sondern um den Ersatz des durch die rechtswidrige Handlung aus dem Vermögen der Gesellschaft Herausgegangenen; es genügt die Thatsache, daß §§ 30 und 33 verletzt sind, es kommt hierbei auf eine Schuld der Geschäftsführer nicht weiter an. Durch die Heranziehung des § 9 Abs. 2 ist Vorsorge getroffen, daß durch Verfügungen der Gesellschaft die zur Befriedigung der Gläubiger nothwendige Geltendmachung der Ansprüche unmöglich gemacht wird. In Folge der gleichzeitigen Haftpflicht der Gesellschafter nach § 31 Abs. 3 tritt eine solidarische Haftung der Geschäftsführer und der Gesellschafter für den vom Empfänger nicht zu erstattenden oder nicht einziehbaren Betrag ein. Für die hiernach von den Gesellschaftern geleisteten Zahlungen haften denselben die Geschäftsführer solidarisch (§ 31 Abs. 6 Anm. 8).

5. **Verhältniß der Geschäftsführer zu den Gesellschaftern.**

Abs. 2 bestimmt ausdrücklich, daß die Geschäftsführer wegen Verletzung ihrer Obliegenheiten nur der Gesellschaft haften. Die Geltendmachung der Ersatzansprüche unterliegt der Bestimmung der Gesellschafter (§ 47 [46] Z. 8), mit Rücksicht auf § 44 [43] Abs. 2 aber kann es nicht für zulässig erachtet werden, daß der Gesellschaftsvertrag von § 46 [45] Abs. 2 Gebrauch macht und den Gesellschaftern das Recht einräumt, im eigenen Namen die Ansprüche der Gesellschaft zu verfolgen; nur über die Geltendmachung durch die Gesellschaft kann der Gesellschaftsvertrag besondere Bestimmungen treffen, die aber auch nicht die Rechte der Gläubiger aus § 44 [43] Abs. 3 beschränken können. Mit den Gesellschaftern stehen die Geschäftsführer in keinem Vertragsverhältniß, sie sind nicht deren Vertreter, ihnen gegenüber haften sie daher auch nur außerkontraktlich, nicht aus einem Sozietätsverhältniß, da ein solches nicht vorhanden ist, und ferner muß eine Rechtsverletzung der Gesellschafter als solcher vorliegen. Die gleichen Grundsätze treffen auch nach der Auflösung bei der Liquidation zu (vgl. R.G. Bd. 28 S. 73, Bd. 29 S. 4 ff.). Die Geschäftsführer haften hiernach im Gebiete des gemeinen Rechts bei arglistiger (Windscheid II § 451) Schädigung des Gesellschafters (vgl. R.O.H.G. Bd. 19 S. 181), im Gebiete des Allgemeinen Landrechts nach dem Umfange des von ihnen gegen den Gesellschafter begangenen Verschuldens (A.L.R. I 6 §§ 10 ff., R.G. Bd. 28 S. 73 f.). [Nach B.G.B. erstreckt sich die außerkontraktliche Haftpflicht auf vorsätzliche und fahrlässige Handlungsweisen (§ 823) und „fahrlässig handelt, wer die im Verkehr erforderliche Sorgfalt außer Acht läßt" (§ 276). Ueber die Haftpflicht der Gesellschaft § 35 Anm. 7, § 36 Anm. 2.] Als zulässig muß auch angesehen werden die Geltendmachung der Ersatzansprüche der Gesellschaft nach Ueberweisung derselben im Wege der Zwangsvollstreckung, insoweit nicht bereits die Ersatzansprüche der Gesellschaft erledigt oder aufgegeben sind (vgl. R.G. Bd. 28 S. 74), c. c. Art. 1166 B.G.B. § 412).

Einen besonderen Fall der direkten Haftpflicht der Geschäftsführer gegenüber den Gesellschaftern sieht § 31 Abs. 6 vor.

6. **Verhältniß der Geschäftsführer zu den Gesellschaftsgläubigern.**

Zwischen den Geschäftsführern und den Gesellschaftsgläubigern besteht gleichfalls kein Vertragsverhältniß (vgl. Anm. 1). „Eine direkte Haftpflicht der Geschäftsführer gegenüber den Gesellschaftsgläubigern kann . . . als entbehrlich betrachtet werden; es genügt . . ., daß die Gläubiger in der Lage sind, die Ersatzansprüche der Gesellschaft nach

Ueberweisung derselben im Wege der Zwangsvollstreckung geltend zu machen, oder im Falle des Konkurses der Gesellschaft die Forderungen durch den Konkursverwalter verfolgen zu lassen" (Entw. I S. 95, II S. 74). Gegen eine Schädigung durch die Gesellschaft ist dadurch Vorsorge getroffen, daß die Verzichtleistungen und Vergleiche derselben der Einschränkung des § 9 Abs. 2 unterliegen. Für A.G. hat das Reichsgericht wiederholt den Grundsatz aufgestellt, daß die Ersatzansprüche gegen Vorstands- und Aufsichtsrathsmitglieder zum Vermögen der Gesellschaft gehören und auch in dem Urtheil vom 19. Mai 1897 (Bd. 39 S. 62) ausgesprochen, daß im Konkurse der Gesellschaft die von dem Konkursverwalter abgeschlossenen Vergleiche über die Ersatzpflicht für die einzelnen Gläubiger bindend sind. Man wird dies auch für Gesellschaften mit beschränkter Haftung annehmen müssen, da der Konkursverwalter auch die Gläubiger vertritt, § 9 Abs. 2 also der Geltung nicht entgegensteht. Ferner ist die Bestimmung getroffen, daß die Geschäftsführer sich den Gläubigern gegenüber, wenn diese den Ersatzanspruch der Gesellschaft verfolgen, nicht darauf berufen können, daß sie in Befolgung eines Beschlusses der Gesellschaft gehandelt haben (vgl. R.G. Bd. 10 S. 81). Dritten haften die Geschäftsführer außerkontraktlich nach den Grundsätzen des bürgerlichen Rechts, wenn die Rechtshandlung gegen sie unmittelbar vorgenommen ist oder es sich um Akte handelt, die für das Publikum bestimmt sind, z. B. Veröffentlichung der Bilanz. — Einen Fall direkter Haftpflicht der Geschäftsführer gegenüber den Geschäftsgläubigern behandelt § 79 [81] Abs. 3.

7. Verjährung der Ansprüche.

Die Dauer der Haftung ist begrenzt. Beginn, Unterbrechung und Beendigung der Verjährung bestimmen sich nach bürgerlichem Recht (vgl. Urtheil des R.G. vom 12. April 92, Jurist. Wochenschr. 1892 S. 239, Entscheidungen Bd. 29 S. 27 f.) Die Verjährung beginnt nicht erst mit der Kenntniß von dem Schaden, sondern mit der Verursachung desselben (R.G. Bd. 39 S. 48), so auch Neukamp S. 156, Birkenbihl S. 234.

§ 45.

Die für die Geschäftsführer gegebenen Vorschriften gelten auch für Stellvertreter von Geschäftsführern.

Entw. I u. II, Komm., Rtg. § 45. Entw. I S. 95, II S. 74. A.G. Art. 232a. [H.B. § 242.] G.G. § 33 [35].

[In der vom 1. Januar 1900 geltenden neuen Fassung hat dieser § die Ordnungsnummer **44**.]

Bedeutung der Bestellung von Geschäftsführern als Stellvertreter.

Die Stellvertreter sind zur Eintragung in das Handelsregister anzumelden und haben zu demselben ihre Unterschrift zu zeichnen, ebenso ist bei Beendigung der Stellvertretung zu verfahren. Das Gericht hat nicht zu prüfen, ob der Fall der Stellvertretung gegeben ist. Gegen dritte Personen hat eine Beschränkung der Befugniß der Geschäftsführer keine rechtliche Bedeutung; dies gilt insbesondere auch für den Fall, daß die Vertretung „nur unter gewissen Umständen" stattfinden soll (§ 37 Abs. 2). Es ist Dritten gegenüber daher ohne rechtliche Bedeutung, wenn einzelne Geschäftsführer nur Stellvertreter sein sollen, daher ist auch Dritten gegenüber die Vertretungsbefugniß nicht davon abhängig, daß der Fall der Stellvertretung auch wirklich vorhanden ist (vgl. R.G. Bd. 24 S. 83). Da die „Stellvertreter" Geschäftsführer sind, müssen dieselben auch bei den Anmeldungen (§ 76 [78]) mitwirken. Die Stellvertreter unterliegen auch den Ordnungsstrafen (§ 77 [79]) wie sie die Verantwortung für die Obliegenheiten aus § 42 [41] tragen (vgl. R.G. in Strafsachen Urtheil der vereinigten Straffenate Bd. 13 S. 239 ff., a. A. Hergenhahn S. 73, Förtsch S. 98); die Strafvorschriften aus Art. 210 Z. 2 und 3 R.K.O. [§ 240 Z. 2—4 R.K.O.] finden in gleicher Weise Anwendung wie auf die übrigen Geschäftsführer, da sie vollberechtigte und vollverpflichtete Mitglieder des Geschäftsführerorgans sind (§ 37); „der Thatbestand des § 210 Nr. 2, 3 R.K.O. [R.K.O. a. a. O.] verlangt . . . weder einen strafbaren Vorsatz, noch auch — von der „Verheimlichung" und „Vernichtung" der Handelsbücher abgesehen — irgend einen positiven Thätigkeitsakt; er enthält wesentlich ein Unterlassungsdelikt, bestehend in der Verabsäumung handelsgesetzlicher Pflichten, ordentlicher, den Vermögenszustand klarstellender Buchführung und regelmäßiger Bilanzziehung" (R.G. a. a. O. S. 241). Das Gesetz verpflichtet jeden Geschäftsführer, für Buchführung und Aufstellung der Bilanz „zu sorgen" (§ 42 [41]), es haben daher auch die „Stellvertreter" die gleiche Verpflichtung. Anders liegt es selbstverständlich bei den Delikten aus Art. 209 und 210 Z. 1 R.K.O. [§ 239, § 240 Z. 1 R.K.O.] die einen positiven individuellen Thätigkeitsakt voraussetzen und aus denen daher nur die Geschäftsführer zu bestrafen sind, in deren Person sich die Thatbestandsmerkmale erfüllen (R.G. a. a. O. S. 241).

§ 46.

Die Rechte, welche den Gesellschaftern in den Angelegenheiten der Gesellschaft, insbesondere in Bezug auf die Führung der Geschäfte zugestehen, sowie die Ausübung derselben bestimmen sich, soweit nicht gesetzliche Vorschriften entgegenstehen, nach dem Gesellschaftsvertrage.

In Ermangelung besonderer Bestimmungen des Gesellschaftsvertrages finden die Vorschriften der §§ 47 bis 52 Anwendung.

Entw. I u. II. Komm., Rtg. § 46. Entw. I S. 45, 96, II S. 36, 74. A.G. Art. 221 Abs. 1. [H.B. § 250.] G.G. § 41 [43] Abs. 1.

[In der vom 1. Januar 1900 geltenden neuen Fassung hat dieser § die Ordnungsnummer 45.]

1. **Rechte der Gesellschafter,** § 48 Anm. 1.

Ueber die Stellung der Versammlung der Gesellschafter als Organ § 49 [48] Anm. 1.

Hinsichtlich der inneren Verhältnisse der Gesellschaft ist der autonomen Regelung die weiteste Freiheit gelassen, um einer den Bedürfnissen des einzelnen Falles entsprechenden Gestaltung der inneren Verhältnisse thunlichsten Raum zu gewähren. Bei den subsidiären Vorschriften, welche das Gesetz giebt, ist im Allgemeinen der Gesichtspunkt zu Grunde gelegt, „daß den Gesellschaftern, auch soweit sie nicht durch Bestellung zu Geschäftsführern mit der unmittelbaren Leitung der Geschäfte betraut sind, ein maßgebender Einfluß in den Angelegenheiten der Gesellschaft eingeräumt werden muß . . .; (es) ist davon auszugehen, daß die Mitglieder als solche die oberste Instanz in den Gesellschaftsangelegenheiten bilden, und es sind ihnen deshalb auch die für die Verhältnisse der Gesellschaft besonders wichtigen Entschließungen" vorbehalten (Entw. I S. 45, II S. 36). Die Bestimmungen aber sind nur dispositiver Natur (einschränkend entgegen dem Wortlaut Förtsch S. 111, 118). Der Gesellschaftsvertrag „kann namentlich die Rechte der einzelnen Gesellschafter in der Richtung erweitern, daß das Prinzip der Mehrheitsbeschlüsse beseitigt und entweder die Einwilligung sämmtlicher Gesellschafter für die zu beschließenden Maßnahmen gefordert oder an Stelle gemeinsamer Entschließungen in den geeigneten Fällen ein Individualrecht der einzelnen Gesellschafter anerkannt wird" (Entw. I S. 96, II S. 74, Esser S. 78). Ueber die Rechte der einzelnen Gesellschafter läßt sich das R.G. in dem Urtheil vom 27. Oktober 1897 (vgl. Jurist. Wochenschrift 1898 S. 15) folgendermaßen aus: „An sich hat das einzelne Mitglied der Gesellschaft mit beschränkter Haftung sich mit dem zu begnügen, was das Gesetz und der Gesellschaftsvertrag ihm einräumen, im vorliegenden Falle mit der Bilanz, der Gewinn- und Verlustrechnung und dem Bericht der Revisionskommission. Darüber, ob diese Vorlagen genügendes Material für die Beschlußfassung darbieten oder ob zu diesem Behufe noch weitere Aufklärungen zu erfordern sind, hat regelmäßig die Mehrheit der Gesellschafter als das oberste Willensorgan der Gesellschaft zu entscheiden. Der einzelne Gesellschafter hat kein Recht darauf, daß seine persönlichen Zweifel und Bedenken erledigt werden. Allein andererseits folgt aus der gesellschaftlichen Natur des Rechtsverhältnisses, in welchem die Mitglieder der Gesellschaft mit beschränkter Haftung zu einander stehen, daß die Mehrheit die ihr zustehende Befugniß nicht mißbrauchen darf. Die Sachlage kann eine derartige sein, daß für einen verständigen Geschäftsmann, der unbefangen und ohne chikanöse Absicht an die Vorlagen herantritt, das Verlangen gerechtfertigt erscheint weitere Aufklärungen zu erhalten, weil es ohne dieselben nicht wohl möglich ist, über die Geschäftsführung in wesentlichen Punkten sich ein Urtheil zu bilden, sich schlüssig zu machen, ob die Entlastung zu bewilligen, ob Anträge für die ersprießliche Weiterführung der Geschäfte zu stellen seien. Führt die Auskunft dahin, daß sich über gewisse zweifelhafte Punkte die Einsicht von Nachweisungen nothwendig macht, so darf in solchem Falle die Vorlegung derselben in der Generalversammlung nicht schlechthin verweigert werden. Wenn in einem solchen Falle die Mehrheit ohne zwingende Gründe, deren Natur eine verschiedenartige sein kann, die auf Ertheilung der Auskünfte gerichteten Anträge des Gesellschafters ablehnt, so wird diesem die Möglichkeit genommen, sein Stimmrecht so auszuüben, wie es sein Recht ist. Die Mehrheit ist in ihrem Rechte, wenn sie Querelen und unbegründete Fragen abschneidet; wenn sie aber Anträgen, die sachlich offenbar berechtigt sind, eine unbedingte Weigerung entgegenstellt, so kann dem einzelnen Gesellschafter das Recht nicht versagt werden, hiergegen den Richter anzugehen. Die Frage, ob von diesem Standpunkt aus das Verlangen der Beklagten nach Beantwortung der von ihr gestellten Fragen nach Beibringung der begehrten Specifikationen und nach Aufstellung besonderer Bilanzen für die süddeutschen Fabriken gerechtfertigt erscheint, bedarf einer konkreten Prüfung, die ihr in dem angefochtenen Urtheile nicht zu Theil geworden ist." Das Gesetz sieht nur drei Individualrechte vor: das Recht zur Einberufung von Versammlungen der Gesellschafter (§ 51 [50], das Recht auf Auflösung der Gesellschaft zu klagen (§ 61) und das Recht der Stellung des Antrages auf Bestellung und Abberufung von Liquidatoren (§ 66 Abs. 2). Das Recht zur Einberufung der Versammlung kann jedoch auch durch den Gesellschaftsvertrag beliebig eingeschränkt werden. Ueber Abänderung des Stimmrechts § 48 Anm. 2, das Recht der Büchereinsicht im Falle des § 75 [77] Abs. 2 ist nicht beschränkbar. Weitergehend Förtsch S. 117 für § 29, § 73 [75]. Das Recht des einzelnen Gesellschafters, Beschlüsse der Versammlung der Gesellschafter anzufechten, ist nicht ausdrücklich ausgesprochen, es ergiebt sich aber aus allgemeinen Grundsätzen, und es ist nicht wie das Recht des Aktionärs (A.G. Art. 190 a, 222, [H.B. § 271], G.G. § 49 [51]) an bestimmte formelle Voraussetzungen gebunden (Entw. I S. 96, II S. 74). Das Recht der Anfechtung kann daher auch einredeweise geltend gemacht werden. Sowohl die Verletzung von Sonderrechten wie das Interesse der Gesellschaft kann den Rechtsgrund der Anfechtung bilden, doch kann die Klage nur auf eine Verletzung des Gesetzes oder des Gesellschaftsvertrages gestützt werden, ein Vermögensrecht braucht nicht verletzt zu sein, auch die Versammlung der Gesellschafter ist an die Beobachtung des Gesetzes und des Gesellschaftsvertrages gebunden. Die Geschäftsführer sind zur Anfechtung ebenso befugt wie die einzelnen Gesellschafter, auch wenn sie nicht zu diesen gehören, das ergiebt sich aus ihrer Stellung zu der Gesellschaft; und zwar ist jeder Geschäftsführer zur Anfechtung berechtigt. Man wird die Anfechtung durch die Geschäftsführer selbst dann zulassen müssen, wenn der Beschluß auf ihren Antrag gefaßt ist, denn die Anfechtung bietet die einzige Möglichkeit, gesetz- oder statutenwidrige Beschlüsse zu beseitigen (vgl. auch § 231 [256] C.P.O.). Eine

Ersatzpflicht für den durch unbegründete Anfechtung der Gesellschaft entstandenen Schaden besteht nach allgemeinen Grundsätzen. (Nach A.G. Art. 222, 190b [H.B. § 273 Abs. 2] G.G. § 50 [52] beschränkt sich die Haftung auf den Fall böslicher Handlungsweise.) Die Vertretung der Gesellschaft im Prozeß haben die Geschäftsführer, nur wenn die Anfechtung von ihnen ausgeht, müssen in analoger Anwendung von § 47 [46] Z. 8 Bevollmächtigte bestellt werden. Die Zuständigkeit des Gerichts wird sich mangels einer besonderen Vorschrift nach dem nöthigenfalls von dem Gericht festzusetzenden Werthe des streitigen Gegenstandes bestimmen.

2. **Beschlußfassung** §§ 48 [47], 49 [48]; **Berufung** §§ 50, 51, 52 [49, 50, 51].

§ 47.

Der Bestimmung der Gesellschafter unterliegen:

1. die Feststellung der Jahresbilanz und die Vertheilung des aus derselben sich ergebenden Reingewinns;
2. die Einforderung von Einzahlungen auf die Stammeinlagen;
3. die Rückzahlung von Nachschüssen;
4. die Theilung sowie die Einziehung von Geschäftsantheilen;
5. die Bestellung und die Abberufung von Geschäftsführern sowie die Entlastung derselben;
6. die Maßregeln zur Prüfung und Ueberwachung der Geschäftsführung;
7. die Bestellung von Prokuristen und von Handlungsbevollmächtigten zum gesammten Geschäftsbetriebe;
8. die Geltendmachung von Ersatzansprüchen, welche der Gesellschaft aus der Gründung oder Geschäftsführung gegen Geschäftsführer oder Gesellschafter zustehen, sowie die Vertretung der Gesellschaft in Prozessen, welche sie gegen die Geschäftsführer zu führen hat.

Entw. I u. II, Komm., Rtg. § 47. Entw. I S. 96, II S. 75.

[In der vom 1. Januar 1900 geltenden Fassung hat dieser § die Ordnungsnummer **46**.]

1. **Angelegenheiten, für welche es im Zweifel eines Beschlusses der Gesellschafter bedarf.**

Die hier aufgeführten Angelegenheiten sind keineswegs erschöpfend, das Gesetz überweist noch eine Reihe Maßnahmen den Gesellschaftern, und sind die betreffenden Bestimmungen dann zwingender Natur, so die Vorschriften über die Einforderung von Nachschüssen § 26, über Aenderung des Gesellschaftsvertrages, über Erhöhung oder Herabsetzung des Stammkapitals (§§ 54 [53] ff.), über Auflösung der Gesellschaft (§ 60 Z. 2).

2. Jahresbilanz — Vertheilung des Reingewinns.

Jahresbilanz ist die Bilanz für die abgelaufene Geschäftsperiode (§ 43 [42] Anm. 1), über die Rechte der Gesellschafter § 42 [41] Anm. 3. Aufgestellt wird die Bilanz durch die Geschäftsführer (§ 42 [41]). Mit der Anerkennung derselben wird sie die bindende Grundlage für die Rechnungsergebnisse des Geschäftsjahres (§ 29). Die Anerkennung erfolgt, falls der Gesellschaftsvertrag nicht Anderes vorschreibt, durch Mehrheitsbeschluß der Gesellschafter (§ 48 [47]), welcher durch Unterzeichnung der Bilanz sämmtlicher Gesellschafter ersetzt wird (§ 49 [48] Abs. 2). „Im Gesellschaftsvertrage kann aber auch eine andere Art des Verfahrens vorgesehen werden, z. B. in der Weise, daß die den einzelnen Gesellschaftern mitzutheilende Bilanz als genehmigt gilt, wenn nicht binnen bestimmter Frist ein Widerspruch erhoben wird. Ferner ist in Betracht zu ziehen, daß im Gesellschaftsvertrage das Prinzip der Mehrheitsbeschlüsse überhaupt oder speziell für die Bilanzfeststellung ausgeschlossen werden kann; dann wird die Bilanz für den einzelnen Gesellschafter nur dadurch bindend, daß sie von ihm selbst ausdrücklich oder stillschweigend anerkannt wird" (Entw. I S. 90, II S. 70). Für die Vertheilung des Reingewinns sind das Gesetz und der Gesellschaftsvertrag maßgebend, die Gesellschafter können nicht willkürlich über dieselbe Bestimmung treffen; nach § 29 haben die Gesellschafter einen Anspruch auf den aus der Bilanz sich ergebenden Reingewinn, soweit nicht im Gesellschaftsvertrage ein Anderes bestimmt ist. Ist nichts Anderes bestimmt, so hat der Beschluß über die Vertheilung des Reingewinns nur die Bedeutung eines Anerkenntnisses des mit der Feststellung der Bilanz von Rechts wegen begründeten Gewinnanspruchs der Gesellschafter. Ein solcher Beschluß braucht dann überhaupt nicht gefaßt zu werden, denn mit der Feststellung der Bilanz ist der klagbare Gewinnanspruch des Gesellschafters entstanden. Das Gleiche wird auch dann gelten müssen, wenn der Gesellschaftsvertrag für die Vertheilung bindende Vorschriften enthält. Einer Beschlußfassung über die Vertheilung bedarf es nur dann, wenn der Gesellschaftsvertrag derselben Spielraum läßt, in diesem Falle entsteht der klagbare Gewinnanspruch des Gesellschafters erst mit dem Vertheilungsbeschluß, der Beschluß kann ebenso wie der Feststellungsbeschluß von jedem Gesellschafter im Wege der Klage angefochten werden; diese Klage ist nicht an die Erfüllung bestimmter Förmlichkeiten gebunden (vgl. § 29 Anm. 1 u. 2).

Inwieweit aus dem Reingewinn Schenkungen u. s. w. beschlossen werden können, hängt im Allgemeinen von der Fassung des Gesellschaftsvertrages ab, vgl. § 37 Anm. 1.

3. Einforderung von Einzahlungen auf die Stammeinlagen.

Im Zweifel (§ 46 [45] Abs. 2) ist ein Beschluß der Gesellschafter die Voraussetzung der Klage auf Einzahlungen der Stammeinlage, vgl. § 13 Anm. 2.

4. Rückzahlung von Nachschüssen.

Nach § 30 Abs. 2 können Nachschüsse, soweit sie nicht zur Deckung eines Verlustes am Stammkapital erforderlich sind, zurückgezahlt werden, an diese Rückzahlung ist hier gedacht. Nach der Begründung (Entw. I S. 67, II S. 75) ist diese Beschlußfassung statthaft, ohne daß vorher eine Bilanz festgestellt ist, „falls die Vermögenslage sie zweifellos gestattet“. Dem wird nach dem Wortlaut des Gesetzes und besonders mit Rücksicht auf das bei der Rückzahlung zu beobachtende Verfahren zuzustimmen sein, wenn auch nicht zu verkennen ist, daß Schädigungen der Gesellschaftsgläubiger dabei eintreten können.

5. Theilung von Geschäftsantheilen.

Die nach § 17 erforderliche Genehmigung ist von den Geschäftsführern zu ertheilen. Hier handelt es sich um das Verhältniß der Geschäftsführer zu der Gesellschaft (§ 37 Abs. 1) und soll im Zweifel „mit Rücksicht auf die Bedeutung der Maßregel“ ein Gesellschafterbeschluß eingeholt werden, der Dritten gegenüber aber keine Rechtswirkung hat.

6. Bestellung, Abberufung, Entlastung der Geschäftsführer.

Die Bestellung der Geschäftsführer erfolgt im Zweifel durch Beschluß der Gesellschafter (§ 6 Abs. 2), dies gilt auch für die ersten Geschäftsführer. Bei der Abberufung sind die Gesellschafter beschränkt, wenn in dem Gesellschaftsvertrage von der Bestimmung des § 38 Abs. 2 Gebrauch gemacht ist. Die Entlastung liegt nicht in der Genehmigung der Bilanz, sie kann einzelnen Geschäftsführern ertheilt werden, anderen nicht, kann sich auch auf einzelne Theile der Bilanz beschränken. Denkbar ist, daß die Bilanz genehmigt, die Ertheilung der Entlastung verweigert wird, es bedeutet dies, daß die Gesellschaft sich die Geltendmachung etwaiger Ansprüche gegen die Geschäftsführer vorbehält. Besteht ein Aufsichtsrath, so wird doch nur den Geschäftsführern Entlastung ertheilt und nicht dem Aufsichtsrath. Verweigern die Gesellschafter die Genehmigung der Bilanz oder die Ertheilung der Entlastung, so muß den Geschäftsführern das Recht zustehen, darauf zu klagen.

7. Kontrolle der Geschäftsführung.

Das Gesetz geht davon aus, daß die Gesellschaft aus einer größeren Anzahl Gesellschafter besteht, wobei es sich von selbst verbietet, daß ein jeder Gesellschafter für sich die Prüfung und Ueberwachung der Geschäftsführung ausübt. Die Gesellschafter haben im Zweifel ihre darauf bezüglichen Rechte in der Versammlung der Gesellschafter (vgl. § 42 [41] Anm. 3) auszuüben (§§ 48 [47] 46 [45] Abs. 2), in der die Beschlußfassung entscheidet. Bei geringerer Mitgliederzahl „kann der Gesellschaftsvertrag besondere Bestimmungen treffen, insbesondere die Kontrollbefugniß zu einem Individualrecht der Gesellschafter machen, wie ein solches nach Art. 105 des H.G.B. [§ 118 H.B.] auch bei den offenen Handelsgesellschaften besteht" (Entw. I S. 98, II S. 76). Andererseits können die Gesellschafter auch einzelne Mitglieder mit der Kontrolle beauftragen oder außerordentliche Revision beschließen u. dgl. mehr; sie können auch einen Aufsichtsrath bestellen, doch bedarf dies der Aufnahme in den Gesellschaftsvertrag (§ 53 [52]).

8. **Bestellung von Prokuristen und Handlungsbevollmächtigten zum gesammten Geschäftsbetriebe.**

Für Aktiengesellschaften kann der Vorstand, sofern nicht durch den Gesellschaftsvertrag oder durch Beschluß der Generalversammlung ein Anderes bestimmt ist, einen Prokuristen nur mit Zustimmung des Aufsichtsraths bestellen (A.G. Art. 234 [H.B. § 238], die Beschränkung hat jedoch Dritten gegenüber keine Bedeutung); für Genossenschaften kann ein Prokurist überhaupt nicht bestellt werden (G.G. § 40 [42]). Das Gesetz geht davon aus, daß die Gesellschafter darüber beschließen sollen, ob Prokuristen zu bestellen sind, die Anstellung selbst ist dann Sache der Geschäftsführer. Der Gesellschaftsvertrag kann die Bestellung auch den Geschäftsführern allein übertragen oder noch von weiteren Beschränkungen abhängig machen, auch dieselbe ganz ausschließen (§ 46 [45] Abs. 2). In allen Fällen aber handelt es sich nur um eine Beschränkung der Geschäftsführer der Gesellschaft gegenüber, Dritten gegenüber sind die Geschäftsführer in der Anstellung von Prokuristen unbeschränkt (Makower S. 316, Birkenbihl S. 243, a. A. Förtsch S. 115, gegen ihn Neukamp S. 165 ff.), sie würden sich nur der Gesellschaft schadensersatzpflichtig machen, wenn sie die Beschränkungen unbeachtet lassen. Eine in Liquidation befindliche Gesellschaft kann einen Prokuristen nicht mehr bestellen (R.O.H.G. Bd. 13 S. 224). Auf den Prokuristen kommen die Art. 41 ff. H.G.B. [§ 48 H.B.] zur Anwendung, die Bestellung ist von der Eintragung nicht abhängig. Hergenhahn (S. 114 a. A. in der dritten Auflage, Liebmann S. 93) nimmt an, daß eine Verpflichtung zur Anmeldung der Prokuristen nicht besteht, da § 76 [78] nur von den in diesem Gesetze vorgeschriebenen Anmeldungen spricht; letzteres ist zutreffend, die Verpflichtung zur Anmeldung ergiebt sich aber aus Art. 45 H.G.B. [§ 53 H.B.]. Das Gericht hat die Eintragung vorzunehmen auf die Anmeldung hin, ohne zu prüfen, ob die Bestellung ordnungsmäßig erfolgt ist. § 53 [52] Anm.

Der Prokurist ist nicht gesetzlicher Vertreter der Gesellschaft — zum Unterschiede von den Geschäftsführern — sondern Bevollmächtigter der Gesellschaft, die Gesellschaft haftet daher auch nicht für sein außerkontraktliches Versehen. Er haftet für die Prokuristen nur bei culpa in eligendo und bei mangelnder Aufsicht [vgl. B.G.B. §§ 31, 831]. Ueber die Zeichnung eines Prokuristen in Gemeinschaft mit Geschäftsführern vgl. § 35 Anm. 2. Der Umfang der Prokura bestimmt sich nach Art. 42 [41] H.G.B. [§ 54 H.B.]; da die Gesellschaft (§ 13) als Handelsgesellschaft gilt, ist der Prokurist zu allen Geschäften ermächtigt, welche der Betrieb irgend einer Gesellschaft m.b.H. mit sich bringt; jede Beschränkung des Prokuristen ist Dritten gegenüber wirkungslos, die Prokura kann daher auch nicht auf einzelne Niederlassungen der Gesellschaft m.b.H. eingeschränkt werden, da für alle nur eine Firma, die Firma der Gesellschaft, gilt (§ 12 Anm. 3, vgl. Beschluß des Kammergerichts vom 4. April 1892, Johow Bd. 12 S. 30). Zu dem Widerruf der Prokura sind die Geschäftsführer unbeschränkt befugt, da die Gründe, welche für eine Beschränkung bei der Bestellung sprechen, hier nicht maßgebend sind. Die Eintragung erfolgt jedenfalls allein auf die Anmeldung der Geschäftsführer hin. Wollte man einen Beschluß der Gesellschafter für die Absetzung des Prokuristen erfordern, so könnte die damit verbundene Verzögerung der Gesellschaft großen Nachtheil bringen. Für die Handelsbevollmächtigten zum gesammten Geschäftsbetriebe sind Art. 47 ff. H.G.B. [§§ 54 ff. H.B.] maßgebend.

9. Geltendmachung von Ersatzansprüchen.

Da die Geschäftsführer nach §§ 9, 44 [43] 64, 72 [74], 74 [76] der Gesellschaft haftbar sind, kann im Gesellschaftsvertrag das Recht der Geltendmachung der Ersatzansprüche nicht zu einem Sonderrechte der Gesellschafter ausgebildet werden (§ 44 [43] Anm. 3). Wohl nur auf redaktionellem Versehen beruht es, daß in Z. 8 die Worte „oder Gesellschafter" nicht gestrichen sind, denn sie haben durch die Abänderung der Anmeldung (§§ 7, 9) ihre Bedeutung verloren. Sie können auch nicht mit Förtsch (S. 116) auf die Ersatzansprüche aus culpa in contrahendo bei dem Vertragsabschluß oder aus § 5 Abs. 4 bezogen werden, denn erstere stehen nur den einzelnen Gesellschaftern zu und letztere würden auf dem Gesellschaftsvertrage (nicht auf der Gründung) beruhen, ebensowenig (Förtsch a. a. O.) auf unbefugter Geschäftsführung, mangelhafter Ausführung von Aufträgen und doloser Benachtheiligung bei der Beschlußfassung, denn daraus entstehen für die Gesellschaft keine Ansprüche „aus der Gründung oder der Geschäftsführung". In der Begründung (Entw. I S. 98, II S. 76) war auch von den „für die Gründung verantwortlichen Personen" gesprochen.

Zu den Prozessen „gegen die Geschäftsführer gehören" auch die, in denen die Gesellschaft als Beklagte auftritt.

§ 48.

Die von den Gesellschaftern in den Angelegenheiten der Gesellschaft zu treffenden Bestimmungen erfolgen durch Beschlußfassung nach der Mehrheit der abgegebenen Stimmen.

Jede hundert Mark eines Geschäftsantheils gewähren eine Stimme.

Vollmachten bedürfen zu ihrer Gültigkeit der schriftlichen Form.

Ein Gesellschafter, welcher durch die Beschlußfassung entlastet oder von einer Verbindlichkeit befreit werden soll, hat hierbei kein Stimmrecht und darf ein solches auch nicht für andere ausüben.

Dasselbe gilt von einer Beschlußfassung, welche die Vornahme eines Rechtsgeschäfts oder die Einleitung oder Erledigung eines Rechtsstreites gegenüber einem Gesellschafter betrifft.

Entw. I, II, Komm., Rtg. § 48. Entw. I S. 99, II S. 76. Komm.Ber. S. 9. A.G. Art. 221 Abs. 2. [H.B. § 252]. G.G. § 41 [43] Abs. 2, 3, 4.

[In der vom 1. Januar 1900 geltenden Fassung hat dieser § die Ordnungsnummer **47**.]

1. Beschlußfassung der Gesellschafter § 46 [45] Anm. 1.

Die Beschlußfassung soll nach der Mehrheit der abgegebenen Stimmen erfolgen, doch ist dem Gesellschaftsvertrag überlassen, andere Bestimmungen für alle oder einzelne Angelegenheiten zu treffen; die Beschlußfassung kann erleichtert, auch erschwert werden — bis zur Stimmeneinhelligkeit, auch kann die Grundlage der Kapitalbetheiligung für die Abstimmung ganz oder theilweise verlassen werden. Darin, daß grundsätzlich das Verhältniß der Kapitalbetheiligung entscheiden soll, kommt die kapitalistische Grundlage der Gesellschaft zum Ausdruck. Anders § 41 [43] Abs. 2 G.G., der jedem Genossen — entsprechend dem Personalcharakter der Genossenschaft — *eine* Stimme giebt. Für bestimmte Angelegenheiten aber enthält das Gesetz zwingende Vorschriften für die Beschlußfassung, die nur erschwerende Bestimmungen durch den Gesellschaftsvertrag zulassen: §§ 54 [53], 56 [55], 59 [58]. Die „abgegebenen" Stimmen werden gezählt, es kommt also nicht darauf an, wie viel Stimmen in der Versammlung vertreten sind. Als „abgegeben" gelten aber nur die gültigen Stimmen, ungültige sind nicht mitzuzählen, vgl. § 54 [53] Anm. 5 — a. A. Förtsch S. 119. Der Gesellschaftsvertrag kann festsetzen, daß eine bestimmte Anzahl Stimmen abgegeben, oder eine bestimmte Anzahl Gesellschafter anwesend sein muß, wenn die Versammlung beschlußfähig sein soll. Ist dies nicht der Fall, so genügt *eine* abgegebene Stimme (a. A. Hergenhahn S. 97 — aber S. 127 —, der die Anwesenheit einer Mehrzahl von Gesellschaftern erfordert, wenn eine „Versammlung" stattfinden soll), dies ist auch um deswillen anzunehmen, weil der Fall möglich ist, — z. B. durch Amortisation der Geschäftsantheile —, daß nur *eine* Stimme übriggeblieben ist (vgl. R.G. Bd. 34 S. 116).

Während nach dem A.G. und dem G.G. jeder Gesellschafter ein unentziehbares Stimmrecht hat, das dort mit der Aktie, hier mit der Person verbunden ist, ist es für die Gesellschaft m.b.H. zulässig, daß der Gesellschaftsvertrag gewissen Gesellschaftern oder unter bestimmten Voraussetzungen (z. B. Besitz eines Geschäftsantheils von bestimmter Höhe) das Stimmrecht nimmt. Der Autonomie der Gesellschaft ist auch nach dieser Richtung hin keine Schranke gezogen, daher erscheint es auch zulässig, das Stimmrecht von einer gewissen Dauer der Mitgliedschaft, Glaubensbekenntniß u. s. w. abhängig zu machen. Die Ausübung durch gewisse Personen vorzuschreiben. Ein Gesellschafter, der Stimmrecht hat, kann, wenn er an dessen Ausübung behindert wird, auf Zulassung klagen (vgl. R.G. Bd. 20 S. 142 ff.) Dagegen kann die Theilnahme an der Versammlung nicht beschränkt werden (Hergenhahn S. 97 a. A. Birkenbihl S. 250, der jedoch bei späterer Aufnahme in den Gesellschaftsvertrag Einstimmigkeit mit Rücksicht darauf fordert, daß es sich um ein Mitgliedschaftsrecht handelt).

2. Berechnung der Stimmen.

In dem Regierungsentwurf hieß es: „Das Stimmrecht wird nach dem Verhältniß der Geschäftsantheile ausgeübt. Die Antheile, welchen die niedrigste Stammeinlage zu Grunde liegt, gewähren je eine Stimme, jeder der übrigen Antheile gewährt so viele ganze Stimmen, als die ihm zu Grunde liegende Stammeinlage ein mehrfaches der niedrigsten Stammeinlage darstellt." Die Reichstagskommission (Bericht S. 10) hat die jetzige Fassung beschlossen, in der Erwägung, daß wenn nach dem Regierungsentwurf „auch dem Gesellschaftsvertrage überlassen war, die den besonderen Verhältnissen entsprechenden ausgleichenden Bestimmungen zu treffen, so konnte doch nicht verkannt werden, daß die Bestimmungen des Entwurfs zu Schwierigkeiten der Berechnung, zu Ungleichheiten und zu Zweifeln Veranlassung geben könnten". Der Ausdruck: „Jede hundert Mark eines Geschäftsantheiles" ist aber schlecht gewählt, denn es kann nur die Stammeinlage gemeint sein, und in dieser Beziehung war die Fassung des Regierungsentwurfs glücklicher. Von einem „Nennwerth des Geschäftsantheils" (Esser S. 80) kann füglich nicht gesprochen werden. Der Gesellschaftsvertrag kann auch jedes beliebige andere Stimmenverhältniß festsetzen, es kann sich besonders empfehlen, die Anzahl der Stimmen in einer Person nach oben hin zu begrenzen. Bei Stimmengleichheit ist Ablehnung anzunehmen, da eine Mehrheit nicht erzielt ist. Die Ausübung des Stimmrechts erfolgt entweder in Person oder durch Bevollmächtigte, unter der Voraussetzung des § 49 [48] auch schriftlich, falls nicht der Gesellschaftsvertrag noch weiter geht. Minderjährige, juristische Personen u. s. w. üben das Stimmrecht durch ihre gesetzlichen Vertreter aus, ist ein Gesellschafter in Konkurs befindlich, so wird er durch den Konkursverwalter vertreten. Schwierigkeiten können im Falle der Theilung des Geschäftsantheils entstehen, wenn das Stimmrecht an besondere Voraussetzungen geknüpft ist und diese bei Theilung des Geschäftsantheils z. B. in Folge Todesfalls verloren gehen (vgl. Handelsgesellschafter 1897 Nr. 11).

Das Stimmrecht des Gesellschafters erscheint als ein Sonderecht, das durch Mehrheitsbeschluß nicht geändert werden kann (Neukamp S. 169, Hergenhahn S. 110 vgl. § 46 [45] Anm. 1).

3. Vollmacht.

Die Vollmacht muß schriftlich sein, sie gilt nur für die betreffende Abstimmung und ist nicht übertragbar. Beglaubigung ist nicht erforderlich. Der gesetzliche Vertreter hat sich nicht durch Vollmacht zu legitimiren, wenn aber z. B. eine Aktiengesellschaft mit Kollektivvertretung Gesellschafter ist, so bedarf der Stimmführer der Vollmacht. Durch Gesellschaftsvertrag kann festgesetzt werden, daß die Vollmacht bestimmten besonderen Erfordernissen genügt, z. B. notariell beglaubigt ist, oder nur bestimmte Personen als Bevollmächtigte auftreten dürfen. Als Bevollmächtigter kann auch ein Nichtgesellschafter auftreten und ein Bevollmächtigter kann mehrere Gesellschafter vertreten.

4. **Gesetzlicher Ausschluß bestimmter Gesellschafter von der Ausübung des Stimmrechts.**

Die Worte „oder die Einleitung oder Erledigung eines Rechtsstreits" sind von der Reichstagskommission eingefügt. Wer von der Ausübung des Stimmrechts für seine Person ausgeschlossen ist, darf auch nicht als Bevollmächtigter auftreten. Die Geschäftsführer dürfen bei der Dechargirung nicht stimmen und daher auch nicht bei der Feststellung der Bilanz, welche die Dechargirung in sich schließt. Unter Befreiung von Verbindlichkeiten fällt auch die Geltendmachung von Ersatzansprüchen. Unter Vornahme von Rechtsgeschäften gegenüber einem Gesellschafter sind nur solche zu verstehen, bei denen dieser als Dritter auftritt, nicht aber wo seine Eigenschaft als Gesellschafter in Frage steht, er kann daher z. B. bei der Festsetzung der Sacheinlage mitstimmen, die ein Bestandtheil des Gesellschaftsvertrags wird (vgl. Ring S. 268). Ein Rechtsgeschäft im Sinne des § 48 aber liegt dagegen in der Anstellung der Geschäftsführer, insoweit nicht die Anstellung ein Bestandtheil des Geschäftsvertrages ist. Nach dem Sinn des Gesetzes, der dahin geht, eine Interessenkollision auszuschließen (Entw. I S. 99, II S. 77), wird auch Mitstimmen im Falle der Wahl zum Aufsichtsrathsmitgliede, falls ein Aufsichtsrath bestellt ist, und bei dem Widerruf der Bestellung zum Geschäftsführer ausgeschlossen sein. Die Geschäftsführer insoweit sie Gesellschafter sind, sind als solche stimmfähig. Der Gesellschaftsvertrag kann diese Vorschriften beliebig abändern und ergänzen (a. A. Neukamp S. 170 Förtsch S. 118 — gegen den Wortlaut in § 46 [45] Abs. 2). Das Mitstimmen Unberechtigter hat nicht ohne Weiteres Ungültigkeit des Beschlusses zur Folge, vielmehr hängt dies davon ab, ob die Stimme für den Ausfall des Beschlusses entscheidend war (vgl. für A.G. Urtheil des R.G. vom 9. Januar 1897 in der Monatsschrift für Aktienrecht 1897 S. 121)

5. **Anfechtung der Beschlüsse** vgl. § 46 [45] Anm. 1.

§. 49.

Die Beschlüsse der Gesellschafter werden in Versammlungen gefaßt.

Der Abhaltung einer Versammlung bedarf es nicht, wenn sämmtliche Gesellschafter schriftlich mit der zu treffenden Bestimmung oder mit der schriftlichen Abgabe der Stimmen sich einverstanden erklären.

Entw. I u. II, Komm., Rtg. § 49. Entw. I S. 99, II S. 77. A.G. Art. 221 Abs. 1. [H.B. § 250]. G.G. § 41 [43].

[In der vom 1. Januar 1900 ab geltenden neuen Fassung hat dieser § die Ordnungsnummer 48].

1. Versammlung der Gesellschafter.

„Die Versammlung der Gesellschafter bildet das allgemein zuständige Organ für die Fassung der den Gesellschaftern vorbehaltenen Beschlüsse“ (Entw. I S. 99, II S. 77). Das Gesetz spricht nicht von einer „Generalversammlung“ sondern nur von einer „Versammlung“. Wenn aber auch im Allgemeinen das Gesetz dieser Versammlung nicht die Bedeutung beigelegt, welche den Generalversammlungen der A.G. und G. innewohnt, da der Gesellschaftsvertrag das Schwergewicht auch für die inneren Angelegenheiten der Gesellschaft in das Geschäftsführer-Organ oder in ein anderes bestelltes Organ legen kann, so bleibt doch die „Versammlung der Gesellschafter“ immer ein nothwendiges Organ der Gesellschaft (s. oben S. 49, Neukamp S. 159, Makower S. 316, a. A. Hergenhahn S. 96), welchem in bestimmten Fällen (§§ 54 [53] ff., § 60 Z. 2, § 66) auch durch den Gesellschaftsvertrag die Entscheidung nicht entzogen werden kann. Daß unter gewissen Umständen (Abs. 2) die Beschlußfassung schriftlich erfolgen kann, ändert nichts an Stellung der Versammlung als Organ, auch der Umstand ist nicht entscheidend, daß die sämmtlichen Gesellschafter Geschäftsführer sein können, denn es bleibt immer der Unterschied zwischen ihren Handlungen als Geschäftsführer und damit als Vertreter der Gesellschaft und ihren Maßnahmen als Gesellschafter zur Regelung der inneren Angelegenheiten der Gesellschaft. Daher kann in der Versammlung der Gesellschafter auch nicht mit Hergenhahn ein Willensorgan der Gesellschaft gesehen werden, die Gesellschaft hat nur *ein* Willensorgan und das sind die Geschäftsführer.

Die einzelnen Gesellschaften stehen der Gesellschaft stets als Dritte gegenüber und können daher in deren Angelegenheiten auch als Zeugen vernommen werden (vergl. § 35 Anm. 1).

In ihrer Beschlußfassung ist die Versammlung der Gesellschafter an das Gesetz und den Gesellschaftsvertrag gebunden, sie kann auch nicht ihre Befugnisse, insoweit sie auf dem Gesetze beruhen, an ein anderes Organ abtreten; zuwiderlaufende Beschlüsse sind im Wege der Klage durch jeden Gesellschafter anfechtbar, und insoweit die Eintragung in das Handelsregister erforderlich ist, muß dieselbe versagt werden. Berufung der Versammlung §§ 52 [51] ff., Beschlußfähigkeit § 48 [47] Anm. 1., Entziehung des Stimmrechts ebenda. Die Mehrheit der Gesellschafter hat das Recht, die Beschlußfassung zu *vertagen*, jedoch muß die neue Versammlung wiederum ordnungsmäßig berufen werden, das Gesetz schreibt dies freilich nicht vor, die Angelegenheit wird aber so aufzufassen sein, als wenn ein Beschluß überhaupt nicht gefaßt ist, sondern der Antrag gestellt ist, auf Berufung einer neuen Versammlung mit dem gleichen Gegenstande der Tagesordnung. Ueber die Bekanntmachung der Tagesordnung vgl. § 52 [51].

Ueber die *Beurkundung* der Beschlüsse (vgl. auch § 39 Anm. 3) enthält das Gesetz eine Vorschrift nur für Statutenänderungen (wozu auch Erhöhung und Herabsetzung des Stammkapitals gehört), in diesen Fällen muß sie gerichtlich oder notariell erfolgen. Es genügt, wenn das betreffende Protokoll von dem Notar und, wo nach dem landesrechtlichen Notariatsgesetz Zeugen zuzuziehen sind, von diesen unterschrieben wird. Das R.G. (Bd. 25 S. 200) fordert für A.G. noch die Anerkennung der Richtigkeit des Bezeugten Seitens der anwesenden Mitglieder des mit der Leitung betrauten Gesellschaftsorgans. Das Gesetz fordert eine solche Anerkennung nicht und erscheint dieselbe daher überflüssig. Das R.G. besagt in demselben Urtheil auch: Das Notariatsprotokoll verwirklicht nicht die Bethätigung des Gemeinwillens durch Generalversammlungsbeschluß, sondern beurkundet nur diese Verwirklichung, da bei den körperschaftlich organisirten Vereinen die Darstellung des Gemeinwillens in den im Gesellschaftsvertrage vorgesehenen und hergebrachten Formen des Stimmens erfolgt. Für eine besondere Anerkennung ist also neben der notariellen Beurkundung gar kein Raum. Der Notar hat zu prüfen, ob die Berufung ordnungsmäßig erfolgte, denn er hat die Befolgung des Gesetzes und des Statuts zu überwachen (a. A. Ring S. 585); die Prüfung der Legitimation der Erschienenen liegt ihm nicht ob, da eine solche überhaupt nicht erforderlich ist; sodann hat er den Gang der Verhandlungen in seinen wesentlichen Momenten zu protokolliren. Wo nicht gerichtliche oder notarielle Form vorgeschrieben ist, entscheidet der Gesellschaftsvertrag über die Form der Beurkundung; ist eine solche auch nach dem Gesetz nicht erforderlich, so ist sie doch nothwendig, um für künftige Zeit einen urkundlichen Beweis zu haben. Zu protokolliren ist die Prüfung der Berufung, etwaiger Vollmachten und der thatsächliche Hergang der Verhandlung; zu unterschreiben ist das Protokoll, wenn der Gesellschaftsvertrag hierüber nichts bestimmt, von dem Vorsitzenden und dem Schriftführer und nicht von allen an der Abstimmung Betheiligten. Das Fehlen der Unterschriften beeinflußt jedoch nach dem Charakter der Beurkundung des Beschlusses nicht dessen Gültigkeit. Zu dem gleichen Resultat, aber aus anderen Gründen kommt für A.G. das Kammergericht (Johow und Küntzel, Bd. 4 S. 30). Die Unterschriften können auch später nachgeholt werden. Ueber den Vorsitz schreibt das Gesetz nichts vor, der Gesellschaftsvertrag ist maßgebend; stets aber hat die Versammlung das freie Recht, sich einen Vorsitzenden zu wählen (vgl. §§ 44 [46] Abs. 2 G.G.). Der Vorsitzende hat nur die formelle Leitung der Versammlung, materielle Befugnisse, wie z. B. Vertagung, stehen ihm nicht zu (s. oben).

Mit Bezug auf die Handhabung der Geschäftsordnung hat das R.G. (Bd. 36 S. 24) ausgesprochen: „Daß die Generalversammlung befugt ist, innerhalb der durch das Gesetz und den Gesellschaftsvertrag gezogenen Grenzen über die Handhabung der Geschäftsordnung in der betreffenden Generalversammlung zu entscheiden und auch ohne besondere Ankündigung dahingehende Beschlüsse zu fassen. Als gesetzwidrig muß aber ein solcher Beschluß bezeichnet werden, wenn derselbe die Möglichkeit ausschließt, die auf der Tagesordnung stehenden Gegenstände einer sachgemäßen Erörterung zu unterziehen.“ Es handelte sich um Beschwerde der Sprechzeit auf höchstens zehn

Minuten. Für die Gesellschaft mit beschränkter Haft muß der gleiche Grundsatz aufgestellt werden.

2. Schriftliche Abstimmung.

Schriftliche Abstimmung kann erfolgen, d. h. Abstimmung ohne Abhaltung einer Versammlung, falls der Gesellschaftsvertrag nicht etwas Anderes vorschreibt, z. B. schriftliche Abstimmung verbietet, wenn die sämmtlichen Gesellschafter

1. sich für die betreffenden Maßnahmen selbst aussprechen oder
2. mit der gesonderten Abgabe der Stimmen außerhalb einer Versammlung einverstanden sind.

In dem zweiten Falle ist für die Beschlußfassung selbst natürlich nicht auch noch Einstimmigkeit nothwendig, sondern dieselbe erfolgt nach Maßgabe des § 48 [47]. Die betreffenden Erklärungen der Gesellschafter müssen in beiden Fällen schriftlich abgegeben werden. Durch den Gesellschaftsvertrag kann auch von dieser Form abgesehen werden. Bei Aenderungen des Gesellschaftsvertrages (§§ 54 [53 ff.]) ist schriftliche Abstimmung ausgeschlossen (§ 54 [53] Abs. 2).

Birkenbihl S. 255 will auch das Telegramm als schriftliche Form betrachten.

§ 50.

Die Versammlung der Gesellschafter wird durch die Geschäftsführer berufen.

Sie ist außer den ausdrücklich bestimmten Fällen zu berufen, wenn es im Interesse der Gesellschaft erforderlich erscheint.

Insbesondere muß die Versammlung unverzüglich berufen werden, wenn aus der Jahresbilanz oder aus einer im Laufe des Geschäftsjahres aufgestellten Bilanz sich ergiebt, daß die Hälfte des Stammkapitals verloren ist.

Entw. I u. II, Komm., Rtg. § 50. Entw. I S. 100, II S. 78. A.G. Art. 236. [H.B. § 253.] G.G. § 42 [44].

[In der vom 1. Januar 1900 geltenden neuen Fassung hat dieser § die Ordnungsnummer **49**.]

1. Berufung der Versammlung.

Die Bestimmung über die Berufung kann durch den Gesellschaftsvertrag in jeder beliebigen anderen Art geregelt werden, insbesondere kann die Berufung noch einem anderen Organ übertragen werden und auch einzelnen Gesellschaftern, sonst steht den Gesellschaftern das Recht der Berufung nur nach Maßgabe des § 51 [50] zu. Ist ein Aufsichtsrath bestellt, so hat dieser ohne Weiteres das Recht der Berufung (§ 53 [52], A.G. Art. 225 Abs. 2 [H.B. § 246 Abs. 2]). Den Geschäftsführern kann nach der Stellung, die sie in der Gesellschaft einnehmen, ihre Befugniß zur Vertretung, das Recht der Berufung nicht entzogen werden, a. A. Förtsch S. 121. Für die Berufung durch die Geschäftsführer sind die für die Abgabe von Willenserklärungen der Geschäftsführer gegebenen Vorschriften maßgebend, falls nicht der Gesellschaftsvertrag etwas Anderes vorschreibt.

2. Form der Berufung § 52 [51].

3. Fälle der Berufung.

Eine Berufung ist nach dem Gesetze nothwendig und kann in dieser Beziehung durch den Gesellschaftsvertrag nicht eingeschränkt werden, „wenn es im Interesse der Gesellschaft erforderlich erscheint", es handelt sich nicht um ein Recht der Gesellschafter (§ 46 [45] Abs. 1). In allen übrigen Fällen kommt das Gesetz für die Berufung nur im Zweifel zur Anwendung; auch der Fall (Abs. 3), daß sich nach der Bilanz der Verlust der Hälfte des Stammkapitals ergiebt, kann durch den Gesellschaftsvertrag abgeändert werden. Unter Stammkapital ist die Summe der von den Gesellschaftern übernommenen Stammeinlagen zu verstehen.

4. Ort der Abhaltung der Versammlung.

Bestimmt der Gesellschaftsvertrag nichts über den Ort, an dem die Versammlung stattzufinden hat, so muß als Ort der Versammlung der Sitz der Gesellschaft gelten. Zulässig erscheint auch, den Geschäftsführern die Bestimmung des Ortes zu überlassen (vgl. Birkenbihl S. 256).

§ 51.

Gesellschafter, deren Geschäftsantheile zusammen mindestens dem zehnten Theile des Stammkapitals entsprechen, sind berechtigt, unter Angabe des Zwecks und der Gründe die Berufung der Versammlung zu verlangen.

In gleicher Weise haben die Gesellschafter das Recht zu verlangen, daß Gegenstände zur Beschlußfassung der Versammlung angekündigt werden.

Wird dem Verlangen nicht entsprochen, oder sind Personen, an welche dasselbe zu richten wäre, nicht vorhanden, so können die im Absatz 1 bezeichneten Gesellschafter unter Mittheilung des Sachverhältnisses die Berufung oder Ankündigung selbst bewirken. Die Versammlung beschließt, ob die entstandenen Kosten von der Gesellschaft zu tragen sind.

Entw. I, II, Komm., Rtg. § 51. Entw. I S. 100, II S. 78. A.G. Art. 237. [H.B. § 254.] G.G. § 43 [45].

[In der vom 1. Januar 1900 an geltenden neuen Fassung hat dieser § die Ordnungsnummer **50**].

1. Berufung der Versammlung durch die Gesellschafter.

Das Gesetz giebt einer Minderheit das Recht, die Berufung zu verlangen und, wenn das für die Berufung zuständige Organ hierzu nicht schreitet, dieselbe selbst zu besorgen. Der Gesellschaftsvertrag kann dies Recht erweitern, einschränken, sogar aufheben (§ 46 [45] Abs. 2, a. A. Förtsch S. 123). Die Gesellschafter haben kein Klagerecht auf die Berufung der Versammlung; ist die Berufung unausführbar, z. B. weil der Gesellschaftsvertrag dieselbe ausschließt, so könnte nach § 61 auf Auflösung der Gesellschaft geklagt werden, wenn dessen Voraussetzungen gegeben sind.

Die Geschäftsantheile, die „zusammen mindestens dem zehnten Theile des Stammkapitals entsprechen", brauchen nicht im Besitze mehrerer Gesellschafter zu sein, auch ein Gesellschafter, dessen Stammeinlagen soviel betragen, hat das Recht, die Berufung der Versammlung zu verlangen. Das Verlangen ist schriftlich zu stellen unter Angabe des Zwecks und der Gründe der Berufung, nach Birkenbihl S. 259 genügt mündliche Aufforderung. Zu richten ist das Verlangen an die Geschäftsführer (§ 50 [49]), besteht ein Aufsichtsrath, so kann der Antrag auch bei diesem eingebracht werden, da auch ihm das Recht der Berufung zusteht. Hergenhahn S. 103, Birkenbihl S. 259, Förtsch S. 123 nehmen an, daß der Antrag bei allen zur Berufung zuständigen Organen eingebracht werden muß; dem kann nicht zugestimmt werden, falls es der Gesellschaftsvertrag nicht vorschreibt. Die Geschäftsführer sind nicht verpflichtet dem Verlangen stattzugeben, sondern haben mit der Sorgfalt eines ordentlichen Geschäftsmannes zu prüfen, wie sie sich dem Antrage gegenüber im Interesse der Gesellschaft zu verhalten haben. Im Falle der Weigerung oder falls kein Organ zur Berufung vorhanden ist, können die Gesellschafter selbst die Versammlung einberufen, die Gesellschafter müssen eine den Umständen und der Dringlichkeit des Gegenstandes entsprechende Zeit auf die Entscheidung warten. Mit Rücksicht auf die einfacheren Verhältnisse, die bei der Gesellschaft m.b.H. regelmäßig vorwalten werden, ist davon abgesehen, wie bei A.G. und G. die Einholung der gerichtlichen Ermächtigung zur Berufung zu fordern (Entw. I S. 100, II S. 77). Die Gesellschafter müssen bei der Berufung das Sachverhältniß, „also die Höhe ihrer Betheiligung und andererseits das fruchtlos gestellte Verlangen oder die Unmöglichkeit einer Geltendmachung desselben" (Entw. I S. 100, II S. 78) angeben. Ist dieses nicht geschehen, so ist die Berufung nicht ordnungsmäßig erfolgt. Die Nothwendigkeit der Angabe des Zwecks bei der Berufung ergiebt sich aus § 52 [51]. Für die von den Gesellschaftern berufene Versammlung gelten in Betreff Leitung, Abstimmung, Beurkundung der Beschlüsse u. s. w. die gleichen Grundsätze wie für jede andere Versammlung. Ueber die Tragung der Kosten soll die Versammlung entscheiden und auch die berufenden Gesellschafter haben hierbei Stimmrecht, da keiner der Gründe des § 48 [47] Abs. 4 vorliegt; dem Beschusse haben sich die Gesellschafter zu fügen, solange derselbe nicht gefaßt ist, kann die Gesellschaft wegen der Kosten nicht in Anspruch genommen werden.

Zweifelhaft ist, ob der Beschluß im Wege der Klage anfechtbar ist. Der Gesellschaftsvertrag kann die Kostenfrage auch in anderer Weise erledigen.

2. Ankündigung von Gegenständen der Tagesordnung.

Es handelt sich hierbei um eine von dem zuständigen Organ berufene Versammlung, es gelten die gleichen Grundsätze wie für die Berufung. Auch hier hat die Versammlung darüber zu entscheiden, ob die den Antragstellern entstandenen Kosten von diesen oder der Gesellschaft zu tragen sind.

§ 52.

Die Berufung der Versammlung erfolgt durch Einladung der Gesellschafter mittelst eingeschriebener Briefe. Sie ist mit einer Frist von mindestens einer Woche zu bewirken.

Der Zweck der Versammlung soll jederzeit bei der Berufung angekündigt werden.

Ist die Versammlung nicht ordnungsmäßig berufen, so können Beschlüsse nur gefaßt werden, wenn sämmtliche Gesellschafter anwesend sind.

Das Gleiche gilt in Bezug auf Beschlüsse über Gegenstände, welche nicht wenigstens drei Tage vor der Versammlung in der für die Berufung vorgeschriebenen Weise angekündigt worden sind.

Entw. I, II, Komm.. Rtg. § 52. Entw. I S. 101, II S. 78. A.G. Art. 238. [H.B. § 251.] G.G. § 44 [46].

[In der vom 1. Januar 1900 ab geltenden neuen Fassung hat der § die Ordnungsnummer 51.]

1. Form der Berufung.

„Was die Form der Berufung betrifft, so ist zu berücksichtigen, daß die Gesellschafter in der Regel nicht besonders zahlreich sein werden, und daß es sich dabei nicht, wie häufig bei der Aktiengesellschaft, um unbekannte Personen handelt. Die Berufung der Versammlung durch Anzeigen in öffentlichen Blättern erscheint deshalb weder nothwendig noch zweckentsprechend" (Entw. I S. 101, II S. 78). Durch den Gesellschaftsvertrag aber kann an Stelle der Berufung durch eingeschriebenen Brief Berufung durch öffentliche Blätter vorgeschrieben werden, und es wird letzteres überall zweckmäßig sein, wo die Gesellschaft aus einer größeren Anzahl Gesellschafter besteht. Die maßgebende Form aber muß beobachtet werden. Abs. 3 läßt davon nur für den Fall absehen, daß sämmtliche Gesellschafter anwesend, d. h. hier thatsächlich zugegen sind, „an der Versammlung theilnehmen", „eine Bestimmung, welche für Gesellschaften mit kleiner Mitgliederzahl praktisch von erheblicher Bedeutung ist, indem dadurch eine formelle Berufung von Versammlungen und eine vorgängige Festsetzung der Tagesordnung in vielen Fällen ganz entbehrlich werden wird" (Entw. a. a. O.). Die Gesellschafter aber müssen bei der Beschlußfassung anwesend sein, ohne daß es nothwendig ist, da auch sämmtliche Gesellschafter an der Beschlußfassung sich betheiligen; entfernt sich ein Gesellschafter vor der Beschlußfassung, so kann ein Beschluß nicht gefaßt werden, a. A. Förtsch S. 126, dem auch nicht darin zuzustimmen ist, daß Anwesenheit bei Stimmenthaltung als Protest aufzufassen ist. Alles dies gilt nur, insoweit der Gesellschaftsvertrag nicht abweichende Bestimmungen enthält. Ungenauigkeit bei der Berufung ist unerheblich, wenn die Identität der Gesellschaft zweifellos ist (R.G. Bd. 34 S. 113, Zeitschrift für das ges. Aktienwesen 1897 S. 132). Eine Bestimmung des Gesellschaftsvertrages, daß trotz ordnungswidriger Berufung die in der Versammlung gefaßten Beschlüsse gültig sein sollen, ist für unzulässig zu erachten, da sie die Bestimmung des Gesellschaftsvertrages über die Berufung aufhebt, § 46 [45] Abs. 2 kann hierfür nicht gelten (vgl. Förtsch S. 125, Neukamp S. 177). Zur Beschlußfassung zuständig ist (abgesehen von dem Fall des Abs. 3) nur eine von dem kompetenten Organ oder den Gesellschaftern nach Maßgabe des § 51 [50] einberufene Versammlung, andernfalls würde der Beschluß anfechtbar sein. Ist der Beschluß jedoch in einer Zusammenkunft gefaßt, die auch nicht den Charakter einer Versammlung der Gesellschafter hat, so ist er nichtig.

2. Frist der Berufung.

Auch die Frist kann durch den Gesellschaftsvertrag verlängert oder verkürzt werden (§ 46 [45] Abs. 2). Für den Beginn der Frist wird man den Tag der Absendung des Briefes, (ebenso Esser S. 85, Simon in der Monatsschrift für Aktienrecht 1892 S. 226 a. A. Hergenhahn S. 104, Birkenbihl S. 263, Neukamp S. 176, Förtsch S. 126, die den Empfang des Briefes entscheiden lassen) annehmen müssen, da sonst möglicherweise der Beginn der Frist überhaupt nicht festzustellen ist, wenn z. B. ein Gesellschafter unbekannt verzogen ist; — und hat dann zwischen diesem Tage und dem Tage der Versammlung eine volle Woche zu liegen, so daß also (Johow und Küntzel Bd. 2 S. 23) die Frist mit dem dem Beginn derselben entsprechenden Wochentage endet (vgl. jedoch § 52 H.B.). Ist im Gesellschaftsvertrage Einladung durch öffentliche Blätter vorgeschrieben, so beginnt die Frist mit der Bekanntmachung und bei mehrmaliger Bekanntmachung mit der letzten.

3. Bekanntmachung der Tagesordnung.

Der Zweck der Versammlung „soll" bei der Berufung angekündigt werden, Abs. 2 enthält also nur eine Ordnungsvorschrift, deren Nichtbeachtung ohne Einfluß auf die Gültigkeit des Beschlusses ist, falls nur die Verhandlungsgegenstände drei Tage vor der Versammlung ordnungsmäßig, d. h. durch eingeschriebenen Brief — wenn nicht der Gesellschaftsvertrag etwas Anderes für die Berufung vorschreibt — angekündigt sind. Für die Beobachtung der Ordnungsvorschrift haften die Geschäftsführer nach § 44 [43] Abs. 1. Sind sämmtliche Gesellschafter anwesend, so kann auch über Angelegenheiten Beschluß gefaßt werden, die nicht angekündigt sind. Alles dies gilt nur, insoweit nicht der Gesellschaftsvertrag abweichende Bestimmungen enthält (§ 46 [45] Abs. 2). Jedenfalls aber hat der Gesellschaftsvertrag die Frist für die Ankündigung des Zwecks kürzer zu setzen als die für die Berufung, um den Gesellschaftern Gelegenheit zu geben, die Tagesordnung zu ergänzen. Ist ein Beschluß in nicht ordnungsmäßig berufener Versammlung über einen nicht ordnungsmäßig angekündigten Gegenstand gefaßt, so hat jeder Gesellschafter, der nicht bei der Beschlußfassung mitgewirkt hat, das Recht der Anfechtung im Wege der Klage, es sei denn, daß der Fall von Abs. 3 und 4 vorliegt. Da die Anfechtung an keine Frist gebunden, ist die genaue Befolgung der Vorschriften um so nothwendiger (vgl. Anm. 1). Die Gegenstände der Tagesordnung sind derart anzukündigen, daß die Gesellschafter erkennen, worum es sich handelt, und die Tragweite des Beschlusses übersehen können; es genügt daher z. B. nicht, auf die Tagesordnung kurz zu setzen „Statutenänderung" (vgl. R.G. Bd. 17 S. 172 [§ 274 H.B.]). Abgesetzte oder zurückgenommene Anträge können nicht mehr aufgenommen werden, da sie als erledigt zu betrachten sind; es kann sich dies aber nur auf selbstständige Anträge beziehen, nicht auf solche, die zu einem in Verhandlung befindlichen Gegenstand der Tagesordnung eingebracht sind. Beschlüsse über die Leitung der Versammlung und über die Berufung einer neuen Versammlung fallen selbstverständlich nicht unter die hier gegebenen Einschränkungen.

§ 53.

Ist nach dem Gesellschaftsvertrage ein Aufsichtsrath zu bestellen, so finden auf denselben, soweit nicht im Gesellschaftsvertrage ein Anderes bestimmt ist, die für den Aufsichtsrath einer Aktiengesellschaft nach den Artikeln 224 bis 226 Absatz 1 des Handelsgesetzbuchs geltenden Vorschriften entsprechende Anwendung.

Schadensersatzansprüche gegen die Mitglieder des Aufsichtsraths wegen Verletzung ihrer Obliegenheiten verjähren in fünf Jahren.

Entw. I, Entw. II, Komm., Rtg. § 53. Entw. I S. 101, II S. 78. Komm. Ber. S. 10. G.G. §§ 9, 34 bis 39 [36 bis 41].

[Nach der vom 1. Januar 1900 ab geltenden Fassung erhält der § 53 die Ordnungsnummer **52**.

Art. 11 XII des Einführungsgesetzes zum H.B. vom 10. Mai 1897 bestimmt:

Im § 53 werden die Worte: „nach den Artikeln 224 bis 226 Absatz 1 des Handelsgesetzbuchs" ersetzt durch die Worte: „nach § 243 Absatz 1, 2, 4, §§ 244 bis 248 und § 249 Absatz 1, 2 des Handelsgesetzbuchs".]

Erläuterungen.

Die Bestimmungen über den Aufsichtsrath haben nur subsidiäre Bedeutung und kommen in Betracht, „wenn durch den Gesellschaftsvertrag ein Aufsichtsrath bestellt ist und soweit in dem Gesellschaftsvertrage für und über den Aufsichtsrath nicht andere Bestimmungen gegeben" sind (Komm.Ber. S. 10).

Die Art. 224 bis 226 Abs. 1 H.G.B. lauten:

Art. 224. Die für den Aufsichtsrath einer Kommanditgesellschaft auf Aktien in den Artikeln 191 und 192 gegebenen Bestimmungen finden auf den Aufsichtsrath einer Aktiengesellschaft Anwendung.

Art. 191. „Der Aufsichtsrath besteht, sofern nicht der Gesellschaftsvertrag eine höhere Zahl festsetzt, aus drei von der Generalversammlung (der Kommanditisten) zu wählenden Mitgliedern. (Persönlich haftende Gesellschafter können nicht Mitglieder des Aufsichtsraths sein.)

Die Wahl des ersten Aufsichtsraths gilt für die Dauer des ersten Geschäftsjahres und, wenn dasselbe auf einen kürzeren Zeitraum als ein Jahr seit Eintragung des Gesellschaftsvertrages in das Handelsregister bemessen ist, bis zum Ablauf des am Ende dieses Jahres laufenden Geschäftsjahres.

Später kann der Aufsichtsrath nicht auf länger als fünf Geschäftsjahre gewählt werden. Insoweit die Wahl auf einen längeren Zeitraum geschieht, ist dieselbe ohne rechtliche Wirkung.

Die Bestellung zum Mitgliede des Aufsichtsraths kann auch vor Ablauf des Zeitraums, für welchen dasselbe gewählt ist, durch die Generalversammlung widerrufen werden. Der Beschluß bedarf einer Mehrheit von drei Viertheilen des in der Generalversammlung vertretenen Gesammtkapitals."

Art. 192. Den Mitgliedern des ersten Aufsichtsraths darf eine Vergütung für die Ausübung ihrer Thätigkeit nur durch die Generalversammlung nach Ablauf des Zeitraums, für welchen er gewählt ist, bewilligt werden.

Art. 225: Der Aufsichtsrath hat den Vorstand bei seiner Geschäftsführung in allen Zweigen der Verwaltung zu überwachen und zu dem Zweck sich von dem Gange der Angelegenheiten der Gesellschaft zu unterrichten. Er kann jederzeit über dieselben Berichterstattung von dem Vorstande verlangen und selbst oder durch einzelne von ihm zu bestimmende Mitglieder die Bücher und Schriften der Gesellschaft einsehen, sowie den Bestand der Gesellschaftskasse und die Bestände an Effekten, Handelspapieren und Waaren untersuchen. Er hat die Jahresrechnungen, die Bilanzen und die Vorschläge zur Gewinnvertheilung zu prüfen und darüber der Generalversammlung der Aktionäre Bericht zu erstatten.

Er hat eine Generalversammlung zu berufen, wenn dies im Interesse der Gesellschaft erforderlich ist.

Weitere Obliegenheiten des Aufsichtsraths werden durch den Gesellschaftsvertrag bestimmt.

Die Mitglieder des Aufsichtsraths können die Ausübung ihrer Obliegenheiten nicht anderen Personen übertragen.

Art. 225a. Die Mitglieder des Aufsichtsraths dürfen nicht zugleich Mitglieder des Vorstandes oder dauernd Stellvertreter derselben sein, auch nicht als Beamte die Geschäfte der Gesellschaft führen. Nur für einen im voraus begrenzten Zeitraum kann der Aufsichtsrath einzelne seiner Mitglieder zu Stellvertretern von behinderten Mitgliedern des Vorstandes bestellen; während dieses Zeitraums und bis zur ertheilten Entlastung des Vertreters darf der letztere eine Thätigkeit als Mitglied des Aufsichtsraths nicht ausüben.

Scheiden aus dem Vorstande Mitglieder aus, so dürfen dieselben nicht vor ertheilter Entlastung in den Aufsichtsrath gewählt werden.

Art. 226 (Abs. 1). Die Mitglieder des Aufsichtsraths haben bei Erfüllung der ihnen nach Artikel 225 zugewiesenen Obliegenheiten die Sorgfalt eines ordentlichen Geschäftsmannes anzuwenden.

[Die in der neuen vom 1. Januar 1900 geltenden Fassung angezogenen Bestimmungen des H.B. lauten:

§. 243.

Der Aufsichtsrath besteht, sofern nicht der Gesellschaftsvertrag eine höhere Zahl festsetzt, aus drei von der Generalversammlung zu wählenden Mitgliedern.

Die Wahl des ersten Aufsichtsraths gilt für die Zeit bis zur Beendigung der ersten Generalversammlung, welche nach dem Ablauf eines Jahres seit der Eintragung der Gesellschaft in das Handelsregister zur Beschlußfassung über die Jahresbilanz abgehalten wird.

Später kann der Aufsichtsrath nicht für eine längere Zeit als bis zur Beendigung derjenigen Generalversammlung gewählt werden, welche über die Bilanz für das vierte Geschäftsjahr nach der Ernennung beschließt; das Geschäftsjahr, in welchem die Ernennung erfolgt, wird hierbei nicht mitgerechnet.

Die Bestellung zum Mitgliede des Aufsichtsraths kann auch vor dem Ablaufe des Zeitraums, für den das Mitglied gewählt ist, durch die Generalversammlung widerrufen werden. Sofern nicht der Gesellschaftsvertrag ein Anderes bestimmt, bedarf der Beschluß einer Mehrheit, die mindestens drei Viertheile des bei der Beschlußfassung vertretenen Grundkapitals umfaßt.

§. 244.

Jede Aenderung in den Personen der Mitglieder des Aufsichtsraths ist von dem Vorstand unverzüglich in den Gesellschaftsblättern bekannt zu machen. Der Vorstand hat die Bekanntmachung zum Handelsregister einzureichen.

§. 245.

Erhalten die Mitglieder des Aufsichtsraths für ihre Thätigkeit eine Vergütung, die in einem Antheil am Jahresgewinne besteht, so ist der Antheil von dem Reingewinne zu berechnen, welcher nach Vornahme sämmtlicher Abschreibungen und Rücklagen sowie nach Abzug eines für die Aktionäre bestimmten Betrags von mindestens vier vom Hundert des eingezahlten Grundkapitals verbleibt.

Ist die den Mitgliedern des Aufsichtsraths zukommende Vergütung im Gesellschaftsvertrage festgesetzt, so kann eine Abänderung des Gesellschaftsvertrags, durch welche die Vergütung herabgesetzt wird, von der Generalversammlung mit einfacher Stimmenmehrheit beschlossen werden.

Den Mitgliedern des ersten Aufsichtsraths kann eine Vergütung für ihre Thätigkeit nur durch einen Beschluß der Generalversammlung bewilligt werden. Der Beschluß kann nicht früher als in derjenigen Generalversammlung gefaßt werden, mit deren Beendigung die Zeit, für welche der erste Aufsichtsrath gewählt ist, abläuft.

§. 246.

Der Aufsichtsrath hat die Geschäftsführung der Gesellschaft in allen Zweigen der Verwaltung zu überwachen und sich zu dem Zwecke von dem Gange der Angelegenheiten der Gesellschaft zu unterrichten. Er kann jederzeit über diese Angelegenheiten Berichterstattung von dem Vorstande verlangen und selbst oder durch einzelne von ihm zu bestimmende Mitglieder die Bücher und Schriften der Gesellschaft einsehen sowie den Bestand der Gesellschaftskasse und die Bestände an Werthpapieren und Waaren untersuchen. Er hat die Jahresrechnungen, die Bilanzen und die Vorschläge zur Gewinnvertheilung zu prüfen und darüber der Generalversammlung Bericht zu erstatten.

Er hat eine Generalversammlung zu berufen, wenn dies im Interesse der Gesellschaft erforderlich ist.

Weitere Obliegenheiten des Aufsichtsraths werden durch den Gesellschaftsvertrag bestimmt.

Die Mitglieder des Aufsichtsraths können die Ausübung ihrer Obliegenheiten nicht Anderen übertragen.

§. 247.

Der Aufsichtsrath ist befugt, die Gesellschaft bei der Vornahme von Rechtsgeschäften mit den Vorstandsmitgliedern zu vertreten und gegen die letzteren die von der Generalversammlung beschlossenen Rechtsstreitigkeiten zu führen.

Handelt es sich um die Verantwortlichkeit der Mitglieder des Aufsichtsraths, so kann dieser ohne und selbst gegen den Beschluß der Generalversammlung gegen die Mitglieder des Vorstandes klagen.

§. 248.

Die Mitglieder des Aufsichtsraths können nicht zugleich Mitglieder des Vorstandes oder dauernd Stellvertreter von Vorstandsmitgliedern sein, auch nicht als Beamte die Geschäfte der Gesellschaft führen.

Nur für einen im voraus begrenzten Zeitraum kann der Aufsichtsrath einzelne seiner Mitglieder zu Stellvertretern von behinderten Mitgliedern des Vorstandes bestellen; während dieses Zeitraums und bis zur Entlastung des Vertreters darf der letztere eine Thätigkeit als Mitglied des Aufsichtsraths nicht ausüben. Auf die in solcher Weise bestellten Vertreter finden die Vorschriften des §. 236 keine Anwendung.

Scheiden aus dem Vorstande Mitglieder aus, so können sie nicht vor der Entlastung in den Aufsichtsrath gewählt werden.

§. 249.

Die Mitglieder des Aufsichtsraths haben bei der Erfüllung ihrer Obliegenheiten die Sorgfalt eines ordentlichen Geschäftsmanns anzuwenden.

Mitglieder, die ihre Obliegenheiten verletzen, haften der Gesellschaft mit den Vorstandsmitgliedern als Gesammtschuldner für den daraus entstehenden Schaden.]

„Ist bei einer Gesellschaft m.b.H. Veranlassung zur Einsetzung eines besonderen Aufsichtsrathes als dauernde organische Einrichtung der Gesellschaft vorhanden, so werden in der Regel die Verhältnisse so liegen, daß in Bezug auf die Zusammensetzung und die Rechte und Pflichten dieses Organs im Wesentlichen die gleichen Gesichtspunkte in Betracht kommen wie bei den Aktiengesellschaften" (Entw. I S. 101 f., II S. 78). Ueber die Form der Anmeldung zur Eintragung in das Handelsregister § 39 Anm. 1. Die Vorschriften des Aktiengesetzes kommen nur insoweit zur Anwendung, als der Gesellschaftsvertrag nicht abweichende Bestimmungen enthält, — so ist z. B. wie für die Geschäftsführer zulässig Einsetzung des Aufsichtsraths durch außerhalb der Gesellschaft stehende Personen, — die letzteren aber müssen jedenfalls derart sein, daß sie mit der Stellung des Aufsichtsraths als Kontrollorgan vereinbar sind; es kann nicht aus dem Aufsichtsrath ein geschäftsführendes Organ gemacht werden, denn die unbeschränkte und unbeschränkbare Vertretung liegt bei den Geschäftsführern (§ 35, § 37 Abs. 2), womit freilich vereinbar ist, daß die Geschäftsführer für gewisse Rechtshandlungen verpflichtet werden, die Genehmigung des Aufsichtsrathes einzuholen (§ 37 Abs. 1). Die Wirkung äußert sich aber immer nur der Gesellschaft gegenüber, und es würde mit der gesetzlichen Stellung und Verantwortung (§ 44 [43]) der Geschäftsführer unvereinbar sein, wollte der Gesellschaftsvertrag dieselben zu einem Ausführungsorgan der Beschlüsse des Aufsichtsraths herabsetzen (vgl. § 37 Anm. 1). Es gelten in dieser Beziehung die gleichen Grundsätze wie für den Aufsichtsrath der Aktiengesellschaft und der Genossenschaft. Wenn nach dem Gesellschaftsvertrage der Aufsichtsrath bei Beschlüssen der Geschäftsführer beziehungsweise der Gesellschafter mitzuwirken hat, die Eintragungen im Handelsregister zur Folge haben, so hat das Handelsgericht über diese Mitwirkung urkundliche Belege gleichwohl nicht zu fordern. Dieser Fall wird öfters bei der (in Genossenschaften nicht zulässigen § 40 [42] G.G.) Bestellung von Prokuristen eintreten. Diese unterliegt nach § 47 [46] der Bestimmung der Gesellschafter, nur in Ermangelung besonderer Bestimmungen des Gesellschaftsvertrages (§ 46 [45]). So wird in der Regel aber in Gesellschaften mit einem Aufsichtsrath der Bestimmung der Geschäftsführer mit Genehmigung des Aufsichtsrathes übertragen sein. In solchem Falle muß der Richter sich jedenfalls bei der Anmeldung der Prokura mit der Erklärung der Geschäftsführer, daß der Aufsichtsrath die Genehmigung ertheilt hat, begnügen. Auch diese Erklärung ist nicht erforderlich. Auch bei der A.G. hat trotz des Art. 234 [H.B. § 238], wonach der Vorstand, sofern nicht durch den Gesellschaftsvertrag oder durch den Beschluß der Generalversammlung anders bestimmt ist, einen Prokuristen nur mit Zustimmung des Aufsichtsraths bestellen kann, der Richter die von dem Vorstand auch ohne Mitwirkung des Aufsichtsraths ertheilte Prokura in das Handelsregister einzutragen; und der vom Vorstand gesetz- und statutwidrig bestellte Prokurist ist bis zur Löschung ein solcher (vgl. Ring, S. 562). Die Vertretung der Geschäftsführer ist eine unbeschränkte, und die ihnen gezogenen Schranken z. B. in Form der Einholung der Genehmigung des Aufsichtsraths oder der Gesellschafter haben nur der Gesellschaft gegenüber Rechtswirksamkeit, und das Gericht hat die Einhaltung dieser Schranken nicht zu überwachen. Wissentlich falsche Angaben in Betreff der Zustimmung des Aufsichtsrathes werden durch die Strafbestimmungen des § 80 [82] nicht getroffen. — Das Gesetz gestattet auch, daß Abänderungen des Gesellschaftsvertrages nach Inhalt desselben eine Zustimmung des Aufsichtsrathes erfordern (§ 54 [53]). In diesem Fall würde die gerichtliche oder notarielle Urkunde über den Beschluß der Gesellschafter die Zustimmung des Aufsichtsrathes zu enthalten haben. Ueber die Richtigkeit der Angaben steht dem Richter keine Prüfung zu.

[Neu ist die Bestimmung in § 244 H.B. während sonst die Aenderungen meist redaktioneller Natur sind, daß die Namen der Aufsichtsrathsmitglieder durch den Vorstand (die Geschäftsführer) zu veröffentlichen sind und die Bekanntmachung dem Gericht einzureichen ist. Doch wird der Gesellschaftsvertrag für die Gesellschaft mit beschränkter Haftpflicht auch das ändern können. In das Handelsregister werden die jeweiligen Aufsichtsrathsmitglieder nicht eingetragen.]

Zu beachten ist besonders auch Art. 192 A.G. [§ 245 H.B.]. Dem Aufsichtsrath ist für das erste Jahr eine Vergütung nicht versagt, es soll nur der Generalversammlung das Recht gewahrt bleiben, die Vergütung des Aufsichtsraths für das erste Geschäftsjahr nachträglich festzusetzen.

Dem Aufsichtsrath steht jedes „ähnliche Organ“ (§ 37 und § 80 [82]) gleich, welches eine G.m.b.H. einsetzt und dessen Zustimmung für einzelne Geschäfte erfordert. Der Gesellschaftsvertrag kann sich auch für den Aufsichtsrath einer anderen Bezeichnung bedienen, z. B. Verwaltungsrath.

Bei der Erfüllung ihrer Obliegenheiten haben die Mitglieder des Aufsichtsraths die Sorgfalt eines ordentlichen Geschäftsmannes anzuwenden. Insoweit es sich um die Erfüllung von Obliegenheiten handelt, die dem Aufsichtsrath als solchem zukommen, ist die Haftpflicht der Mitglieder eine solidarische (vgl. Förtsch S. 128, Birkenbihl S. 272, a. A. Hergenhahn S. 107). Die Haftpflicht ist neben der der Geschäftsführer keine subsidiäre (vgl. R.G. Bd. 13 S. 51, Parisius und Crüger S. 204 f.). Die Haftpflicht aber besteht nur der Gesellschaft gegenüber und nicht gegenüber den einzelnen Gesellschaftern und den Gesellschaftsgläubigern, da zwischen ihnen kein Vertragsverhältniß entstanden ist; die Gesellschaftsgläubiger könnten nur im Wege der Zwangsvollstreckung den Anspruch der Gesellschaft verfolgen, wobei ihnen aber nicht der gleiche Schutz gegeben ist wie in § 44 [43] Abs. 3 gegenüber den Geschäftsführern. Eine Strafbestimmung enthält das Gesetz für die Mitglieder des Aufsichtsraths nur in § 80 [82] Z. 3, im Uebrigen kommen die allgemeinen strafrechtlichen Vorschriften zur Anwendung.

Ueber die Verjährung vgl. § 44 [43] Anm. 7.

Vierter Abschnitt.

Abänderungen des Gesellschaftsvertrages.

§ 54.

Eine Abänderung des Gesellschaftsvertrages kann nur durch Beschluß der Gesellschafter erfolgen.

Der Beschluß muß gerichtlich oder notariell beurkundet werden, derselbe bedarf einer Mehrheit von drei Viertheilen der abgegebenen Stimmen. Der Gesellschaftsvertrag kann noch andere Erfordernisse aufstellen.

Eine Vermehrung der den Gesellschaftern nach dem Gesellschaftsvertrage obliegenden Leistungen kann nur mit Zustimmung sämmtlicher betheiligter Gesellschafter beschlossen werden.

Entw. I, II, Komm., Rtg. § 54. Entw. I S. 102, II S. 79. A.G. Art. 215. [H.B. §§ 274 Abs. 1, 275.] G.G. § 16.

[In der vom 1. Januar 1900 geltenden neuen Fassung hat dieser § die Ordnungsnummer 53].

1. Abänderung des Gesellschaftsvertrages.

Mit der Eintragung in das Handelsregister hat die Gesellschaft rechtliche Selbstständigkeit erlangt, und über die Geschicke der Gesellschaft entscheiden nun nicht mehr die einzelnen Gesellschafter, sondern ihre Organe. Der Gesellschaftsvertrag, welcher durch die Gesellschafter festgesetzt ist, kann auch nur durch das Organ abgeändert werden, in welchem die Gesellschafter ihre Rechte geltend machen; eine Abänderung aber ist nur im Wege des Beschlusses möglich, denn die einzelnen Gesellschafter stehen der Gesellschaft als Dritte gegenüber, und der Gesellschaftsvertrag ist die Grundlage der Gesellschaft. Durch Vertrag unter den Gesellschaftern kann daher auch keine Abänderung des Gesellschaftsvertrags erfolgen. Statutenänderungen können nicht in Form von Verträgen abgefaßt werden, die Statutenänderung wird auch dadurch kein Vertrag, daß sie von allen Gesellschaftern unterschrieben ist; es ist dies von Wichtigkeit für die Stempelpflichtigkeit.*) Auch eine vollständige redaktionelle Umgestaltung bleibt eine Statutenänderung: solange die Gesellschaft besteht, kann sie keinen neuen Vertrag annehmen. Auch redaktionelle „Aenderungen des Gesellschaftsvertrages bilden eine Aenderung des Gesellschaftsvertrages" (Johow u. Küntzel Bd. 4 S. 32) und müssen daher nach herrschender Ansicht durch Beschluß der Gesellschafter erfolgen, abgesehen davon daß jede Aenderung einer Bestimmung des Gesellschaftsvertrages eine Aenderung des letzteren enthält, spricht dafür oft auch der Umstand, daß es sehr schwer festzustellen sein wird, ob nur eine redaktionelle Aenderung vorliegt. Es kann daher Birkenbihl S. 274 nicht zugestimmt werden, daß die Versammlung der Gesellschafter dem Geschäftsführer die redaktionelle Feststellung überläßt. Es bestimmt aber § 274 H.B. (— auch Art. 215 A.G. sprach von Abänderung des Inhalts des Gesellschaftsvertrages —), „die Vornahme von Aenderungen, die nur die Fassung betreffen, kann durch Beschluß einer Generalversammlung dem Aufsichtsrath übertragen werden". Eine analoge Anwendung auf die Gesellschaft mit beschränkter Haftung ist ausgeschlossen.

2. Beschluß der Gesellschafter.

Die Gesellschafter sind ausschließlich zuständig, den Gesellschaftsvertrag abzuändern, und können dies Recht auch nicht auf ein anderes Organ übertragen. Die Gesellschafter sind aber auch unbeschränkt in der Abänderung, dieselbe kann sich sogar auf den Gegenstand des Unternehmens beziehen und denselben erweitern (vgl. § 3 Anm. 4), ebenso unterliegt die Fortsetzung einer auf bestimmte Zeit eingegangenen Gesellschaft vor Ablauf der Zeit der Beschlußfassung der Gesellschafter und bildet eine Aenderung des Gesellschaftsvertrages (vgl. § 3 Anm. 7). Die Minderheit hat sich der Mehrheit zu fügen, falls nicht der Gesellschaftsvertrag Einstimmigkeit erfordert oder der Fall des Abs. 3 gegeben ist; die Minderheit hätte nur das Recht, nach Maßgabe des § 61, wenn dessen Voraussetzungen gegeben sind, auf Auflösung der Gesellschaft zu klagen.

3. Beurkundung.

Das Erforderniß der gerichtlichen oder notariellen Beurkundung

---

*) Vgl. das Reskript des Preuß. Finanzministeriums vom 4. Februar 1892 und die Besprechung desselben in Nr. 13 Blätter für Genossenschaftswesen von 1892.

entspricht dem § 2 und ist erst von der Reichstagskommission aufgestellt, nur in diesem Fall ist diese Art der Beurkundung vorgeschrieben. Ueber die Form vgl. § 49 [48] Anm. 1.

4. „Noch andere Erfordernisse".

Der Gesellschaftsvertrag kann die Beschlußfassung von weiteren Erfordernissen abhängig machen, er kann die Stimmenmehrheit verschärfen und sogar für bestimmte oder alle Statutenänderungen Stimmeinhelligkeit fordern; der Gesellschaftsvertrag darf aber kein geringeres als das gesetzliche Erforderniß aufstellen.

5. Abgegebene Stimmen.

Nur die gültig abgegebenen Stimmen werden gezählt. Wer in der Versammlung wohl anwesend ist, aber sich an der Abstimmung nicht betheiligt oder in ungültiger Art, kommt für die Feststellung der Stimmenzahl nicht in Betracht (§ 48 [47] Anm. 1).

6. Vermehrung der Leistungen der einzelnen Gesellschafter.

Das Gesetz (Abs. 3) bringt die an sich als selbstverständlich zu betrachtende Einschränkung, daß die Zulässigkeit von Aenderungen des Gesellschaftsvertrages ihre Grenze hat, wo es sich um die Erhöhung der Leistungen der Gesellschafter oder um Auferlegung neuer Verpflichtungen handelt, zum Ausdruck, „um das Mißverständniß auszuschließen, als ob etwa nach § 26 eine Verpflichtung der Mitglieder zur Leistung von Nachschüssen, auch wenn sie bei der Errichtung der Gesellschaft nicht vorgesehen war, nachträglich noch im Wege einer Aenderung des Gesellschaftsvertrages durch Mehrheitsbeschluß festgesetzt werden könnte" (Entw. I S. 103, II S. 79). Das A.G. sieht in Art. 215 Abs. 6 [H.B. § 275 Abs. 3] die Möglichkeit vor, das Rechtsverhältniß zwischen mehreren Gattungen von Aktien durch Mehrheitsbeschluß zum Nachtheil einer derselben zu ändern, das Gesetz hat eine analoge Vorschrift nicht getroffen, es ist vielmehr an dem Grundsatz festgehalten, „daß im Zweifel kein Gesellschafter sich eine Aenderung des Gesellschaftsvertrages gefallen zu lassen braucht, welche eine Beeinträchtigung seiner etwaigen Sonderrechte oder eine nicht alle Mitglieder gleichmäßig treffende Schmälerung seiner allgemeinen Mitgliederrechte zum Gegenstand hat" (Entw. a. a. O.), vgl. § 3 Ziff. 2 u. Abs. 2, § 6 Abs. 2, § 15, § 19 Abs. 1, §§ 26 ff., § 29, § 34, § 48 [47] Abs. 2, § 73 [72].

§ 55.

Der Beschluß, welcher eine Abänderung des Gesellschaftsvertrages zum Gegenstande hat, muß zur Eintragung in das Handelsregister angemeldet werden. Die Veröffentlichung der Eintragung findet nur insoweit statt, als die Abänderung eine der im § 10 Abs. 2 und 3 bezeichneten Bestimmungen zum Gegenstande hat.

Die Abänderung hat keine rechtliche Wirkung, bevor sie in das Handelsregister eingetragen ist.

Entw. I, II, Komm., Rtg. § 55. Art. 11 XIII des Einführungsgesetzes zum Handelsgesetzbuch vom 10. Mai 1897. Entw. I 103, II 80. A.G. Art. 214. [H.B. § 277.] G.G. § 16 Abs. 3 u. 4.

[Vom 1. Januar 1900 ab treten nach dem Einführungsgesetz Art. 11 XIII an die Stelle des § 55 folgende dann den § 54 bildende Bestimmungen:

Die Abänderung des Gesellschaftsvertrages ist zur Eintragung in das Handelsregister anzumelden.

Bei der Eintragung genügt, sofern nicht die Abänderung die im § 10 Absatz 1 und 2 bezeichneten Angaben betrifft, die Bezugnahme auf die bei dem Gerichte eingereichten Urkunden über die Abänderung. Die öffentliche Bekanntmachung findet in Betreff aller Bestimmungen statt, auf welche sich die im § 10 Abs. 3 und im § 12 vorgeschriebenen Veröffentlichungen beziehen.

Die Abänderung hat keine rechtliche Wirkung, bevor sie in das Handelsregister des Sitzes der Gesellschaft eingetragen ist.

Die Aenderungen sind die Folge der veränderten Fassung von § 10.]

1. Abänderung des Gesellschaftsvertrages.

Ueber den Umfang einer Abänderung des Gesellschaftsvertrages vgl. § 54 [53] Anm. 1 und 2. Aenderung des Gegenstandes des Unternehmens, Beschluß auf Fortsetzung der Gesellschaft vor Ablauf der Zeitbeschränkung sind wie eine Abänderung des Gesellschaftsvertrages zu behandeln, es ist die Nebeneinanderstellung von Abänderung des Statuts und Fortsetzung einer auf bestimmte Zeit beschränkten Gesellschaft aufgegeben, und mit Recht, denn dieselbe hatte etwas Künstliches an sich. Auch redaktionelle Aenderungen sind zur Eintragung anzumelden.

2. Anmeldung des Beschlusses.

Ueber die Form der Anmeldung vgl. § 39 Anm. 1. Durch Ordnungsstrafen sind die Geschäftsführer zur Anmeldung bei dem Gericht der Hauptniederlassung nicht anzuhalten, nur wenn die Eintragung hier erfolgt ist, ist die Anmeldung durch Ordnungsstrafen für das Gericht der Zweigniederlassung zu erzwingen (§ 77 [79] Abs. 1), der für die Anmeldung zu dem Gerichte der Zweigniederlassung durch die allgemeine Bestimmung des § 14 H.B. ersetzt wird. Das Gesetz sagt nichts darüber, in welcher Form der Beschluß dem Gerichte vorzulegen ist. Mangels einer Sonderbestimmung, wie sie im G.G. § 16 Abs. 3 für Genossenschaften getroffen ist, muß angenommen werden, daß der Beschluß im Original oder in beglaubigter Form eingereicht wird.

3. **Veröffentlichung.**

Die Eintragung ist nur zu veröffentlichen, wenn dieselbe eine der in § 10 Abs. 2 und 3 bezeichneten Bestimmungen betrifft. Letzteres ist z. B. von Bedeutung, wenn die Gesellschaft das ganze Statut neu redigirt und dem Gericht zur Eintragung anmeldet (vgl. Parisius und Crüger S. 88), Insertionsgebühren für die zu Unrecht erfolgte Veröffentlichung hat die Gesellschaft nicht zu ersetzen (vgl. Beschluß des Kammergerichts vom 20. August 1892, mitgetheilt in der Wochenschrift für Aktienrecht 1892 S. 338).

4. **Bedeutung der Eintragung.**

Die Eintragung dieses Beschlusses hat zunächst die gleiche Wirksamkeit wie die Eintragung des Gesellschaftsvertrages, indem sie demselben Rechtswirksamkeit verleihen soll, sie hat aber andererseits noch eine weitergehende Wirkung. Während der Gesellschaftsvertrag bereits vor der Eintragung Rechtswirkung ausübt, ist dies bei der beschlossenen Aenderung des Gesellschaftsvertrags nicht der Fall, diese hat auch nach innen keine Wirkung. Der Beschluß bewirkt die Aenderung noch nicht, sondern nur die Willensäußerung, daß solche Aenderung bewirkt werden soll und das Gebot an das Gesellschaftsorgan, die Aenderung herbeizuführen (vgl. R.G. Bd. 8 S. 11, Bd. 14 S. 58 f.). Aber wie bei dem Gesellschaftsvertrag verleiht die Eintragung der Aenderung desselben nur dann Rechtswirksamkeit, wenn dieselbe nach dem Gesetze bestehen kann; eine gesetzwidrige Bestimmung des Gesellschaftsvertrages erlangt durch die Eintragung nicht Rechtswirksamkeit, denn die Eintragungen sind nur öffentliche Urkunden über Erklärungen (vgl. § 8 Anm. 1 und die zutreffenden Ausführungen von Neukamp S. 191 ff.).

[Vom 1. Januar 1900 gilt § 138 des Gesetzes über die Angelegenheit der freiwilligen Gerichtsbarkeit, daselbst ist dem Registergericht das Recht gegeben, Eintragungen, die wegen Mangels einer wesentlichen Voraussetzung, unzulässig waren, von Amtswegen zu löschen (über das Verfahren vgl. ebenda).

Zweifel können über das Verhältniß von § 55 [54] Abs. 3 zu § 15 H.B. entstehen bezw. zu § 40 (in der Fassung des Gesetzes von 1892), § 15 H.B. giebt den in das Handelsregister einzutragenden Thatsachen Dritten gegenüber, die sie *kennen*, Rechtswirksamkeit, während § 55 [54] Abs. 3 Aenderungen des Gesellschaftsvertrages jede Rechtswirksamkeit vor der Eintragung abspricht. Der Widerspruch ist aber nur scheinbar, wenn man § 15 auf die Thatsachen beschränkt, die nicht auf einer Aenderung des Gesellschaftsvertrages beruhen. Danach würde § 15 H.B. dann z. B. nicht für Aenderungen des Gesellschaftsvertrages rücksichtlich der Form der Zeichnung gelten (vgl. Neukamp S. 135). Allerdings bleibt noch ein Widerspruch für den Fall, daß die Geschäftsführer im Gesellschaftsvertrage bestimmt sind, dann wird man allerdings an dem allgemeinen Grundsatze des § 15 H.B. bei Aenderungen festhalten müssen.]

5. **Prüfung des Richters.**

Die Verhältnisse mit Bezug auf das Prüfungsrecht des Richters liegen hier einfacher als bei der A.G., für welche wegen der in Art. 222, 190 a Abs. 1, [H.B. § 271] getroffenen Regelung des Anfechtungsrechts der Beschlüsse durch die Aktionäre, im Anschluß an den Kommissionsbericht (Bericht S. 18) die Ansicht vertreten ist, daß der Richter die Eintragung solange ablehnen kann, als eine Anfechtung noch zulässig ist; ebenso hat sich das Kammergericht (Beschluß vom 21. November 1892, mitgetheilt in Wochenschrift für Aktienrecht 1893 S. 27) für Genossenschaften ausgesprochen (vgl. dagegen Parisius und Crüger S. 113 ff.). Diese Ansicht wird für die Gesellschaften m.b.H. kaum vertreten werden können, da hier das Anfechtungsrecht gänzlich unbeschränkt ist. Für den Umfang der Prüfung ist entscheidend das dem Richter vorzulegende Material. Der Richter hat also zu prüfen, ob der Beschluß ordnungsmäßig beurkundet ist (§ 54 [53] Abs. 2), dagegen entzieht sich seiner Prüfung, ob die Versammlung ordnungsmäßig berufen ist, da ihm nicht die hierauf bezüglichen Urkunden vorzulegen sind und er nur den unter Beobachtung der gesetzlichen Formen gefaßten Beschluß durch die Eintragung zu beurkunden hat, a. A. Birkenbihl S. 266. Die Bestimmungen des Gesetzes und Gesellschaftsvertrages über die Berufung der Versammlung und die Tagesordnung sind nur Ordnungsvorschriften, Verstöße dagegen berechtigen ausschließlich die Gesellschafter zur Anfechtung (vgl. Beschluß des Kammergerichts a. a. O.). Das Prüfungsrecht des Richters beschränkt sich weiter darauf, ob der Beschluß nicht gegen das Gesetz verstößt, und zwar insbesondere „öffentlich rechtliche Normen verletzt", welche zum Schutze Dritter, nicht dem gesellschaftlichen Verbande angehörigen Personen erlassen sind (vgl. a. a. O.) und die das Wesen und die Organisation der Gesellschaft betreffen; zwingende Bestimmungen des Gesetzes können im Wege der Aenderung des Gesellschaftsvertrages nicht für die Gesellschaft außer Kraft gesetzt werden. Enthält der Beschluß einen solchen Verstoß, so muß der Richter die Eintragung ablehnen. Anders verhält es sich mit Verstößen gegen Bestimmungen des Gesetzes, die sich nur als Ordnungsvorschriften darstellen, z. B. die Vorschriften über Berufung der Versammlung, Bekanntmachung der Tagesordnung; Sache der Gesellschafter ist es, dieselben zu rügen und ihre Rechte wahrzunehmen, der Richter hat auf dieselben die Prüfung nicht zu erstrecken. Es gilt auch hier der von dem Kammergericht für die Genossenschaften (a. a. O.) aufgestellte Grundsatz: dem Registergericht ist in dem Gesetze nicht die Befugniß zugebilligt, Beschlüsse der Versammlung der Gesellschafter, auch wenn sie behufs Eintragung in das Handelsregister angemeldet werden, wegen Gesetz- und Statutwidrigkeit schlechthin von Amtswegen zu beanstanden; vielmehr sind es grundsätzlich die Geschäftsführer und die Gesellschafter, welche über die Innehaltung von Gesetz und Gesellschaftsvertrag zu wachen haben. Sie haben bei den Gesellschaften m.b.H. sogar ein an keine Form und Frist gebundenes Anfechtungsrecht. Ein das Gesetz und den Gesellschaftsvertrag verletzender Beschluß kann

Rechtswirksamkeit erlangen, sofern die Gesellschafter und Geschäftsführer nicht die Ungültigkeit geltend machen wollen (vgl. a. a. O.; vgl. aber über die sich vielfach widersprechende Rechtsprechung Zeitschrift für das gesammte Aktienwesen 1895 S. 65 ff., weitgehendstes Prüfungsrecht giebt Birkenbihl S. 277). Dazu führt aber auch noch folgende Erwägung: wäre der Richter verpflichtet, den eine Bestimmung des Gesellschaftsvertrages abändernden Beschluß nur dann einzutragen, wenn dessen Uebereinstimmung mit dem Gesellschaftsvertrage konstatirt wird, so könnte es kommen, daß der Richter eine gesetzlich zulässige und zweckmäßige Aenderung nicht eintragen darf, weil sie sich mit einer ungesetzlichen Bestimmung des Gesellschaftsvertrages nicht in Uebereinstimmung befindet. Zweifellos ist es, daß die Eintragung nicht abgelehnt werden darf, weil der Beschluß unklar oder unzweckmäßig ist (vgl. über die Beanstandung der Eintragung von Beschlüssen der A.G. Johow und Küntzel Bd. 3 S. 13, Bd. 4 S. 35, Bd. 5 S. 33, 37, Bd. 9 S. 21, Bd. 10 S. 34, Wochenschrift für Aktienrecht 1893 S. 59 und für G. Wochenschrift für Aktienrecht 1893 S. 27 — weitergehend anscheinend Johow und Küntzel Bd. 2 S. 26 ff.). Der Registerrichter entscheidet nach freiem Ermessen, eine einstweilige Verfügung des Prozeßrichters ist hier also nicht bindend (Johow und Küntzel Bd. 4 S. 36 ff.), Proteste einzelner Gesellschafter sind wirkungslos, sie bieten dem Gericht nur Material (vgl. Johow und Küntzel Bd. 4 S. 1). Anders ist die Frage nach dem Inkrafttreten des Gesetzes über die Angelegenheiten der freiwilligen Gerichtsbarkeit vom 17. Mai 1898 für den Fall zu entscheiden, daß ein streitiges Rechtsverhältniß in Betracht kommt (z. B. § 54 [53] Abs. 3), dann kann nach § 127 a. a. O. das Registergericht die Verfügung aussetzen, bis über das Verhältniß im Wege des Rechtsstreits entschieden ist und es kann selbst einer der Betheiligten eine Frist zur Erhebung der Klage bestimmen. Aus diesen Bestimmungen ergiebt sich, daß das Registergericht an die Entscheidung des Prozeßgerichts gebunden ist, wenn seine Verfügung von der Beurtheilung streitiger Rechtsverhältnisse abhängig ist. Es mag übrigens dahingestellt bleiben, ob nicht auch nach jetziger Gesetzgebung die Rechtslage die gleiche ist.

§ 56.

Wird eine Erhöhung des Stammkapitals beschlossen, so bedarf es zur Uebernahme jeder auf das erhöhte Kapital zu leistenden Stammeinlage einer gerichtlich oder notariell aufgenommenen oder beglaubigten Erklärung des Uebernehmers.

Zur Uebernahme einer Stammeinlage können von der Gesellschaft die bisherigen Gesellschafter oder andere Personen, welche durch die Uebernahme ihren Beitritt zu der Gesellschaft erklären, zugelassen werden. Im letzteren Falle sind außer dem Betrage der Stammeinlage auch sonstige Leistungen, zu welchen der Beitretende nach dem Gesellschaftsvertrage verpflichtet sein soll, in der im Absatz 1 bezeichneten Urkunde ersichtlich zu machen.

Wird von einem der Gesellschaft bereits angehörenden Gesellschafter eine Stammeinlage auf das erhöhte Kapital übernommen, so erwirbt derselbe einen weiteren Geschäftsantheil.

Die Bestimmungen im § 5 Absatz 1 und 3 über den Betrag der Stammeinlagen sowie die Bestimmung im § 5 Absatz 2 über die Unzulässigkeit der Uebernahme mehrerer Stammeinlagen, finden auch hinsichtlich der auf das erhöhte Kapital zu leistenden Stammeinlagen Anwendung.

Entw. I, II, Komm., Rtg. § 56. Entw. I S. 103, II S. 80. Komm.Ber. S. 10. A.G. Art. 215, 215 b. [H.B. §§ 277 ff.] G.G. § 16 Abs. 2.

[In der vom 1. Januar 1900 geltenden neuen Fassung hat dieser § die Ordnungsnummer 55.]

1. Erhöhung des Stammkapitals.

Die Erhöhung des Stammkapitals schließt eine Abänderung des Gesellschaftsvertrages in sich, es kommen daher die allgemeinen Bestimmungen der §§ 54 [53] und 55 [54] über die Fassung und Eintragung der Abänderungsbeschlüsse auf dieselbe zur Anwendung. Sie kann nur durch die Gesellschafter beschlossen werden, die Uebertragung an andere Organe ist unzulässig. Die Erhöhung des Stammkapitals, welche der regelmäßig gebotene Weg zur Aufnahme neuer Mitglieder ist, ist zulässig, auch bevor das Stammkapital voll eingezahlt ist. Sonst findet Aufnahme neuer Mitglieder nur statt bei Theilung der Geschäftsantheile und bei Uebertragung von Geschäftsantheilen, im letzteren Falle ohne Vermehrung des Mitgliederbestandes. Es ist nach Vorstehendem nicht zutreffend, wenn es in der Begründung (Entw. I S. 104) heißt, daß jede Aufnahme eines neuen Gesellschafters auch eine Erhöhung des Stammkapitals bedingt. Die Aeußerung ist auch in Entw. II S. 80 richtig gestellt, daß regelmäßig „der Beschluß, sofern es sich darum handelt, bestimmte Personen in die Gesellschaft aufzunehmen, die Bedeutung eines Beschlusses über die Zulassung dieser Personen haben" wird. Eine Erhöhung des Stammkapitals ist nicht dadurch möglich, daß die Stammeinlagen erhöht werden, sondern ausschließlich durch Schaffung neuer Stammeinlagen. Die Erhöhung des Stammkapitals ist auf den Bestand der Gesellschaft ohne Einfluß (vgl. in Betreff der A.G. Begründung zum A.G. § 11 Nr. 3). Der Beschluß auf Erhöhung des Stammkapitals hat noch nicht dieselbe zur Folge, sondern es muß die Uebernahme der Stammeinlagen hinzukommen, erst dann kann die Anmeldung zur Eintragung erfolgen, und erst mit der Eintragung erlangt die Erhöhung Rechtswirksamkeit (§ 58 [57]). Für A.G. ist durch Art. 215a Abs. 4 [H.B. § 283 Abs. 2] die Zusicherung von Rechten auf den Bezug neu auszugebender Aktien vor dem Beschlusse auf Erhöhung des Grundkapitals für unwirksam erklärt, in der Praxis vorgekommene Mißbräuche haben zu dieser Vorschrift die Veranlassung gegeben. Das Gesetz enthält ein solches Verbot nicht, und es wird daher für zulässig erachtet werden müssen, daß im Gesellschaftsvertrage den Gesellschaftern oder gewissen von ihnen für den Fall der Erhöhung des Stammkapitals das Recht auf den Erwerb neuer Geschäftsantheile eingeräumt wird.

2. Uebernahme der Stammeinlage.

Der Entwurf verlangte nur eine schriftliche Erklärung, die Reichstagskommission entschied sich für das Erschwerniß der Form, die Uebernahme muß entweder in gerichtlicher oder notarieller Verhandlung erfolgen, zum mindesten muß die Unterschrift des Uebernehmers gerichtlich oder notariell beglaubigt sein. Die Uebernahme ist eine einseitige Erklärung des Uebernehmers, in welcher der Beitritt zur Gesellschaft und damit die Unterwerfung unter den Gesellschaftsvertrag enthalten ist. Die Vorschrift in Abs. 2, daß im Falle der Uebernahme der Stammeinlage durch einen Nichtgesellschafter die Erklärung auf die sonstigen Leistungen, z. B. die Nachschußpflicht, ersichtlich machen muß, zu welchen der Beitretende nach dem Gesellschaftsvertrage verpflichtet sein soll, hat nur die Bedeutung, daß die Erklärung nicht ohne genügende Kenntniß der Verpflichtungen abgegeben wird, welchen der Beitretende nach dem Gesellschaftsvertrage unterworfen sein soll (Entw. I S. 104, II S. 80). Mangelhafte Erklärungen sind von dem Gericht zurückzuweisen, ist aber gleichwohl die Eintragung der Erhöhung des Stammkapitals erfolgt und die Uebernahme-Erklärung verstößt gegen die Vorschriften des Abs. 2, so bleibt der Beigetretene zu den Leistungen verpflichtet. Wie die Erhöhung des Stammkapitals erst mit der Eintragung in das Handelsregister eintritt, so erlangt auch die Uebernahme der Stammeinlage erst Rechtswirksamkeit mit der Eintragung der Erhöhung des Stammkapitals. Die Uebernahme-Erklärung begründet zunächst zwischen der Gesellschaft und dem die Erklärung Abgebenden gleiche Rechtswirkungen, wie sie zwischen den Gesellschaftern vor der Eintragung der Gesellschaft in das Handelsregister bestanden haben. Da weiter die Eintragung nur die Beurkundung des Rechtsverhältnisses ist und folglich nicht Rechte schafft, so ergiebt sich daraus, daß, wenn die Uebernahme-Erklärung ungiltig ist, die Mängel durch die Eintragung nicht geheilt werden, sondern die Uebernahme gleichwohl ungiltig bleibt. Für die Zulassungserklärung der Gesellschaft ist eine besondere Form nicht vorgeschrieben, „sie wird in der Regel schon aus der Einreichung der Uebernahme-Erklärung zum Handelsregister (§ 58 [57] Abs. 3 Nr. 1) zu entnehmen sein" (Entw. a. a. O.).

3. Uebernehmer der Stammeinlage.

Uebernehmer können entweder die bisherigen Gesellschafter oder andere Personen sein. Im ersteren Falle erwirbt der Gesellschafter einen weiteren Geschäftsantheil (Abs. 3). Dieser Geschäftsantheil bestimmt sich nach der Höhe der neu übernommenen Stammeinlage (§ 14), es findet also keine Erhöhung des bisherigen Geschäftsantheils statt. Die Geschäftsantheile bewahren ihre Sonderexistenz. Die Verschmelzung „verbietet sich schon aus dem Grunde, weil bei noch nicht vollbezahlter Stammeinlage der Rückgriff an die etwaigen Vormänner möglich bleiben muß; dieser setzt aber die Forterxistenz des alten Geschäftsantheils voraus, da der letztere eventuell den Vormännern zurückzugewähren ist (§ 22 Abs. 4)" (Entw. I S. 60, II S. 48). Wird die Stammeinlage durch Nichtgesellschafter übernommen, so bestimmt sich die Zulassung nach dem Gesellschaftsvertrage, enthält derselbe keine Vorschrift darüber, so haben die Geschäftsführer als die Vertreter der Gesellschaft darüber zu entscheiden. Bei Gesellschaften mit kleiner Mitgliederzahl wird es zweckmäßig sein, die Zulassung von einem Beschluß der Gesellschafter abhängig zu machen, doch kann die Erhöhung des Stammkapitals überhaupt mit Bezug auf bestimmte Personen beschlossen werden.

4. Die neue Stammeinlage.

Für die neue, in Folge der Erhöhung des Stammkapitals gebildete Stammeinlage gelten durchweg die gleichen Grundsätze wie für die bei Gründung der Gesellschaft gebildeten Stammeinlagen. Die neue Stammeinlage muß folglich mindestens 500 Mark betragen (§ 5 Abs. 1), der Betrag der Stammeinlage kann für die einzelnen neu hinzutretenden Gesellschafter (oder bisherigen Gesellschafter) verschieden bestimmt werden, derselbe muß in Mark durch hundert theilbar sein (§ 5 Abs. 3); kein Gesellschafter kann gleichzeitig mehrere Stammeinlagen übernehmen. Auch die Bestimmung über die Mindesteinzahlung (§ 7 Abs. 2) findet Anwendung (§ 58 [57] Abs. 2). Vgl. ferner § 57 [56].

§ 57.

Soll auf das erhöhte Stammkapital eine Einlage gemacht werden, welche nicht in Geld zu leisten ist, oder soll eine Vergütung für Vermögensgegenstände, welche die Gesellschaft übernimmt, auf eine Einlage angerechnet werden, so muß die Person desjenigen, welcher die Einlage zu leisten oder die Vermögensgegenstände zu überlassen hat, sowie der Gegenstand der Einlage oder Ueberlassung und der Geldwerth, für welchen die Einlage angenommen wird, oder die für den überlassenen Gegenstand zu gewährende Vergütung in dem Beschlusse auf Erhöhung des Stammkapitals festgesetzt und in der im §. 56 Absatz 1 bezeichneten Erklärung angegeben werden.

Die Bestimmung im §. 19 Absatz 3 findet entsprechende Anwendung.

Entw. I, II, Komm., Rtg. § 57. Entw. I S. 105, II S. 81. A.G. Art. 213f. [H.B. §§ 207, 208.]

[In der vom 1. Januar 1900 geltenden neuen Fassung hat dieser § die Ordnungsnummer **56.** In der letzten Zeile des ersten Absatzes heisst es dann § **55** statt 56.]

Leistung von Sacheinlagen.

§ 57 [56] enthält die Anwendung der Vorschriften des § 5 Abs. 4 über die Festsetzung von Sacheinlagen auf den Fall, daß bei Erhöhung des Stammkapitals auf die von dem Gesellschafter oder Nichtgesellschafter übernommene Stammeinlage eine Sacheinlage geleistet wird. Wie dort, so ist auch hier die Vorschrift zum Schutze der Gesellschaftsgläubiger getroffen. Das A.G. enthält eine derartige Bestimmung nicht, sie findet daselbst ihren Ersatz in den Vorschriften über die Nachgründung (A.G. Art. 213f., [H.B. §§ 207, 208]). Die Festsetzungen über die Sacheinlage, welche bei der Gründung in dem Gesellschaftsvertrage zu treffen sind, müssen bei der Erhöhung des Stammkapitals sowohl in dem betreffenden Beschluß wie in der Urkunde, in welcher die Uebernahme der Stammeinlage erklärt wird, enthalten sein. Der Gegenstand der Leistung muß zur Verfügung der Geschäftsführer stehen (vgl. § 7 Anm. 3, § 58 [57] Anm. 2). Fehlt es an der Festsetzung, so greift § 19 Abs. 3 Platz, d. h. die Leistung befreit den Gesellschafter nicht von der Pflicht zur Leistung seiner Einzahlungen auf die Stammeinlage. Die Festsetzung als ein Bestandtheil des einzutragenden Beschlusses ist zu veröffentlichen (§ 55 [54] Abs. 1, § 10 Abs. 3).

§ 58.

Die beschlossene Erhöhung des Stammkapitals ist zur Eintragung in das Handelsregister anzumelden, nachdem das erhöhte Kapital durch Uebernahme von Stammeinlagen gedeckt ist.

Die Bestimmung im §. 7 Absatz 2 über die vor der Anmeldung des Gesellschaftsvertrages zu leistende Einzahlung, sowie die Bestimmung im §. 8 Absatz 2 über die in der Anmeldung abzugebende Versicherung finden entsprechende Anwendung.

Der Anmeldung sind beizufügen:

1. die im §. 56 Absatz 1 bezeichneten Erklärungen oder eine beglaubigte Abschrift derselben;
2. eine von den Anmeldenden unterschriebene Liste der Personen, welche die neuen Stammeinlagen übernommen haben; aus der Liste muß der Betrag der von jedem übernommenen Einlage ersichtlich sein.

In Bezug auf die Verantwortlichkeit der Anmeldenden für die

Richtigkeiit ihrer Angaben finden die Bestimmungen im §. 9 entsprechende Anwendung.

Entw. I, II, Komm., Rtg. § 58. Entw. I S. 106, II S. 81. A.G. Art. 215 Abs. 2, 215a Abs. 3 [H.B. § 285.]

[In der vom 1. Januar 1900 geltenden neuen Fassung erhält dieser § die Ordnungsnummer **57**.]

1. Anmeldung und Eintragung der beschlossenen Erhöhung.

Die Anmeldung zur Eintragung darf erst erfolgen, wenn das erhöhte Stammkapital durch Uebernahme der erforderlichen Stammeinlagen gedeckt ist. Die Eintragung hat die Rechtswirksamkeit der Erhöhung zur Folge. Es ist also nicht die beschlossene Erhöhung und sodann die vollzogene Erhöhung anzumelden (wie in dem Falle des A.G. Art. 215 a, 215 b), sondern es sind die beiden Theile der Erhöhung zusammengezogen „mit Rücksicht auf die einfacheren Verhältnisse, um welche es sich im Allgemeinen bei der Gesellschaft m.b.H. handelt" (Entw. I S. 106 II S. 81). Nach § 285 H.B. kann Anmeldung und Eintragung der Erhöhung mit der Anmeldung und Eintragung des Beschlusses über die Erhöhung verbunden werden. Durch die Eintragung kommen die durch die Uebernahme der Stammeinlage sich ergebenden Mitgliedschaftsrechte und Pflichten zur Entstehung, wenngleich die Uebernahmeerklärung vorher abgegeben und durch die Leistung auf die Stammeinlage vorher erfolgt sein muß — Anm. 2. Förtsch erörtert S. 136 den Fall, daß der Richter die Eintragung ausgeführt hat, obgleich die übernommenen Stammeinlagen die Erhöhung nicht deckten, und will dann gleichwohl die volle Erhöhung in die Bilanz als Passivum eingesetzt sehen. Dem wird nicht zuzustimmen sein, da eine solche Einsetzung eine Täuschung der Gläubiger zur Folge hat, denn hinter der Differenz steht kein Gesellschafter, der für deren Deckung einzutreten hat. In der Bilanz darf nur das durch übernommene Stammeinlagen gedeckte Stammkapital erscheinen.

Die Anmeldung hat durch sämmtliche Geschäftsführer zu erfolgen (§ 76 [78] Abs. 1) und muß auch zu dem Gericht der Zweigniederlassung geschehen (§ 76 [78] Abs. 2 [H.B. § 13]). Nur die Anmeldung zu dem Gerichte der Zweigniederlassung ist unter Ordnungsstrafe gestellt [§ 77 [79] Abs. 1). In die Anmeldung ist die nach Abs. 2 (§ 8 Abs. 2) erforderliche Versicherung aufzunehmen.

2. Einzahlungen.

Wie bei Errichtung der Gesellschaft die Einzahlung von einem Viertheile der Stammeinlage, mindestens aber 250 Mark eingezahlt sein müssen (§ 7 Abs. 2), muß nach Abs. 2 auch bei der in Folge Erhöhung des Stammkapitals erfolgten Uebernahme der Stammeinlage mindestens der gleiche Betrag eingezahlt sein (§ 7 Anm. 3). Sacheinlagen müssen zur Verfügung der Geschäftsführer stehen. Auch die in § 8 Abs. 2 vorgeschriebene Versicherung ist abzugeben (vgl. für die Haftpflicht § 9 § 44 [43], § 80 [82] Nr. 1) und zwar wie die Anmeldung durch sämmtliche Geschäftsführer, denn dieselbe ist ein Theil der Anmeldung.

3. **Die der Anmeldung beizufügenden Urkunden.**

Die Uebernahme-Erklärungen müssen im Original oder in beglaubigter Abschrift eingereicht werden; die Beglaubigung der Abschrift hat gerichtlich oder notariell zu erfolgen. Wie bei der Errichtung der Gesellschaft eine Liste der Gesellschafter einzureichen ist (§ 8 Nr. 3), so im Fall der Erhöhung des Stammkapitals eine Liste der Personen, welche die Stammeinlagen übernommen haben. Befinden sich darunter Personen, die noch nicht der Gesellschaft angehören, so müssen dieselben nach Name, Vorname, Stand und Wohnort bezeichnet werden. Die Einreichung der durch § 41 [40] erforderlichen Liste im folgenden Januar wird dadurch nicht erübrigt. Sind die Uebernahme-Erklärungen durch Bevollmächtigte ausgestellt, so müssen die Vollmachten oder beglaubigten Abschriften eingereicht werden (§ 8 Nr. 1). Die Liste ist von den Anmeldenden, also von sämmtlichen Geschäftsführern zu unterschreiben. Der Richter hat die Urkunden nur nach ihren Formalitäten zu prüfen, in eine Prüfung der Richtigkeit der beurkundeten Thatsachen und deren materielle Gültigkeit hat er nicht einzutreten, ergiebt sich jedoch aus der Uebernahme-Erklärung unmittelbar deren materielle Ungültigkeit, z. B. sie ist von einem Minderjährigen ausgestellt, so kann er die Eintragung verweigern (vgl. § 8 Anm. 1, § 26 Anm. 4 der Bekanntmachung betr. die Führung des Genossenschaftsregisters vom 11. Juli 1889). Die Anmeldung hat auch zu dem Gerichte der Zweigniederlassung zu erfolgen, ihr ist die Bescheinigung über die Eintragung bei dem Gericht der Hauptniederlassung beizufügen und die durch sämmtliche Geschäftsführer unterschriebene Liste der neuen Gesellschafter Abs. 3 Nr. 2, § 76 [78] Abs. 2 [H.B. § 13]); die nach Abs. 2 erforderliche Versicherung ist nur dem Gericht der Hauptniederlassung abzugeben, Abs. 3 Nr. 1 kommt gleichfalls nicht zur Anwendung.

4. **Veröffentlichung.**

Wie jede Statutenänderung, so ist auch die Erhöhung des Stammkapitals zu veröffentlichen, und zwar sind auch die für die Uebernahme von Sacheinlagen getroffenen Festsetzungen zu veröffentlichen. (§ 10 Abs. 2, § 5 Abs. 4).

§ 59.

Eine Herabsetzung des Stammkapitals kann nur unter Beobachtung der nachstehenden Bestimmungen erfolgen:

1. der Beschluß auf Herabsetzung des Stammkapitals muß von den Geschäftsführern zu drei verschiedenen Malen durch die

in § 30 Absatz 2 bezeichneten Blätter bekannt gemacht werden; in diesen Bekanntmachungen sind zugleich die Gläubiger der Gesellschaft aufzufordern, sich bei derselben zu melden; die aus den Handelsbüchern der Gesellschaft ersichtlichen oder in anderer Weise bekannten Gläubiger sind durch besondere Mittheilung zur Anmeldung aufzufordern;

2. die Gläubiger, welche sich bei der Gesellschaft melden und der Herabsetzung nicht zustimmen, sind wegen der erhobenen Ansprüche zu befriedigen oder sicherzustellen;
3. die Anmeldung des Herabsetzungsbeschlusses zur Eintragung in das Handelsregister erfolgt nicht vor Ablauf eines Jahres seit dem Tage, an welchem die Aufforderung der Gläubiger in den öffentlichen Blättern zum dritten Male stattgefunden hat;
4. mit der Anmeldung sind die Bekanntmachungen des Beschlusses einzureichen; zugleich haben die Geschäftsführer die Versicherung abzugeben, daß die Gläubiger, welche sich bei der Gesellschaft gemeldet und der Herabsetzung nicht zugestimmt haben, befriedigt oder sichergestellt sind.

Die Bestimmung im § 5 Absatz 1 über den Mindestbetrag des Stammkapitals bleibt unberührt. Erfolgt die Herabsetzung zum Zweck der Zurückzahlung von Stammeinlagen oder zum Zweck des Erlasses der auf diese geschuldeten Einzahlungen, so darf der verbleibende Betrag der Stammeinlagen nicht unter den im § 5 Absatz 1 und 3 bezeichneten Betrag herabgehen.

Entw. I, Entw. II, Komm., Rtg. § 59. Entw. I S. 107, II S. 82, Komm. Ber. S. 11. A.G. Art. 248. [H.B. §§ 288, 289, 277, 13.] G.G. §§ 22 Abs. 1, 127 [133], 137 [143].

[In der vom 1. Januar 1900 an geltenden neuen Fassung hat der § die Ordnungsnummer 58.]

1. Das Verfahren bei Herabsetzung des Stammkapitals.

„Eine Herabsetzung des Stammkapitals kann nur unter ausreichender Sicherung der Gesellschaftsgläubiger gegen eine Beeinträchtigung ihrer Interessen zugelassen werden" (Entw. I S. 107, II S. 82). Das Verfahren beruht auf den gleichen Gesichtspunkten wie die entsprechenden Bestimmungen bei Aktiengesellschaften (A.G. Art. 203, 240 [H.B. §§ 288, 289]) und bei Genossenschaften (§ 22 Abs. 1, §§ 127 [133], 137 [143] G.G., Parisius und Crüger S. 141): Dreimalige öffentliche Bekanntmachung des Herabsetzungsbeschlusses unter Aufforderung an die Gläubiger, Befriedigung bezw. Sicherstellung der sich (bis zur Anmeldung des Beschlusses zur Eintragung) meldenden Gläubiger, Anmeldung nach Ablauf eines Sperrjahres seit den Bekanntmachungen unter Nachweis der letzteren und unter Versicherung über Befriedigung oder Sicherstellung der Gläubiger. Bei Aktien-Gesellschaften erfolgt die Eintragung nach der Beschlußfassung und gilt das Sperrjahr für die Rückzahlung, die Veröffentlichung des Beschlusses geschieht daher nach der Eintragung.

Der Beschluß braucht den Zweck der Herabsetzung nicht anzugeben (nach Neukamp S. 202).

2. Zweck und Bedeutung der Herabsetzung des Stammkapitals.

Das Stammkapital ist in der Bilanz als Passivum aufzuführen (§ 43 [42] Z. 4); das zur Erhaltung des Stammkapitals erforderliche Vermögen der Gesellschaft darf an die Gesellschafter nicht ausgezahlt werden (§ 30). „Das Stammkapital bedeutet das im Gesellschaftsvertrage festgesetzte Sollvermögen, welchem das Aktivvermögen der Gesellschaft als Deckung gegenübersteht“ (Entw. I S. 80). Um das Stammkapital zu niedrigerem Betrage in der Bilanz aufführen oder das zur Erhaltung des Stammkapitals erforderliche Vermögen durch Auszahlungen an Gesellschafter verringern zu können, ist „Herabsetzung des Stammkapitals“ erforderlich.

In beiden auch im Gesetz verschieden behandelten Fällen ist die Herabsetzung nur bis zu dem gesetzlichen Mindestbetrage von 20000 Mark zulässig (§ 5 Abs. 1).

A. Der Abs. 2 § 59 behandelt den Fall, wenn die Herabsetzung des Stammkapitals erfolgt, weil die Gesellschaft an Kapitalüberfluß leidet. Sie verfügt über mehr Kapital als sie für ihr Unternehmen braucht, will den Ueberschuß der Aktiva, der sich bei richtiger Aufstellung der Bilanz über die Passiva herausstellt, zur Zurückzahlung an die Gesellschafter und, soweit Stammeinlagen nicht voll gezahlt sind, zu ihrer Entlastung mittelst Erlasses der auf die Stammeinlagen geschuldeten Einzahlungen verwenden. Bei der Zurückzahlung ist jeder Gesellschafter nach Verhältniß der Geschäftsantheile zu berücksichtigen, gleichviel ob die Stammeinlagen baar eingezahlt oder nicht in Geld geleistet sind (Sacheinlagen), und ob sie voll gezahlt sind oder zum Theil noch ausstehen. Nach Ablauf des Sperrjahres wird aus dem Anspruch der Gesellschafter ein Gläubigerrecht (vgl. § 29 Anm. 2, a. A. Neukamp S. 213, 243). Der Herabsetzungsbeschluß kann die Ausschließung oder die geringere Betheiligung einzelner Gesellschafter nur mit deren Genehmigung bestimmen. Er kann darauf gerichtet sein, den zur Verfügung stehenden Ueberschuß zur Einziehung (Amortisation) von einzelnen Geschäftsantheilen zu verwenden. Durch deren Wegfall wird die Uebereinstimmung des Gesammtbetrages der Stammeinlagen mit dem herabgesetzten Stammkapital hergestellt (§ 5 Abs. 3). Bei theilweiser Zurückzahlung von Stammeinlagen (beziehungsweise Erlaß von Einzahlungen) darf außerdem der verbleibende Betrag der einzelnen Stammeinlagen nicht unter 500 Mark herabgehen (§ 5 Abs. 1). Neukamp S. 206 hält es auch für zulässig, daß die Herabsetzung zum Zweck der Bildung eines Reservefonds erfolgt, darin würde der Verzicht der Gesellschafter, auf einen Theil ihrer Einlagen zu Gunsten der Gesellschaft ohne eine Abfindung liegen, und dies erscheint nur statthaft, wenn jeder Gesellschafter für seinen Antheil ausdrücklich zustimmt, vgl. auch Neukamp S. 212.

Beispiel: Vor der Herabsetzung standen in der Bilanz auf der Passivseite 40000 M. Stammkapital und daneben andere Posten (Schulden, Reservefonds, Erneuerungsfonds und dergleichen) zum Gesammtbetrage von 5000 Mark; auf der Aktivseite aber neben Kassenbestand, Werthpapieren, Bankguthaben und anderen ausstehenden Forderungen, Grundstücken, Inventar und dergleichen zum Gesammtbetrage von 46000 Mark noch 4000 Mark geschuldete Einzahlungen auf Stammeinlagen. Also der Ueberschuß der Aktiva über die Passiva von 5000 Mark war Gewinn und konnte als Dividende vertheilt werden. Die Gesellschaft beschließt 10 % Dividende (4000 Mark) zu zahlen und das Stammkapital um 8000 Mark herabzusetzen. Es erhalten also die Gesellschafter auf ihre Stammeinlagen 20 % zurückbezahlt, beziehungsweise erlassen. Von den Gesellschaftern erhalten diejenigen, welche Sacheinlagen gemacht haben, oder ihre Stammeinlagen voll eingezahlt haben, 20 % baar zurückgezahlt; denjenigen, welche auf ihre Stammeinlagen noch Einzahlungen schulden, werden diese, soweit sie innerhalb der 20 % liegen, erlassen, — soweit die 20 % nicht erreicht werden, wird ihnen der Ueberrest baar ausgezahlt. Nach Ausführung des Herabsetzungsbeschlusses erscheint die Bilanz folgendermaßen: auf der Passivseite bleiben neben den 5000 Mark nur noch 32000 Mark Stammkapital außer 1000 Mark noch verfügbaren Gewinnüberschusses; auf der Aktivseite sind von den 4000 Mark noch nicht eingezahlter Stammeinlagen 3000 Mark als erlassen fortgefallen, während 1000 Mark, die nicht innerhalb der 20 % lagen, noch ausstehen. Die übrigen Aktivposten zum Gesammtbetrage von 46000 Mark haben sich durch die baaren Auszahlungen um 4000 Mark + 8000 Mark — 3000 Mark = 9000 Mark verringert, sie betragen somit 37000 Mark, so daß die Bilanz auf beiden Seiten 38000 Mark ergiebt. Die Stammeinlagen betragen nunmehr durchweg nur 80 % ihrer ursprünglichen Höhe.*)

---

*) Um das Beispiel verständlicher zu machen sind im Nachfolgenden die bei dem Beispiel zusammengezogenen Posten der Bilanz in Aktivis und Passivis auseinandergelegt, auch die Stammeinlagen und die auf sie fallenden Dividenden und Rückzahlungen spezificirt:

Auf der Aktivseite der Bilanz zerlegt sich der Posten von 46000 Mark in 20000 Mark Immobilien, 5000 Mark Maschinen und Utensilien, 3000 Mark Vorräthe, Rohstoffe u. dgl., 3000 Mark Debitoren (ausstehende Forderungen), 2000 Mark baare Kasse, 2000 Mark Werthpapiere, 9000 Mark Bankguthaben. Der Posten der Passivseite von 5000 Mark zerlegt sich in 1000 Mark Hypothekschuld, 2000 Mark Kreditoren (andere Schulden), 1000 Mark Erneuerungsfonds für die Baulichkeiten, 1000 Mark Reservefonds. Nachdem in Gemäßheit des Gesellschaftsvertrages Abschreibungen auf Immobilien, Mobilien 2c. und Zuschreibungen zu Reserve- und Erneuerungsfonds und Gewährung von Tantièmen stattgefunden haben, bleiben noch 5000 Mark Gewinnüberschuß und stellt sich die Bilanz folgendermaßen:

In diesem Beispiele ist vorausgesetzt, daß von der niedrigsten der nach § 5 in Mark durch 100 theilbaren Stammeinlagen nach deren Verringerung durch die Vertheilung der 8000 Mark noch 500 Mark übrig bleiben. Daraus folgt, daß jede ursprüngliche Stammeinlage mindestens 700 Mark oder eine höhere in Mark durch 100 theilbare Summe betragen hat. Denn 80 % von 700 Mark oder $\frac{700 . 80}{100}$ beträgt 560 Mark, dagegen 80 % von 600 Mark oder $\frac{600 . 80}{100}$ nur 480 Mark, also weniger als 500 Mark. Sollte demnach die Herabsetzung einzelner Stammeinlagen oder aller, falls sie sämmtlich ursprünglich unter 700 Mark betrügen, nicht zulässig erscheinen, so ist die Herabsetzung des Stammkapitals nur durch Einziehung (Amortisation)

Aktiva.		Passiva.	
20000 M.	Immobilien.	1000 M.	Hypothekschuld.
5000 M.	Maschinen u. Utensil. u. dgl.	2000 M.	Kreditoren.
3000 M.	Vorräthe, Rohstoffe u. dgl.	1000 M.	Erneuerungsfonds.
3000 M.	Debitoren.	1000 M.	Reservefonds.
2000 M.	baare Kasse.	40000 M.	Stammkapital.
4000 M.	Werthpapiere.	5000 M.	unvertheilte Gewinnüberschüsse.
9000 M.	Bankguthaben.		
4000 M.	geschuldete Einzahlungen auf Stammeinlagen.		
50000 M.		50000 M.	

Es sind vier Gesellschafter vorhanden: A. 20000 Mark Sacheinlagen, B. 5000 Mark, hat vollbezahlt, C. 10000 Mark, worauf 7000 Mark bezahlt sind und 3000 Mark geschuldet werden, D. 5000 Mark, worauf 4000 bezahlt sind und 1000 Mark geschuldet werden. Es wird beschlossen 10% Dividende zu vertheilen, dazu 4000 Mark zu verwenden und das Stammkapital um 20% (8000 Mark) herabzusetzen. Darnach:

	wird baar bezahlt: Dividende	wird baar bezahlt: auf Stammeinlagen	wird erlassen	bleiben: Stammeinlage	bleiben: darauf geschuldete Einzahlungen
A.	2000 M.	4000 M.	—	16000 M.	—
B.	500 „	1000 „	—	4000 „	—
C.	1000 „	—	2000 M.	8000 „	1000 M.
D.	500 „	—	1000 „	4000 „	—
	4000 M.	5000 M.	3000 M.	32000 M.	1000 M.

Zu den 9000 Mark Baarzahlung werden die 9000 Mark Bankguthaben verwendet. Die noch übrigbleibenden 1000 Mark unvertheilter Gewinnüberschüsse können zur Verstärkung des Erneuerungsfonds oder des Reservefonds auf der Passivseite oder zur außerordentlichen Abschreibung auf Immobilien- oder Mobilienkonto auf der Aktivseite verwendet werden. Bevor dies geschehen ist, stellt sich die Bilanz dahin:

Aktiva.		Passiva.	
20000 M.	Immobilien.	1000 M.	Hypothekenschuld.
5000 M.	Maschinen. 2c.	2000 M.	Kreditoren.
3000 M.	Vorräthe. 2c.	1000 M.	Erneuerungsfonds.
3000 M.	Debitoren.	1000 M.	Reservefonds.
2000 M.	baare Kasse.	32000 M.	Stammkapital.
4000 M.	Werthpapiere.	1000 M.	unvertheilter Gewinnüberschuß.
1000 M.	geschuldete Einzahlungen auf Stammeinlagen.		
38000 M.		38000 M.	

eines oder mehrerer Geschäftsantheile nach § 34 durchzuführen. Da die Einziehung von Geschäftsantheilen nur mit Zustimmung des Antheilsberechtigten erfolgen darf, so wird diese Zustimmung vorliegen müssen, wenn der Beschluß auf Herabsetzung des Stammkapitals gefaßt wird: In allen Fällen zu A. kann auf die den Stammeinlagen verbleibenden Beträge die Bestimmung des § 5, daß sie in Mark durch 100 theilbar sein müssen, nicht Anwendung finden.

Im Handelsregister wird nur die Herabsetzung des Stammkapitals auf 32 000 Mark vermerkt. Die Geschäftsführer haben im nächsten Monat Januar bei der von ihnen einzureichenden Liste der Gesellschafter (§ 41 [40]) die Stammeinlagen nach ihrem jetzigen Betrage aufzuführen.

B. Der zweite Fall, wenn die Herabsetzung des Stammkapitals wegen Kapitalmangels, nämlich zum Zweck der Beseitigung einer vorhandenen Unterbilanz erfolgt, ist im § 59 nicht besonders erwähnt. In der Begründung aber heißt es, für diesen Fall sei eine Vorschrift wie die des zweiten Absatzes, des § 59, wonach die einzelnen Stammeinlagen nicht unter den Mindestbetrag von 500 Mark herabgehen dürfen, nicht erforderlich, „denn die Herabsetzung des Stammkapitals als solche bedingt noch nicht eine Minderung der Gschäftsantheile, da diese nicht, wie die Aktien, einen Nennwerth haben, dessen Gesammtbetrag mit dem jeweiligen Betrage des Stammkapitals übereinstimmen müßte. Es kommen demzufolge auch Maßregeln, wie die Herabsetzung der Nominalbeträge oder die Zusammenlegung von Antheilen, durch welche bei der Aktiengesellschaft die Uebereinstimmung der Aktien mit dem reduzirten Grundkapital hergestellt werden muß, hier nicht in Betracht" (Entw. a. a. O.)*). Die Unterbilanz kann durch wirkliche Verluste entstanden sein oder, „wenn das bewahrte Vermögen in Folge anfänglicher Ueberschätzung oder späterer veränderter Konjunktur bilanzmäßig minderwerthig geworden ist" (Ring S. 689) herbeigeführt sein. Wenn in dem zu A angeführten Beispiel auf der Aktivseite neben den 4000 Mark restirender Einzahlungen auf Stammeinlagen die gesammten übrigen Posten nur 33 000 Mark betrügen, so würden die Passiva um 8000 Mark die Aktiva übersteigen. In der Bilanz wären diese 8000 Mark als Verluste aufzuführen und für die Zukunft müßten bei Erzielung von Gewinn entsprechende Werthe so lange von der Vertheilung ausgeschlossen werden, bis der Gesammtbetrag der Passiva wieder erreicht ist. Durch die Einziehung der auf die Stammeinlagen noch nicht geleisteten Einzahlungen (4000 Mark) würde in der Bilanz nichts geändert, wenn schon sie beim Mangel an Betriebskapital empfehlenswerth wäre. In solchen Fällen ist Herabsetzung des Stammkapitals um 8000 Mark zur Beseitigung der Unterbilanz „eine lediglich rechnerische Maßregel" (Förtsch S. 138). Sie bewirkt

*) Die Abschreibung hat auch hier ihre Grenzen in dem Mindestbetrag der gesetzlichen Grenzen des Stammkapitals, 20 000 Mark, es bleibt dann eventuell eine Unterbilanz bis zur Beseitigung durch den Geschäftsgewinn. Voraussetzung ist ferner, daß die Stammeinlagen voll eingezahlt sind (Neukamp S. 208).

keine Herabsetzung der Stammeinlagen und keinen Erlaß der noch rückständigen Einzahlungen; die Geschäftsantheile bleiben unverändert bestehen. Im Handelsregister wird auch hier nur die Herabsetzung des Stammkapitals vermerkt; in der alljährlich im Januar einzureichenden Liste der Gesellschafter sind die Stammeinlagen unverändert zu verzeichnen. Nach der Herabsetzung des Stamkapitals wird die Bilanz sich nur auf der Passivseite ändern und zwar dahin, daß der Betrag des Stammkapitals statt 40 000 Mark nur noch 32 000 Mark beträgt, Aktiva und Passiva aber bilanziren mit 37 000 Mark. Der Gesammtbetrag der Stammeinlagen kann nun mit dem Stammkapital nicht mehr übereinstimmen. Auch kann die Vorschrift, daß die Stammeinlagen mindestens 500 Mark betragen müssen, keine Anwendung finden. Es war aus diesem Grunde eine Erörterung dieses Falles in dem Gesetz entbehrlich.*)

Esser erklärt die Herabsetzung des Stammkapitals behufs Beseitigung der Unterbilanz ohne gleichzeitige Herabsetzung der Stammeinlagen für „eine undenkbare Situation“ und widersprechend den Bestimmungen des § 5 Abs. 3 (Esser S. 94 und mit Esser Hergenhahn S. 119, vgl. dagegen Förtsch S. 140, Birkenbihl S. 296 Makower S. 321 und besonders Neukamp S. 207 ff.). Durch die Herabsetzung des ursprünglichen Stammkapitals und dadurch, daß nunmehr Stammkapital und Summe der ursprünglichen Einlagen nicht mehr übereinstimmen, ändere sich an dem Berechtigungsverhältniß durchaus nichts, und darauf allein komme es an.

Was nun das Stimmrecht anlangt, so ist, sofern der Gesellschafts-

---

*) Im Anschluß an das Beispiel zu A. stellen wir zu B. eine Bilanz auf unter Fortlassung der Aktivposten 4000 Mark Werthpapiere und 9000 Mark Bankguthaben und des Passivpostens der 5000 Mark unvertheilten Reingewinn.

Aktiva.		Passiva.	
20 000 M.	Immobolien.	1 000 M.	Hypothekenschuld.
5 000 M.	Maschinen zc.	2 000 M.	Kreditoren.
3 000 M.	Vorräthe, Rohstoffe zc.	1 000 M.	Erneuerungsfonds.
3 000 M.	Debitoren.	1 000 M.	Reservefonds.
2 000 M.	baare Kasse.	40 000 M.	Stammkapital.
4 000 M.	geschuldete Einzahlungen auf Stammeinlagen.		
8 000 M.	Verlust.		
45 000 M.		45 000 M.	

Zur Beseitigung der Unterbilanz wird das Stammkapital um 8000 Mark, von 40 000 Mark auf 32 000 Mark herabgesetzt. Die Bilanz verändert sich sonst nicht. Sie lautet:

Aktiva.		Passiva.	
20 000 M.	Immobilien.	1 000 M.	Hypotheken.
5 000 M.	Maschinen zc.	2 000 M.	Kreditoren.
3 000 M.	Vorräthe zc.	1 000 M.	Erneuerungsfonds.
3 000 M.	Debitoren.	1 000 M.	Reservefonds.
2 000 M.	baare Kasse.	32 000 M.	Stammkapital.
4 000 M.	geschuldete Einzahlungen.		
37 000 M.		37 000 M.	

Geschäftsantheile bleiben unverändert zum Gesammtbetrage von 40 000 Mark.

vertrag hierüber nicht besondere Bestimmungen enthält, in diesem Falle zunächst der § 48 [47] vor wie nach der Herabsetzung maßgebend, wonach auf jede 100 Mark des ursprünglichen Geschäftsantheils eine Stimme entfällt.

Anders verhält es sich mit dem Stimmrecht in den Fällen zu A bei Herabsetzung des Stammkapitals zum Zweck der Zurückzahlung von Stammeinlagen, indem hier auch die Stammeinlagen herabgesetzt werden. Da diese Herabsetzung der Stammeinlagen nach Verhältniß der Geschäftsantheile erfolgt, so würde bei einer nach demselben Verhältniß stattfindenden Herabsetzung der Stimmen eine Veränderung in deren Verhältniß nicht eintreten, wenn von den herabgesetzten Stammeinlagen in Mark durch 100 theilbare Beträge übrig bleiben. In den seltenen Fällen, wo dies geschieht, bleibt bei dem unveränderten Berechtigungsverhältniß der Gesellschafter auch die Vertheilung der Stimmen unverändert. Andernfalls, wo bei herabgesetzten Stammeinlagen einfaches Mehr von 100 Mark überschreitende Beträge verblieben, fällt auf diese kein Stimmantheil.*) Eingezogene, amortisirte Stammeinlagen (§ 34) haben natürlich keine Stimmberechtigung.

Veränderungen im Stammkapital — Erhöhungen oder Herabsetzungen — wird dadurch, daß die Einführung der Nachschußpflicht zugelassen ist, wesentlich der Boden entzogen. Auch nach der Herabsetzung des Stammkapitals kann die Einforderung von Nachschüssen, d. h. von „Einzahlungen über den Betrag der Stammeinlagen hinaus", beschlossen werden, falls sie im Gesellschaftsvertrag zugelassen ist. Die Bestimmung in § 26 Abs. 2, wonach „die Einzahlung der Nachschüsse nach Verhältniß der Geschäftsantheile" zu erfolgen hat, ist auch nach

---

*) Erstes Beispiel: 40000 M. Stammkapital, Herabsetzung auf 32000 M. (auf 80%), Vertheilung der Stammeinlagen vor der Herabsetzung:

10 zu 2000 M. =	20000 M.	mit 10×20 Stimmen =	200 Stimmen
20 zu 1000 M. =	20000 M.	mit 20×10 Stimmen =	200 Stimmen
Summa	40000		mit 400 Stimmen,

nach der Herabsetzung:

10 zu 1600 M. =	16000 M.	mit 10×16 =	160 Stimmen
20 zu 800 M. =	16000 M.	mit 20×8 =	160 Stimmen
Summa	32000 M.		mit 320 Stimmen.

Hier bleibt das gleiche Verhältniß auch in den Stimmen, weil der verbleibende Betrag aller Stammeinlagen durch 100 theilbar ist.

Zweites Beispiel: Das Stammkapital setzt sich folgendermaßen zusammen:

12 zu 2000 M. =	24000 M.	mit 12×20 =	240 Stimmen
10 zu 1200 M. =	12000 M.	mit 10×12 =	120 Stimmen
4 zu 1000 M. =	4000 M.	mit 4×10 =	40 Stimmen
Summa	40000 M.		mit 400 Stimmen.

Nach der Herabsetzung des Stammkapitals auf 32000 M. bleiben Stammeinlagen:

12 zu 1600 M. =	19200 M.	mit 12×16 =	192 Stimmen
10 zu 960 M. =	9600 M.	mit 10×9 =	90 Stimmen
4 zu 800 M. =	3200 M.	mit 4×8 =	32 Stimmen
Summa	32000 M.		mit 314 Stimmen.

Hier sind 6 Stimmen verloren gegangen, weil 960 M. nur 9 Stimmen erhalten, also 60×10 M. unberücksichtigt bleiben.

der Herabsetzung in dem Fall zu A maßgebend. Die Höhe der Nachschüsse bleibt unverändert. Die Worte „über den Betrag der Stammeinlagen hinaus“ können nur auf den ursprünglichen Betrag der Stammeinlagen bezogen werden.

Eine Erhöhung des Stammkapitals kann ebenfalls nach der Herabsetzung desselben in den beiden zu A und B erörterten Fällen erfolgen. Die Bedingungen, welche Uebernehmern der neuen Stammeinlagen in dem den Gesellschaftsvertrag abändernden Gesellschaftsbeschluß gestellt werden, werden auch Bestimmuugen über das Stimmrecht enthalten (§ 48 [47]). Wo dies nicht der Fall ist, können aus späteren Erhöhungen des Stammkapitals in Betreff der Stimmen keine Schwierigkeiten entstehen, da die Herabsetzung des Stammkapitals keine Veränderungen im Stimmenverhältniß bewirkt hat.

3. Der Beschluß auf Herabsetzung.

Der Beschluß auf Herabsetzung des Stammkapitals ist eine Statutenänderung und kann daher nur durch die Gesellschafter gefaßt werden. Er muß gerichtlich oder notariell beurkundet werden und bedarf drei Viertheile der abgegebenen Stimmen, falls der Gesellschaftsvertrag nicht noch weitere Erschwernisse getroffen hat (§§ 54 [53] und 55 [54]).

4. Anmeldung des Beschlusses.

Die Anmeldung des Beschlusses hat durch sämmtliche Geschäftsführer zu erfolgen (§ 76 [78] Abs. 1), und zwar auch bei dem Handelsregister der Zweigniederlassung (§ 76 [78] Abs. 2 [H.B. § 13]). Die Anmeldung bei der Zweigniederlassung ist durch Ordnungsstrafe zu erzwingen (§ 77 [79] Abs. 1). Der Anmeldung sind beizufügen: a) als Aenderung des Gesellschaftsvertrages die Urschrift des Beschlusses oder beglaubigte Abschrift; b) die Bekanntmachung des Beschlusses; c) die Versicherung über Befriedigung oder Sicherstellung der Gläubiger. Eine namentliche Aufführung der Gläubiger ist nicht nöthig. Hat sich kein Gläubiger gemeldet, so ist dies in der Versicherung anzugeben. Die Versicherung kann bei der persönlichen Anmeldung mündlich abgegeben werden; erfolgt die Anmeldung schriftlich, so ist die Versicherung mit der Anmeldung zu verbinden und von sämmtlichen Geschäftsführern abzugeben (§ 76 [78]). Wissentlich unwahre Versicherungen sind nach § 80 [82] Z. 2 strafbar. Der Anmeldung zum Handelsregister der Zweigniederlassung ist eine Bescheinigung des Gerichts der Hauptniederlassung über die Eintragung des Herabsetzungsbeschlusses beizufügen.

5. Rechtliche Wirkung der Herabsetzung.

Wie in den §§ 127 [133] und 137 [143] des G.G. ist auch hier vorgeschrieben (Z. 3), daß der Beschluß nicht vor Ablauf des Sperrjahres zur Eintragung angemeldet werden darf. Erst nach der Eintragung erlangt er rechtliche Wirkung (§ 55 [54] Abs. 2); dann erst kann er zur Ausführung gebracht werden. Erst mit diesem Zeitpunkt darf die Reduzirung des Stammkapitals in der Bilanz eintreten. Ueber Rückzahlung und Erlaß von Einzahlungen siehe oben Anm. 2. Sind Rückzahlungen an die Gesellschafter unrechtmäßiger Weise ererfolgt, z. B. auf Grund einer unrichtig aufgestellten Bilanz, wenn bei richtiger Aufstellung ein entsprechender Ueberschuß der Aktiva über die Passiva sich nicht ergiebt oder weil in Folge von Formverstößen die Eintragung dem Beschluß keine rechtliche Wirkung verleihen konnte, so treten die in § 31 bezeichneten Rechtsfolgen ein (Entw. I S. 108, II S. 83). Die Rückerstattungspflicht beschränkt sich nach Maßgabe des § 31. Wo die Voraussetzung desselben nicht vorliegt, d. h. § 30 Abs. 1 nicht verletzt ist, besteht keine Rückerstattungspflicht. Da der Herabsetzungsbeschluß als Statutenänderung vor der Eintragung auch nach innen keine rechtliche Wirkung hat, werden die Gesellschafter in Ansehung der zur Auszahlung kommenden Beträge erst mit der Eintragung des Beschlusses Gläubiger der Gesellschaft. Im Fall später eintretenden Konkurses können sie diese Forderung als Konkursforderung anmelden. Bei vorzeitiger Auszahlung haften die Geschäftsführer nach § 44 [43].

6. Aufforderung bekannter Gläubiger.

Bekannt ist der Gläubiger, dessen Person feststeht. Das Gesetz schreibt für die Aufforderung weder eine Form noch eine Frist vor. Dieselbe muß nur so rechtzeitig vor Ablauf des Sperrjahres erfolgen, daß der Gläubiger in der Lage ist, seine Rechte wahrnehmen zu können.

7. Befriedigung, Sicherstellung.

Zu befriedigen sind fällige Forderungen. Bedingte, betagte, streitige Forderungen sind sicher zu stellen. Die Sicherstellung wird in der Regel durch Hinterlegung zu erfolgen haben, falls sich nicht der Gläubiger mit einer anderen Art begnügt. Die Gesellschafter haben, insoweit sie Gläubiger der Gesellschaft sind, dieselben Rechte wie Dritte. Hat der Gläubiger bereits reale Sicherheit, z. B. Hypothek, so wird sich in der Regel eine weitere Sicherstellung erübrigen. Im Zweifel hat richterliches Ermessen zu entscheiden. [Das B.G.B. stellt weitgehende Anforderungen, dessen Bestimmungen §§ 232 ff. gelten auch hier vom 1. Januar 1900 ab.]

[Vom 1. Januar 1900 ab ist durch das Einführungsgesetz Art. 11 XIV eine Vorschrift § 59a eingestellt, die in der neuen Fassung die Ordnungsnummer 59 führt.

Auf die Anmeldungen zu dem Handelsregister eines Gerichts, in dessen Bezirke die Gesellschaft eine Zweigniederlassung besitzt, finden die Bestimmungen im § 57 Abs. 2, Abs. 3 Nr. 1 und im § 58 Abs. 1 Nr. 4*) keine Anwendung.

*) Im Art. 11 XIII Einführungsgesetzes stand § 58 rc. und § 59 rc. In der neuen Fassung sind die neuen Ordnungsnummern eingefügt.

Durch § 13 H.B. ist der Grundsatz aufgestellt, daß alle Eintragungen in das Handelsregister und die dazu erforderlichen Anmeldungen, Zeichnungen und Einreichungen zu dem Gericht der Zweigniederlassung in gleicher Weise zu bewirken sind wie zu dem Gericht der Hauptniederlassung, „doch sollen auch künftig, wenn es sich um die erste Eintragung der Gesellschaft oder um die Eintragung einer Erhöhung oder Herabsetzung des Stammkapitals handelt, für die Anmeldung zum Register der Zweigniederlassung erleichternde Vorschriften gelten" (Denkschrift S. 315), daher erfolgt in Zukunft die Anmeldung in einfacher Form, der Nachweis der Eintragung bei dem Gericht der Hauptniederlassung ist beizulegen, § 13 Abs. 2 H.B. Bis zum 1. Januar 1900 verbleibt es bei § 76 Abs. 2.]

Fünfter Abschnitt.

Auflösung und Liquidation.

[Vom 1. Januar 1900 an erhält nach Art. 11 XV des Einführungsgesetzes zum H.B. der fünfte Abschnitt die Ueberschrift: **Auflösung und Nichtigkeit der Gesellschaft.**

§ 60.

Die Gesellschaft mit beschränkter Haftung wird aufgelöst:

1. durch Ablauf der im Gesellschaftsvertrage bestimmten Zeit;
2. durch Beschluß der Gesellschafter; derselbe bedarf, sofern im Gesellschaftsvertrage nicht ein Anderes bestimmt ist, einer Mehrheit von drei Viertheilen der abgegebenen Stimmen;
3. durch gerichtliches Urtheil oder durch Entscheidung des Verwaltungsgerichts oder der Verwaltungsbehörde in den Fällen der §§ 61 und 62;
4. durch die Eröffnung des Konkursverfahrens;

Im Gesellschaftsvertrage können weitere Auflösungsgründe festgesetzt werden.

Entw. I, Entw. II, Komm., Rtg. § 60. [Art. 11 XV u. XVI des Einführungsgesetzes zum H.B. vom 10. Mai 1897.] Entw. I S. 109, II S. 84. A.G. Art. 242. [H.B. §§ 292, 307 Abs. 2.] G.G. §§ 76, 77, 78, 79 [78, 79, 80, 81].

Vom 1. Januar 1900 ab tritt nach Art. 11 XV an Stelle des § 60 Abs. 1 Nr. 4 folgende Vorschrift:

Durch die Eröffnung des Konkursverfahrens; wird das Verfahren nach Abschluss eines Zwangsvergleichs aufgehoben oder auf Antrag des Gemeinschuldners eingestellt, so können die Gesellschafter die Fortsetzung der Gesellschaft beschliessen.]

1. Die Auflösung.

Mit der Auflösung hört die Gesellschaft nicht auf zu existiren, sondern sie besteht fort zwecks Abwickelung ihrer Geschäfte und Versilberung und Auftheilung des Gesellschaftsvermögens. Abgesehen von dem Fall des Konkurses ist die Liquidation die nothwendige Folge der Auflösung. Deswegen behält die Gesellschaft auch ihre Organisation bei, nur daß an Stelle der Geschäftsführer die Liquidatoren treten mit der durch die Liquidation gegebenen Beschränkung ihrer Thätigkeit (§ 71 [70]). Das für A.G. (Art. 244a Abs. 2, H.B. § 298 Abs. 4) gegebene Verbot der Bestellung von Prokuristen ist nicht herübergenommen, aber auch ohne dies ist die Bestellung von Prokuristen nicht vereinbar mit der Liquidation (§ 47 [46] Anm. 8). Die in Liquidation befindliche Gesellschaft kann klagen, verklagt werden, Eigenthum und dingliche Rechte erwerben. Die Gesellschaft besteht so lange, bis die Liquidation vollständig durchgeführt ist. Wird die Auflösung durch den Konkurs herbeigeführt, so ergiebt sich die Besonderheit, daß die Verfügung über das Vermögen auf den Konkursverwalter übergeht und dementsprechend die Befugnisse der Gesellschaftsorgane zurücktreten, im Uebrigen kann nach beendigtem Konkurs erforderlichenfalls auch die Liquidation eintreten. Die Auflösung als solche giebt den Gläubigern nicht das Recht „vorzeitig und ohne Rücksicht auf die Vertragsvereinbarungen und Bedingungen Bezahlung ihrer Forderung zu begehren" (R.G. Bd. 9 S. 14), es müssen hierzu besondere Gründe vorliegen (R.G. a. a. O. S. 15). Das Gleiche gilt für Verträge, welche die Gesellschaft abgeschlossen, die Auflösung führt nicht ohne Weiteres zur Aufhebung. Die Liquidationsfirma

---

*) In der Regierungsvorlage hieß es statt „auf Antrag des Gemeinschuldners" „auf Grund des § 188 der Konkursordnung". Für die offene Handelsgesellschaft ist schon durch die Rechtsprechung anerkannt, daß auch eine durch die Konkurseröffnung aufgelöste Gesellschaft im Falle des Abschlusses eines Zwangsvergleichs mit Zustimmung sämmtlicher Gesellschafter fortgesetzt werden kann, ohne daß es der Errichtung einer neuen Gesellschaft bedarf, vgl. § 144 H.B.; für Aktiengesellschaften ist der gleiche Grundsatz durch das Gesetz ausgesprochen (§ 307 Abs. 2) und ebenso für Gesellschaften mit beschränkter Haftung und zwar aus Gründen der Zweckmäßigkeit (Denkschrift S. 182): „Durch eine solche Wiederherstellung der Gesellschaft wird unter Umständen dem Interesse aller Betheiligten am meisten gedient, während ohne sie die Aufhebung oder Einstellung des Konkurses nur die Wirkung haben würde, daß nunmehr die Liquidation stattzufinden hätte." Es bedarf aber der Natur der Sache nach einer Entschließung der Gesellschaft. „Daß auch im Falle der Fortsetzung der Gesellschaft die Folgen des Konkurses nicht schlechthin beseitigt werden, die Rechtshandlungen des Konkursverwalters vielmehr von der fortgesetzten Gesellschaft als bindend anerkannt werden müssen, versteht sich von selbst" (a. a. O.). Die Fortsetzung ist zur Eintragung in das Handelsregister entsprechend anzumelden (§ 65), da die Auflösung eingetragen ist.

(§ 68) enthält keine Aenderung der bisherigen Firma (vgl. R.G. Bd. 15 S. 105) im Sinne des § 5 Nr. 2 des Markenschutzgesetzes und des Art. 25 H.G.B., [§ 31 H.B.] Die Folgen der Auflösung können nicht mehr rückgängig gemacht werden, auch der Konkurs bedeutet die endgültige Auflösung der Gesellschaft (vgl. Anm. 4 [vorbehaltlich der in Ziffer 4 neuer Fassung bezeichneten Ausnahmen]). Es muß, wenn die Gesellschafter sich zur Fortführung des Unternehmens wieder vereinigen wollen, eine neue Gründung der Gesellschaft nach den hierfür geltenden Bestimmungen erfolgen. Statutenänderungen während der Auflösung können nicht mehr vorgenommen werden (Johow und Küntzel Bd. 7 S. 5).

2. Zeitablauf.

Die Zeitbestimmung muß im Gesellschaftsvertrage enthalten sein (§ 3 Abs. 2) und ist veröffentlicht (§ 10 Abs. 3), sie muß daher Dritten bekannt sein. In diesem Falle ist ein Auflösungsbeschluß nicht nothwendig, die Auflösung tritt mit dem betreffenden Zeitpunkt ein. Eine stillschweigende Fortsetzung der Gesellschaft über diesen Zeitpunkt hinaus ist unmöglich, ihre Annahme im Gesellschaftsvertrage wird dem Abschluß des Vertrages auf unbestimmte Zeit gleichkommen; soll die Gesellschaft fortgesetzt werden, so ist eine rechtzeitige Aenderung des Gesellschaftsvertrages nothwendig (§ 54 [53]), d. h. die Eintragung derselben muß vor Ablauf der Zeit erfolgt sein. Nach Ablauf der Zeit tritt die Liquidation von selbst ein (vgl. Birkenbihl S. 298). Es kann aber auch vor dem Zeitablauf die Auflösung beschlossen werden, doch liegt dann gleichzeitig ein Beschluß auf Aenderung des Gesellschaftsvertrages vor, der auch wie ein solcher zu behandeln ist und daher erst mit der Eintragung rechtliche Wirkung erlangt, vgl. § 3 Anm. 7. Die Auflösung durch Zeitablauf ist zur Eintragung in das Handelsregister anzumelden (§ 65) und sind die Geschäftsführer durch Ordnungsstrafen hierzu anzuhalten (§ 77 [79] Abs. 1).

3. Beschluß der Gesellschafter.

Der Beschluß der Gesellschafter auf Verlegung des Sitzes in das Ausland hat dieselbe Wirkung wie ein Beschluß auf Auflösung (§ 3 Anm. 3, vgl. Hergenhahn S. 126, Neukamp S. 224), denn die Gesellschaft giebt damit ihre Eigenschaft als inländische Gesellschaft auf und die ihr unter Voraussetzung dieser Eigenschaft beigelegte Rechtspersönlichkeit (vgl. R.G. Bd. 7 S. 70). Der Beschluß auf Auflösung bedarf einer Mehrheit von drei Viertheilen der abgegebenen Stimmen, der Gesellschaftsvertrag kann sowohl Erleichterungen wie Erschwernisse vorsehen, das Gesetz schreibt für den Beschluß keine bestimmte Form vor, wie es für Statutenänderungen (§ 54 [53]) geschehen ist. Der Beschluß auf Auflösung ist gleichzeitig eine Statutenänderung, wenn die Gesellschaft auf bestimmte Zeit errichtet ist und die Auflösung vor Ablauf beschlossen wird, die Auflösung ist dann in entsprechender Weise zu beurkunden und tritt mit der Eintragung des Beschlusses in das Handelsregister ein, andernfalls hat der Auflösungsbeschluß ohne Weiteres die Liquidation zur Folge (Anm. 2). Für die Anmeldung zur Eintragung gilt das Gleiche wie im Falle der Auflösung durch Zeitablauf.

4. **Konkursverfahren** §§ 63, 64.

Die Eröffnung des Konkursverfahrens hat endgültig die Auflösung der Gesellschaft zur Folge, falls nicht der Eröffnungsbeschluß aufgehoben wird (R.K.O. § 105 [116], Neukamp S. 220) oder nach dem 1. Januar 1900 eine der in der abgeänderten Ziffer 4 bezeichneten Ausnahmen vorliegt; bis zum 1. Januar 1900 aber gilt Konkurs noch allgemein als endgiltiger Auflösungsgrund, auch Beendigung des Konkurses durch Zwangsvergleich oder durch freiwillige Uebereinkunft zwischen der Gesellschaft und allen Gläubigern führt hiernach nicht zum Wiederaufleben der Gesellschaft, sondern zur Liquidation (vgl. dag. R.G. Bd. 28 S. 132 ff., dann aber Wochenschrift für Aktienrecht 1892 Nr. 15 und 17, Ring S. 645 f.). In Folge des Konkurses geht die Verwaltung und Vertretung auf den Konkursverwalter über, daneben bleiben die Organe der Gesellschaft in Funktion und nehmen die Rechte und Pflichten der Gemeinschuldnerin im Konkursverfahren wahr. (R.G. Bd. 14 S. 418 f.): „Der Gemeinschuldner hat noch innerhalb des Konkursverfahrens Pflichten zu erfüllen. Gewisse Realisirungshandlungen setzen voraus, daß er wegen ihrer Vornahme gehört ist, bezw. sie genehmigt hat. Da das zum Konkurse gehörige Vermögen das seinige ist, ist ihm der Konkursverwalter über dessen Verwendung Rechenschaft zu geben schuldig. Nach Erfüllung des Konkurszweckes übrigbleibendes Vermögen ist ihm zurückzugeben. Er kann behufs Aufhebung des Konkurses einen Akkord schließen." Die Organe haben zwar nicht „eine generelle Befugniß . . . während des Konkurses für das Gesellschaftsvermögen nach außen handelnd aufzutreten", es verbleiben ihnen jedoch eine Reihe bestimmter einzelner Handlungen auch während des Konkursverfahrens. Nach Beendigung des Konkurses beginnt die Thätigkeit der Liquidatoren und der sonstigen Organe wieder in vollem gesetzlichen Umfange. Beendigung des Konkurses durch Zwangsvergleich ist zulässig (§§ 160—187 [173 ff.] R.K.O.), die Gesellschaft wird in demselben durch die Geschäftsführer, die auch den Vergleich abschließen, vertreten; die Gründe der Unzulässigkeit des Zwangsvergleichs, welche physische Persönlichkeit des Gemeinschuldners voraussetzen (Flucht, betrüglicher Bankerott § 162 [175] R.K.O.), finden auf die Gesellschaft m.b.H. keine Anwendung. Denn insoweit die betreffenden Delikte vorliegen sind sie von den Geschäftsführern persönlich und nicht von der Gesellschaft begangen. Die Pflicht zur Auskunftertheilung, sich ohne Erlaubniß des Konkursgerichts nicht von dem Wohnorte zu entfernen, den Offenbarungseid zu leisten, trifft jeden Geschäftsführer; Verweigerung des Offenbarungseides, hat Unzulässigkeit des Zwangsvergleichs zur Folge.

[Nach dem 1. Januar 1900 können die Gesellschafter in den in

Ziff. 4 bezeichneten Fällen die Fortsetzung der Gesellschaft beschließen, der Beschluß kann mit einfacher Mehrheit gefaßt werden. Daß die vom Konkursverwalter getroffenen Rechtshandlungen bindend bleiben, ist bereits bemerkt. Wie verhält es sich nun aber mit dem Stammkapital, auf dem die Gesellschaft beruht? Dasselbe wird in der Regel ganz oder zum Theil verloren sein, eine „Abschreibung" unter die gesetzliche Mindestgrenze (20000 M.) ist ausgeschlossen, überhaupt kann von einer Herabsetzung unter Beobachtung der Bestimmungen des § 59 [58] des Gesetzes keine Rede sein. Das Gesetz enthält hier wohl eine Lücke, man wird annehmen müssen, daß das Stammkapital in ursprünglicher Höhe fortzuführen ist, die Einlagen sind (ganz oder theilweise) verloren und die Gesellschafter sind zur Neubildung verpflichtet, soweit nicht durch Gewinnüberschüsse die Ergänzung stattfindet.]

5. Weitere gesetzliche Auflösungsgründe.

a. Untergang der Gesellschaft.

Die Gesellschaft geht unter in Folge Amortisation sämmtlicher Geschäftsantheile oder des Erwerbs sämmtlicher Geschäftsantheile durch die Gesellschaft, es tritt dann keine Auflösung und Liquidation im Sinne dieses Abschnittes ein. Sind die letzten Geschäftsantheile ausgezahlt, so ist die Gesellschaft untergegangen und ihr Vermögen ist herrenloses Gut, wenn nicht vorher in rechtsgültiger Weise über dessen Verwendung Bestimmung getroffen ist (Ring S. 655, Staub S. 541), die Organisation der Gesellschaft hört in solchem Falle auf, das nothwendige Organ der Gesellschafter fehlt und kann nicht ersetzt werden.

Neukamp S. 224 führt auch Tod sämmtliche Gesellschafter ohne Rechtsnachfolger als Grund des Untergangs an, dem ist entgegenzuhalten, daß schließlich jeder Nachlaß von Werth seinen Erben findet ev. durch den Fiskus, dem der Nachlaß zufällt [B.G.B. § 1936].

Ueber die Löschung der Firma bei Untergang der Gesellschaft § 141 des Gesetzes über die Angelegenheiten der freiwilligen Gerichtsbarkeit.

Dagegen führt die Vereinigung sämmtlicher Geschäftsantheile in e i n e r Hand nicht zur Beendigung der Gesellschaft, diese kann auch mit e i n e m Gesellschafter fortbestehen, in dessen Belieben es dann liegt, die Mitgliederanzahl wiederum zu vergrößern, er kann aber auch den Gesellschaftsvertrag abändern, die Gesellschaft auflösen u. s. w. (vgl. Wochenschrift für Aktienrecht 1892 S. 208, Birkenbihl S. 300, Förtsch S. 141, Esser S. 96, R.G. Bd. 22 S. 116 ff., Bd. 23, S. 203 f., Ring S. 655 f. und die dort angegebene Literatur; a. A. für Gesellschaften mit beschränkter Haftung, Neukamp S. 222).

b. Fortfall der Koncession.

Ist der Geschäftsbetrieb koncessionspflichtig, und die Koncession wird entzogen, so hat dies nicht ohne Weiteres die Auflösung der Gesellschaft zur Folge (Neukamp S. 226, Hergenhahn S. 14, a. A. anscheinend Förtsch S. 141). Die Gesellschaft kann z. B. den Gegenstand des Unternehmens abändern, will sie dieses nicht, so bleibt ihr nichts übrig, als die Auflösung zu beschließen.

c. **Auflösung aus öffentlich-rechtlichen Gründen** vgl. § 62.

Die Worte „oder der Verwaltungsbehörde" hätten in Pos. 3 gestrichen werden müssen, nachdem das für die Auflösung maßgebende Verfahren durch den Reichstag abweichend von dem Regierungsentwurf geregelt war.

6. **Klage des Gesellschafters auf Auflösung** vgl. § 61.

7. **Weitere Auflösungsgründe des Gesellschaftsvertrages.**

Es ist der Gesellschaft überlassen, im Gesellschaftsvertrage weitere Auflösungsgründe vorzusehen, sie können auch durch Aenderung des Gesellschaftsvertrages eingeführt werden wie vorhandene beseitigt oder geändert werden können (a. A. in letzterer Beziehung Neukamp S. 227). Es werden besonders in Betracht kommen: Tod und Konkurs einzelner Gesellschafter, Kündigung. Bei bestehender Gesellschaft können dieselben durch Mehrheitsbeschluß im Wege der Aenderung des Gesellschaftsvertrages eingeführt oder beseitigt (solange der Auflösungsgrund nicht eingetreten ist, z. B. die Kündigung erfolgt ist) werden. Der Eintritt der Auflösungsgründe (bei Kündigung Ablauf der Frist) führt die Auflösung herbei, falls nicht der Gesellschaftsvertrag hierüber besondere Bestimmungen enthält.

§ 61.

Die Gesellschaft kann durch gerichtliches Urtheil aufgelöst werden, wenn die Erreichung des Gesellschaftszweckes unmöglich wird, oder wenn andere, in den Verhältnissen der Gesellschaft liegende, wichtige Gründe für die Auflösung vorhanden sind.

Die Auflösungsklage ist gegen die Gesellschaft zu richten. Sie kann nur von Gesellschaftern erhoben werden, deren Geschäftsantheile zusammen mindestens dem zehnten Theile des Stammkapitals entsprechen.

Für die Klage ist das Landgericht ausschließlich zuständig, in dessen Bezirk die Gesellschaft ihren Sitz hat.

Entw. II, Komm., Rtg. § 61. Entw. II S. 84. H.G.B. Art. 125. [H.B. § 133, B.G.B. § 723.]

1. **Begründung.**

§ 61 war im ersten Entwurf nicht enthalten. Im zweiten Entwurf ist er damit begründet, „daß die Veräußerung der Geschäftsantheile . . . nicht überall mit Sicherheit zum Ziele führen wird, da die Antheile unter Umständen schwer veräußerlich sein können. Auch ist mit der Eventualität zu rechnen, daß durch den Gesellschaftsvertrag die Veräußerung an die Genehmigung der Gesellschaft geknüpft ist", wodurch die Gesellschafter in eine mißliche Lage kommen können, wenn die Mehrheit sich der nothwendig gewordenen Auflösung „ohne Grund oder aus unberechtigten Motiven" widersetzt. Deswegen ist unter Anlehnung an die auf die offene Handelsgesellschaft bezügliche Bestimmung im Artikel 125 H.G.B. [§ 133 H.B.] die Zulassung einer gerichtlichen Auflösung anerkannt. Eine gleiche Bestimmung war im ersten Entwurf des Aktiengesetzes vom 18. Juli 1884 enthalten, dann aber fallen gelassen; die Bedenken, welche gegen jene Vorschrift bei A.G. vorwalteten, treffen für die Gesellschaft m.b.H. nicht zu, „insbesondere gilt dies von der in der Natur des Aktienwesens begründeten Gefahr, daß das fragliche Recht zur Diskreditirung der Gesellschaften behufs Beeinflussung des Aktienkurses mißbraucht werden könnte".

Der Gesellschaftsvertrag kann an den Bestimmungen des § 61 nichts ändern.

2. Voraussetzung der Klage.

Die Klage ist darauf zu stützen, daß „wichtige Gründe", die in den Verhältnissen der Gesellschaft" liegen, für die Auflösung vorhanden sind; als ein solch besonders wichtiger Fall wird hervorgehoben, daß „die Erreichung des Gesellschaftszweckes unmöglich wird". Die Gründe müssen „in den Verhältnissen der Gesellschaft" liegen. „Die individuelle Lage des einzelnen Gesellschafters, welche für diesen persönlich die Lösung des Gesellschaftsverhältnisses wünschenswerth erscheinen lassen mag, kann zur Auflösung der Gesellschaft jedenfalls nicht ausreichen" (Entwurf II S. 85), er darf auch den Zustand nicht selbst herbeigeführt haben, die Klage kann ferner z. B. nicht darauf begründet werden, daß der Gesellschafter durch betrügerische Vorspiegelungen zum Beitritt bestimmt ist. Das Recht auf Auflösung durch Klage ist ein Minderheitsrecht der Gesellschafter, es ist davon abhängig, daß die Minderheit, oder auch ein einzelner Gesellschafter über mindestens den zehnten Theil des Stammkapitals verfügt. Der Gesellschaftsvertrag darf die Voraussetzungen weder erschweren noch erleichtern.

Unter „Geschäftsantheilen" sind die Stammeinlagen zu verstehen.

3. Wichtige Gründe.

Ueber die Wichtigkeit der Gründe entscheidet richterliches Ermessen. Doch wird der besonders angeführte Auflösungsgrund wohl als Maßstab betrachtet werden müssen. Es trifft auch hier zu, was das Reichsgericht (R.G. Bd. 24 S. 137) mit Bezug auf Art. 125 H.G.B. ausgeführt hat. „Es ist . . . nicht erforderlich, daß ein einzelnes Moment für sich als durchschlagend hervortritt, verschiedene Momente können in ihrer Verbindung und vielleicht erst durch dieselbe als wichtiger Grund erscheinen." „Gesellschaftszweck" ist der sich aus dem Gegenstande des Unternehmens ergebende Zweck. Die Einreichung dieses Zwecks muß „unmöglich" sein, d. h. als nicht absolut unmöglich, sondern im Sinne der Gesellschafter und des Zwecks der Gesellschaft. Mangelnde Rentabilität allein kann daher nicht ohne Weiteres als Auflösungsgrund betrachtet werden (vgl. R.O.H.G. Bd. 12 S. 102), wohl aber kann sich die Unmöglichkeit aus der Höhe des Stammkapitals ergeben, wenn dasselbe in keinem genügenden Verhältniß zu dem Gegenstande des Unternehmens steht oder die Rentabilität ist so schlecht, daß eine Besserung und damit Erreichung des Zwecks ausgeschlossen ist; natürlich gilt dies nur von Erwerbsgesellschaften (vgl. Handelsgesellschafter 1895 S. 98). Unmöglich ist die Erreichung des Zwecks auch dann, wenn die zum Geschäftsbetrieb nothwendige Konzession nicht zu erlangen oder verloren ist. Verhalten der Geschäftsführer wird kaum zu der Klage Veranlassung bieten können, es sei denn, daß der Gegenstand des Unternehmens mit einem oder einzelnen Geschäftsführern enge verbunden ist (vgl. Birkenbihl S. 302).

4. Das Urtheil.

Durch das Urtheil wird die Klage abgewiesen oder die Auflösung ausgesprochen, und die Auflösung tritt mit der Rechtskraft des Urtheils ein. Bis zu diesem Zeitpunkt kann die Auflösung noch durch das Verhalten abgewendet werden, ist das Urtheil auf Auflösung aber rechtskräftig geworden, so kann die Auflösung nicht mehr rückgängig gemacht werden, die Geschäftsführer haben alsdann die Auflösung zur Eintragung anzumelden (§ 65) und sind nöthigenfalls hierzu durch Ordnungsstrafen anzuhalten (§ 77 [79] Abs. 1 [§ 14 H.B.]).

§ 62.

Wenn eine Gesellschaft das Gemeinwohl dadurch gefährdet, daß die Gesellschafter gesetzwidrige Beschlüsse fassen oder gesetzwidrige Handlungen der Geschäftsführer wissentlich geschehen lassen, so kann sie aufgelöst werden, ohne daß deshalb ein Anspruch auf Entschädigung stattfindet.

Das Verfahren und die Zuständigkeit der Behörden richtet sich nach den für streitige Verwaltungssachen landesgesetzlich geltenden Vorschriften. Wo ein Verwaltungsstreitverfahren nicht besteht, kann die Auflösung nur durch gerichtliches Erkenntniß auf Betreiben der höheren Verwaltungsbehörde erfolgen. Ausschließlich zuständig ist in diesem Falle das Landgericht, in dessen Bezirk die Gesellschaft ihren Sitz hat.

Entw. II, Komm., Rtg. § 62. Entw. II S. 85. Komm.Ber. S. 11 f. Art. 12 § 5 des Preuß. Einführungsgesetzes zum H.G.B. G.G. § 79 [81].

1. Begründung.

Der I. Entwurf enthielt keine Vorschrift über die zwangsweise Auflösung einer Gesellschaft. Im II. Entwurf lautete § 62: „Wenn eine Gesellschaft sich gesetzwidriger Handlungen oder Unterlassungen schuldig macht, durch welche das Gemeinwohl gefährdet wird, so kann sie aufgelöst werden, ohne daß deshalb ein Anspruch auf Entschädigung stattfindet. Das Verfahren und die Zuständigkeit der Behörden richtet sich nach den für streitige Verwaltungssachen landesgesetzlich geltenden Vorschriften. Wo ein Verwaltungsstreitverfahren nicht besteht, finden die Vorschriften in §§ 20, 21 der Gewerbeordnung mit der Maßgabe Anwendung, daß die Entscheidung in erster Instanz durch die höhere Verwaltungsbehörde erfolgt, in deren Bezirke die Gesellschaft ihren Sitz hat." Diese Bestimmung entsprach dem § 79 G.G. In der Reichstagskommission (Bericht S. 11 f.) war die Streichung beantragt, da das H.G.B. keine Bestimmung wie die vorliegende enthalte und kein Grund vorliege, die Handelsgesellschaften, welche nach diesem Gesetze sich bilden würden, schlechter zu behandeln als die übrigen Handelsgesellschaften. Der Regierungsvertreter führte dagegen an, daß „die verbündeten Regierungen glaubten um so mehr Gewicht auf die Möglichkeit einer verwaltungsgerichtlichen Auflösung von Gesellschaften, deren Thätigkeit das öffentliche Wohl gefährde, legen zu müssen, als der Entwurf die Zwecke, zu welchen die neuen Gesellschaften errichtet werden könnten, vollständig freigebe"; aus dem privatrechtlichen Charakter der Associationen lasse sich ein Einwand hiergegen nicht herleiten, „denn die Voraussetzung einer solchen Auflösung sei eben, daß die Gesellschaft durch ihre gesetzwidrige Thätigkeit die nothwendig von ihr innezuhaltenden Grenzen überschreite und durch ihre das öffentliche Wohl gefährdende Wirksamkeit eine Reaktion gerade auf dem Gebiete des öffentlichen Rechts erforderlich mache". Vgl. über die Deliktsfähigkeit § 13 und § 36. In der Kommission wurde schließlich § 62 in der Fassung des Gesetzes angenommen.

2. Die Auflösung.

Die Auflösung muß nicht erfolgen, sie kann nur erfolgen. Es bezieht sich dieses nicht blos auf die Einleitung des Verfahrens, sondern auch auf die Entscheidung. Nach dem Wortlaut des § 64 kann auch bei dem Vorhandensein der Voraussetzungen des Abs. 1 von dem zuständigen Gericht die Klage auf Auflösung abgewiesen werden. Das Verhältniß ist das gleiche wie bei G. (§ 79 [81] G.G.); inder Begründung zu § 79 G.G. heißt es: „Das Gesetz bestimmt zwar die Voraussetzungen, unter welchen allein die Auflösung ausgesprochen werden kann, aber ... das Vorhandensein dieser Voraussetzungen soll nicht die Auflösung unter allen Umständen nach sich ziehen; auch wenn dieselben an und für sich vorliegen, hat doch die Behörde nach Lage des Falls zu bestimmen." Die Voraussetzungen sind:

1. es muß ein gesetzwidriger Beschluß der Gesellschafter vorliegen, oder
2. die Gesellschafter müssen gesetzwidrige Handlungen der Geschäftsführer wissentlich geschehen lassen, und
3. durch diese Handlungsweise muß das Gemeinwohl gefährdet werden.

„Gemeinwohl" ist ein weiter und dehnbarer Begriff, und es kann von einer Handlung zweifelhaft sein, ob sie das Gemeinwohl gefährdet oder nicht. Berufsklassen sind z. B. leicht geneigt, in einer sie schädigenden Konkurrenz eine das Gemeinwohl gefährdende Handlung zu sehen, indem die Berufsklasse das Gemeinwohl sich von ihr abhängig vorstellt. Die in den §§ 306 ff. St.G.B. behandelten Delikte sind „gemeingefährliche Verbrechen und Vergehen", man wird dieselben als gegen das Gemeinwohl gerichtet zu betrachten haben. Gesellschaften, die den Umsturz der bestehenden Staats- oder Gesellschaftsordnung bezwecken, gefährden das Gemeinwohl, falls der Umsturz auf gesetzwidrigem Wege erreicht werden soll. Daß Gesellschaften, die das Gemeinwohl gefährden, aber nicht zur Entstehung kommen, dafür bürgt § 1, es handelt sich also um die Maßnahme einer zu Recht bestehenden Gesellschaft, die das Gemeinwohl gefährdet. Das Gemeinwohl braucht nicht bereits geschädigt zu sein, es genügt, wenn es „gefährdet" ist. Die Maßnahme muß in einem „gesetzwidrigen" Beschluß der Gesellschafter bestehen oder in einem „wissentlich Geschehenlassen" von gesetzwidrigen Handlungen der Geschäftsführer. Im ersten Falle also muß bereits der „gesetzwidrige Beschluß" das Gemeinwohl gefährden, es muß aber ein ordnungsmäßiger Beschluß der „Gesellschafter" als Organ der Gesellschaft vorliegen, der die Gesellschaft betrifft. Unerheblich ist daher, was die Gesellschafter beschließen und verabreden, wenn die Gesellschaft als solche nicht dadurch betroffen wird. In dem zweiten Falle muß der Kläger den Beweis erbringen, daß ein „wissentliches Geschehenlassen" der Gesellschafter vorliegt, dazu ist erforderlich, daß die Gesellschafter, welche hierbei in Frage kommen, auch in der Lage waren, die gesetzwidrigen Handlungen der Geschäftsführer zu hindern, oder wenn dieselben bereits begonnen haben, entsprechende Gegenmaßregeln zu treffen; denn auch dies muß ausreichen, um zu widerlegen, daß ein „wissentlich Geschehenlassen" vorliegt. Es genügt daher nicht, wenn ein oder mehrere Gesellschafter Kenntniß von der gesetzwidrigen Handlung der Geschäftsführer haben, sondern sie müssen in der Lage sein dagegen aufzutreten, es müssen also z. B. für dieselben die Voraussetzungen gegeben sein, die Geschäftsführer ihres Amtes zu entheben (§§ 38, 51 [51]). Die gesetzwidrige Handlung der Geschäftsführer muß das Gemeinwohl gefährden, es reicht daher z. B. nicht aus, daß die Geschäftsführer in ihrer Vertretung der Gesellschaft dieser oder Dritten gegenüber betrügerisch verfahren, auch Verstöße gegen das Gesetz können nicht als das Gemeinwohl gefährdend betrachtet werden (a. A. Neukamp S. 234), ebenso wenig können Uebertretungen der Gewerbeordnung in Frage kommen, die nach den betreffenden Gesetzesvorschriften geahndet werden; so ist z. B. in dem Betriebe eines Schankgewerbes ohne Konzession nicht eine das Gemeinwohl gefährdende Handlung zu sehen. Der Beschluß, einen Versicherungsbetrieb zu errichten, kann für die Geschäftsführer strafrechtliche Folgen haben, wenn sie ohne staatliche Genehmigung den Betrieb eröffnen, die Gesellschaft aber kann wegen eines solchen Beschlusses nicht aufgelöst werden, denn er gefährdet ganz gewiß nicht das Gemeinwohl. Gesetzwidrige Bestimmungen des Gesellschaftsvertrages können niemals den Gegenstand der Klage bilden, ebensowenig kann auf Auflösung aus § 62 geklagt werden, weil sich später herausstellt, daß die Gesellschaft den Betrieb nicht hätte beginnen dürfen. — Vgl. Parisius u. Crüger zu § 79 Genossenschaftsgesetz. — Es kann Birkenbihl S. 306 nicht zugestimmt werden, daß auch die Handlungen einzelner Geschäftsführer die Folgen des § 62 haben können, da es sich um eine Vertretung der Gesellschaft handelt; mit Birkenbihl auch Hergenhahn S. 124.

3. **Das Verfahren.**

Das G.G. vom 4. Juli 1868 § 35 ließ ausschließlich Auflösung durch gerichtliches Erkenntniß auf Betreiben der höheren Verwaltungsbehörde zu. Das G.G. vom 1. Mai 1889 erklärte das Verfahren für streitige Verwaltungssachen für anwendbar, und wo ein solches fehlt, die Vorschriften in §§ 20, 21 der Gewerbeordnung mit der Maßgabe, daß in erster Instanz die höhere Verwaltungsbehörde zu entscheiden hat. Für Gesellschaften m.b.H. richtet sich das Verfahren in erster Reihe „nach den für streitige Verwaltungssachen landesgesetzlich geltenden Vorschriften"; wo ein solches nicht besteht, und dem ist der Fall gleichzustellen, daß die Verwaltungsgerichte aus besonderen Gründen für Entscheidungen wie die hier in Frage stehenden nicht zuständig sind —, kann die Auflösung nur durch gerichtliches Urtheil erfolgen, alsdann tritt die „höhere Verwaltungsbehörde" als Kläger auf, das Verfahren richtet sich nach den Bestimmungen der C.P.O., es ist nicht im Gesetz begründet, wenn Förtsch S. 145 landesgesetzliche Vorschriften für maßgebend erachtet. Die Landes*gesetze* haben zu bestimmen, welche Behörde als die „höhere Verwaltungsbehörde" im Sinne des Gesetzes zu betrachten ist (vgl. § 171 [161] Abs. 2 des G.G.), da den Zentralbehörden der Bundesstaaten dieses Bestimmungsrecht nicht überwiesen ist.

4. **Folgen des Urtheils auf Auflösung.**

Ist rechtskräftig auf Auflösung erkannt, so muß die Liquidation eintreten. Die Geschäftsführer haben die Auflösung zur Eintragung in das Handelsregister anzumelden (§ 65) und sind hierzu durch Ordnungsstrafen anzuhalten (§ 77 [79] Abs. 1 [H.B. § 14]).

§ 63.

Ueber das Vermögen der Gesellschaft findet das Konkursverfahren außer dem Falle der Zahlungsunfähigkeit auch in dem Falle der Ueberschuldung statt.

Die auf das Konkursverfahren über das Vermögen einer Aktiengesellschaft bezüglichen Vorschriften im § 193 Absatz 2, § 194 der Konkursordnung finden auf die Gesellschaft mit beschränkter Haftung entsprechende Anwendung.

Entw. I § 61, Entw. II, Komm., Rtg. § 63. Entw. I S. 110, II S. 85. A.G. Art. 240 Abs. 2. [H.B. § 240 Abs. 2.] G.G. § 91 [98], 134 [140].

[In der vom 1. Januar 1900 geltenden neuen Fassung des Gesetzes steht
„im § 207 Absatz 2, § 208“ (statt § 193 Absatz 2, § 194).]

1. Konkurs der Gesellschaft.

„Da für die Verbindlichkeiten der Gesellschaft nur das Gesellschaftsvermögen haftet, so muß die Eröffnung des Konkurses nicht blos bei Eintritt der Zahlungsunfähigkeit, sondern auch im Falle der Ueberschuldung stattfinden“ (Entw. I S. 109 f., II S. 84). Zur Konkurseröffnung kann es auch noch während der Liquidation kommen, und zwar so lange, als die Vertheilung des Vermögens nicht vollzogen ist, da die Selbstständigkeit der Gesellschaft durch die Auflösung nicht betroffen wird (R.K.O. § 193 [207] Abs. 2). In die Konkursmasse fallen auch die noch ausstehenden Einzahlungen auf die Stammeinlagen, der Konkursverwalter hat über deren Einziehung zu bestimmen (§ 13 Anm. 2). Die Nachschüsse — außer den eingezahlten — fallen insoweit in die Konkursmasse, als ihre Einziehung beschlossen ist und den Gesellschaftern ein Recht, durch Verweisung auf den Geschäftsantheil sich von der Zahlung der Nachschüsse zu befreien, nicht zusteht (§ 26 Anm. 1 und 2). Ueber die Pflicht zur Beantragung der Eröffnung des Konkurses s. §§ 64, 72 [71], über die Organisation der Gesellschaft während des Konkurses § 60 Anm. 4, der Antrag auf Konkurseröffnung kann abgewiesen werden, wenn eine den Kosten des Verfahrens entsprechende Konkursmasse nicht vorhanden ist (R.K.O. § 99 [107], anders G.G. § 93 [100] Abs. 2). Der Antrag kann auch ohne voraufgehende Bilanz gestellt werden (Hergenhahn S. 131). Antragsberechtigt sind Gesellschaftsgläubiger und Geschäftsführer (R.K.O. § 194 [208]), Gesellschafter, insofern sie Gläubiger sind (a. A. Neukamp S. 241), Hergenhahn hält S. 130 auch den etwa vorhandenen Aufsichtsrath für antragsberechtigt, diese Ansicht findet im Gesetz nicht ihre Bestätigung (so auch Birkenbihl S. 312, Neukamp S. 237). Wird der Antrag nicht von allen Geschäftsführern gestellt, so gilt § 194 [208] Abs. 2 R.K.O., die Bilanz wird als genügender Beweis der Ueberschuldung anzusehen sein.

2. Zahlungsunfähigkeit.

Die Gesellschaft ist zahlungsunfähig, wenn sie nicht geeignete Mittel besitzt, um fällige Schulden zu decken; Zahlungsunfähigkeit ist nach R.K.O. § 94 [102] insbesondere anzunehmen, wenn „Zahlungseinstellung“ erfolgt ist, d. h. wenn die Zahlungsunfähigkeit sich äußerlich bemerkbar macht, indem die Zahlung verlangenden Gläubiger wegen Mangel an Geld zurückgewiesen werden. Die Zahlungsunfähigkeit setzt daher auch nicht Ueberschuldung voraus, trotz letzterer kann die Gesellschaft zahlungsfähig sein, wie umgekehrt trotz Vermögenszulänglichkeit Zahlungsunfähigkeit eintreten kann, wenn z. B. das Vermögen nicht zu verwerthen ist. Bloße Zahlungsstockung ist noch keine Zahlungsunfähigkeit, denn die erstere ist ein vorübergehender Zustand, während letztere allgemein und voraussichtlich andauernd sein muß (vgl. R.G. Straff. Bd. 3 S. 294, Bd. 4 S. 68, Bd. 14 S. 222).

3. Ueberschuldung.

Nach § 64 Abs. 1 muß sich die Ueberschuldung „aus der Jahresbilanz oder aus einer im Laufe des Geschäftsjahres aufgestellten Bilanz" ergeben. Die gleichlautende Bestimmung findet sich in A.G. Art. 240 Abs. 2, [H.B. § 240 Abs. 2] und wird für A.G. die Ansicht vertreten, daß zur Feststellung der Ueberschuldung nur der wahre Werth der Aktiven in Betracht kommt, daß also der Buchwerth als solcher nicht entscheidend ist (Staub S. 534 ff., dagegen Ring S. 639); es ist dies insbesondere dort von entscheidender Bedeutung, wo Grundstücke in Folge von Abschreibungen nur zu einem ganz unbedeutenden Werthe zu Buche stehen, der durch den wirklichen Werth weit übertroffen wird. Da das Gesetz von einer Ueberschuldung spricht, die sich aus der „Bilanz" ergiebt, müssen auch für die Feststellung der Ueberschuldung die sonst für die Aufstellung der Bilanz maßgebenden Grundsätze entscheidend sein. Demnach gilt für die Bewerthung Art. 31 H.G.B., [140 H.B.], auch steht es der Gesellschaft frei, eine höhere Bewerthung zu beschließen, wenn durch Abschreibungen die Vermögensstücke zu einem geringeren Werthe zu Buch stehen — entsprechend natürlich dem wirklichen Werth (§ 43 [42] Anm. 1), a. A. anscheinend Neukamp S. 239, der darin gewiß Recht hat, daß willkürliche Werthbemessung auszuschließen ist. Einstellung zum wirklichen zeitigen Werth ist aber auch nicht willkürliche. Selbstverständlich aber ist eine Ueberschuldung, welche die Konkurseröffnung zur Folge hat, nicht bereits dann vorhanden, wenn die Passiva größer sind als die Aktiva, denn eine Ueberschuldung liegt vor, wenn „das Vermögen nicht mehr die Schulden deckt", und zu dem Vermögen gehört das Stammkapital sowie der Reservefonds. Erneuerungsfonds und ähnliche Fonds kommen als Schulden insoweit in Betracht, als sie zur Ausgleichung des Minderwerths von Aktivposten dienen. Kommt die Ueberschuldung auf andere Weise als durch die Bilanz zur Kenntniß der Geschäftsführer, so erfordert es die Sorgfalt eines ordentlichen Geschäftsmannes, daß sie sofort die Bilanz aufstellen; es braucht zum Antrage auf Konkurseröffnung — zu dem in diesem Falle jeder Geschäftsführer berechtigt aber nicht verpflichtet ist — die Ueberschuldung nicht durch die Bilanz festgestellt zu sein, es genügt, wenn dieselbe glaubhaft gemacht wird (§ 194 [208] Abs. 2 R.K.O.).

4. Die angezogenen Bestimmungen der K.O. lauten:

„§ 193 [207] Abs. 2: Nach Auflösung einer Aktiengesellschaft ist die Eröffnung des Verfahrens so lange zulässig, als die Vertheilung des Vermögens nicht vollzogen ist.

§ 194 [208]: Zu dem Antrage auf Eröffnung des Verfahrens ist außer den Konkursgläubigern jedes Mitglied des Vorstandes und jeder Liquidator berechtigt.

Wird der Antrag nicht von allen Mitgliedern des Vorstandes oder allen Liquidatoren gestellt, so ist derselbe zuzulassen, wenn die Zahlungsunfähigkeit oder Ueberschuldung glaubhaft gemacht wird. Das Gericht hat die übrigen Mitglieder oder Liquidatoren nach Maßgabe des § 97 [105] Abs. 2, 3 zu hören.

§ 97 [105] Abs. 2: Wird der Antrag zugelassen, so hat das Gericht den Schuldner zu hören und, sofern dieser nicht seine Zahlungsunfähigkeit oder Zahlungseinstellung einräumt, die erforderlichen Ermittelungen anzuordnen.

§ 97 [105] Abs. 3: Die Anhörung des Schuldners kann unterbleiben, wenn sie eine öffentliche Zustellung oder eine Zustellung im Auslande erfordert; in diesem Falle ist, soweit thunlich, ein Vertreter oder Angehöriger des Schuldners zu hören."

§ 64.

Die Geschäftsführer haben die Eröffnung des Konkursverfahrens zu beantragen, sobald die Zahlungsunfähigkeit der Gesellschaft eintritt oder aus der Jahresbilanz oder aus einer im Laufe des Geschäftsjahres aufgestellten Bilanz Ueberschuldung sich ergiebt.

Die Geschäftsführer sind der Gesellschaft zum Ersatze aller nach diesem Zeitpunkt geleisteten Zahlungen verpflichtet. Auf den Ersatzanspruch finden die Bestimmungen im § 44 Absatz 3 und 4 entsprechende Anwendung.

Die Eröffnung des Konkursverfahrens ist von Amtswegen in das Handelsregister einzutragen. Eine Veröffentlichung der Eintragung findet nicht statt.

Entw. I § 62, Entw. II. Komm., Rtg. § 64. [Art 11 XVII Einführungsgesetz zum HB. vom 10. Mai 1897.] Entw. I S. 110, II S. 86. Komm. Ber. S. 12. A.G. Art. 240 Abs. 2. 241 Abs. 3. [H.B §§ 240 Abs. 2, 241 Abs. 3 Z. 6, G.G. §§ 91 [98] Abs. 2, 92 [99] Abs. 1 u. 2, 95 [102].

[Vom 1. Januar 1900 ab fällt der dritte Absatz des § 64 weg — laut Einführungsgesetz Art. 11 XVII. In der dann geltenden Fassung heisst es im Abs. 2:

„§ 43 Absatz 3 und 4" (statt § 44).

Die Bestimmung des dritten Absatzes wird durch die allgemeine Vorschrift des § 32 H.B. überflüssig.]

1. Antrag auf Eröffnung des Konkursverfahrens.

Jeder Geschäftsführer und jeder Liquidator ist zur Stellung des Antrages verpflichtet, vgl. § 63 Anm. 1; doch ist die Zahlungsunfähigkeit und die Ueberschuldung, wenn der Antrag nicht von allen Geschäftsführern oder allen Liquidatoren gestellt wird, glaubhaft zu machen (§ 63 Abs. 2, R.K.O. § 194 [208] Abs. 2). Der Antrag ist auch während der Liquidation zu stellen, vgl. § 63 Anm. 1; über die Organe der Gesellschaft im Konkurse § 60 Anm. 4.

2. Zahlungsunfähigkeit — Ueberschuldung vgl. § 63 Anm. 2 und 3.

3. Verantwortlichkeit für Unterlassung der Stellung des Antrags.

Strafrechtliche Verfolgung vgl. § 82 [84]; civilrechtliche Haftbarkeit vgl. Absatz 2. „Eine direkte Haftpflicht gegenüber den Gesellschaftsgläubigern ist hier ebenso wenig wie in den Fällen des § 44 [43] Abs. 3 vorgesehen" (Entw. I S. 110, V S. 86), die Haftpflicht aber besteht nur in den Fällen, in denen die Geschäftsführer und Liquidatoren zur

Stellung des Antrags verpflichtet sind, nicht auch wenn sie nur dazu berechtigt sind (§ 63 Anm. 1), weitergehend Birkenbihl S. 216. Der Konkursverwalter hat den Ersatzanspruch geltend zu machen und für die Konkursmasse einzuziehen, es handelt sich um einen Anspruch der Gesellschaft. Gegen Beeinträchtigungen der Gläubiger durch die Gesellschaft schützt die Anziehung des § 44 [43] Abs. 3, wonach Verzichtleistungen und Vergleiche der Gesellschaft unwirksam sind, soweit der Ersatz zur Befriedigung der Gläubiger erforderlich ist (§ 9 Abs. 2). Der Ersatzanspruch verjährt in 5 Jahren (§ 44 [43] Abs. 4). Begründet ist der Ersatzansprnch allein damit, daß eine Zahlung erfolgt ist, nachdem sich Zahlungsunfähigkeit oder Ueberschuldung aus der Bilanz ergeben hat, ohne daß ein besonderer Schaden oder Kenntniß von der Zahlung nachgewiesen zu werden braucht; doch ist den einzelnen Geschäftsführern nicht der Nachweis genommen, daß sie trotz Anwendung der gebotenen Sorgfalt die Zahlung nicht haben verhindern können (vgl. Ring S. 651). Ein weitergehender Schadensersatzanspruch ist durch Abs. 2 nicht ausgeschlossen, doch ist derselbe nach allgemeinen Grundsätzen zu begründen.

4. **Eintragung in das Handelsregister.**

Hierzu bedarf es keiner Anmeldung der Geschäftsführer, da die Eintragung von Amtswegen auf Grnnd der nach § 104 [112] R.K.O. durch den Gerichtsschreiber des Konkursgerichts zu erstattenden Mittheilung erfolgt. Diese Mittheilung wird auch an das Gericht der Zweigniederlassung erfolgen müssen. Eine besondere Veröffentlichung Seitens des Registergerichts ist nicht erforderlich, da das Konkursgericht die Konkurseröffnung bekannt macht.

§ 65.

Außer dem Falle des Konkursverfahrens ist die Auflösung der Gesellschaft zur Eintragung in das Handelsregister anzumelden.

Sie muß außerdem von den Geschäftsführern zu drei verschiedenen Malen durch die im § 30 Absatz 2 bezeichneten öffentlichen Blätter bekannt gemacht werden. Durch die Bekanntmachung sind zugleich die Gläubiger der Gesellschaft aufzufordern, sich bei derselben zu melden. Bekannte Gläubiger sind durch besondere Mittheilung zur Anmeldung aufzufordern.

Entw. I § 63, Entw. II. Komm. Rtg. § 65. [Art. 11 XVIII Einführungsgesetz zum H.B. vom 10. Mai 1897.] Entw. I S. 110, II S. 86. Komm. Ber. S. 12. A.G. Art. 243 [H.B. §§ 293, 297, 13]. G.G. §§ 76 [78] Abs. 2, 77 [79] Abs. 2, 80 [82] Abs. 2.

[Vom 1. Januar 1900 treten laut Einführungsgesetz Art. 11 XVIII an Stelle des § 65 folgende Vorschriften:

Die Auflösung der Gesellschaft ist ausser dem Falle des Konkursverfahrens zur Eintragung in das Handelsregister anzumelden. Das Gleiche gilt von einer Fortsetzung der Gesellschaft in den im § 60 Abs. 1 Nr. 4 bezeichneten Fällen.

Die Auflösung ist von den Liquidatoren zu drei verschiedenen Malen durch die im § 30 Abs. 2 bezeichneten öffentlichen Blätter bekannt zu machen. Durch die Bekanntmachung sind zugleich die Gläubiger der Gesellschaft aufzufordern, sich bei derselben zu melden.

Die Aenderung im Abs. 1 ist die Folge von § 60 Abs. 1 Z. 4, die Auflösung in Folge Konkurses ist angemeldet (vgl. Vorbemerkung zu § 64), es muß daher die Fortsetzung auch angemeldet werden. Mit Recht ist in Abs. 2 bestimmt, daß die Liquidatoren die Auflösung bekannt zu geben haben, denn sie sind an die Stelle der Geschäftsführer getreten. Die besondere Aufforderung bekannter Gläubiger ist fortgefallen (Denkschrift S. 317)].

1. Anmeldung.

Nach § 76 [78] Abs. 1 hat die Anmeldung durch sämmtliche Geschäftsführer zu erfolgen und sind dieselben zu der Anmeldung durch Ordnungsstrafen anzuhalten, die Anmeldung hat auch zu dem Gericht der Zweigniederlassung zu geschehen.

[Vom 1. Januar 1900 ab besorgen die Liquidatoren die Anmeldung, es brauchen nicht alle mitzuwirken, es folgt dies aus dem zweiten Satz des § 76 [78], es genügt die Mitwirkung der zur Abgabe von Erklärungen für die Gesellschaft erforderlichen Zahl, die Anmeldung muß aber persönlich oder in öffentlich beglaubigter Form erfolgen [§ 12 H.B.], die Anmeldung zu dem Gericht der Zweigniederlassung geschieht ebenso [§ 13 H.B.], die Anmeldung ist durch Ordnungsstrafe zu erzwingen [§ 14 H.B.].]

Der Auflösungsbeschluß ist der Anmeldung nicht beizufügen (vgl. Neukamp S. 248, a. A. Birkenbihl S. 318).

2. Die Eintragung.

Die Eintragung ist durch das Gericht zu veröffentlichen (Art. 13 H.G.B., [§ 10 H.B.]). Die Auflösung tritt mit dem Beschluß selbst ein, der Eintragung ist hier nicht wie bei Aenderungen des Gesellschaftsvertrages die Bedeutung beigelegt, daß sie dem Beschluß erst rechtliche Wirkung verleiht. Neukamp S. 250 hält die Aufhebung des Auflösungsbeschlusses vor der Anmeldung zur Eintragung durch einstimmigen Beschluß der Gesellschafter für zulässig. Insoweit der Auflösungsbeschluß eine Statutenänderung enthält, ist er als solche einzutragen, um als solche rechtliche Wirksamkeit zu erlangen (§ 60 Anm. 3). Die Eintragung und die öffentliche Bekanntmachung haben gleichwohl an und für sich eine civilrechtliche Wirkung; sind sie nämlich unterlassen und die Geschäftsführer haben die Geschäfte weiter geführt, so kann die Auflösung Dritten nur entgegengesetzt werden, wenn die Gesellschaft beweist, daß der Auflösungsbeschluß Letzteren beim Abschluß des Geschäfts bekannt war [§ 15 H.B., § 69 des Gesetzes in der Fassung von 1892]. Ueber die Eintragung der Fortsetzung der Gesellschaft bei Konkurs vgl. Vorbemerkung).

3. **Bekanntmachung der Auflösung.**

Der Grund der Auflösung braucht nicht angegeben zu sein. Die Bekanntmachung ist von Bedeutung wegen des Zeitpunktes für die Vertheilung des Gesellschaftsvermögens. Die Bestimmung, daß bekannte Gläubiger durch besondere Mittheilung zur Meldung aufzufordern sind (vgl. § 59), ist erst von der Reichstagskommission aufgenommen. [Sie ist durch das Einführungsgesetz zum H.B. beseitigt, muß also noch bis zum 1. Januar 1900 beobachtet werden.]

§ 66.

In den Fällen der Auflösung außer dem Falle des Konkursverfahrens erfolgt die Liquidation durch die Geschäftsführer, wenn nicht dieselbe durch den Gesellschaftsvertrag oder durch Beschluß der Gesellschafter anderen Personen übertragen wird.

Auf Antrag von Gesellschaftern, deren Geschäftsantheile zusammen mindestens dem zehnten Theile des Stammkapitals entsprechen, kann aus wichtigen Gründen die Bestellung von Liquidatoren durch das Gericht (§ 7 Abs. 1) erfolgen.

Die Abberufung von Liquidatoren kann durch das Gericht unter derselben Voraussetzung wie die Bestellung stattfinden. Liquidatoren, welche nicht vom Gericht ernannt sind, können auch durch Beschluß der Gesellschafter vor Ablauf des Zeitraumes, für welchen sie bestellt sind, abberufen werden.

Entw. I § 64, Entw. II. Komm., Rtg. § 6. Entw. I S. 112 II S. 87. A.G. Art. 244 Abs. 1, 2, 4. [H.B. § 295] G.G. § 81 [83].

1. **Liquidation.**

„In den Fällen außer dem Konkurse muß die Liquidation der Gesellschaft eintreten. Für die Regelung derselben kommen im Wesentlichen die gleichen Gesichtspunkte in Betracht wie bei den Aktiengesellschaften und Genossenschaften“ (Entw. I S. 111, II S. 86), vgl. § 60 Anm. 1, Holdheim in der Monatsschrift für Aktienrecht 1895 S. 97 ff.

2. **Anzahl der Liquidatoren.**

Ueber die Zahl der Liquidatoren ist ebenso wenig eine Vorschrift im Gesetz getroffen wie über die Zahl der Geschäftsführer, auch ein einziger Liquidator genügt.

3. **Berufung der Liquidatoren.**

Durch das Gesetz sind die Geschäftsführer zu Liquidatoren berufen, deren Funktionen die durch § 71 [70] gebotenen Beschränkungen erleiden, sie haben sich als Liquidatoren anzumelden (§ 67) und müssen die Liquidation durchführen, jedenfalls bleiben die Geschäftsführer im Amte, bis Liquidatoren bestellt sind, dann endigt ihr Amt (Johow Bd. 14 S. 30). Der mit den Geschäftsführern abgeschlossene Dienstvertrag gilt im Zweifel auch für die Liquidation (vgl. R.G. Bd. 24 S. 70 ff.), dies muß auch hier insbesondere dann gelten, wenn die Bestellung der Geschäftsführer im Gesellschaftsvertrage erfolgt ist (§ 7 Abs. 2). Die Gesellschaft hat das Recht, anderen Personen als den Geschäftsführern die Liquidation zu übertragen, und zwar entweder durch den Gesellschaftsvertrag oder durch Beschluß der Gesellschafter. Der Beschluß bedarf einfacher Mehrheit und ist nicht gerichtlich, oder notariell zu beurkunden. Durch Beschluß der Gesellschafter können auch selbst dann Liquidatoren ernannt werden, wenn der Gesellschaftsvertrag solche benannt hat; es ergiebt sich dies daraus, daß die Gesellschafter durch Mehrheitsbeschluß jederzeit die vorhandenen Liquidatoren abberufen können, sie müssen dann auch das Recht haben, Liquidatoren zu bestellen. Durch den Gesellschaftsvertrag kann die Liquidation nur bestimmten Personen übertragen werden, das Recht der Bestellung kann nicht durch den Gesellschaftsvertrag einem anderen Organ, z. B. dem Aufsichtsrath, wo ein solcher vorhanden ist, überwiesen werden (a. A. Förtsch S. 149).

Das Verhältniß des Liquidators zu der Gesellschaft ist das gleiche wie das des Geschäftsführers zu derselben.

4. Berufung durch das Gericht.

Es ist ein Minderheitsrecht der Gesellschafter, die Bestellung von Liquidatoren — selbstverständlich auf Kosten der Gesellschaft — durch das Gericht zu beantragen, die Ausübung dieses Rechts kann durch den Gesellschaftsvertrag weder erschwert noch erleichtert werden, für die Geltendmachung des Rechts ist die gleiche Betheiligung wie für die Berufung der Versammlung der Gesellschafter vorgeschrieben (§ 51 [50]). Der Geschäftsantheil bestimmt sich nach der Höhe der von dem Gesellschafter übernommenen Stammeinlagen (§ 14). Ob „wichtige Gründe" vorliegen, darüber entscheidet das Gericht nach freiem Ermessen, in dem Antrage sind die Gründe anzuführen, aus denen er gestellt wird (vgl. Birkenbihl Bd. 22). Das zuständige Gericht ist dasjenige, in dessen Bezirk die Gesellschaft ihren Sitz hat (§ 7 Abs. 1), die Entscheidung erfolgt durch Beschluß, und wird das Gericht in der Regel die zeitigen Liquidatoren zu hören haben.

[Nach § 146 des vom 1. Januar 1900 geltenden Gesetzes wird die Angelegenheit der freiwilligen Gerichtsbarkeit vom 17. Mai 1898 wird das Gericht zur Anhörung der Gegner des Antragstellers verpflichtet sein, gegen die Verfügung ist das Rechtsmittel der sofortigen Beschwerde gegeben]. Durch die Fassung des Gesetzes ist klargestellt, daß der Prozeßrichter nicht zu entscheiden hat, sondern das Registergericht. Ob der Beschluß mit einem Rechtsmittel anfechtbar ist, richtet sich nach dem Landesgesetze. Mit der Berufung der Liquidatoren durch das Gericht wird in der Regel gleichzeitig die Abberufung aller oder einzelner der bisherigen Liquidatoren zu erfolgen haben; die Anmeldung zur Eintragung erfolgt nach Maßgabe des § 67, über die Form vgl. § 39 Anm. 1.

Ein weiteres Eingreifen in die Liquidation ist dem Gericht nirgends eingeräumt (vgl. R.G. Bd. 12 S. 34).

5. **Abberufung der Liquidatoren.**

Die vom Gericht bestellten Liquidatoren können auch nur durch dieses Gericht abberufen werden, es muß ein gleicher Antrag vorliegen, wie er für die Berufung erforderlich ist. Im Uebrigen sind die Gesellschafter unbeschränkt in der Abberufung, dieselbe erfolgt durch einfachen Mehrheitsbeschluß, und kann auch im Gesellschaftsvertrage keine erschwerende Bestimmung, wie sie in § 38 Abs. 2 vorgesehen ist, getroffen werden. „Auch wenn ... einzelnen Gesellschaftern ein dauerndes Recht zur Geschäftsführung eingeräumt ist, wird dasselbe doch nicht in gleicher Weise auf die Erledigung der Liquidation erstreckt werden dürfen" (Entw. a. a. O.), d. h. wenn auch im Zweifel anzunehmen ist, daß die Liquidation durch die Geschäftsführer durchzuführen ist, so haben doch die Gesellschafter das jederzeitige Abberufungsrecht. Bei unbegründeter Abberufung bleibt den Liquidatoren ihr Anspruch aus dem Dienstvertrag, sie dürfen nur nicht fordern, die Liquidation wahrnehmen zu können (§ 38 Abs. 1). Abberufung durch ein anderes Organ als durch die Gesellschafter ist unzulässig und kann auch nicht im Gesellschaftsvertrage eingeräumt werden.

§ 67.

Die ersten Liquidatoren sind durch die Geschäftsführer, jede Aenderung in den Personen der Liquidatoren sowie eine Beendigung ihrer Vollmacht ist durch die Liquidatoren zur Eintragung in das Handelsregister anzumelden.

Zugleich haben die angemeldeten Liquidatoren ihre Unterschrift persönlich vor dem Gericht zu zeichnen oder die Zeichnung in beglaubigter Form einzureichen.

Der Anmeldung der gerichtlich oder durch Beschluß der Gesellschafter bestellten Liquidatoren ist die Legitimation derselben beizufügen.

Entw. I § 65, Entw. II. Komm. u. Rtg. § 67. [Art. 11 XIX Einführungsgesetz zum H.B. vom 10. Mai 1897.] Entw. I S. 112, II S. 87. A.G. Art. 244 Abs. 3 [H.B. §§ 296 Abs. 1]. H.G.B. Art. 135 Abs. 1 bis 3. G.G. § 82 [84].

[Vom 1. Januar 1900 wird laut Einführungsgesetz Art. 11 XIX der § 67 durch folgende Vorschriften ersetzt:

„Die ersten Liquidatoren sind durch die Geschäftsführer, jede Aenderung in den Personen der Liquidatoren sowie eine Beendigung ihrer Vertretungsbefugniss ist durch die Liquidatoren zur Eintragung in das Handelsregister anzumelden.

Der Anmeldung ist eine Abschrift der Urkunden über die Bestellung der Liquidatoren oder über die Aenderung in den Personen derselben beizufügen. Diese Vorschrift findet auf die Anmeldung zum Handelsregister einer Zweigniederlassung keine Anwendung.

Die Eintragung der gerichtlichen Ernennung oder Abberufung von Liquidatoren geschieht von Amtswegen.

Die Liquidatoren haben ihre Unterschrift zur Aufbewahrung bei dem Gerichte zu zeichnen."

Die Formvorschrift in Abs. 2 wird in Zukunft durch § 12 H.B. überflüssig (persönlich oder in öffentlich beglaubigter Form). Der Anmeldung ist in allen Fällen eine einfache unbeglaubigte Abschrift der Bestellung oder der Abberufung beizufügen (anders § 296 H.B.) Abs. 3 bietet eine zweckmässige Erleichterung. Ueber die Form der Anmeldung vgl. § 39 Anm. 1. Bis zum 1. Januar 1900 aber gelten noch die alten Bestimmungen.]

1. Anmeldung der Liquidatoren.

Die Anmeldung erfolgt durch sämmtliche Geschäftsführer bezw. Liquidatoren (§ 76 [78] Abs. 1) und muß auch zu dem Gericht der Zweigniederlassung geschehen (§ 76 [78] Abs. 2); die Befolgung dieser Vorschriften ist durch Ordnungsstrafen zu erzwingen (§ 77 [79]). „Durch die Fassung ist klargestellt, daß es der Eintragung auch dann bedarf, wenn eine förmliche Bestellung von Liquidatoren nicht erfolgt ist, also namentlich, wenn die Geschäftsführer als Liquidatoren weiter fungiren" (Entw. I S. 112, II S. 87). Die Abgabe der Zeichnung ist in diesem Falle nicht erforderlich, da nur die Firma den Liquidationszusatz erhält, a. A. Hergenhahn S. 138, Birkenbihl S. 325. Wird die Liquidation durch die Geschäftsführer besorgt, oder sind die Liquidatoren im Gesellschaftsvertrage bezeichnet, so bedarf es keiner Legitimation, da sich diese aus dem Handelsregister oder den Registerakten ergiebt; nur bei Bestellung durch Beschluß des Gerichts (anders nach der neuen Fassung) oder der Gesellschafter soll eine Legitimation beigefügt werden. Im ersteren Falle genügt ein Hinweis auf die Registerakten, bei denen sich der Beschluß des Gerichts befindet. Als Beendigung der Vollmacht gilt die Abberufung. Die Anmeldung erfolgt durch die verbleibenden bezw. die neuen Liquidatoren, die abberufenen wirken nicht mit. Im Falle der Abberufung von Liquidatoren durch die Gesellschafter ist der Beschluß beizufügen; bei Abberufung durch das Gericht erfolgt die Anmeldung unter Bezugnahme auf den betreffenden Beschuß. Ueber die Form der Legitimation § 39 Anm. 3, das Kammergericht hat für die Beendigung der Vollmacht der Geschäftsführer die Vorlage jeder Urkunde für überflüssig erachtet (Johow Bd. 16 S. 23, § 39 Anm. 1), für die Legitimation der Liquidatoren, daß die Angabe über die Bestellung in gehöriger Weise urkundlich belegt ist (Johow Bd. 14 S. 30).

Die Bedeutung der Eintragung und deren Veröffentlichung ist die gleiche wie bei den Geschäftsführern (§ 69).

§ 68.

Die Liquidatoren haben in der bei ihrer Bestellung bestimmten Form ihre Willenserklärungen kundzugeben und für die Gesellschaft zu zeichnen. Ist nichts darüber bestimmt, so muß die Erklärung und Zeichnung durch sämmtliche Liquidatoren erfolgen.

Die Bestimmung ist mit der Bestellung der Liquidatoren zur Eintragung in das Handelsregister anzumelden.

Die Zeichnungen geschehen in der Weise, daß die Liquidatoren der bisherigen, nunmehr als Liquidationsfirma zu bezeichnenden Firma ihre Namensunterschrift beifügen.

Entw. I § 66, Entw. II. Komm., Rtg. § 68. Entw. I S. 112, II S. 87. A.G. Art. 244a Abs. 1. [H.B. § 298.] G.G. § 83 [85].

Die Bestimmungen entsprechen den Vorschriften für die Geschäftsführer in § 35 Abs. 2 (mit Ausnahme des letzten Satzes), Abs. 3 — vgl. die Anm. daselbst.

Für den Umfang der Vertretungsbefugniß sind §§ 71, 72 [70, 71] maßgebend. Abs. 1 behandelt die Kollektivvertretung. Der von der Reichstagskommission zu § 35 Abs. 2 hinzugefügte Schlußsatz über die der Gesellschaft gegenüber abzugebenden Erklärungen fehlt für die Liquidatoren. Wahrscheinlich liegt nur eine versehentliche Unterlassung vor, dieselbe hat nun aber zur Folge, daß auch für die der Gesellschaft gegenüber abzugebenden Erklärungen die allgemeine Bestimmung des Abs. 1 gilt, abgesehen von dem Falle des § 157 [171] Abs. 3 C.P.O. Ist für die Abgabe der Willenserklärung eine Form vorgeschrieben, so muß dieselbe zu dem Gerichte der Haupt- und dem Gerichte der Zweigniederlassung angemeldet werden (§ 76 [78]) und die Anmeldung ist durch Ordnungsstrafen zu erzwingen (§ 77 [79]), vgl. auch für die Form § 39 Anm. 1 insbesondere für die Zeit nach dem Inkrafttreten des H.B. § 12 und des Gesetzes § 76 [78] in neuer Fassung. Während für die Geschäftsführer die Form der Willenserklärung im Gesellschaftsvertrage bestimmt sein muß (§ 35 Abs. 2), ist für die Liquidatoren die Form bei der Bestellung durch Beschluß der Gesellschafter festzusetzen. Es ist dies der einzige Fall — abgesehen von den die Vertretung betreffenden Beschlüssen — daß ein einfacher Beschluß der Gesellschafter einzutragen ist; auch jede Aenderung der Form ist zur Eintragung anzumelden. Die Eintragung und Veröffentlichung ist Dritten gegenüber nach Maßgabe der §§ 69, 40 von Bedeutung [vgl. § 15 H.B.].

Abs. 3 enthält wie § 35 Abs. 3 nur eine Ordnungsvorschrift (vgl. § 35 Anm. 9). Daß die Firma als Liquidationsfirma zu bezeichnen ist, stellt keine Aenderung der Firma dar (vgl. R.G. Bd. 15 S. 105).

§ 69.

Die Vorschriften des § 40 über das Verhältniß zu Dritten finden bezüglich der Liquidatoren Anwendung.

Entw. I § 67, II. Komm., Rtg. § 69. Entw. I S. 112, II S. 87 A.G. Art. 244a Abs. 1. [H.B. § 15.] H.G.B. Art. 135 Abs. 4 G.G. § 84 [86].

[Vom 1. Januar 1900 ist laut Einführungsgesetzes Art. 11 XX zum H.B. der § 69 weggefallen.]

§ 70.

Bis zur Beendigung der Liquidation kommen ungeachtet der Auflösung der Gesellschaft in Bezug auf die Rechtsverhältnisse derselben und der Gesellschafter die Vorschriften des zweiten und dritten Abschnitts zur Anwendung, soweit sich aus den Bestimmungen des gegenwärtigen Abschnitts und aus dem Wesen der Liquidation nicht ein Anderes ergiebt.

Der Gerichtsstand, welchen die Gesellschaft zur Zeit ihrer Auflösung hatte, bleibt bis zur vollzogenen Vertheilung des Vermögens bestehen.

Entw. I 8 68, Entw. II. Komm., Rtg. § 70. Entw. I S. 112, II S. 87. A.G. Art. 244a Abs. 1. [H.B. § 298.] G.G. § 85 [87].

[Nach der vom 1. Januar 1900 geltenden neuen Fassung hat der § die Ordnungsnummer 69.]

1. **Fortbestand der Gesellschaft während der Liquidation** vgl. § 60 Anm. 1.

2. Es finden für die Liquidation entsprechende Anwendung aus dem II. und III. Abschnitt §§ 13—15, § 26 Abs. 1 und 2 (§§ 27—28), § 29, (a. A. Neukamp S. 26, Birkenbihl S. 329, im § 299 H.B. ist die Gewinnvertheilung während der Liquidation besonders ausgeschlossen), § 41 [40], § 43 [42], §§ 45 - 49 [44—48], § 50 Abs. 2 und 3, §§ 51—53 [50—52]; ersetzt sind §§ 30—32, § 44 [43] Abs. 3 durch §§ 73 [72], 74 [73], § 35 durch §§ 66 und 71 [70], § 38 durch § 66, § 39 durch § 67, § 42 [41] Abs. 2—4 durch § 72 [71] Abs. 2 (Neukamp S. 264 erklärt die Fassung des § 42 [41] auf die Liquidation für anwendbar, er fordert insbesondere auch Anwendung von § 42 [41] Abs. 4); ausdrücklich für anwendbar erklärt sind § 40 durch § 69 (Fassung des Gesetzes von 1892), §§ 36, 37, § 42 [41] Abs. 1, § 44 [43] Abs. 1, 2 und 4, § 50 [49] Abs. 1 und 2 durch § 72 [71]; bedeutungslos sind §§ 33, 34, 50 [49] Abs. 3. Aenderungen des Gesellschaftsvertrages können während des Liquidationszustandes nicht mehr beschlossen werden, denn die Gesellschaft ist aufgelöst, der IV. Abschnitt bleibt für die Liquidation daher außer Betracht.

§ 71.

Die Liquidatoren haben die laufenden Geschäfte zu beendigen, die Verpflichtungen der aufgelösten Gesellschaft zu erfüllen, die Forderungen derselben einzuziehen und das Vermögen der Gesellschaft in Geld umzusetzen; sie haben die Gesellschaft gerichtlich und außergerichtlich zu vertreten. Zur Beendigung schwebender Geschäfte können die Liquidatoren auch neue Geschäfte eingehen.

Entw. I § 69, Entw. II Komm., Rtg. § 71. Entw. I S. 112, II S. 87. A.G. Art. 244a Abs. 2 u. 4. [H.B. § 298.] G.G. §§ 86 [88], 87 [89] Abs. 2.

[Nach der vom 1. Januar 1900 geltenden neuen Fassung des Gesetzes hat der § 71 die Ordnungsnummer **70.**]

1. Gesetzliche Vertretungsbefugniß.

Die Vertretungsbefugniß der Liquidatoren ist durch die „bezeichneten Aufgaben begrenzt, und aus der in dem folgenden Paragraphen enthaltenen Bezugnahme auf den § 37 ergiebt sich zugleich, daß eine weitere Beschränkung der Vollmacht Dritten gegenüber nicht mit Wirksamkeit erfolgen kann. Von einer Bestimmung, daß unbewegliche Sachen von den Liquidatoren im Zweifel nicht anders als durch öffentliche Versteigerung veräußert werden dürfen (H.G.B. Art. 137 Abs. 2, A.G. Art. 244a Abs. 4 G.G. § 87 [89] Abs. 2*) ist abgesehen; es genügt, daß die Gesellschafter in der Lage sind, auch in dieser Beziehung den Liquidatoren . . . einschränkende Anweisungen zu ertheilen" (Entw. I S. 112, II S. 88). Letztere Einschränkungen haben aber Dritten gegenüber keine rechtliche Bedeutung (§ 72 [71], § 37), sie würden nur zur Folge haben, daß die Liquidatoren sich der Gesellschaft schadensersatzpflichtig machen, wenn sie dieselben nicht einhalten. Die Gesellschaft kann durch einfachen Beschluß der Gesellschafter den Liquidatoren noch weitergehende Aufgaben zuweisen, als dieselben der § 71 [70] aufzählt, sie kann dieselben z. B. ermächtigen, das ganze Geschäft zu veräußern, wobei jedoch stets zu beachten ist, daß die Stellung der Liquidatoren als Vertreter der Liquidationsgesellschaft zu wahren ist und daß die Maßnahmen im Rahmen des Liquidationszwecks liegen müssen.

Nicht herübergenommen ist aus dem A.G. das Verbot der Prokurabestellung während der Liquidation; die Bestellung von Prokuristen ist aber wegen des Umfangs der Prokura unvereinbar, mit der Liquidation (§ 47 [46] Anm. 8 R.O.H.G. Bd. 13 S. 225).

Sobald Zahlungsunfähigkeit eintritt oder sich aus einer im Laufe des Geschäftsjahres aufgestellten Bilanz Ueberschuldung ergiebt, haben die Liquidatoren bei eigener Verantwortung die Konkurseröffnung zu beantragen (§ 72 [71], § 64), Strafvorschrift § 82 [84]. Die Ein-

*) Ist im H.B. und durch Einführungsgesetz zum H.B. auch im G.G. gestrichen.

forderung von Einzahlungen auf die Stammeinlagen (§ 47 [46] Z. 2) und von Nachschüssen (§ 26) kann auch während der Liquidation erfolgen.

2. **Beendigung schwebender Geschäfte.**

Eine Aenderung in den Rechtsverhältnissen zu Dritten tritt durch die Liquidation nicht ein.

Wann ein Geschäft sich als solches qualifizirt, kann natürlich im einzelnen Falle zweifelhaft sein; und mit Recht sagt daher von Hahn zu Art. 137 H.G.B. § 4, daß dieser Punkt es ist, welcher den Geschäftsverkehr mit einer in Liquidation begriffenen Gesellschaft bedenklich macht, besonders wenn Ordrepapiere ausgestellt, acceptirt oder indossirt werden und dieselben in dritte Hand kommen. Unerheblich für die Beurtheilung der Frage, ob es sich um ein Geschäft handelt, welches ein „schwebendes" beendigt, ist, ob sich den Liquidatoren zur Abwickelung des schwebenden Geschäfts ein zweckmäßigerer Weg bot (R.G. Bd. 4 S. 64). Nicht zu verstehen ist unter der Beendigung allein die gänzliche Tilgung aus dem alten Geschäft; unter die in Rede stehenden Geschäfte fällt nach Ansicht des Reichsgerichts a. a. O., wenn der Liquidator der Genossenschaft nach Leistung einer Abschlagszahlung auf eine vor Auflösung der Genossenschaft kontrahirte Wechselschuld über den nicht bezahlten Restbetrag derselben dem bisherigen Wechselgläubiger einen neuen Wechsel ausstellt.

Ueber die Beweislast läßt sich das Urtheil des R.O.H.G. Bd. 13 S. 226 wie folgt aus: Der Regel nach darf der Liquidator neue Geschäfte nicht eingehen. Aus diesem Verhältniß von Regel und Ausnahme folgt, daß derjenige, welcher Ansprüche aus einer von dem Vertreter einer in Liquidation befindlichen Firma eingegangenen Wechselverpflichtung erhebt, beweisen muß: entweder, daß die Wechsel zur Beendigung schwebender Geschäfte bestimmt gewesen seien, oder daß er trotz Erfüllung der ihm obliegenden Erkundigungspflicht berechtigt gewesen anzunehmen, die fragliche Wechselverpflichtung sei eingegangen zur Beendigung schwebender Geschäfte (anderer Ansicht anscheinend das R.G. Bd. 4 S. 66), vgl. Neukamp S. 268 ff., der nur, wenn schon die Natur des Geschäfts nicht ganz offensichtlich ergiebt, daß dasselbe außerhalb des Rahmens des Liquidationszwecks fällt, was z. B. bei Ausstellung von Wechseln nicht der Fall ist, fordert, daß der die Ungiltigkeit des Geschäfts beweisen muß, der sie behauptet. Mit Ueberschreitung der Befugnisse von den Liquidatoren eingegangene Verbindlichkeiten wären rechtsverbindlich, nur wenn sie zu den Abwickelungsgeschäften gehören.

Die Haftpflicht der Liquidatoren Dritten gegenüber bei Ueberschreitung ist die gleiche wie die der Geschäftsführer beim Abschluß von Geschäften, die für die Gesellschaft nicht verbindlich sind. Eine Veräußerung des Geschäfts mit Aktiva und Passiva unter Verletzung der Rechte des Gesellschafter aus § 73 [72] ist ungesetzlich.

§. 72.

Die Liquidatoren haben die aus §§. 36, 37, §. 42 Absatz 1, §. 44 Absatz 1, 2 und 4, §. 50 Absatz 1 und 2, §. 64 sich ergebenden Rechte und Pflichten der Geschäftsführer.

Sie haben sofort bei Beginn der Liquidation und demnächst in jedem Jahre eine Bilanz aufzustellen.

Entw. I § 70, Entw. II. Komm., Rtg. § 72. Entw. I S. 112, II S. 88. A.G. Art. 244a Abs. 2 u. 3. [H.B. § 299.] G.G. § 87 [89] Abs. 1.

[In der vom 1. Januar 1900 geltenden Fassung lautet dieser §, der die Ordnungsnummer **71** trägt, im ersten Absatz:

Die Liquidatoren haben die aus §§ 36, 37, § 41 Absatz 1, § 43 Absatz 1, 2 und 4, § 49 Absatz 1 und 2, § 64 sich ergebenden Rechte und Pflichten der Geschäftsführer.]

1. Rechte und Pflichten der Liquidatoren.

Die Liquidatoren haben die Rechte und Pflichten der Geschäftsführer nur insofern, als es sich um die Erfüllung der in § 71 [70] bezeichneten Aufgaben handelt.

2. Bilanz.

Bei Beginn der Liquidation ist die erste Bilanz von den Liquidatoren aufzustellen, d. h. die Bilanz ist auf den Tag der Auflösung zu ziehen. Darauf ist „in jedem Jahr" eine Bilanz aufzustellen (vgl. Johow Bd. 14 S. 238). Es ist dies nicht das Liquidationsjahr, sondern das Geschäftsjahr oder das Kalenderjahr, das Letztere, falls die Geschäftsperiode kürzer als ein Jahr ist, vgl. Parisius u. Crüger G.G. S. 324. Tritt die Liquidation mit dem Beginn eines Geschäftsjahres ein, so fällt die Liquidationsbilanz mit der Jahresbilanz zusammen, in allen anderen Fällen ist sie gesondert aufzustellen, indem dabei der Zeitraum seit dem Ende des letzten Jahres als eine besondere Geschäftsperiode zu behandeln ist (vgl. Parisius u. Crüger a. a. O.). Für die Aufstellung der Liquidationsbilanzen gelten die gleichen Grundsätze, wie für die Bilanzen während des Bestehens der Gesellschaft, doch werden nun überall die wirklichen Werthe einzustellen sein, wodurch Abschreibungen niedrigerer Bücherwerthe entstanden sind, andernfalls nur bei der Werthbemessung die Aufgabe des Betriebes in Rücksicht zu ziehen sind (vgl. Simon S. 443), daher auf § 43 [42] Z. 1 nicht ohne Weiteres Anwendung findet, der zeitige Werth entscheidet. Eine Vorlage dieser Bilanzen an die Gesellschafter ist nicht vorgeschrieben, aber wohl erforderlich, wenn auch nicht Feststellung, durch die Gesellschafter (anders in erster Auflage), weitergehend Neukamp S. 273, der nach allgemeinen Grundsätzen Genehmigung und Bilanz verlangt, vgl. Johow Bd. 14 S. 238. Die erste Liquidationsbilanz bedarf der Vorlage und der Feststellung durch die Gesellschafter, falls auf Grund derselben Gewinn vertheilt werden soll vgl. § 70 Anm.

Eine Veröffentlichung der Bilanz ist auch bei Bankgeschäften (§ 42 [41] Abs. 4) nicht erforderlich, a. A. Neukamp S. 264, Birkenbihl S. 334, Esser S. 106, weil § 77 [79] Abs. 1 „die Erzwingbarkeit der Einreichung der Bilanz durch Ordnungsstrafen auch gegen Liquidatoren anordnet." Aus der Bezugnahme in § 77 [79] auf die Liquidatoren aber kann dies nicht ohne Weiteres gefolgert werden, es hätte einer besonderen Bestimmung in § 77 [79] erfordert, wenn auch die Liquidationsbilanzen der Bankgeschäfte müßten veröffentlich werden; in A.G. Art. 244a Abs. 3 [H.B. §§ 299, 265] ist besonders bestimmt, daß die Liquidationbilanzen zu veröffentlichen sind, in § 87 [89] G.G. ist die Veröffentlichung nur für die *erste* Bilanz vorgeschrieben.

§. 73.

Das Vermögen der Gesellschaft wird unter die Gesellschafter nach Verhältniß ihrer Geschäftsantheile vertheilt. Durch den Gesellschaftsvertrag kann ein anderes Verhältniß für die Vertheilung bestimmt werden.

Entw. I § 71, Entw. II. Komm., Rtg. § 73. Entw. I S. 112, II S. 88. A.G. Art. 245 Abs. 1. [H.B. § 300.] G.G. § 89 [91].

[In der vom 1. Januar 1900 geltenden Fassung des Gesetzes hat dieser § die Ordnungsnummer **72**].

1. Vertheilung des Gesellschaftsvermögens.

§ 73 [72] bestimmt das Verhältniß, § 74 [73] die Voraussetzungen, die vor der Vertheilung zu erfüllen sind. Der Anspruch des Gesellschafters auf den Antheil am Gesellschaftsvermögen ist bedingt durch die Auflösung und betagt durch das Sperrjahr (§ 74 [73]). Mit Eintritt der Fälligkeit hat der Gesellschafter ein klagbares Recht auf Auszahlung. Der Gesellschaftsvertrag kann sowohl einen anderen als den gesetzlichen Vertheilungsmaßstab vorsehen, als auch die Vertheilung ganz ausschließen, indem z. B. das Vermögen für den Fall der Auflösung einem gemeinnützigen Zweck überwiesen wird (vgl. R.G. Bd. 7 S. 70). Der Gesellschafter hat im Zweifel kein Recht, von den Liquidatoren Nachweis des Liquidationsstandes zu verlangen, da die Liquidatoren nur den Gesellschaftern als Gesammtheit Rechnung zu legen haben (§ 75 [74] Anm. 4), aus dem Gesellschaftsvertrag kann aber auch ein weitergehendes Recht des einzelnen Gesellschafters auf Rechnungslegung folgen. Der Anspruch des Gesellschafters in dem durch den Gesellschaftsvertrag bezw. das Gesetz gegebenen Umfang auf die Liquidationsrate bildet ein Sonderrecht desselben und kann daher auch nicht durch spätere Aenderung des Gesellschaftsvertrages entzogen werden (vgl. § 54 [53] Anm. 6). „Nach Verhältniß" der Geschäftsantheile bedeutet nach § 14 „nach Verhältniß" der übernommenen Stammeinlagen, es bleibt daher unberücksichtigt für die Vertheilung, wie viel auf die Stammeinlagen eingezahlt ist; in dem

Gesellschaftsvertrage muß hierauf Rücksicht genommen werden, wenn die Betheiligung der Gesellschafter eine ungleichmäßige ist. Der gesetzliche Vertheilungsmaßstab tritt nur ein, wenn der Gesellschaftsvertrag nicht einen anderen vorsieht, in demselben können auch Vorzugsrechte einzelnen Gesellschaftern eingeräumt werden. Wird das ganze Geschäft veräußert, so ist dies nur eine besondere Art „das Vermögen der Gesellschaft in Geld umzusetzen", und kommen auch in diesem Falle die für die Liquidation geltenden Bestimmungen zur Anwendung. Im Gesellschaftsvertrage kann auch vorgeschrieben werden, daß die Gesellschafter ihres Anspruchs auf die Liquidationsrate verlustig gehen, wenn sie dieselbe nicht innerhalb einer bestimmten Frist abheben, doch darf bei bestehender Gesellschaft eine diesbezügliche Aenderung des Gesellschaftsvertrages nur mit Zustimmung sämmtlicher Gesellschafter getroffen werden, da es sich um ein Sonderrecht handelt.

2. **Gewinnvertheilung.**

„Der Anspruch der Gesellschafter auf den Gewinn für das letzte Geschäftsjahr oder gegebenen Falls für den kürzeren Zeitabschnitt vom Schluß des letzten Geschäftsjahres bis zum Beginn der Liquidation wird durch die Vorschrift des § 73 [72] nicht berührt" (Entw. I S. 113, II S. 88). Während der Liquidation sich ergebender Gewinn kann erst nach Ablauf des Sperrjahres zur Vertheilung kommen, da er auch zu dem „Vermögen der Gesellschaft" gehört, für die Vertheilung desselben aber bleiben die etwa getroffenen besonderen Bestimmungen für die Gewinnvertheilung maßgebend.

§ 74.

Die Vertheilung darf nicht vor Tilgung oder Sicherstellung der Schulden der Gesellschaft und nicht vor Ablauf eines Jahres seit dem Tage vorgenommen werden, an welchem die Aufforderung an die Gläubiger (§ 65 Absatz 2) in den öffentlichen Blättern zum dritten Male erfolgt ist.

Nicht erhobene Schuldbeträge, sowie die Beträge für betagte, schwebende oder streitige Verbindlichkeiten sind zu hinterlegen.

Liquidatoren, welche diesen Vorschriften zuwiderhandeln, sind zum Ersatze der vertheilten Beträge solidarisch verpflichtet. Auf den Ersatzanspruch finden die Bestimmungen im §. 44 Absatz 3 und 4 entsprechende Anwendung.

Entw. I § 72. Entw. II, Komm., Rtg. § 74. [Art. 11 XXI Einführungsgesetz zum H.B.] Entw. I S. 113, II S. 88. A.G. Art. 245 Abs. 2 u. 3. [H.B. § 301.] G.G. § 88 [90].

[Vom 1. Januar 1900 treten laut Einführungsgesetz zum H.B. Art. 11 XXI an die Stelle des Abs. 2 des § 74, der in der

Fassung des Gesetzes die Ordnungsnummer 73 erhält, folgende Bestimmungen:

Meldet sich ein bekannter Gläubiger nicht, so ist der geschuldete Betrag, wenn die Berechtigung zur Hinterlegung vorhanden ist, für den Gläubiger zu hinterlegen. Ist die Berichtigung einer Verbindlichkeit zur Zeit nicht ausführbar oder ist eine Verbindlichkeit streitig, so darf die Vertheilung des Vermögens nur erfolgen, wenn dem Gläubiger Sicherheit geleistet ist.]

[Der Abs. 2 wird durch diese Aenderung mit dem § 301 H.B. in Uebereinstimmung gebracht und dieser ist wieder dem § 52 B.G.B. angepasst.]

1. Sperrjahr für die Vertheilung.

Die Festsetzung des Sperrjahres, vor dessen Ablauf die Vertheilung des Gesellschaftsvermögens an die Gesellschafter nicht erfolgen darf, dient zum Schutze der Gesellschaftsgläubiger, da mit der Beseitigung des Gesellschaftsvermögens denselben das Befriedigungsobjekt genommen wird. Zu den Gläubigern gehören auch die Gesellschafter wegen ihren Forderungen an die Gesellschaft (a. A. Neukamp S. 276 vgl. § 29 Anm. Das Sperrjahr bezieht sich nur auf die Vertheilung des Gesellschaftsvermögens, zu dem hier auch die Nachschüsse gehören, an die Gesellschafter, beginnt mit dem Tage der letzten der drei gesetzlichen Veröffentlichungen und endigt an dem dem Datum nach entsprechenden Tage des folgenden Jahres, es ist einzuhalten auch wenn kein Gläubiger vorhanden. Der Ablauf des Sperrjahres schließt aber die Gläubiger nicht aus, Befriedigung oder Hinterlegung zu fordern, solange noch Gesellschaftsvermögen vorhanden ist. Die Gläubiger werden in der Reihenfolge der Meldung befriedigt. Eine antheilsweise Befriedigung der Gläubiger hat nicht stattzufinden, da bei Ueberschuldung zur Konkurseröffnung zu schreiten wäre (Neukamp S. 279).

2. Sicherstellung. Hinterlegung.

Ueber Sicherstellung vgl. § 59 [58] Anm. 7 (§§ 232—240 B.G.B). Art und Dauer der Hinterlegung richten sich nach den Landesgesetzen [vom 1. Januar 1900 ab nach §§ 372 ff. B.G.B.].

Die Berichtigung der Forderung ist nicht ausführbar, wenn z. B. der Gläubiger nicht bekannt oder die Forderung bestritten ist. Ist die Verpflichtung zur Hinterlegung nach dem ersten Satz begründet, so ist diese genügend und erforderlich (Planck S. 101). Schwebende Verbindlichkeiten sind auch solche, welche aus in ihrer vertraglichen Entstehung liegenden Gründen hinsichtlich ihrer Existenz und Höhe, oder hinsichtlich der Zeit ihrer Einforderbarkeit ungewiß sind.

3. Zuwiderhandlungen der Liquidatoren.

Die Liquidatoren haften auf Ersatz der Beträge, welche sie der

Vorschrift in Abs. 1 u. 2 zuwider, also vor Ablauf des Sperrjahres oder vor erfolgter Hinterlegung zur Vertheilung bringen. Der Ersatz ist an die Gesellschaft zu leisten. In der Begründung (Entw. a. a. O.) heißt es: „Die Haftung besteht zwar zu Gunsten der Gläubiger, es genügt jedoch auch hier, wenn der Ersatz an die Gesellschaft geleistet und zugleich gegen Verfügungen der letzteren im Interesse der Gläubiger gesichert wird. Auch wenn keine anderen Mittel mehr vorhanden sein sollten, bildet eventuell dieser Ersatzanspruch einen noch unvertheilten Vermögensbestandtheil der Gesellschaft und kann nöthigenfalls von den Gläubigern als Befriedigungsobjekt in Anspruch genommen werden," vgl. auch R.G. Bd. 7 S. 105, Holdheim in der Monatsschrift für Aktienrecht 1895 S. 98, der den unmittelbaren Zugriff der Gläubiger für zulässig erklärt. Es haften solidarisch die Liquidatoren, welche zuwidergehandelt haben. Die Thatsache der Zahlung genügt, um die Erstattungspflicht zu begründen; die nicht unmittelbar betheiligten Liquidatoren sind nach § 72 [71], § 44 [43] Abs. 1 ersatzpflichtig für schuldhaftes Geschehenlassen, wenn sie die Zahlung bei Anwendung der Sorgfalt eines ordentlichen Geschäftsmannes hätten vermeiden können. Die Klage der Gesellschaft bedurfte eines Beschlusses der Gesellschaft (§ 47 [46] Z. 8, § 46 [45] Abs. 2). Löschung der Firmen ändert an der Geltendmachung der Ersatzpflicht nichts.

4. Erstattungspflicht der Gesellschafter.

Es „besteht nach allgemeinen Rechtsgrundsätzen die Verpflichtung der Gesellschafter zur Rückerstattung der zu Unrecht vertheilten Beträge" (Entw. a. a. O.), es kommen die § 30 Abs. 1, § 31 Abs. 1 bis 3 zur Anwendung. Die Geltendmachung ist von einem Beschluß der Gesellschafter nicht abhängig (a. A. Förtsch S. 161). Die Gläubiger können die Rückerstattung im Wege der Zwangsvollstreckung in Anspruch nehmen.

§ 75.

Nach Beendigung der Liquidation sind die Bücher und Schriften der Gesellschaft für die Dauer von zehn Jahren einem der Gesellschafter oder einem Dritten in Verwahrung zu geben. Der Gesellschafter oder der Dritte wird in Ermangelung einer Bestimmung des Gesellschaftsvertrages oder eines Beschlusses der Gesellschafter durch das Gericht (§ 7 Absatz 1) bestimmt.

Die Gesellschafter und deren Rechtsnachfolger sind zur Einsicht der Bücher und Schriften berechtigt. Gläubiger der Gesellschaft können von dem Gericht (§ 7 Absatz 1) zur Einsicht ermächtigt werden.

Entw. I § 73, Entw. II. Komm., Rtg. § 75. Entw. I S. 113, II S. 88. A.G. Art. 246. [H.B. § 302.] G.G. § 90 [93].

[In der vom 1. Janaur 1900 geltenden neuen Fassung des Gesetzes hat dieser § die Ordnungsnummer **74**.]

1. Verwahrung der Handelsbücher und Schriften.

Dazu gehören außer den Büchern Handelsbriefe, Inventare und Bilanzen — das A.G. Art. 146 spricht nur von den Handelsbüchern, zu denen aber auch die „Schriften" der Gesellschaft gerechnet sind [durch § 302 H.B. entsprechend ergänzt]. Ebenso wie hier § 90 [93] G.G. Die zehnjährige Frist wird ohne Rücksicht auf den Empfang der Schriften von der Beendigung der Liquidation ab gerechnet (a. A. Hergenhahn S. 144, Birkenbihl S. 341). Die Verwahrung erfolgt auf Kosten der Gesellschaft.

2. Einsicht der Bücher und Schriften.

Die Gesellschafter und deren Rechtsnachfolger d. h. ein Jeder der Gesellschafter gewesen ist, sind stets zur Einsicht berechtigt. Den Gesellschaftern ist ein weitergehendes Recht als den Aktionären der A.G. und den Mitgliedern der G. eingeräumt, die der gerichtlichen Ermächtigung bedürfen; die Verhältnisse der Gesellschaft m.b.H. sind hierfür entscheidend gewesen, (Entw. I S. 113 II S. 88). Zu den „Gesellschaftern" gehören alle diejenigen, welche während des Bestehens der Gesellschaft ihr angehört haben. Für die Gläubiger ist gerichtliche Ermächtigung erforderlich, es soll dem vorgebeugt werden, daß berechtigte Interessen verletzt werden (Parisius u. Crüger G.G. S. 331). Das Gericht entscheidet unter Berücksichtigung der gegebenen Verhältnisse. Gegen die Ablehnung des Antrages giebt es die Rechtsmittel, welche gegen Entscheidungen in Sachen der nicht streitigen Gerichtsbarkeit nach den Landesgesetzen zustehen. [Vgl. § 148 Abs. 1 des Reichsgesetzes über die Angelegenheiten der freiwilligen Gerichtsbarkeit vom 17. Mai 1898, der einheitliches Reichsrecht schafft].

3. Beendigung der Liquidation.

Sobald mit der vollständigen Vertheilung des Gesellschaftsvermögens die Liquidation beendigt ist, haben die Liquidatoren das Erlöschen ihrer Vollmacht zur Eintragung anzumelden (a. A. Förtsch S. 161 § 67 schreibt die Anmeldung der Beendigung der Vollmacht vor, vgl. auch § 22 Abs. 1 der Bekanntmachung, betreffend die Führung des Genossenschaftsregisters vom 11. Juli 1889); die Liquidatoren sind hierzu durch Ordnungsstrafen anzuhalten (§ 77 [79]), die Anmeldung erfolgt auch zu dem Gericht der Zweigniederlassung (§ 76 [78] Abs. 2). Die Eintragung ist zu veröffentlichen (H.G.B. Art. 13 [H.B. § 10]). Die Beendigung der Liquidation ist weder bekannt zu machen, noch zur Eintragung anzumelden, es ist zweifelhaft ob Art. 25 H.G.B. [§ 31 Abs. 2 H.B.] anwendbar ist, dafür Neukamp S. 282; die Beendigung folgt aus der Eintragung der Beendigung der Vollmacht der Liquidatoren. Wenn Förtsch S. 161 behauptet, daß das Gesetz „die Löschung der Liquidatoren im Handelsregister . . . nicht" anordnet, so übersieht er wohl, daß nach § 67 die Beendigung der Vollmacht anzumelden ist (wie hier Hergenhahn S. 141, Neukamp S. 281).

4. Schlußrechnung.

A.G. Art. 245 Abs. 4 macht den Liquidatoren die Legung der Schlußrechnung zur Pflicht (vgl. R.G. Bd. 34 S. 58, Simon S. 454). Das Gesetz schreibt dies zwar nicht vor, doch ergiebt sich diese Pflicht aus der Stellung der Liquidatoren als Geschäftsführer. Die Rechnung ist der Versammlung der Gesellschafter zu legen, falls nicht aus dem Gesellschaftsvertrag weitergehende Rechte der einzelnen Gesellschafter folgen, die Liquidatoren können von dieser Rechnungslegung nicht entbunden werden, wenn auch nur ein Gesellschafter widerspricht, vgl. R.G. Urtheil vom 13. Oktober 1893 in der Zeitschrift für das gesammte Aktienwesen 1895 S. 12.

5. Nicht vertheiltes Gesellschaftsvermögen.

Finden sich nach Beendigung der Liquidation ungetheilte Vermögensbestandtheile, so ergiebt sich, daß die Liquidation thatsächlich nicht zu Ende geführt war, und dieselbe ist wieder aufzunehmen, eventuell hat das Gericht Liquidatoren auf Antrag zu ernennen oder es ist ein Prozeßpfleger zu bestellen (C.P.O. § 55 [57], vgl. Staub S. 553).

[Vom 1. Januar 1900 sind laut Einführungsgesetz zum H.B. Artikel 11 XXII hinter dem § 75 [74] im fünften Abschnitte die folgenden Vorschriften eingestellt, die im Artikel 11 mit § 75a, 75b, 75c bezeichnet sind, in der neuen Fassung die Ordnungsnummer 75, 76, 77 führen.

§ 75. Enthält der Gesellschaftsvertrag nicht die nach § 3 Absatz 1 wesentlichen Bestimmungen oder ist eine dieser Bestimmungen nichtig, so kann jeder Gesellschafter, jeder Geschäftsführer und, wenn ein Aufsichtsrath bestellt ist, jedes Mitglied des Aufsichtsraths im Wege der Klage beantragen, dass die Gesellschaft für nichtig erklärt werde.

Die Vorschriften der §§ 272, 273 des H.G.B. finden entsprechende Anwendung.

§ 76. Ein Mangel, der die Bestimmungen über die Firma oder den Sitz der Gesellschaft oder den Gegenstand des Unternehmens betrifft, kann durch einstimmigen Beschluss der Gesellschafter geheilt werden.

§ 77. Ist die Nichtigkeit einer Gesellschaft in das Handelsregister eingetragen, so finden zum Zwecke der Abwickelung ihrer Verhältnisse die für den Fall der Auflösung geltenden Vorschriften entsprechende Anwendung.

Die Wirksamkeit der im Namen der Gesellschaft mit Dritten vorgenommenen Rechtsgeschäfte wird durch die Nichtigkeit nicht berührt.

Die Gesellschafter haben die versprochenen Einzahlungen zu leisten, soweit es zur Erfüllung der eingegangenen Verbindlichkeiten erforderlich ist.

Ueber den Rechtsgegenstand bis zum 1. Januar 1900 vgl. § 11 Anm. 1. Die §§ 75, 76, 77 sind nachgebildet den §§ 309 bis 311 H.B. In der Denkschrift heisst es S. 183: „dass eine Aktiengesellschaft trotz der Eintragung in das Handelsregister nicht besteht, wenn im Gesellschaftsvertrag eine der vom Gesetz für wesentlich erklärten Bestimmungen fehlt, oder wenn eine solche Bestimmung ungiltig ist, gilt schon jetzt als zweifellos. Andererseits wird in der Wissenschaft und Rechtsprechung überwiegend angenommen, dass sonstige Mängel des Gründungsherganges im Allgemeinen nicht genügen, um die Giltigkeit der in das Handelsregister eingetragenen Gesellschaft nachträglich in Frage zu stellen, wenngleich sie unter Umständen die Folge haben können, dass eine grössere oder geringere Zahl von Uebernehmern oder Zeichnern von Aktien befugt ist, ihre Betheiligung als unverbindlich anzufechten. Auf diesen Standpunkt, welcher dem praktischen Bedürfniss und dem Interesse aller Betheiligten am meisten entspricht, stellt sich auch der Entwurf. Die Vorschriften desselben über die Nichtigkeit der Aktiengesellschaft beziehen sich nur auf den Fall, dass Mängel in Betreff der wesentlichen Bestimmungen des Gesellschaftsvertrages vorliegen. Das geltende Recht gewährt kein Mittel um in einem solchen Falle die Nichtigkeit der Gesellschaft in einer für alle Betheiligten bindenden Weise festzustellen um die in das Handelsregister eingetragene Gesellschaft wieder aus dem Register zu entfernen. Das Gesetz unterscheidet zwischen Mängeln wesentlicher Bestimmungen, die nicht heilbar sind (§ 75a [75]) und solchen die durch einstimmigen Beschluss der Gesellschaft geheilt werden können, zu den ersteren Bestimmungen gehören die über den Betrag des Stammkapitals und der Stammeinlage. Andere Mängel des Gesellschaftsvertrages sind im Wege der Aenderung des Gesellschaftsvertrages nach § 54 [53] des Gesetzes zu heilen. Das Gericht ist nach § 140 des Gesetzes über die Angelegenheiten der freiwilligen Gerichtsbarkeit berechtigt die betreffende Eintragung von Amtswegen zu löschen, wenn sie wegen Mangels einer wesentlichen Voraussetzung (z. B. Uebereinstimmung mit dem Gesetz) unzulässig war. Vgl. über das Verfahren hierüber § 147 Abs. 2 u. 3 a. a. O.

Erhebt in den im § 75a [75] bezeichneten Fällen keine der daselbst bezeichneten Personen die Nichtigkeitsklage so ist das Registergericht befugt, die Gesellschaft als nichtig von

Amtswegen zu löschen. Ueber das Verfahren s. ebenda. Das Nichtigkeitsverfahren nach Massgabe des § 75a [75] kann dann jedenfalls nicht mehr aufgenommen werden, die Betheiligten sind auf das Beschwerdeverfahren nach Massgabe des Gesetzes über die Angelegenheiten der freiwilligen Gerichtsbarkeit angewiesen. Ist die Löschung erfolgt, so hat das Gericht die Geschäftsführer durch Ordnungsstrafen zur Anmeldung der Liquidatoren anzuhalten (§ 66 § 77 in der Fassung des Gesetzes von 1892, § 14 H.B.). Der Gesellschaftsvertrag kann selbstverständlich an allen diesen Vorschriften, die öffentlichen Rechts sind, nichts ändern:

Die in § 75a angezogenen §§ 272, 273 H.B. lauten:

§ 272. Die Klage ist gegen die Gesellschaft zu richten. Die Gesellschaft wird durch den Vorstand, sofern dieser nicht selbst klagt, und durch den Aufsichtsrath vertreten.

Zuständig für die Klage ist ausschliesslich das Landgericht, in dessen Bezirke die Gesellschaft ihren Sitz hat. Die mündliche Verhandlung erfolgt nicht vor dem Ablaufe der im § 271 Abs. 2 bezeichneten Frist. Mehrere Anfechtungsprozesse sind zur gleichzeitigen Verhandlung und Entscheidung zu verbinden.

Das Gericht kann auf Verlangen anordnen, dass der Gesellschaft wegen der ihr drohenden Nachtheile von dem klagenden Aktionär Sicherheit zu leisten ist. Art und Höhe der Sicherheit bestimmt das Gericht nach freiem Ermessen. Die Vorschriften der Civilprozessordnung über die Festsetzung einer Frist zur Sicherheitsleistung und über die Folgen der Versäumung der Frist finden Anwendung.

Die Erhebung der Klage und der Termin zur mündlichen Verhandlung sind unverzüglich von dem Vorstand in den Gesellschaftsblättern bekannt zu machen.

§ 273. Soweit der Beschluss durch rechtskräftiges Urtheil für nichtig erklärt ist, wirkt das Urtheil auch für und gegen die Aktionäre, die nicht Partei sind. Das Urtheil ist von dem Vorstand unverzüglich zum Handelsregister einzureichen. War der Beschluss in das Handelsregister eingetragen, so ist auch das Urtheil einzutragen; die Eintragung des Urtheils ist in gleicher Weise wie die des Beschlusses zu veröffentlichen.

Für einen durch unbegründete Anfechtung des Beschlusses der Gesellschaft entstehenden Schaden haften ihr die Kläger, welchen eine bösliche Handlungsweise zur Last fällt, als Gesammtschuldner.

§ 271 Abs. 2 bestimmt:

„Die Klage muss binnen einem Monat erhoben werden.“

Die Pflichten des Vorstandes der A.G. haben die Geschäftsführer der Gesellschaft mit beschränkter Haftung. Die Stelle der Aktionäre nehmen die Gesellschafter ein.

Hat die Gesellschaft einen Aufsichtsrath, so muss die Klage sowohl dem Geschäftsführer wie dem Aufsichtsrath zugestellt werden (R.G. Bd. 14 S. 142). Bei der Zustellung an den Aufsichtsrath genügt Zustellung an den Vorsitzenden des Aufsichtsraths in dessen Wohnung (Urtheil der Kommission vom 2. Februar 1897 in der Ztschr. für das gesammte Aktienwesen 1897 S. 151), und zwar hat die Zustellung an den Aufsichtsrath zu erfolgen, der zur Zeit der Klage im Amte war, auch wenn die Giltigkeit seiner Einsetzung angefochten ist (Urtheil des R.G. v. 18. Oktober 1896 Jurist. Wochenschrift 1896 S. 662).

Voraussetzung ist ein beschlussfähiger Aufsichtsrath, allerdings ist erforderlich, dass, wenn die Gesellschaft einen solchen nicht hat, Kläger davon Kenntniss hat, alsdann werde er zu dem Hilfsmittel des § 55 [57] C.P.O. zu greifen haben (vgl. R.G. Urtheil vom 4. November 1890 Jurist. Wochenschrift 1891 S. 14). Klagt ein Geschäftsführer und die Gesellschaft hat noch zur Vertretung berechtigte Geschäftsführer sowie einen Aufsichtsrath, so muss an beide Organe zugestellt werden, fehlt das Geschäftsführerorgan zur Vertretung, weil einer der Geschäftsführer als Kläger auftritt, so wird die Gesellschaft durch den Aufsichtsrath vertreten, fehlt auch dieser, so hat der Vorsitzende des Prozessgerichts, den Vertreter zu bestellen (§ 55 [57] C.P.O.).

„Das Urtheil, durch welches die Gesellschaft für nichtig erklärt wird, hat nur deklaratorische Bedeutung" (Denkschrift S. 184), die Gesellschaft gilt nicht als bis dahin zu Recht bestehend. „Hieraus folgt insbesondere, dass die Mitglieder sich jeder Zeit auf die Nichtigkeit berufen, also auch die Leistung von Einlagen zum Betriebe des Unternehmens verweigern und die Beschlüsse der (Versammlung der Gesellschafter) als unverbindlich behandeln können" (a. a. O.). Das schliesst aber nicht aus, dass der Gesellschaft insoweit, als es sich um die Abwicklung ihrer Verhältnisse handelt, dennoch eine gewisse Rechtsbeständigkeit beigelegt wird (a. a. O.), deswegen ist bestimmt, dass die im Falle der Auflösung geltenden Bestimmungen entsprechende Anwendung finden.

Solange das Urtheil nicht rechtskräftig geworden ist, können die in § 75b [76] bezeichneten Mängel auf die daselbst angegebene Weise beseitigt werden, die Klage wird dann inhaltlos, das Verfahren der Gesellschaft wird aber für die Entscheidung über die Kosten massgebend sein.

Die Gesellschaft behält nicht nur „die für den Liquidationszweck nöthige Rechts- und Handlungsfähigkeit, sodass selbst die Eröffnung des Konkurses gegebenen Falls nicht ausgeschlossen ist, sondern auch in Betreff der inneren Verhältnisse finden die hinsichtlich einer aufgelösten .... Gesellschaft geltenden Vorschriften Anwendung, soweit die Mängel des Statuts es gestatten. Demzufolge erscheint es namentlich gerechtfertigt, die Gesellschafter zur Leistung der versprochenen Einlagen heranzuziehen, falls es zur Erfüllung der für die Gesellschaft eingegangenen Verbindlichkeiten erforderlich ist .... Vorausgesetzt ist dabei allerdings, dass die Verpflichtung zur Leistung der Einlagen in einer Weise übernommen ist, die nach den allgemeinen Grundsätzen .. zur Entstehung der Verbindlichkeit zwingen würden" (Denkschrift S. 185)].

Sechster Abschnitt.

Schlußbestimmungen.

§ 76.

Die in diesem Gesetze vorgeschriebenen Anmeldungen zum Handelsregister sind durch sämmtliche Geschäftsführer oder sämmtliche Liquidatoren persönlich zu bewirken oder in beglaubigter Form einzureichen.

Die in §§ 39, 41, § 42 Absatz 4, § 55, § 58 Absatz 1 und Absatz 3 Nr. 2, § 59 Absatz 1 Nr. 3, §§ 65, 67, § 68 Absatz 2 vorgeschriebenen Anmeldungen und Einreichungen müssen auch zu dem Handelsregister einer jeden Zweigniederlassung erfolgen.

Für den Eintritt der in §§ 11, 40, § 55 Absatz 2, § 69 vorgesehenen Wirkungen entscheidet die Eintragung in das Handelsregister der Hauptniederlassung.

Entw. I § 74, Entw. II, Komm., Rtg. § 76. (Artikel 11 XXIII des Einführungsgesetzes zum H.B.) Entw. I S. 114, II S. 88. Komm. S. 13. G.G. § 148 [157].

[Vom 1. Januar 1900 treten laut Artikel XXIII des Einführungsgesetzes an die Stelle der §§ 76 und 77 die folgenden Vorschriften die die Ordnungsnummern 78 und 79 erhalten:

„§ 78. Die in diesem Gesetze vorgesehenen Anmeldungen zum Handelsregister sind durch die Geschäftsführer oder die Liquidatoren, die im § 7 Absatz 1, § 12 Absatz 1, § 57 Absatz 1, § 58 Absatz 1 Nr. 3, § 80 Absatz 5*) vorgesehenen Anmeldungen sind durch sämmtliche Geschäftsführer zu bewirken.

§ 79. In Ansehung der in §§ 7, 54, § 57 Abs. 1, § 58 Abs. 1 Nr. 3, § 80 Abs. 5**) bezeichneten Anmeldungen zum Handelsregister findet, soweit es sich um die Anmeldung zum Handelsregister des Sitzes der Gesellschaft handelt, eine Verhängung von Ordnungsstrafen nach § 14 des Handelsgesetzbuchs nicht statt.“

Abs. 1 des bis zum 1. Januar 1900 bleibenden § 76 ist durch § 12 H.B. überflüssig geworden, die auf die Anmeldungen

---

*) In dem Einführungsgesetz Artikel 11 XXIII stand **§ 59 Abs. 1 Nr. 3, § 58 Abs. 1 Nr. 3, § 78 Abs. 5.** Die Aenderung dieser §§ sind in der neuen Fassung vorgenommen, wo der frühere § 76 mit der Ordnungsnummer 76 in 78 geändert ist.

**) In dem Einführungsgesetz Art. 11 XXIII lauten die angezogenen §§ „§ 7, 55, § 58 Abs. 1, § 59 Abs. 1 Nr. 3, § 78 Abs. 5“, die Aenderungen sind in der neuen Fassung angenommen und dem § 77 ist die Ordnungsnummer 79 gegeben.

zum Register der Zweigniederlassung sich beziehende Bestimmung des Abs. 2 wird durch § 13 H.B. ersetzt, Abs. 3 wird durch § 15 Abs. 3 H.B. geändert, nachdem allgemein für den Geschäftsverkehr mit einer in das Handelsregister eingetragenen Zweigniederlassung die Eintragung und Bekanntmachung durch das Gericht der Zweigniederlassung entscheidend ist.]

1. Anmeldungen.

Die Form-Vorschrift bezieht sich nur auf die eigentlichen Anmeldungen: §§ 7, 12, 39, 55, 58 Abs. 1, 59 Abs. 1 Z. 3, 65, 67, 68 Abs. 2 und auf die in Verbindung mit einer Anmeldung abzugebenden Versicherungen: §§ 8 Abs. 2, 58 Abs. 2, 59 Abs. 1 Z. 4. „Die jährliche Einreichung der Mitgliederliste (§ 41) fällt dagegen nicht unter die Bestimmung" (Entw. I S. 114, II S. 88), ebenso nicht die nach § 42 Abs. 4 erforderliche Einreichung der Bekanntmachung. Förtsch S. 163 rechnet dahin auch den Fall des § 58 [57] Abs. 3 Z. 2 — diese Liste aber muß von den Anmeldenden, also von sämmtlichen Geschäftsführern unterschrieben sein. Die Anmeldung hat entweder persönlich durch sämmtliche Geschäftsführer zu erfolgen oder schriftlich, in dem letzteren Falle müssen die Unterschriften beglaubigt sein. Förtsch S. 163 hält es für zulässig, daß sich die Geschäftsführer oder Liquidatoren bei der „mündlichen" Anmeldung vertreten lassen, dem widerspricht aber die Vorschrift in Abs. 1, daß die Anmeldung „persönlich" zu bewirken ist.

[In der neuen Fassung weicht § 76 auch abgesehen von dem Ersatz des Abs. 3 durch § 15 Abs. 3 H.B. ferner noch darin von der jetzigen Vorschrift ab, dass in dem Paragraphen ganz bestimmte Anmeldungen bezeichnet sind, in denen sämmtliche Geschäftsführer (zu ergänzende Liquidatoren) mitzuwirken haben, daraus ergiebt sich, dass die übrigen Anmeldungen ebenso zu behandeln sind wie die Einreichungen, es genügt die statutenmässige Anzahl für rechtsverbindliche Erklärungen, dabei bleibt jedoch § 12 H.B. bestehen, dass die Anmeldungen persönlich bei dem Gericht zu bewirken sind, oder in öffentlich beglaubigter Form einzureichen sind. Die Anmeldungen können zum Protokoll des Gerichtsschreibers des Registergerichts erfolgen (§ 128 des Gesetzes über die Angelegenheiten der freiwilligen Gerichtsbarkeit). Aus § 12 Abs. 2 H.B. ergiebt sich ferner, dass der Anmeldende sich durch einen Bevollmächtigten vertreten lassen kann, es gilt dann für die Vollmacht aber auch das Erforderniss der öffentlich beglaubigten Form.

In der Denkschrift S. 101 ist ausdrücklich anerkannt, dass die im H.B. für die Anmeldungen gegebenen Formvorschriften nicht für die Einreichungen gelten.

Ueber die öffentlich beglaubigte Form (vgl. B.G.B. § 129).]

2. Anmeldungen zu dem Gericht der Zweigniederlassung.

Die Anmeldung der Zweigniederlassung ordnet § 12 an. Für

die Form der Anmeldungen und Einreichungen gelten die gleichen Vorschriften wie für das Gericht der Hauptniederlassung. Vgl. die einleitende Anmerkung, es bestimmt § 13 H.B.:

„Soweit nicht in diesem Gesetzbuch ein Anderes vorgeschrieben ist, sind die Eintragungen in das Handelsregister und die hierzu erforderlichen Anmeldungen und Zeichnungen von Unterschriften sowie die sonst vorgeschriebenen Einreichungen zum Handelsregister bei jedem Registergericht, in dessen Bezirke der Inhaber der Firma eine Zweigniederlassung besitzt, in gleicher Weise wie bei dem Gerichte der Hauptniederlassung zu bewirken.

Eine Eintragung bei dem Gerichte der Zweigniederlassung findet nicht statt, bevor nachgewiesen ist, daß die Eintragung bei dem Gerichte der Hauptniederlassung geschehen ist.

Diese Vorschriften kommen auch zur Anwendung, wenn sich die Hauptniederlassung im Auslande befindet. Soweit nicht das ausländische Recht eine Abweichung erforderlich macht, haben die Anmeldungen Zeichnungen, und Eintragungen bei dem Gerichte der Zweigniederlassung in gleicher Weise zu geschehen, wie wenn sich die Hauptniederlassung im Inlande befände."

§ 77.

Die Geschäftsführer und die Liquidatoren sind von dem Gericht (§ 7 Absatz 1, § 12) zur Bewirkung der in §§ 12, 39, 41, § 42 Absatz 4, §§ 65, 67, § 68 Absatz 2, § 76 Absatz 2 vorgeschriebenen Anmeldungen und Einreichungen durch Ordnungsstrafen anzuhalten.

Rücksichtlich des Verfahrens sind die Vorschriften maßgebend, welche zur Erzwingung der im Handelsgesetzbuch angeordneten Anmeldungen zum Handelsregister gelten.

Entw. I § 75, Entw. II. Komm., Rtg. § 77. [Art. 11 XXIII Einführungsgesetz zum H.B.]. Entw. I S. 114, II S. 89. A.G. Art. 249g. [H.B. § 319]. G.G. § 152 [160].

Verfahren zur Erzwingung der Anmeldungen.

[Die bei § 76 mitgetheilte und vom 1. Januar 1900 ab geltende Aenderung ist getroffen in Folge der allgemeinen Regel des § 14 H.B.:

Wer verpflichtet ist, eine Anmeldung, eine Zeichnung der Unterschrift oder eine Einreichung von Schriftstücken zum Handelsregister vorzunehmen, ist hierzu von dem Registergerichte durch Ordnungsstrafen anzuhalten. Die einzelne Strafe darf den Betrag von dreihundert Mark nicht übersteigen.]

Bis zum 1. Januar 1900 gelten folgende Grundsätze:

§ 77 giebt dem Gericht kein Aufsichtsrecht, und das Gericht ist daher nicht berechtigt eine dauernde Kontrolle auszuüben. Das Gericht kann das Verfahren nur dann einleiten, wenn es in glaubhafter Weise von einer Nichtbefolgung der gesetzlichen Vorschriften Kenntniß erlangt. Für Preußen sind die Art. 5 und 6 des Einf.Ges. zum H.G.B. vom 24. Juni 1861, abgeändert durch § 78 des Preuß. Ausführungsgesetzes zur C.P.O. vom 24. März 1879 maßgebend, für Bayern das Einf.Ges. vom 10. November 1861, das in Art. 10 und 11 die Voraussetzungen für das Einschreiten in fast wörtlich gleicher Weise regelt wie das Preuß. Gesetz. Hiernach hat das Gericht, wenn es glaubhafte Kenntniß davon erhält, daß eine gesetzliche Anordnung nicht befolgt ist, unter Androhung einer Ordnungsstrafe den Betheiligten aufzugeben, innerhalb einer Frist die gesetzliche Vorschrift zu befolgen. Wird kein Einspruch erhoben, so wird die Strafe festgesetzt, andernfalls wird Termin zur mündlichen Verhandlung angesetzt, in dem über die Angelegenheit zu entscheiden ist. Gegen diese Entscheidung hat der in Ordnungsstrafe Genommene das Rechtsmittel der sofortigen Beschwerde. Das Verfahren richtet sich gegen die einzelnen Geschäftsführer oder Liquidatoren (vom 1. Januar 1900 ab gelten die §§ 129 ff. des Gesetzes über die Angelegenheiten der freiwilligen Gerichtsbarkeit, das durch dieselben geordnete Verfahren entspricht dem vorstehend Dargestellten des preußischen Gesetzes).

Vorbemerkung zu §§ 78 u. 79.

Die §§ 78 [80] u. 79 [81] enthalten Bestimmungen zur Erleichterung der Umwandlung einer Aktiengesellschaft in eine G.m.b.H. Die thunlichste Erleichterung ist in der Begründung des Entwurfs für eine Aufgabe des Gesetzes erklärt, weil „in Ermangelung einer andern Gesellschaftsart mit beschränkter Haftbarkeit die Form der Aktiengesellschaft bisher nicht selten auch da gewählt worden ist, wo sie nach Zweck und Umfang des Unternehmens nicht am Platze war." (Entw. I S. 115, II S. 89.) Ein Bedürfniß zur Erleichterung liege mit Rücksicht auf die zwingenden Vorschriften des Art. 245 A.G. [§ 301 H.B.] vor, wonach, außer im Spezialfalle des Art. 247 [§ 305] (Fusion zweier Aktiengesellschaften), die Uebertragung des Vermögens einer aufgelösten Aktiengesellschaft im Wege der Liquidation „nicht vor Ablauf eines Jahres nach der Auflösung und nur nach vorgängiger Befriedigung oder Sicherstellung aller Gesellschaftsgläubiger zur Ausführung gebracht werden kann. Es leuchtet ein, daß hierdurch die ungestörte Fortsetzung des Betriebes und die Kontinuität des Unternehmens überhaupt in Frage gestellt würde." Besondere Bestimmungen für die Umwandlung anderer Gesellschaften außer den Aktiengesellschaften erklärte der Entwurf für nicht erforderlich. „Was insbesondere die Umwandlung einer offenen Handelsgesellschaft oder Kommanditgesellschaft in eine G.m.b.H. betrifft, so kommt in Betracht, daß bei den bezeichneten Gesellschaften die Liquidation nicht, wie bei den Aktiengesellschaften, obligatorisch ist, und daß demnach die Uebertragung des Gesellschaftsvermögens auf eine neue Gesellschaft sich ohne Schwierigkeit bewerkstelligen läßt" (Entw. S. 117, II S. 92), die „Umwandlung" kann aber nur durch die nicht an besondere Rechtsregeln gebundene Auflösung der offenen Handelsgesellschaft und Gründung der Gesellschaft mit beschränkter Haftung erfolgen (Johow Bd. 15 S. 46), wobei die Mitglieder der offenen Handelsgesellschaft ihren Antheil an diese als Sacheinlage in letztere einbringen können, dabei sind die Bestimmungen des § 5 Abs. 4 genau zu beachten.

Bei dem Uebergang einer Aktienkommanditgesellschaft oder einer eingetragenen Genossenschaft in eine G.m.b.H. müssen die Vorschriften des A.G. Art. 201 u. 202 [H.B. 320 Abs. 3, 301], beziehungsweise des G.G. §§ 88 [90] ff. (Sperrjahr und vorgängige Befriedigung oder Sicherstellung der Gläubiger) beobachtet werden.

§ 78.

Wird eine Aktiengesellschaft zum Zweck der Umwandlung in eine Gesellschaft mit beschränker Haftung aufgelöst, so kann die Liquidation derselben unterbleiben, wenn hinsichtlich der Errichtung der neuen Gesellschaft den nachstehenden Bestimmungen genügt wird.

Das Stammkapital der neuen Gesellschaft darf nicht geringer sein als das Grundkapital der aufgelösten Gesellschaft.

Den Aktionären ist durch öffentliche Bekanntmachung oder in sonst geeigneter Weise Gelegenheit zu geben, mit dem auf ihre Aktien entfallenden Antheil an dem Vermögen der aufgelösten Gesellschaft sich bei der neuen Gesellschaft zu betheiligen. Die Aktien der sich betheiligenden Mitglieder müssen mindestens drei Viertheile des Grundkapitals der aufgelösten Gesellschaft darstellen.

Der auf jede Aktie entfallende Antheil an dem Vermögen der aufgelösten Gesellschaft wird auf Grund einer Bilanz berechnet, welche der Generalversammlung der Aktionäre zur Genehmigung vorzulegen ist. Der Beschluß, durch welchen die Genehmigung erfolgt, bedarf einer Mehrheit von drei Viertheilen des in der Generalversammlung vertretenen Grundkapitals.

Die neue Gesellschaft muß spätestens binnen einem Monate nach Auflösung der Aktiengesellschaft zur Eintragung in das Handelsregister angemeldet werden. Die Eintragung darf nur erfolgen, nachdem die Beobachtung der vorstehenden Bestimmungen nachgewiesen ist.

Entw. I § 76, Entw. II. Komm., Rtg. § 78. Entw. I S. 115, II S. 89. Komm.Ber. S. 13—16. A.G. Art. 206a, 247. [H.B. §§ 306—332.] G.G. §§ 137—139 [143—145].

[Vom 1. Januar 1900 nach der neuen Fassung **§ 80**.]

1. Umfang der Anwendbarkeit der §§ 78, 79.

Der Umwandlung einer Aktiengesellschaft in eine G.m.b.H. mit den Erleichterungen der §§ 78 [80] und 79 [81], also ohne Liquidation durch Uebertragung des Vermögens, können sich bedienen sowohl die Aktiengesellschaften, die zur Zeit des Inkrafttretens des Gesetzes bereits bestanden haben, als auch solche, welche erst später gegründet sind. In der Reichstagskommission war beantragt, die Erleichterung nur den zur Zeit des Inkrafttretens des Gesetzes bestehenden Aktiengesellschaften zukommen zu lassen, oder eventuell die Geltung der Bestimmungen des § 78 [80] auf einen Zeitraum von nur fünf Jahren seit dem Inkrafttreten zu beschränken. Die Anträge wurden zurückgezogen, nachdem dagegen namentlich geltend gemacht war: es werde das Bedürfniß zur Umwandlung bestehender Aktiengesellschaften in G.m.b.H. auch später hervortreten, da es „immer vorkommen werde, daß Gesellschaften sich bei ihrer Errichtung in der Wahl der geeigneten Gesellschaftsform vergreifen, und in solchen Fällen die Möglichkeit des Ueberganges zur geeigneteren Form erleichtert werden müsse" (Komm.-Ber. S. 13 und 14).

2. Form der Umwandlung.

Die Umwandlung geht nicht durch Mehrheitsbeschluß vor sich wie die Umwandlung einer Aktienkommanditgesellschaft in eine Aktiengesellschaft (A.G. Art. 206 a, [HB. § 332]) oder die Vereinigung zweier Aktiengesellschaften (A.G. Art. 247 [H.B. I 305]), oder die Umwandlung einer Genossenschaft von einer Haftart zu einer anderen (G.G. §§ 137—139 [143—145]), denn, heißt es in der Begründung (Entw. I S. 115, II S. 90) „der Besitzer eines börsenmäßigen Papiers, wie es die Aktie ist, kann nicht wohl gegen seinen Willen genöthigt werden, statt seiner Aktien sich mit dem schwer übertragbaren Geschäftsantheil einer Gesellschaft m.b.H. zu begnügen. Auch steht das formale Hinderniß entgegen, daß die in den meisten Fällen unbekannten Besitzer der Aktien als solche nicht ohne Weiteres Mitglieder einer Gesellschaft m.b.H. sein können". Die Umwandlung geht vielmehr in der Art vor sich, daß die Aktiengesellschaft aufgelöst und die Gesellschaft m.b.H. begründet wird.

3. Auflösung der Aktiengesellschaft — Gründung der Gesellschaft m.b.H.

Die Auflösung der Aktiengesellschaft erfolgt nach den Vorschriften des A.G., die Gründung der Gesellschaft m.b.H. nach denen des Gesetzes. „Beide Akte können aber natürlich in unmittelbarer Aufeinanderfolge stattfinden; insbesondere steht nichts im Wege, daß in derselben Generalversammlung, welche die Auflösung der Aktiengesellschaft beschlossen hat, alsbald auch die Unterzeichnung des neuen Gesellschaftsvertrages vorgenommen wird" (Entw. a. a. O.) Das Verfahren der Auflösung und der Neugründung bildet gewissermaßen ein Ganzes, es ist eine aus zwei Akten bestehende Rechtshandlung [vgl. § 307 H.B. u. Anm. 5). Die Auflösung erfolgt zum Zweck des Zustandekommens der Gesellschaft m.b.H., das Gesetz selbst spricht von einer „Umwandlung". Vgl. § 307 H.B. in Anmerkung 5.

4. Voraussetzungen der Umwandlung nach Maßgabe des Gesetzes.

Vgl. Hergenhahn in der Wochenschrift für Aktienrecht 1892 S. 251, 1893 S. 125; Maassen a. a. O. 1892 S. 263, 281; Holdheim a. a. O. 1893 S. 197; Birkenbihl a. a. O. 1893 S. 214; Neukamp a. a. O. 1893 S. 278, 1894 S. 162, 177.

Die Voraussetzungen der Umwandlung sind folgende:

a) Die Auflösung der Aktiengesellschaft muß ausdrücklich „zum Zweck der Umwandlung in eine Gesellschaft mit beschränkter Haftung" beschlossen sein (Abs. 1), der Beschluß muß nach Maßgabe des Art. 242 Z. 2 A.G. [H.B. § 292 Z. 2] bezw. des Statuts gefaßt sein.

b) Der Beschluß, durch welchen die Genehmigung der Bilanz der aufgelösten Gesellschaft erfolgt, bedarf einer Mehrheit von $^3/_4$ des in der Generalversammlung vertretenen Grundkapitals, vgl. Abs. 4.

c) Der Gesellschaftsvertrag der Gesellschaft m.b.H. muß unter Beobachtung der Bestimmungen in §§ 2 bis 6 des Gesetzes geschlossen sein, jedoch brauchen die Unterzeichner nicht blos Aktionäre der aufgelösten Aktiengesellschaft zu sein, es können sich an dem Gesellschaftsvertrage auch andere Personen betheiligen.

d) Das Stammkapital der neuen Gesellschaft darf nicht geringer sein als das Grundkapital der aufgelösten Gesellschaft, vgl. Abs. 2, und es muß mindestens 20000 M. betragen (§ 5), kann endlich auch nicht geringer sein als drei Viertheile des Reinvermögens der aufgelösten Gesellschaft, vgl. Abs. 4.

e) Die Aktien der sich betheiligenden Mitglieder müssen mindestens drei Viertheile des Grundkapitals der aufgelösten Gesellschaft darstellen, vgl. Abs. 3, und die Betheiligung erstreckt sich auf den auf diese Betheiligung entfallenden Antheil am Vermögen, der aufgelösten Gesellschaft. Der von jedem Aktionär auf diese Weise eingebrachte Antheil ist der Mindestbetrag der von ihm zu übernehmenden Stammeinlage.

f) Es muß allen Aktionären Gelegenheit gegeben sein, sich mit den auf ihre Aktien entfallenden Antheilen am Vermögen der aufgelösten Gesellschaft bei der neuen Gesellschaft zu betheiligen, vgl. Abs. 3.

g) Die neue Gesellschaft muß spätestens binnen einem Monate nach Auflösung der Aktiengesellschaft zur Eintragung in das Handelsregister angemeldet sein.

Mit der hierauf erfolgenden Eintragung erlangt die Umwandlung rechtliche Wirkung, und es tritt die Folge des § 79 [81] Abs. 1 ein. Die Bestimmungen des Gesetzes dürfen durch den Gesellschaftsvertrag der Aktiengesellschaft nicht abgeändert werden. Eine besondere Liquidation der A.G. hat nicht weiter zu erfolgen, wird dagegen die Eintragung abgelehnt, so geht die Liquidation der A.G. vor sich (Anm. 5), [anders in Zukunft nach § 307 H.B., der zuläßt, daß die A.G. die Fortsetzung beschließt].

5. Die Auflösung der Aktiengesellschaft zum Zwecke der Umwandlung.

Der Zweck der Umwandlung muß in dem Auflösungsbeschlusse ausgesprochen sein, andernfalls können die Aktionäre sofort nach der beschlossenen Auflösung die ordentliche Liquidation event. durch Bestellung gerichtlicher Liquidatoren fordern (a. A. Förtsch S. 168, Hergenhahn S. 149). Der „Zweck der Umwandlung" ist aber keine

Bedingung, von deren Eintritt die Gültigkeit der Auflösung abhängt, denn die Auflösung ist eine definitive, das Gesetz bestimmt in § 78 [80] Abs. 1 nur, daß bei Auflösung „zum Zweck der Umwandlung" die Liquidation der Aktiengesellschaft unterbleiben kann; es folgt dies weiter daraus, daß keiner der Aktionäre verpflichtet ist, die Umwandlung mitzumachen, und endlich ist in dem „Zweck der Umwandlung" nur ein Beweggrund zu sehen, der auf den Beschluß selbst nicht von rechtlicher Bedeutung sein kann. Sollte die „Umwandlung" nicht nach Maßgabe des § 78 [80] auszuführen sein, so bliebe den Aktionären immer noch der Weg der Neugründung, ebenso Förtsch S. 168, a. A. Maassen in der Wochenschrift für Aktienrecht 1892 S. 264, 281, Birkenbihl S. 348, welche der Zweckbestimmung Suspensiveffekt beilegen, vgl. gegen die M.-B.'sche Ansicht die Ausführungen von Neukamp in der Monatsschrift für Aktienrecht 1893 S. 279 ff. und seinem Commentar S. 289 ff., [dagegen für die Zeit nach dem 1. Januar 1900 § 307 H.B., nach welcher Bestimmung die Fortsetzung der A.G. beschlossen werden kann]. Die Auflösung der Aktiengesellschaft ist zur Eintragung in das Handelsregister anzumelden (A.G. Art. 243 [H.B. § 293]) und von dem Gericht zu veröffentlichen (H.G.B. Art. 13 [HB. § 10]), wobei aber das Gericht zu veröffentlichen haben wird, daß die Auflösung zum Zwecke der Umwandlung in eine Gesellschaft m.b.H. beschlossen ist. Die Anmeldung ist nach dem Vorstehenden nicht von der Eintragung der neuen Gesellschaft abhängig, dieselbe ist durch Ordnungsstrafen zu erzwingen (Art. 249 g A.G. [H.B. § 14]). Eine Veröffentlichung der Auflösung durch den Vorstand ist mit Rücksicht auf § 79 [81] Abs. 3 nicht erforderlich. Die Folgen des Beschlusses — ob Liquidation nach Maßgabe der Art. 244 ff. A.G. [§§ 294 ff. H.B.] oder Umwandlung nach Maßgabe des § 78 [80] — bleiben nun während eines Monats in der Schwebe, ein bei dem Gericht innerhalb dieser Zeit nach Art. 244 Abs. 2 A.G. [§ 295 Abs. 2 H.B.] gestellter Antrag auf Einsetzung von Liquidatoren ist abzuweisen. Ist aber nicht binnen einem Monate nach Auflösung der Aktiengesellschaft die neue Gesellschaft zur Eintragung angemeldet (§ 78 [80] Abs. 5), so hat die ordentliche Liquidation zu beginnen. Die beschlossene Auflösung kann nicht mehr rückgängig gemacht werden, sie ist wie jede Auflösung endgültig. Die Frist beginnt mit dem Beschluß auf Auflösung und nicht mit deren Eintragung, da der Beschluß und nicht die Eintragung die Auflösung zur Folge hat. Eine Ausnahme gilt nur für den Fall, daß die Auflösung gleichzeitig eine Aenderung des Statuts in sich schließt, da sie als solche erst mit der Eintragung Rechtswirksamkeit erlangt. Die Frist endigt mit Ablauf desjenigen Tages, welcher durch seine Zahl dem Tage entspricht, an dem die Frist begonnen hat, fehlt der Tag in dem betreffenden Monat, so endigt die Frist mit Ablauf des letzten Tages dieses Monats, ist der Tag ein Sonntag oder allgemeiner Feiertag, so endigt die Frist mit Ablauf des nächstfolgenden Werktages (vgl. C.P.O. § 200, W.O. Art. 32, zum Theil abweichend H.G.B. Art. 328, 330).

6. Das Stammkapital der neuen Gesellschaft.

Zunächst ist § 5 Abs. 1 zu beachten, wonach das Stammkapital nicht niedriger als 20000 M. sein darf. Ferner darf das Stammkapital nicht geringer sein als das Grundkapital der aufgelösten Gesellschaft. Zweifelhaft ist es, welchen Einfluß die Bestimmung auf die Höhe des Stammkapitals hat, daß die Aktien der sich betheiligenden Mitglieder mindestens drei Viertheile des Grundkapitals der aufgelösten Gesellschaft darstellen müssen. Das Gesetz spricht durchweg nur von einer Betheiligung mit dem auf die „Aktien entfallenden Antheil an dem Vermögen der aufgelösten Gesellschaft"; da nun die Aktien der sich betheiligenden Mitglieder mindestens drei Viertheile des Grundkapitals der aufgelösten Gesellschaft darstellen müssen, so ergiebt sich hieraus, daß die Betheiligung mit mindestens drei Viertheilen des Vermögens der aufgelösten Gesellschaft stattfinden muß. Diese Betheiligung kann nur in Form der Uebernahme der Stammeinlagen erfolgen. Als drittes Minimum ergeben sich also für das Stammkapital drei Viertheile des Werthes des Vermögens der aufgelösten Gesellschaft, ebenso Maassen a. a. O. S. 267, Birkenbihl S. 352, Förtsch S. 171 — wenigstens sprechen die letzteren Beiden von der Einbringung des „Antheils" als „Stammeinlage"; a. A. Hergenhahn S. 151, Neukamp a. a. O. S. 42, Kommentar S. 292 der davon ausgeht, daß die „Betheiligung" theils durch Stammeinlagen, theils durch Nachschüsse erfolgen könne, und daher nicht der ganze auf die Aktie entfallende Antheil am Vermögen als Stammeinlage eingebracht zu werden braucht. Das Unzutreffende dieser Auffassung geht wohl schon daraus hervor, daß nicht jede Gesellschaft die Einrichtung der Nachschüsse zu haben braucht, dann aber kann nur eine bestehende Gesellschaft Nachschüsse einziehen, von einer „Betheiligung" mit Nachschüssen an der Gründung einer Gesellschaft kann wohl kaum gesprochen werden. Nach anderer Ansicht Holdheim in der Monatsschrift für Aktienrecht 1893 S. 127, der annimmt, daß die gesetzlichen Bestimmungen nur zu dem Ergebniß führen können, daß der Vermögenswerth der Aktien der sich betheiligenden Aktionäre wenigstens drei Viertheile des Grund-(Nominal)-Capital der aufgelösten Aktiengesellschaft darstellen und daß daher auch nicht geboten ist, wenn der Vermögenswerth der Aktien 25% ihres Nominalwerthes übersteigt, das Stammkapital der neuen Gesellschaft höher zu normiren als das Grundkapital derselben Gesellschaft.

In der Begründung heißt es mit Bezug auf die Festsetzung des Stammkapitals und die nach § 79 [81] dabei in Betracht zu ziehende Abfindung der Aktionäre: „Es versteht sich . . ., daß der Kapitalbetrag, welcher erforderlich ist um diejenigen Aktionäre abzufinden — § 79 [81] Abs. 2 —, welche der neuen Gesellschaft nicht beitreten, durch Uebernahme weiterer Stammeinlagen Seitens der beitretenden Aktionäre oder der sonst sich betheiligenden Gesellschafter gedeckt sein muß; denn andernfalls würde das Stammkapital der neuen Gesellschaft den Betrag des Grundkapitals eben nicht erreichen. Nur wenn das effektive Vermögen der letzteren Gesellschaft den Betrag ihres Grundkapitals so erheblich übersteigt, daß die Abfindungssummen aus den vorhandenen besonderen Fonds bestritten werden können, ist die bezeichnete Vermehrung der Stammeinlagen nicht schlechthin geboten. Andererseits ergiebt sich . . ., daß, falls die Aktiengesellschaft mit einer Unterbilanz geschlossen hat, die Umwandlung nach § 78 [80] nur möglich ist, wenn bei Errichtung der neuen Gesellschaft auch dieser Fehlbetrag durch weitere Stammeinlagen gedeckt wird." Zu diesen Ausführungen ist zu bemerken, daß „weitere Stammeinlagen" Seitens der Aktionäre gar nicht übernommen werden können (§ 5 Abs. 2), daß den Aktionären also, wenn nicht andere Personen beitreten, nur eine entsprechende Erhöhung der Stammeinlagen übrig bleibt. Vgl. Anm. 8. Nicht ist Förtsch S. 170 zuzustimmen, daß das Stammkapital durch die eingebrachten Antheile und durch Baarzahlung gedeckt sein muß (Neukamp S. 294, Hergenhahn S. 152, Maassen a. a. O. S. 282).

7. Betheiligung der Aktinäre.

Allen Aktionären muß „Gelegenheit" gegeben sein, sich an dem Abschluß des Gesellschaftsvertrages zu betheiligen, d. h. sie müssen in die Lage versetzt sein, sich von dem Zeitpunkte des Abschlusses des Gesellschaftsvertrages Kenntniß zu verschaffen. Wer mehrere Aktien besitzt, braucht sich nicht mit allen Antheilen zu betheiligen, es hängt von dem Aktionär ab, mit wie viel Antheilen er sich betheiligen will (Birkenbihl S. 351). Kein Aktionär ist zum Beitritt verpflichtet, selbst wenn er für die Umwandlung gestimmt hat (§ 79 [81] Abs. 2). Der Aktionär, der Gesellschafter geworden ist, geht damit des Rechts der Anfechtung oder Umwandlung verlustig (R.G. Bd. 33 S. 91). Die Betheiligung erfolgt durch Unterzeichnung des Gesellschaftsvertrages (§ 2). Die Aktionäre bringen „den auf ihre Aktien entfallenden Antheil an dem Vermögen der Gesellschaft" als Stammeinlage ein, der Antheil ist nach Abs. 4 festzusetzen und wie eine Sacheinlage zu behandeln, nach § 5 müssen die Antheile, welche die einzelnen Aktionäre als Stammeinlagen in die neue Gesellschaft einbringen, im Gesellschaftsvertrage nach ihrem Geldwerth einzeln aufgeführt werden. (vgl. den in der Monatsschrift für Aktienrecht 1895 S. 118 mitgetheilten Beschluß des O.L.G. Rostock vom 22. Oktober 1894), es ist der auf jede einzelne Aktie entfallende Vermögensantheil, der auf die Stammeinlage angerechnet werden soll, zu bezeichnen. Auch sind diese Sacheinlagen nach § 8 bei der Anmeldung in die Listen der Gesellschafter aufzunehmen und nach § 10 zu veröffentlichen. Nirgends ist ausgesprochen, daß der von Rechtswegen erfolgende Uebergang des Vermögens der aufgelösten Aktiengesellschaft einschließlich ihrer Schulden auf die neue Gesellschaft m.b.H. von einer Beachtung der §§ 5, 8 und 10 entbindet. Auch ist weder in der Begründung des Gesetzes noch in den Kommissionsverhandlungen solche Ansicht geäußert. Für die übernommenen Stammeinlagen gelten die Vorschriften des § 5, insbesondere gilt dies für die Höhe der Stammeinlagen, auch darf kein Aktionär sich mit mehreren Stammeinlagen betheiligen, die auf mehrere Aktien entfallenden Antheile sind auf eine Stammeinlage zu verrechnen. Ferner kommt § 7 in Betreff der Baarzahlung zur Anwendung, eine Baarzahlung ist also grundsätzlich nur nothwendig, insoweit die eingebrachten Antheile nicht „ein Viertheil (der Stammeinlage), mindestens aber den Betrag von 250 M.“ erreichen.

8. **Feststellung des Antheils.**

Die betragsmäßige Festsetzung ist erforderlich „sowohl mit Rücksicht auf diejenigen Aktionäre, welche ihre Antheile als Stammeinlage in die neue Gesellschaft einbringen, als mit Rücksicht auf diejenigen, welche sich bei der letzteren nicht betheiligen und deshalb die Auszahlung ihrer Antheile zu beanspruchen haben“ (Entw. I S. 117, II S. 91). Die Bilanz ist, da es sich um die Auseinandersetzung handelt, die Liquidationsbilanz (§ 72 [74]), und gelten die für dieselbe maßgebenden Grundsätze; die Vermögensbestandtheile sind daher nach ihrem wahren Werthe (Art. 31 H.G.B., [§ 40 H.B.]) und nicht nach dem Buchwerth einzustellen, Erneuerungsfonds kommen insoweit nicht in Betracht, als sie den mangelnden Werth übersteigen, die eigentlichen Reserven sind zur Vertheilung bestimmt und bleiben daher außer Ansatz, ebenso Neukamp in der Monatsschrift für Aktienrecht 1894 S. 164 ff., Hergenhahn daselbst 1893 S. 127, Maßen daselbst 1892 S. 265, Birkenbihl S. 354, Förtsch S. 171 a. A. Esser S. 117. Während das A.G. eine Vorlage und Genehmigung der Liquidationsbilanz nicht erfordert [vgl. aber § 299 H.B.], ist dies hier vorgeschrieben, es ist sogar eine qualifizirte Mehrheit für die Genehmigung erfordert, „um die Interessen der ausscheidenden Minderheit zu schützen und zugleich eine möglichst zutreffende Schätzung des auf das Stammkapital der neuen Gesellschaft einzubringenden Vermögens herbeizuführen“ (Entw. a, a. O.). „Vertreten“ ist dasjenige Grundkapital, welches sich an der Abstimmung betheiligt (vgl. R.G. Bd. 20 S. 146). Aus dem Erforderniß der Genehmigung ergiebt sich, daß auch die Vorschriften des A.G. über die Anfechtung zur Anwendung kommen.

9. **Beispiele.**

Wie das Stammkapital und die Einlagen der neuen Gesellschaft zu bilden sind, läßt sich am besten durch Beispiele klarmachen. Es ist zu unterscheiden der Fall, daß das Reinvermögen der Aktiengesellschaft das Grundkapital (Aktienkapital) übersteigt, von dem Fall, daß bei der Liquidationsbilanz sich eine Verringerung des Vermögens herausstellt.

Erstes Beispiel: Grundkapital der Aktiengesellschaft 100000 M., 100 Aktien zu 1000 M. Letzte Bilanz der Gesellschaft:

Aktiva.		Passiva.	
90000 M.	Immobilien-Konto (Werth der Grundstücke u. Gebäude).	100000 M.	Aktienkapital.
		15000 M.	Hypotheken.
10000 M.	Maschinen u. Utensilien.	10000 M.	Kreditoren (andere Schulden).
5000 M.	Vorräthe, Rohstoffe u. dgl.		
25000 M.	Debitoren (ausstehende Forderungen).	5000 M.	Reservefonds.
		3000 M.	Spezialreserve (zur Deckung etwaiger Verluste an den Effekten und ausstehenden Forderungen).
1000 M.	Baare Kasse.		
5000 M.	Bankguthaben.		
24000 M.	Effekten u. s. w.		
		2000 M.	Erneuerungsfonds.
		25000 M.	Reingewinn.
160000 M.		160000 M.	

Die Aktiengesellschaft konnte hier, wenn diese Bilanz beim Schluß des Geschäftsjahres vorlag, 25 % Dividende vertheilen. Sie beschloß aber, sich in eine G.m.b.H. nach §§ 78 und 79 [80. 81] des Ges. umzuwandeln. Die Liquidationsbilanz ist nach anderen Grundsätzen aufzustellen. Die Aktiengesellschaft hat bei den Aktivkonten früher stärkere Abschreibungen, als nöthig, gemacht; bei den ausstehenden Forderungen hat sie durch die Spezialreserve Deckung vor Verlusten gesucht. Bei der Liquidationsbilanz kommt nicht der Buchwerth der Aktiva, sondern der gemeine Werth in Rechnung, andererseits fallen unter den Passiven der Reserve- und Erneuerungsfonds fort. Es stellt sich nun als gemeiner Werth der Immobilien 95000 M., der Maschinen 12000 M., der Vorräthe u. s. w. 6000 M., ferner bei den Effekten, da die Kurse seit dem 31. Dezember des Vorjahres gestiegen sind, 24800 M., also 800 M. mehr heraus. Dagegen ist der Werth der ausstehenden Forderungen um 3000 M. zu kürzen. Danach ist die Liquidationsbilanz:

Aktiva.		Passiva.	
95000 M.	Immobilien.	100000 M.	Aktienkapital.
12000 M.	Maschinen.	15000 M.	Hypotheken.
6000 M.	Vorräthe.	10000 M.	Kreditoren.
22000 M.	Debitoren.	40800 M.	Reingewinn.
1000 M.	Kasse.		
5000 M.	Bankguthaben.		
24800 M.	Effekten.		
165800 M.		165800 M.	

Auf jede der 100 Aktien fallen 1408 M. als Antheil am Gesellschaftsvermögen. Jeder Aktionär, der sich nicht betheiligt, hat also 1408 M. zu erhalten. Die neue Gesellschaft wird von den Inhabern von 75 Aktien gebildet. Ihr Antheil beträgt 75×1408 M. = 105600 M. Im Gesellschaftsvertrage müssen die Stammeinlagen auf einen in Mark durch 100 theilbaren Betrag festgesetzt werden also entweder:

a) auf 1400 M. pro Aktie. Nun ist das Stammkapital der neuen Gesellschaft auf 105600 M. zu erhöhen. Auf die Aktien der ausscheidenden Aktionäre findet die Ermäßigung der Stammeinlagen keine Anwendung; sie erhalten 1408×25 = 35200 M. Auf ihre Befriedigung werden das Bankguthaben und die Effekten, zusammen 29800 M. verwendet, so daß noch 5400 M. zu decken bleiben. Die überschießenden Werthbeträge der auf jede Aktie entfallenden Antheile am Vermögen der aufgelösten Gesellschaft über die neuen Stammeinlagen mit je 8 M., zusammen also 8×75 = 600 M., dürfen nicht zurückgezahlt werden, kommen auch nicht als Nachschüsse in Betracht, sondern sind als Spezialreserve der Gesellschaftsbilanz zu behandeln. In die Bilanz können für die Aktivposten nur die Sätze der Liquidationsbilanz eingestellt werden, falls die Gesellschaft nicht etwa im Gesellschaftsvertrage beschließt, in der Erwägung, daß sie nun ohne Reserve- und ohne Erneuerungsfonds zu arbeiten hat, die Aktivposten niedriger, als der gemeine Werth ist, einzustellen. Die Bilanz stellt sich folgendermaßen:

Aktiva.		Passiva.	
95000 M.	Immobilien.	105000 M.	Stammkapital.
12000 M.	Maschinen.	15000 M.	Hypotheken.
6000 M.	Vorräthe.	10000 M.	Kreditoren.
22000 M.	Debitoren.	5400 M.	Restschuld an die Aktionäre.
1000 M.	Kasse.	600 M.	Baarüberschuß.
136000 M.		136000 M.	

b) Die Stammeinlagen werden nach oben hin, also auf 1500 M. abgerundet. Dann ist das Stammkapital auf 1500×75 = 112500 M. festzusetzen. Die sich betheiligenden Aktionäre schulden auf jede Aktie noch 92 M., also zusammen 92×75 = 6900 M. Es ist nicht nöthig, daß diese 6900 M. sofort baar nachgezahlt werden; die Gesellschaft hat darüber im Gesellschaftsvertrage zu beschließen, wie damit zu verfahren ist. Es wird sich die Baareinzahlung empfehlen, dadurch werden die Mittel (6900 M. + 5000 M. Bankguthaben + 24800 Effekten = 36700 M.) zur sofortigen Befriedigung der sich nicht betheiligenden Aktionäre (35200 M.) gewonnen. Es bleiben dann außer dem Kassenbestand von 1000 M. noch 1500 M. übrig, die zur Befriedigung sich meldender Gläubiger verwendet werden können. Nach Berücksichtigung und Einfügung aller dieser Aenderungen in die Liquidationsbilanz kommt die neue Bilanz bei Eröffnung der G.m.b.H. dahin zu stehen:

Aktiva.		Passiva.	
95000 M.	Immobilien.	112500 M.	Stammkapital.
12000 M.	Maschinen.	15000 M.	Hypotheken.
6000 M.	Vorräthe.	10000 M.	Kreditoren.
22000 M.	Debitoren.	35200 M.	Forderungen der sich nicht betheiligenden Aktionäre.
1000 M.	Kasse.		
5000 M.	Bankguthaben.		
24800 M.	Effekten.		
6900 M.	Schuldenrest auf Stammeinlagen.		
172700 M.		172000 M.	

Zweites Beispiel. Grundkapital der Aktiengesellschaft 100000 M., 100 Aktien zu 1000 M. Die Gesellschaft hat zwar Reserve- und Erneuerungsfonds angesammelt, auch von den Aktivposten starke Abschreibungen vorgenommen, aber sie hat große Verluste gehabt. Ihre letzte Bilanz auf Grund des Bücherabschlusses lautet:

Aktiva.		Passiva.	
30000 M.	Immobilien.	100000 M.	Aktienkapital.
10000 M.	Maschinen.	15000 M.	Hypotheken.
5000 M.	Vorräthe.	10000 M.	Kreditoren.
35000 M.	Debitoren.	5000 M.	Reservefonds.
1000 M.	Kasse.	2000 M.	Erneuerungsfonds.
9000 M.	Effekten.	3000 M.	Spezialreserve.
45000 M.	Unterbilanz.		
135000 M.		135000 M.	

Die Aktiengesellschaft beschließt die Umwandlung in eine G.m.b.H. Die Liquidationsbilanz wird dahin festgestellt:

Aktiva.		Passiva.	
35000 M.	Immobilien.	100000 M.	Aktienkapital
12000 M.	Maschinen.	15000 M.	Hypotheken.
6000 M.	Vorräthe.	10000 M.	Kreditoren.
32000 M.	Debitoren.		
1000 M.	Kasse.		
9000 M.	Effekten.		
30000 M.	Unterbilanz.		
125000 M.		125000 M.	

Es betheiligen sich an der G.m.b.H. die Inhaber von $^3/_4$ der Aktien. Der Werth jeder der 75 Aktien beträgt, da von dem Aktienkapital von 100000 M. 30000 M. verloren sind, 700 M. Das Stammkapital darf nicht geringer als 100000 M. sein. Durch die auf die 75 Aktien entfallenden Antheile am Vermögen der aufgelösten Gesellschaft sind nur 75×700 M. = 52500 M. gedeckt. Es bleiben noch zu decken 75×300 M. + 25×1000 M. = 22500 M. + 25000 M. = 47500 M. Die sich nicht betheiligenden Inhaber von 25 Aktien müssen ausgezahlt erhalten 25×700 M. = 17500 M.

Zur Beschaffung der am Stammkapital fehlenden Summe von 47500 M. können in dem Gesellschaftsvertrage verschiedene Wege eingeschlagen werden:

a) Die Gesellschaft beschließt die Stammeinlagen auf 1000 M. pro Aktie festzusetzen. Es werden den sich betheiligenden Aktionären dagegen auf jede Stammeinlage pro Aktie 700 M., als der auf die Aktie entfallende Antheil an dem Vermögen der aufgelösten Gesellschaft, angerechnet; es sind von diesen 75 noch baar einzulegen 300 M. pro Aktie. Dadurch werden 75×300 M. = 22 500 M. gedeckt. Es fehlen somit noch 25 000 M. an den 47 500 M. Diese werden durch neue Stammeinlagen von je 1000 M. beschafft. Die Uebernehmer müssen sofort mindestens je 250 M., zusammen also 6250 M. baar einzahlen. Die Bilanz der neuen Gesellschaft stellt sich daher folgendermaßen:

Aktiva.	Passiva.
35 000 M. Immobilien.	100 000 M. Stammkapital.
12 000 M. Maschinen.	15 000 M. Hypotheken.
6 000 M. Vorräthe.	10 000 M. Kreditoren.
32 000 M. Debitoren.	17 500 M. Abfindung an die 25 ausscheidenden Aktionäre.
1 000 M. Kasse.	
9 000 M. Effekten.	
22 500 M. Schulden auf die Stammeinlagen der sich betheiligenden 75 alten Aktionäre.	
6 250 M. Baareinzahlung auf die 25 neuen Stammeinlagen.	
18 750 M. Rückstände auf dieselben.	
142 500 M.	142 500 M.

Die Gesellschaft wird sich aber nicht mit je 250 M. auf die neuen 25 Stammeinlagen begnügen, sondern noch das an 700 M. Fehlende, also je 450 M., nachverlangen, so daß dann auf alle Stammeinlagen gleichmäßig nur noch je 300 M. ausstehen. Dadurch kommen von jenen 18 750 M. noch 450 M. × 25 = 11 250 M. ein. Nunmehr sind 9000 M. Effekten + 6250 M. + 11 200 M. = 26 500 M. vorhanden zur Bezahlung der sich nicht betheiligenden Aktionäre und zur Befriedigung bezw. Sicherstellung sich meldender Gläubiger. Nach Bezahlung der 17 500 M. an die Aktionäre bleiben noch 9000 M. zur Befriedigung bezw. Sicherstellung der Gläubiger als Aktivum übrig.

b) Die neue Gesellschaft beschließt die Stammeinlagen für die sich betheiligenden Gesellschafter auf 700 M. pro Aktie festzusetzen und die fehlenden 47 500 M. (100 000 M. — 75 × 700 = 52 500 M.) durch neue Stammeinlagen zu beschaffen. Wird 700 M. als die Höhe der Stammeinlagen beschlossen, so würden durch 67 neue Stammeinlagen zu je 700 M. 46 900 M. beschafft werden, so daß noch 600 M. für eine Stammeinlage von dieser Höhe übrig blieben. Auf die neuen Stammeinlagen müssen wenigstens je 250 M., also zusammen 250×68 = 17 000 M. eingezahlt werden. Es bleiben dann noch rückständig 30 500 M. (67×450 + 1×350). Von den eingezahlten 17 000 M. und mit 500 M. Kassenbestand können die ausscheidenden Aktionäre mit ihrer Forderung von 17 500 M. befriedigt werden. Die Bilanz der neuen Gesellschaft kommt nach deren Befriedigung folgendermaßen zu stehen:

Aktiva.	Passiva.
35 000 M. Immobilien.	100 000 M. Stammkapital.
12 000 M. Maschinen.	15 000 M. Hypotheken.
6 000 M. Vorräthe.	10 000 M. Kreditoren.
32 000 M. Debitoren.	
9 000 M. Effekten.	
500 M. Kasse.	
30 500 M. Rückstände auf die 68 neuen Stammeinlagen.	
125 000 M.	125 000 M.

c) Die Inhaber der 75 Aktien, welche sich an der G.m.b.H. betheiligen, beschließen die Stammeinlagen entsprechend zu erhöhen, und somit die Deckung der fehlenden 47 500 M. ohne Hinzuziehung Anderer zu übernehmen. Auf jede der 75 Aktien würde von den aufzubringenden 47 500 M. $633\frac{1}{3}$ M. entfallen, so daß eine Erhöhung der Stammeinlagen auf $1333\frac{1}{3}$ M. genügte. Da aber die Stammeinlagen in Mark durch 100 theilbar sein müssen, so werden sie auf

1400 M. pro Aktie und damit das Stammkapital auf 1400×75 = 105000 M. zu erhöhen sein. In die Stammeinlagen von 1400 M. sind je 700 M. pro Aktie Einlagen eingerechnet; es bedarf deshalb an sich keiner Einzahlung einer Baareinlage. Die Inhaber der 75 Stammeinlagen bleiben mit 50 % zunächst Schuldner der Gesellschaft. Die Bilanz kommt nunmehr dahin zu stehen:

Aktiva.		Passiva.	
35000 M.	Immobilien.	105000 M.	Stammkapital.
12000 M.	Maschinen.	15000 M.	Hypotheken.
6000 M.	Vorräthe.	10000 M.	Kreditoren.
32000 M.	Debitoren.	17500 M.	Abfindung der 25 ausscheidenden Aktionäre.
1000 M.	Kasse.		
9000 M.	Effekten.		
52500 M.	Rückstände auf die Stammeinlagen.		
147500 M.		147500 M.	

Um die sich nicht betheiligenden Aktionäre zu befriedigen und Fonds zur Befriedigung sich meldender Gläubiger zu haben, wird die Gesellschaft mindestens 10 % der Stammeinlagen mit 10500 M. baar einfordern. Dann hat sie 19500 M. (9000 M. Effekten + 10500 M.) zur Verfügung, nach Befriedigung der ausgeschiedenen Aktionäre mit 17500 M. bleiben noch 2000 M. zur Befriedigung von Gläubigern übrig.

Es sind hier einfache Beispiele gewählt; es läßt sich aus ihnen aber leicht entnehmen, wie bei verwickelterer Sachlage zu verfahren ist. Es können z. B. auch Aktiengesellschaften, bei denen die Aktien nicht voll bezahlt sind, in G.m.b.H. umgewandelt werden.

10. Prüfung durch das Gericht.

In der Reichstagskommission (Bericht Seite 15) erklärte der Regierungsvertreter mit Rücksicht darauf, daß der Uebergang des Vermögens von Rechtswegen eintrete, für nothwendig: „dem Registergericht bei Eintragung der neuen Gesellschaft ins Handelsregister die Prüfung zu übertragen, ob den Voraussetzungen . . . für die liquidationsweise Umwandlung der Aktiengesellschaft . . . im einzelnen Falle genügt sei". Dem Gericht ist also von den anmeldenden Geschäftsführern der Nachweis zu erbringen, daß die Voraussetzungen des § 78 [80] erfüllt sind; in Betreff des Gesellschaftsvertrages der Gesellschaft m.b.H. kommen ferner die §§ 7 und 8 zur Anwendung. Die Anmeldung muß innerhalb der einmonatlichen Frist erfolgt sein, es müssen also bis dahin die Bedingungen des § 78 [80] erfüllt und der Gesellschaftsvertrag muß abgeschlossen sein. Eine spätere Nachholung der Erfordernisse des § 78 [80] ist nicht zulässig, selbstverständlich aber können noch Nachweise beigebracht und können Verstöße des Gesellschaftsvertrages gegen das Gesetz beseitigt werden.

Neukamp (Monatsschrift für Aktienrecht 1894 S. 182 ff.) giebt dem Registergericht die Pflicht, wenn der Bilanzgenehmigungsbeschluß angefochten ist, zu prüfen, ob die einzelnen Bilanzansätze den gesetzlichen und kaufmännischen Bewerthungsgrundsätzen entsprechen. Das ist für das Registergericht eine unerfüllbare Pflicht, vgl. Beschluß des Kammergerichts vom 19. September 1892 in der Wochenschrift für Aktienrecht 1892 S. 403. Es wird die Eintragung aussetzen bis im ordentlichen Verfahren die Entscheidung vorliegt, vgl. § 123 des Gesetzes über die Angelegenheiten der freiwilligen Gerichtsbarkeit vom 17. Mai 1898.

Ueber die Form der Anmeldung § 76 [78]. Keine Ordnungsstrafen § 77 [79].

11. Bekanntmachungen.

Die Bekanntmachung der Auflösung ist bereits nach deren Anmeldung zur Eintragung erfolgt (vgl. Birkenbihl S. 357, Förtsch S. 173). Liquidatoren im Sinne des A.G. sind nicht vorhanden, es ist also auch nicht die Beendigung der Vollmacht von Liquidatoren anzumelden, ebensowenig wie eine Beendigung der Liquidation; dagegen haben die Vorstandsmitglieder der Aktiengesellschaft nach Eintragung der Gesellschaft m.b.H. die Beendigung ihrer Vollmacht zur Eintragung anzumelden, und ist diese zu veröffentlichen. Es erfolgt ferner die Bekanntmachung des Gesellschaftsvertrages der neuen Gesellschaft nach Maßgabe des § 10 Abs. 1.

12. Nichtbeobachtung der gesetzlichen Vorschriften.

Ist die neue Gesellschaft m.b.H. eingetragen, so kann ein Aktionär nicht deren Löschung unter dem Vorgeben fordern, daß bei der Umwandlung die Vorschriften des § 78 [80] verletzt sind, da die Nichtbeobachtung der die Eintragung vorbereitenden Akte die Existenz der einmal eingetragenen Gesellschaft nicht berührt. „Es ist nicht angängig, daß durch Löschung im Handelsregister ein einmal entstandenes Rechtssubjekt schlechthin beseitigt wird, ohne jede Rücksicht auf die Gläubiger, welche auf dessen Vermögen ein wohlerworbenes Recht haben" (Beschluß des Kammergerichts vom 19. September 1892, mitgetheilt in der Wochenschrift für Aktienrecht 1892 S. 403 ff.). Dem Aktionär bleibt nur die Anfechtungsklage aus Art. 222 [H.B. §§ 271 ff.] gegen den Beschluß auf Auflösung, wenn die Voraussetzungen der Anfechtung gegeben sind, und die Klage auf Auflösung der Gesellschaft m.b.H., wenn er Gesellschafter ist und der Thatbestand des § 61 gegeben ist.

Hergenhahn bejaht in der „Wochenschrift für Aktienrecht" Nr. 8, 1893 entgegen dem Beschluß des Kammergerichts die Frage, „ob die in Folge der Unterlassung (der) Prüfung und beim Nichtvorhandensein der Voraussetzungen des § 78 [80] erfolgte inkorrekte Eintragung durch den Registerrichter im Wege der Beschwerde beseitigt werden kann"; wenn der Richter die gesetzlich vorgeschriebene Prüfung unterlassen habe, so müsse es den Interessenten unbenommen bleiben, die Beseitigung der Gesetzwidrigkeit im Wege der Beschwerde herbeizuführen; durch eine gesetzwidrige Eintragung könne ein Rechtssubjekt, welches nicht rechtswirksam entstanden war, nicht geschaffen werden. Dieser Auffassung ist in ihren Schlußfolgerungen auf den in Rede stehenden Fall u. E. nicht beizutreten, denn die „Umwandlung" selbst ist nur ein vorbereitender Akt, und daß der Richter auf ihn seine Prüfung auszudehnen hat, kann derselben eine weitergehende rechtliche Bedeutung nicht geben. Die Gesellschaft mit beschränkter Haftung entsteht selbständig auf Grund des Gesellschaftsvertrages, die Möglichkeit der Beseitigung muß daher auch in ihr selbst gegeben sein. Im Uebrigen bietet auch der § 79 [80] dem Aktionär ausreichenden Schutz und könnte dieser sich weiter durch rechtzeitige Anfechtung des zur Entstehung der neuen Gesellschaft führenden Generalversammlungsbeschlusses sichern.

Ein Aktionär, der Gesellschafter geworden ist, ist zur Anfechtung der Umwandlung nicht befugt. R.G. Bd. 33 S. 91.

§ 79.

In dem Falle des § 78 geht das Vermögen der aufgelösten Gesellschaft einschließlich ihrer Schulden mit der Eintragung der neuen Gesellschaft in das Handelsregister auf diese von Rechtswegen über.

Jeder Aktionär, welcher bei der neuen Gesellschaft sich nicht betheiligt hat, kann von dieser die Auszahlung eines seinem Antheil an dem Vermögen der aufgelösten Gesellschaft entsprechenden Betrages verlangen.

Unverzüglich nach der Eintragung der neuen Gesellschaft in das Handelsregister sind die Gläubiger der aufgelösten Gesellschaft nach Maßgabe der Bestimmungen des Artikels 243 des Handelsgesetzbuchs durch die Geschäftsführer der neuen Gesellschaft aufzufordern, sich bei dieser zu melden. Die Gläubiger, welche sich melden und der Umwandlung nicht zustimmen, sind zu befriedigen oder sicherzustellen. Die Geschäftsführer sind den Gläubigern der aufgelösten Gesellschaft persönlich und solidarisch für die Beobachtung dieser Vorschriften verantwortlich.

Entw. I § 76, II § 78, Komm. § 78a, Rtg. § 79. Entw. I S. 115, II S. 89, Komm.Ber. S. 13 bis 16. A.G. Art. 206a, 247. [H.B. § 306] G.G. §§ 137 bis 139 [§§ 143—145].

[In der vom 1. Januar 1900 geltenden Fassung bleibt der § unter der Ordnungsnummer **81** bestehen, doch heisst es in der ersten Zeile des ersten Absatzes „**§ 80**" (statt 78) und in der dritten Zeile des dritten Absatzes der „**§ 297**" (statt Artikel 243 des Handelsgesetzbuchs.]

1. Entstehungsgeschichte.

In der Reichstagskommission (Bericht S. 14 ff.) war in erster Lesung beantragt, die Bestimmung zu treffen:

„Die innerhalb dreier Jahre seit Erlaß dieses Gesetzes zum Zweck der Umwandlung aufgenommenen Urkunden sind stempelfrei."

Der Antrag wurde angenommen; in zweiter Lesung aber durch folgenden Antrag ersetzt:

„Erfolgt binnen drei Jahren nach Erlaß dieses Gesetzes die Umwandlung einer zur Zeit bestehenden Aktiengesellschaft in eine Gesellschaft mit beschränkter Haftung, so unterliegen die zum Zwecke der

Umwandlung vorzunehmenden Geschäfte und aufzunehmenden Schriftstücke keiner Stempelabgabe (Taxe, Sportel, Gebühr u. s. w.). Hinsichtlich der den Notaren und Gerichten zustehenden Gebühren bleiben die landesgesetzlichen Vorschriften unberührt."

Der Regierungs-Vertreter erklärte, daß, wenn auch das Bestreben die Umwandlung zu erleichtern zu billigen, der von dem Antrage eingeschlagene Weg bedenklich sei, da „ein so weit gehender Eingriff in die Steuerhoheit der Bundesstaaten, wie er in der Statutirung der Stempel- und Abgabenfreiheit der in Betracht kommenden, ausschließlich nach Maßgabe der landesrechtlichen Bestimmungen vorzunehmenden Rechtsakte enthalten sei, . . . jedenfalls als in hohem Grade unerwünscht" zu betrachten sei. „Man werde zu erwägen haben, ob der erstrebte Zweck . . . nicht auf einem anderen Wege zu erreichen sei, nämlich in der Weise, daß man den Uebergang des Vermögens der aufgelösten Aktiengesellschaft auf die neue Gesellschaft mit beschränkter Haftung von Rechtswegen eintreten lasse." Aus dieser Erwägung ist Abs. 1 entstanden. Mit der Auflösung der A.G. endigt die Vertretungsbefugniß des Vorstandes, die Prozesse werden gemäß § 219 [241] C.P.O. unterbrochen bis zur Aufnahme durch die neue Gesellschaft.

2. **Universalsuccession.**

Durch die Umwandlung der Aktiengesellschaft in eine Gesellschaft m.b.H. geht das Vermögen der ersteren im Wege der Universalsuccession auf die letztere über, der Vermögensübergang vollzieht sich mit der Eintragung der Umwandlung; bei Immobilien handelt es sich daher nur um eine Berichtigung des Grund- oder Hypothekenbuchs auf einseitigen Antrag der neuen Gesellschaft durch Eintragung der letzteren als der nunmehrigen Eigenthümerin (Komm.Ber. S. 15). Auch die Handelsbücher der aufgelösten Gesellschaft gehen auf die neue Gesellschaft über. In materieller und prozessualer Beziehung ist die neue Gesellschaft die Rechtsnachfolgerin der aufgelösten Gesellschaft. Mit der Eintragung wird die neue Gesellschaft an Stelle der Aktiengesellschaft die Schuldnerin der Gläubiger.

3. **Stempelfreiheit.**

Der Gesellschaftsvertrag der neu errichteten Gesellschaft unterliegt dem landesrechtlichen Stempel, im Uebrigen aber entstehen keine Stempelunkosten, da durch die Universalsuccession „stempel- und abgabenpflichtige Rechtsgeschäfte hinsichtlich des Ueberganges des Vermögens von der alten auf die neue Gesellschaft überhaupt nicht vorkommen" (Komm.Ber. S. 15).

4. **Anspruch der Aktionäre der aufgelösten Aktiengesellschaft.**

Jeder Aktionär ist berechtigt, sich bei der neuen Gesellschaft zu betheiligen (§ 78 [80] Abs. 3), diejenigen Aktionäre, welche von diesem Rechte keinen Gebrauch machen, können die Auszahlung des auf ihre Aktien entfallenden Antheils fordern; der Antheil ist nach

§ 78 [80] Abs. 4 zu berechnen. Ein Aktionär, der sich nicht mit sämmtlichen Aktien betheiligt, hat den Anspruch aus Abs. 2 für die Aktien, mit denen er nicht beitritt. Im Regierungsentwurf war der Anspruch auf Auszahlung an die Voraussetzung geknüpft, daß der betreffende Aktionär nicht etwa selbst für die Auflösung der Aktiengesellschaft behufs der Umwandlung gestimmt hat. Die Reichstagskommission hat diese Beschränkung gestrichen, so daß nun auch der Aktionär Auszahlung seines Antheils fordern kann, der für die Auflösung zum Zweck der Umwandlung gestimmt hat. (Birkenbihl S. 359, Förtsch S. 178, Maassen a. a. O. S. 283.) Der Anspruch entsteht mit der Eintragung der Umwandlung. Da die Liquidation unterblieben ist, ist auch das Sperrjahr des Art. 245 A.G. [§ 301 H.B.] nicht einzuhalten. Diese Aktionäre haben gegen die neue Gesellschaft die gleichen Rechte wie alle anderen Gläubiger, so können sie auch unter den gleichen Voraussetzungen die Konkurseröffnung beantragen (vgl. Neukamp S. 303).

5. Aufforderung der Gläubiger.

Nach Maßgabe des Art. 243 [H.B. § 297] hat die Aufforderung zu erfolgen, d. h. „sie muß zu drei verschiedenen Malen durch die hierzu bestimmten öffentlichen Blätter bekannt gemacht werden". Da es sich um die Gläubiger der aufgelösten Aktiengesellschaft handelt, muß die Aufforderung in denjenigen Blättern erfolgen, welche im Gesellschaftsvertrage derselben bestimmt waren. Es erscheint zulässig, daß in der Aufforderung eine angemessene Meldefrist gesetzt wird, mit deren Ablauf die Gläubiger der neuen Gesellschaft gegenüber keine weiteren Rechte haben als die sie an die frühere Aktiengesellschaft hatten. Birkenbihl S. 360, a. A. Hergenhahn S. 153, vgl. aber Hergenhahn in der Wochenschrift für Aktienrecht 1892 S. 255.

6. Befriedigung und Sicherstellung der Gläubiger.

„Die Geschäftsführer der neuen Gesellschaft sollen verpflichtet sein, unverzüglich nach der Eintragung des Gesellschaftsvertrages in das Handelsregister, also zu einer Zeit, wo eine erhebliche Konkurrenz anderer Gläubiger noch nicht in Frage kommen kann, diejenigen Gläubiger der aufgelösten Aktiengesellschaft, welche auf ergangene Aufforderung sich melden und der Umwandlung nicht zustimmen, sicherzustellen und zu befriedigen" (Entw. I S. 118, II S. 92). Das „unverzüglich" bezieht sich also sowohl auf die Aufforderung wie auf die Befriedigung und Sicherstellung. Ueber Sicherstellung vgl. § 59 Anm. 7, die Sicherstellung bezieht sich selbstverständlich nur auf nicht fällige Forderungen. Ebensowenig wie die Auflösung mit daran sich schließender Liquidation hat die Umwandlung das Eintreten der Fälligkeit von Forderungen zur Folge (a. A. anscheinend Förtsch S. 176).

Die Sicherung der Gläubiger beruht in Folgendem: sie haben von der neuen Schuldnerin das Recht auf Sicherstellung; die Geschäftsführer der Gesellschaft haften ihnen persönlich und solidarisch für die Beobachtung der Vorschriften des § 79 [81]; es haftet ihnen die Gesellschaft, und die Haftbarkeit der Mitglieder derselben ist nach Maßgabe der §§ 24 und 31 eine weitergehendere wie die der Aktionäre der aufgelösten Gesellschaft; ferner wird „die Innehaltung der Vorschriften des § 78 [80] durch die Verantwortlichkeit der Mitglieder des Vorstandes und des Aufsichtsraths der aufgelösten Aktiengesellschaft gesichert" (Entw. a. a. O.).

7. **Verantwortlichkeit der Geschäftsführer.**

Es ist dies der einzige Fall, in dem die Geschäftsführer unmittelbar den Gläubigern verhaftet sind.

Vorbemerkung zu §§ 80—82.

In strafrechtlicher Beziehung geht das Gesetz davon aus „daß bei der Gesellschaft mit beschränkter Haftung Pflichtwidrigkeiten der Betheiligten, welche nicht den Thatbestand einer nach gemeinem Recht strafbaren Handlung enthalten, das öffentliche Interesse nur insoweit berühren, als dadurch die Sicherheit des im Geschäfts- und Kreditverkehr mit den Gesellschaften stehenden Publikums in gemeingefährlicher Weise verletzt wird. Namentlich muß, da den Gläubigern der Gesellschaft ausschließlich das Gesellschaftsvermögen haftet, jede arglistige Täuschung des Publikums über die wesentliche finanzielle Grundlage des Unternehmens auch strafrechtlich geahndet werden, und dasselbe gilt von einer widerrechtlichen Verkürzung des Gesellschaftsvermögens, durch welche den Gläubigern die zu ihrer Befriedigung unentbehrlichen Mittel entzogen werden. Dagegen ist für die Gesellschafter selbst ein besonderer Schutz auf strafrechtlichem Gebiete nicht angezeigt. Es handelt sich nicht, wie bei den Aktiengesellschaften, um die wechselnde Betheiligung einer sehr großen Zahl von Mitgliedern, für deren Interessen aus Rücksichten des öffentlichen Wohls eine besondere Fürsorge zu treffen wäre . . . Es kann . . . insoweit auch in strafrechtlicher Beziehung bei dem gemeinen Recht sein Bewenden haben" (Entw. I S. 118f., II S. 92).

§ 80.

Mit Gefängniß bis zu einem Jahre und zugleich mit Geldstrafe bis zu fünftausend Mark werden bestraft:

1. Geschäftsführer und Mitglieder einer Gesellschaft mit beschränkter Haftung, welche behufs Eintragung des Gesellschaftsvertrages in das Handelsregister, sowie Geschäftsführer, welche behufs Eintragung einer Erhöhung des Stammkapitals in das Handelsregister dem Gericht (§ 7 Abs. 1) hinsichtlich der Einzahlungen auf die Stammeinlagen wissentlich falsche Angaben machen;

2. Geschäftsführer einer Gesellschaft mit beschränkter Haftung, welche, um die Eintragung einer Herabsetzung des Stammkapitals in das Handelsregister zu erwirken, dem Gericht (§ 7 Abs. 1) hinsichtlich der Befriedigung oder Sicherstellung der Gläubiger wissentlich eine unwahre Versicherung abgeben;
3. Geschäftsführer, Liquidatoren, sowie Mitglieder eines Aufsichtsraths oder ähnlichen Organs einer Gesellschaft mit beschränkter Haftung, welche in einer öffentlichen Mittheilung die Vermögenslage der Gesellschaft wissentlich unwahr darstellen oder verschleiern.

Zugleich kann auf Verlust der bürgerlichen Ehrenrechte erkannt werden.

Sind mildernde Umstände vorhanden, so tritt ausschließlich die Geldstrafe ein.

Entw. I § 77, II § 79, Komm. § 79, Rtg. § 80. [Art. 11 XXIV des Einführungesetzes zum H.B.] Entw. I S. 118, II S. 92. Komm.Ber. S. 16. A.G. Art. 249—249 g. [H.B. §§ 312 ff.] G.G. §§ 141—143 [§§ 147—149]. H.G.B. Art· 272.

[In der vom 1. Januar 1900 an geltenden neuen Fassung dieses §, der die Ordnungsnummer 82 bekommt, sind laut Einführungsgesetz vom H.B. im Absatz 1 Nr. 1 die Worte „Eintragung des Gesellschaftsvertrages“ durch „Eintragung der Gesellschaft“ ersetzt. Es entspricht dies der Aenderung des § 7.]

1. Anmeldung des Gesellschaftsvertrages und der Erhöhung des Stammkapitals vgl. Pos. 1.

Die Worte „und Mitglieder einer Gesellschaft“ hätten gestrichen werden müssen, da nach der Fassung des Gesetzes (§ 7) die Anmeldung ausschließlich durch die Geschäftsführer erfolgt. In dem Regierungsentwurf hieß es im Schlußsatz der Pos. 1 „hinsichtlich der Uebernahme der Stammeinlagen oder der Einzahlungen“, in der Reichstagskommission sind die Worte „der Uebernahme der Stammeinlagen oder“ gestrichen, das war der Thatbestand von § 8 Pos. 3; die Strafvorschrift trifft die Angaben über die auf die Stammeinlagen gemachten „Einzahlungen“; über den Begriff „Einzahlung“ vgl. § 7 Anm. 3. Sinngemäß wird die Vorschrift auf die nach § 8 Abs. 2, § 58 [57] Abs. 2 abzugebende Versicherung zu beziehen sein, ebenso Neukamp S. 306, a. A. Esser S. 119, Birkenbihl S. 363, Förtsch S. 177, die nur die Angabe über baare Einzahlungen getroffen wissen wollen.

2. Unwahre Versicherung hinsichtlich der Befriedigung oder Sicherstellung der Gläubiger vgl. Pos. 2.

Es handelt sich um die nach § 59 [58] Pos. 4 abzugebende Versicherung, welche dem Interesse der Gesellschaftsgläubiger dient.

3. Unwahre Darstellung und Verschleierung in öffentlichen Mittheilungen vgl. Pos. 3.

Mittheilungen der bezeichneten Art sind insoweit unter Strafe gestellt, „als sie für die Oeffentlichkeit bestimmt und in die Oeffentlichkeit gebracht sind. Handelt es sich nicht um eine Täuschung des Publikums, sondern nur um einen Vorgang innerhalb der Gesellschaft, so liegt . . . kein Grund vor, eine Bestrafung eintreten zu lassen, welche nicht durch den Thatbestand einer nach den allgemeinen Gesetzen strafbaren Handlung begründet ist" (Entw. I S. 119f., II S. 93. Auch Verschweigen von Thatsachen kann dahin gehören.

§ 81.

Die Strafvorschriften der §§ 209 bis 211 der Konkursordnung finden gegen die Geschäftsführer einer Gesellschaft mit beschränkter Haftung, welche ihre Zahlungen eingestellt hat oder über deren Vermögen das Konkursverfahren eröffnet worden ist, Anwendung, wenn sie in dieser Eigenschaft die mit Strafe bedrohten Handlungen begangen haben.

Entw. I § 78 II, § 80, Komm. § 80, Rtg. § 81. Entw. I S. 120, II S. 93.

[In der vom 1. Januar 1900 an geltenden neuen Fassung des § 81, der die Ordnungsnummer **83** bekommt, heisst es in der ersten Zeile: §§ 239 bis 241 statt §§ 209 bis 211.]

§ 81 [83] enthält eine Ergänzung des § 214 [244] R.K.O., welcher die Vorstandsmitglieder und Liquidatoren der daselbst näher bezeichneten Gesellschaften den erwähnten Strafvorschriften unterwirft. „Hinsichtlich der Liquidatoren ist eine besondere Strafvorschrift nicht erforderlich, weil dieselben schon durch § 214 [244] R.K.O. getroffen werden" (Entw. I S. 120, II S. 93).

Die Aufstellung der Eröffnungsbilanz (§ 42 [41] Abs. 1) ist ein Bestandtheil der Buchführung (R.G. Strafsachen Bd. 29 S. 223). Nr. 2 § 210 [Nr. 3 240] R.K.O. greift nur dann Platz, wenn durch die unordentliche Buchführung die Uebersicht des Vermögensstandes zur Zeit der Zahlungseinstellung oder Konkurseröffnung ausgeschlossen ist, es kann aber zwischen früherer mangelhafter Buchführung ein Zusammenhang insofern bestehen oder die Mängel fortwirken (R.G. a. a. O.).

§ 82.

Die Geschäftsführer oder Liquidatoren einer Gesellschaft mit beschränkter Haftung werden mit Gefängniß bis zu drei Monaten und zugleich mit Geldstrafe bis zu eintausend Mark bestraft, wenn entgegen den Vorschriften im § 64, § 72 Absatz 1 der Antrag auf Eröffnung des Konkursverfahrens unterlassen ist.

Sind mildernde Umstände vorhanden, so tritt ausschließlich die Geldstrafe ein.

Straflos bleibt derjenige, bezüglich dessen festgestellt wird, daß der Antrag auf Eröffnung des Konkursverfahrens ohne sein Verschulden unterblieben ist.

Entw. I § 79, Entw. II § 81, Komm. § 81, Rtg. § 82. Entw. I S. 120, II S. 93. A.G. Art. 249c Nr. 2. [H.B. § 315 Nr. 2.] G.G. § 142 [148] Nr. 2.

[In der vom 1. Januar 1900 geltenden neuen Fassung des § 82, der die Ordnungsnummer **84** bekommt, heisst es im ersten Absatz „§ 71" statt § 72.]

In Betreff der Beweislast gelten die allgemeinen Regeln des Strafprozesses. Das Verschulden aber wird vermuthet, denn die Feststellung der Straflosigkeit ist Strafausschließungsgrund (Förtsch S. 180, a. A. Hergenhahn S. 158).

„Darauf, ob der Angeklagte den Willen besessen hat, weitere Zahlungen zu leisten, kann nichts ankommen, es muß vielmehr für die Thatsache der Zahlungseinstellung eines Schuldners, im Falle derselbe eine hierauf gerichtete Erklärung nicht abgegeben hat, genügen, daß er eine Zahlung nicht leistete, und daß dies mit dem Bewußtsein geschehen war, er sei zur sofortigen Herbeischaffung bereiter Mittel zur Bezahlung seiner fälligen Schuld nicht im Stande" (R.G. Strafsachen Bd. 14 S. 222).

[Die Schlussformel fehlt in dem Abdruck der neuen Fassung S. 867 des Reichsgesetzblattes 1898.]

Urkundlich unter Unserer Höchsteigenhändigen Unterschrift und beigedrucktem Kaiserlichen Insiegel.

Gegeben im Schloß zu Berlin, den 20. April 1892.

(L. S.) **Wilhelm.**

Graf von Caprivi.

Dritter Theil.

Entwürfe von Gesellschaftsverträgen (Statuten).

Nachfolgend theilen wir fünf Entwürfe von Gesellschaftsverträgen (Statuten) mit:

I. über eine zu gründende Fabrik — bei einfachster Sachlage —,

II. über Fortführung eines größeren Fabrikunternehmens innerhalb einer Familie (sogen. „Familienfabrik"),

III. über eine Gesellschaft zur Ausnutzung patentirter Erfindungen,

IV. über ein Wohlthätigkeits-Unternehmen,

V. über Umwandlung einer Aktiengesellschaft (Zuckerfabrik) in eine Gesellschaft mit beschränkter Haftung.

I. Fabrikgründung.

Zu dem nachfolgenden Beispiel eines Gesellschaftsvertrages über eine zu gründende Fabrik ist möglich kürzeste Form gewählt; es ist angenommen, daß die Gesellschafter sich aller Abweichungen von den im Gesetz aufgestellten Regeln enthalten.

Xstadt, den 29. April 1893.

Königliches Amtsgericht.

Gegenwärtig Hoffmann Amtsrichter.

An Gerichtsstelle*) erschienen von Person bekannt und verfügungsfähig:

1) der Kaufmann August Arendt,

2) der Bürgermeister Bernhard Bessel,

3) der Commercienrath Karl Cooper,

4) der Domänenpächter David Drucker,

5) der Freigutsbesitzer Ferdinand Flink,

sämmtlich von hier und schlossen folgenden Gesellschaftsvertrag:

§ 1. Wir errichten eine Gesellschaft mit beschränkter Haftung unter der Firma: **„Werkzeugmaschinenfabrik mit beschränkter Haftung"** mit dem Sitz in Xstadt.

---

*) Oder „Vor dem unterzeichneten Notar" ꝛc.

§ 2. Der Gegenstand des Unternehmens ist Fabrikation und Verkauf von Werkzeugmaschinen.

§ 3. Das Stammkapital beträgt 40000 Mark.

§ 4. Die von jedem der fünf Gesellschafter: August Arendt, Bernhard Bessel, Carl Cooper, David Drucker und Ferdinand Flink zu leistende Einlage beträgt 8000 Mark.

§ 5. Der Kaufmann August Arendt ist zum Geschäftsführer bestellt.

Vorgelesen, genehmigt, vollzogen.

(Folgen die Unterschriften.)

Xstadt, den 1. Mai 1893.

Erläuterung.

Dieser Vertrag enthält alles, was der § 3 des Gesetzes als nothwendig verlangt. Dadurch, daß der Vertrag weiter nichts enthält, folgt folgendes:

a) Das Unternehmen ist auf gewisse Zeit nicht beschränkt (§ 3).

b) Außer der Leistung von Kapitaleinlagen werden den Gesellschaftern Verpflichtungen gegenüber der Gesellschaft nicht auferlegt (§ 3).

c) Nicht in Geld zu leistende Einlagen werden auf das Stammkapital nicht gemacht (§ 5).

d) Die Gesellschaft übernimmt keine Vermögensgegenstände, für welche eine Vergütung auf Stammeinlagen anzurechnen ist (§ 5).

e) Die Zeichnung geschieht in der Weise, daß der Geschäftsführer der Firma seine Namensunterschrift beifügt (§ 35).

f) Die Geschäftsantheile sind ohne Genehmigung der Gesellschaft veräußerlich und vererblich (§ 15).

g) Die Veräußerung von Theilen eines Geschäftsantheils ist gestattet, aber bedarf stets der Genehmigung der Gesellschaft (§ 17, § 41 zu 4).

h) Für verzögerte Einzahlungen sind Konventionalstrafen nicht festgesetzt.

i) Nachschüsse können nicht beschlossen werden (§ 26).

k) Die Gesellschafter haben Anspruch auf den jährlichen Reingewinn. Die Vertheilung erfolgt nach Verhältniß der Geschäftsantheile (§ 29).

l) Die Einziehung (Amortisation) von Geschäftsantheilen findet nicht statt (§ 34).

m) Der Geschäftsführer ist der Gesellschaft gegenüber verpflichtet, Beschränkungen einzuhalten, welche für den Umfang seiner Befugniß, die Gesellschaft zu vertreten, durch Beschlüsse der Gesellschafter festgesetzt werden (§ 37).

n) Die Bestellung des Geschäftsführers ist zu jeder Zeit widerruflich (§ 38); die neue Bestellung erfolgt durch Beschluß der Gesellschafter (§ 47 [46] zu 7).

o) Der Geschäftsführer hat in den ersten drei Monaten des Geschäftsjahres die Bilanz für das verflossene Geschäftsjahr nebst einer Gewinn- und Verlustrechnung aufzustellen (§ 42).

p) Die Rechte, welche den Gesellschaftern in Angelegenheiten der Gesellschaft zustehen, sowie die Ausübung derselben bestimmen sich nach den Vorschriften der §§ 47 bis 52 [46 bis 51] des Gesetzes.

q) Ein Aufsichtsrath ist nicht bestellt (§ 53 [52]).

r) Abänderungen des Gesellschaftsvertrages bedürfen einer Mehrheit von drei Viertheilen der abgegebenen Stimmen, andere Erschwernisse finden nicht statt (§ 54 [53]).

s) Die Gesellschaft wird nur durch die in § 60, 2 bis 4 aufgeführten Gründe aufgelöst.

t) Im Falle der Auflösung erfolgt die Liquidation durch den Geschäftsführer, falls sie nicht durch Beschluß der Gesellschafter anderen Personen übertragen wird (§ 66).

u) Das Vermögen der Gesellschaft wird nach der Auflösung unter die Gesellschafter nach Verhältniß ihrer Geschäftsantheile vertheilt (§ 73 [72]).

v) Wem die Bücher und Schriften der Gesellschaft nach Beendigung der Liquidation in Verwahrung zu geben sind, hat das Gericht in Ermangelung eines Beschlusses der Gesellschafter zu bestimmen (§ 75 [74]).

II. Fortführung eines größeren Fabrikunternehmens innerhalb einer Familie.

Hugo Maus und sein Schwager Robert Reinhard gründeten vor 40 Jahren die Xstadter Spinnerei Maus & Reinhard, die als offene Handelsgesellschaft in das Handelsregister eingetragen ist. Unter Leitung der beiden Gründer wuchs die Spinnerei aus kleinen Anfängen zu einem großen und einträglichen Unternehmen heran. Hugo Maus starb 1882 mit Hinterlassung von 5 Söhnen und einer Tochter. Von den Söhnen waren zwei, Heinrich und Paul, schon bei Lebzeiten des Vaters im Geschäft thätig, während Josef, Moritz und Friedrich sich anderen Berufen gewidmet hatten. Die 6 Kinder erbten, da die Mutter früher verstorben war, den die Hälfte betragenden Antheil des Vaters an der Spinnerei und wurden mit gleichen Rechten, also mit je $^1/_{12}$ ins Handelsregister eingetragen. Die Fabrikation leitete nun Robert Reinhard und Karl Maus, während Heinrich Maus den kaufmännischen Geschäftsbetrieb übernahm. Schon 1885 zog sich einer der Brüder, Friedrich, aus der Gesellschaft zurück; er trat seinen Antheil an seine Geschwister ab, so daß nun jedes $^1/_{10}$ Antheil besaß. Gleich bei Errichtung der Spinnerei war abgemacht, jeder Theilhaber solle Gewinne in der Fabrik „stehen lassen", dieselben wurden mit 3 % fest verzinst und nahmen am Gewinn vorweg (prioritätisch) bis auf 2 % Theil, sodaß die Theilhaber-Kapitalien in guten Jahren 5, in schlechten mindestens 3 % Zinsen erhielten. Für beliebige Beträge war sowohl der Handelsgesellschaft als dem Theilhaber dreimonatliche Kündigung gestattet. Da das Unternehmen florirte, sind diese Kapitalien der Gesellschafter so angewachsen, daß die Gesellschaft keinerlei andere Gläubiger hat und die Verzinsung jener Forderungen nur durch Anlegung der überflüssigen Gelder in Hypotheken und Effekten erzielt werden kann. Die drei geschäftsführenden Gesellschafter erhielten mäßiges Gehalt und eine kleine Tantième.

Im Jahre 1889 starb Paul Maus. Seinen Antheil mit $^1/_{10}$ und seine in der Fabrik stehenden Kapitalien erbten seine Wittwe Marie geb. Selke und seine minderjährige Tochter Regina, erstere zu $^1/_4$, letztere zu $^3/_4$. An Stelle des Verstorbenen trat als Geschäftsführer der Fabrikdirektor Rudolf Schober, er wurde auf eine Reihe von Jahren angestellt. Derselbe erhält Gehalt und Tantième vom Reingewinn und ist befugt, die Erträgnisse seiner Thätigkeit unter gleichen Bedingungen wie die Theilhaber „stehen zu lassen". Unter seiner Leitung sind in den letzten 3 Jahren glänzende Erfolge erzielt; er schlug eine weitere Ausdehnung des Unternehmens vor, stieß aber bei dem Landrichter Maus und andern Betheiligten auf Widerstand. Auch Robert Reinhard hatte Bedenken, er möchte seine geschäftliche Thätigkeit bald aufgeben, unter seinen fünf Kindern ist ein Sohn, der für ihn eintreten könnte; dieser aber weilt im Auslande und ist nicht geneigt, seinen Eltern und Geschwistern gegenüber so große Verpflichtungen zu übernehmen.

Das Reichsgesetz vom 20. April 1892 bietet eine geeignete Rechtsform für sogen. Familienfabriken,*) d. h. für solche gewerbliche Unternehmungen, die auf eine Reihe von Personen vererbt sind, die sämmtlich oder zum größten Theile die Geschäfte selbst zu führen nicht im Stande sind, aber auf die Erhaltung des Unternehmens und dessen Fortführung für die Familie Werth legen. In der Gesellschaft mit beschränkter Haftung wird die bisher unbeschränkte Haft der Theilhaber auf eine bestimmte Summe beschränkt und sie werden in den Stand gesetzt, ihr Vermögen ganz oder zum Theil nach und nach aus dem Unternehmen herauszuziehen.

Man beschließt die Umwandlung der offenen Handelsgesellschaft „Xstadter Spinnerei Maus & Reinhardt" in eine Gesellschaft mit beschränkter Haftung. Der Vorgang vollzieht sich nun folgendermaßen:

---

*) Im Gutachten des Ausschusses des deutschen Handelstages vom 7. Dezbr. 1888 (Entw. I S. 129) heißt es: „Oft kommt die Fortführung größerer gewerblicher Etablissements innerhalb einer Familie in Frage oder innerhalb der Familie derer, durch welche sie gegründet sind. So wünschenswerth die Erhaltung solcher Anlagen im Besitz der Familie namentlich in sozialer Beziehung ist, so schwer ist dafür die Form für die Familienmitglieder zu finden. Die offene Handelsgesellschaft eignet sich nicht wegen der unbegrenzten Solidarhaft, welche sie denjenigen Mitgliedern auferlegt, welche sich bei der Leitung nicht betheiligen. Die Kommanditgesellschaft oder die stille Theilhaberschaft birgt für die Inhaber stets eine große Gefahr, weil den Kommanditisten oder stillen Theilhabern nie das Recht entzogen werden kann, sei es früher oder später, dieselben zu kündigen, und weil diese Kündigung regelmäßig eintreten wird, wenn der Geschäftsgang schlecht ist. Bei der thatsächlichen Familien-Aktiengesellschaft wird es kaum möglich sein, auf die Dauer zu verhindern, daß einzelne Antheile in fremde Hände gerathen."

1. Zunächst ist der Werth der Fabrik und des Antheils jedes einzelnen Familienmitgliedes zu ermitteln und zugleich festzustellen, wie hoch seine Stammeinlage sein soll. Der Buchwerth der Fabrik kann nicht zu Grunde gelegt werden; denn es haben im Lauf der Jahre so bedeutende Abschreibungen auf Grund und Boden, Gebäude, Maschinen, Inventar stattgefunden, daß der wirkliche Werth den Buchwerth weit überschreitet. Der wirkliche Werth wird auf 800000 M. festgestellt. Schulden sind außer den vorerwähnten Kapitalien der Theilhaber und des Fabrikdirektors nicht vorhanden, und diesen zum Betrage von 300000 M. stehen als Aktivposten 250000 M. an Hypotheken und Effekten gegenüber. Da eine Erweiterung der Fabrik beabsichtigt wird, erscheint nicht angemessen, diese Aktiva zur Verminderung jener Passiva zu verwenden, vielmehr ist es angezeigt daß die bisherigen Theilhaber ihre der offenen Handelsgesellschaft belassenen Kapitalien zum Theil der neuen Gesellschaft übereignen und auf Stammeilagen anrechnen, zum Theil ihr als Darlehen belassen.

2. Die Antheile der einzelnen an dem Geschäftsvermögen werden auf Grund einer Bilanz folgendermaßen festgestellt:

Heinr. Maus	Fabrikantheil	1/10	80000 M.,	Kapitalforderung	30000 M.
Josef Maus	„	„	80000 „	„	20000 „
Frau Nordmann	„	„	80000 „	„	20000 „
Moritz Maus	„	„	80000 „	„	20000 „
Wittwe Maus	„	1/40	20000 „	„	15000 „
Regina Maus	„	3/40	60000 „	„	20000 „
Rob. Reinhard	„	1/2	400000 „	„	145000 „
Rud. Schober	—	—	— —	„	25000 „
			800000 M.	Kapitalforderung	300000 M.

Das Stammkapital soll nun auf 1000000 Mark festgesetzt werden.

3. Hugo Maus hatte unmittelbar neben der Fabrik für sich ein Grundstück von 2 ha Fläche erworben und darauf ein Wohnhaus errichtet, und aus dem zum Geschäft nicht verwendeten Theil einen Garten angelegt. Das Grundstück hat nach seinem Tode bei der Erbtheilung sein Sohn Paul Maus erworben und seiner Wittwe vermacht. Diese wohnt darin. Auf Ersuchen der Betheiligten übereignet die Wittwe Maus zwei Morgen dieser Besitzung der Gesellschaft, damit darauf die zur Erweiterung der Spinnerei nöthigen Gebäude errichtet werden können. Der Erwerbspreis von 5000 M. wird auf die Stammeinlage eingerechnet. Die Wittwe Maus will, sobald sich ihre Tochter verheirathet, die Wohnung nicht behalten und die Restbesitzung verkaufen; sie muß der Gesellschaft ein Vorkaufsrecht einräumen. Diese Verpflichtung ist in den Gesellschaftsvertrag aufzunehmen (§ 3 d. G.).

4. Durch allseitige Uebereinkunft wird festgestellt, daß an dem Stammkapital von 1000000 M. betheiligt sein sollen die 4 Geschwister, Heinrich, Josef, Moritz Maus und Karoline Nordmann

geb. Maus mit je 100000 M. (80000 M. Fabrikantheil, 20000 M. Kapital), Wittwe Maus mit 30000 M. (10000 M. Fabrikantheil, je 5000 M. Kapitalien und Entschädigung für das Grundstück, Regina Maus mit 70000 M. (60000 M. ererbter Antheil an der Fabrik und 10000 M. Kapitalien), Rob. Reinhard 475000 M. (400000 M. Antheil und 75000 M. Kapital), Rudolf Schober 25000 M. (Kapital). Darnach sind gar keine Stammeinlagen in Geld zu leisten.

Den Fabrikdirektor Schober nimmt man, obschon er nicht zur Familie gehört, in die Gesellschaft auf, um seine ausgezeichnete Kraft dauernd an die Gesellschaft zu fesseln.

5. Von den Kapitalien der Theilhaber bleiben als Darlehen übrig je 10000 M. für Heinrich Maus, Wittwe Maus und Regina Maus, 5000 M. für Moritz Maus und 70000 M. für Rob. Reinhard, zusammen also 105000 M. Es ist abgemacht, daß auch künftig die Gesellschafter Gewinn und Zinsen ganz oder theilweise als 4 %ige kündbare Darlehen stehen lassen können, doch wurde auf Verbriefung dieser Befugniß durch den Gesellschaftsvertrag verzichtet.

6. Die Umwandlung einer sogen. „Familienfabrik" in eine Gesellschaft mit beschränkter Haftung geschieht in der Absicht, die Fabrik der Familie zu erhalten; es werden deshalb Geschäftsantheile und Theile von Geschäftsantheilen an Familienmitglieder frei vererbt und an andere Gesellschafter abgetreten werden, dahingegen wird die Abtretung an Fremde möglichst verhindert oder erschwert werden.

7. Die Geschäftsführung wird vorläufig den bisherigen Leitern verbleiben. Die Bestellung der Geschäftsführer würde andernfalls nicht durch den Gesellschaftsvertrag geschehen, da dann Aenderungen in der Geschäftsführung und unter einem eine Mehrheit von drei Viertheilen der abgegebenen Stimmen erfordernden Abänderung des Gesellschaftsvertrages erfolgen kann. Die Gesellschaft wird vorziehen, sich in dieser Beziehung größere Freiheit der Entschließung zu sichern.

8. Ein Aufsichtsrath im Sinne des Aktiengesetzes paßt nicht für eine Gesellschaft, deren Mitglieder lauter nahe Verwandte sind. Dahingegen empfiehlt es sich, einen Familien-Beirath einzusetzen, ihn mit gewissen Aufsichtsrechten zu betrauen und die Geschäftsführer in einzelnen Fällen an seine Zustimmung zu binden. Die Versammlung der Gesellschafter hat die Mitglieder des Beirathes zu wählen; es erscheint nicht erforderlich, daß jedes derselben zu den Gesellschaftern gehört.

9. Bei einer Familienfabrik-Gesellschaft, die nur mit eigenem Vermögen wirthschaftet, hat die Errichtung von Nachschüssen nur eine untergeordnete Bedeutung. Immerhin mag es angemessen sein, eine auf einen bestimmten Betrag beschränkte Nachschußpflicht zuzulassen.

10. Was die Rechte der Gesellschafter anlangt, so sind einzelne der im § 47 (46) aufgeführten Fälle der Bestimmung der Gesell-

schafter zu entziehen. Ferner erscheint es angemessen, als Regel schriftliche Abstimmung zuzulassen.

11. In älteren Fabriken pflegen Wohlfahrts-Einrichtungen verschiedener Art zu bestehen, bestimmt und geeignet, tüchtige Arbeiter an die Fabrik und deren Besitzer zu fesseln. Wir nehmen an, daß bei Maus & Reinhard Lesezimmer, Bibliothek, Krankenhaus, Speisehaus für die Unverheiratheten, Sparkasse, Krankenkasse, Invalidenkasse und Unterstützungskasse für Wittwen und Waisen vorhanden sind; die daraus erwachsenen Rechte und Pflichten gehen von der Handelsgesellschaft auf die G. m.b.H. über. Ein Prozentsatz vom Reingewinn wird künftig einem Spezialfonds für die Wohlfahrtseinrichtungen zufließen. Weitere Bestimmungen darüber sind im Gesellschaftsvertrag nicht nöthig.

12. Die offene Handelsgesellschaft hatte für die älteren Arbeiter Prämien eingeführt, deren Vertheilung lediglich im freien Willen der Gesellschafter lag. Jetzt entschließt sich die Gesellschaft, eine Art Betheiligung der Arbeiter am Reingewinn einzuführen unter Bevorzugung der alten Arbeiter. In den Gesellschaftsvertrag sind nur die Bestimmungen über Vertheilung des Reingewinnes aufzunehmen. Alles Uebrige ist besonderen Abkommen zu überlassen.

Königliches Amtsgericht. Xstadt, den 1. Mai 1893.

Hoffmann, Amtsrichter.

An Gerichtsstelle erschienen von Person bekannt und verfügungsfähig:

1) Heinrich Maus, Kaufmann,
2) Josef Maus, Landrichter
   a) für sich,
   b) für Frau Karoline Nordmann geb. Maus, Ehefrau des Dr. med. Felix Nordmann zu Magdeburg notarielle Vollmacht derselben vom 20. April 1893 überreichend,
   c) für Moritz Maus, Ingenieur zu Danzig, gerichtliche Vollmacht desselben vom 15. April 1893 überreichend,
3) die Wittwe des verstorbenen Fabrikanten Paul Maus, Marie geb. Selke für sich und als Vormünderin ihrer minderjährigen Tochter Regina Maus, legitimirt durch die Vormundschaftsakten,
4) Robert Reinhard, Fabrikant,
5) Rudolf Schober, Fabrikdirektor,

sämmtlich von hier. Dieselben schlossen folgenden Gesellschaftsvertrag ab:

Erster Abschnitt: Firma. Sitz. Dauer. Gegenstand des Unternehmens.

§ 1. Wir errichten eine Gesellschaft mit beschränkter Haftung unter der Firma: „Xstadter Spinnerei von Maus und Reinhard, Gesellschaft mit beschränkter Haftung".

§ 2. Die Gesellschaft hat ihren Sitz in Xstadt.

§ 3. Die Dauer der Gesellschaft ist auf zwanzig Jahre bestimmt. Das erste Jahr beginnt mit der Eintragung der Gesellschaft in das Handelsregister und endet mit dem 31. Dezember 1893, die Dauer der Gesellschaft also mit dem 31. Dezember 1912.*)

*) Die Bestimmung der Dauer der Gesellschaft auf 20 Jahre hindert nicht

§ 4. Gegenstand des Unternehmens ist Betrieb eines Spinnereigeschäfts, insbesondere Fortführung der von der offenen Handelsgesellschaft „Xstadter Spinnerei Maus & Reinhard" betriebene Spinnerei.

Zweiter Abschnitt: Stammkapital. Stammeinlage. Besondere Verpflichtungen. Nachschüsse.

§ 5. Das Stammkapital der Gesellschaft beträgt 1000000.

§ 6. Auf das Stammkapital haben Einlagen zu leisten:

a)	Kaufmann Heinrich Maus zu Xstadt	100000 Mark.
b)	Landrichter Josef Maus daselbst	100000 „
c)	Frau Karoline Nordmann geb. Maus zu Magdeburg	100000 „
d)	Ingenieur Moritz Maus zu Danzig	100000 „
e)	Wittwe Marie Maus geb. Selke zu Xstadt	30000 „
f)	Regina Maus daselbst	70000 „
g)	Fabrikant Robert Reinhard daselbst	475000 „
h)	Fabrikdirektor Rudolf Schober daselbst	25000 „

§ 7. Die sieben unter a, b, c, d, e, f, g, aufgeführten Gesellschafter, alleinige Theilhaber der unter der Firma „Xstadter Spinnerei Maus & Reinhard" bestehenden offenen Handelsgesellschaft, und zwar Heinrich, Josef, Moritz Maus und Frau Nordmann geb. Maus zu je $^1/_{10}$, Wittwe Marie Maus zu $^1/_{40}$ und Regina Maus zu $^3/_{40}$ und Robert Reinhard zu $^5/_{10}$, übereignen zur Anrechnung auf ihre Stammeinlagen ihre Antheile an dem Vermögen jener zur Auflösung gelangenden offenen Handelsgesellschaft in Pausch und Bogen der neubegründeten Gesellschaft.

Zu dem Vermögen gehören insbesondere:

1) Das Grundstück Band IV, Blatt 106 Nr. 127 des Grundbuches von Xstadt nebst den darauf erbauten Fabrik- (Spinnerei-), Wohn-, Wirthschafts- und sonstigen Gebäuden mit Maschinen und allem Zubehör.

2) Das unter jener Firma betriebene Handels- und Fabrikgeschäft mit Aktiven und Passiven, mit allen aus Verträgen erhobenen Rechten und erwachsenen Verpflichtungen, mit baaren Kassenbeständen, Effekten, Außenständen, Hypotheken und Forderungen aller Art, mit sämmtlichen zur Spinnerei gehörenden

---

die Fortsetzung der Gesellschaft unter Abänderung des Gesellschaftsvertrages, die vor Ablauf der Frist beschlossen und in das Handelsregister eingetragen sein muß (§§ 54, 55 [53, 54], und 60 des Gesetzes und oben S. 206). In gleicher Weise kann unter Abänderung des Gesellschaftsvertrages eine frühere Auflösung der Gesellschaft beschlossen werden, diese ist hier aber im § 35 des Gesellschaftsvertrages noch dadurch erschwert, daß in der erforderlichen Mehrheit von $^3/_4$ der abgegebenen Stimmen mindestens $^3/_4$ des Stammkapitals vertreten sein muß. Vielleicht würde vorzuziehen sein, die Dauer der Gesellschaft nicht zu beschränken, sondern sie unbeschränkt zu lassen, aber Kündigung durch Gesellschafter mit einem gewissen Theil des Stammkapitals nach einer längeren Reihe von Jahren zuzulassen. Danach würde z. B. der erste Satz des § 3 zu streichen und der § 3 dahin zu ändern sein: „Die Dauer der Gesellschaft ist unbeschränkt, doch ist den Besitzern von Geschäftsantheilen, die mindestens $^1/_4$ des Stammkapitals ausmachen, vom 1. Januar 1912 an mit einer Frist von einem Jahr die Kündigung zum Schlusse eines Geschäftsjahres gestattet. Das erste Geschäftsjahr beginnt mit der Eintragung der Gesellschaft in das Handelsregister und endet mit dem 31. Dezbr. 1893; nach Ablauf desselben fällt das Geschäftsjahr mit dem Kalenderjahr zusammen."

Inventarienstücken, Utensilien, Vorräthen an Rohstoffen, fertigen und unfertigen Waaren.

Die Uebereignung erfolgt auf Grund der Bilanz vom 30. April 1893 zum Werthe von 800000 Mark.

§ 8. Die sämmtlichen Gesellschafter haben aus nicht abgehobenen Gewinnen und Zinsen nebst Zinseszinsen an die offene Handelsgesellschaft Forderungen, für die nun die neubegründete Gesellschaft mit beschränkter Haftung Schuldnerin geworden ist. Diese Forderungen werden von den Gesellschaftern ganz oder theilweise in den in § 10 aufgeführten Beträgen mit gleichen Beträgen ihrer Stammeinlagen kompensirt.

§ 9. Frau Marie Maus geb. Selke tritt von der ihr eigenthümlich gehörenden Besitzung Band IV Blatt 107 Nr. 128 des Grundbuches von Xstadt eine östliche an das Fabrikgrundstück grenzende, als Garten benutzte Fläche von 50 Ar (2 Morgen) in Pausch und Bogen, frei von Privatschulden und Lasten, in den durch Absteckung festgestellten Grenzen an die neubegründete Gesellschaft für eine auf ihre Stammeinlage angerechnete Vergütung von 5000 Mark ab.

§ 10 Danach werden die im § 5 aufgeführten Stammeinlagen gedeckt von:

a) Heinrich Maus durch 80000 Mark Fabrikantheil und 20000 Mark, kompensirt mit einem gleichen Betrage von seiner Forderung von 30000 Mark,
b) Josef Maus durch 80000 Mark Fabrikantheil und durch 20000 Mark, kompensirt mit seiner gleich hohen Forderung.
c) Frau Karoline Nordmann geb. Maus durch 80000 Mark Fabrikantheil und durch 20000 Mark, kompensirt mit ihrer gleich hohen Forderung,
d) Moritz Maus durch 80000 Mark Fabrikantheil und durch 20000 Mark, kompensirt mit einem gleichen Betrage seiner Forderung von 25000 Mark,
e) Wittwe Marie Maus geb. Selke durch 20000 Mark Fabrikantheil, durch 5000 Mark kompensirt mit einem gleichen Betrage ihrer Forderung von 15000 Mark und durch 5000 Mark kompensirt mit der gleich hohen Vergütung für das abgetretene Grundstück,
f) Regina Maus durch 60000 Mark Fabrikantheil und durch 10000 Mark, kompensirt mit einem gleichen Betrage ihrer Forderung von 20000 Mark,
g) Robert Reinhard durch 40000 Mark Fabrikantheil und durch 75000 Mark, kompensirt mit einem gleichen Betrage seiner Forderung von 145000 Mark,
h) Rudolf Schober durch 25000 Mark, kompensirt mit seiner gleich hohen Forderung.

§ 11. Zur Veräußerung von Geschäftsantheilen oder Theilen derselben an andere Gesellschafter sowie zur Theilung von Geschäftsantheilen verstorbener Gesellschafter unter deren Erben ist eine Genehmigung der Gesellschaft nicht erforderlich, dahingegen bedarf es dieser Genehmigung (§ 22) zur Veräußerung von Geschäftsantheilen oder von Theilen von Geschäftsantheilen an andere Personen.

§ 12. Frau Marie Maus geb. Selke räumt der Xstadter Spinnerei von Maus und Reinhard, Gesellschaft mit beschränkter Haftung, das Vorkaufsrecht auf ihre neben der Spinnerei belegene Besitzung Band IV Blatt 107 Nr. 128 des

Grundbuches von Xstadt ein und bewilligt die Eintragung des Vorkaufsrechts in das Grundbuch.

§ 13. Die Gesellschaft kann über den Betrag der Stammeinlagen hinaus die Einforderung von weiteren Einzahlungen (Nachschüssen) beschließen, jedoch nicht über 10% des Geschäftsantheils. (Vgl. unten § 22 dieses Vertrages und § 26 des Ges.)*)

Dritter Abschnitt. Geschäftsführer.

§ 14. Die Gesellschaft bestellt drei Geschäftsführer. Bestellung und Abberufung derselben erfolgt durch die Versammlung der Gesellschafter. Wenn ein Geschäftsführer stirbt oder aus andern Gründen ausscheidet, so führen die beiden andern die Geschäfte bis zur nächsten ordentlichen Versammlung der Gesellschafter (unten §§ 22, 24, 28) allein.

§ 15. Bis zum 31. Dezember 1894 haben die von der Handelsgesellschaft „Xstadter Spinnerei Maus & Reinhard" bestellten Geschäftsführer Robert Reinhard, Heinrich Maus und Fabrikdirektor Schober nach Inhalt des Vertrages vom 10. Oktober 1889 die Geschäfte für die neubegründete Gesellschaft fortzuführen. Die Bestimmungen des Vertrages vom 10. Oktober 1889 bleiben maßgebend, soweit dieser Gesellschaftsvertrag und das Gesetz vom 20. April 1892 keine Abweichung enthalten.

§ 16. Die Zeichnung für die Gesellschaft erfolgt durch zwei Geschäftsführer oder wenn Prokuristen bestellt sind, durch einen Geschäftsführer und einen Prokuristen oder durch zwei Prokuristen. Die Zeichnung erfolgt in der Weise, daß die Zeichnenden zu der geschriebenen oder vermittelst Druck oder Stempel hergestellten Firma der Gesellschaft ihre Namenunterschrift beifügen.

Vierter Abschnitt. Beirath.

§ 17. Zur Wahrnehmung der Interessen der Gesellschafter den Geschäftsführern gegenüber wird ein Beirath bestellt. Derselbe wacht darüber, daß die Beschlüsse der Gesellschafter und die Vorschriften des Gesellschaftsvertrages und des Gesetzes beobachtet werden. Er kann von den Geschäftsführern über wichtige Angelegenheiten der Gesellschaft Bericht erfordern, und die Bücher der Gesellschaft einsehen.

§ 18. Der Beirath besteht aus drei Mitgliedern, von denen zwei nicht Gesellschafter zu sein brauchen. Der Beirath wird in der ordentlichen Versammlung der Gesellschafter immer nur auf ein Jahr gewählt, Wiederwahl ist zulässig.

§ 19. Die Geschäftsführer bedürfen der Zustimmung des Beiraths zum Erwerb und zur Veräußerung von Grundstücken und zur Errichtung von Zweigniederlassungen.

§ 20. Der Beirath hat die von den Geschäftsführern aufgestellte Jahresbilanz nebst Gewinn- und Verlustrechnung zu prüfen und darüber der Versammlung der Gesellschafter zu berichten. Er kann die Geschäftsführer auffordern, eine Versammlung der Gesellschafter zu berufen und wenn die Geschäftsführer der Aufforderung nicht nachkommen, selbst die Versammlung berufen, wenn er dies im Interesse der Gesellschaft für erforderlich hält. Er nimmt Beschwerden des

*) Auf die Nachschüsse findet § 28 Abs. 1 des Gesetzes Anwendung.

Arbeiterausschusses und der Beamten über die Geschäftsführung und Anträge derselben entgegen und berichtet darüber den Gesellschaftern. Auch Mitglieder des Beirathes, die nicht Gesellschafter sind, nehmen an den Versammlungen der Gesellschafter Theil.

§ 21. Die Mitglieder des Beiraths beziehen außer Ersatz der bei Ausübung ihrer Funktionen entstandenen baaren Auslagen eine Tantième vom Reingewinne (§ 30, 3).

Fünfter Abschnitt. Versammlung und Beschlüsse der Gesellschafter. Bekanntmachungen.

§ 22. Der Bestimmung der Gesellschafter unterliegen:

a) Feststellung der Jahresbilanz und die Vertheilung des Reingewinns (§ 47 [46], 1 Ges.).
b) Bestellung und Abberufung von Geschäftsführern und Entlastung derselben (§ 47 [46], 5 Ges.).
c) Wahl von Mitgliedern des Beiraths (§ 18 dieses Vertrags).
d) Aenderung des Gesellschaftsvertrages, Erhöhung und Herabsetzung des Stammkapitals (§§ 54, 56, 59 [53, 55, 58] des Ges.).
e) Auflösung der Gesellschaft (§ 60, 2 Ges.).
f) Einforderung von Nachschüssen (§ 26 Ges.).
g) Rückzahlung von Nachschüssen (§ 47 [46], 3 Ges.).
h) Veräußerung von Geschäftsantheilen oder von Theilen von Geschäftsantheilen an Nichtgesellschafter (§ 17 u. § 15 Ges. u. § 11 Vertrags).
i) Geltendmachung von Ersatzansprüchen an Geschäftsführer oder Gesellschafter und Vertretung der Gesellschaft in Prozessen gegen Geschäftsführer (§ 47 [46], 8 Ges.).

§ 23. Die Beschlüsse der Gesellschafter werden in Versammlungen oder durch schriftliche Stimmabgabe mit Mehrheit gefaßt.

Bei der Beschlußfassung gewähren jede 1000 Mark eines Geschäftsantheils eine Stimme. Bei den Wahlen findet, sofern sie nicht einstimmig durch Acclamation erfolgen, geheime Abstimmung durch Stimmzettel statt. Falls im ersten Wahlgange eine absolute Mehrheit nicht erreicht wird, sind diejenigen Beiden, auf welche die meisten Stimmen gefallen sind, zur engern Wahl zu bringen. Im Falle der Stimmengleichheit entscheidet das Loos.*)

§ 24. Die Beschlüsse zu a, b, c, d, e des § 22 werden in Versammlungen der Gesellschafter gefaßt. Die Versammlungen werden von den Geschäftsführern und im Fall des § 20 dieses Vertrages vom Beirath berufen. Eine Berufung durch Gesellschafter im Fall des § 51 [50] Abs. 1 und 3 des Gesetzes findet nicht statt.**)

---

*) Im Vertrage noch besonders die Fälle zu erwähnen, wenn gleichzeitig mehrere Personen (z. B. drei Beirathsmitglieder) zu wählen sind und entweder mehr Personen als zu wählen sind, oder keine Person die absolute Mehrheit erreicht, lohnt wohl nicht. In der Gesellschaft von nur 8 Gesellschaftern mit sehr verschiedenen Stimmrechten werden Wahlkämpfe kaum vorkommen, vorherige Verständigung und dann Acclamationswahl wird die Regel sein.

**) Mangels besonderer Bestimmungen im Geschäftsvertrage erfolgt die Berufung der Versammlung durch Einladung mittelst eingeschriebener Briefe mit einer Frist von mindestens einer Woche seit Aufgabe der Briefe. Auch soll der Zweck der Versammlung bei der Berufung angekündigt werden ꝛc. (§ 52 [51]). Es ist

§ 25. In den ersten vier Monaten jedes Jahres wird in Xstadt die ordentliche Versammlung der Gesellschafter abgehalten, in der über die Bilanz Beschluß zu fassen ist. Außerordentliche Versammlungen können von den Geschäftsführern und im Falle des § 20 dieses Vertrages vom Beirath berufen werden, wenn es ihnen im Interesse der Gesellschaft erforderlich erscheint.

§ 26. In allen Fällen, in denen weder durch das Gesetz noch durch diesen Vertrag die Abhaltung einer Versammlung der Gesellschafter vorgeschrieben ist, insbesondere also auch in den Fällen f, g, h, i des § 22 soll eine schriftliche Abgabe der Stimmen stattfinden. Die Geschäftsführer fordern in eingeschriebenen Briefen die Erklärung der Gesellschafter über die zu treffende Bestimmung ein. Es ist dabei die Ankündigung zulässig, daß wenn nicht binnen acht Tagen seit der Aufgabe der Briefe eine Antwort erfolgt, angenommen wird, daß der Gesellschafter dem gemachten Vorschlage zustimmt.

§ 27. Bekanntmachungen der Gesellschaft, die nach dem Gesetze (§§ 30 u. 59 [58]) in öffentlichen Blättern zu erlassen sind, erfolgen durch die Xstadter Zeitung. Geht dieses Blatt ein, so tritt, bis die Gesellschaft ein anderes Blatt bestimmt, an dessen Stelle der deutsche Reichsanzeiger.

Sechster Abschnitt. Bilanz. Gewinnvertheilung. Reservefonds.

§ 28. Für die Aufstellung der Bilanz sind die Bestimmungen des § 43 des Gesetzes maßgebend. Von den Immobilien werden jährlich 3 %, von den Maschinen, Inventarienstücken, Utensilien, Vorräthen und Produkten 10 % vom Anschaffungs- und Herstellungspreise abgeschrieben.

§ 29. Von dem nach diesen Abschreibungen sich ergebenden Reingewinn werden zunächst mindestens 5 % dem Reservefonds so lange überwiesen, bis derselbe 10 % des Stammkapitals erreicht oder wieder erreicht. Sodann werden bis 5 % des Stammkapitals nach Verhältniß der Geschäftsantheile als Dividende an die Gesellschafter vertheilt.*)

§ 30. Von dem was dann noch übrig bleibt, fließen:

1. 5 % (1/20) in einen Dispositionsfonds zur Begründung und Förderung von Wohlfahrtseinrichtungen für die von der Gesellschaft beschäftigten Arbeiter und Beamten und deren Familien (Wohlfahrtsfonds), werden dann

2. 4 % (1/25) zu Gewinnantheilen für die Geschäftsführer nach Maßgabe der mit ihnen geschlossenen Verträge.

3. 2 % (1/50) zu Gewinnantheilen für die Mitglieder des Beiraths verwendet; sodann werden

4. 64 % (16/25) als weitere Dividende auf das Stammkapital nach Verhältniß der Geschäftsantheile vertheilt, und

5. 25 % (1/4) zur Betheiligung derjenigen Arbeiter und Beamten am Geschäftsgewinne verwendet, die mindestens ein volles Jahr ununterbrochen im Dienste der Gesellschaft stehen. Bei der Berechnung der Dienstjahre wird dem einzelnen Arbeiter und Beamten auch diejenige Zeit angerechnet, welche er bis zur

---

nicht nöthig dies ausdrücklich im Gesellschaftsvertrage auszusprechen, — doch vielleicht zu empfehlen, da die Gesellschafter die gesetzlichen Bestimmungen nicht immer kennen, auch das Gesetz nicht immer zur Hand haben werden.

*) Wenn der sich ergebende Reingewinn nicht zureicht, den Geschäftsantheilen vier Prozent zu gewähren, so erhalten sie weniger. Das bedeutet der Ausdruck „bis 4 % des Stammkapitals“.

Gründung der neuen Gesellschaft ununterbrochen im Dienste der Handelsgesellschaft Xstadter Spinnerei Maus & Reinhard gestanden hat.*)

§ 31. Der Plan über die Vertheilung der zu Arbeiter- und Beamten-Gewinnantheilen ausgesetzten 25 % wird jedesmal von den Geschäftsführern und dem Beirath entworfen und nachdem der Arbeiterausschuß**) und eine von den Beamten zu diesem Behufe zu wählende Kommission darüber gehört sind, von der Versammlung der Gesellschafter festgestellt.***)

§ 32. Die Arbeiter und Beamten erhalten von den Gewinnantheilen regelmäßig nur die Hälfte sofort ausgezahlt, während die andere Hälfte für sie als Sparpfennig angelegt und ihnen mit Zinsen und Zinseszinsen erst beim Ausscheiden aus dem Dienst der Gesellschaft ausgezahlt wird.†)

---

*) Die Sätze zu 4 und 5 des § 30 sind willkürlich gewählt. Wenn eine Gesellschaft die Gewinnbetheiligung der Arbeiter und Beamten einführt, so wird sie zuvor in betreff der voraufgegangenen Jahre Proberechnungen anstellen, um angemessene Verhältnißzahlen über die Gewinnbetheiligung des Kapitals und der Arbeit zu finden. Der unermüdliche Befürworter der Gewinnbetheiligung Professor Dr. Böhmert erklärte 1889 in einem Aufsatze in dem von ihm herausgegebenen „Arbeiterfreund" (S. 434), daß es nunmehr an der Zeit sei, auch in Deutschland mit dem Antheilsystem praktisch vorzugehen. „Dividenden mit 12, 14, 16, 18 und mehr Prozent sind in den letzten Jahren bei vielen Unternehmungen vorgekommen. Wenn nun ein Fabrikant oder eine Aktiengesellschaft erklären würde, daß in dem Falle, wenn die in dem Betrieb angelegten Kapitalien mehr als 8 % Zinsen ergeben würden, alles darüber zwischen Arbeit und Kapital gleich getheilt werden solle, so würde bei 14 % Reingewinn der Arbeit 3 % und dem Kapital ebenfalls 3 % zufließen und mithin dem Kapital immerhin 11 % Reingewinn verbleiben." Wir glauben, daß größere gewerbliche Unternehmungen, welche die Form der Gesellschaft mit beschränkter Haftung anehmen, weit besser als der Fabrikant oder die Aktiengesellschaft im Stande sind, die Gewinnbetheiligung der Arbeiter und Beamten einzuführen.

**) Es wird vorausgesetzt, daß ein ständiger Arbeiterausschuß besteht.

***) Es wird sich empfehlen, hier in einem besondern § die Grundzüge des Vertheilungsplans aufzunehmen. Als ein Beispiel mag folgendes dienen:

§ 31b. Die Aufstellung des Vertheilungsplans soll nach folgenden Grundsätzen erfolgen:

a. Jeder Arbeiter oder Beamte, der ein Jahr oder darüber, aber weniger als zwei Jahr im Dienst der Gesellschaft war, soll 2½ % seiner Jahresbezüge als Gewinnantheil erhalten.

b. Diese Beträge sollen sich dergestalt nach der Zahl der Arbeitsjahre verhältnißmäßig steigern, daß derjenige, der acht Jahr für die Gesellschaft beschäftigt war, sechs Prozent seiner Jahresbezüge bekommt und der Betheiligungssatz sich sodann über acht Jahre hinaus mit jedem weitern Arbeitsjahre um ein Prozent erhöht.

c. Die so berechneten Gewinnantheile der Arbeiter und Beamten werden, wenn zu ihrer Deckung die 25 % zu 5 des § 30 nicht ausreichen, verhältnißmäßig verkürzt. Wenn dagegen die 25 % nicht ganz verbraucht werden sollten, so fließt der übrig bleibende Betrag in einen Spezialfonds, der dazu bestimmt ist, daß aus ihm bei ungünstigen Geschäftsabschlüssen die Gewinnantheile der Arbeiter und Beamten bis zur Hälfte des Normalsatzes ergänzt werden können."

Hiernach würde der Minimalsatz des Gewinnantheils des Arbeiters, der ein Jahr lang in der Fabrik thätig war, falls die 25 % ausreichen, bei 1200 Mark Jahresbezüge 30 Mark betragen und sich in jedem folgenden Jahre bis zum vollendeten achten Arbeitsjahre zunächst um ½ % und darüber hinaus um ein Prozent steigern, also mit acht Jahren 72 Mark, mit 12 Jahren 120 Mark, mit 17 Jahren 180 Mark betragen.

†) § 32 enthält die Regel. Sie schließt nicht aus, daß dem Arbeiter und Beamten gestattet wird „in außerordentlichen Fällen, wie z. B. bei Familienereig-

§ 33. Die Höhe der Löhne und Gehälter der einzelnen Arbeiter und Beamten wird ohne Rücksicht auf die Gewinnantheile festgestellt.*)

§ 34. Der Reservefonds (§ 29) ist zur Deckung eines aus der Bilanz sich ergebenden Verlustes bestimmt. Die Versammlung der Gesellschafter kann auch beschließen, zur Deckung einzelner Verluste behufs Ergänzung von Dividenden einen Spezialreservefonds zu bilden und für denselben einen Theil der nach § 29 dem Reservefonds zugewiesenen Beträge zu verwenden.

Die Reserven werden gleich dem Stammkapital als Betriebsmittel im Geschäft verwendet.

Siebenter Abschnitt. Auflösung und Liquidation.

§ 35. Die Gesellschaft wird aus den im § 60 1 bis 4 des Gesetzes aufgeführten Gründen aufgelöst. Der Beschluß der Auflösung (§ 60 Ziffer 2) kann nur in einer Versammlung der Gesellschafter gefaßt werden und, er erfordert eine Mehrheit von $^3/_4$ der abgegebenen Stimmen, die mindestens $^3/_4$ des Stammkapitals vertreten.

§ 36. Die Liquidation erfolgt durch Liquidatoren, die in einer Versammlung der Gesellschafter gewählt werden. Nach Beendigung der Liquidation sind die Bücher und Schriften der Gesellschaft für die Dauer von zehn Jahren dem ältesten**) Gesellschafter aus den Familien Maus und Reinhard zur Verwahrung zu übergeben (§ 75 [74] Ges.).

III. Gesellschaft zur Ausnutzung von Erfindungen.

Nach der amtlichen Begründung kann erfahrungsmäßig die dem Wesen der Aktiengesellschaft entsprechende „Unbeweglichkeit des Aktienkapitals“ eine Quelle von großen Verlegenheiten sein, „für Unternehmungen, welche, wie z. B. Gesellschaften zur Ausnutzung von Erfindungen oder zur Erschließung von Kolonialgebieten u. a. m., genöthigt sind, einen erheblichen Theil ihrer Mittel für Ausgaben zu verwenden, die nur die Möglichkeit eines künftigen Ertrages gewähren, vorerst aber noch keine nach den Grundsätzen solider Geschäftsführung als Gegenwerth zu betrachtende Objekte dem Vermögen der Gesellschaft zuführen. Solche Gesellschaften werden, da sie rechtlich gehindert sind, die fraglichen Ausgaben von ihrem Kapital abzuschreiben, genöthigt, bis zur Wiederaufsparung derselben aus

nissen, Arbeitslosigkeit oder zum Ankauf eines eigenen Hauses über den Gewinn zu verfügen.“ (Böhmert a. a. O. Seite 433.)

*) Böhmert führt unter den Grundsätzen, die zum Zweck einer glücklichen Durchführung des Antheilsystems beachtenswerth erscheinen, auf: „Die Lohnfrage ist möglichst getrennt von der Antheilsfrage zu behandeln. Die Löhne sollten nicht von den Gewinnen abhängig sein, sondern den allgemeinen Veränderungen des Arbeitsmarktes unterworfen und von den Leistungen und dem gewohnheitsmäßigen Unterhaltsbedarf der Arbeiter abhängig bleiben.“ (Böhmert a. a. O.) Um dem Mißtrauen der Arbeiter zu begegnen, erscheint die Aufnahme dieses eigentlich selbstverständlichen Satzes in den Gesellschaftsvertrag empfehlenswerth.

**) Vielleicht ist angemessener „dem jüngsten“ zu setzen oder den Satz zu streichen, das heißt die Bestimmung einem Beschluß der Gesellschafter oder dem Gerichte zu überlassen.

späteren Geschäftserträgnissen auf jede Gewinnvertheilung zu verzichten, es sei denn daß sie durch Einsetzung von mehr oder weniger fiktiven Aktivposten in die Bilanz auf unzulässige Weise ein künstliches Gleichgewicht herstellen." (Entw. I 30, s. oben S. 51.)

Für diese Unternehmungen, zu denen u. A. auch Gesellschaften zur Herstellung von Büchern und Zeitungen gehören, eignet sich besser die Gesellschaft mit beschränkter Haftung, in der „ohne Inanspruchnahme eines erheblichen Kredits das wechselnde Bedürfniß nach Betriebsmitteln zu befriedigen" leichter möglich ist.

Wir nehmen zu einem Mustervertrage eine Gesellschaft zur Verwerthung von Erfindungspatenten.

Solche Gesellschaften können in sehr verschiedener Art vorkommen. Z. B. ein oder mehrere Techniker verbinden sich mit einem oder mehreren Kapitalisten, in der Absicht, beliebige, nicht im Voraus bestimmte Patente zu erwerben, um sie wieder zu veräußern, sei es an die Leiter schon bestehender Fabrikunternehmungen, sei es an neu zu bildende Gesellschaften, bei denen sich vielleicht auch die Techniker mit ihren Fachkenntnissen, die Kapitalisten mit ihren Geldern selbst betheiligen und so die Patente zur Produktion verwerthen, Fabriken bauen u. s. w.

Häufiger wird der Erfinder das Kapital suchen, welches zur Ausbeutung seiner Erfindung, auf die er ein Patent bekommen hat, nöthig ist. Er gewinnt eine Anzahl Personen, sich an einer zu gründenden Gesellschaft mit beschränkter Haftung mit Stammeinlagen zu betheiligen, während er selbst sein Patent als Stammeinlage zu dem vereinbarten Geldwerthe auf das Stammkapital einbringt oder es der Gesellschaft verkauft und die Vergütung ganz oder zum Theil auf seine Stammeinlage anrechnet.*) Jedenfalls bildet der vereinbarte Geldwerth des Patentes in der Anfangsbilanz der Gesellschaft einen Aktivposten, deren Ueberschätzung zur Vertheilung fiktiver Gewinne führen kann.

Bei dem nachfolgenden Entwurf ist vorausgesetzt, daß eine größere Zahl Gesellschafter Stammeinlagen nimmt. Da man nicht voraussehen kann, in welchem Umfange sich der Geschäftsbetrieb nutzbringend entwickeln läßt, so muß das Gesellschaftskapital beweglich gehalten werden. Man muß auf die Möglichkeit rechnen, das Kapital nach Bedürfniß erhöhen oder herabsetzen zu können. Danach muß, auch wenn auf die Stammeinlagen bei der Gründung nur der geringste, nach § 7 Abs. 2 des Gesetzes zulässige Betrag eingezahlt wird, den Gesellschaftern das Recht, Nachschüsse einzufordern, vorbehalten werden.

Eine besondere Sorgfalt erheischt der von der Gesellschaft mit dem Erfinder als Geschäftsführer abzuschließende Vertrag. Es empfiehlt sich, denselben nicht in den Gesellschaftsvertrag zu verweben, weil sonst auf ihn die erschwerenden Bestimmungen der §§ 54, [53] ff.

---

*) Beides läuft in der Wirkung auf dasselbe hinaus (siehe § 5 des Ges. und oben S. 694).

des Gesetzes über Abänderungen des Gesellschaftsvertrages anzuwenden sind. Da eine größere Zahl nur durch Erwerbsinteresse verbundener Gesellschafter vorausgesetzt ist, so wird es angemessen sein, einen Aufsichtsrath zu bestellen, der in Betreff der Rechte und Pflichten im Wesentlichen dem Aufsichtsrath einer Aktiengesellschaft gleichzustellen ist.

Zburg, den 3. Mai 1893.

Königliches Amtsgericht.

Gegenwärtig Hoffmann, Amtsrichter.

An Gerichtsstelle erschienen persönlich bekannt und verfügungsfähig:

1) Fritz Katz, Ingenieur,
2) Max Mertens, Kaufmann,
3) Philipp Purmann, Rentner,
4) Roderich Rante, Rentner,
5) Stephan Schlemmer, Gutsbesitzer,
6) Theodor Tiedge, Fabrikant . . .
(folgen 7—16)

sämmtlich von hier. Dieselben tragen folgenden Gesellschaftsvertrag vor:

(Firma, Sitz, Dauer, Gegenstand des Unternehmens.)

§ 1. Unter der Firma:

Katz & Comp.,*) Gesellschaft mit beschränkter Haftung,

wird hierdurch eine Gesellschaft errichtet, welche ihren Sitz in Zburg hat und in ihrer Dauer unbeschränkt ist.

§ 2. Gegenstand des Unternehmens der Gesellschaft ist die Verwerthung des dem Ingenieur Fritz Katz ertheilten Reichspatentes Nr. . . . . auf die von ihm erfundenen . . . . ., durch Anfertigung und Verkauf von . . . . . und verwandten Artikeln.

(Stammkapital und Stammeinlagen.)

§ 3. Das Stammkapital beträgt 96000 Mark.

§ 4. Auf das Stammkapital leisten als Stammeinlage:

a) Fritz Katz	20000 Mark,
b) Max Mertens	10000 „
c) Philipp Peermann	10000 „
d) Roderich Rante	10000 „
e) Stephan Schlemmer	10000 „
f) Theodor Tiedge	6000 „
folgen g, h, i, k, l mit vier Einlagen zu 6000 Mark	24000 „
und m, n, o, p, q, r mit sechs Einlagen zu 1000 M., zusammen	6000 „

§ 5. Der Ingenieur Fritz Katz leistet seine Stammeinlage nicht in Geld, sondern überläßt der Gesellschaft für die Zeit ihres Bestehens das ausschließliche Recht bei der Fabrikation von . . . . . nach dem ihm ertheilten Reichspatent Nr. . . . . zu verfahren, für die Vergütung von 20000 Mark, welche ihm auf seine gleich hohe Stammeinlage angerechnet werden.

---

*) Wir haben hier keine Sachfirma gewählt, weil wir den Gegenstand des Patentes offen ließen.

§ 6. Die übrigen Gesellschafter (von a bis r in § 4) haben auf ihre Stammeinlage 25 % baar eingezahlt. Sie haben weitere 25 % am 1. Oktober 1893 zu zahlen. Die übrigen 50 % werden nach Bedarf in Beträgen von 10 % der vollen Stammeinlage in Fristen von mindestens zwei Monaten von den Geschäftsführern mit Genehmigung des Aufsichtsraths eingefordert.

(Veräußerung, Vererbung.)

§ 7. Für die Veräußerung von Geschäftsantheilen oder Theilen von Geschäftsantheilen an andere Gesellschafter, sowie für die Theilung von Gesellschaftsantheilen verstorbener Gesellschafter unter deren Erben ist eine Genehmigung nicht erforderlich. Die Veräußerung von Geschäftsantheilen oder Theilen von Geschäftsantheilen an dritte Personen kann nur mit Genehmigung der Gesellschaft stattfinden (s. unten § 19 i).

(Nachschüsse.)

§ 8. Ueber den Betrag der Stammeinlagen hinaus kann die Einforderung von weiteren Einzahlungen (Nachschüssen) beschlossen werden (§§ 26 und 27 Gesetzes). Die Einforderung von Nachschüssen, auf deren Zahlung die Vorschriften der §§ 21 bis 23 des Gesetzes Anwendung finden, ist schon vor vollständiger Einforderung der Stammeinlagen zulässig und kann von den Gesellschaftern auch durch schriftliche Abstimmung beschlossen werden (s. unten § 19 g).

§ 9. Auch zur Rückzahlung von Nachschüssen ist Beschluß der Gesellschafter erforderlich, die ohne Versammlung durch schriftliche Abstimmung erfolgen kann (s. unten § 19 g).

(Erhöhung.)

§ 10. Wird eine Erhöhung des Stammkapitals beschlossen, so sind zur Uebernahme einer Stammeinlage die bisherigen Gesellschafter innerhalb einer vom Aufsichtsrath festzusetzenden Frist zuzulassen, erst nach Ablauf dieser Frist andere Personen zur Deckung der von den bisherigen Gesellschaftern nicht übernommenen Stammeinlagen (§§ 54 bis 57 [53 bis 56] des Gesetzes).*)

(Amortisation.)

§ 11. Die Einziehung (Amortisation) von Geschäftsantheilen wird zugelassen (§ 34 des Gesetzes).**)

(Geschäftsführer.)

§ 12. Die Gesellschaft wird durch einen oder mehrere Geschäftsführer vertreten. Sind mehrere Geschäftsführer bestellt, ist zur Zeichnung der Firma die Unterschrift zweier derselben, und wenn Prokuristen bestellt sind, die Unterschrift zweier Geschäftsführer oder eines Geschäftsführers und eines Prokuristen erforderlich. Die Zeichnung geschieht in der Weise, daß die Zeichnenden zu der Firma der Gesellschaft ihre Namensunterschrift beifügen (§ 35 Ges.).

§ 13. Der Widerruf der Bestellung eines Geschäftsführers ist zulässig, wenn wichtige Gründe ihn nothwendig machen.

§ 14. Zum Geschäftsführer wird Ingenieur Fritz Katz bestellt. Seine

*) Näheres über Einzahlungsfristen, ferner wie in den verschiedenen Fällen bei Ueberzeichnung zu verfahren sei u. dergl., hat die Gesellschaft in dem Beschluß über Erhöhung des Stammkapitals festzusetzen.

**) Vgl. oben Seite 135.

Rechte und Pflichten ergeben sich aus dem heute mit ihm abgeschlossenen Vertrage,**) dem Gesetze und dem Gesellschaftsvertrage.

(Aufsichtsrath.)

§ 15. Die Gesellschaft bestellt einen Aufsichtsrath, der aus drei Gesellschaftern besteht. Dieselben werden auf drei Jahre gewählt. Von den Mitgliedern des Aufsichtsraths scheidet alljährlich eines aus und wird durch Neuwahl in der ordentlichen Versammlung der Gesellschafter ersetzt. In den ersten beiden Jahren entscheidet über die Reihenfolge das Loos, später die Zeit des Eintritts des Einzelnen. Ausscheidende Aufsichtsrathsmitglieder sind wieder wählbar.

§ 16. Auf den Aufsichtsrath findet die Bestimmung des § 53 [52] des Gesetzes Anwendung. Der Zustimmung des Aufsichtsrathes bedarf es zur Theilung sowie Einziehung von Geschäftsantheilen (§ 47 [46] Ziff. 4 des Ges.), zur Einforderung von Einzahlungen auf die Stammeinlagen (§ 6 dieses Vertrages und § 47 [46], 2 des Ges.), zur Rückzahlung von Nachschüssen (§ 47 [46], 3 Ges.), zum Ankauf und Verkauf von Grundstücken und zur Errichtung von Gebäuden, zur Anstellung von Prokuristen und von Handlungsbevollmächtigten, zum gesammten Geschäftsbetrieb (§ 47 [46] Ziff. 7 Ges.).

§ 17. Der Aufsichtsrath kann Geschäftsführer bis zur Entscheidung der sofort zu berufenden Versammlung der Gesellschafter vorläufig von der Führung der Geschäfte entfernen und wegen einstweiliger Fortführung derselben durch Ernennung von Stellvertretern die nöthigen Anordnungen treffen.

§ 18. Ueber Beschlüsse des Aufsichtsrathes sind Protokolle zu führen, die von den Anwesenden zu unterzeichnen sind. Der Aufsichtsrath kann auch schriftliche Beschlüsse fassen, wenn keins der Mitglieder der schriftlichen Stimmabgabe widerspricht.

(Beschlüsse der Gesellschafter.)

§ 19. Der Bestimmung der Gesellschafter unterliegen:

a) die Feststellung der Jahresbilanz und die Vertheilung des Reingewinns (§ 47 [46] Ziff. 1),
b) die Bestellung und Abberufung von Geschäftsführern, sowie die Entlastung derselben (§ 47 [46] Ziff. 5),
c) Wahl und Abberufung von Mitgliedern des Aufsichtsrathes (vgl. oben § 16, sowie § 53 [52] des Ges. und Art. 224 und 191 des Handelsgesetzbuches),
d) Abänderung des Gesellschaftsvertrages (§ 54 [52] ff. Ges.),
e) Erhöhung oder Herabsetzung des Stammkapitals (§ 56 bis 59 [55 bis 58] Ges.),
f) Auflösung der Gesellschaft (§ 60),
g) Einforderung und Rückzahlung von Nachschüssen (§ 26 Ges. und oben § 8 u. 9),

---

**) In dem Vertrage müssen u. A. über die Dauer der Bestellung (etwa beiderseitige sechsmonatliche Kündigungsfrist), über die Ordnung der Geschäftsführung, falls die Gesellschaft noch einen anderen Geschäftsführer bestellt, über Sicherung des ausschließlichen Rechtes der Gesellschaft an der patentirten Erfindung, etwaigen Mustern u. dergl. angemessene Bestimmungen getroffen werden.

h) Einziehung (Amortisation) von Geschäftsantheilen (§ 34 Ges. und oben § 11),

i) Veräußerung von Geschäftsantheilen oder Theilen von Geschäftsantheilen an Nichtgesellschafter (§§ 15, 17 Ges. und oben § 7),

k) Geltendmachung von Ersatzansprüchen (§ 47 [46] Ziff. 8 Ges.).

§ 20. Die Beschlüsse zu a, b, c, d, e, f werden in Versammlungen gefaßt. Für die Berufung der Versammlung der Gesellschafter sind die §§ 50, 51, 53 des Gesetzes in Verbindung mit Art. 235 des Handelsgesetzbuches maßgebend.*)

§ 21. Spätestens im Monat April jeden Jahres findet zu Zburg die ordentliche Versammlung der Gesellschafter statt, in welcher über die Bilanz Beschluß zu fassen ist.

§ 22. Die Beschlüsse werden, soweit das Gesetz nicht eine größere Mehrheit vorschreibt (§§ 54 [53] und 60), mit absoluter Stimmenmehrheit gefaßt. Jede 500 Mark eines Geschäftsantheils geben eine Stimme.**) Bei den Wahlen findet, wenn nicht einstimmig Wahl durch Acclamation beschlossen ist, geheime Abstimmung durch Stimmzettel statt. Wenn hierbei mehr Personen als zu wählen sind, die absolute Mehrheit erhalten, so sind diejenigen gewählt, welche die meisten Stimmen erhalten haben. Wird dagegen die absolute Mehrheit nicht erreicht, so kommt von denen, welche die meisten Stimmen erhalten hatten, die doppelte Zahl der noch zu Wählenden auf die engere Wahl; in derselben Weise wird mit der engeren Wahl fortgefahren, bis für alle zu Wählenden absolute Stimmenmehrheit erzielt ist. Bei Stimmengleichheit entscheidet das Loos.

§ 23. In allen Fällen, in denen weder durch das Gesetz, noch durch diesen Vertrag die Abhaltung einer Versammlung der Gesellschafter vorgeschrieben ist, kann eine schriftliche Abgabe der Stimmen erfolgen. Die Geschäftsführer erfordern in eingeschriebenen Briefen die Erklärung der Gesellschafter über den zur Abstimmung gelangenden Gegenstand. Dabei kann angekündigt werden, daß wenn nicht binnen acht Tagen seit Absendung des Briefes eine Erklärung eingeht, die Zustimmung des Gesellschafters zu dem gemachten Vorschlage angenommen wird.

(Bilanz, Dividende und Reservefonds.)

§ 24. Das Geschäftsjahr ist das Kalenderjahr. Das erste Geschäftsjahr beginnt mit der Eintragung der Gesellschaft in das Handelsregister und endet mit dem 31. Dezember 1893.

§ 25. Die Geschäftsführer haben die Bilanz auf den 31. Dezember jeden Jahres zu ziehen und im Januar die vollständige Jahresrechnung mit einer Gewinn- und Verlustrechnung und dem Vorschlage zur Gewinnvertheilung dem Aufsichtsrath zur Prüfung zu unterbreiten und spätestens im April mit dessen Bemerkungen der ordentlichen Versammlung der Gesellschafter zur Beschlußfassung vorzulegen.

§ 26. Für die Aufstellung der Bilanz kommen die gesetzlichen Vorschriften zur Anwendung. Auf den Erwerbspreis des Patentes sind mindestens 15%, auf

---

*) Danach erfolgt die Berufung durch die Geschäftsführer, durch den Aufsichtsrath, im Falle des § 57 [56] durch Gesellschafter.

**) Ueber die Stimmenvertheilung bedarf es keiner Vorschrift. Fehlt sie, so geben jede 100 Mark des Geschäftsantheils eine Stimme. (§ 48 [47] Abs. 2 des Gesetzes.)

Immobilien mindestens 2 %, auf Maschinen und Utensilien mindestens 10 % des Anschaffungspreises jährlich abzuschreiben.

§ 27. Vom Reingewinn werden zunächst mindestens 5 % dem Reservefonds, der zur Deckung von Verlusten dienen soll und als Betriebsmittel im Geschäft verwendet wird, bis er die Höhe von 15 % des Stammkapitals erreicht, überwiesen, und sodann dem Aufsichtsrath 3 % Tantième und den Geschäftsführern diejenige Tantième, die ihnen bei der Bestellung durch Vertrag zugesichert ist, verabfolgt. Der verbliebene Rest des Reingewinnes wird nach Verhältniß der Geschäftsantheile unter die Gesellschafter als Dividende vertheilt, soweit nicht die Versammlung der Gesellschafter eine andere Verwendung beschließt.

§ 28. Gesellschaftern, die bei Beginn des Geschäftsjahres die in Geld zu leistenden Einlagen noch nicht voll eingezahlt haben, werden, falls die Dividende drei oder mehr Prozent beträgt, drei Prozent, wenn sie weniger beträgt, der geringere Prozentsatz des noch nicht eingezahlten Betrags der Stammeinlage auf die Dividende abgezogen. Der Abzug wird dem Reservefonds zugeschrieben.*)

(Auflösung und Liquidation.)

§ 29. Bezüglich der Rechte der Gesellschafter bei Auflösung und Liquidation der Gesellschaft bleibt es bei den Vorschriften des Gesetzes (Abschnitt V §§ 60 bis 75 [74]).**)

§ 30. Die öffentlichen Bekanntmachungen der Gesellschaft erfolgen durch Einrückung in die Zburger Zeitung.

Vorgelesen, genehmigt, unterschrieben.
(Unterschriften.)

IV. Wohlthätigkeits-Unternehmen.

In der Begründung des Gesetzes (Entw. II S. 30) heißt es: „Das Bedürfniß nach Einführung einer neuen Gesellschaftsart ist zwar hauptsächlich im Hinblick auf Unternehmungen betont worden, welche zu Erwerbszwecken bestimmt sind: die Verwendbarkeit einer in freieren Formen sich bewegenden Assoziationsform kann aber auch für manche andere, namentlich gemeinnützige Unternehmungen, deren Ziele durch einen begrenzten Kreis von Theilnehmern sich erreichen lassen, nur als erwünscht betrachtet werden.“ Schon in dem als Anlage der Begründung beigefügten Gutachten des Ausschusses

---

*) Diese Bestimmung erscheint hier angemessen, wo ein Gesellschafter eine Sacheinlage gemacht und dadurch seinen Geschäftsantheil erfüllt, während die andern Gesellschafter auf ihre in Geld zu leistenden Stammeinlagen bei Errichtung der Gesellschaft erst 25 % eingezahlt haben. Eine ähnliche Bestimmung empfiehlt sich auch da, wo zwar alle Stammeinlagen in Geld zu leisten sind, aber ein Theil der Gesellschafter dieselben vollgezahlt hat, und die andern Gesellschafter in gleichem oder ungleichem Verhältniß Theile der Stammeinlagen noch schuldig geblieben sind. In einem solchen Fall kann auch bestimmt werden, daß die Kapitaldividende nur auf die wirklich oder „thatsächlich“ eingezahlte Stammeinlage gewährt wird.

**) Ein Bedürfniß zu einer Abweichung liegt hier nicht vor. Der § 29 könnte auch ganz fehlen. (Vergl. oben S. 266 zu § 36 des Statutentwurfs II)

des deutschen Handelstages vom 7. Dezember 1888 war darauf hingewiesen, daß „mangels einer andern und bessern Rechtsform viele Unternehmungen sich in die Form der Aktiengesellschaften zwängen lassen müssen, obgleich sie für dieselbe durchaus nicht passen.“ Beispielsweise gehörten „die Errichtung eines Gesellschaftshauses für eine studentische Vereinigung, die Herstellung eines geselligen Klubs und die Bildung religiöser Vereine, welche lediglich Krankenpflege und die Verbreitung von Flugschriften zum Zweck haben, nicht zu denjenigen Geschäften, welche wegen ihres gewaltigen Umfanges nicht von einer oder mehreren Privatpersonen ausgeführt werden können, sondern zu ihrer gedeihlichen Entwickelung der Assoziation einer Menge von Kapitalien bedürfen.“

Welche Rechtsform für solche Unternehmungen die geeignetste ist, ob für sie insbesondere die dem Handelsverkehr entsprechende Unbeschränktheit und Unbeschränkbarkeit der Geschäftsführer (s. oben S. 167 ff.) nothwendig und angemessen ist, mag dahingestellt bleiben. Jedenfalls ist beabsichtigt, Unternehmungen, welche gesellige, gemeinnützige, Wohlthätigkeitszwecke verfolgen, der neuen Gesellschaftsform zugänglich zu machen. Auch ist ohne Zweifel für Assoziationen privater Natur, denen vornehmlich nur daran liegt, Persönlichkeitsrechte zu erwerben, die Gesellschaft mit beschränkter Haftung eine geeignetere Rechtsform als die Aktiengesellschaft.

In dem ersten Jahre der Gültigkeit des Gesetzes sind nur 5 Gesellschaften dieser Art in das Handelsregister eingetragen, — zwei Reitbahngesellschaften in Düsseldorf und Kiel — und drei Wohlthätigkeitsunternehmungen, die von religiösen Vereinigungen ausgehen, — Arbeiterheim St. Josefshaus zu Essen, Evangelisches Hospiz zu Bonn, Karlsgesellschaft zu Aachen. — In den folgenden fünf Jahren haben sich die Gesellschaften dieser Art mehr als verdreizehnfacht; sie verfolgen die mannigfaltigsten Zwecke.*)

Die Gesellschaftsverträge über derartige Unternehmungen brauchen nicht umfangreich zu sein, sie haben nur das Nothwendigste über Stammkapital und Stammeinlage, über Geschäftsführer, Bilanz und Reingewinn zu bringen. Die Geschäftsantheile pflegen gar keine Dividende oder nur bis zu einem geringen Prozentsatze zu erhalten.

Wir bringen hier den Entwurf eines Gesellschaftsvertrages über

---

*) Im März 1898 ist unter dem Titel „Handbuch der Gesellschaften mit beschränkter Haftung im deutschen Reiche“ in Leipzig ein „Hand- und Nachschlagebuch“ erschienen, in dem alle bestehenden Gesellschaften mit beschränkter Haftung unter Angabe von Firma, Sitz, Gründungsdatum, Vertragsdauer, Zweck, Betrag des Stammkapitals, Geschäftsführer, deren Berechtigung zur Firmazeichnung, Publikationsorgan, geordnet nach Geschäftsbranchen aufgeführt sind. Dieses Handbuch führt u. A. als Gesellschaften auf 9 Sportvereine, 6 Akademische Korps- und Studentenhäuser, 5 Logenhäuser, 17 christliche (darunter 16 katholische) Vereins- und Gesellenhäuser, 6 Erziehungs- und Unterrichtsanstalten, 28 „Gemeinnützige und Wohlthätigkeitsanstalten, christliche Vereinigungen u. s. w.“. Die meisten von ihnen sind bestimmten Religionsgemeinschaften angeschlossen; neben den vorwiegend katholischen sind evangelische und lutherische Gesellschaften vorhanden, auch eine freireligiöse und eine Gesellschaft der Londoner Heilsarmee kommen vor.

eine Gesellschaft, die jedes geschäftlichen Charakters entbehrt und sich lediglich als Wohlthätigkeitsunternehmen darstellt. Ein eigentlicher Reingewinn ist bei ihr von vornherein ausgeschlossen, sie bedarf fortdauernd der Unterstützung von Wohlthätern, um ihre gemeinnützigen Zwecke erfüllen zu können. Der Entwurf zeigt, wie sich auch ein solches Unternehmen als Gesellschaft m.b.H. konstituiren läßt.

Dem Entwurf schicken wir eine Entstehungsgeschichte der Gesellschaft voraus. Der Rentner Heilmann bestimmt testamentarisch ein Kapital von 300000 Mk. als Grundstock für eine Kinderheilanstalt mit weltlichen Krankenpflegerinnen. Das Kapital soll seinem Freunde dem Sanitätsrath Dr. med. Helferich übergeben werden; er bittet denselben, mit Hilfe eines von ihm ins Leben zu rufenden und zu leitenden Vereins und mit Unterstützung der städtischen Behörden und wohlthätigen Bürger in der Stadt H—wald ein Krankenhaus zu gründen, in welchem Kinder namentlich der ärmeren Klassen ohne Unterschied des Bekenntnisses ärztliche Behandlung und Pflege finden und zugleich weltliche Krankenpflegerinnen ausgebildet werden sollen.

Der Sanitätsrath Helferich führt den Auftrag nach dem von ihm mit seinem verstorbenen Freunde öfters erörterten Plane aus. Die städtischen Behörden von H—wald gewähren unentgeltlich für die Dauer des Bestehens des Krankenhauses den Grund und Boden, der niedrig geschätzt 20000 Mk. werth ist, und außerdem 30000 Mk. Beitrag zum Bau; sie versprechen ferner jährlich 5000 Mk. Zuschuß unter der Voraussetzung, daß die städtische Armenkommission Kinder, deren häusliche Verhältnisse innerhalb der Familie eine angemessene Pflege und Behandlung nicht gestatten, zu einem niedrigen Kostensatz in Behandlung und Pflege geben können. Die Verwaltung des landräthlichen Kreises H—wald verpflichtet sich jährlich einen gleich hohen Zuschuß zu leisten unter denselben Bedingungen rücksichtlich der der Armenpflege der einzelnen Landgemeinden und Gutsbezirke anheimgefallenen kranken Kinder. Es finden sich ferner Wohlthäter, die unter einmaliger Gewährung eines Kapitals von 5000 Mk. ein Freibett stiften, über dessen Belegung ihnen nach Maßgabe besonderer in der Hausordnung des Krankenhauses enthaltenen Bestimmungen die Verfügung zusteht. Endlich hat der Verein zahlreiche Mitglieder, die sich zu einem Jahresbeitrag von mindestens fünf Mark verpflichten und dadurch den Verein in den Stand setzen, jährlich einen hohen Beitrag zu den Unterhaltungskosten zu zahlen, der namentlich verwendet wird, Kinder unbemittelter, aber nicht der Armenpflege anheimgefallener Eltern unentgeltlich oder gegen ein niedriges Pflegegeld aufzunehmen.

Nach einer Bestimmung des Testators Heilmann soll das Krankenhaus in möglichster Unabhängigkeit vom staatlichen Einfluß geleitet werden. Aus diesem Grunde beschließt der Verein unter Zustimmung der Stadtbehörden und der Regierung dem Krankenhause durch Uebereignung an eine zu bildende Gesellschaft mit beschränkter Haftung die Rechte einer juristischen Person zu verschaffen. Damit auch Hypotheken aufgenommen werden können, übereignet die Stadt der

Gesellschaft den Grund und Boden und wird mit einer Stammeinlage, die der Summe des Grundstückswerthes und des zum Bau geleisteten Beitrages entspricht, Gesellschafterin.

Die Heilmannsche Stiftung wird mit dem Betrage von 200 000 Mark, die auf Bau und Einrichtung des Krankenhauses verwendet sind, und der Krankenhausverein mit den von ihm zu gleichem Zwecke aufgebrachten und verwendeten 20 000 Mark Gesellschafter. Ferner treten alle Stifter eines Freibettes mit dem gezahlten Betrage als Gesellschafter ein. Sodann wird abgemacht, daß diejenigen, welche ein in Mark durch Tausend ohne Rest theilbares Kapital unter Verzicht auf Verzinsung und Dividenden hergeben, einen Geschäftsantheil erhalten sollen, der nach Verlauf von zehn Jahren durch Zurückzahlung des halben Nennwerthes eingezogen (amortisirt) werden kann.

Man hofft auch künftig größere Beträge durch Stiftung von Freibetten, durch Vermächtnisse und andere Zuwendungen zu erhalten, und beabsichtigt, wenn dies der Fall ist, alljährlich in der ordentlichen Versammlung der Gesellschafter solche Wohlthäter unter Erhöhung des Stammkapitals mit gleichen Rechten als Gesellschafter aufzunehmen. Die Gesellschaft wird auch nach Bedarf Darlehen zu geringen Zinsen und langer Kündigungsfrist von Freunden der Gesellschaft aufnehmen, diesen aber besondere Rechte nicht einräumen.

Da erkrankte Kinder wohlhabender Eltern, selbst mit Begleitung und in besonderen Zimmer gegen hohe Pflegekosten aufgenommen werden, so hofft man durch die Zuschüsse der Stadt, des Kreises, der Stiftung und des Vereins trotz der im Uebrigen mäßigen Pflegegelder die laufenden Ausgaben zu decken und beim Abschluß noch einen kleinen Reingewinn zu erzielen. Ein Theil desselben soll zur Bildung eines Amortisationsfonds verwendet werden, zum Zweck der Einziehung der vorerwähnten Klasse der Stammeinlagen. Bei Verlusten wird das Auskunftsmittel ins Auge gefaßt, durch eine Herabsetzung des Stammkapitals die Bilanzirung herzustellen.

Unter den Geschäftsführern soll je ein Vertreter der Stadtgemeinde, der Stiftung und des Vereins sein. Sie erhalten nur einen Ersatz ihrer Auslagen, und erheben auf eigentliches Gehalt keinen Anspruch; die technische Leitung, die Buchführung u. s. w. werden durch angestellte Beamte besorgt. Die Geschäftsführer werden die eigentliche Verwaltung des Krankenhauses hauptsächlich dem Verein überlassen, in dessen Vorstand angesehene Aerzte den Vorsitz führen.

Nach der ganzen Konstruktion der Gesellschaft wird ein Aufsichtsrath nicht bestellt werden. Zur Berechtigung Nachschüsse einzufordern liegt kein Bedürfniß vor. Die Bestimmungen des Gesetzes über die Beschlüsse der Gesellschafter können maßgebend bleiben, nur für das Stimmrecht der Gesellschafter erscheint die Vorschrift, wonach je 100 Mk. eine Stimme gewähren, nicht angemessen. Statt dessen dürfte sich eine Abstufung in größeren Zwischenräumen bis zur höchsten Stimmenzahl Zwanzig empfehlen.

Für den Fall der Auflösung der Gesellschaft soll das Vermögen der Stadtgemeinde behufs Verwendung zu einem dem ursprünglich entsprechenden milden Zweck anheimfallen.

Da die Errichtung und Unterhaltung von Krankenhäusern der staatlichen Genehmigung bedarf, so wird nach § 8 Ziffer 4 des Gesetzes der Anmeldung beim Gericht die Genehmigungsurkunde beizufügen sein. Auch werden nach der Genehmigungsurkunde wahrscheinlich Abänderungen des Gesellschaftsvertrages der Zustimmung der zuständigen Staatsbehörde bedürfen.

H—wald, den 14. Mai 1898.

Königliches Amtsgericht.

Gegenwärtig Fröhlich, Amtsrichter.

An Gerichtsstelle erschienen von Person bekannt und verfügungsfähig:

1. Ulrich Urbach, Stadtrath, als Vertreter der Stadtgemeinde H—wald, Vollmacht des Magistrats vom 10. Mai 1893 überreichend,
2. Dr. med. Victor Helfrich, Sanitätsrath und praktischer Arzt, als Vertreter der Heilmannschen Krankenhaus=Stiftung, Bezugnehmend auf das bei den Gerichtsakten befindliche Testament des Rentiers Heilmann,
3. Dr. med. Rudolf Kindermann, Professor und erstes Vorstandsmitglied des Vereins Kinderheilanstalt, das Statut und ein Attest des Magistrats vom 10. Mai 1893 überreichend,
4. Dr. med. Franz Bamberg,
5. die verwittwete Frau Eva Cohn, geb. Klarek,
6. Robert Tornau, Banquier,

folgen 7 bis (19),

sämmtlich von hier. Dieselben tragen folgenden Gesellschaftsvertrag vor:

§ 1. Unter der Firma „Kinderkrankenhaus, Gesellschaft mit beschränkter Haftung" wird hierdurch eine Gesellschaft errichtet, die ihren Sitz in H—wald hat und in ihrer Dauer unbeschränkt ist.

§ 2. Gegenstand des Unternehmens ist Leitung und Verwaltung und weiterer Ausbau des hierselbst errichteten Kinderkrankenhauses und Ausbildung weltlicher Krankenpflegerinnen.

§ 3. Die Gesellschaft übernimmt das von dem Verein „Kinderheilanstalt" mit Unterstützung der Stadt, der Heilmannschen Stiftung und vieler Wohlthäter erbaute und bereits eröffnete Krankenhaus. In dasselbe sollen ohne Unterschied des religiösen Bekenntnisses Kinder, deren häusliche Verhältnisse innerhalb der Familie eine angemessene Pflege und Wartung in Krankheitsfällen nicht gestatten, ärztliche Behandlung und Pflege finden, auch Krankenpflegerinnen ohne Unterschied des Bekenntnisses ausgebildet werden.

§ 4. Das Stammkapital beträgt 310000 Mark.

§ 5. Auf das Stammkapital haben die Gesellschafter folgende Stammeinlagen geleistet:

a) die Stadtgemeinde H—wald	50000	Mark
b) die Heilmannsche Krankenhausstiftung	200000	„
c) der Verein Kinderheilanstalt	20000	„
d) Franz Bamberg	5000	„
e) Frau Eva Cohn, geb. Klarek	5000	„
f) Robert Tornau	5000	„

folgen g) h) i) mit 3 Einlagen zu je 5000 Mk., zusammen 15000 Mark
ferner k) l) m) n) o) p) q) r) s) t) mit 10 Einlagen zu
je 1000 Mk., zusammen 10000 „

§ 6. Die Stadtgemeinde H—wald hat auf ihre Stammeinlage das Grundstück Nr. 110 des Grundbuchs, auf welchem die Heilmannsche Krankenhausstiftung und der Verein Kinderheilanstalt das Kinderkrankenhaus erbaut haben, zum Werthe von 20000 Mk. eingebracht, sowie 30000 Mk., die sie baar zum Bau des Krankenhauses beigesteuert hat.

Die Heilmannsche Krankenhausstiftung hat 200000 Mk. und der Verein Kinderheilanstalt 20000 Mk. auf Bau und Einrichtung des Krankenhauses verwendet bei Uebereignung des Krankenhauses an die Gesellschaft werden ihnen jene 200000 Mk., beziehungsweise 20000 Mk. auf ihre Stammeinlage angerechnet.

§ 7. Die Stammeinlagen von d bis t sind baar gezahlt; die sechs Stammeinlagen von d bis i von je 5000 Mk. sind gewährt zur Stiftung eines Freibetts. Die Belegung des Freibetts steht diesen Gesellschaftern nach Maßgabe der in der Hausordnung des Kinderkrankenhauses vorgesehenen Bestimmungen zu.*)

§ 8. Für die Veräußerung von Geschäftsantheilen oder Theilen von Geschäftsantheilen an andere Gesellschafter, sowie für die Theilung von Geschäftsantheilen verstorbener Gesellschafter unter deren Erben ist eine Genehmigung nicht erforderlich.**) Die Veräußerung von Theilen eines Geschäftsantheils an dritte Personen kann nur mit Genehmigung der Gesellschaft erfolgen; die Genehmigung wird durch die Geschäftsführer ertheilt.

§ 9. Die Einziehung (Amortisation) ist nur in Ansehung der 10 Geschäftsantheile k bis t von 1000 Mk. zulässig. (Vgl. unten § 18.)***)

§ 10. Die Gesellschaft hat fünf Geschäftsführer. Darunter befinden sich ein von den Stadtbehörden dazu gewählter Stadtrath, ferner der Verwalter der Heilmannschen Krankenhausstiftung, zur Zeit Sanitätsrath Dr. med. Helferich und das erste Vorstandsmitglied des Vereins Kinderheilanstalt, zur Zeit Professor Dr. med. Kindermann. Die Legitimation dieser drei ständigen Geschäftsführer wird dem Registergericht gegenüber durch ein amtliches Attest des Magistrats geführt. Die andern zwei Geschäftsführer werden in der ordentlichen Jahresversammlung der Gesellschafter jedesmal auf das folgende Geschäftsjahr gewählt. Eine Abberufung der gewählten Geschäftsführer kann nur in einer Versammlung der Gesellschafter beschlossen werden.

§ 11. Zur Vertretung der Gesellschaft und zur Zeichnung für dieselbe

---

*) Das Gesetz hindert nicht, daß einzelnen Gesellschaftern Vorrechte zugestanden werden, gestattet überhaupt verschieden berechtigte und verpflichtete Gesellschafter. Hier erhalten sämmtliche Gesellschafter keine Dividende, die Gesellschafter von d bis i erhalten auch bei Auflösung der Gesellschaft nichts, die Gesellschafter von d bis i erhalten aber gewisse Verfügungsrechte über Belegung eines bestimmten Krankenbettes. Die Gesellschafter von k bis t können ihre Stammeinlage zur Hälfte durch Amortisation oder nach Auflösung durch die Liquidation zurückerhalten. — Man kann verschieden berechtigte Stammeinlagen auch so zulassen, daß einige gar keine, andere begrenzte (bis 4 %), andere volle Dividende erhalten.

**) Vgl. § 17 des Gesetzes.

***) Daß Nachschüsse nicht erfordert werden, braucht nicht im Gesellschaftsvertrage ausgesprochen zu werden (§ 26 des Gesetzes).

genügen drei Geschäftsführer. Die Zeichnung geschieht in der Weise, daß die Zeichnenden zu der Firma der Gesellschaft ihre Namensunterschrift beifügen (§ 35 des Gesetzes).

§ 12. Bestellung von Prokuristen und von Handlungsbevollmächtigten zum gesammten Geschäftsbetriebe findet nicht statt.

§ 13. Die Rechte, welche den Gesellschaftern in den Angelegenheiten der Gesellschaft zustehen, sowie die Ausübung derselben bestimmen sich im Allgemeinen nach den §§ 47 bis 52 [46 bis 51] des Gesetzes. Doch findet eine Berufung der Versammlung der Gesellschafter nach § 51 [50] des Gesetzes überhaupt nicht statt.

§ 14. In allen Fällen, in denen weder durch das Gesetz noch durch diesen Vertrag die Abhaltung einer Versammlung der Gesellschafter vorgeschrieben ist, kann eine schriftliche Abstimmung erfolgen. Die Geschäftsführer erfordern in eingeschriebenen Briefen die Erklärung der Gesellschafter über die zur Abstimmung kommende Frage. Dabei kann angekündigt werden, daß wenn nicht binnen acht Tagen seit Absendung des Briefes eine Erklärung eingeht, die Zustimmung der Gesellschafter zu dem gemachten Vorschlage angenommen wird.

§ 15. Das Stimmrecht der Gesellschafter regelt sich dahin, daß Geschäftsantheile unter 10000 Mk. eine Stimme, höhere Geschäftsantheile für jede 5000 Mk. eine Stimme, jedoch nicht über 20 Stimmen haben. Bei Abtretung von Theilen von Geschäftsantheilen ist eine Vereinigung über die Stimmabgabe erforderlich; eine Vermehrung der Stimmen wird dadurch nicht bewirkt.

§ 16. Bei Aufstellung der Bilanz sind Beträge von je 5000 Mk., die zur Stiftung eines Freibetts gewährt sind, in der Absicht, daß sie als Stammeinlage bei Erhöhung des Stammkapitals berücksichtigt werden, sowie Beträge, welche auf eine bei der Erhöhung des Stammkapitals unter den aus § 18 hervorgehenden Voraussetzungen zu übernehmende Stammeinlage von 1000 Mk. eingezahlt sind, auf ein besonderes „Konto zur Erhöhung des Stammkapitals“ zu buchen und unter die Passiva zu setzen, während andere Zuwendungen von Wohlthätern, sowie die Zuschüsse der Stadt und des Kreises, der Heilmannschen Krankenhausstiftung und des Vereins Kinderheilanstalt nicht auf der Passivseite der Bilanz erscheinen.

§ 17. Der sich ergebende Reingewinn wird zur Hälfte nach den Beschlüssen der Gesellschafter auf Reserven- und Erneuerungsfonds verwendet, die andere Hälfte fließt in einen Amortisationsfonds.

§ 18. Der Amortisationsfonds ist dazu bestimmt, die Geschäftsantheile von 1000 Mk. gegen Zahlung von 500 Mk. der Stammeinlage einzuziehen. Die Einziehung beginnt erst nach Ablauf von zehn Geschäftsjahren. Sobald dann der Amortisationsfonds mehr als 1000 Mk. enthält, müssen die Geschäftsführer bei der Jahresversammlung der Gesellschafter beantragen, die Einziehung von Geschäftsantheilen zu beschließen. Die mit Geschäftsantheilen von 1000 Mk. betheiligten Gesellschafter sind 14 Tage vor der Jahresversammlung der Gesellschafter durch eingeschriebene Briefe aufzufordern, binnen 8 Tagen zu erklären, ob sie mit Einziehung ihres Geschäftsantheils einverstanden sind. Wenn auf diese Weise mehr Antheile angemeldet sind, als durch den auf Einziehung zu verwendenden Betrag eingezogen werden können, so sind bei der Auswahl die ältesten Antheile zuerst zu berücksichtigen, bei gleichem Alter entscheidet das Loos.

§ 19. Verluste werden, soweit sie nicht durch Zuwendungen der Stiftung, des Vereins oder von Freunden der Gesellschaft gedeckt werden, aus dem Reservefonds gedeckt. Reichen solche Zuwendungen und der Reservefonds nicht aus und ist eine Unterbilanz von mindestens 8 Prozent des Stammkapitals vorhanden, so haben die Geschäftsführer bei der Jahresversammlung der Gesellschafter die Beseitigung der Unterbilanz durch entsprechende Herabsetzung des Stammkapitals zu beantragen.

§ 20. Sollte die Gesellschaft ihre Auflösung beschließen, so fällt ihr Vermögen an die Stadtgemeinde H—wald behufs Verwendung zu einem dem ursprünglichen entsprechenden milden Zwecke. Von den Gesellschaftern erhalten nur die mit dem Rechte auf Berücksichtigung bei Einziehung von Geschäftsantheilen betheiligten, also die zu k, l, m, n, o, p, q, r, s, t aufgeführten und die etwa später bei Erhöhung des Stammkapitals zu gleichen Rechten angenommenen Gesellschafter 50 % ihrer ursprünglichen Stammeinlage, also je 500 Mk. zurück, jedoch wenn eine Herabsetzung des Stammkapitals von mehr als 50 % erfolgt sein sollte, keinesfalls mehr als den buchmäßigen Betrag des Geschäftsantheils.

§ 21. Zur Errichtung und Unterhaltung des Krankenhauses haben die Staatsbehörden ihre Genehmigung ertheilt. Abänderungen des Gesellschaftsvertrages und der Beschluß der Auflösung der Gesellschaft bedürfen der Zustimmung des Oberpräsidenten.

V. Umwandlung einer Aktiengesellschaft (Zuckerfabrik) in eine Gesellschaft mit beschränkter Haftung.

Wie die Umwandlung einer Aktiengesellschaft in eine G.m.b.H. sich vollzieht, ist in den Vorbemerkungen und in den Anmerkungen zu § 78 und § 79 [80 u. 81] ausführlich erläutert. Zunächst muß die Generalversammlung der Aktiengesellschaft beschließen, dieselbe „zum Zweck der Umwandlung in eine Gesellschaft mit beschränkter Haftung" aufzulösen und die Bilanz der aufgelösten Gesellschaft mit ³/₄ Mehrheit genehmigen. Auf Grund dieser Bilanz wird der Werth der Aktien und die Minimalhöhe des Stammkapitals der neuen Gesellschaft berechnet.

Wir haben die Umwandlung einer Aktienzuckerfabrik mit Rübenbaupflicht der Mitglieder gewählt, weil nach der Begründung das Gesetz gerade für diese Industrie verwendet werden sollte, da bei Aktiengesellschaften andere Leistungen als Kapitaleinlagen nicht zum Gegenstand der Mitgliederpflichten gemacht werden dürfen (siehe oben Seite 51).

Insbesondere ist noch zu bemerken:

1. Unser Beispiel betrifft eine ältere Zuckerfabrik, deren Theilhaber (Rittergutsbesitzer, Domänenpächter, Bauern) als die eigentlichen Träger der Gesellschaft nicht die Personen, sondern die von ihnen bewirthschafteten Grundstücke ansehen, und die Fabrik, wie ein Bergwerk in 100 Kuxen, in 100 untheilbare Antheile (Aktien) getheilt haben (siehe Parisius: Die Genoss.Ges. im Deutschen Reich S. 73, 140 und 148).

2. Wenn einzelne der früheren Aktionäre sich nicht betheiligen und dafür andere Personen als Gesellschafter neu eintreten sollten, so würden diese die gleiche Rübenbaupflicht übernehmen; sie müssen also Besitzer oder Pächter nahebelegener Güter sein.

3. Die Verpflichtung zum Anbau und zur Lieferung von Rüben erfordert viele detaillirte Bestimmungen. Diese sämmtlich in den Gesellschaftsvertrag aufzunehmen, ist nicht rathsam, da eine Abänderung einzelner von ihnen sich öfters als nöthig erweisen wird. Sie würde aber zu sehr erschwert, wenn § 54 [53] des Gesetzes darauf anzuwenden wäre.

4. Die Veräußerung von Geschäftsantheilen muß für den Fall des Verkaufes oder der Vererbung des Gutes oder der Cedirung der Pachtung an den Nachfolger im Besitz oder in der Pachtung ohne Genehmigung der Gesellschaft gestattet sein. Das Recht Nachschüsse einzufordern, ist entbehrlich.

5. Die Gesellschaft hat zahlreiche Mitglieder. Die Geschäftsführung ist einem nur aus Gesellschaftern bestehenden Vorstande, dagegen die technische Leitung der Fabrik Beamten zu übertragen, die von den Geschäftsführern mit oder ohne Zustimmung des Aufsichtsraths angestellt werden.

6. Ein Aufsichtsrath ist nur aus Gesellschaftern zu bestellen.

7. Der Gewinn ist nach den von den Gesellschaftern gelieferten Rüben im Verhältniß ihres Zuckergehaltes zu vertheilen. Eine besondere Kapitaldividende, wie bei den Konsumvereinen wird nicht gewährt; dahingegen wird ein Theil des Gewinnes zu einer Reserve angesammelt, die zur Deckung von Verlusten und zur Ergänzung des Preises der von den Gesellschaftern gelieferten „Pflicht-Rüben“ d. h. desjenigen Quantums von Rüben, welches nach dem Gesellschaftsvertrage geliefert werden mußte, bis zu einem mäßigen Betrage verwendet wird.

8. Bei Umwandlung einer Aktien-Zuckerfabrik in eine Gesellschaft mit beschränkter Haftung werden die Aktionäre wegen der ihren Grundstücken (Höfen) erwachsenden Vortheile sich in der Regel sämmtlich an der neuen Gesellschaft betheiligen. Wir haben dies in dem nachfolgenden Statutentwurf angenommen. Ebenso daß das Stammkapital, da der Werth der Aktien durch die Bilanz zu dem Nennwerth festgestellt ist, dieselbe Höhe wie das Aktienkapital hat. Eine solche Feststellung erleichtert die Umwandlung, setzt aber voraus, daß der wirkliche Werth der Aktien höher oder mindestens so hoch ist, als der Nennwerth ist, und daß sämmtliche Aktionäre sich bei der neuen Gesellschaft betheiligen und neue Gesellschafter nicht angenommen sind. Die Annahme solcher neuen Gesellschafter, sei es sofort bei der Umwandlung, sei es später unter Erhöhung des Stammkapitals, wird wegen der Bemessung der Höhe der Rübenbaupflicht nach dem Betrage der Stammeinlage besondere Bestimmungen erfordern (s. unten Anmerkung zu § 16 des Statutentwurfs).

Zberg, 15. Mai 1898.

Königliches Amtsgericht.

Gegenwärtig Hoffmann, Amtsrichter.

An Gerichtsstelle erschienen persönlich bekannt und verfügungsfähig:

1. Franz Wacker, Amtsrath zu Liebenburg (Domäne Liebenburg),
2. Josef von Börn, Rittergutsbesitzer zu Lockstedt (Rittergut Lockstedt),
3. Wilhelm Dreist, Domänenpächter zu Wohlleben (Domäne Wohlleben),
4. Fritz Hanke, Gutsbesitzer zu Darheim (Klostergut Darheim),
5. Conrad Feder, Gutspächter zu Schmalingen (Rittergut Schmalingen),
6. Friedrich Blume, Hofbesitzer zu Zweileben (Hof Nr. 5 und 6), zugleich als Bevollmächtigter von . . .
   (folgen die Namen von 20 Hofbesitzern aus Zweileben, Dreihagen, Vierhausen, Müllenhagen, die mit Vornamen, Wohnort und Hofnummer aufzuführen)
   Vollmacht vom . . . 1893 überreichend,
7. Hans Schröder, Rechtsanwalt zu Zberg, als Bevollmächtigter von (folgen die Namen von 31 Hofbesitzern aus Baumgarten, Dreihagen, Lungwitz, Einingen, Ebertsleben nebst Wohnort und Hofnummer),
   Vollmachten vom . . . 1893 überreichend,
8. August Mewes, Hofbesitzer zu Einingen (Hof Nr. 14)*)

Dieselben tragen folgenden Gesellschaftsvertrag vor:

§ 1. Unter der Firma „Zuckerfabrik Liebenburg, Gesellschaft mit beschränkter Haftung" wird eine Gesellschaft errichtet, die ihren Sitz in Liebenburg hat und in ihrer Dauer nicht beschränkt ist.

§ 2. Gegenstand des Unternehmens ist Zuckerfabrikation unter Fortführung der Fabrik der behufs Umwandlung in eine Gesellschaft mit beschränkter Haftung aufgelösten „Liebenburger Zuckerfabrik Aktiengesellschaft".

§ 3. Das Stammkapital beträgt 600000 M. und setzt sich zusammen aus 58 Stammeinlagen, deren geringster Betrag 1500 M. ist und deren höhere Beträge durch 1500 ohne Bruch theilbar sind.**)

§ 4. Die Gesellschaft übernimmt das Vermögen der aufgelösten Gesellschaft „Liebenburger Zuckerfabrik Aktiengesellschaft" mit allen Aktiven und Passiven. Das Stammkapital der „Zuckerfabrik Liebenburg, Gesellschaft mit beschränkter Haftung" wird dadurch gebildet, daß die Gesellschafter, welche die sämmtlichen Aktien der aufgelösten Gesellschaft „Liebenburger Zuckerfabrik Aktiengesellschaft" besaßen, den auf ihre Aktien entfallenden Antheil nach dem bei Auflösung der Gesellschaft in der Generalversammlung vom 1. Mai 1893 auf Grund der Bilanz vom gleichen Tage festgestellten Werth als Stammeinlagen in die Gesellschaft einbringen.

Der Betrag der einzelnen Stammeinlagen bestimmt sich danach, wie folgt:

**) Die Zahl der betheiligten Personen und Güter (Höfe) pflegt bei Zuckerfabriken groß zu sein, bei Eilsleben z. B. 100 Gesellschafter (3 Domänenpächter und 97 Hofbesitzer aus 13 Dörfern).

*) Nach dem Gesellschaftsvertrage der Eilsleber Zuckerfabrik G.m.b.H. Siehe oben S. 71 Anmerkung *).

§ 5. Auf das Stammkapital leisteten Stammeinlagen:

1. Amtsrath Franz Wacker — Domäne Liebenburg*)	120000	Mark.
2. Domänenpächter Wilhelm Dreist — Domäne Wohlleben	102000	„
3. Rittergutsbesitzer Josef von Born — Rittergut Lockstedt	60000	„
4. Gutsbesitzer Fritz Hanke — Klostergut Darheim	48000	„
5. Gutspächter Conrad Feder — Rittergut Schmalingen	30000	„
6. Hofbesitzer Friedrich Blume — Höfe 5 und 6 Zweileben	18000	„
folgen: 7. bis 16. 10 Hofbesitzer mit Einlagen von je 12000 M., zusammen	120000	„
ferner: 17. bis 20. 4 Hofbesitzer mit Einlagen von je 9000 M., zusammen	36000	„
21. Hofbesitzer August Mewes — Hof Nr. 14 Einingen	3000	„
folgen: 22. bis 26. 5 Hofbesitzer mit Einlagen von je 3000 M., zusammen	15000	„
endlich: 27. bis 58. 32 Hofbesitzer mit Einlagen von je 1500 M., zusammen mit	48000	„
zusammen	600000	Mark.

§ 6. Außer der Leistung der Stammeinlage hat der Gesellschafter auf jede 1500 M. Stammeinlage fünf Magdeburger Morgen (1,25 ha) Rüben zu bauen und davon 600 Centner Rüben auf den Fabrikhof kostenfrei abzuliefern.

§ 7. Wenn ein Gesellschafter von je 5 Morgen mehr als 600 Centner (Pflichtrüben) abliefert, so findet für die überschießenden Rüben (Ueberschußrüben) eine höhere Gewinnberechnung statt (vgl. unten § 22).

§ 8. Wenn ein Gesellschafter eine größere Fläche mit Rüben bebaut, als er nach diesem Vertrage verpflichtet ist, so muß er den Ertrag bei einer Conventionalstrafe von 1 M. für jeden Centner der Fabrik anbieten und darf ihn erst dann an einen Dritten veräußern, wenn der Preis, welchen die Gesellschaft bietet, zuzüglich des Werthes der dem Gesellschafter zurückzuliefernden Rückstände ein niedrigerer ist, als der Preis, der dem Gesellschafter von anderer Seite geboten ist. Für alle Fälle behält sich die Gesellschaft das Vorkaufsrecht an solchen Rüben vor. Die Gesellschaft hat sich auf das Anbieten während der Campagne binnen 8 Tagen, außerhalb derselben binnen 4 Wochen zu erklären, ob sie die Rüben nehmen oder zum Verkauf freigeben will.

§ 9. Ein Gesellschafter, der der ihm obliegenden Verpflichtung zum Rübenbau nicht genügen kann, muß dies spätestens im Februar vor Beginn des Geschäftsjahrs den Geschäftsführern anzeigen und ihnen einen andern Rübenproduzenten präsentiren, der seine Verpflichtungen gegen die Gesellschaft übernimmt, während der Gesellschafter für entstehenden Schaden aufkommt. Wird ein anderer Rübenproduzent nicht präsentirt oder der präsentirte nicht angenommen, so können die Geschäftsführer das fehlende Rübenquantum auf Kosten des Gesellschafters anderweit beschaffen und ihm dafür noch 10 Pf. Anschaffungskosten pro Centner in Rechnung stellen. Unterläßt der Gesellschafter die rechtzeitige Anzeige oder können die Geschäftsführer die fehlenden Rüben nicht beschaffen, so hat der

*) Mit Rücksicht auf die Bestimmungen der nachfolgenden §§ 6 bis 12 erscheint es angemessen, die Besitzungen, auf deren Aeckern die Rüben gebaut werden sollen, zu bezeichnen.

Gesellschafter für jeden fehlenden Centner eine Conventionalstrafe von 1 Mark zu zahlen.

§ 10. Wenn ein Gesellschafter den Bestimmungen, welche die Gesellschaft über Anbau und Lieferung der Rüben erlassen hat oder in Zukunft erlassen wird, zuwiderhandelt, so ist die Gesellschaft nicht gehalten, die vorschriftswidrig gebauten Rüben anzunehmen. In Betreff dieser Rüben trifft den Gesellschafter, gleichviel ob die Rüben angenommen werden oder nicht, eine Conventionalstrafe von 1 M. für jeden Centner.

§ 11. Von den gelieferten Rüben, gleichviel ob Pflicht-, Ueberschuß- oder Freirüben müssen die Gesellschafter die Rückstände (Schnitzel, Schwänze, Köpfe) und die abgewaschene Rübenerde im Verhältniß des gelieferten Quantums zurücknehmen und nach den Bestimmungen der Geschäftsführer rechtzeitig abfahren.*)

§ 12. Gesellschafter, die ihr Gut veräußern, oder Gesellschafter, die Pächter von Domänen oder größerer Güter sind und ihre Pachtung cediren, können ihren Geschäftsantheil an ihren Nachfolger im Besitz oder in der Pachtung cediren, ohne der Genehmigung der Gesellschaft zu bedürfen. Das Gleiche gilt bei Vererbung von Geschäftsantheilen. Zu sonstiger Veräußerung eines Geschäftsantheils, sowie zu jeder Theilung eines Geschäftsantheils ist die Genehmigung der Geschäftsführer und des Aufsichtsrathes erforderlich.

§ 13. Die Gesellschaft wird durch fünf Geschäftsführer vertreten, die in der Versammlung der Gesellschafter gewählt werden. Die Zeichnung für die Gesellschaft erfolgt durch 3 Geschäftsführer oder wenn ein Prokurist bestellt ist durch 2 Geschäftsführer und einen Prokuristen. Sie geschieht in der Weise, daß die Zeichnenden der Firma der Gesellschaft ihre Namensunterschrift beifügen. Widerruf der Bestellung eines Geschäftsführers ist jeder Zeit aus wichtigen Gründen zulässig, insbesondere wegen grober Pflichtverletzung oder Unfähigkeit zu ordnungsmäßiger Geschäftsführung (§ 38).**)

---

*) Die vorstehenden Bestimmungen der §§ 6 bis 11 entsprechen im Wesentlichen den Statuten der Zuckerfabrik Eisleben G.m.b.H. Nur ist die uns nicht zweckmäßig erscheinende Bestimmung nicht berücksichtigt, wonach die Gesellschaft mit der Lieferung der Rüben nicht das Eigenthumsrecht an denselben erhält, „sondern nur das Recht die Rüben zu entzuckern (das Entzuckerungsrecht), insoweit der Kauf der Rüben nicht ausdrücklich ausbedungen ist“. Jene Statuten enthalten auch noch Bestimmungen, wie zu verfahren, wenn die Pflichtrüben verhagelt sind u. dgl.

**) Die Gesellschaftsverträge über Zuckerfabriken pflegen ausführliche Bestimmungen über die Befugnisse der Geschäftsführer, die zusammen den „Vorstand“ bilden, zu enthalten, insbesondere auch Beschränkungen, z. B. daß bei außergewöhnlichen Verwendungen von 5000—10000 M. die Genehmigung des Aufsichtsraths, darüber hinaus die Genehmigung der Generalversammlung erforderlich sei. In dem Vertrag der Eisleber Fabrik ist dem Vorstand ausdrücklich aufgegeben, wegen der Kontrolle des Rübenbaus Vorschriften über die Auswahl der zum Rübenbau zu verwendenden Aecker, sowie über den zu verwendenden Rübensamen, die Düngung, Kultur und Anfuhr der Rüben und Abnahme derselben auf der Fabrik, und Instruktionen zur Ermittelung der Zucker-, Kopf- und Schmutzprozente der Rüben zu geben; die Vorschriften können sich auf alle von den Gesellschaftern zu bauenden Rüben (Pflicht-, Ueberschuß- oder Freirüben) erstrecken; ingleichen erläßt der Vorstand Vorschriften über Abfuhr von Rübenschnitzeln und Rübenerde. Der Vorstand kann auf Nichtbefolgung seiner Vorschriften Ordnungsstrafen verhängen. Gegen Straffestsetzungen wird Rekurs an den Aufsichtsrath und in höchster Instanz an die Generalversammlung gestattet.

§ 14. Die Gesellschaft bestellt einen Aufsichtsrath, der aus sechs Gesellschaftern besteht, die auf 3 Jahre gewählt werden. Alljährlich scheiden zwei Mitglieder aus und werden durch Neuwahlen in der ordentlichen Versammlung der Gesellschafter ersetzt. In den beiden ersten Jahren entscheidet über die Reihenfolge das Loos, später die Zeit des Eintritts der einzelnen. Die Ausscheidenden sind wieder wählbar.*)

§ 15. Auf den Aufsichtsrath finden die Bestimmungen des § 53 [52] des Gesetzes Anwendung. Der Zustimmung desselben bedarf es zur Anstellung von Prokuristen und Handlungsbevollmächtigten zum gesammten Geschäftsbetrieb, ferner zur Theilung von Geschäftsantheilen, sowie zu allen Verträgen, die nicht zum laufenden Geschäftsbetriebe gehören und bei denen es sich um einen Gegenstand von mindestens 5000 M. handelt.**)

§ 16. Der Bestimmung der Gesellschafter unterliegen:

a) die Feststellung der Jahresbilanz und die Vertheilung des Reingewinnes,
b) die Bestellung und Abberufung von Geschäftsführern, sowie die Entlastung derselben,
c) die Wahl und Abberufung der Mitglieder des Aufsichtsrathes,
d) die Abänderung des Gesellschaftsvertrages, Erhöhung***) und Herabsetzung des Stammkapitals,

---

*) Für Geschäftsführer und Aufsichtsrathsmitglieder kommt die Bestimmung vor, daß die Annahme der Wahl von keinem der Gesellschafter abgelehnt werden darf. Diese Bestimmung mag wohl da für nöthig erachtet werden, wo, wie in Eilsleben, „die Geschäfte aller Art im Interesse der Gesellschaft von den Gesellschaftern unentgeltlich geleistet werden". In Waren erhalten Geschäftsführer (5) und Aufsichtsrathsmitglieder (10) nach dem Gesellschaftsvertrage für Theilnahme an den Sitzungen täglich 10 M., für Ausrichtung besonderer Geschäfte ebenfalls 10 M. und auf Reisen die verlegten Fahrgelder und täglich 10 M. oder Ersatz der baaren Auslagen. Tantièmen kommen bei Zuckerfabriken wohl nur für den Fabrikdirektor vor, der nicht zu den Geschäftsführern gehört.

**) Vergleiche hierzu auch §§ 17 und 18 des Gesellschaftsvertrags-Entwurfes zu III Seite 270. Die Bestimmungen dieser §§ über die Befugniß Geschäftsführer zu suspendiren und über schriftliche Abstimmungen finde ich in den mir vorliegenden Gesellschaftsverträgen nicht. Da Geschäftsführer und Aufsichtsrathsmitglieder Gesellschaftsmitglieder sind und nahe der Fabrik wohnen, ist wohl kein Bedürfniß zur Aufnahme solcher Bestimmungen vorhanden.

***) Die Erhöhung des Kapitals wird namentlich dann erfolgen, wenn durch eranziehung anderer Güter ein größeres Pflichtrüben-Quantum zur Verarbeitung gesichert werden soll. In solchem Falle werden in der Regel die Geschäftsantheile einen höheren Werth haben, als der Nennwerth der Stammeinlagen beträgt. Aber da die Rübenbaupflicht sich nach der Höhe der Stammeinlagen bemißt, so müssen zum Ausgleich Bestimmungen in den mit den neuen Gesellschaftern abzuschließenden Vertrag aufgenommen werden. Bei einer Aktienzuckerfabrik kann bei Erhöhung des Stammkapitals die Ausgabe neuer Aktien zu höherm als dem Nominalbetrag stattfinden und der Agiogewinn muß nach Art. 185 b und 239 b H.G.B. in den Reservefonds fließen, der zur Deckung eines aus der Bilanz sich ergebenden Verlustes gebildet ist. Im R.G. vom 20. April 1892 fehlt eine solche Bestimmung. Es liegt also kein Hinderniß vor, bei Erhöhung des Stammkapitals einer Zuckerfabrik G.m.b.H. z. B. zu bestimmen, daß der neue Gesellschafter außer der zur Rübenlieferung von 600 Ctr. verpflichtenden Stammeinlage von 1500 M. an die Gesellschaft noch einen Zuschlag von 500 M. zu irgend einem Reserve- oder Erneuerungsfonds oder zur Abzahlung von Schulden zu geben hat. Vgl. Makower, Kommentar zum H.G.B., dessen 11. Aufl. auch einen Kommentar zum RG. v. 20. April 1892 enthält, S. 269 und 319.

e) die Auflösung der Gesellschaft,

f) die Geltendmachung von Ersatzansprüchen.

§ 17. Die Beschlüsse werden in Versammlungen gefaßt. Für die Berufung der Versammlung der Gesellschafter sind die §§ 50, 51, 52 und 53 [49 bis 52] in Verbindung mit Artikel 235 des Handelsgesetzbuchs maßgebend. Doch kann die Einladung der Gesellschaft auch mittelst Circular erfolgen. Spätestens im dritten Monat jedes Geschäftsjahrs findet in Liebenburg die ordentliche Versammlung der Gesellschafter statt, in der über die Bilanz Beschluß zu fassen ist.

§ 18. Die Beschlüsse werden, soweit nicht das Gesetz eine größere Mehrheit vorschreibt, mit absoluter Stimmenmehrheit gefaßt. Jede 1500 M. eines Geschäftsantheils gewähren eine Stimme. Wahlen erfolgen, falls die Versammlung nicht einstimmig Akklamation beschließt, durch Stimmzettel. Wenn hierbei mehr Personen, als zu wählen sind, die absolute Mehrheit erhalten, so sind diejenigen gewählt, welche die meisten Stimmen erhalten haben. Wird die absolute Mehrheit nicht erreicht, so kommt von denen, die die meisten Stimmen erhielten, die doppelte Zahl der noch zu Wählenden auf die engere Wahl; in gleicher Weise wird mit der engeren Wahl fortgefahren, bis für alle zu Wählenden absolute Stimmenmehrheit erzielt ist.

§ 19. Das Geschäftsjahr beginnt mit dem 1. April und endet mit dem 31. März. Die Geschäftsführer haben Inventur und Bilanz nach kaufmännischen Grundsätzen aufzustellen und im Monat April die Jahresrechnung mit Gewinn- und Verlustrechnung und mit den Vorschlägen zur Gewinnvertheilung dem Aufsichtsrath zur Prüfung vorzulegen.

§ 20. Für die Aufstellung der Bilanz kommen die gesetzlichen Bestimmungen zur Anwendung. Für Grundstücke und Gebäude sind mindestens 5 %, für Maschinen und Utensilien mindestens 10 % des Anschaffungspreises jährlich abzuschreiben.

§ 21. Von dem danach verbleibenden Betrage sind vorweg die etwa bedungenen Tantièmen und 5 % zum Reservefonds zu zahlen. Der Ueberschuß bildet den Reingewinn.

§ 22. Der Reingewinn wird unter die Gesellschafter nach Verhältniß des Zuckergehaltes vertheilt, der in den von ihnen gelieferten Rüben, mit Ausnahme der zu festen Preisen gekauften, vorhanden gewesen ist. Doch erhalten die Pflichtrüben 20 Pfennig für den Centner vorweg.*)

§ 23. Von derjenigen Summe, welche auf sämmtliche Pflichtrüben verrechnet wird, gelangen nur 75 Pfennige für den Centner voll zur Auszahlung. Von dem überschießenden Betrage werden 10 % zur Bildung eines Specialreserve-

*) Die Bestimmungen über die Berechnung des Zuckergehalts gehören nicht in den Gesellschaftsvertrag. In dem Gesellschaftsvertrage der Eilsleber Zuckerfabrik werden vom Reinertrage zunächst auf jeden Centner Pflichtrüben 20 Pf. und 5 % Zinsen des etwa angesammelten Betriebsfonds (Spezialreservefonds) abgesetzt und gleichmäßig auf die Pflichtrüben vertheilt (Ueberpreis). „Die dann verbleibende Summe wird durch die Centnerzahl aller gelieferten Rüben der Gesellschafter, mit Ausnahme der zu festen Preisen abgeschlossenen dividirt. Die so gefundene Summe ist der Grundpreis der Rüben, welcher auf jeden Centner Rüben entfällt, der dem Durchschnitt der gesammten in der Campagne gemachten Polarisationen entspricht. Prozente über resp. unter diesem Durchschnitte werden nach Maßgabe des Campagne-Durchschnittszuckerpreises vergütet resp. gekürzt."

fonds verwendet, aus welchem der Durchschnittspreis der Pflichtrüben bis zur Höhe von 75 Pfennige für den Centner ergänzt wird.*)

§ 24. Die öffentlichen Bekanntmachungen der Gesellschaft erfolgen durch die Zburger Zeitung.

Vorgelesen, genehmigt, unterschrieben.

---

*) Den Bestimmungen der Statuten der Eilsleber Zuckerfabrik G.m.b.H. nachgebildet. Der „Betriebsfonds" dieser Fabrik ist ein Fonds zur Ausgleichung der Dividende bis zu einem Mindestbetrage von 75 Pfennig für den Centner Pflichtrüben oder 90 Mark für den Morgen Rüben.

Nach denselben Statuten soll der Gewinnantheil der Gesellschafter d. h. der Preis, der für die statutenmäßig gebauten Rüben „durch Polarisation und den Geschäftsabschluß festgestellt wird, in drei Raten (10. Nov., 15. Jan., 1. Juli) gezahlt werden." Die ersten beiden Zahlungen sind also Vorschüsse auf den zu ermittelnden Gewinn. Das Statut der neubegründeten Zuckerfabrik Waren G.m.b H. hat keine solche Bestimmung, dahingegen ist nach den Bestimmungen über den Bau und die Lieferung von Rüben der Vorstand berechtigt „den Gesellschaftern dem von denselben gelieferten Quantum Rüben und der Geschäftslage entsprechend, Vorschüsse zu gewähren."

Vierter Theil.

Praktische Anleitung für die Registerführung.

I. Anmeldung, Eintragung und Veröffentlichung des Gesellschaftsvertrages.

§ 1. Die Anmeldung.

Die Anmeldung des Gesellschaftsvertrages zur Eintragung in das Handelsregister liegt den Geschäftsführern ob (§ 7). Der Anmeldung sind die im § 8 bezeichneten Schriftstücke beizufügen. Des Weiteren vgl. Form. 1 und die Anmerkungen zu demselben. Die Anmeldung erfolgt durch sämmtliche Geschäftsführer (§ 76, [78]) — auch sog. Geschäftsführer-Stellvertreter haben mitzuwirken (§§ 45, [44], 37 Abs. 2) — und zwar entweder persönlich oder schriftlich, in letzterem Falle müssen die Unterschriften gerichtlich oder notariell beglaubigt sein (§ 76 Abs. 1). [H.B. läßt in § 12 Abs. 1 Anmeldung durch Bevollmächtigte zu, es bedarf für die Vollmacht der Beobachtung der für die Anmeldung vorgeschriebenen „öffentlich beglaubigten Form".]

Die Legitimation der Anmeldenden als Geschäftsführer geht aus ihrer Bestellung hervor (§ 8 Z. 2).

§ 2. Formale Prüfung der Schriftstücke.

In § 8 sind die Urkunden aufgeführt, welche der Anmeldung beizufügen sind. Dieselben sind zunächst einer formalen Prüfung durch das Gericht zu unterziehen, insbesondere ob der Gesellschaftsvertrag in gerichtlicher oder notarieller Form abgeschlossen ist (§ 2), wobei es zulässig ist, daß einzelne Gesellschafter in derselben Form dem Gesellschaftsvertrage beigetreten sind (§ 2 Anm. 2). Es müssen mindestens zwei Gesellschafter vorhanden sein (ebenda). Der Vertrag braucht nicht geschrieben zu sein, er kann auch im Druck vorliegen, muß aber einen Bestandtheil der gerichtlichen oder notariellen Aufnahme bilden. Ist der Vertrag von Bevollmächtigten der Gesellschafter unterzeichnet, so muß eine gerichtlich oder notariell errichtete Vollmacht oder eine ebenso beglaubigte Abschrift derselben vorliegen (§ 2 Abs. 2). Juristische Personen als Gesellschafter haben die Legitimation ihrer Vertreter, die den Vertrag unterzeichnet oder die Vollmacht ausgestellt haben, beizubringen.

Als Legitimation der Geschäftsführer gilt, falls die Geschäftsführer nicht im Gesellschaftsvertrage benannt sind, der Nachweis ihrer Bestellung nach Maßgabe des Gesellschaftsvertrages (§ 6 Anm. 2, § 8

Anm. 2); es ist daher der betreffende Beschluß der Gesellschafter, des Aufsichtsraths u. s. w. im Original oder in beglaubigter Abschrift vorzulegen und von dem Gericht auf die Beobachtung der Vorschriften des Gesellschaftsvertrages bei der Bestellung zu prüfen.

Ueber die Liste der Gesellschafter § 8 Anm. 3.

Ueber die Genehmigungsurkunde § 8 Anm. 4.

Ueber die Versicherung in Betreff der auf die Stammeinlagen geleisteten Einzahlungen § 8 Anm. 5. Ergiebt die formale Prüfung keinen Grund zur Ablehnung, und die Anmeldung ist mündlich erfolgt, so ist ein Protokoll über dieselbe aufzunehmen (vgl. § 128 des Gesetzes über die Angelegenheiten der freiwilligen Gerichtsbarkeit vom 17. Mai 1897).

Muster eines Anmeldungsprotokolls.

[Form. 1.] Xstadt, den 1. April 1898.

Königliches Amtsgericht.

Gegenwärtig Hoffmann, Amtsrichter.
Sorgsam, Registerführer.

An Gerichtsstelle erscheinen persönlich bekannt und verfügungsfähig

1. Heinrich Hübner, Fabrikant,
2. Karl Mettner, Kaufmann,

beide von hier und erklären:

Als die Geschäftsführer der gestern unter der Firma*) „Thonwaarenfabrik, Gesellschaft mit beschränkter Haftung“**) hierselbst begründeten Gesellschaft melden wir hierdurch dieselbe zur Eintragung an unter Beifügung

1. des notariellen Gesellschaftsvertrages vom 31. März 1898,
2. der notariell beglaubigten Abschrift des Beschlusses der Gesellschafter vom 31. März 1898 über die Wahl der Geschäftsführer,
3. der von uns unterschriebenen Liste der Gesellschafter.

Wir geben die Versicherung***) ab, dass die gesetzliche Mindesteinzahlung von den Gesellschaftern geleistet ist, und dass die von den Gesellschaftern auf die Stammeinlagen gemachten Sacheinlagen sich in unserer freien Verfügung†) befinden.

Unter Genehmigung des uns vorgelesenen Protokolls zeichnen††) wir unsere Unterschrift wie folgt:

Heinrich Hübner. Karl Mettner.

Geschehen wie oben

Hoffmann. Sorgsam.

---

*) § 4.

**) § 4 Anm. 3.

***) § 8 Anm. 5.

†) Wo keine Sacheinlagen geleistet sind, kommt dieser Theil der Versicherung natürlich in Wegfall.

††) § 8 Abs. 3; erfolgt die Anmeldung schriftlich, so muß die Zeichnung der Unterschrift gerichtlich oder notariell beglaubigt sein, doch kann die „Zeichnung“ auch in der Anmeldung erfolgen, und genügt dann die Beglaubigung der Anmeldung.

§ 3. Materielle Prüfung.

Die Eintragungen als solche sind öffentliche Urkunden über Erklärungen, das Gericht hat daher die zur Eintragung kommenden Erklärungen — den Gesellschaftsvertrag — nur auf die Gesetzmäßigkeit, nicht auch auf die thatsächliche Richtigkeit hin zu prüfen (§ 8 Anm. 1). Nicht zu prüfen ist daher z. B. die Rechtsgiltigkeit der Unterschriften, insbesondere die Verpflichtungsfähigkeit der Unterzeichner, falls nur die gesetzliche Form (§ 2) beobachtet ist; gleichwohl wird anzunehmen sein, daß, wenn sich die Ungiltigkeit von Unterschriften aus den dem Gericht bekannten Thatsachen als zweifellos ergiebt (z. B. wenn der Unterzeichner bereits verstorben oder entmündigt ist) die Eintragung abzulehnen ist.

Zu prüfen ist, ob der Gesellschaftsvertrag die Essentialien enthält, und ob diese dem Gesetz entsprechen. Zu den Essentialien gehören die Bestimmungen nach § 3 Abs. 1.

a) Firma § 4.

b) Sitz der Gesellschaft § 3 Anm. 3.

c) Gegenstand des Unternehmens § 3 Anm. 4; für den Fall, daß derselbe konzessionspflichtig ist § 8 Anm. 4.

d) Angabe des Betrages des Stammkapitals. Das Stammkapital darf nicht weniger als 20000 Mk. betragen (§ 5 Abs. 1), und dasselbe muß durch die von den Gesellschaftern übernommenen Stammeinlagen gedeckt sein (§ 5 Abs. 3); kein Gesellschafter darf mehr als eine Stammeinlage übernommen haben (§ 5 Abs. 2), und dieselbe muß mindestens 500 Mk. betragen (§ 5 Abs. 1) und durch hundert theilbar sein (§ 5 Abs. 3).

e) Betrag der von jedem Gesellschafter auf das Stammkapital zu leistenden Einlage (vgl. zu d). Ergiebt sich, daß die Einlage ganz oder zum Theil eine Sacheinlage ist, so muß der Gesellschaftsvertrag hierüber nach Maßgabe des § 5 Abs. 4 eine Bestimmung enthalten.

Nur die Gesetzmäßigkeit der diesbezüglichen Vorschriften unterliegt die Prüfung, nicht z. B. deren korrekte Fassung.

Nicht zu den Essentialien gehören die folgenden Angelegenheiten, die jedoch der Festsetzung im Gesellschaftsvertrage bedürfen, falls sie Gegenstand der Vereinbarung sind (§ 3 Abs. 2).

a) Festsetzung der Zeitdauer der Gesellschaft.

b) Auferlegung anderer Verpflichtungen gegenüber der Gesellschaft außer der Leistung von Kapitaleinlagen (§ 3 Anm. 8).

c) Leistung von Sacheinlagen auf die Stammeinlage (§ 3 Abs. 4).

d) Erschwerung der Abtretung von Geschäftsantheilen (§ 15 Abs. 5).

e) Ausschließung der Einholung der Genehmigung bei Theilung von Geschäftsantheilen in den Fällen des § 17 Abs. 3.

f) Verbot der Theilung der Geschäftsantheile (§ 17 Abs. 6).

g) Festsetzung von Konventionalstrafe für den Fall der verzögerten Einzahlung auf Stammeinlagen (§ 20 Abs. 2).

h) Die Zulassung der Einforderung von Nachschüssen (§ 26 Abs. 1).

i) Die Regelung der Nachschußpflicht in einer von dem Gesetze abweichenden Weise (§ 26 Abs. 3, § 27 Abs. 4, § 28).

k) Die Vertheilung des Reingewinns nach einem anderen Maßstabe als dem im Gesetze vorgesehenen (§ 29).

l) Die Zulassung der Amortisation von Geschäftsantheilen (§ 34 Abs. 1).

m) Bestimmung über die Form der Zeichnung durch die Geschäftsführer (§ 35 Abs. 1).

n) Ausschließung der Zulassung der Beschränkung der Geschäftsführer durch Beschluß der Gesellschafter (§ 37 Abs. 1).

o) Beschränkung der Zulassung des Widerrufs der Bestellung der Geschäftsführer (§ 38 Abs. 2).

p) Verlängerung der Frist für die Aufstellung der Bilanz (§ 42 [41] Abs. 3).

q) Bestimmungen, welche die Vorschriften der §§ 47 bis 52 [46 bis 51] abändern (§ 46 [45] Abs. 2).

r) Bestellung eines Aufsichtsraths (§ 53 [52] Abs. 1).

s) Festsetzung von weiteren als den gesetzlichen Erschwernissen für die Aenderung des Gesellschaftsvertrages (§ 54 [53] Abs. 2).

t) Festsetzung einer von dem Gesetze abweichenden Vorschrift über die Beschlußfassung der Auflösung (§ 60 Z. 2).

u) Festsetzung weiterer Auflösungsgründe als der gesetzlichen (§ 60 Abs. 2).

v) Die Vertheilung des Gesellschaftsvermögens nach einem anderen Maßstabe als den im Gesetze vorgesehenen (§ 73 [72].

Ob die thatsächlichen Voraussetzungen dieser Bestimmungen vorhanden sind, entzieht sich der Prüfung des Gerichts, sind dieselben aber im Gesellschaftsvertrage getroffen, so müssen sie auch dem Gesetz entsprechen. Eine Pflicht des Gerichts den Gesellschaftsvertrag darauf hin zu prüfen, ist nicht anzuerkennen, die Eintragung kann verfügt werden, wenn der Gesellschaftsvertrag die Essentialien gesetzmäßig enthält; das Gericht wird aber regelmäßig den ganzen Gesellschaftsvertrag einer Prüfung unterziehen, und hat dann die Eintragung abzulehnen, wenn es einen Verstoß gegen das Gesetz findet.

§ 4. Die Eintragung.

Hat das Gericht die vorgelegten Urkunden ordnungsmäßig befunden, so hat dasselbe die Eintragung des Gesellschaftsvertrages, der Geschäftsführer und die erforderlichen Veröffentlichungen zu verfügen.

Die Nothwendigkeit der Eintragung ergiebt sich aus § 7 und § 10. Die Eintragung erfolgt in das Handelsregister (§ 7 Abs. 1) des Gerichts, in dessen Bezirk die Gesellschaft ihren Sitz hat. Während für die Genossenschaften durch die Bekanntmachung betr. die Führung des Genossenschaftsregisters und die Anmeldungen zu demselben vom 11. Juli 1889 (R.G.Bl. S. 150 ff.) das bei der Eintragung zu beobachtende Verfahren einheitlich geregelt und für die Genossenschaften die Anlage eines besonderen Registers vorgeschrieben ist — kommen in diesen Beziehungen für die Gesellschaften m.b.H. die landesgesetzlichen Vorschriften zur Anwendung bis zum Inkrafttreten der sich aus Art. 11 des Einführungsgesetzes zum Handelsgesetzbuch vom 10. Mai 1877 ergebenden Aenderungen und bis zum Inkrafttreten des Gesetzes über die Angelegenheiten der freiwilligen Gerichtsbarkeit (§§ 125 ff.). Wo für Handelsgesellschaften ein besonderes Register besteht, sind in dieses auch die Gesellschaften m.b.H. einzutragen. [Nach dem 1. Januar 1900 ist die Führung der Handelsregister einheitlich durch §§ 125 ff. des Gesetzes über die Angelegenheiten der freiwilligen Gerichtsbarkeit geordnet.]

Aus dem Wortlaut des § 7 könnte gefolgert werden, daß der ganze Gesellschaftsvertrag in das Handelsregister einzutragen sei; doch da derselbe zu den Registerakten zu nehmen ist und mit diesen auf Verlangen jederzeit vorgelegt werden muß, würde hierdurch nur überflüssiges Schreibwerk entstehen. Es wird daher genügen, wenn der Gesellschaftsvertrag im Auszuge eingetragen wird, der dann die Essentialien und die etwa nach Maßgabe des § 3 Abs. 2 getroffenen Bestimmungen enthält, der Gesellschaftsvertrag selbst und die übrigen Urkunden sind in den Beilageband zu nehmen, der wie das Hauptregister öffentlich ist. [Mit dieser Auslegung stimmt überein die neue, vom 1. Jauar 1900 gültige Fassung von § 10 des Gesetzes.]

Wo nur der Auszug eingetragen wird, ist auf die Verfügung, welche die Eintragung verordnet und auf die Stelle der Akten, wo sich der Gesellschaftsvertrag befindet, zu verweisen.*)

Außer dem Auszuge des Gesellschaftsvertrages sind nur noch die Personen der Geschäftsführer einzutragen.

§ 5. Die Veröffentlichung.

§ 10 bestimmt den Umfang der Veröffentlichung. Es sind zu veröffentlichen:

a) Das Datum des Gesellschaftsvertrages,
b) die Firma und der Sitz der Gesellschaft,
c) der Gegenstand des Unternehmens,
d) die Höhe des Stammkapitals,
e) Namen und Wohnort der Geschäftsführer.

Ferner sind zu veröffentlichen gegebenenfalls:

a) Die Zeitdauer, falls das Unternehmen auf eine gewisse Zeit beschränkt ist,

b) Die Vereinbarung über die Leistung von Sacheinlagen an Stelle von baaren Einlagen (§ 5 Abs. 4),

c) die Bestimmung über die Form, in welcher die Geschäftsführer ihre Willenserklärungen kundgeben und für die Gesellschaft zeichnen,

d) die Bestimmung über die Art und Weise, in welcher öffentliche Bekanntmachungen der Gesellschaft zu erlassen sind.

§ 6. Formular der Eintragungsverfügung.

[Form. 2.] **Verfügung.**

1. In das Handelsregister ist unter Nr. 4 einzutragen:**)

Kol. 2. Baugesellschaft mit beschränkter Haftung.

---

*) Vgl. § 10, 14 Abs. 1 der Bekanntmachung betr. die Führung des Genossenschaftsregisters; § 74 der Preußischen Instruktion zum H.G.B.

**) Wir nehmen als Muster das Preußische Formular des Registers (Anlage C zur Allgemeinen Verfügung und Instruktion vom 12. Dezember 1861) mit 4 Kolonnen: 1. Laufende Nummer, 2. Firma der Gesellschaft, 3. Sitz der Gesellschaft, 4. Rechtsverhältnisse der Gesellschaft. [Dieses Formular bleibt jedenfalls bis zum 1. Januar 1900 in Kraft].

Kol. 3. Iberg.

Kol. 4. Gesellschaftsvertrag vom 1. Dezember 1897.

Gegenstand des Unternehmens ist der Erwerb von Bauterrain zur Errichtung von Häusern mit billigen Arbeiterwohnungen.

Das Stammkapital beträgt 500000 Mark.

Von dem Gesellschafter Oskar Müller in Iberg ist auf seine Stammeinlage ein Bauterrain Xstrasse Nr. 1 eingetragen im Grundbuch .... als Einlage zum Preise von 50000 M. eingebracht. Zwei Geschäftsführer werden für die Gesellschaft in der Art zeichnen, dass sie zu der Firma ihre Namen hinzufügen.

Die Bekanntmachungen der Gesellschaft erfolgen durch das I'er Tageblatt, und falls dasselbe eingeht bestimmen die Geschäftsführer eine andere Zeitung.

Die Geschäftsführer sind Oskar Müller und Carl Meier, beide zu Iberg.

Der Gesellschaftsvertrag vom 1. Dezember 1897 befindet sich Bl. 1 der Akten.*)

Eingetragen am 15. Dezember 1896 zufolge Verfügung vom selben Tage (Bl. 2 der Akten).**)

Sorgsam, Gerichtsschreiber.

2. Die Expeditionen***) des Deutschen Reichsanzeigers zu Berlin, des I'er Tageblatt und der Ixberger Zeitung sind um einmalige Einrückung folgender Bekanntmachung zu ersuchen:

Bekanntmachung.

In unser Handelsregister ist am 15. Dezember 1897 die durch Gesellschaftsvertrag vom 1. Dezember 1897 errichtete Baugesellschaft mit beschränkter Haftung mit dem Sitz zu Iberg eingetragen worden. Gegenstand des Unternehmens .... (u. s. w. wörtlich wie oben zu 1 bis zu den Worten ....) beide zu Iberg.

Iberg, 15. Dezember 1897. Königliches Amtsgericht.

3. Den Geschäftsführern ist von der erfolgten Eintragung Nachricht zu geben.†)

4. Mit den Belegnummern der Zeitungen, event. in 14 Tagen wieder vorzulegen.

Iberg, 15. Dezember 1897.

---

*) § 9 Abs. 1 pos. 3 der Preuß. Instr. zum H.G.B. vom 12. Dez. 1861.

**) Die Obliegenheiten des Richters und des Gerichtsschreibers in Betreff der Führung des Handelsregisters bestimmen sich nach den Landesgesetzen. Für Preußen gilt § 9 Abs. 2 der Preuß. Instruktion zum H.G.B., wonach der Eintragungsvermerk von dem Sekretär unter Hinzufügung seines Amtscharakters zu unterschreiben ist. Ferner § 9 Abs. 1 Pos. 3 a. a. O. [Vom 1. Januar 1900 ab gelten §§ 125 ff. des Gesetzes über die Angelegenheiten der freiwilligen Gerichtsbarkeit vom 17. Mai 1897.]

***) Die Zeitungen sind die gemäß Art. 14 H.G.B. bestimmten. [Vgl. § 11 H.B.].

†) Vgl. § 13 der Preußischen Instruktion zum H.G.B. [§ 130 des Gesetzes über die Angelegenheiten u. s. w.]

§ 7. Beispiele von dem, was nicht zu veröffentlichen ist.

Die im deutschen Reichsanzeiger veröffentlichten Bekanntmachungen von Eintragungen neubegründeter Gesellschaften m.b.H. enthalten in nicht seltenen Fällen Manches, was nach dem Gesetze nicht veröffentlicht werden soll. Zuweilen mag dies auf Wunsch der Geschäftsführer geschehen, z. B. wenn bei der Eintragung der Firma „Fr. Möller, G.m.b.H." mit Sitz Brackwede (Reichsanz. 18. April 1893) die Eröffnungsbilanz abgedruckt wurde. In der Regel aber wird es auf die gleiche Ursache zurückzuführen sein, wie die ebenfalls oft vorkommende Unvollständigkeit der Bekanntmachung — auf die Unachtsamkeit der Richter.

1. Nichts ist zu veröffentlichen über die Gesellschafter, sofern sie nicht statt baaren Einlagen Sacheinlagen machen, also nichts über ihre Zahl, über ihre Berechtigungen und Verpflichtungen.*)

2. Außer dem Namen und Wohnort der Geschäftsführer ist nichts über sie zu veröffentlichen, also nichts über die Dauer ihres Vertrages über die Art ihrer Bestellung, über die Beschränkung ihrer Befugnisse.**)

3. Nichts ist über den Aufsichtsrath zu veröffentlichen, nichts über die Zahl seiner Mitglieder, über die Dauer ihrer Anstellung, über seine Befugnisse und Verpflichtungen.***)

4. Nichts ist zu veröffentlichen über die Versammlung der Gesellschafter, über Befugnisse sie zu berufen, über Zeit, Ort und Tagesordnung der Versammlung, nichts über die Mehrheiten, mit der gewisse Beschlüsse zu fassen sind.†)

5. Nichts ist zu veröffentlichen über Anfang und Ende des Geschäftsjahres und nicht, daß die Zeitdauer der G. nicht beschränkt ist.

---

*) Beispiele: 1. Amtsgericht Eschweiler veröffentlicht bei G. Lütgen-Borgmann G.m.b.H. die Namen der 16 Gesellschafter, obschon nur Einer Sacheinlagen machte. (Reichsanz. 23. Juni 1892.) 2. Mehrere Gerichte veröffentlichen bei Eintragung von Zuckerfabriken, die aus Aktiengesellschaften in G.m.b.H. umgewandelt sind, Bestimmungen über die Rübenbaupflicht der Gesellschafter z. B. Amtsger. Seehausen, Amtsger. Northeim bei Zuckerfabrik Northeim, Reichsanz. 21. Juni 1893.

**) Verstöße z. B. in Bekanntmachungen des Amtsger. Mühlberg a. Elbe, Dillenburg, Braunschweig (Reichsanz. vom 13. Dez. 92, 5. April und 2. Mai 93).

***) Beispiele: a) „Der Gesellschaft steht es zu, einen Aufsichtsrath zu bestellen." b) „Der Aufsichtsrath besteht aus 3 oder mehr Mitgliedern." c) „Der Aufsichtsrath besteht aus 3 Mitgliedern, welche auf ein Jahr gewählt werden." d) „Bei Nichtübereinstimmung der Geschäftsführer entscheidet der Aufsichtsrath." e) Auch die Namen der Aufsichtsrathsmitglieder sind zuweilen veröffentlicht. (Amtsger. Eschwege, Reichsanz. v. 2. Juli 1892, Landger. Hof, Reichsanz. v. 23. Jan. 1893).

†) Beispiel: „Die Erhöhung oder Verminderung des Preises für das an die Konsumenten abzugebende Licht kann nur durch eine Zweidrittelmajorität der Gesellschafter beschlossen werden." Amtsger. St. Blasien Elektrizitätswerke G.m.b.H. Reichsanz. 20. März 93).

6. Außer dem Betrage des Stammkapitals ist nichts über dasselbe zu veröffentlichen.*)

7. Nichts ist über die Stammeinlagen (Geschäftsantheile) zu veröffentlichen, abgesehen von der Vereinbarung über Leistung von Sacheinlagen.**)

8. Nichts ist über die Nachschüsse zu veröffentlichen.***)

9. Nichts ist über Inventur, Reservefonds, Bilanz, Abschreibungen, über Wahl und Verpflichtung von Rechnungsrevisoren zu veröffentlichen. Vgl. Bekanntmachung des Amtsger. Dillenburg (Reichsanz. 5. April 1893).

§ 8. Liste der Gesellschafter.

Das Gericht hat keine besondere Liste der Gesellschafter zu führen. Die erste Liste der Gesellschafter ist von den Geschäftsführern bei der Anmeldung einzureichen (§ 8 Z. 3), darauf haben die Geschäftsführer im Monat Januar eines jeden Jahres eine neue Liste einzureichen bezw. die Versicherung abzugeben, daß hinsichtlich der Person der Gesellschafter und des Umfanges ihrer Betheiligung eine Aenderung nicht eingetreten ist (§ 41 [40]). Die Liste bezw. die Versicherung sind zu den Registerakten zu nehmen und sind öffentlich.

---

*) Beispiele: a) „Das Stammkapital ist voll eingezahlt und steht zur Verfügung der Geschäftsführer (Amtsger. Northeim, Reichsanz. 21. Juni 93). b) „Das Stammkapital beträgt 20500 M., soll jedoch aus Antheilen des Gesellschafters W. am Reingewinn allmählich auf 40000 M. erhöht werden (Amtsgericht Gummersbach, Reichsanz. 15. Juni 1893).

**) Beispiele: a) „Die Stammeinlagen für die einzelnen Gesellschafter sind verschieden bestimmt.“ b) „Der Mindestbetrag einer Stammeinlage ist 2000 M., jede Stammeinlage muß durch 2000 M. theilbar sein.“ c) „Die Abtretung von Geschäftsantheilen ist von der Genehmigung des Aufsichtsraths abhängig. Verweigert der Aufsichtsrath die Genehmigung, so hat .... die Generalversammlung zu entscheiden.“ ... „Pächter, welche ihre Pachtgrundstücke abgeben und Besitzer, welche ihre Grundstücke verkaufen oder verpachten, können ihren Antheil an ihre Nachfolger oder an Dritte gegen Uebernahme der statutenmäßigen Verpflichtungen veräußern. Die Veräußerung von Theilen eines Geschäftsantheils ist ebenso von der Genehmigung des Aufsichtsraths abhängig und nur in Mindestbeträgen von 3000 M. zulässig.“ Amtsger. Northeim bei „Zuckerfabrik Northeim G.m.b.H.“ (Reichsanz. 21. Juni 1893.)

***) Beispiele: a) „Die Gesellschaft kann über das Stammkapital hinaus Einforderung von Nachschüssen ... beschließen.“ Amtsger. Kochem bei Cardener Thonindustrie G.m.b.H. (Reichsanz. 17. Jan. 93.) b) „Die Gesellschaft kann einen Nachschuß auf Höhe von 1/4 des Stammkapitals beschließen, sofern sich 3/4 der Gesellschaftsantheile (!) dafür erklären. Amtsger. Bitterfeld bei Zuckerfabrik Brehna m.b.H. (Reichsanz. 27. Febr. 1893.)

II. Anmeldung, Eintragung und Veröffentlichung von Aenderungen des Gesellschaftsvertrages.

§ 9. Allgemeines.

Während Art. 238 a A.G. [§ 259 Abs. 5, § 13 H.B.] bestimmt, daß von der Beurkundung eines jeden Beschlusses der Generalversammlung eine beglaubigte Abschrift zu dem Handelsregister einzureichen ist, fordert das Gesetz nur*) die Einreichung solcher Beschlüsse, welche eine Aenderung des Gesellschaftsvertrages betreffen (§ 55 [54] — ebenso wie das Genossenschaftsgesetz vom 1. Mai 1889). Darüber, was als Aenderung des Gesellschaftsvertrages zu betrachten ist, daß dahin jede redaktionelle Aenderung, jeder Zusatz, jedes Wegstreichen gehört vgl. § 54 [53] Anm. 1, auch die Fortsetzung einer auf bestimmte Zeit beschränkten Gesellschaft enthält eine Aenderung des Gesellschaftsvertrags (§ 60 Anm. 2).

§ 10. Die Anmeldung und die Prüfung durch das Gericht.

Nach § 76 [78] hat die Anmeldung einer Aenderung des Gesellschaftsvertrages durch sämmtliche Geschäftsführer zu erfolgen, — auch sog. Stellvertreter haben dabei mitzuwirken — und zwar entweder persönlich oder schriftlich, in letzterem Falle sind die Unterschriften gerichtlich oder notariell zu beglaubigen, § 76 [78] Abs. 1. [Vom 1. Jan. 1900 an genügt die Anmeldung durch so viel Geschäftsführer wie zur Abgabe rechtsverbindlicher Erklärungen erforderlich sind, die Anmeldung aber muß persönlich oder in öffentlich beglaubigter Form erfolgen (§ 12 H.B.) desgleichen zu dem Gericht der Zweigniederlassung (§ 13 H.B.)]. Die Legitimation der Anmeldenden ergiebt sich aus dem Handelsregister.

Das Gesetz bestimmt Nichts über die Form, in welcher der betreffende Beschluß einzureichen ist (anders § 16 G.G., der die Einreichung zweier unbeglaubigter Abschriften verlangt). Es wird anzunehmen sein, daß der Beschluß im Original oder in gerichtlich oder notariell beglaubigter Abschrift vorzulegen ist. [Hierin tritt durch die neue Fassung des Gesetzes mit dem 1. Januar 1900 keine Aenderung ein.]

Wie die Eintragung des Gesellschaftsvertrages, so kann auch die Eintragung einer Abänderung desselben nur auf Antrag erfolgen. Der Richter ist nicht in der Lage eine Aenderung zu erzwingen, mag die betreffende Bestimmung auch gesetzlich ungiltig sein. Eine einmal eingetragene Vorschrift kann im Streitfalle nur im Wege des ordentlichen Rechtsstreits beseitigt werden; über das Verhältniß des Registergerichts zum Prozeßgericht vgl. § 55 [54] Anm. 5. Ist eine Bestimmung

---

*) Außer der Anmeldung des Auflösungsbeschlusses (§ 65) und des Beschlusses über die Zeichnung der Liquidatoren (§ 68).

des Gesellschaftsvertrages im Wege der Anfechtung des betreffenden Beschlusses durch Urtheil für ungiltig erklärt, so müßte gleichwohl eine Anmeldung der Abänderung durch die Geschäftsführer erfolgen (anders § 7 Abs. 2 der Bekanntmachung betreffend die Führung des Genossenschaftsregisters ꝛc.) Das Gericht ist auch nicht in der Lage die Geschäftsführer durch Ordnungsstrafen zur Anmeldung einer beschlossenen Aenderung des Gesellschaftsvertrages anzuhalten (ebenso A.G., anders G.G. § 152 § 16).

Ueber den Umfang des Prüfungsrechts des Registergerichts bei der Anmeldung einer Aenderung des Gesellschaftsvertrages vgl. § 55 [54] Anm. 5.

[Mit dem 1. Januar 1900 tritt insofern eine Aenderung ein, als das Gericht nach § 142 des Gesetzes über die Angelegenheiten der freiwilligen Gerichtsbarkeit von Amtswegen die Beseitigung nichtiger Eintragungen vornehmen kann (vgl. §§ 75 ff.]

§ 11. Muster eines Anmeldungsprotokolls.

In dem Falle der persönlichen Anmeldung ist ein Protokoll über dieselbe aufzunehmen [§ 128 des Gesetzes über die Angelegenheiten ꝛc.].

[Form. 3.] Xstadt, 1. April 1898.

Gegenwärtig Hoffmann, Amtsrichter.
Sorgsam, Gerichtsschreiber.

An Gerichtsstelle erscheinen persönlich bekannt und als die Geschäftsführer der Baugesellschaft mit beschränkter Haftung durch das Handelsregister legitimirt:

1. Kaufmann Oskar Müller,
2. Baumeister Carl Meier,

beide von hier und erklären:

unter Ueberreichung einer notariell beglaubigten Abschrift des Beschlusses der Versammlung der Gesellschafter vom 25. März 1898 betreffend Abänderung des Gesellschaftsvertrages melden wir hiermit diesen Beschluss zur Eintragung in das Handelsregister an

V. g. u.

Oskar Müller. Carl Meier.

Geschlossen
Hoffmann. Sorgsam.

§ 12. Eintragung und Veröffentlichung.

Nach § 55 [54] ist der Beschluß zur Eintragung in das Handelsregister anzumelden, nach dem Wortlaut müßte also der ganze Beschluß wörtlich eingetragen werden; da jedoch der Beschluß zu den Registerakten genommen wird, würde hierdurch unnöthiges Schreibwerk entstehen. Nach § 16 der Bekanntmachung betr. die Führung des Genossenschaftsregisters soll ein Beschluß auf Abänderung des Statuts einer Genossenschaft seinem Inhalte nach eingetragen werden, wenn er eine der Bestimmungen des Statuts betrifft, welche eingetragen sind, in anderen Fällen nur „unter allgemeiner Bezeichnung" des Gegenstandes.*) Mangels einer entgegenstehenden landesgesetzlichen Vorschrift wird auch für die Gesellschaften m.b.H. in der gleichen Weise verfahren werden können, denn dieselbe entspricht der praktischen Handhabung des Registers; es genügt, wenn sich Jeder aus den Eintragungen überzeugen kann, ob eine Aenderung des Gesellschaftsvertrages beschlossen ist, die Uebersichtlichkeit kann sogar nur gewinnen, wenn die Eintragung im Auszuge bezw. dem Inhalte nach erfolgt.**) [Mit dieser Praxis stimmt die vom 1. Januar 1900 giltige Fassung des § 55 [54] des Gesetzes überein; es genügt bei der Eintragung, wenn es sich nicht um die Abänderung eingetragener Bestimmungen handelt, die Bezugnahme auf die eingereichten Urkunden.]

Im Uebrigen ist mit der Eintragung einer Aenderung des Gesellschaftsvertrages in der gleichen Weise zu verfahren, wie mit der Eintragung des Gesellschaftsvertrages. Die Eintragung ist zu unterschreiben (vgl. § 130 des Gesetzes über die Angelegenheiten u. s. w.), es ist auf die Verfügung und auf die Stelle der Akten, wo sich der Beschluß befindet, zu verweisen; die Geschäftsführer sind von der Eintragung zu benachrichtigen (§ 130 a. a. O.).

Die Veröffentlichung ist nur erforderlich, wenn der Beschluß eine der im § 10 Abs. 2 und 3 bezeichneten Bestimmungen zum Gegenstande hat (§ 55 [54] Abs. 1), also betrifft: Firma, Sitz, Gegenstand des Unternehmens, Betrag des Stammkapitals, Vereinbarung über die auf die Stammeinlage zu leistende Sacheinlage, Zeitdauer,***) Form der Kundgebung von Willenserklärungen und der Zeichnung der Geschäftsführer, Art und Weise der öffentlichen Bekanntmachung [§ 10 Abs. 3, § 12 neue Fassung].

Muster einer Eintragungsverfügung von Aenderungen des Gesellschaftsvertrages.

[**Form. 4.**] Verfügung.

In das Handesregister ist bei Nr. 6 Baugesellschaft mit beschränkter Haftung einzutragen

Kol. 2: Gemeinnützige Baugesellschaft mit beschränkter Haftung (Beschluss vom 15. März 1898, derselbe befindet sich Bl. 10 der Akten.†)

---

*) § 75 der Preußischen Instruktion zum H.G.B. fordert Eintragung des Beschlusses „in das Hauptregister im Auszuge".

**) Eine Aenderung der Firma oder des Sitzes ist in Preußen in die hierfür bestimmten Kolonnen 2 und 3 des Hauptregisters einzutragen (§ 75 Abs. 2 der Instruktion zum H.G.B.).

***) Während bei einer neugegründeten Gesellschaft die Zeitdauer nur zu veröffentlichen ist, wenn dieselbe beschränkt ist, ist die unbeschränkte Zeitdauer dann zu veröffentlichen, wenn sie durch Aenderung des Gesellschaftsvertrages eingeführt ist.

†) §§ 75, 74 der Preuß. Instr. z. H.G.B.

Kol. 4: Aenderungen des Gesellschaftsvertrages sind beschlossen am 15. März 1898.

Die Zeitdauer der Gesellschaft soll unbeschränkt sein.

Ein Geschäftsführer soll für die Gesellschaft durch Hinzufügung seines Namens zu der Firma rechtsverbindlich zeichnen können.

§ 10 des Gesellschaftsvertrages (Reservefonds), § 15 (Vertheilung der Dividende) sind abgeändert.*)

Der Beschluss vom 15. März 1898 befindet sich Bl. 10 der Akten.**)

Eingetragen am 1. April 1898 zufolge Verfügung vom gleichen Tage***) (Bl. 9 der Akten).

Sorgsam, Gerichtsschreiber.***)

2. Die Expeditionen †) des Deutschen Reichsanzeigers zu Berlin und des I'er Tageblatts sind um einmalige Einrückung folgender Bekanntmachung zu ersuchen:

Bekanntmachung.

Durch Beschluss der Versammlung der Gesellschafter der Baugesellschaft mit beschränkter Haftung zu Iberg vom 15. März 1898 ist der Gesellschaftsvertrag geändert und es ist in das Handelsregister eingetragen worden: Die Firma lautet fortan „Gemeinnützige Baugesellschaft mit beschränkter Haftung". Die Zeitdauer der Gesellschaft ist unbeschränkt. Ein Gesellschafter ist befugt durch Hinzufügung seines Namens zu der Firma rechtsverbindlich zu zeichnen.

Iberg, 1. April 1898. Königliches Amtsgericht.

3. Den Geschäftsführern ist von der erfolgten Eintragung Nachricht zu geben.††)

4. Mit den Belegnummern der Zeitungen event. in 14 Tagen vorzulegen.

Iberg, 1. April 1898. Hoffmann.

---

*) Diese Aenderungen sind nicht zu veröffentlichen. Ueber die Eintragung § 55 [54] Abs. 2.

**) §§ 75, 74 a. a. O.

***) § 9 a. a. O. [§ 130 des Gesetzes über die Angelegenheiten der freiwilligen Gerichtsbarkeit].

†) Art. 14 H.G.B. [§ 11 H.B.].

††) § 13 Preuß. Instr. z. H.G.B. [§ 130 Abs. 2 des Gesetzes über die Angelegenheiten der freiwilligen Gerichtsbarkeit].

I. Eintragungen mit der Wirkung einer öffentlichen Beurkundung.

§ 13. Vorbemerkung.

Während der Eintragung des Gesellschaftsvertrages und der Aenderung derselben durch das Gesetz die Wirkung beigelegt ist, daß mit derselben die Gesellschaft als Rechtspersönlichkeit entsteht und die Aenderung rechtliche Wirkung erlangt — handelt es sich bei der Eintragung der Geschäftsführer (§§ 7, 39) und der Auflösung (§ 65) um richterliche Handlungen, die den eingetragenen Vorgängen „nur die im Interesse des Verkehrs erforderliche Offenkundigkeit zusichern und an den Mangel des Eintrags Rechtsfolgen zu Gunsten gutgläubiger Dritter knüpfen." (§ 39 Anm. 2).

A. Eintragung mit Bezug auf die Geschäftsführer.

§ 14. Anmeldung der Geschäftsführer.

Die ersten Geschäftsführer sind gleichzeitig mit dem Gesellschaftsvertrag zur Eintragung anzumelden (§ 7 Anm. 1). Sodann ist jede Aenderung in den Personen, jede erneute Bestellung, die Beendigung der Vollmacht anzumelden (§ 39), [jedoch ist die Anmeldung der erneuten Bestellung nach der neuen Fassung des Gesetzes vom 1. Januar 1900 ab nicht mehr erforderlich].

Die Anmeldung erfolgt bis zum 1. Januar 1900 durch sämmtliche (auch die sog. Stellvertreter-) Geschäftsführer in Person oder schriftlich in öffentlich beglaubigter Form (§ 76 [78]) [nach der neuen Fassung wirkt nur die zur Abgabe von Erklärungen erforderliche Zahl von Geschäftsführern mit]. Die Anmeldung geschieht durch die im Amte verbliebenen und die neu hinzugetretenen Mitglieder. Die ausgeschiedenen bezw. die, deren Vollmacht beendigt ist, haben bei der Anmeldung nicht mitzuwirken, da sie nicht mehr als Geschäftsführer legitimirt sind.

Nach § 39 soll die Anmeldung „ohne Verzug" erfolgen, doch ist dies nicht ganz korrekt [und in der neuen Fassung gestrichen]. Eine Anmeldung vor Beginn des Amtes hätte das Gericht abzulehnen, da das Handelsregister dann offenbar mit den thatsächlichen Verhältnissen im Widerspruch stände; da nun in der Regel die Bestellung einige Zeit vor Uebernahme des Amtes erfolgen wird, kann dann auch die Anmeldung nicht „ohne Verzug" erfolgen. Die Anmeldung hat nach Antritt des Amtes zu geschehen.*)

Die Beendigung der Vollmacht ist alsbald nach dem Ausscheiden anzumelden.

---

*) Vgl. § 19 Abs. 1 Bekanntmachung betr. die Führung des Genossenschaftsregisters rc., (§ 29 Abs. 1 G.G.).

Der Anmeldung der Bestellung ist die „Legitimation" beizufügen, als Legitimation gilt der Nachweis der Bestellung nach Maßgabe des Gesellschaftsvertrages, es ist daher der betreffende Beschluß der Gesellschafter, des Aufsichtsraths u. s. w. im Original oder in beglaubigter Abschrift einzureichen, aus der Urkunde muß sich ergeben, daß bei der Bestellung die Vorschriften des Gesellschaftsvertrages beobachtet sind. Bei der Amtsenthebung ist der Beschluß (im Original oder in beglaubigter Abschrift) einzureichen, durch den dieselbe ausgesprochen ist (§§ 38, 47 [46] Pos. 5, 46 [45] Abs. 2) [vgl. über die abweichende Praxis § 39 Anm. 1 und 3. Nach der neuen Fassung ist zweifellos gestellt, daß eine einfache unbeglaubigte Abschrift der Urkunde über die Bestellung oder über die Beendigung der Vertretungsbefugniß erforderlich ist, aber auch genügt].

Die gleichen Bestimmungen gelten auch für die „Stellvertreter", mögen dieselben für einen bestimmten Fall oder ganz allgemein bestellt sein; das Gesetz läßt bei der Bestellung keine Beschränkung mit Rechtswirkung nach Außen zu, und eine solche darf auch nicht eingetragen werden (§ 37 Abs. 2).

Erfolgt die Anmeldung persönlich und die formale Prüfung der Urkunden ergiebt, daß nach dieser Richtung die Eintragung nicht zu beanstanden ist, so ist ein Protokoll aufzunehmen [vgl. § 128 des Gesetzes über die Angelegenheiten der freiwilligen Gerichtsbarkeit].

[**Form 5.**] Xstadt, 1. Mai 1898.

Königliches Amtsgericht.
Gegenwärtig Hoffmann, Amtsrichter.
Sorgsam, Gerichtsscheiber.

An Gerichtsstelle erscheinen persönlich bekannt und verfügungsfähig:

1. Oskar Müller, Baumeister,
2. Carl Meier, Kaufmann,
3. Franz Schulze, Fabrikant, — sämmtlich von hier —

und melden unter Beifügung einer notariell beglaubigten Abschrift*) des in der Versammlung der Gesellschafter vom 15. April 1898 unter Beobachtung der Vorschriften des Gesellschaftsvertrages gefassten Beschlusses, betreffend die Wahl eines Geschäftsführers zur Eintragung in das Handelsregister der Baugesellschaft mit beschränkter Haftung an:

dass die Vollmacht des Kaufmanns Albert Lehmann als Geschäftsführer beendigt

und der Kaufmann Carl Meier von hier zum Geschäftführer gewählt ist.

---

*) [Nach dem Inkrafttreten der neuen Fassung des § 39: „unter Beifügung einer Abschrift".]

Der Geschäftsführer Carl Meier wird seine Unterschrift wie hierunter zeichnen.*)

V. g. u.

Oskar Müller. Carl Meier. Franz Schulze.

Geschlossen

Hoffmann. Sorgsam.

§ 15. Prüfung durch das Gericht.

Das Gericht hat zu prüfen:

1. ob bei der Anmeldung die vorgeschriebene Form beobachtet ist: Antrag durch sämmtliche im Amt befindliche Geschäftsführer [für die Zeit bis zum 1. Januar 1900, von da ab Anmeldung durch die für die Abgabe von Erklärungen erforderliche Zahl von Geschäftsführern), persönlich oder schriftlich in beglaubigter Form.] Im Falle persönlicher Anmeldung ist selbstverständlich die Identität der Anmeldenden festzustellen;

2. ob die Bestellung (bzw. die Amtsentsetzung) unter Beobachtung der Vorschriften des Gesellschaftsvertrages erfolgt ist. Dies muß aus der Bestellungsurkunde (bezw. der Abschrift) hervorgehen. Beides gilt auch für die Liquidatoren, die einer Bestellungsurkunde nur dann nicht bedürfen, wenn sich die Geschäftsführer als Liquidatoren anmelden oder sie vom Gericht bestellt sind. Die Annahme der Wahl ist weder seitens der Geschäftsführer besonders zu bescheinigen noch seitens des Gerichts zu prüfen, dieselbe liegt in der Anmeldung. Die Richtigkeit der angemeldeten Thatsachen ist nicht zu prüfen, ebenso auch nicht die Ordnungsmäßigkeit der Berufung der Versammlung der Gesellschafter, wenn die Bestellung durch dieselbe erfolgt ist. Wird zur Eintragung die Beendigung der Vollmacht eines Geschäftsführers angemeldet, so hat das Gericht diese angemeldete Thatsache einzutragen, ohne in eine Prüfung derselben einzutreten (§ 39 Anm. 1 und 2).

§ 16. Die Eintragung**) und die Veröffentlichung.

Eingetragen wird die Aenderung in der Zusammensetzung der Geschäftsführer oder die Beendigung der Vollmacht. Weitere Thatsachen, durch wen die Bestellung erfolgt ist, wann die Wahl vorgenommen ist u. s. w. hat die Eintragung nicht zu enthalten. So ist z. B. auch die Zeitdauer der Bestellung nicht einzutragen, da in der Zeitdauer eine Dritten gegenüber ungiltige Beschränkung liegt (§ 37 Abs. 2).

Nach erfolgter Eintragung ist in den Akten bei der Verfügung

---

*) Im Falle der erneuten Bestellung fällt diese Erklärung fort, nur die Zeichnung neu bestellter Geschäftsführer ist erforderlich (§ 39 Abs. 2). — [Nach dem 1. Januar 1900 ist erneute Bestellung überhaupt nicht mehr anzumelden].

**) Wir gehen auch hier von der Preußischen Instruktion zum H.G.B. vom 12. Dez. 1861 aus.

die Erledigung derselben zu vermerken, bei der Eintragung ist auf die Verfügung und auf die Stelle der Akten, wo sich die zugehörigen Urkunden befinden, zu verweisen und die Geschäftsführer sind von der Eintragung zu benachrichtigen.

Die Veröffentlichung beschränkt sich wie die Eintragung auf die thatsächliche Aenderung.

Muster für Aenderung in den Personen der Geschäftsführer.

[Form. 6.] Verfügung.

1. In das Handelsregister ist bei Nr. 3 Zuckerfabrik Gesellschaft mit beschränkter Haftung einzutragen:

Kol. 4. Durch Beschluss vom 20. April 1898 ist an Stelle des Kaufmann Franz Müller der Kaufmann Karl Schulze zum Geschäftsführer bestellt, und der Kaufmann Emil Meier ist als Geschäftsführer wieder bestellt.

Eingetragen am 1. Mai 1898 zufolge Verfügung vom selben Tage (Bl. 14 der Akten).*)

Sorgsam, Gerichtsschreiber.*)

2. Den Expeditionen**) des Deutschen Reichsanzeigers und des Xstadter Tageblatts ist folgende Bekanntmachung zu einmaliger Einrückung zuübersenden:

Bekanntmachung.

Bei der Zuckerfabrik Gesellschaft mit beschränkter Haftung zu Xstadt ist heute in das Handelsregister eingetragen: An Stelle des Kaufmanns Franz Müller ist der Kaufmann Carl Schulze zum Geschäftsführer bestellt.

Xstadt, den 1. Mai 1898. Königliches Amtsgericht.

3. Mit den Belegnummern event. nach 14 Tagen

4. Nachricht den Geschäftsführern.***)

5. Die übergebenen Schriftstücke gehen zu den Akten.

Xstadt, 1. Mai 1898. Hoffmann.

B. Eintragung der Auflösung.

§ 17. Vorbemerkung.

Die Auflösung ist entweder eine freiwillige oder eine zwangsweise.

I. Die freiwillige Auflösung erfolgt:

1. durch Zeitablauf (§ 60 Z. 1),

---

*) § 9 a. a. O. [§ 130 des Gesetzes über die Angelegenheiten der freiwilligen Gerichtsbarkeit].

**) Art. 14 H.G.B. [§ 11 H.B.].

***) § 13 Preuß. Instr. z. H.G.B. [§ 130 Abs. 2 des Gesetzes über die Angelegenheiten der freiwilligen Gerichtsbarkeit.]

2. durch Beschluß der Gesellschafter (§ 60 Z. 2),
3. aus weiteren im Gesellschaftsvertrage festgesetzten Gründen.*)

Die Eintragung erfolgt in diesen Fällen nur auf Anmeldung der Geschäftsführer (§ 65 Abs. 1), die jedoch durch Ordnungsstrafen zu erzwingen ist (§ 77 [79]).

II. Die zwangsweise Auflösung erfolgt:

1. durch gerichtliches Urtheil auf Antrag von Gesellschaftern (§ 61),
2. durch gerichtliches Urtheil bezw. Entscheidung des Verwaltungsgerichts in dem Falle des § 62,
3. in Folge des Konkurses (§ 63).

In dem Falle zu 1 und zu 2 erfolgt die Eintragung auch wie in den Fällen zu I nur auf Anmeldung, die durch Ordnungsstrafen zu erzwingen ist (§§ 65, 77 [79]), in dem Falle zu 3 ist die Eröffnung auf Mittheilung des Konkursgerichts von Amtswegen einzutragen (§ 64 Abs. 3).

a) Freiwillige Auflösung durch Beschluß, Zeitablauf und Eintritt der im Gesellschaftsvertrage festgesetzten Auflösungsgründe.

§ 18. Anmeldung.

Die sämmtlichen Geschäftsführer haben die Anmeldung persönlich vor Gericht oder schriftlich in beglaubigter Form, die Unterschriften sind gerichtlich oder notariell zu beglaubigen, zu bewirken. — [Doch gilt dies nur bis zum 1. Januar 1900, von da ab wirkt bei der Anmeldung nur die für die Abgabe von Erklärungen erforderliche Zahl von Geschäftsführern mit.]

Die Thatsache der Auflösung und die Bestellung der ersten Liquidatoren ist anzumelden. Der betreffende Beschluß ist nicht einzureichen, ebensowenig wie der Eintritt der Auflösung nachzuweisen ist. Die Eintragung hat allein auf Grund der Anmeldung zu erfolgen.

Besorgen die Geschäftsführer die Liquidation, so haben diese sich selbst als Liquidatoren anzumelden, eine Legitimation ist nicht beizufügen, andernfalls haben sie die bestellten Liquidatoren anzumelden (§ 67 Abs. 1), in letzterem Falle ist die Legitimation derselben beizufügen (§ 67 Abs. 3), d. h. der Beschluß der Gesellschafter über die Bestellung im Original oder in gerichtlich bezw. notariell beglaubigter Abschrift. [Nach dem 1. Januar 1900 genügt Abschrift der Urkunde (§ 67 Abs. 2).] Sind die Liquidatoren durch Beschluß des Gerichts bestellt, so genügt bei der Anmeldung der Hinweis auf den Beschluß. Gleichzeitig mit der Anmeldung haben die Liquidatoren ihre Unterschrift persönlich vor dem Gericht zu zeichnen oder die Zeichnung in

---

*) Ist Tod, Eintritt der Handlungsunfähigkeit eines Gesellschafters oder dergl. im Gesellschaftsvertrag als Auflösungsgrund festgesetzt, so kann die in Folge dessen erfolgende Auflösung zwar nicht als „freiwillige“ bezeichnet werden, ist aber wie eine solche zu behandeln.

beglaubigter Form einzureichen (§ 67 Abs. 2 [Fassung des Gesetzes von 1892, § 67 Abs. 4 in der neuen Fassung]); besorgen die Geschäftsführer die Liquidation, so ist die Zeichnung nicht erforderlich.

Ist eine Bestimmung getroffen, in der die Liquidatoren ihre Willenserklärungen abgeben und für die Gesellschaft zeichnen sollen, so ist auch diese Bestimmung zur Eintragung anzumelden (§ 68).

Jede Aenderung in den Personen der Liquidatoren sowie eine Beendigung der Vollmacht ist zur Eintragung anzumelden (§ 67 Abs. 1); die Anmeldung erfolgt durch die im Amte befindlichen Liquidatoren [nach dem 1. Januar 1900 brauchen aber nicht alle Liquidatoren mitzuwirken (§ 76 [78])]. Beendigung der Vollmacht liegt in dem Falle vor, daß die Liquidation zu Ende geführt ist.

§ 19. Prüfung durch das Gericht.

Das Gericht hat nicht zu prüfen, ob die Voraussetzungen der Auflösung auch wirklich vorhanden sind, insbesondere auch nicht, ob der Auflösungsbeschluß ordnungsmäßig zu Stande gekommen ist, die betreffenden Thatsachen sind nicht nachzuweisen. Die Eintragung verleiht der Auflösung keine rechtliche Wirksamkeit, dieselbe wirkt vielmehr auch ohne Eintragung. Wenn jedoch die Ungiltigkeit der angemeldeten Thatsachen sich für den Richter ohne Weiteres ergiebt, so hat er die Eintragung abzulehnen, dies wird z. B. der Fall sein, wenn etwa die Auflösung wegen Kündigung eines Gesellschafters angemeldet wird, und der Gesellschaftsvertrag diesen Auflösungsgrund nicht kennt, oder wenn die Anmeldung wegen Zeitablauf erfolgt, und die statutarische Frist noch läuft. Bei der Anmeldung der Liquidatoren ist die Bestellungsurkunde zu prüfen, insbesondere ob die Bestellung dem Gesellschaftsvertrage gemäß erfolgt ist. Die Bestimmung über die Form der Zeichnung ist darauf zu prüfen, ob dieselbe durch Beschluß der Gesellschafter getroffen ist (§ 66) oder sich aus dem Gesellschaftsvertrage ergiebt. Der Beschluß der Gesellschafter braucht nicht notariell aufgenommen zu sein, jedoch wird die Abschrift des Beschlusses, wenn diese nicht im Original vorgelegt wird, gerichtlich oder notariell beglaubigt sein müssen.

Erfolgt die Anmeldung persönlich, und dieselbe giebt zu keiner Beanstandung Veranlassung, so ist ein Protokoll aufzunehmen.

[Form. 7.] Xstadt, 15. April 1898.

Königliches Amtsgericht.
Gegenwärtig Hoffmann, Amtsrichter.
Sorgsam, Gerichtsschreiber.

An Gerichtsstelle erscheinen persönlich bekannt und durch das Handelsregister als Geschäftsführer der Zuckerfabrik Gesellschaft mit beschränkter Haftung legitimirt

1. Kaufmann Karl Schulze von hier,

2. Gutsbesitzer Friedrich Alt von Hochstadt
und melden zur Eintragung an, dass die Zuckerfabrik Gesellschaft mit beschränkter Haftung durch Beschluss der Versammlung der Gesellschafter vom 12. April 1893 aufgelöst ist.

Sie überreichen sodann die notariell beglaubigte Abschrift*) der in der gleichen Versammlung gefassten Beschlüsse über die Bestellung der Liquidatoren und die Zeichnung durch dieselben und melden zur Eintragung an, dass zu Liquidatoren bestellt sind:

1. Gutsbesitzer Ernst Preuss zu Iburg,
2. Kaufmann Emil Müller von hier.

V. g. u.
Karl Schulze. Friedrich Alt.

Die gleichfalls anwesenden Liquidatoren
Gutsbesitzer Ernst Preuss von Iburg,
Kaufmann Emil Müller von hier
legitimirt durch die Geschäftsführer und verfügungsfähig werden ihre Unterschrift wie hierunter zeichnen.

V. g. u.
Ernst Preuss. Emil Müller.

Geschlossen
Hoffmann. Sorgsam.

§ 20. Eintragung und Veröffentlichung.

In das Handelsregister sind einzutragen:

a) die Thatsache der Auflösung, die Bestellung der Liquidatoren (§§ 65 Abs. 1, 67 Abs. 1),

b) die Form der Willenserklärungen, falls über dieselbe Bestimmung getroffen ist (§ 68 Abs. 2). In den Akten ist bei der Verfügung die Erledigung und der Tag derselben zu vermerken, die Anmeldung nebst Urkunden gehen zu den Akten und ist bei der Eintragung auf die Stelle der Akten zu verweisen. Die Liquidatoren sind von der Eintragung zu benachrichtigen.

Zu veröffentlichen ist die Eintragung der Auflösung (§ 65 Abs. 1, H.G.B. Art. 13 [H.B. § 10]), ferner die Eintragung der Liquidatoren und event. die Form der Willenserklärungen (§§ 69, 40 [in der Fassung des Gesetzes von 1892 — H.B. §§ 10, 15]).

[Form. 8.] Verfügung.

1. In das Handelsregister ist bei Nr. 4 Zuckerfabrik mit beschränkter Haftung einzutragen:

Spalte 4. Die Gesellschaft ist durch Beschluss der Versamm-

---

*) Nach dem 1. Januar 1900 genügt „die Abschrift ꝛc.“

lung der Gesellschafter vom 12. April 1898 aufgelöst.*) Die Liquidation erfolgt durch die Geschäftsführer.**)

Eingetragen am 15. April 1898 zufolge Verfügung vom gleichen Tage (Bl. 25 der Akten).***)

Sorgsam,***) Gerichtsschreiber.

2. Den Expeditionen †) des Deutschen Reichsanzeigers und der Xstadter Tagespost ist folgende Bekanntmachung zu einmaliger Einrückung zu übersenden

Bekanntmachung.

In das Handelsregister ist heute bei Nr. 4 Zuckerfabrik mit beschränkter Haftung eingetragen worden: Die Gesellschaft ist (u. s. w. wörtlich wie oben zu Ziff. 1 bis Geschäftsführer). ††)

Xstadt, 15. April 1898. Königliches Amtsgericht.

3. Nachricht den bisherigen Geschäftsführern. †††)

4. Die übergebenen Schriftstücke gehen zu den Akten.

5. Mit den Belegsnummern der Zeitungen ev. in 14 Tagen wieder vorzulegen.

§ 21. Beendigung der Liquidation.

Die Beendigung der Liquidation als solche ist nicht einzutragen (§ 75 [74] Anm. 3), sondern nur die Beendigung der Vollmacht der Liquidatoren ist anzumelden und einzutragen,*†) die Vollmacht ist beendigt, wenn die Liquidation durchgeführt ist. Die Beendigung der Vollmacht ist zu veröffentlichen (§§ 67 Abs. 1, 69, 40 [in der Fassung des Gesetzes von 1892 — § 10 H.B.]).

Sobald die vollständige Vertheilung des Gesellschaftsvermögens stattgefunden hat, erfolgt die Anmeldung der Beendigung der Vollmacht der Liquidatoren. Das Gericht hat nicht zu prüfen, ob die Voraussetzungen für die Eintragung gegeben sind, sondern auf Grund der Anmeldung die Eintragung vorzunehmen.

Die Anmeldung der Eintragung der Beendigung der Vollmacht ist durch Ordnungsstrafe zu erzwingen (§§ 77 [79], 67 [H.B. § 14]).

---

*) Oder: durch Ablauf der im Gesellschaftsvertrage bestimmten Zeit; oder: in Folge der zum 1. April 1898 erfolgten Kündigung des Gesellschafters N. N. u. s. w. — § 77 [79] a. a. O. in der Fassung des Gesetzes von 1892, [§ 14 H.B.]

**) Oder: zu Liquidatoren hier bestellt . . .; und ev. die Liquidatoren werden in der Art ihre Willenserklärungen abgeben, daß ein jeder derselben durch Hinzufügung seines Namens zu der Firma der Gesellschaft in liquid. rechtsverbindlich für die Gesellschaft zeichnen kann.

***) § 9 a. a. O. [§ 130 des Gesetzes über die Angelegenheiten der freiw. Gerichtsbarkeit].

†) Art. 14 H.G.B. [§ 10 H.B.]

††) Ist eine Bestimmung über die Form der Willenserklärung getroffen, so ist auch diese zu veröffentlichen.

†††) § 13 a. a. O. [§ 130 Abs. 2 des Gesetzes über die Angelegenheiten der freiw. Gerichtsbarkeit].

*†) Damit erlischt die Firma (§ 16 der Preuß. Instruktion zum H.G.B.).

Muster für die Anmeldung vor Gericht.

[Form. 9.] Xstadt, 1. Juni 1898.

Königliches Amtsgericht.

Gegenwärtig Hoffmann, Amtsrichter.

Sorgsam, Registerführer.

An Gerichtsstelle erscheinen, persönlich bekannt und durch das Handelsregister als Liquidatoren der Zuckerfabrik mit beschränkter Haftung legitimirt

1. Gutsbesitzer Ernst Preuss von Iberg,
2. Kaufmann Emil Müller von hier

und melden behufs Eintragung in das Handelsregister an, dsss ihre Vollmacht als Liquidatoren nach vollständiger Vertheilung des Gesellschaftsvermögens erloschen ist. Zugleich beantragen sie, diejenige Person zu bestimmen, welcher die Bücher und Schriften der aufgelösten Gesellschaft in Verwahrung zu geben sind,*) sie schlagen vor . . . .

V. g. u.

Ernst Preuss. Emil Müller.

Geschlossen

Hoffmann. Sorgsam.

Hierauf verfügt der Richter, daß die Beendigung der Vollmacht der Liquidatoren einzutragen ist, daß die Eintragung zu veröffentlichen ist, und daß die Antragsteller von derselben zu benachrichtigen sind.

Mit der Beendigung der Vollmacht dieser Liquidatioren ist die Gesellschaftsfirma zu löschen,**) vgl. § 75 [74] Anm. 3.

Formular für die Verfügung bei Schluß der Liquidation.

[Form. 9.]

Verfügung.

1. In das Handelsregister ist bei Nr. 4 Zuckerfabrik mit beschränkter Haftung einzutragen

Sp. 4: Nach vollständiger Vertheilung des Gesellschaftsvermögens ist die Vollmacht der Liquidatoren erloschen.

Eingetragen am 1. Juni 1898 zufolge Verfügung vom gleichen Tage (Bl. 30 der Akten).***)

Sorgsam, Gerichtsschreiber.***)

2. Den Expeditionen †) des Deutschen Reichsanzeigers und des X'er Tageblatts ist folgende Bekanntmachung zu einmaliger Einrückung zu übersenden:

---

*) § 75 [74] des Gesetzes: Die Kosten für die Aufbewahrung sind von der liquidirenden Gesellschaft zu tragen.

**) § 16 der Preuß. Instruktion zum H.G.B.

***) § 9 a. a. O. [§ 130 des Ges. über die Angelegenheiten der freiw. Gerichtsbarkeit].

†) Art. 14 H.G.B. — § 10 H.B.

Bekanntmachung.

In das Handelsregister ist heute bei Nr. 4 Zuckerfabrik mit beschränkter Haftung eingetragen: Nach vollständiger (u. s. w. wörtlich wie zu 1 bis erloschen).

Xstadt, 1. Juni 1898. Königliches Amtsgericht.

3. Sämmtliche auf die Gesellschaft bezüglichen Eintragungen sind roth zu unterstreichen.*)

4. Die übergebenen Schriftstücke gehen zu den Akten.

5. Mit den Belegnummern der Zeitungen ev. in 14 Tagen.

6. Den Liquidatoren Nachricht zu geben**) zugleich mit der Mittheilung, dass dem frühern Geschäftsführer Gutsbesitzer Albert Schulze in Xberg die sämmtlichen Bücher und Schriften zur Verwahrung auf die Dauer von 10 Jahren zu übergeben sind.

7. Der Gutsbesitzer Albert Schulze in Xberg ist in Kenntniss zu setzen, dass das Gericht ihn auf Grund des § 75 [74] des Gesetzes betr. die Gesellschaften mit beschränkter Haftung vom 20. April 1892 mit der Verwahrung der Bücher und Schriften der aufgelösten Zuckerfabrik mit beschränkter Haftung auf die Dauer von 10 Jahren beauftragt hat und dass die Liquidatoren angewiesen sind, ihm die Bücher und Schriften zu übergeben.

8. Die Registerakten sind fortzulegen; in dem Verzeichniss der fortgelegten Akten ist zu vermerken, dass sie nach Ablauf von dreissig Jahren vernichtet werden können.***)

Xstadt, den 1. Juni 1893.

b) Zwangsweise Auflösung.

§ 22. Auflösung durch Urtheil des Civilgerichts oder des Verwaltungsgerichts.

Es handelt sich um die Auflösung in den Fällen § 61 und § 62. Die Auflösung ist eine nothwendige Folge des rechtskräftigen auf Auflösung lautenden Urtheils. Die Eintragung aber erfolgt nur, wie im Falle freiwilliger Auflösung, auf Anmeldung der Geschäftsführer.†) Das Verfahren ist daher das gleiche wie dort. Das Gesetz schreibt nicht vor, daß der Anmeldung das rechtskräftige Urtheil beizufügen ist, es kann dies daher auch nicht von dem Gericht gefordert werden.

§ 23. Auflösung in Folge Konkurses.

Die Eintragung der Konkurseröffnung in das Handelsregister geschieht von Amtswegen auf Grund der nach § 104 [112] R.K.O. durch den Gerichtsschreiber des Konkursgerichts zu erstattenden Mittheilung.

---

*) § 16 der Preuß. Instruktion zum H.G.B.

**) § 13 a. a. O. [§ 11 H.B.].

***) § 18 a. a. O.

†) Vgl. dagegen § 79 Abs. 3 G.G.

Eine Veröffentlichung der Eintragung findet nicht statt (§ 64 Abs. 3). Die Eröffnung des Konkursverfahrens hat die Auflösung zur Folge (§ 60 Anm. 4).

Von der Eintragung sind die Geschäftsführer nicht besonders zu benachrichtigen, da der Antrag auf Eintragung nicht von ihnen ausgegangen, sondern eine Folge der Konkurseröffnung ist.

Von der Aufhebung und von der Einstellung des Konkursverfahrens hat das Konkursgericht zu dem Handelsregister Mittheilung zu machen (R.K.O. §§ 151, 191, 104 [163, 205, 112]), worauf die Mittheilung einzutragen ist; eine Veröffentlichung findet nicht statt, ebenso auch nicht eine Benachrichtigung der Geschäftsführer. Die Mittheilungen des Konkursgerichts werden zu den Registerakten genommen, bei der Eintragungsverfügung ist die Erledigung und der Tag der Eintragung zu vermerken.*) Die sämmtlichen auf die Gesellschaft bezüglichen Eintragungen sind nach der Eintragung der Konkurseröffnung roth zu unterstreichen.**)

Wird der Konkues während der Liquidation eröffnet, so ist in der gleichen Weise zu verfahren; ist aber bei dem Eintreffen der Mittheilung eine die Liquidation betreffende Eintragung bereits erfolgt, so muß diese Eintragung noch veröffentlicht werden.***)

Wegen der Aufbewahrung der Bücher und Schriften greift § 75 [74] Platz.

Schließt sich an den Konkurs die Liquidation, so kommen die gleichen Vorschriften zur Anwendung wie bei der Liquidation nach der freiwilligen Auflösung, es sind die Liquidatoren einzutragen u. s. w. Die Auflösung ist nicht von Neuem einzutragen und zu veröffentlichen.

Die Weglegung der Registerakten erfolgt erst, wenn von der Aufhebung der Konkursverfassung Mittheilung gemacht ist. [Vgl. § 60 Z. 4.]

Formular der Verfügung die auf Mittheilung von der Konkurseröffnung zu erlassen ist.

[Form. 10.] **Verfügung.**

1. In das Handelsregister ist bei Nr. 4 Zuckerfabrik mit beschränkter Haftung einzutragen:

Spalte 4. Ueber das Vermögen der Gesellschaft ist durch Beschluss des Königl. Amtsgerichts zu Xberg vom 1. April 1898 der Konkurs eröffnet worden.†)

Eingetragen am 3. April 1898 zufolge Verfügung vom selben Tage (Bl. 9 der Akten).††)

Sorgsam, Gerichtsschreiber.††)

---

*) Preuß. Instruktion zum H.G.B. § 9 [Ges. über die Angelegenheiten der freiw. Gerichtsbarkeit § 130 Abs. 2].

**) § 16 der Preuß. Instruktion zum H.G.B.

***) § 12 a. a. O.

†) In der gleichen Weise würde der Aufhebungs- oder Einstellungsbeschluß einzutragen sein.

††) § 9 a. a. O. [§ 130 des Gesetzes über die Angelegenheiten der freiw. Gerichtsbarkeit].

2. Die Mittheilung geht zu den Registerakten.
3. Die sämmtlichen auf die Gesellschaft bezüglichen Mittheilungen sind roth zu unterstreichen.*)

Xberg, 3. April 1898.

IV. Eintragung der Zweigniederlassung.

§ 24. Anmeldung und Prüfung durch das Gericht.

Ueber den Begriff „Zweigniederlassung" vgl. § 12. Jede Zweigniederlassung ist bei dem Gericht zur Eintragung anzumelden, in dessen Bezirk sie sich befindet (§ 12 Abs. 1). Die Anmeldung hat durch sämmtliche Geschäftsführer zu erfolgen und zwar entweder persönlich oder schriftlich, in letzterem Falle in beglaubigter Form (§ 76 [78]). [Für die Zeit nach dem 1. Januar 1900 vgl. H.B. § 12.]

§ 12 Abs. 2 bestimmt, welche Angaben bei dem Gericht der Zweigniederlassung zu machen, und (in alter Fassung — nach dem 1. Januar 1900 Abs. 1) welche Urkunden beizufügen sind. Befindet sich die Zweigniederlassung in dem Bezirke des Gerichts der Hauptniederlassung, so ist nur die Errichtung anzumelden.

Darüber, daß auch eine Zweigniederlassung, die sich in dem Bezirk des Gerichts der Hauptniederlassung befindet, einzutragen ist, vgl. § 12 Anm. 1.

Das Gericht hat nur zu prüfen, ob die Anmeldung in der gesetzlichen Form mit den nothwendigen Angaben geschehen ist, und ob die erforderlichen Urkunden eingereicht sind Nicht zu prüfen ist, ob thatsächlich eine Zweigniederlassung vorliegt, und ob bei der Errichtung etwaige Bestimmungen des Gesellschaftsvertrages beobachtet sind, sollte z. B. nach dem Gesellschaftsvertrage die Errichtung von dem Beschluß der Gesellschafter abhängen, so ist derselbe nicht vorzulegen und nachzuweisen.**)

Muster für die persönliche Anmeldung, wenn sich die Zweigniederlassung nicht in dem Bezirk des Gerichts der Hauptniederlassung befindet.

[Form. 11.]

Königliches Amtsgericht. Ystadt, 1. Mai 1898.

Gegenwärtig Meister, Amtsrichter.
Freund, Gerichtsschreiber.

An Gerichtsstelle erscheinen, persönlich bekannt

---

*) Die Fortlegung der Registerakten ist erst bei der Eintragung der Aufhebung zu verfügen.

**) Die Eintragung ist nur davon abhängig, daß die Hauptniederlassung eingetragen ist (§ 12).

1. Kaufmann Wilhelm Müller,
2. Kaufmann Ernst Meier aus Iberg,

die Geschäftsführer der „Einkaufsgesellschaft mit beschränkter Haftung" zu Iberg, legitimirt als solche durch eine Bescheinigung des Amtsgerichts zu Iberg, und melden zur Eintragung an, dass am hiesigen Orte eine Zweigniederlassung errichtet ist, dieselben überreichen

1. gerichtlich beglaubigte Abschrift des Gesellschaftsvertrages der genannten Gesellschaft,

2. die von dem Amtsgericht Iberg beglaubigte Abschrift der Liste der Gesellschafter, und erklären:

1. Die Firma der Gesellschaft ist: Einkaufsgesellschaft mit beschränkter Haftung.*)
2. Die Gesellschaft hat ihren Sitz zu Iberg.
3. Gegenstand des Unternehmens ist der Handel mit Kolonialwaaren.
4. Der Betrag des Stammkapitals ist 100 000 M.
5. Der Gesellschafter Carl Schulze hat auf seine Stammeinlage das Grundstück Ystrasse Nr. 3 zu Iberg eingetragen im Grundbuch . . . . für den Werth von 15 000 M. eingebracht.
6. Die Gesellschafter haben die Verpflichtung die zu ihrem Geschäftsbetrieb erforderlichen Waaren von der Gesellschaft zu beziehen.
7. Die Geschäftsführer sind
   a) Kaufmann Wilhelm Müller,
   b) Kaufmann Ernst Meier, beide zu Iberg.

Wir sind die Geschäftsführer der Gesellschaft und zeichnen die Unterschrift, wie hierunter geschehen ist.

V. g. u.

Wilhelm Müller. Ernst Meier.

Geschlossen

Meister. Freund.

§ 25. Die Eintragung und die Veröffentlichung.

Die Eintragung der Zweigniederlassung erfolgt in der gleichen Weise wie die des Gesellschaftsvertrages bei der Hauptniederlassung.

Bei dem Gericht der Hauptniederlassung die Eintragung der Zweigniederlassung zu vermerken, ist nicht vorgeschrieben.**) [Vom 1. Januar 1900 aber gilt § 131 des Gesetzes über die Angelegenheiten der freiwilligen Gerichtsbarkeit, der vorschreibt, daß die Eintragung von Amtswegen dem Gericht der Hauptniederlassung anzumelden und von diesem einzutragen ist, desgleichen die Aufhebung der Zweigniederlassung.]

*) Vgl. über die Firma § 12 Anm. 3.

**) Vgl. dagegen § 20 Abs. 2 der Bekanntmachung betr. die Führung des Genossenschaftsregisters.

Die Veröffentlichung erfolgt gleichfalls ebenso wie die des Gesellschaftsvertrags bei der Hauptniederlassung.

§ 26. Auflösung der Zweigniederlassung — Auflösung der Gesellschaft.

Wird die Zweigniederlassung aufgelöst, so haben die Geschäftsführer diese Thatsache dem zuständigen Gericht zur Eintragung anzumelden, und das Gericht hat die Auflösung einzutragen und zu veröffentlichen, es verfährt dabei in der gleichen Weise wie bei den bisher besprochenen Eintragungen.

Die Eintragung erfolgt auf Grund der Anmeldung, weitere Schriftstücke sind nicht vorzulegen, wie auch das Gericht nicht zu prüfen hat, ob die Zweigniederlassung thatsächlich eingeht. Stellt sich nach der Eintragung heraus, daß die Zweigniederlassung fortbesteht, so sind die Geschäftsführer zu einer neuen Anmeldung der Errichtung durch Ordnungsstrafen anzuhalten.

Die Auflösung der Gesellschaft ist in der gleichen Weise wie zu dem Gericht der Hauptniederlassung zu dem Gericht der Zweigniederlassung anzumelden, und ist bei letzterem in der gleichen Weise wie bei jenem zu verfahren (§ 76 [78] Abs. 2 [ersetzt durch § 13 H.B. vgl. § 131 des Gesetzes über die Angelegenheiten der freiwilligen Gerichtsbarkeit], § 65).

V. Veränderungen des Stammkapitals.

A. Erhöhung.

§ 27. Anmeldung.

Die Erhöhung des Stammkapitals ist eine Aenderung des Gesellschaftsvertrages und daher wie eine solche bei der Eintragung zu behandeln. Nur gelten für die registerrichterliche Behandlung folgende Besonderheiten:

Die Anmeldung zur Eintragung und folglich die Eintragung kann erst erfolgen, wenn das erhöhte Kapital durch Uebernahme von Stammeinlagen gedeckt ist (§ 58 [57] Abs. 1).

Der Anmeldung sind außer dem die Aenderung des Gesellschaftsvertrages enthaltenden Beschluß*) beizufügen:

1. Die Versicherung der Geschäftsführer, daß die gesetzliche Mindestleistung auf die Stammeinlagen bewirkt ist, oder bei Sacheinlagen, daß der Gegenstand der Leistung sich in der freien Verfügung der

---

*) Falls von einem Gesellschafter auf seine Stammeinlage eine Sacheinlage geleistet wird, so müssen die Festsetzungen hierüber nach Maßgabe des § 57 [56] in den Beschluß aufgenommen werden.

Geschäftsführer befindet. Die Versicherung ist von allen Geschäftsführern zu unterschreiben und es müssen die Unterschriften beglaubigt sein, oder sie ist in die Anmeldung aufzunehmen.

2. Die nach § 56 [55] Abs. 1 ausgestellten Erklärungen der Gesellschafter über die übernommenen Stammeinlagen — im Original oder in beglaubigter (gerichtlich oder notariell) Abschrift.*) (§ 58 [57] Abs. 3 Z. 1.)

3. Eine von den Anmeldenden unterschriebene Liste der Personen, welche die neuen Stammeinlagen übernommen haben, aus dieser Liste muß der Betrag der von jedem übernommenen Einlage ersichtlich sein (§ 58 [57] Abs. 3 Z. 1). Die Unterschriften der Anmeldenden unter diese Liste brauchen nicht beglaubigt zu sein; die Liste braucht nicht alphabetisch geordnet zu sein, wenn dies auch bei größerer Mitgliederzahl wünschenswerth sein wird. Die Liste enthält nur die Deckung der neuen Stammeinlagen, in Betreff der alten Stammeinlagen bleibt es bei der bereits auf dem Gericht befindlichen Liste (§ 8 Z. 3 § 41 [40]) und sind nicht einmal die mit Bezug auf diese Stammeinlagen vorgekommenen Aenderungen anzugeben, da nur im Januar eines jeden Jahres eine vollständige Liste einzureichen ist (§ 41 [40]). In Betreff des Formulars der Anmeldung vgl. Form. 3.

§ 28. Prüfung. Eintragung. Veröffentlichung.

Die Prüfung des Gerichts ist in erster Reihe eine formelle, ob die gesetzlichen Vorschriften bei der Anmeldung beobachtet, ob die bezeichneten Urkunden vorgelegt sind, ob die Uebernahme-Erklärungen dem Gesetz entsprechen, ob die Summe der übernommenen Stammeinlagen der Erhöhung des Stammkapitals entspricht.

Sind auf Stammeinlagen Sacheinlagen geleistet, so muß § 5 Abs. 4, desgleichen müssen bei der Festsetzung der einzelnen Stammeinlagen überhaupt die Vorschriften in § 5 Abs. 1 bis 3 beobachtet sein — § 57 [56].

In eine Prüfung der Thatsachen — ob dieselben den Erklärungen entsprechen, ob keine Scheingeschäfte vorliegen — hat das Gericht nicht einzutreten. Ergibt sich dagegen die Ungiltigkeit einer Erklärung ohne Weiteres aus den bei dem Gericht notorischen Thatsachen — indem z. B. ein Uebernehmer entmündigt ist — so ist die Eintragung abzulehnen.

Einzutragen ist nur der Beschluß über die Erhöhung des Stammkapitals und ferner die Festsetzung über eine auf eine Stammeinlage verrechnete Sacheinlage, falls eine solche vorliegt.

*) Ist eine Uebernahme-Erklärung von einem Bevollmächtigten ausgestellt, so muß eine gerichtlich oder notariell errichtete Vollmacht bezw. beglaubigte Abschrift beiliegen. Geht die Uebernahme von einer juristischen Person aus, so muß die Legitimation der Vertreter vorhanden sein. Hat der Gesellschafter eine Sacheinlage auf die Stammeinlage geleistet, so sind die Vereinbarungen darüber in die Erklärung aufzunehmen.

Und ebenso hat sich nur hierauf die **Veröffentlichung** zu beziehen.

[Form. 12.]

Muster für die Eintragungsverfügung.

1. In das Handelsregister ist bei Nr. 5 (Gemeinnützige Baugesellschaft mit beschränkter Haftung) einzutragen:

Spalte 4. Durch Beschluss der Gesellschafter vom 15. Mai 1898 ist das Stammkapital auf 800000 M. erhöht.

Der Gesellschafter Baumeister Hans Neumann aus Xstadt hat auf die von ihm übernommene Stammeinlage als Sacheinlage das Bauterrain Xstadt Ystrasse Nr. 8 eingetragen .... eingebracht und ist dasselbe mit 20000 M. angenommen.

Eingetragen am 1. Juni 1898 zufolge Verfügung von demselben Tage (Bl. 15 der Akten).*)

Freund, Gerichtsschreiber.*)

2. Die Expeditionen**) des Deutschen Reichsanzeigers und des Xstädter Tageblatts sind um einmalige Einrückung folgender Bekanntmachung zu ersuchen:

Bekanntmachung.

Durch Beschluss der Versammlung der Gesellschafter der Gemeinnützigen Baugesellschaft mit beschränkter Haftung vom 15. Mai 1898 ... (u. s. w. wörtlich wie oben zu 1 bis zu dem Worte angenommen).

Xstadt, 1. Juni 1898. Königliches Amtsgericht.

3. Nachricht den Geschäftsführern.***)

4. Die eingereichten Urkunden gehen zu den Akten.

5. Mit den Belegnummern der Zeitungen vorzulegen ev. in 14 Tagen.

Xstadt, 1. Juni 1898.

B. Herabsetzung.

§ 29. Anmeldung.

Für die Herabsetzung des Stammkapitals ist die Beobachtung bestimmter Vorschriften vorgeschrieben (§ 59 [58]) und darf die Anmeldung erst nach Ablauf des Sperrjahrs (§ 59 [58] Z. 3) erfolgen. Das Verfahren selbst ist in kurzen Worten folgendes: Die Herabsetzung

*) § 9 a. a. O. [§ 130 des Gesetzes über die Angelegenheiten der freiw. Gerichtsbarkeit].

**) Art. 14 H.G.B. [§ 10 H.B.].

***) § 13 a. a. O. [§ 130 Abs. 2 des Gesetzes über die Angelegenheiten der freiw. Gerichtsbarkeit].

schließt eine Aenderung des Gesellschaftsvertrages in sich und ist als solche zu beschließen (§ 55 [54]), der gefaßte Beschluß ist zu drei verschiedenen Malen mit der Aufforderung an die Gläubiger, sich zu melden, zu veröffentlichen, bekannte Gläubiger sind hierzu besonders aufzufordern (§ 59 [58] Z. 1). Die sich meldenden und der Herabsetzung widersprechenden Gläubiger sind zu befriedigen bezw. sicherzustellen (§ 59 [58] Z. 2), nach Ablauf eines Jahres seit der dritten öffentlichen Aufforderung hat die Anmeldung zur Eintragung zu erfolgen (§ 59 [58] Z. 3).

Ueber die Anmeldung vgl. die Anmeldung der Aenderung des Gesellschaftsvertrages oben § 12. Der Anmeldung sind beizufügen:

1. Der Herabsetzungsbeschluß (im Original oder in gerichtlicher oder notariell beglaubigter Abschrift).
2. Die Belegnummern der Zeitungen mit der Bekanntmachung.

In die Anmeldung ist ferner aufzunehmen die Versicherung der Geschäftsführer, daß die Gläubiger, welche sich bei der Gesellschaft gemeldet und der Herabsetzung nicht zugestimmt haben, befriedigt oder sichergestellt sind.

Muster des Anmeldungsprotokolls.

[Form. 13.] Xstadt, 1. Juni 1898.

Königliches Amtsgericht.

(Kopf und Unterschriften wie in dem Anmeldungs-Formular Nr. 3) und überreichen

1. Notariell beglaubigte Abschrift des Beschlusses der Gesellschafter vom 10. Mai 1898 betreffend die Herabsetzung des Stammkapitals von 800 000 M. auf 500 000 M.
2. Die Blätter, in denen die Bekanntmachungen des Herabsetzungsbeschlusses enthalten sind.

Dieselben erklären: Wir versichern hierdurch, dass die Gläubiger, welche sich bei der Gesellschaft gemeldet und der Herabsetzung nicht zugestimmt haben, befriedigt oder sichergestellt sind*) und melden den Beschluss zur Eintraguug an u. s. w.

§ 30. Prüfung. Eintragung. Veröffentlichung.

Das Gericht hat zu prüfen, ob zwischen der letzten Aufforderung und der Anmeldung ein Jahr liegt, ob die Urkunden vollzählig vorliegen und den gesetzlichen Anforderungen an die Form genügen, und ob bei der Bestimmung des Stammkapitals § 5 Abs. 1 beobachtet ist. Das Zustandekommen des Beschlusses, die Richtigkeit der angemeldeten Thatsachen sind nicht zu prüfen.

*) Oder: Wir versichern hierdurch, daß sich auf die in Folge der beschlossenen Herabsetzung erlassenen Aufforderungen kein Gläubiger gemeldet (oder kein Gläubiger widersprochen) hat.

Nicht einzureichen ist eine Liste der Gesellschafter, aus der sich die Veränderungen der Kapitalbetheiligung derselben ergeben.

Die Eintragung und Veröffentlichung geht in der gleichen Weise vor sich wie bei den einfachen Aenderungen des Gesellschaftsvertrages. Zu veröffentlichen ist nur der Herabsetzungsbeschluß.

[Form. 14.] Muster der Eintragungsverfügung.

Verfügung.

In das Handelsregister ist bei Nr. 3 (Einkaufsgesellschaft mit beschränkter Haftung) einzutragen:

Spalte 4. Durch Beschluss vom 1. Mai 1898 ist das Stammkapital von 800 000 M. auf 500 000 M. herabgesetzt.

Der Beschluss und die zugehörigen Schriftstücke befinden sich Bl. 12—19 der Akten.*) Eingetragen am 1. Juli 1898 zufolge Verfügung von dem gleichen Tage (Bl. 11 der Akten).**)

Sorgsam, Gerichtsschreiber.**)

2. Den Expeditionen***) des Deutschen Reichsanzeigers und des Xstadter Tageblatts ist folgende Bekanntmachung zu einmaliger Einrückung zu übersenden:

Bekanntmachung.

In das Handelsregister ist heute bei Nr. 3 (Einkaufsgesellschaft mit beschränkter Haftung) eingetragen: Durch Beschluss vom 1. Mai 1898 ist das Stammkapital von 800 000 M. auf 500 000 M. herabgesetzt.

Xstadt, 1. Juli 1898. Königliches Amtsgericht.

3. Nachricht an die Geschäftsführer.†)
4. Die Schriftstücke gehen zu den Akten.
5. Mit den Belegnummern der Zeitungen vorzulegen, ev. nach 14 Tagen.

Xstadt, 1. Juli 1898.

VI. Ordnungsstrafen.

§ 31. Die Fälle in denen Ordnungsstrafen zulässig sind.

Durch Ordnungsstrafen sind die Geschäftsführer (bezw. die Liqui=

*) §§ 75, 74 a. a. O.

**) § 9 a. a. O. [§ 130 des Gesetzes über die Angelegenheiten der freiw. Gerichtsbarkeit].

***) Art. 14 H.G.B. [§ 10 H.B.].

†) § 13 der Preuß. Instr. zum H.G.B. [§ 130 Abs. 2 des Gesetzes über die Angelegenheiten der freiw. Gerichtsbarkeit].

datoren) zu einer Reihe der gesetzlich vorgeschriebenen Anmeldungen und Einreichungen — nicht zu allen — im Falle der Unterlassung anzuhalten. § 77 [79] in der Fassung des Gesetzes von 1892 bezeichnet diese Obliegenheiten:

Es sind

a) für die Geschäftsführer.

1. die Anmeldung der Errichtung der Zweigniederlassung bei dem Gericht, in dessen Bezirk sie sich befindet (§ 12)
2. die Anmeldung jeder Aenderung in den Personen der Geschäftsführer, der erneuten Bestellung oder der Beendigung der Vollmacht eines Geschäftsführers (§ 39)
3. die Einreichung der Liste der Gesellschafter im Monat Januar eines jeden Jahres (§ 41 [40])
4. bei Bankgeschäften die Einreichung der Bekanntmachung der Bilanz an das Gericht
5. die Anmeldung der Auflösung außer dem Falle des Konkurses (§ 65 Abs. 1)
6. die Anmeldung der ersten Liquidatoren (§ 67 Abs. 1)
7. die Anmeldung der Bestimmung über die Form der Abgabe der Willenserklärung der Liquidatoren (§ 68 Abs. 2)
8. die Ausführungen der zu dem Gericht der Zweigniederlassung erforderlichen Anmeldungen.

[§ 77 [79] in der neuen Fassung bezeichnet die Fälle, in denen keine Ordnungsstrafe (§ 14 H.B.) zu verhängen ist.]

b) für die Liquidatoren.

Die Anmeldung jeder Aenderung in der Zusammensetzung der Liquidatoren und eine Beendigung der Vollmacht (§ 67), sowohl zu dem Gericht der Haupt- wie dem der Zweigniederlassung.

§ 32. Das Verfahren.

Das bei der Androhung und Festsetzung der Ordnungsstrafen zu beobachtende Verfahren richtet sich nach den landesgesetzlichen Vorschriften, welche zur Erzwingung der im Handelsgesetzbuche angeordneten Anmeldungen zum Handelsregister gelten. Ueberall ist daran festzuhalten, daß es sich um die Erzwingung von Handlungen durch Ordnungsstrafen handelt, daß also die Voraussetzung der Androhung von Ordnungsstrafen eine Verletzung des Gesetzes ist. Das Gericht ist nicht berechtigt lediglich zur Kontrolle, ob den gesetzlichen Bestimmungen nachgekommen wird, den Vorstandsmitgliedern oder den Liquidatoren den Nachweis unter Androhung von Ordnungsstrafen aufzuerlegen, daß den gesetzlichen Vorschriften entsprochen wird; das Gericht muß vielmehr bereits die Ueberzeugung haben, daß dies nicht der Fall ist. Das Gericht der Hauptniederlassung ist für die Androhung und Festsetzung der Ordnungsstrafen zuständig, welche die zu demselben gehörigen Anmeldungen und Einreichungen betreffen, wogegen das Gericht der Zweigniederlassungen für diejenigen Anmeldungen zuständig ist, welche sich auf dieses Gericht beziehen. Es ergiebt sich dies aus der Fassung des § 77 [79] Abs. 1, wo sowohl auf das Gericht der Hauptniederlassung (§ 7 Abs. 1) wie auf das der Zweigniederlassung (§ 12) Bezug genommen ist.

[Vom 1. Januar 1900 ab gelten §§ 132 ff. des Gesetzes über die Angelegenheiten der freiwilligen Gerichtsbarkeit.]

VII. Umwandlung einer Actiengesellschaft in eine Gesellschaft m.b.H.

§ 33. Anmeldung.

Die Anmeldung erfolgt durch die sämmtlichen Geschäftsführer der aus der Actiengesellschaft hervorgegangenen Gesellschaft m.b.H. und zwar entweder persönlich zu Protokoll des Gerichts oder schriftlich, in welchem Falle die Unterschriften der Geschäftsführer beglaubigt sein müssen. Der Anmeldung*) sind beizufügen:

1. Der Gesellschaftsvertrag der errichteten Gesellschaft.
2. Falls Gesellschafter durch Bevollmächtigte ihren Beitritt erklärt haben, die gerichtlich oder notariell errichteten Vollmachten, bezw. ebenso beglaubigte Abschriften derselben, und wenn Gesellschafter juristische Personen sind, muß die Legitimation der Vertreter derselben als solche vorhanden sein.
3. Die Legitimation der Geschäftsführer.
4. Eine Liste der Gesellschafter.
5. Die staatliche Genehmigung, falls der Gegenstand des Unternehmens koncessionspflichtig ist.
6. Der Beschluß über die Auflösung der Actiengesellschaft im Original oder in beglaubigter Abschrift.
7. Die von der Generalversammlung der Actionäre genehmigte Bilanz und der die Genehmigung aussprechende Beschluß (§ 78 Abs. 4).

Das über die Anmeldung aufzunehmende Protokoll entspricht dem Form. 1, nur daß auch die Urkunden zu 6 und 7 beizufügen sind.

§ 34. Prüfung. Eintragung. Veröffentlichung.

Die Prüfung erstreckt sich:

1. auf den zur Eintragung angemeldeten Gesellschaftsvertrag,
2. auf die Umwandlung.

---

*) Die Anmeldung hat die nach § 8 Abs. 2 erforderliche Versicherung zu enthalten.

In Betreff der Prüfung des Gesellschaftsvertrags gilt das oben § 2 und § 3 Ausgeführte.

Die Umwandlung ist darauf zu prüfen, ob die Vorschriften des § 78 [80] beobachtet sind. Es muß also geprüft werden:

1. Ob zwischen der Auflösung der Actiengesellschaft und der Anmeldung keine längere Frist als ein Monat liegt (§ 78 [80] Abs. 5).

2. Ob das Stammkapital der neuen Gesellschaft mindestens ebenso groß ist, wie das Grundkapital der aufgelösten Actiengesellschaft, das Letztere ergiebt sich aus der vorgelegten Bilanz (§ 78 [80] Abs. 2).

3. Ob die Actien der sich betheiligenden Mitglieder der A.G. mindestens drei Viertheile des Grundkapitals der aufgelösten Gesellschaft darstellen (§ 78 [80] Abs. 3). Es ergiebt sich dies aus dem Gesellschaftsvertrage, in dem die Aktien als Sacheinlage ihrem Betrage nach festgesetzt sein müssen.*)

4. Ob der Beschluß der Actionäre betreffend die Genehmigung der Bilanz mit einer Mehrheit von drei Viertheilen des in der Generalversammlung vertretenen Grundkapitals gefaßt ist (§ 78 [80] Abs. 4).

Ergiebt diese Prüfung nach keiner Richtung hin einen Verstoß gegen das Gesetz, so ist die Eintragung des Gesellschaftsvertrags und dessen Veröffentlichung zu verfügen, wobei ebenso zu verfahren ist, wie bei jeder anderen Gesellschaft (Form 2).

Die angemeldeten Thatsachen sind nicht zu prüfen, insbesondere ist die Bilanz der aufgelösten A.G. keiner Prüfung zu unterziehen, wobei allerdings vorausgesetzt wird, daß die Vermögensübersicht vom kaufmännischen Standpunkte äußerlich als Bilanz erscheint.

Ist eine der Voraussetzungen nicht erfüllt, so ist die Eintragung abzulehnen, und kann auch keins der Essentialien nachgeholt werden.

---

*) Es mag hier nochmals ausdrücklich darauf hingewiesen werden, daß die eingebrachten Actien als Sacheinlagen zu behandeln sind, und daß es daher im Gesellschaftsvertrage einer besonderen Festsetzung nach Maßgabe des § 5 Abs. 4 bedarf.

Sachregister.

(Die Ziffern beziehen sich auf die Seiten.)

A.

B.

H.

J.

K.

L.

M.

N.

O.

P.

R.

W.

Z.

Lippert & Co. (G. Pätz'sche Buchdr.), Naumburg a. S

FSC
www.fsc.org
MIX
Papier | Fördert
gute Waldnutzung
FSC® C083411

Kolibri 360 GmbH
Ferdinand-Jühlke-Straße 7
99095 Erfurt, Deutschland
produktsicherheit@kolibri360.de